Kirche im Aufbruch

KIRCHE IM AUFBRUCH!
Reformprozess der EKD

Herausgegeben vom Kirchenamt der EKD
Band 7

Kirche im Aufbruch

Schlüsseltexte zum Reformprozess

Herausgegeben vom Kirchenamt der EKD

EVANGELISCHE VERLAGSANSTALT
Leipzig

Bibliographische Information der Deutschen Nationalbibliothek
Die Deutsche Nationalbibliothek verzeichnet diese Publikation in der Deutschen Nationalbibliographie; detaillierte bibliographische Daten sind im Internet über http://dnb.dnb.de abrufbar.

Printed in Germany · H 7583

Das Buch wurde auf alterungsbeständigem Papier gedruckt.

Coverbild: Decalcomanie von Rene Magritte, © VG Bild-Kunst, Bonn 2012
Cover: Formenorm, Friederike Arndt, ww.w formenorm.de
Layoutentwurf: Kai-Michael Gustmann, Leipzig
Satz: Mario Moths, Marl
Druck und Binden: Druckhaus Köthen GmbH

ISBN 978-3-374-03131-3

www.eva-leipzig.de

Grusswort

Einen Impuls setzen, etwas in Gang bringen, das wollte das Impulspapier „Kirche der Freiheit. Perspektiven für die Evangelische Kirche im 21. Jahrhundert“ aus dem Jahre 2006. Und dieser Ansatz ist aufgegangen: Vielfältige Diskussionen hat das Impulspapier ausgelöst. Die Verbreitungszahlen des Impulspapiers von über 45 000 Druckexemplaren und über 400 000 Downloads im Internet machen deutlich, wie intensiv die Wirkung war. Die Fragen, die aufgeworfen wurden, erlebten eine Art „Kairos“, einen günstigen Augenblick. Das mag auch daran gelegen haben, dass das Impulspapier Schlüsselfragen angesprochen hat, etwa die Frage nach der Qualität kirchlicher Arbeit, nach dem Gelingen des kirchlichen Föderalismus oder der Zukunft des Pfarramtes und Ehrenamtes.

Die Fragen haben bis heute Gewicht. Vor allem aber war der Text von seiner Gattung ungewohnt und untypisch für das höchste Gremium der Evangelischen Kirche in Deutschland. Denn anders als sonst versuchte dieser Text nicht von vornherein, verschiedene Positionen zu integrieren, sondern er wollte und sollte „heiße Eisen“ aufgreifen und ohne „Scheren im Kopf“ Perspektiven entwickeln. Der Text war gerade nicht mit den verschiedenen Interessensgruppen abgesprochen und wurde so durchaus zum Anstoß für viele und vieles.

Sechs Jahre sind seit der Veröffentlichung des Impulspapiers vergangen. Der Rat der EKD hat gemeinsam mit den Gliedkirchen aus den Impulsen und Anregungen einen Reformprozess entwickelt und wirbt bis heute darum, dass möglichst viele ihn mitgestalten. Und vieles ist zwischenzeitlich gewachsen, der Reformprozess ist – trotz aller Reformmüdigkeit, die sich mittlerweile in Kirche und Gesellschaft breit gemacht haben – auch eine Erfolgsgeschichte. Doch wie immer folgt auf einen kräftigen Aufbruch die Etappe, also die Mühen der Ebene, die nicht mehr ganz so sichtbar und strahlend sind. Aber keine Sorge: Als Vorsitzende der von Rat, Kirchenkonferenz und Synode eingesetzten Steuerungsgruppe kann ich versichern, dass der Reformprozess lebt und dass der vermeintliche „Reformstress“ in unserer Kirche eher in der unentschlossenen Reformhaltung liegt als an einem Zuviel an Reformen. Wir sind mit der „Transformation“ der evangelischen Kirche ins 21. Jahrhundert noch nicht durch und werden als „ecclesia semper reformanda“ auch nie fertig sein; aber der Anfang ist gemacht und das ist schon sehr viel.

Jetzt aber ist es an der Zeit, auf die Anfänge zurückzuschauen. Die hier vorgelegte Publikation „Schlüsseltexte zum Reformprozess“ beinhaltet die wichtigsten Texte des Reformprozesses seit 2006 und ermöglicht so dem interessierten Lesenden, sich mit diesen Anfängen auseinander zu setzen und einige zentrale Etappen nachzuvollziehen.

Allen Interessierten wünsche ich eine anregende und vielleicht auch aufregende Lektüre der maßgeblichen Texte zum Reformprozess. Mögen sie unserer Kirche einen guten Weg in die Zukunft eröffnen.

Katrin Göring-Eckardt
Präses der Synode

Inhalt

Thies Gundlach
Einleitung
Schlüsseltexte des Reformprozesses 2006–2012 ... 11

Impuls

Rat der EKD
Impulspapier „Kirche der Freiheit“
Perspektiven für die evangelische Kirche im 21. Jahrhundert ... 20

Entfaltung

Thies Gundlach
Einführung in das Impulspapier des Rates der EKD „Kirche der Freiheit“
Perspektiven für die evangelische Kirche im 21. Jahrhundert ... 106

Thomas Begrich
Kann, will und darf Kirche steuern? ... 119

Hermann Barth
Vergiftete Frucht?
Überlegungen zum Gebrauch neuer Sprachformen für theologische Inhalte aus Anlass der Diskussion über „Kirche der Freiheit“ ... 132

Thorsten Latzel
Über Schlafen und Steuern in kirchenleitender Verantwortung ... 145

Thomas Begrich / Thies Gundlach
Reaktionen und Stellungnahmen zum Impulspapier des Rates der EKD ... 159

Stationen

Zukunftskongress Wittenberg 2007

Wolfgang Huber
Evangelisch im 21. Jahrhundert
Eröffnungsvortrag ... 174

Eberhard Jüngel
Bibelarbeit über 1. Mose 13 ... 189

Wolfgang Huber
Abschließendes Votum des Vorsitzenden des Rates der EKD ... 198

Axel Noack
Predigt über 2. Korinther 3 ... 204

Thomas Begrich / Thies Gundlach / Thorsten Latzel
Einführung in den Dokumentationsband ... 210

Synode Dresden 2007 – „Evangelisch Kirche sein“

Eberhard Hauschildt
Organisation der Freiheit – „evangelisch Kirche sein“ verändert sich
Referat zum Schwerpunktthema ... 215

Peter Bukowski
Einbringungsrede zum Kundgebungsentwurf
„evangelisch Kirche sein“ ... 233

10. Synode der Evangelischen Kirche in Deutschland
Kundgebung zum Schwerpunktthema „evangelisch Kirche sein“ ... 238

Zukunftswerkstatt Kassel 2009

Katrin Göring-Eckardt
Eröffnungsrede der Präses der Synode der EKD ... 243

Wolfgang Huber
Du stellst unsere Füße auf weiten Raum
Eröffnungsvortrag ... 246

Fulbert Steffensky
Dein Wort ist unseres Fußes Leuchte
Über die Schönheit des Protestantismus ... 258

Sätze der Verlässlichkeit ... 264

Prozess

Impulsaufnahme

Katrin Göring-Eckardt
Die EKD in Bewegung
Standortbestimmung der evangelischen Kirche in Zeiten des Wandels ... 268

Qualität von Gottesdiensten/Predigtkultur

Folkert Fendler
Ein guter Gottesdienst ist, wenn ...
Perspektiven für eine Qualitätsentwicklung im Gottesdienst 281

Alexander Deeg
Neue Formen von Predigt und Verkündigung 285

Mission

Hans-Hermann Pompe
Dornröschen und Nazareth
Zu Chancen und Risiken regionaler missionarischer Kooperation 292

Leiten und Führen

Peter F. Barrenstein
Leitung und Führung in der Kirche
Orientierung in einem zentralen Handlungsfeld 302

Wilfried Härle
Führen und Leiten in der evangelischen Kirche
Ein Gutachten 307

Kirche in der Fläche

Thies Gundlach
Kirche in der Fläche
Beobachtungen und Thesen 348

Thorsten Latzel
Die Vielfalt der kirchlichen Situationen in ländlichen Räumen
Eine typologische Landkarte nach der EKD-Studie
„Wandeln und Gestalten" 354

Finanzmanagement

Thomas Begrich
Kirchliches Finanzmanagement und Entscheidungskulturen 360

Ökumene

Martin Schindehütte
„Fresh experiences"
Erkenntnisse aus ökumenischen Begegnungen für den Reformprozess 374

Seelsorge

Erhard Berneburg
Seelsorge und Mission
Ein ebenso naheliegendes wie riskantes Thema ... 379

Petra Bosse-Huber
Seelsorge, die „Muttersprache der Kirche" ... 383

Bildung

Erhard Berneburg / Andreas Schlamm
„Erwachsen glauben"
Missionarische Bildungsangebote als Kernaufgabe der Gemeinde" ... 389

Erfahrungsaustausch / Neue Medien

Thorsten Latzel
„geistreich" – die Praxisplattform der EKD
Eine kleine Theologie des Erfahrungsaustausches ... 393

Perspektiven

Thies Gundlach
Um Gottes Willen
Überlegungen zum Reformationsjubiläum 2017 ... 398

Anhang

Zeitleiste ... 424
Tagungen und Workshops ... 426
Publikationen ... 427
Quellenverzeichnis ... 429
Verzeichnis der Autorinnen und Autoren ... 433

Einleitung

Schlüsseltexte des Reformprozesses 2006–2012

I. Über die Notwendigkeit von Reformen

„Bei einem aktiven Umbauen, Umgestalten und Neuausrichten der kirchlichen Arbeit und einem bewussten Konzentrieren auf und Investieren in Zukunft verheißende Arbeitsgebiete wird ein Wachsen gegen den Trend möglich."

So schrieb der damalige Vorsitzende des Rates der EKD, Bischof Dr. Wolfgang Huber, im Vorwort des Impulspapiers „Kirche der Freiheit. Perspektiven für die evangelische Kirche im 21. Jahrhundert" des Rates der Evangelischen Kirche in Deutschland (EKD), das am 6. Juli 2006 veröffentlicht wurde. Diese Aussage wandte sich gegen die in der Kirche oftmals bestimmenden Trends, gegen den Trend zur Selbstgenügsamkeit oder zum Klammern an überkommene Strukturen und gegen den Trend zur Selbstsäkularisierung oder zur Selbstüberforderung. Mit dem Impulspapier wollte der Rat der EKD die vorhandenen Reformdiskussionen vertiefen und eine Reformdebatte auf allen kirchlichen Ebenen und Handlungsfeldern anstoßen, weil eine Neuausrichtung kirchlicher Handlungsfelder dringend nötig erschien.

Wie kam es zu diesem Impuls? Die Schrift „Kirche der Freiheit" reagierte auf drei Wahrnehmungen im Jahre 2003, die jede für sich genommen durchaus bekannt waren, die aber zusammengenommen ein bedrängendes Gesamtbild freilegten:

a) Die demographische Mitgliederentwicklung rechnete mit einem Rückgang um 1/3 der Mitglieder bis zum Jahre 2030.
b) Infolge dieser Entwicklung war mit einem Rückgang der eigenen Finanzkraft langfristig um knapp die Hälfte zu rechnen.
c) Die Kirchenmitgliedschaftsuntersuchung (KMU IV) bescheinigte der Kirche hohe Zustimmung zu den Grundfunktionen der Kirche, allerdings bei stetig abnehmenden Mitgliederzahlen; die Gefahr einer Selbsttäuschung lag auf der Hand.

Der Rat der EKD beauftragte daraufhin in Übereinstimmung mit der Kirchenkonferenz eine nur aus zehn Personen bestehende Kommission, die Perspektiven einer missionarisch aufbrechenden und organisatorisch modernisierten Kirche entfalten sollte. Die Perspektivkommission arbeitete von Anfang 2004 bis Mitte 2006 unter der Leitung des Vorsitzenden des Rates und verfolgte das Bild einer sich auf ihre Kernaufgaben konzentrierenden, erschöpfte Formate aufgebenden und vorhandene Ressourcen in gelingende Handlungsfelder investierenden Kirche zu entwerfen.

Konkret wurden vier zentrale Handlungsfelder identifiziert, die in je drei Orientierungsperspektiven entfaltet wurden (sog. Leuchtfeuer). Diese Leuchtfeuer sind „keine Konstruktionspläne. Sie sind Landschaftsbeschreibungen, aus denen der gemeinsame Weg in die Zukunft erkennbar wird" (Impulspapier, S. 9). Und in, mit und unter all diesen Perspektiven steckt eine geistliche Zukunftsvision für die evangelische Kirche, die Vision einer nahen und beheimatenden, einer überzeugten und überzeugenden Kirche, die um die unverfügbare Freiheit des Evangeliums, zu wirken wann und wo es will, weiß, und die dennoch ihr Bestes gibt, damit das Evangelium geschehen kann.

Die auf die Veröffentlichung des Impulspapiers „Kirche der Freiheit" *folgenden Diskussionen* wurden durchaus lebhaft geführt; dabei war nicht nur die besonders in der Öffentlichkeit diskutierte Frage nach der zukünftigen Zahl der Landeskirchen ein Anlass zu kritischen Stellungnahmen, sondern ebenso die vermeintlich wirtschaftsnahe Sprache und der Optimierungsansatz, der unvermeidlich die gegenwärtigen Aktivitäten aller Mitarbeitenden in der Kirche in ein nicht zufriedenstellendes Licht tauchte. Die erste Welle der Reaktionen wurde umgehend im Dezember 2007 dokumentiert (siehe Schlüsseltexte S. 179 ff.), wobei dieser Text zugleich Verständnis signalisierte für manchen Unwillen darüber, dass einige für das Selbstverständnis der evangelischen Kirche unerlässliche Themen wie z.B. die Ökumene oder die Seelsorge im Impulspapier keinen Platz gefunden hatten.

II. Von der „Kirche der Freiheit" zur „Kirche im Aufbruch"

a) Kann ein Top-down-Prozess gelingen?

Im Kern ging und geht es seit der Veröffentlichung des Impulspapiers 2006 um die Frage, wie ein „Top-down-Impuls" zu einem gemeinsamen, breit getragenen und vielfältig ausdifferenzierten Reformprozess werden kann. Zugegebener Maßen sind „Top-down-Prozesse" keine typischen Vorgänge in der evangelischen Tradition:

Kirchenreformen erwachsen in aller Regel „bottom-up", also von unten *nach* oben, ja mitunter sogar von unten *gegen* oben. Was aber, wenn die Herausforderungen aus einer Basisperspektive gar nicht recht wahrgenommen werden können? Welche Aufgabe, auch welche Verantwortung hat dann Kirchenleitung im Blick auf die Reformnotwendigkeiten? Wie lässt sich eine Kirche verändern, die „*evangelisch* Kirche sein" will (vgl. das Thema der EKD-Synode 2008, siehe Schlüsseltext S. 215 ff.) und dennoch eine zentrale Perspektive auf die gemeinsamen Herausforderungen braucht? Im Grunde kann man alle Maßnahmen und Initiativen des Reformprozesses seit Veröffentlichung des Impulspapiers unter diese Leit- und Leidfrage stellen: Wie wird aus einem „Top-down-Impuls" ein „Bottom-up-Prozess"? Wie wird aus dem Impuls „Kirche der Freiheit" eine gemeinsame „Kirche im Aufbruch"?

Dazu wurde zuerst und umgehend ein *Zukunftskongress* für den Januar 2007 in Wittenberg organisiert, an dem etwa dreihundert Vertreterinnen und Vertreter aller Gliedkirchen und vieler Dienste und Werke teilnehmen konnten. Während des dreitägigen Kongresses wurden die zwölf Leuchtfeuer, die im Impulspapier entfaltet wurden, in Arbeitsgruppen zur Diskussion gestellt, wesentliche Einwände aufgenommen und viele Konkretionen bedacht. Eine zentrale Grundeinsicht dieses Zukunftskongresses wurde in der These festgehalten, dass es angesichts der gliedkirchlichen Vielfalt keine generellen Lösungen für alle Situationen geben könne – wohl aber eine grundlegende Anregung für den weit zufassenden Reformprozess.

Der Zukunftskongress in Wittenberg bot zugleich die Gelegenheit, die oftmals Anlass zur Kritik gebende, vermeintlich fehlende Theologie explizit zu entfalten (siehe Schlüsseltexte, S. 174 ff.). Der Vorsitzende des Rates der EKD vertiefte die theologischen Grundzüge des Impulspapiers so, dass die theologische Kritik am Impulspapier dort verstummte, wo diese Texte bekannt wurden. Allerdings zeigte sich auf einer gemeinsamen *Tagung von Reformvertretern und wissenschaftlichen Theologinnen und Theologen im Januar 2009*, dass jene weiterführenden Texte und vertiefenden Vorträge in der akademischen Rezeption nicht hinreichend wahrgenommen worden waren; dies mag auch daran gelegen haben, dass diese Schlüsseltexte zum Reformprozess nicht leicht zugänglich gemacht wurden. Das soll mit diesem Band nachgeholt werden.

b) Leitung und Partizipation als Grundspannung

Neben diesem Zukunftskongress standen noch weitere Maßnahmen zur Verankerung des Reformimpulses in den Gliedkirchen: Dazu gehörte vor allem die Beteiligung *der Synode der EKD im Herbst 2007*, die sich in ganz eigener Weise dem Thema Reform näherte. Ihr ging es nicht zuerst um rein organisatorische Fragen, sondern um das Verständnis von Kirche in einer Zeit der Transformation und des notwendigen Umbaus. „Evangelisch Kirche sein", so lautete das Thema; es sollte geklärt werden, wie ein evangelisches Verständnis von Leitung und Steuerung der Kirche im Blick auf Partizipation und Beteiligung angemessen gelingen kann. Es stellte sich – angeregt durch einen herausragenden Grundlagenvortrag des Theologieprofessoren Eberhard Hauschildt zur Differenz von Institution Kirche und Organisation Kirche (siehe Schlüsseltexte, S. 215 ff.) – als bleibende Herausforderung heraus, wie Partizipation als Ausdruck des Prinzips „Priestertum aller Getauften" zusammenzudenken ist mit der notwendigen Leitungsverantwortung in den evangelischen Kirchen. Denn keine Organisation kann sich auf Dauer einen Konfrontationskurs zwischen den verschiedenen Schlüsselberufen in der Fläche und den zentralen Hierarchieverantwortlichkeiten leisten; es bedarf einer Kultur der gegenseitigen Wertschätzung, die von den unterschiedlichen Rollen und Aufgaben ausgeht. Dazu gehört einerseits eine Leitungsverantwortung, die nicht durch Gremienstrukturen unsichtbar wird, dazu gehört zugleich die Grundbereitschaft, Leitung und Führung nicht prinzipiell für unevangelisch zu halten.

Die EKD-Synode 2008 konnte dieses Thema „Führen und Leiten in der evangelischen Kirche" zwar nicht klären, wohl aber als ein Schlüsselthema des weiteren Reformprozesses etablieren. Und es signalisiert die spannungsvolle Grundproblematik des Führungsthemas in der evangelischen Kirche, dass entsprechende strukturelle Entscheidungen zur Förderung dieses Themenbereiches erst im Jahre 2012 abgeschlossen werden konnten. Aber man kann ja an der mit den Stichworten „Stuttgart 21" oder „Erweiterung der Flughafen-Startbahn" geführten Diskussionen der demokratischen Gesellschaft sehen, wie virulent dieses frühzeitig von der Synode aufgegriffene Thema von Leitung und Partizipation ist.

c) Reformen brauchen einen leitungsfähigen Motor

Die Beteiligung an dem Reformprozess wurde nicht zuletzt dadurch deutlich, dass die Gemeinschaft der Gliedkirchen zwei konkrete Maßnahmen verabredete, die gleichsam die „Dienstleistungsseite" der anhebenden Reformen vertraten:

Einmal wurden im Laufe des Jahres 2007 drei zentrale Themen des Impulspapiers identifiziert, die durch entsprechende *Kompetenzzentren* in allen Gliedkirchen gefördert werden sollten. Diese Konzentration besiegelte zugleich die Einsicht, dass die Kräfte der Kirche nicht ausreichten, damit alle zwölf im Impulspapier angesprochen Handlungsfelder von einer Zentrale aus angeschoben und bearbeitet werden können und sollen. Als für die Zukunft des Protestantismus in Deutschland zentral erkannt wurden – neben der Frage nach Führung und Leitung – die Frage nach der Kunst des Predigens, die Frage nach dem einladenden, zum Glauben rufenden Handeln nicht nur der Gemeinden, sondern auch in Regionen und Gestaltungsräumen und die Frage nach der Qualität kirchlichen Handelns in Kernbereichen gemeindlicher Arbeit. Es wurden drei Zentren eingerichtet, die in enger Zusammenarbeit mit vorhandenen Institutionen diese speziellen Kompetenzen fördern und kommunizieren.

Zum anderen richteten die Gliedkirchen der EKD im Kirchenamt ein *Projektbüro Reformprozess* ein, deren vier Mitarbeitende durch großzügige Personalfreistellungen aus den Gliedkirchen zu einer Art Reformabteilung der EKD werden konnten. Die Mitarbeitenden bereiteten nicht nur die Gründung der oben genannten Zentren vor, sondern sorgen auch für regelmäßige Kommunikation der Reformentwicklung in der EKD, sie vernetzten die Bemühungen der Gliedkirchen und sammelten viele „Good-practice-Beispiele" für gelingende kirchliche Angebote. Darüber hinaus arbeiteten sie die Aufträge der ebenfalls 2007 eingesetzten *Steuerungsgruppe des Reformprozesses* zu, in der sich unter dem Vorsitz des Vorsitzenden des Rates der EKD jeweils vier Mitglieder der Synode der EKD, des Rates der EKD und der Kirchenkonferenz zusammenfanden und gleichsam den Motor der weiteren Reformbewegung in der evangelischen Kirche bildeten.

d) Learning by doing

Partizipation und hohe Beteiligung entstand zuletzt an Punkten, die vom Impulspapier kräftig angeschoben, um nicht zu sagen eingefordert wurden: Die zentralen Stichworte des Leuchtfeuers 9 – Hinweise auf die Möglichkeit von *Themenmanagement und Agendasetting* –konnten mit der 2007 einsetzenden „Entdeckung" des Reformationsjubiläums 2017 und der auf sie hinführenden Lutherdekade überraschend erfolgreich umgesetzt werden. Die sog. Themenjahre der Reformations- bzw. Lutherdekade 2008–2017 dienen dazu, die Fülle der mit der Reformation freigesetzten Themen in einzelnen Schritten zu erschließen und damit die Tiefe des reformatorischen Aufbruches im 16. Jahrhundert „sprachfähig" für das 21. Jahrhundert zu machen. Dass es aufgrund dieser Wirkung des Impulspapiers zu einer engen Verzahnung der Arbeit des Reformbüros und der Vorbereitung des Reformationsjubiläums 2017 kommt, liegt auf der Hand. Die organisatorische Weiterentwicklung des Protestantismus in Deutschland und Europa erhält mit der Themendekade die Chance, auch eine theologisch-inhaltliche Weiterentwicklung voranzubringen. Hier sind allerdings noch manche Wege zu gehen.

e) Kassel 2009 – von der Partizipation zur Konkretion

Neben der Partizipation an dem durch das Impulspapier ausgelösten bzw. verstärkten Reformdiskurs in den evangelischen Kirchen wurde zunehmend auch die Abstraktheit der Reformanstrengungen kritisch angefragt. Wie könne man sich eigentlich eine Kirche vorstellen, die die geforderten Reformen durchlaufen und umgesetzt habe? Sind es nicht doch nur Gedanken am grünen Tisch, nett zu lesen, aber in der Realität unbrauchbar?

Es waren diese Anfragen, die mit der *„Zukunftswerkstatt 2009 in Kassel"* aufgenommen werden sollten. Es ging darum, die etwa eintausend von den Landeskirchen entsandten Gäste der Werkstatt nicht nur zu Partnern der Reformen zu machen, sondern ihnen auch ein wenig „Sinn und Geschmack" für eine erneuerte Kirche zu geben. So wurden neben vertrauten Formen wie Vorträgen und Diskussionsforen auch neue Formate entwickelt: „Andachten anders" z.B. suchten ungewöhnliche Orte für Andachten auf, der „Abend ausgezeichneter Ideen" gestaltete auf zwei Bühnen eine Art „Oscar-Nacht für die besten Reformideen" und ein Stationenweg quer durch die Kasseler Innenstadt erlaubte überraschende Erfahrungen und verblüffende Anregungen auf dem Weg zu einer Abschlusskundgebung, die in sog. „Sätzen der Verlässlichkeit" eine Art geistliches Resümee der Reformanstrengungen zu ziehen versuchte. Wenn der Zukunftskongress in Wittenberg 2007 gleichsam die Kommunikation des Reformimpulses war, so lässt sich die Zukunftswerksatt in Kassel 2009 als Konkretion des Reformimpulses verstehen.

III. Wie es weitergeht – zum Stand des Reformprozesses 2012

a) Neue Themen – alte Herausforderungen
Das Impulspapier hatte natürlich auch Grenzen, nicht nur theologisch oder begrifflich, sondern auch thematisch und perspektivisch. Dazu gehören weiterreichende Perspektiven für die ökumenische Arbeit des deutschen Protestantismus in Europa und weltweit; dazu gehört auch die Frage nach der seelsorgerlichen Kompetenz einer „Kirche des Wortes" und ihrer Auftragsgewissheit in den vielen gesellschaftlichen Feldern und Arbeitsbereichen, in denen Seelsorge geschieht. Und dazu gehört die Frage nach den entvölkerten, ländlichen Regionen und ihrer geistlichen Versorgung.

Mit der Neuwahl des Rates der EKD im Herbst 2009 verband sich nicht nur die kontinuierliche Begleitung der etablierten Zentren und die konsequente Weiterarbeit an dem Thema „Führen und Leiten" in der evangelischen Kirche (siehe Schlüsseltexte, S. 302 ff.), sondern auch eine Neuausrichtung der Reformanstrengungen hin zu diesen bisher etwas vernachlässigten Themen.

Die aufgeworfenen Fragen nach der Präsenz der evangelischen Kirche in ausgedünnten, ländlichen Gebieten wurden mit einer ersten *Land-Kirchen-Konferenz* in Gotha 2011 aufgenommen und in einer weiteren Fachkonferenz 2012 in Hannover fortgesetzt. So sehr dieses Thema „Kirche in der Fläche" noch in der Wahrnehmungsphase steckt, eines ist mittlerweile sehr deutlich: Die Zukunft als Volkskirche wird entscheidend daran hängen, dass diese Gebiete nicht aufgegeben, sondern durch neue und einfallsreiche, aber für die handelnden Personen attraktive und für Familien lebbare Formate bereichert werden.

Eine weitere Einsicht zum Thema Partizipation und Beteiligung ist mit der Frage angestoßen, wer eigentlich konkret die notwendigen oder wünschenswerten Reformen umsetzt. Hier landet man sehr bald bei einer Gruppe von regional leitenden Geistlichen in der evangelischen Kirche, die nicht ganz zu Unrecht als „vernachlässigter Stand" angesehen werden könnte. Die sog. „Mittlere Ebene", die je nach Landeskirche Superintendenten, Dekane oder Pröpste genannt werden, leben und arbeiten in einer klassischen „Sandwich-Situation": Von oben erhalten Sie Kürzungs- und Umgestaltungsvorgaben und von unten die Hoffnungen, Kürzungen abzuwenden. Hier sind der Austausch von Erfahrungen, gegenseitige Ermutigung und geistliche Anregungen zentrale anstehende Aufgaben. Deswegen hat die seit 2009 unter der Leitung der

Präses der Synode arbeitende Steuerungsgruppe dem Reformbüro die Aufgabe gestellt, ein *Zukunftsforum für die mittlere Ebene 2014* auszurichten und die zentralen Fragen einer Kirche im Aufbruch in dieser Perspektive aufzunehmen. Entsprechend soll es 2014 in der Transformations-Gegend par excellence – im Ruhrgebiet – ein Zukunftsforum mit über 1500 Beteiligten geben.

b) Ausblick – Reformnotwendigkeit und Reformmüdigkeit
Versucht man aus dem hier nur angedeuteten Verlauf der Diskussion um das Impulspapier „Kirche der Freiheit" nur einige Orientierungspunkte für die zukünftige Strategie der Kirche zu formulieren, dann muss man zweifellos zugestehen:

Es gibt eine nicht zu unterschätzende *Reformmüdigkeit* nicht nur in unserer Kirche, sondern in der ganzen Gesellschaft. Die Dynamik der Globalisierung und die beständige Veränderungsrhetorik legen exakt den gegenteiligen Impuls frei: Lass doch mal die Kirche im Dorf! Und so richtig diese Haltung gegenüber allen leichtfüßigen Erregungswellen und aller vordergründigen Aufbruchsmetaphorik ist, im Kern haben die evangelischen Kirchen ihre Reformhausaufgaben zur Transformation der Kirche ins 21. Jahrhundert noch nicht gemacht. Denn das Ende des ehemaligen Monopolismus und die wachsende Pluralität (pseudo-)religiöser Angebote, die zunehmende Unkenntnis gerade der nachwachsenden Generation über christliche Traditionsbestände und kirchliche Handlungsräume, auch die immer noch zunehmende Individualisierung und die damit einhergehende Distanz zu Institutionen machen es unumgänglich, dass auch die evangelische Kirche beständig im Wandel bleibt und sich den neuen Bedingungen anpasst. Die Fragen der Identität des Evangelischen und des Spezifischen des kirchlichen Angebotes, die Fragen nach der Erkennbarkeit und des Alleinstellungsmerkmals im Umfeld der Ökumene sind nicht ein für allemal zu beantworten, sondern sind beständig neu zu bearbeiten. Und nur eine solche kontinuierliche Profil- bzw. Identitätsbestimmung erlaubt dann auch die Nennung von Posterioritäten, was bekanntlich zu den schwierigsten Aufgaben einer jeden Strategiebildung und damit der Leitungs- und Führungsentscheidung gehört. Darum lautet die Leitthese für den Fortgang des Reformprozesses hier:

Trotz aller Reformmüdigkeit gilt, dass nicht der Reformprozess die Kirche in einen Reformstress taucht, sondern die Situation, in der die Kirche lebt und arbeitet. Und nur ein ebenso konsequenter wie unaufgeregter Reformkurs kann darauf hoffen, gelingende Wege der Transformation zu finden. Und also gilt: Der Reformprozess steht erst am Anfang! Aber man soll ja auch immer wieder „mit dem Anfang anfangen" (Karl Barth).

OKR Dr. Thies Gundlach, Vizepräsident
Kirchenamt der EKD, Juli 2012

Impuls

Impulspapier „Kirche der Freiheit“

Perspektiven für die evangelische Kirche im 21. Jahrhundert

Rat der EKD

Vorwort

Die evangelische Kirche in Deutschland steht vor großen Herausforderungen: Demographische Umbrüche, finanzielle Einbußen, die Spätfolgen zurückliegender Austrittswellen, hohe Arbeitslosigkeit, globalisierter Wettbewerb sind gesellschaftliche Entwicklungen, von denen die Kirche entscheidend betroffen ist. Sie nötigen zu einem Wandel der kirchlichen Strukturen, der sehr viel Kraft und Aufmerksamkeit in Anspruch nimmt. Die Sorge um die Zukunft der Kirche und um die Arbeitsplätze im kirchlichen Bereich greift um sich; wenn kirchliche Arbeitszweige eingestellt oder umgestaltet werden, wenn Gemeinden zusammengelegt oder Kirchengebäude nicht mehr wie bisher genutzt werden, so ist dies stets mit schmerzlichen Erfahrungen verbunden. Weiterer Wandel steht bevor. Wenn die heute erkennbaren Trends einfach fortgeschrieben werden müssten, so würde nach manchen Einschätzungen die evangelische Kirche im Jahre 2030 ein Drittel weniger Kirchenmitglieder und nur noch die Hälfte der heutigen Finanzkraft haben. Eine eigenständige Antwort auf solche Prognosen kann nur darin bestehen, gegen den Trend wachsen zu wollen.

Auch dies gehört zu den Zügen unserer Gegenwart: Es wird neu nach Gott gefragt. Religiöse Themen ziehen hohe Aufmerksamkeit auf sich; Menschen fragen auch wieder nach der eigenen religiösen Identität, nach dem, was für sie selbst Halt und Zuversicht verbürgt. Eine in den zurückliegenden Jahrzehnten verbreitete Gleichgültigkeit gegenüber den im christlichen Glauben gegebenen Grundlagen des persönlichen wie des gemeinsamen Lebens weicht einem neuen Interesse für tragfähige Grundeinstellungen und verlässliche Orientierungen. Darin liegen neue Herausforderungen für Verkündigung und Mission der evangelischen Kirche in Deutschland. In diesem Umfeld gewinnen auch die Umstrukturierungen in der evangelischen Kirche einen neuen Sinn. Sie lassen Kreativität, Aufbruchsstimmung und Auftragsorientierung wachsen.

Die Grundfrage an unsere evangelische Kirche lautet in dieser Umbruchsituation: Wird sich bei hauptamtlich Mitarbeitenden und ehrenamtlich Engagierten ein Paradigmen- und Mentalitätswechsel vollziehen, der die evangelische Kirche auf die neue Situation ausrichtet und ihre Chancen zu ergreifen sucht? Entwickelt sich die Kraft zur Gestaltung des Umwandlungsprozesses, der in jedem Fall stattfindet? Drei Alternativen oder Optionen muss man dabei vor Augen haben:

- Bei der Fortführung des bisherigen Handelns und Wirkens treibt die Kirche schon in wenigen Jahren auf eine Situation zu, in der das hochexplosive Gemisch aus Versorgungskosten, Teuerungsrate und schrumpfenden Einnahmen zur faktischen Gestaltungsunfähigkeit führt.
- Oder: Bei einem gleichmäßigen und vermeintlich gerechten Abschmelzen aller bisherigen Aktivitäten schrumpft die evangelische Kirche auf ein immer niedrigeres Niveau. Am Ende dieses Weges werden wesentliche Grundaufgaben der evangelischen Kirche in weiten Teilen Deutschlands nicht mehr überzeugend wahrgenommen werden können.
- Oder: Bei einem aktiven Umbauen, Umgestalten und Neuausrichten der kirchlichen Arbeit und einem bewussten Konzentrieren und Investieren in zukunftsverheißende Arbeitsgebiete wird ein Wachsen gegen den Trend möglich.

Der hier vorgelegte Text des Rates der EKD will den dritten Weg fördern.

Es gehört zum Selbstverständnis reformatorischer Kirchen, Kurskorrekturen durch theologische Reflexion und innerkirchlichen Diskurs zu steuern. Dabei ist es unerlässlich, sich über Wesen und Auftrag der Kirche zu verständigen. Was sind ihre zentralen Aufgaben und welche Ausrichtung ist ihr von der biblischen Botschaft her aufgegeben? Die folgenden vier biblisch geprägten Grundannahmen sind für die hier vorgelegten Überlegungen leitend:

a) Geistliche Profilierung statt undeutlicher Aktivität
Wo evangelisch draufsteht, muss Evangelium erfahrbar sein. In diesem Motiv scheint das biblische Bild vom Licht der Welt auf, von dem Licht, das nicht unter den Scheffel gestellt werden soll (vgl. Lukas 11,33).

b) Schwerpunktsetzung statt Vollständigkeit
Kirchliches Wirken muss nicht überall vorhanden sein, wohl aber überall sichtbar. Hier ist an die vielfältige Bedeutung des zeichenhaften Handelns Jesu zu denken (vgl. insbesondere die Heilungs- und Wundergeschichten).

c) Beweglichkeit in den Formen statt Klammern an Strukturen
Nicht überall muss um des gemeinsamen Zieles willen alles auf dieselbe Weise geschehen; vielmehr kann dasselbe Ziel auch auf verschiedene Weise erreicht werden. Im Bild „vom Leib Christi“ darf man „den Juden ein Jude und den Griechen ein Grieche“ sein (vgl. 1. Korinther 9,20).

d) Außenorientierung statt Selbstgenügsamkeit
Auch der Fremde soll Gottes Güte erfahren können, auch der Ferne gehört zu Christus. Das Bild von „Christus als Haupt der Gemeinde" veranschaulicht, dass seine Gegenwart immer größer und weiter ist als der je eigene Glaube und die je eigene Gemeinde (vgl. Kolosser 1,15 ff.).
Diese Motive sind an vielen Stellen wirksam, an denen in den Gliedkirchen der EKD, in ihren Einrichtungen wie in den gliedkirchlichen Zusammenschlüssen Leitbilder entwickelt oder Konzepte der Kirchenreform erarbeitet werden. Daran knüpft der folgende Text an; er will die in den Landeskirchen vorhandenen Reformanstrengungen sichten und bündeln, verstärken und fördern. In wesentlichen Kernpunkten des notwendigen Reformprozesses ist sich der deutsche Protestantismus einig. Das ermutigt für den gemeinsamen Weg in die Zukunft.
Vier Handlungsfelder sind für den notwendigen Mentalitätswandel von zentraler Bedeutung. Sie werden deshalb ins Zentrum der folgenden Überlegungen gerückt. Nötig ist ein Aufbruch

- in den kirchlichen Kernangeboten,
- bei allen kirchlichen Mitarbeitenden,
- beim kirchlichen Handeln in der Welt und
- bei der kirchlichen Selbstorganisation.

Mit diesen vier Kernbereichen sind zweifellos nicht alle wichtigen Zukunftsfelder angesprochen. Der Dialog der Religionen, die weltweite Ökumene, die internationale Vernetzung der evangelischen Kirche in Deutschland und das gemeinsam verantwortete weltweite Gerechtigkeitshandeln – um einige wichtige Beispiele zu nennen – werden in diesem Text nicht eigens thematisiert, obgleich sie ebenfalls zentrale Herausforderungen unserer Kirche darstellen werden.

Aber in diesen vier Schlüsselbereichen entscheidet sich der Weg der evangelischen Kirche in die Zukunft. Das wird an zwölf Leuchtfeuern verdeutlicht, von denen jeweils drei einem der vier genannten Handlungsfelder zugeordnet sind. Sie sollen eine Vorstellung davon vermitteln, welche qualitativen und strukturellen Umwandlungen die evangelische Kirche braucht, um den notwendigen Mentalitätswandel zu gestalten. Diese zwölf Leuchtfeuer sind keine Konstruktionspläne, sondern Orientierungslichter auf dem Weg; sie sind Landschaftsbeschreibungen, aus denen der gemeinsame Weg in die Zukunft erkennbar wird.

Aus den Leuchtfeuern werden Handlungsziele abgeleitet; diese mögen kühn wirken, aber nur große Ziele locken großes Engagement hervor. Kann sich die evangelische Kirche in Deutschland in ihrer großen Mehrheit auf die vorgeschlagene Veränderungsrichtung in diesen vier Schlüsselbereichen verständigen, dann – so ist der Rat der EKD überzeugt – gibt es eine reale Chance, dass die evangelische Kirche auch im 21. Jahrhundert als eine Kirche der Freiheit leuchtet.

Der Rat der Evangelischen Kirche in Deutschland veröffentlicht diesen Text mit der Absicht, eine Diskussion anzuregen, und in der Hoffnung, dass er Auftakt und Antrieb für eine Reformdebatte auf allen kirchlichen Ebenen und Handlungsfeldern wird. Die Auseinandersetzung mit diesen Überlegungen in Gemeinden, Kirchenkreisen, Arbeitszweigen und Landeskirchen soll dabei helfen, die notwendigen Veränderungen für den je eigenen Bereich zu klären und zu fördern. Dabei werden aus diesen Überlegungen mit Sicherheit regional unterschiedliche Folgerungen gezogen. Aber auch in solcher Pluralität geht es um einen gemeinsamen Weg. Deswegen verbindet der Rat der EKD mit der Veröffentlichung dieses Textes den ausdrücklichen Wunsch, kritische Stellungnahmen und konstruktive Weiterentwicklungen zu erarbeiten, die den weiteren Diskussionsprozess entscheidend fördern werden. Eine erste Gelegenheit, solche weiterführenden und korrigierenden Überlegungen zu bündeln, wird der Zukunftskongress der EKD im Januar 2007 in Wittenberg bieten. Auf ihm soll die Diskussion in einer Aufwärtsagenda gebündelt werden, auf deren Grundlage der deutsche Protestantismus die Dekade bis zum Lutherjubiläum 2017 mit frischen Impulsen gestalten wird.

Der hiermit veröffentlichte Text will denen Mut machen, die unterwegs sind; er will dort Sorgen mindern, wo diese sich lähmend auswirken. Denn es ist kein „Geist der Furcht, sondern ein Geist der Kraft, der Liebe und der Besonnenheit“ (2. Timotheus 1,7), der uns Christen verheißen ist. Das Vertrauen auf diesen Geist bestimmt die Bemühungen, die in diesem Text gebündelt und zugleich angestoßen werden.

Herzlich danke ich den Mitgliedern der Perspektivkommission, die Wege zur Reform unserer Kirche erkundet haben, sowie den Geschäftsführern der Kommission, Thomas Begrich und Thies Gundlach, die dieses Vorhaben zu ihrer persönlichen Sache gemacht haben.

Hannover, den 1. Juli 2006
Bischof Dr. Wolfgang Huber
Vorsitzender des Rates der Evangelischen Kirche in Deutschland

I. Chancen und Herausforderungen

1. Evangelische Kirche im gesellschaftlichen Wandel

Die evangelischen Kirchen in Deutschland denken intensiv über ihre Zukunft und die Neugestaltung wichtiger Arbeitsfelder nach. Ausgelöst wurde dies durch enorme Wandlungsprozesse, in denen sich unsere ganze Gesellschaft befindet. Die Kirchen sind in diesen Wandel verwoben. Die Wandlungsprozesse sind vielschichtig; die Faktoren, die sie beeinflussen, sind komplex. Grob unterscheiden lassen sich für die Kirchen Faktoren, die durch kirchliches Handeln stärker beeinflussbar sind, beispielsweise die Gestaltung kirchlicher Angebote oder die Kommunikation innerhalb der eigenen Mitarbeiterschaft, und Rahmenbedingungen, die nur zu einem geringen Teil oder gar nicht beeinflussbar sind, wie etwa der demographische Wandel.

Damit die Veränderungsprozesse gestaltbar werden, bedarf es sachgemäßer Analysen und der Bereitschaft, sich selbstbewusst und aktiv auf den Wandel einzustellen. Die Einsicht in die Notwendigkeit von tiefgreifenden Reformen ist gewachsen. Zugleich wird mit jeder ins Auge gefassten Veränderung deutlich, wie konfliktbehaftet und anstrengend solche Reformen sind. Als Christinnen und Christen vertrauen wir darauf, dass die Umbruchsituation auch neue Chancen in sich birgt.

Die vor uns liegenden Gestaltungsaufgaben erfordern organisatorische Kompetenz und haushalterischen Umgang mit den verfügbaren Ressourcen. Sie fordern aber noch mehr: einen Mentalitätswandel in den evangelischen Kirchen. Wer nur klagt und zagt, wird den Wandel nicht gestalten. Vielmehr sind Vertrauen und Hoffnung, Mut und Zuversicht entscheidende Kraftquellen auf dem Weg in die Zukunft. Wer vertraut und hofft, wird frei, auch loslassen zu können. Das wird nötig sein, denn Prioritäten können bei zurückgehenden finanziellen Mitteln nur dann gesetzt werden, wenn zugleich bestimmte Arbeitsfelder reduziert, mit geringerem Aufwand neu gestaltet oder auch ganz aufgegeben werden.

Zuversicht und Aufbruchstimmung können nicht verordnet werden, aber als Christen können wir uns gegenseitig immer wieder an den Grund zur Hoffnung erinnern, der der Kirche mit der Zusage gegeben ist: „Und siehe, ich bin bei euch alle Tage, bis an der Welt Ende“ (Matthäus 28,19).

Die christliche Hoffnung macht frei dazu, die positiven Aspekte in unserer Lage angemessen wahrzunehmen. Die Ausgangsbedingungen für die Gestaltung des Wandels schließen nicht nur schwierige Herausforderungen, sondern auch positive Ansatzpunkte ein. Die Kirchen zählen nach wie vor zu den größten Institutionen in unserem Gemeinwesen. Sie haben ein dichtes, kenntnisreich lokal verwurzeltes Organisationsnetz und eine ausdifferenzierte Infrastruktur. Ihre Traditionen, Kennzeichen und Symbole sind auf wichtigen Feldern der Kultur, in Musik, Literatur, bildender Kunst und Architektur präsent. An vielen

Orten und auf vielen Tätigkeitsfeldern engagieren sich Christinnen und Christen Tag für Tag. In den Betrieben und öffentlichen Verwaltungen, in Schulen, Universitäten und diakonischen Einrichtungen tragen sie Wesentliches dazu bei, unser Gemeinwesen menschlich zu gestalten. Es gehen insgesamt mehr Menschen am Sonntagmorgen in die Kirchen als am Sonnabendnachmittag in die Bundesligastadien. In unserer Gesellschaft lassen sich ein neues Interesse und eine neue Sensibilität für religiöse und christliche Traditionen und Lebensweisen beobachten. Die kirchlichen Haushalte sind im Gegensatz zu den öffentlichen Haushalten nicht überschuldet. In den neuen Bundesländern wurden nach 1989 auch in den Kirchen enorme Aufbauleistungen vollbracht, Kirchen und Altenheime renoviert, soziale Initiativen ergriffen und diakonische Einrichtungen ausgebaut. Die Ursprungsorte der Reformation, aber auch Zentren des deutschen Pietismus und der protestantischen Aufklärung sind durch die Wiedervereinigung über bisherige Grenzen hinweg wieder frei zugänglich geworden.

Das symbolische Kapital des deutschen Protestantismus ist gewachsen; die traditionsreichen Erinnerungsorte können in neuer Weise ihre Wirkung für das kulturelle Gedächtnis entfalten. Die Unterstützung, die der Wiederaufbau der Frauenkirche in Dresden erfahren hat, und die Aufmerksamkeit, die das Fest der Weihe fand, sind ermutigende Beispiele.

Es geht um die Gestaltung des Wandels in der evangelischen Kirche. Im evangelischen Verständnis von Glauben und Kirche liegen wichtige Ressourcen für den Weg zum Neuaufbruch. Fünf Aktivposten seien einleitend genannt:

Der Grundimpuls der Reformation zielt darauf, aus der biblischen Überlieferung heraus Menschen einen neuen Zugang zum Glauben an Gottes gnädige Zuwendung zu ermöglichen, die als Trost, Stärkung und Befreiung im eigenen Leben erfahren werden kann. Zur Signatur evangelischen Christseins gehört Freiheit. Die Bindung an Jesus Christus eröffnet Raum für die persönlich verantwortete Gestaltung der christlichen Existenz und des kirchlichen Auftrags, den Auftrag besonderer Ämter eingeschlossen. Doch die christliche Freiheit ist nicht mit Beliebigkeit zu verwechseln; sie trägt vielmehr ein spezifisches Profil. Zu ihr gehört die Bereitschaft, Verantwortung füreinander und für den Weg der Kirche zu übernehmen. Freiheit lässt sich nicht nur in Distanznahme und Kritik leben. Ihre wirklichkeitsgestaltende Kraft entfaltet sie auch in der Bereitschaft dazu, den eigenen Horizont für die Anliegen und Bedürfnisse der Anderen zu öffnen und das gemeinsame Leben mitzugestalten. Die evangelische Kirche braucht zur Gestaltung des Weges in die Zukunft eine neue Bereitschaft, aus Freiheit Verbindlichkeiten wachsen zu lassen. Solche Bindung aus Freiheit mündet in ein Ja zur Kirche als sichtbarer Gemeinschaft der Glaubenden. Dies wird konkret in der Bereitschaft, die evangelische Kirche auf ihrem Weg in die Zukunft zu unterstützen. Es wird konkret in der Bereitschaft zur Blickerweiterung über eigene Interessenlagen hinaus. Es wird konkret in der Bereitschaft zum Kompromiss und zur Kooperation.

Von diesem Grundanliegen der Erneuerung und Stärkung eines lebensdienlichen Glaubens aus hat die Reformation von Beginn an die vorhandenen kirchlichen Strukturen daraufhin befragt, ob und wie sie die Verkündigung des Evangeliums behindern oder fördern. Nach evangelischem Verständnis gibt es keine heiligen, unantastbaren, unveränderbaren Organisationsstrukturen. Auftragsgemäßen, theologisch reflektierten Wandel zu ermöglichen, ist eine Daueraufgabe evangelischer Kirchenleitung auf allen Ebenen.

Zum Profil des evangelischen Kirchenverständnisses gehört ein spezifisches Verständnis von Kirchenleitung: Alle Getauften haben Anteil an der Gestaltung der Kirche. Alle Begabungen und Fähigkeiten von Christinnen und Christen werden auf dem Weg in die Zukunft gebraucht. Durch die mit einem Amt verbundene Autorität werden konkrete Pläne oder Entscheidungen nicht der Kritik entzogen; die evangelische Kirche kennt keine „Hierarchie" (zu deutsch: „heilige Herrschaft"). Der nötige Wandel kann deshalb auch nicht einfach „von oben" verordnet werden. Das Recht auf Partizipation für alle Christen wurde von den Reformatoren im Rückgriff auf eine biblische Vorstellung in der Lehre vom „Priestertum aller Glaubenden" begründet.

So sehr die tröstende und freimachende Kraft des Glaubens persönlich und damit in individueller Ausprägung erlebt wird, so sehr lebt dieser Glaube zugleich aus dem, was der Gemeinschaft der Glaubenden anvertraut ist und in ihr überliefert wird. Deshalb gehört das gegenseitige Helfen und Stützen in der Gemeinschaft der Christen unlöslich zum evangelischen Verständnis des Glaubens. Solches Miteinander muss geordnet und organisiert werden. Um dieser Aufgabe willen wurde das Pfarramt ausgebildet und mit einer spezifischen Leitungskompetenz und Kommunikationsaufgabe ausgestattet. Der Pfarrerschaft und den anderen hauptberuflichen Leitungspersonen in der Kirche kommt bei der Gestaltung der Wege in die Zukunft eine zentrale Rolle zu. Unsere Kirche braucht eine Mitarbeiterschaft, die sich den Herausforderungen mutig und hoffnungsvoll stellt.

Zu den Stärken des reformatorischen Christentums gehört die freie theologische Reflexion. Aus ihr ergibt sich große Kompetenz zur Interpretation der biblischen Botschaft wie zur Verarbeitung der Lage des Christentums unter modernen Bedingungen. Sie ermöglicht die Deutung der vielfältigen Ausdrucksformen des Glaubens, die sich in einer allein an der Kirche als Institution ausgerichteten Perspektive nicht zureichend erfassen lassen. Neben dem kirchlichen Christentum, das in traditionellen wie in neuen Formen gelebt wird, haben sich sowohl eine individualisierte Frömmigkeit als auch ein öffentliches Christentum ausgebildet, die in vielfältigen kulturellen Formen ihren Ausdruck finden. Theologische Reflexion hat die Aufgabe, die Angemessenheit des kirchlichen Vorgehens im Blick auf die biblisch-theologischen Grundlagen kritisch zu prüfen, die faktische Vielgestaltigkeit wahrzunehmen, Kommunikation zu ermöglichen und den Konsens zu suchen. Solche Reflexion ist gerade dann vonnöten, wenn es Kontroversen über die Lage und den Weg der Kirche gibt, wenn Abgrenzungen überwunden und Spaltungen vermieden werden sollen. In der theologischen Reflexion liegen Chancen für kritische Aufklärung, für Horizonterweiterung und eigenständigen Orientierungsgewinn. Durch sie wird die Suche nach Veränderungsmöglichkeiten immer wieder neu an den Auftrag der Kirche gebunden. Dieser Auftrag liegt darin, das Evangelium zu verkündigen und Glauben zu wecken.

2. Gib den Chancen eine Chance

Schaut man mit klarer Orientierung am kirchlichen Auftrag wie mit nüchternem Realitätssinn auf die Situation, in der sich die evangelischen Kirchen und ihre Gemeinden befinden, so fällt der Blick nicht nur auf die Schwierigkeiten, sondern auch auf die besonderen Chancen der Gegenwart. Der Chancenreichtum der aktuellen Situation liegt zum einen in einer gesellschaftlich günstigen Situation, und zum anderen in einer ermutigenden innerkirchlichen Lage. Beide Phänomene verdienen es, aufmerksam betrachtet zu werden; beide haben es mit dem Kern des kirchlichen Auftrags und des evangelischen Selbstverständnisses zu tun.

a) Die gesellschaftliche Situation ist günstig
Ein neues, plural geprägtes Interesse für religiöse Fragen bestimmt unsere Gegenwart, das mit dem Stichwort der Wiederkehr der Religion nur grob gekennzeichnet ist. Dieses neue religiöse Interesse muss bewusst als ein besonderes Zeitfenster für neue kirchliche Initiativen genutzt werden.

Bereits in der dritten Kirchenmitgliedschaftsuntersuchung der Evangelischen Kirche in Deutschland zu Beginn der neunziger Jahre wurden Hinweise auf eine verstärkte Hinwendung zur Religion wahrgenommen; inzwischen bezeichnen Zukunftsforscher die Respiritualisierung als gesellschaftlichen Megatrend. Dies belegen auch Untersuchungen wie etwa die Europäische Wertestudie „Die europäische Seele" (2002). Kulturelle Entwicklungen sind deutliche Indikatoren für einen Wandel der Fragestellungen. In den Massenmedien, in den Filmthemen Hollywoods, in der Theaterlandschaft der Gegenwart wie in den bildenden Künsten spielen religiöse Fragen eine wachsende Rolle. Es ist nicht mehr peinlich, nach Gott zu fragen, nach Sinn zu suchen, über Halt und Heimat zu diskutieren, – also existenziell nach dem zu fragen, was größer ist als das Kaufbare, Machbare und Gestaltbare. Dieser neue Geist des religiösen Fragens steht zu den Kirchen und ihrer Botschaft in einem vieldeutigen Verhältnis. Die öffentlichen Sprecher für solche Fragen sind eher in Zeitungsredaktionen, Theaterteams oder Literaturzirkeln als in den Kirchen zu Hause. Und mitunter wird kritisch gefragt, ob diese vermeintliche Wiederkehr der Religion wirklich aus einer religiös interessierten Haltung heraus wächst. Darüber hinaus ist es keineswegs sicher, dass dieses weithin diffuse kulturelle Interesse an der Religion einer verbindlichen Zuwendung zum Evangelium zu Gute kommt. Aber so sehr dies zu kritischen Fragen auch gegenüber dem Zeitgeist berechtigt, so weisen diese neuen kulturellen Bewegungen doch deutlich darauf hin, dass geistliche Themen auch in der öffentlichen Diskussion wieder an der Zeit sind. Die christlichen Kirchen haben im Blick auf ihre zentralen Themen neue Chancen – auch wenn sie selbst diese teilweise nur zögernd wahrnehmen.

Das aktuelle Zeitfenster für religiöse Fragen entsteht auch durch die radikalisierte Globalisierung der Gegenwart. Die enormen Umwälzungen im wirtschaftlichen und politischen Bereich führen zu großen gesellschaftlichen Umstellungen und erheblichen sozialpolitischen Herausforderungen. Je ungewisser persönliche Lebenssituationen und berufliche Wege werden und je fragwürdiger eingelebte Sinnkonstruktionen und vertraute Ideale von Leistung und Erfolg erscheinen, desto mehr suchen die Menschen nach Sinn und Bedeutung, nach Freundschaft und Liebe, nach Gemeinschaft und Werten. Sie suchen danach, was über den Tag hinaus Halt gibt. Auch dieses Suchen richtet sich nicht mit Zwangsläufigkeit auf die Kirchen, aber es gibt den Kirchen die Chance, derartige Fragen aufzunehmen und die Antworten des Glaubens in neuer Weise als Halt und Trost zu verdeutlichen. Glaubwürdige und über den Tag hinaus tragfähige Antworten haben in Zeiten der globalen Stimmenvielfalt wieder mehr Chancen, gehört zu werden. Diese Einschätzungen der Lage lassen sich exemplarisch durch eine Reihe empirischer Befunde verdeutlichen:

- Das Interesse an religiösen Themen lag im gesamten Jahr 2005 höher als in den neunziger Jahren und noch am Beginn dieses Jahrzehnts. Die Überzeugung, dass der christliche Glaube ungebrochen aktuell ist, stieg Anfang 2005 auf 52 Prozent und hält sich seither auf diesem Niveau.
- Laut repräsentativen Umfragen glauben 82 Prozent aller westdeutschen Kinder zwischen 6 und 12 Jahren an Gott; sie sind also durchaus bereit, sich diesem Thema zuzuwenden. In Ostdeutschland glauben dagegen nur 27 Prozent der Kinder in diesem Alter an Gott. Für Deutschland insgesamt ergibt sich daraus ein Anteil von 74 Prozent. Daran zeigt sich die große Bedeutung der religiösen Bildung und der Weitergabe von Tradition.
- Eben deshalb ist es beachtenswert, dass in wachsendem Maß die Frage bejaht wird, ob religiöse Erziehung wichtig für Kinder sei; antworteten 1979 65 Prozent mit Ja, waren es 2002 68 Prozent.
- Damit korrespondiert die Feststellung, dass ein wachsender Anteil der deutschen Bevölkerung davon überzeugt ist, dass religiöse Fragen auch in Zukunft von Bedeutung sind. Die knappe Hälfte der Bevölkerung nimmt an, dass diese Fragen gleichbleibend wichtig sind; ein knappes Viertel geht davon aus, dass Glaube und Religion in Zukunft an Bedeutung gewinnen werden, wobei dieser erwartete Bedeutungszuwachs im Blick auf den Glauben deutlicher ausgeprägt ist (24 Prozent) als im Blick auf die Kirche (21 Prozent).

- Trotz erheblicher Veränderungen in den gesellschaftlichen Bedingungen wie in den Möglichkeiten kirchlichen Handelns erweist sich das religiöse Selbstverständnis der Menschen als weithin stabil. Zwischen 1995 und 2005 hat sich die Selbsteinschätzung, ob ein Mensch sich als religiös versteht oder nicht, um keinen Prozentpunkt verändert (49 Prozent).
- Die Zahl der Menschen, die beten, ist überraschend groß; nur eine Minderheit sagt von sich, sie bete nie. 66 Prozent der Menschen in Deutschland beten gelegentlich oder häufig; in Ostdeutschland sind es immerhin 46 Prozent und damit erheblich mehr Menschen als am kirchlichen Leben teilnehmen.
- 30 Prozent der Bevölkerung haben ein ausgeprägtes Interesse an religiösen Fragen und Themen (wobei das Interesse an Kirchen und Religionen weitgehend deckungsgleich ist). Auffallend ist, dass in der Gruppe der 16- bis 29-Jährigen jeder Fünfte ein stark ausgeprägtes Interesse an religiösen Themen hat. Die Zahl der Interessierten ist also weit höher als die Zahl derjenigen, die von den Kirchen mit ihrer Jugendarbeit erreicht werden, obwohl auch diese Zahl bemerkenswert ist, da sie über 10 Prozent der entsprechenden Jahrgänge liegt.
- Mehr als die Hälfte aller Kirchenmitglieder gibt als entscheidenden Grund für ihre Kirchenmitgliedschaft die Tatsache an, dass sie „wichtige Ereignisse im Leben kirchlich feiern" will (57 Prozent der Protestanten, 58 Prozent der Katholiken). Diese Motivation ist deutlich wichtiger als die so genannte Traditionsmitgliedschaft, die heute bei Protestanten nur noch 37 Prozent und bei Katholiken 44 Prozent ausmacht. Daneben ist das Gefühl, „zu einer Gemeinschaft gehören" zu wollen, entscheidend für die Zugehörigkeit oder den Wiedereintritt in die Kirche. Fast ein Drittel aller Protestanten gibt dies als wesentliche Motivation für die Kirchenmitgliedschaft an.
- Die religiöse Bindung von Jugendlichen an die Kirche führt zu markanten Unterschieden im Lebensgefühl und in der Lebensauffassung im Vergleich zu anderen Jugendlichen. Konfessionell gebundene Jugendliche zwischen 14 und 29 Jahren leben einen Lebensentwurf mit anderen Wertorientierungen als religiös indifferente Jugendliche. Zwar ist das Ziel, gute Freunde zu haben und ein abwechslungsreiches Leben zu führen, in beiden Gruppen gleich stark verbreitet; und die aktive Teilnahme am politischen Leben hat in beiden Gruppen keine hohe Priorität. Besonders wichtig ist für kirchlich geprägte Jugendliche das Ziel, eine gute und vielseitige Bildung zu erhalten und immer wieder Neues zu lernen. Markant ist der Unterschied auch in der Haltung zu Fragen der sozialen Gerechtigkeit, die bei jungen Christen ebenso ausgeprägt ist wie die Bereitschaft, in Not geratenen Menschen zu helfen. Kirchlich gebundene Jugendliche wollen mit größerer Eindeutigkeit als ihre religiös indifferenten Altersgenossen Kinder haben, in kreativen Berufen und Lebenssituationen leben, Verantwortung für andere übernehmen und die Auseinandersetzung mit der Sinnfrage suchen, während

ihnen hohes Einkommen und das Ziel, Spaß zu haben und das Leben zu genießen, nicht ganz so wichtig erscheinen wie den religiös indifferenten Jugendlichen. Insgesamt ergibt sich aus den Umfragen, dass konfessionell gebundene junge Menschen sich unabhängig von ihrer konkreten Lebenssituation häufiger glücklich fühlen als kirchlich nicht Gebundene.

Solche Befunde enthalten klare Anknüpfungspunkte für kirchliche Initiativen. Die evangelische Kirche hat eine chancenreiche Ausgangsbasis. Dies zeigt sich auch an folgender Überlegung: Die Bevölkerung der Bundesrepublik ist im Blick auf die Religionszugehörigkeit dreigeteilt: Etwa ein Drittel (31,3 Prozent) gehört der evangelischen Kirche, ein weiteres Drittel der römisch-katholischen Kirche (31,7 Prozent) an; zu anderen christlichen Kirchen und Konfessionen gehören 1,9 Prozent der Bevölkerung. In Deutschland sind etwa 4 Prozent Muslime. Das verbleibende knappe Drittel (31, 3 Prozent oder etwa 27 Millionen Menschen) ist jedoch keineswegs durchweg unchristlich. Es handelt sich vielmehr zu einem erheblichen Teil um Menschen, die aus den Kirchen ausgetreten sind. So sind allein in den zwei Jahrzehnten zwischen 1983 und 2003 in Westdeutschland 3,4 Millionen und seit 1991 in Ostdeutschland 500 000 Menschen aus der evangelischen Kirche ausgetreten. Von ihnen sind etwa 12 Prozent im Laufe der Jahre wieder eingetreten; daran zeigt sich, dass Ausgetretene oft das Motiv ihres Austritts hinter sich lassen und zum Wiedereintritt bereit sind. In Deutschland leben somit sehr viele Menschen, die getauft, oft auch konfirmiert sind oder auf weiteren Wegen mit dem christlichen Glauben in Berührung gekommen sind. Berücksichtigt man, dass Kirchenaustritte überwiegend im Erwachsenenalter zwischen 18 und 50 Jahren vollzogen werden, so kann man davon ausgehen, dass der weitaus größte Teil der in den vergangenen 20 Jahren Ausgetretenen auch heute noch lebt. Einschließlich der bereits in früheren Jahren Ausgetretenen dürfte sich die Zahl der in unserer Gesellschaft lebenden evangelisch getauften Nichtkirchenmitglieder bzw. Konfessionslosen zwischen 3,5 und 5 Millionen bewegen. Das ist ein gewaltiges Potenzial für eine besondere missionarische Initiative gegenüber ausgetretenen Getauften. Ebenso wichtig ist das Bemühen um diejenigen, die – aus welchen Gründen auch immer – seit einer oder mehreren Generationen keinen Kontakt mit einer christlichen Kirche haben.

b) Die innerkirchliche Lage macht Mut

Zu den wichtigen Ausgangspunkten für die Analyse dieser chancenreichen Situation gehört die Wahrnehmung, dass viel Grund zur Dankbarkeit für eine oft stabile, engagierte und gelingende Gemeindearbeit in der evangelischen Kirche in Deutschland besteht. Die Treue sehr vieler Menschen zur evangelischen Kirche und die Lebendigkeit vieler Gemeinden in Stadt und Land bilden ein hohes Gut, das durch die Rede von einem notwendigen Aufbruch nicht geschmälert oder missachtet werden soll. Die evangelische Kirche in Deutschland lebt und ist lebendig in den vielen Menschen, die treu zu ihr halten. Es gibt auch heute in Deuschland ein stabiles protestantisches Milieu, das sich im Hören auf und im lebendigen Zeugnis für das Evangelium, im Feiern der Sakramente und im Engagement für bedürftige Menschen ausdrückt. Die folgenden Überlegungen sollen die darin liegende Kraft zur Beheimatung bestärken. Damit verbindet sich die Hoffnung, sie auch in der nächsten Generation lebendig zu halten und zu erneuern.

Zu den positiven Grundzügen der gegenwärtigen Situation gehört sodann, dass sich eine neue Aufbruchstimmung unter den Mitarbeitenden in der Kirche feststellen lässt. Natürlich finden sich in der evangelischen Kirche auch Verzagtheit und Mutlosigkeit – aber dies sollte nicht blind machen für die wachsende Bereitschaft, sich mit der Kirche und ihren Aufgaben zu identifizieren, und für den vorhandenen Mut, neue Wege gemeinsam zu gehen.

„Im Geiste des Vertrauens Vertrautes verlassen", diese Formulierung trifft den guten Geist vieler Engagierter. Es gibt gegenwärtig eine beeindruckende Zahl von Mitarbeitenden in der evangelischen Kirche, die sich zuversichtlich und überzeugend engagieren. Dies können folgende Hinweise und Erinnerungen exemplarisch belegen:

Ermutigend ist zuerst die hohe Zahl an Ehrenamtlichen, die bereit ist, in der und für die Kirche zu arbeiten. Von den Mitgliedern der Kirchenvorstände und anderen Leitungsgremien bis hin zu der hohen Zahl an Sängerinnen und Sängern in kirchlichen Chören, von den ungezählten Mitarbeiterinnen und Mitarbeitern in (Kinder-)Gottesdiensten bis zu den vielen Menschen, die in Vereinen, Arbeitskreisen, Initiativen und Projektgruppen im Umfeld der Kirchen arbeiten, ist das freiwillige Engagement ein immenser Schatz der Kirche.
Das Engagement der Ehrenamtlichen bleibt eine wesentliche Zukunftsgröße in den evangelischen Kirchen.

Glücklicherweise sind auch die internen kirchlichen Konflikte, die in den siebziger und achtziger Jahren des 20. Jahrhunderts sehr viele Kräfte beansprucht haben, weitgehend überwunden.

Die verschiedenen evangelischen Frömmigkeitsstile sind näher zusammengerückt. Die Auseinandersetzungen zwischen konservativen und liberalen Gruppen, zwischen evangelikal-charismatischen Ansätzen und volkskirchlichen Anstrengungen sind aus der Phase der gegenseitigen Verurteilung und Bekämpfung heraus getreten; die Chancen wechselseitigen Lernens sind dadurch größer geworden. Ebenso begegnen zielgruppenspezifische kirchliche Arbeitsformen – seien dies Jugendarbeit oder Seniorenarbeit, Frauenarbeit oder Männerarbeit – einander mit gegenseitigem Respekt; die Vielfalt in der evangelischen Kirche wird in aller Regel als Reichtum wahrgenommen und gewürdigt. Darin liegt eine wesentliche Voraussetzung dafür, sich in der gegenwärtigen Umbruchsituation nicht in internen Auseinandersetzungen zu erschöpfen, sondern gemeinsam nach vorn zu schauen.

Zu den ermutigenden Wahrnehmungen gehört auch die unangefochten gute und stabile Stellung der Geistlichen in der Außenwahrnehmung. Pfarrerinnen und Pfarrer haben einen guten Ruf. In jedem sog. „Berufs-Ranking" stehen die Geistlichen seit vielen Jahren unangefochten in der Spitzengruppe und genießen großes Vertrauen. Die meisten Einwände gegen den Berufsstand der Geistlichen formuliert die interne Kritik an der sog. Pfarrerkirche – die es bei nüchterner Betrachtung so nicht bzw. nur sehr bedingt gibt.

Mehr als 30 Prozent aller deutschen Arbeitnehmer würden gerne in der Kirche oder in der Diakonie arbeiten, weil diese Institutionen „einen inhaltlich erkennbaren Auftrag" verfolgen. Die mit jeder Berufsarbeit verbundene Frage nach Sinn und Zweck der Anstrengungen wird offensichtlich bei kirchlicher und diakonischer Arbeit besonders klar beantwortet; die positive Identifikation mit der gestellten Aufgabe erscheint als besonders gut möglich.

Erfreulicherweise steigt gegenwärtig auch die Zahl der Wiedereintritte in die Kirche langsam, aber stetig an, während die Zahl der Kirchenaustritte sogar deutlich zurückgeht, wenn auch deren Niveau nach wie vor viel zu hoch ist. Es gelingt den Kirchen allmählich besser, Menschen zurückzugewinnen und die Kirchenmitgliedschaft zu stabilisieren. Austritte sind längst nicht mehr der entscheidende Grund für den Rückgang in der Zahl der Kirchenmitglieder. Weit stärker wirkt sich der Überhang an Sterbefällen gegenüber den Taufzahlen aus. Er spiegelt das demographische Gefälle der deutschen Gesellschaft, das allerdings auch die Zukunft unserer Kirche wesentlich bestimmen wird.

Zu den ermutigenden Signalen gehört auch, dass in allen kirchlichen Gruppierungen eine missionarische Neuausrichtung der Kirche bejaht wird. Von „Mission" ist nicht nur im Blick auf Partnerschaften mit Kirchen in anderen Kontinenten die Rede; eine missionarische Ausrichtung wird auch nicht mehr ausschließlich mit evangelistischen Verkündigungsformen gleichgesetzt. Vielmehr wird Mission als glaubenweckendes Ansprechen der Menschen in der eigenen Gesellschaft als Aufgabe der ganzen Kirche anerkannt, die in allen kirchlichen Handlungsfeldern zur Geltung kommen muss. Zwar steht die Umsetzung dieser Einsicht in vielen Bereichen noch aus; aber die Bereitschaft, diese Umsetzung in Angriff zu nehmen und zu fördern, ist deutlich gewachsen. Zu den erfreulichen Zügen der gegenwärtigen Situation gehört ebenso, dass die evangelische Bildungsarbeit in den Gemeinden und kirchlichen Bildungseinrichtungen ebenso wie in den öffentlichen Schulen und anderen Institutionen positive Resonanz erfährt; besonders hervorzuheben sind in diesem Zusammenhang die zahlreichen Neugründungen von evangelischen Schulen. Bei Kirchenmitgliedern wie bei vielen Konfessionslosen besteht ein großes Interesse daran, evangelisch geprägte Schulen oder Kindergärten wählen zu können. Unter den heute Dreißig- bis Fünfzigjährigen gibt es viele, deren eigene religiöse Sozialisation zwar gebrochen ist oder gar nicht stattgefunden hat, die aber Sinn und Wert einer religiösen Erziehung für ihre eigenen Kindern hoch einschätzen.

Unbedingt erwähnenswert ist die mittlerweile entstandene Reihe von Erfolgsmodellen (good practice), in denen überzeugende kirchliche Arbeit stattfindet, sei es in einer klassischen Gemeindeform, sei es in anderen kirchlichen Angeboten. Erfolgsmodelle weisen sich unter anderem an konkreten Zahlen bei Mitgliederzuwachs und Stabilität aus; sie zeigen sich aber auch an dem Maß öffentlicher Resonanz, an der kulturellen Prägekraft im jeweiligen Umfeld und an der Einwerbung zusätzlicher Finanzmittel. Solche Modelle belegen, dass die evangelische Kirche auch heute Menschen auf neue Weise erreicht. Zu den wichtigen Erfolgsfeldern gehören beispielsweise

- die City-Kirchen-Arbeit, die in Verbindung mit Wiedereintrittsstellen einen enormen Bedeutungszuwachs gewonnen hat,
- die Arbeit in Profilgemeinden, die sich an unterschiedliche Milieus und Frömmigkeitsstile wendet,
- die Tourismuskirchen in touristisch interessanten Gebieten, die sich bemühen, die besondere Situation der Freizeit und des Urlaubs neu aufzunehmen,
- und ebenso viele andere Gemeinden in Stadt und Land, die neue Kräfte zur Entfaltung bringen, Laienengagement stärken und eine überzeugende Ausstrahlung entwickeln.
- Nicht zuletzt gehört das scheinbar Alte und Vertraute weiterhin zu den erfolgreichsten Bemühungen der evangelischen Kirche. Ihre Kirchenmusik ist nach wie vor eine der wirksamsten Anstrengungen, einladend das Geheimnis des Glaubens zum Leuchten zu bringen. Die (Kirchen-)Musik wird auch in Zukunft eine wesentliche Lebensäußerung evangelischer Gemeinden sein.
- Zu den ermutigenden Entwicklungen gehört schließlich auch die wachsende Bereitschaft in unserer Kirche, durch Mitarbeiterberatung und Personalentwicklung, durch Jahresgespräche und Zielvereinbarungen, durch Fortbildungsbemühungen und vieles andere mehr die Isolierung der Mitarbeitenden aufzubrechen und das Gespräch in den Gemeinden zu verstärken. Insgesamt ist unsere Kirche heute gut in der Lage, Ziele koordiniert zu entwickeln und den Einsatz der verfügbaren Ressourcen gemeinsam an solchen Zielen auszurichten. Diese Entwicklung muss konsequent weitergehen; dankbar ist festzustellen, dass gerade jüngere Mitarbeitende in der Kirche mit größerer Selbstverständlichkeit Einsichten und Methoden der Teamarbeit, der persönlichen Weiterentwicklung und der beruflichen Weiterbildung in wachsendem Maß akzeptieren.

3. Die Herausforderungen begreifen

In einer gemeinsamen Anstrengung muss es darum gehen, auf das neue Fragen nach Sinn und Werten, nach Halt und Religion mit neuen Formen der Verkündigung, der Gemeindebildung und kirchlicher Bildungsangebote zu reagieren. Allerdings fällt solch ein Wandel schwer. Er geht mit Ängsten, Sorgen und Entmutigungen einher. Auch in der evangelischen Kirche spiegeln sich die Zerreißproben zwischen Reformnotwendigkeit und Beharrungssehnsucht, die alle gesellschaftlichen Veränderungsprozesse der Gegenwart prägen. Versagt sich die evangelische Kirche jedoch dem notwendigen Mentalitätswandel, so verweigert sie sich den entscheidenden Herausforderungen der Gegenwart und verpasst zugleich wichtige Zukunftschancen. Die folgenden Überlegungen wollen daher einen Mentalitätswandel fördern, der in vielen Gemeinden, Kirchenkreisen und Landeskirchen bereits begonnen hat.

Es gibt gute Gründe dafür, den anstehenden Wandel mutig anzugehen und die Chancen zu nutzen, die sich aus der gesellschaftlichen Lage wie aus der inneren Verfassung unserer Kirche ergeben. Es gilt, gegebene Rahmenbedingungen und künftige Strukturveränderungen nüchtern wahrzunehmen und die Ansatzpunkte für neue Initiativen konkret zu bestimmen. Denn die großen Chancen und die erschwerten Bedingungen zusammen bestimmen den Handlungsrahmen für die Zukunftsorientierung der Kirche. Dabei ist auch für die heutige Generation die Grundhaltung bestimmend, die der erste Thessalonicherbrief (5,8) so beschreibt: „Wir aber, die wir Kinder des Tages sind, wollen nüchtern sein, angetan mit dem Panzer des Glaubens und der Liebe und mit dem Helm der Hoffnung auf das Heil."

Zukünftige Entwicklungen können nur mit einem hohen Maß an Unbestimmtheit antizipiert werden. Wer auch nur ein Vierteljahrhundert vorauszudenken versucht, wird spätestens dann bescheiden werden, wenn er sich fragt, was von der heutigen Situation vor einem Vierteljahrhundert zutreffend vorausgesehen und bei damaligen Entscheidungen angemessen berücksichtigt wurde. Bei der Beschreibung der für die evangelischen Kirchen in Deutschland wichtigen Herausforderungen müssen wir uns auf wenige Aspekte beschränken. Nur mit knappen Strichen sei der weitere Rahmen angedeutet, in den solche Überlegungen hineingestellt werden müssen.

Europa „eine Seele zu geben", wird nach allem menschlichen Ermessen auch im Jahre 2030 noch eine zentrale Herausforderung sein. Der ökumenische Dialog mit der römisch-katholischen Schwesterkirche, den orthodoxen und altorientalischen Kirchen und den charismatisch-pfingstlerischen Kirchen ebenso wie der jüdisch-christliche Dialog werden auch zukünftig unerlässliche Themen der evangelischen Kirche bleiben. Die Begegnung der Religionen wird angesichts eines wachsenden muslimischen Bevölkerungsanteils in Deutschland und Europa eine zentrale Herausforderung sein. Große gesellschaftspolitische Probleme werden bleiben, auch wenn deren Jeweiliges nur schwer zu erahnen ist. Von den Umwelt- und Energiefragen über Fragen einer gerechten Verteilung von Arbeit und Reichtum, von der Friedensfähigkeit in einer unerlösten Welt bis hin zu Gerechtigkeitsfragen im Blick auf eine in unserem Teil der Welt älter werdende Bevölkerung werden sich viele erahnbare und ebenso viele gänzlich neue Herausforderungen einstellen. Die Weltgesellschaft wird noch näher zusammenwachsen; regional verursachte Konflikte werden vermutlich eine noch stärkere internationale Ausstrahlung haben. Die Aufgabe, Frieden zu sichern und zu fördern, wird neue Formen annehmen. Die evangelische Kirche wird sich diesen Herausforderungen stellen und versuchen, in all ihrem Reden und Handeln „Rechenschaft zu geben von der Hoffnung, die in ihr ist“ (vgl. 1. Petrus 3,15).

Im vorliegenden Zusammenhang richtet sich der Blick vor allem auf die voraussehbaren Herausforderungen für die evangelische Kirche selbst. Bei aller Unbestimmtheit ist eine solche Überlegung nötig, um die mutmaßlichen Folgen einer unterbleibenden Kurskorrektur abzuschätzen – nach dem Motto: Was passiert, wenn nichts passiert? Leitend ist dabei die Überzeugung, dass eine intakte, stabile und wachsen wollende evangelische Kirche, die ihres Grundes gewiss ist, die mit dem Evangelium die Menschen erreichen und insofern wachsen will und die sich um stabile Strukturen bemüht, auch am ehesten in der Lage sein wird, die gesellschaftliche Verantwortung wahrzunehmen, die sich aus dem Evangelium ergibt. Der Einsatz für die Menschenwürde, das Eintreten für die „Gerechtigkeit, die ein Volk erhöht“ (Sprüche Salomos 14,34), die Vermittlung von Zuversicht und Hoffnung hängen davon ab, dass die evangelische Kirche die Menschen in überzeugender Weise geistlich beheimatet, dass sie eine stabile Mitgliedschaftsbasis hat und schlanke, bezahlbare Strukturen unterhält. Die Sorge um die äußere Gestalt der evangelischen Kirche dient dem Auftrag des Evangeliums, auch in Zukunft „Kirche für andere“ zu sein.

Acht zentrale Herausforderungen wollen wir unter diesem Gesichtspunkt hervorheben.

a) Die demographische Entwicklung

Das Bundesamt für Statistik erwartet bis zum Jahr 2030 einen Rückgang der Bevölkerung in Deutschland um gut 6 Prozent, das heißt um fünf Millionen Menschen. Zuwanderungen dämpfen den demographischen Effekt der starken Überalterung, die durch eine gestiegene Lebenserwartung und eine der niedrigsten Geburtenraten der Welt verursacht wird. Die demographischen Faktoren treffen die Kirchen umso mehr, als sie zusätzlich durch frühere und heutige Austrittsraten bei jungen Menschen belastet sind.

Nach einer eigenen Prognose der EKD ergibt sich, wenn man den Trend zurückliegender Jahre fortschreibt, für den Zeitraum bis 2030 folgende Konsequenz: Die Zahl der Mitglieder der evangelischen Kirche würde dann von 26 Millionen (2003) um ein Drittel auf etwa 17 Millionen (67 Prozent) zurückgehen. Dabei stellt sich die Entwicklung im Bereich der östlichen Gliedkirchen der EKD wegen der dort besonders hohen Überalterung und anhaltender Wanderungsbewegung – namentlich in den Süden und Südwesten der Bundesrepublik – als besonders schwerwiegend dar. Das Fortschreiben der gegenwärtigen Trends führt für diesen Bereich sogar zu einem Absinken der Mitgliederzahl auf 57 Prozent des heutigen Standes. Aber auch in den westlichen Gliedkirchen gibt es eine zunehmende Differenzierung:

Für die Evangelische Kirche im Rheinland wird ein Rückgang auf zwei Drittel des heutigen Bestands prognostiziert, also von drei auf zwei Millionen, für die württembergische Landeskirche dagegen ergibt sich eine Prognose, die bei 85 Prozent des heutigen Bestands liegt. Sehr schwer würde es für die kleineren Landeskirchen, denn in Anhalt gäbe es dann statt 55.000 nur noch 31.000 Evangelische, in Lippe statt 198.000 nur noch 139.000 und in Braunschweig statt 416.000 nur noch 293.000. Erschwerend kommt hinzu, dass sich die Altersstruktur der Gemeindeglieder ungünstig entwickelt: Das Durchschnittsalter steigt selbst in den westlichen Gliedkirchen von 44 Jahren auf 50 Jahre an – so wie heute im Osten. In den östlichen Gliedkirchen wird das Durchschnittsalter der Gemeindeglieder sogar auf über 55 Jahre anwachsen. Daraus ergibt sich, auch wenn die Mitgliederzahl insgesamt um 9 Millionen sinkt, ein konstanter Anteil der über sechzigjährigen Gemeindeglieder von 7 bis 8 Millionen; damit erhöht sich deren relativer Anteil von jetzt 31,3 Prozent auf 41,5 Prozent – mit entsprechenden Konsequenzen für die Schwerpunkte kirchlicher Arbeit. Zugleich sinkt die Zahl der Mitglieder im erwerbsfähigen Alter auf etwa 58 Prozent des heutigen Standes – und zwar auch dann, wenn die Dauer des Erwerbslebens auf 68 oder 70 Jahre steigen sollte. Das ergibt folgendes Bild:

Altersgruppe	2002	2030
unter 20	4,9 Mio.	2,6 Mio.
21 bis 60	13,1 Mio.	7,7 Mio.
über 60	8,2 Mio.	7,3 Mio.
insgesamt	26,2 Mio.	17,6 Mio.

Gewaltige strukturelle Veränderungen für alle und eine wachsende Uneinheitlichkeit des kirchlichen Lebens zwischen verschiedenen Regionen sind die Folge.

Diese Entwicklung ist mit unterschiedlichen Umfeldbedingungen verknüpft. Für den Osten Deutschlands wird mit Ausnahme der Berliner Region eine starke Bevölkerungsschrumpfung erwartet, städtische Ballungsräume wie München, Nürnberg, Stuttgart und das Rhein-Main-Gebiet werden weiterhin wachsen. Auch die „Rheinschiene" sowie Bremen und Hamburg könnten von diesen Entwicklungen profitieren. Zugleich ist mit einer erheblichen Ausdünnung des ländlichen Raumes zugunsten der genannten Ballungsräume zu rechnen.

b) *Die finanzielle Entwicklung*

Verlässlich kann man wenig über eine mögliche Kirchensteuerentwicklung über einen Zeitraum von 25 Jahren sagen. Zu wenig wissen wir über Preisentwicklung, sich verändernde Kostenstrukturen, Tarif- und Steuerkonzepte, die wirtschaftliche Lage oder gar die Geldwertentwicklung. Doch dass die kirchliche Arbeit maßgeblich von der Bereitschaft der Gemeindeglieder, sie zu tragen, abhängt, steht fest – unter welchen Finanzierungsformen auch immer. Die Kirchensteuer ist in Deutschland die gute und verlässliche Finanzierungsbasis der Kirchen. Sollte sich in Zukunft deren Gestaltung ändern (z. B. durch staatliche Steuerreformen), wird es erst recht nötig sein, Finanzierungsergänzungssysteme zu entwickeln. Aber solche ergänzenden Finanzierungen – vom Gemeindebeitrag bis zum professionellen Einwerben von Spenden – greifen letztlich immer wieder auf die gleichen Zielgruppen zurück. Allein eine verstärkte Einbeziehung der Rentner und Ruheständler würde zusätzliche Gruppen erschließen.

Insgesamt ist die Entwicklung der Gemeindegliederzahlen und der Mitgliederstruktur eine wesentliche Grundlage für die Abschätzung der künftigen finanziellen Entwicklung. Ließe man – um eine Vorstellung von den bevorstehenden finanziellen Herausforderungen zu entwickeln – einmal die oben genannten unbekannten Faktoren gedanklich außer acht, ergäbe sich allein aus der hier skizzierten Mitgliederentwicklung ein Rückgang der Kirchensteueräquivalenz (d.h. der Kirchensteuern und ihrer möglichen Ergänzungsformen) von vier Milliarden Euro heute auf zwei Milliarden Euro im Jahr 2030 nach heutigem Geldwert. Das heißt: Die Basis der kirchlichen Finanzkraft halbiert sich! Allerdings wird dabei die unterschiedliche Entwicklung der einzelnen Landeskirchen zwischen dem Nordosten und dem Süden der Republik zu einem immer stärkeren Ungleichgewicht führen. Dadurch wird der Finanzausgleich zwischen ihnen immer wichtiger; die Solidarität der Gliedkirchen und die Gestaltung ihres Miteinanders ist von wachsender Bedeutung. Zusammengefasst heißt die Diagnose: Bei sinkender Mitgliederzahl um etwa ein Drittel geht die finanzielle Leistungsfähigkeit nahezu um die Hälfte zurück.

c) Die „volkskirchliche“ Situation des gottesdienstlichen Handelns

Die Amtshandlungen sind so etwas wie der Lackmus-Test dafür, wie es um die evangelische Kirche heute steht. In den Zahlen, Quoten und Entwicklungen bei Taufe, Trauung und Bestattung spiegelt sich wider, wie stark die Kirche für die biographische Lebensbegleitung nachgefragt wird. Seit den 90er Jahren hat sich bei den Amtshandlungen ein massiver Einbruch vollzogen. Dazu einige nüchterne Zahlen und Fakten:

- Die Taufen sind im Zeitraum von 1991–2003 um über 25 Prozent zurückgegangen.
- Die Trauungszahlen haben sich im gleichen Zeitraum beinahe halbiert (45 Prozent).
- Bei den Bestattungen betrug der Rückgang 17 Prozent.

Auch der durchschnittliche Gottesdienstbesuch der Protestanten ist nicht zufriedenstellend; zwar gab es seit der Reformation aufgrund geringer Beteiligung immer wieder Anlass zur Klage, aber mit einer durchschnittlichen Gottesdienstbeteiligung von etwa 4 Prozent können sich die evangelischen Kirchen in Deutschland nicht abfinden. Ökonomisch ausgedrückt hat die evangelische Kirche einen erheblichen Marktverlust im Bereich ihres Kerngeschäfts erlitten. Der starke Rückgang erklärt sich vor allem aus dem Zusammenspiel zwischen demographischen Entwicklungen und den Kirchenaustritten früherer Jahre. Der Kreis der potenziellen Adressaten wird dadurch geringer. Und selbst bei den eigenen Mitgliedern ist die Inanspruchnahme der Kasualien lange nicht mehr selbstverständlich. Jedes zehnte verstorbene Kirchenmitglied wird nicht evangelisch bestattet. Jede dritte Eheschließung, bei der beide (!) Partner der evangelischen Kirche angehören, findet ohne evangelische Trauung statt. Die Taufquote bei Kindern mit mindestens einem evangelischen Elternteil liegt trotz gestiegener Taufbereitschaft nur bei etwa 80 Prozent. Auch reichen die faktisch vollzogenen Taufen längst nicht aus, den Verlust durch Sterbefälle zu kompensieren; dies wäre auch dann nicht der Fall, wenn alle Kinder mit mindestens einem evangelischen Elternteil getauft würden. Der Erosionsprozess bei den Trauungen trägt die Gefahr in sich, dass Ehe und Familie durch die fehlende kasuale Begleitung tendenziell entkirchlicht werden. Dies zieht wiederum Folgen für die kommenden Generationen nach sich, es entsteht eine Art generative Entkirchlichung.

d) Die Kirche und die nächste Generation

Entscheidend für die zukünftige Entwicklung der Kirche ist die Frage, inwieweit es ihr gelingt, den Glauben an die nächste Generation zu vermitteln. Zu den großen kirchlichen Problemen gehört dabei der oft zitierte Traditionsabbruch.

Verschiedene Krisenphänomene werden unter diesem Schlagwort zusammengefasst: der häufige Ausfall familiärer und auch schulischer Sozialisationsinstanzen in religiösen Fragen, die oft fehlende Einübung religiöser Riten und Bräuche, die bisweilen geringe Kenntnis biblischer Geschichten, kirchlicher Lieder und christlicher Glaubensinhalte, die Fremdheit gegenüber Kirchenraum und Kirchenjahr. Von „religiösem Analphabetentum" ist die Rede. In den alljährlich zu Ostern und Weihnachten zu lesenden Umfrageergebnissen zur Bedeutung kirchlicher Feste wird dies greifbar. Schwerer noch als die rein inhaltlichen Wissenslücken wiegt dabei das Fehlen christlich-religiöser Erfahrungen – und die Haltung der Indifferenz, die trotz der eigenen Unkenntnis vom christlichen Glauben nichts Neues erwartet.

Die Gründe für diesen Traditionsabbruch sind vielfältig; sie hängen unter anderem mit unterschiedlichen religiösen Prägungen im Wechsel der Generationen und der veränderten Beziehung der Generationen zueinander zusammen. Die heutige Urgroßeltern- oder Großelterngeneration, die zumindest im Westen Deutschlands noch weithin religiös geprägt ist, lebt oft nicht im unmittelbaren Umfeld der heranwachsenden Generation und wirkt auf ihre religiöse Bildung schwächer ein als in früheren Zeiten. Die heutige Elterngeneration hat seit den siebziger Jahren die Enttabuisierung des Kirchenaustritts mitvollzogen, selber eine große Distanz zur Religion entwickelt und sie als Indifferenz sozial vererbt. Und den heute Heranwachsenden sind – im Bild gesprochen – von „den sauren Trauben, welche die Eltern aßen, die Zähne stumpf" geworden (vgl. Ezechiel 18,2). Daneben gibt es vor allem in den östlichen Bundesländern, aber auch im Westen bereits eine Konfessionslosigkeit in der dritten Generation. Anknüpfungsmöglichkeiten für den christlichen Glauben sind dadurch verloren gegangen. Die Konkurrenten für die christlichen Kirchen sind dabei weniger andere große Religionen oder Sekten als vielmehr die Anbieter „kleiner Transzendenzen" – wie Wellness, Sport oder Meditation. Die Antworten auf Sinnfragen werden weithin individuell ohne Anspruch auf innere Konsistenz und ohne Rekurs auf die Kirchen konstruiert. Oft werden dabei Leitbilder für eine eigene, patchworkartige religiöse Identität durch die Medien vermittelt.

e) Die zukünftige Situation der Mitarbeiterschaft

Die Zahl der hauptamtlichen Mitarbeiter in der evangelischen Kirche – ohne den Bereich der Diakonie, der etwa 400.000 Mitarbeitende umfasst – ist mit 233.000 beeindruckend. Davon entfallen 150.000 auf teilzeit- und geringfügig beschäftigte Dienstverhältnisse. Trotz vieler engagierter Mitarbeitenden gibt es an vielen Orten in der evangelischen Kirche verunsicherte, mutlose und deshalb auch entmutigende Stimmungen, nicht selten in besonders konzentrierter Form bei beruflich Mitarbeitenden. Sie sehen nicht nur ihre eigene Arbeitssituation in der anstehenden Umbruchsituation als gefährdet an, sondern wissen auch nicht, wie sie die in manchen Bereichen zurückgehenden Beteiligungszahlen oder eine vermeintliche oder wirkliche Geringschätzung ihres Wirkens verarbeiten sollen. Wer ständig mit sinkenden Gemeindegliederzahlen und schrumpfender Akzeptanz zu tun hat, gerät leicht in eine Depressionsschleife, aus der heraus neue Impulse und innovative Aufbrüche schwer fallen. Mitarbeiterinnen und Mitarbeiter der Kirche möchten gewürdigt sehen, dass die evangelische Kirche in der Vergangenheit viele Arbeitsfelder überzeugend gestaltet hat. Sie hat auf die Herausforderungen der zurückliegenden Jahrzehnte mit neuen Initiativen reagiert; lebendiges Gemeindeleben und wichtige funktionale Dienste konnten aufgebaut werden. Doch trotz dieser guten Arbeit ist heute aus inneren wie aus äußeren Gründen ein fundamentaler Wandel nötig. Die evangelische Kirche muss Gewachsenes loslassen, etablierte Strukturen zurückbilden, vertraute Arbeitsfelder umstellen und manche sinnvolle Arbeitsform ganz aufgeben. Dazu braucht die evangelische Kirche einen Mentalitätswandel und einen Paradigmenwechsel weg von der Verteidigung gewachsener Strukturen hin zum Ergreifen neuer und verheißungsvoller Möglichkeiten.

Die genauesten Daten für die anstehenden Herausforderungen liegen für den Pfarrdienst vor: Gegenwärtig sind in den 23 Landeskirchen 20.400 Theologinnen und Theologen beschäftigt. Aufschlussreich ist die Kostenstruktur: Für den Pfarrdienst werden 1,5 Milliarden Euro ausgegeben. Aus Kirchensteuereinnahmen verbleiben damit knapp 2,5 Milliarden Euro für alle übrigen Aufgaben. Die Fortschreibung der heutigen Personalentwicklung könnte bedeuten: Nicht ein Drittel der Kirchensteueräquivalenz (so gegenwärtig) werden für den Pfarrdienst benötigt, sondern zwei Drittel (wie bereits heute durchschnittlich im Osten). Übertrüge man dagegen die heutige Pfarrerdichte anteilig auf das Jahr 2030 (d.h. dann etwa 13.000 Pfarrerinnen und Pfarrer), ließen sich – bei gleichbleibenden Voraussetzungen (also ohne Veränderungen in der Gehaltsstruktur) – Kosten von einer Milliarde Euro heutigen Geldwerts erwarten. Dann stünde für alle übrigen kirchlichen Aufgaben weniger als die Hälfte des heutigen Betrags zur Verfügung. Das hätte unter anderem zur Folge, dass die Zahl aller übrigen Mitarbeiterstellen überproportional reduziert werden müsste. Zu bedenken ist aber auch, dass die vorhandenen Eigenmittel auch die Möglichkeit beeinflussen, Drittmittel einzuwerben. Deren Bedeutung ist aber erheblich; im Kindergartenbereich beispielsweise betragen sie über 80 Prozent.

In der gegenwärtigen Personalpolitik bleibt diese Entwicklung oftmals unberücksichtigt. Vielmehr dient weithin der gegenwärtige Mitgliederbestand noch immer als Maßstab. Kommen heute statistisch auf einen Theologen beziehungsweise eine Theologin im kirchlichen Dienst (unter Einbeziehung aller Aufgabenbereiche, auch außerhalb des Gemeindedienstes) ein Kirchengebäude bzw. eine Predigtstätte, so hätte eine Reduzierung der Pfarrstellen auf 13.000 20 Prozent bis 30 Prozent mehr Predigtstätten pro Pfarrstelle zur Folge. In den östlichen Gliedkirchen sind es heute schon mehr als zwei, im Jahr 2030 wären es dann vier bis fünf Predigtstätten. Dabei verdeckt die Berechnung des statistischen Durchschnitts eine Wirklichkeit, die sich dramatisch zuspitzen würde: Auf dem Land ergäben sich wachsende Bereiche mit zwanzig Kirchengebäuden oder mehr pro Pfarrstelle – so wie es heute bereits in einigen Regionen Ostdeutschlands der Fall ist. Bei der vorausgesetzten Reduzierung des Pfarrdienstes würde in den östlichen Gliedkirchen insgesamt die Zahl der Pfarrerinnen und Pfarrer von gegenwärtig 3.200 auf 1.700 sinken. Ist aber mit einer so niedrigen Pfarrerzahl die Arbeit noch in ausreichendem Maß sicherzustellen?

Aus solchen Überlegungen ergeben sich nicht nur für die östlichen Gliedkirchen außerordentliche Herausforderungen an die inhaltliche Gestaltung und Organisation der kirchlichen Arbeit. Damit verbinden sich Fragen nach der künftigen Gehalts- und Tarifstruktur. Sie beziehen sich zum einen auf die nach wie vor vorhandenen Differenzen zwischen Ost und West, zum andern auf die Frage, ob Gehälter und Tarife eingefroren oder gar langsam abgesenkt werden sollen. Aber was bedeutete eine – wie auch immer gestaltete –

Gehaltsabsenkung für den Pfarrerstand? Wäre damit perspektivisch auch ein langsames Absinken des Niveaus verbunden? Wäre das mit den wachsenden qualitativen Anforderungen vereinbar?

Über diese Fragen muss Klarheit geschaffen werden: Wie groß kann und soll die Pfarrerdichte künftig sein? Was bedeutet die Antwort auf diese Frage für die aktuelle Personalplanung? Welche Gehaltsstruktur soll dem Pfarrdienst zu Grunde gelegt werden und welches Berufsbild ist damit verbunden? Was folgt daraus für andere Gruppen von Mitarbeitenden? So schwer solche Fragen zu beantworten sind, so deutlich muss zugleich sein: Jedes „Weiter so!" führt in ein finanzielles Desaster und damit zum Ende jeglicher Handlungsfähigkeit. Darum müssen diese Fragen entschieden werden, solange wir noch handeln können – und das heißt möglichst bald.

f) Die Kirche und ihre Kirchen

Mehr als 21.000 Kirchen und Kapellen stehen im Bereich aller evangelischen Landeskirchen. Sie werden zum größten Teil für den gottesdienstlichen Gebrauch genützt. Betriebskosten und Baulasten kirchlicher Gebäude, namentlich der etwa 20.000 Kirchen, belaufen sich jährlich auf mehr als eine Milliarde Euro. Erneut ergibt sich eine besonders schwierige Lage für die östlichen Gliedkirchen: Stehen doch auf diesem Gebiet bei knapp 8 Prozent der Mitglieder 40 Prozent aller evangelischen Kirchen. Die Diskussion um die Zukunft der Kirchengebäude ist in vollem Gange. Immer wieder kommt eine Umnutzung, Umwidmung oder gar Aufgabe von Kirchen in großem Umfang in die Diskussion. Das ist weder wünschenswert noch realistisch. Nach einer Untersuchung der Kirchlichen Stiftung zur Bewahrung kirchlicher Baudenkmäler (KiBa) beträgt ein entsprechendes Potenzial maximal 5 Prozent bis 10 Prozent der Kirchengebäude. Kirchen sind (vielleicht von den Bauten der fünfziger und sechziger Jahre abgesehen) immer zugleich auch das Identifikationsmerkmal eines Ortes. Gerade die Menschen auf dem Land wollen auf die Kirche im Dorf nicht verzichten, weil nur so das Dorf auch ihr Dorf ist. Die Alternative heißt aber oft: Leerstand und langsamer Verfall oder Erhaltung bei erweiterten Nutzungskonzepten. Vorausgesetzt ist, dass die Kirchen immer zuerst gottesdienstliche Räume sind. Sie sollen aber deutlicher als Gebäude für die gesamte Gesellschaft wahrgenommen werden, als Orte des Friedens wie der Gottessuche. Alle neuen Nutzungskonzepte dürfen die Lesbarkeit der Kirchen als Kirchen nicht zerstören. Kirchen werden in ihrer Grundaufgabe immer wieder auch von der ganzen Gesellschaft gebraucht, wie Gottesdienste angesichts eines großen Glückes oder eines großen Unglückes beispielhaft zeigen. Aber die Tatsache, dass die Kirchengemeinden die Baulast nicht zu tragen vermögen, ist eine der größten Herausforderungen für die nächsten Jahrzehnte. Da das Aufgeben der Kirchen weder möglich ist noch angestrebt werden kann, muss ein neuer Bürgersinn für die Kirchen im Dorf und in der Stadt geweckt werden. Angesichts der finanziellen Gesamtsituation ist das nicht leicht.

g) Die Selbst-Verwaltungskosten der Kirchen

Die evangelische Kirche ist föderal aufgebaut: 23 Landeskirchen. 23 Synoden. 23 Kirchenverwaltungen. Zahl und Zuschnitt der Landeskirchen haben historische Gründe. Noch immer wirken in den Grenzen vieler evangelischer Landeskirchen die Konturen der deutschen Einzelstaaten fort, wie sie durch den Wiener Kongress von 1815 festgestellt wurden. Doch von den Konturen der heutigen Bundesländer ist das oft weit entfernt. Auf dem Gebiet des Landes Sachsen-Anhalt etwa agieren sechs Landeskirchen (die Kirchenprovinz Sachsen, Anhalt, Braunschweig, die EKBO, Thüringen und Sachsen), während die Evangelische Kirche im Rheinland und die EKBO es jeweils mit vier Bundesländern zu tun haben. Schon heute ist der Koordinationsaufwand auf fast allen Gebieten kirchlichen Lebens beträchtlich. Ist ein solcher Aufwand in Zukunft noch zu verantworten?

Klärungsbedürftig ist die Frage, was eine Landeskirche ausmacht. Ihre historische Entstehung? Ihre landsmannschaftliche Prägung? Die Bindung an ein vor Zeiten regierendes Fürstengeschlecht? Zweifellos gehört die Verständigung über die Bekenntnisbindung zu den zentralen Aufgaben der Landeskirchen. Daneben gewährleisten die Landeskirchen das kirchliche Leben in der Vielfalt seiner Ausdrucksformen. Landeskirchen mit drei Millionen Mitgliedern können dafür auch in Zukunft Sorge tragen. Wie aber gelingt das Kirchen mit 55.000 Gemeindegliedern? Und wie gelingt es ihnen 2030?

Zu wenig ist bisher bekannt über die wirklich notwendigen Kosten kirchlicher Leitungsstrukturen, der Verwaltungen wie der vielfältigen Beratungs- und Unterstützungssysteme. Da zu wenig Klarheit über die Ziele solchen Leitungshandelns besteht, ist auch eine Prüfung des Erfolges nicht zu erfassen. Nötig wäre aber ein tragfähiges Benchmarking (d. h. vergleichbare Kennziffern für vergleichbare Leistungen) für alle Bereiche kirchlichen Handelns. Es müsste seine Basis in einem ertragsorientierten, auch Leistungen und Ergebnisse messenden Informations- und Rechnungswesen haben. Eine wichtige Voraussetzung dafür wurde in der 2006 novellierten „Ordnung für das kirchliche Finanzwesen" gelegt. Doch deren Umsetzung steht noch aus.

Aber selbst wenn es ein Benchmarking gäbe, bliebe die offene Frage: Welchen Organisationsaufwand können wir uns in welcher Vielfalt leisten? Wie viel Parallelorganisation in den Gliedkirchen ist zu verantworten? Notwendig ist in jedem Fall eine koordinierte Abstimmung und Planung in allen Bereichen kirchlichen Lebens. Das ist umso aufwändiger, je unterschiedlicher und undurchlässiger die kirchlichen Strukturen sind. Eine zentralistische Einheitlichkeit ist weder gewollt noch mit dem evangelischen Selbstverständnis vereinbar. Doch unverkennbar besteht die Gefahr, dass eine föderale Struktur, die Vielfalt und Ideenreichtum ermöglicht und Menschen in großer Zahl in die Gestaltung des kirchlichen Lebens einbezieht, sich in Immobilismus verkehrt, weil die Kleinteiligkeit der Organisation kirchliches Leben an der Entfaltung und Weiterentwicklung hindert. Jede Doppelarbeit kostet doppelt Geld; und jede nicht erbrachte Leistung kostet Sympathien. Die Frage, was wir im Bereich der Selbstverwaltung aufwenden müssen, hängt unmittelbar mit der Gestaltung einer angemessenen föderalen Struktur zusammen.

h) Zur Analyse kirchlicher Schwachstellen

So viele Einzelanalysen es auch immer gab und gibt, in den vergangenen Jahren ist eine systematische Analyse der Schwachstellen kirchlicher Arbeit oftmals versäumt worden. Es fehlt eine Zusammenschau und eine zielgerichtete Auswertung der vorhandenen Einsichten. Einige Elemente einer solchen nüchternen Schwachstellenanalyse sollen hier genannt werden:

Über die Qualität der kirchlichen Arbeit – insbesondere des Pfarrdienstes – ist insgesamt zu wenig bekannt. Die Gliedkirchen bemühen sich, dieses Problem entweder durch das Instrument der Visitation oder durch moderne Führungsinstrumente wie einen „Kirchenkompass" (Zielverabredungen mittels einer „Balanced scorecard", d.h. einer ausgeglichenen Bewertung von messbaren und immateriellen Prüfkriterien) zu lösen. Aber jede Gliedkirche hat eine besondere Visitationsordnung mit je eigenen Schwerpunkten. Visitationen sind nachlaufend, sehr umfangreich und recht arbeitsaufwändig; selten sind Standards klar bestimmt. Die Umsetzung von Visitationseinsichten lässt oft zu wünschen übrig. Nur in wenigen Gliedkirchen gibt es ein begleitendes Qualitätsmanagement. Ohne klare Standards und ohne Qualitätskontrolle ist eine Qualitätsanalyse jedoch unmöglich. Dabei wäre gerade das ein wesentlicher Beitrag dazu, kirchliche Arbeit auf neue Aufgaben und wachsende Erwartungen auszurichten.

Die Zukunftschancen einer jeden Institution hängen an ihrer Lernfähigkeit. Aber gerade dort, wo kirchliche Arbeit gut gelingt, wird dies zu wenig beachtet, nicht bewusst ausgewertet und kaum als Anregung zur Nachahmung in Anspruch genommen. Viele Beispiele von überzeugend gelungenem Engagement (good practice) bleiben auf diese Weise ungenutzt. Oft wird mehr Energie darauf verwendet zu begründen, warum diese gelingenden Beispiele nicht übertragbar sind, als der Frage nachzugehen, was man davon lernen kann. Und viel Energie bindet oft auch die Begründung, warum an Zahlen ablesbare Resonanz nicht zur Bewertung von kirchlicher Arbeit herangezogen werden darf. Eine aufrichtige Analyse von missglückten Aktivitäten (bad practice) wird sehr oft durch eine falsch verstandene Christlichkeit verhindert, aus der heraus Schwächen, fehlerhafte Personalentscheidungen und mangelnde Kritikfähigkeit nicht geklärt und korrigiert werden.

Aber nur wenn man weiß, warum und wo man gut ist, und sich ebenso der Einsicht stellt, warum und wo man nicht gut genug ist, kann man besser werden. Dem institutionellen Erfahrungsaustausch als qualitätsorientiertem Lernprogramm misst die evangelische Kirche insgesamt zu wenig Bedeutung zu. Letztlich gilt aber auch für die kirchliche Arbeit der Grundsatz: Nur Qualität setzt sich durch.

Die kirchliche Personalpolitik beim Pfarrdienst bezieht sich bisher fast ausschließlich auf die je eigenen Landeskinder einer Gliedkirche. Pfarrerinnen und Pfarrer sind im Rahmen des gliedkirchlichen Dienstrechtes an eine einzige Gliedkirche gebunden; Austausch und Wechsel werden zwar nicht unmöglich gemacht, aber stark eingeschränkt. Über Jahrzehnte hinweg – gleichsam in den „sieben fetten Jahren" (vgl. 1. Mose 41) – wurden mehr oder weniger alle Bewerberinnen und Bewerber in den Dienst übernommen, zukünftige Entwicklungen wurden dabei ebenso wenig berücksichtigt wie spezifische Qualitätsansprüche. Der Bedarf wurde zu stark aus der aktuellen Situation abgeleitet und zu wenig auf künftige Anforderungen bezogen. Das hatte nicht nur begründete Zweifel an der Qualität und Motivation mancher Mitarbeitenden zur Folge, sondern führte auch zu einer strukturellen Überbesetzung. Obwohl die Zahl der Gemeindeglieder in den letzten dreißig Jahren um mehrere Millionen Menschen zurückgegangen ist, stieg die Zahl der Mitarbeiterinnen und Mitarbeiter, namentlich im Pfarrdienst, erheblich an. Was aber jahrelang bezahlbar schien, überschreitet nun die Grenze der Finanzierbarkeit; dem Verhältnis zwischen hauptamtlichen Mitarbeitenden in der Kirche und den Gemeindemitgliedern stehen „sieben magere Jahre" bevor. Nach einer langen Überbesetzungspolitik entsteht nun Sorge um ausreichenden Nachwuchs für den Pfarrdienst. Erst recht, wenn es an Koordination und Kooperation fehlt, entstehen für einzelne Regionen erhebliche personalpolitische Probleme. Die Gewinnung von geeigneten Pfarrerinnen und Pfarrern sollte zukünftig stärker koordiniert werden. Und sie sollte von gemeinsamen qualitativen Anforderungen geprägt sein.

Auch die kirchliche Finanzverantwortung kann nur erfolgreich sein, wenn sie mit den übrigen Aspekten kirchlichen Leitungshandelns verbunden ist. Man hat erst damit begonnen, die Finanzverteilungssysteme der Gliedkirchen zu untersuchen und die jeweilige Finanz- und Versorgungspolitik zu vergleichen. Zwar sind alle Verteilsysteme darauf ausgerichtet, die kirchliche Arbeit zu fördern, die Gemeinden zu stärken, die Qualität der Arbeit aufrecht zu erhalten und die Versorgung im Alter zu sichern; aber die Gewichtungen sind sehr unterschiedlich. Die unbestreitbar vorhandene Solidarität zwischen den Landeskirchen darf nicht leichtfertig durch finanzpolitische Entscheidungen oder Unterlassungen auf die Probe gestellt werden, die letztlich allen Gliedkirchen zur Last werden. Der evangelischen Kirche fehlen Instrumente, die vorausschauende Finanzpolitik und verantwortliche Beanspruchung von Solidarität zusammenbringen.

Die evangelische Kirche ist eine Institution eigener Art; sie hat den Status einer öffentlich-rechtlichen Körperschaft, die ihre Angelegenheiten weithin selbstständig regeln kann. Daraus ergibt sich ein Selbstverständnis, das die Kirche in die Nähe zum öffentlichen Dienst rückt. Aber die Führungsmethoden des öffentlichen Dienstes werden ebenso wie dessen Irrwege nicht ausreichend analysiert. Die evangelische Kirche ist natürlich auch kein Wirtschaftsunternehmen; aber was sie dort an geeigneten Methoden und Erfahrungen lernen könnte, wird noch zu wenig genutzt. Zwar hat es in den letzten Jahren auch in bisher vernachlässigten Bereichen – beispielsweise Führung, Qualitätsmanagement, Personalentwicklung, Betriebswirtschaft – Fortschritte gegeben. Aber gemäß dem Grundsatz des Apostels Paulus, „alles zu prüfen und das Gute zu behalten" (1. Thessalonicher 5,21), ist in diesen Bereichen noch viel zu lernen. Für eine klare Zuordnung von Leitungsverantwortung in der Kirche, eine Öffnung für moderne, schnelle Entscheidungswege, eine deutliche Unterscheidung zwischen Geschäftsführung und geistlicher Aufsicht können sich auch kirchliche Institutionen Elemente einer modernen Führungskultur zu Nutze machen. Die jetzigen synodalen Strukturen, die ganz überwiegend den Gedanken der Partizipation und Beteiligung in die Mitte stellen, sind in bewusster Auseinandersetzung mit der gesellschaftlichen Umwelt entstanden und bedürfen – wie andere kirchliche Handlungsfelder auch – einer kritischen Prüfung im Blick auf ihre Zielorientierung und Effektivität. Nicht jede Veränderung im Bereich von Leitung und Führung in der Kirche ist übrigens gleich als Abkehr vom synodalen Selbstverständnis der evangelischen Kirche zu verstehen.

Insgesamt müssen zukünftig alle Planungen der EKD und der Landeskirchen auf solche Herausforderungen bezogen werden. Bei aller Ungewissheit im Blick auf einzelne Faktoren müssen voraussehbare Entwicklungen stärker berücksichtigt werden. Die evangelische Kirche hat die Aufgabe, die großen Chancen wie die großen Herausforderungen jetzt zu erkennen und zu ergreifen. Deswegen ist ein Mentalitätswandel so wichtig. Ohne ihn werden die Pessimisten Recht behalten und die Zahlen erwartungsgemäß absinken; mit ihm aber hat der deutsche Protestantismus die Chance, neue Zukunft zu gewinnen und dem Evangelium von Gottes Barmherzigkeit in Jesus Christus einen Raum in der Welt des 21. Jahrhunderts zu eröffnen.

II. Ausgangspunkte der nötigen Veränderung

1. Evangelisches Profil im Umgang mit der Zukunft

Für eine sinnvolle Orientierung auf dem Weg in die Zukunft muss sich eine theologische Vergewisserung über die Grundlagen eines evangelischen Kirchenverständnisses mit einer realistischen Analyse gegebener Rahmenbedingungen und Veränderungsmöglichkeiten verbinden. Strategische Planungen und Leitungsentscheidungen brauchen eine Vision von der Zukunft, die nicht irreal über der Kirche schwebt, die wir vorfinden, die aber auch nicht nur das Vorhandene fortschreibt, sondern Neues wagt.

Evangelische Kirchen sind selbst spannungsvolle Gebilde, weil sich in ihnen die polare Struktur des Glaubens abbildet. Unser Glaube ist ein menschliches und damit begrenztes Bemühen darum, ein Leben im Vertrauen auf die Güte Gottes des Schöpfers, Erlösers und Vollenders zu führen. Und solchem Glauben sind eine Kraft und ein Gelingen zugesagt, die weit über unser Mühen und Tun hinausreichen. Ein von Hoffnung getragener Realismus ist die Haltung, die solchem Glauben entspricht.

Martin Luther hat das Ringen um Glauben als eine Bewegung umschrieben, die nicht zusätzlich zum Leben hinzukommt oder erst von außen hineingebracht werden muss. Sie spielt in jedem menschlichen Leben eine Schlüsselrolle. Jeder Mensch fragt auf seine Weise nach dem, was vertrauenswürdig ist und im Wandel der Zeiten Bestand haben wird. Luther erklärt in seinem Großen Katechismus, jeder Mensch habe etwas, "woran er sein Herz hängt", eine letzte Verbindlichkeit, von der aus er die Vielfalt seiner Lebensvollzüge deutet und ordnet. Die Dynamik und Unübersichtlichkeit moderner Gesellschaften bringt die Frage nach dem Vertrauenswürdigen nicht zum Verschwinden, im Gegenteil. Sie provoziert auf neue Weise die alte Frage, ob es denn etwas gibt, worauf letztgültig Verlass ist.

Auf diese Grundfrage wird mit dem christlichen Glauben eine bestimmte Antwort gegeben:

Christenmenschen dürfen auf ein getröstetes und getrostes Herz hoffen, weil sie sich auf Gottes Gnade verlassen, die in Jesus Christus allen Menschen zugewandt ist. Aufgabe der Kirchen ist es, Menschen zu helfen, ihren Weg zu solcher Lebensgewissheit und zum Vertrauen auf die Güte Gottes zu finden, sie in diesem Glauben in den Wechselfällen und Anfechtungen des Lebens zu bestärken und ein Zusammenleben in diesem Glauben zu gestalten.

Die Spannung zwischen dem Glauben als menschlichem Suchen und dem Vertrauen auf das Geschenk der göttlichen Güte prägt jedes christliche Kirchenverständnis. Unterschiedliche konfessionelle Profile ergeben sich daraus, welche Konsequenzen aus dieser Spannung für die sichtbare, von Menschen zu gestaltende Kirche gezogen werden. Im evangelischen Verständnis wird diese Spannung nicht in ein Verständnis der Kirche als Instanz der Heilsvermittlung hinein aufgelöst, die selbst als Institution Gottes Gegenwart und Güte verbürgt. Diese Spannung wird vielmehr ausdrücklich in das evangelische Kirchenverständnis aufgenommen. Begründet ist dies im evangelischen Verständnis des Kommunikationsprozesses, in dem Sinn und Vertrauenswürdigkeit des Evangeliums vermittelt werden. Martin Luther unterscheidet zwischen zwei miteinander verknüpften, aber gleichwohl unterschiedlichen Dimensionen der Verkündigung, zwischen dem „äußerlichen Wort" und dem „inneren" Zeugnis des Heiligen Geistes. Das „äußerliche Wort" bezieht sich auf ein von Menschen ausgelöstes, hörbares und beobachtbares Geschehen. Predigt und Darreichung der Sakramente sind dafür die entscheidenden Orientierungspunkte. Die Kommunikation des „äußerlichen Wortes" ist menschliches Handeln, geprägt durch die beteiligten Personen und ihren kulturellen Kontext.

Darin geht aber die Kommunikation des Evangeliums nicht auf. Sie zielt auf die innere Evidenz des Gehörten, die Gewissheit des Herzens, das je individuelle Vertrauen auf die Güte Gottes. Dass dieses Ziel erreicht wird, kann durch die richtige Verwendung äußerer Mittel, durch menschliches Tun, etwa eine klare Präsentation von Worten und Zeichen, allein nicht garantiert werden. Wenn menschliche Kommunikation dies bewerkstelligen will, überfordert sie sich. Solche Evidenz und persönliche Gewissheit vermag allein das „innere Wort", das Wirken des Geistes Gottes zu schaffen. Als Gemeinschaft derer, bei denen sich im Hören auf das „äußere Wort" gemeinsames Gewisswerden, Vertrauen und Hoffen einstellen, ist die Kirche ein „Geschöpf des göttlichen Wortes".

In das Zentrum des Kirchenverständnisses ist damit ein Element der Unverfügbarkeit aufgenommen. Mit ihm wird der Einsicht Rechnung getragen, dass sich Vertrauen, Lebensgewissheit, Glauben von Menschen nicht machen und herbeizwingen lassen. In der Unverwechselbarkeit persönlicher Lebensgeschichten und individueller Wege zum Glauben ist es dennoch der eine Geist Gottes, der uns im Vertrauen auf Gottes Güte bestärkt. Christ ist keiner für sich allein, sondern immer in der Gemeinschaft der Glaubenden.

Glauben verbindet und führt auf einen Weg, auf dem Christen füreinander Verantwortung übernehmen und sich gegenseitig helfen. Die christliche Existenz nimmt in zweifacher Weise konkrete Gestalt an: zum einen in dem Glauben, der das gemeinschaftliche Gotteslob und die verantwortliche Glaubensweitergabe im Raum der Kirche sucht; zum anderen in der Liebe, die ihre Lebensform im Wechselspiel zwischen der Sensibilität für das Individuelle und dem Arbeiten am sozialen Zusammenhalt gewinnt. In diesem Wechselspiel liegen große Wirkungsmöglichkeiten für die Gestaltung des christlichen Gesamtlebens.

Weil der Grund des Vertrauens und Glaubens und damit auch der Grund der Gemeinschaft der Christinnen und Christen im unverfügbaren Wirken des Geistes Gottes in den ebenso unverfügbaren Herzen der Menschen liegt, gibt es Grenzen der Sichtbarkeit und direkten empirischen Erfassbarkeit der Kirche. Die Kirche im Singular wird nach evangelischem Verständnis immer verborgen bleiben. Als sichtbare äußere Kennzeichen der Einheit genügen die Verkündigung des Evangeliums und die Feier der Sakramente. Das reformatorische Bemühen, dem geistlichen Charakter des verkündigten Wortes den Vorrang zu geben, hat Konsequenzen für die Ordnung der Kirchen: Es gibt keine mit Heiligkeit versehene äußere Ordnung der Kirchen, keine unveränderbare Hierarchie. In der äußeren Gestalt der Kirche sollen sich ihr Geist und ihr Auftrag widerspiegeln (Barmen III); andererseits dürfen Organisationsfragen als solche nicht dogmatisch überhöht werden, sondern sind für unterschiedliche Gestaltungen offen. Diese theologische Entlastung des Kirchenverständnisses eröffnet den Raum für eine aktive Gestaltung der kirchlichen Strukturen nach den jeweiligen sachlichen Erfordernissen.

Für diese äußere Ordnung der Kirchen hat jede Generation ihre spezifische Verantwortung. Bleibender Maßstab für diese Ordnung ist, dass sie die Aneignung des Evangeliums nicht erschwert oder gar verstellt, sondern für möglichst viele Menschen ermöglicht. Der äußeren Ordnung wird in den reformatorischen Bekenntnissen eine klar umrissene Aufgabe zugesprochen: Sie soll der Verkündigung des Evangeliums sowie dem Frieden und der Einigkeit unter Christen in einer Weise dienen, welche die Gewissen nicht unnötig beschwert. Zu diesem Kirchenverständnis gehört ein von Hoffnung getragener Realismus: Die sichtbare Kirche soll nicht idealisiert und mit Erwartungen überfrachtet werden. Sie ist vielmehr mit den begrenzten Mitteln zu gestalten, die menschlichem Handeln jeweils zur Verfügung stehen. Sie bleibt auch in allem Versagen und aller Zerbrochenheit, allem Scheitern an Aufgaben und aller Stagnation im Wandel ein für alle wahrnehmbares Zeichen der Zuwendung Gottes, dem eine Kraft zugesprochen ist, die größer ist als unsere Möglichkeiten. Denn Gottes „Kraft ist in den Schwachen mächtig" (2. Korinther 12,9), die Gegenwart seines Evangeliums ist nicht gebunden an leuchtende Kirchen oder wirkmächtige Predigten. Dies aber ist ein Satz über die Freiheit Gottes, nicht über die Entlastung von der Aufgabe, Kirche nach bestem Wissen und Gewissen einladend zu gestalten.

In diesem Kirchenverständnis ist viel Raum für die Freiheit zu einer situations- und zeitgemäßen Gestaltung der Kirche. Die „Freiheit eines Christenmenschen" erweitert die Wahrnehmung hin auf die Nächsten und die Fernsten. Sie schärft das Gewissen und inspiriert Menschen zur Wahrnehmung ihrer Verantwortung. An der diakonischen Arbeit wird exemplarisch deutlich: Christliche Freiheit ist eine Kraft zur Selbstverpflichtung, das Eigene für Andere und zum Wohl des gemeinsamen Lebens einzubringen. Die evangelischen Kirchen selbst wollen aus dieser Kraft mehr Freiheit wagen und gestalten.

Die Entstehung von Glauben ist immer an äußere Zeichen, an biblische und kirchliche Überlieferungen und damit auch an die Kirche als Institution gebunden. Die Wirkungen des Glaubens reichen über die Kirche hinaus.

Evangelisches Kirchenverständnis weiß um die Grenzen einer Verkirchlichung des Glaubens; es bezieht sich ausdrücklich auch auf die Dimensionen eines öffentlichen und eines individualisierten Christentums. Das Protestantische ist nicht so leicht zu orten und zu erforschen wie eine sakrale Institution, die über Hierarchie, eigenes Rechtssystem und rituellliturgische Praxis klar identifizierbar ist. Weil in der Reformation die Früchte des Glaubens, die außerhalb des kirchlichen Gartens wachsen, aufgewertet wurden, mussten auch die anderen Formen der Frömmigkeit gewürdigt werden, die sich in Distanz zum kirchlichen Leben entwickeln.

Seitdem Luther den Christen neu die alte Einsicht ins Stammbuch geschrieben hat, dass sich am Handeln nicht erkennen lässt, aus welcher Intention heraus es geschieht, gleichwohl aber die innere Haltung, die es bestimmt, entscheidend ist, arbeitet sich die evangelische Theologie immer wieder an dem Verhältnis von „außen" und „innen", von „sichtbar" und „verborgen" ab.

Was zunächst als ein Mangel an Identifizierbarkeit erscheint, ist in Wirklichkeit eine Stärke. Zum Reichtum der protestantischen Tradition zählen der Erfahrungsschatz und die Deutungskompetenzen, die im Umgang mit spezifisch modernen, individualisierten Formen der Frömmigkeit entstanden sind. Deshalb wurde eine rein auf die Kirche fixierte Betrachtung aufgebrochen, wurde die weltliche Arbeit aufgewertet, bekam das Nachdenken über Ethik einen so hohen Stellenwert in der evangelischen Theologie, wurden Kultur- und Zeitdeutung so wichtig. Dahinter stand die Einsicht: Nur auf der Grundlage einer Verständigung über die Gegenwart, ihre Grundprobleme und Lebensformen, lassen sich die Gestaltungs- und Handlungsmöglichkeiten der Kirche erkunden.

Das, was evangelische Kirche ist, wird nicht allein durch die Pfarrerschaft definiert. In der Überzeugung, dass alle gleichermaßen des Evangeliums bedürftig sind und dauerhaft auf die Zuwendung Gottes angewiesen bleiben, in der korrespondierenden Einsicht, dass alle Getauften dazu berufen sind, das Evangelium anderen zu bezeugen, und schließlich in der Gewissheit, dass alle Glaubenden vor Gott füreinander eintreten und einander so zu Priestern werden können, ist die Lehre vom „Priestertum aller Gläubigen" begründet. Aus dieser Lehre wurden in den evangelischen Kirchen auch strukturelle Konsequenzen für die äußere Organisation der Kirche gezogen: Nicht ein hierarchisch organisierter und von den anderen Christen unterschiedener Klerus verwaltet die Kirche, sondern alle Christen können an deren Gestaltung mitwirken. Die vielfältigen Beteiligungsmöglichkeiten sowie die synodalen Leitungsstrukturen konkretisieren das „Priestertum aller Gläubigen".

Die darin liegenden Chancen können für die Kirche noch besser genutzt werden. Zur Geschichte des evangelischen Christentums gehören die vielen Protestanten in Politik, Wirtschaft, Kultur, die teils in enger Verbundenheit mit ihrer Kirche, teils aber in loser Anbindung oder in weiter Distanz zu ihr ihre Form der Frömmigkeit leben. Über diese individuellen Lebensformen werden christliche Grundüberzeugungen in der Alltagswelt, in Beruf und Arbeitswelt, in Familie und Nachbarschaft, in Kultur und Gesellschaft erfahrbar vermittelt und in Geltung gehalten. Gerade das unspektakuläre Vorbild, die im Alltag selbstverständlich gelebten Überzeugungen, die vielfältigen kulturellen Ausdrucksformen jenseits von Kirchenjargon und dogmatischer Formelsprache gehören zu dem Boden, auf dem immer wieder neuer Glaube wächst. Dieses praktische Christentum im Alltag zu erneuern und zu bestärken, ist eine wichtige Aufgabe kirchlicher Arbeit.

2. Kirchliche Ebenen in den Veränderungsprozessen

Es widerspricht dem Charakter und dem Selbstverständnis der evangelischen Kirche, durch zentrale Vorgaben eine Zielvision für alle verpflichtend vorschreiben zu wollen oder auch nur zu erwarten, dass sich alle Landeskirchen, Kirchenkreise, Gemeinden und Mitarbeiterinnen und Mitarbeiter auf die Umsetzung einer einzigen Vision einrichten. Die Wirksamkeit einer jeden Zielperspektive liegt im „Beweis des Geistes und der Kraft" (Gotthold Ephraim Lessing) bei den Menschen in der Kirche. Es geht deshalb um einen vielstimmigen Kommunikationsprozess, der einen Mentalitätswandel in der evangelischen Kirche eröffnet. Ein solcher Prozess schließt Belastungen im Blick auf die Solidarität in der Kirche ein, nicht nur beispielsweise im Blick auf das Verhältnis verschiedener Berufsgruppen zueinander, sondern auch im Blick auf das Verhältnis zwischen Mitarbeitenden und Kirchenleitungen. Wenn die Anstöße eines solchen Prozesses für die jeweilige Region kritisch angeeignet und situationsgerecht angewandt werden, kann dadurch jedoch eine Bewegung entstehen, in der die evangelische Kirche im Ganzen die oben beschriebenen Chancen und Herausforderungen in evangelischer Freiheit und der mit ihr verbundenen Verantwortung anzunehmen vermag.

Um diesen Mentalitätswandel in der heutigen Realität der evangelischen Kirche zu verorten, soll beschrieben werden, dass und wie Landeskirchen, Kirchenkreise und Gemeinden perspektivische Überlegungen bereits aufgenommen und notwendige Veränderungsprozesse in Gang gebracht haben. So kann auch deutlich werden, welche Rolle und Aufgabe die Ebene der EKD (mit dem Rat, der Kirchenkonferenz und der Synode der EKD als Verfassungsorganen) in diesen Prozessen innehat.

Idealtypisch lassen sich drei Verantwortlichkeiten in der evangelischen Kirche unterscheiden, obwohl sie nirgends ungetrennt vorkommen.

Diese drei Verantwortlichkeiten entsprechen im Großen und Ganzen den drei wichtigsten Handlungsebenen, die die evangelische Kirche in ihrem Aufbau kennt und die daher je unterschiedlich an dem Weg in die Zukunft beteiligt sind.

Die unmittelbare Verantwortung für die kirchlichen Handlungsfelder liegt in aller Regel bei den Gemeinden, wobei der Gemeindebegriff weit gedacht werden muss. Er umfasst alle Orte, an denen sich Menschen um das Evangelium versammeln. Auch die vielfältigen, oft locker strukturierten Formen kirchlichen Wirkens gehören dazu. Zielgruppenarbeit, gemeindeüberschreitende Verbände und Gemeinschaften, punktuelle Verbindungen zur Kirche in Schulen, Krankenhäusern oder Akademien, der Deutsche Evangelische Kirchentag, die „Fernsehgottesdienstgemeinde", die „Kirchenmusikgemeinde", viele Felder der Diakonie und viele Anknüpfungspunkte zur Gemeinschaftsbildung im Zusammenhang der funktionalen Dienste sind in diesem Sinne Gemeinde. Hier liegt der Zielpunkt aller anderen Verantwortlichkeiten, denn auf dieser Handlungsebene wird der kirchliche Kernauftrag erfüllt und die geistliche Grundversorgung geleistet. Die Gemeinden in der Vielfalt ihrer Formen sind die Orte gelebten Glaubens und der Erfahrungsraum von Zugehörigkeit und Vertrautheit. Hier ist das Gesicht der evangelischen Kirche erkennbar, in Gottesdiensten am Sonntag und aus besonderen Anlässen, in der Begleitung der Menschen im Jahreslauf wie im Lebenslauf, aber ebenso in der gemeindenahen Diakonie, im Kindergarten, in der gemeindlichen Arbeit mit den verschiedenen Generationen oder in der Pflege des Kirchengebäudes bilden die Gemeinden einen wichtigen inhaltlichen wie emotionalen Bezugsrahmen. Die Gemeinden tragen die Verantwortung für die den Menschen besonders nahen Aufgaben der Kirche. Der Weg in die Zukunft entscheidet sich deshalb letztlich an der Qualität der Umsetzung dieser Verantwortung der Gemeinden. Ein Veränderungsprozess wird deshalb dann dem kirchlichen Auftrag am ehesten gerecht, wenn er die Gemeinden in ihren unterschiedlichen Formen einbezieht.

Der Kirchenkreis wirkt in der Regel als Arbeits-, Solidar- und Planungsebene einer Region für das, was die Kräfte einer einzelnen Gemeinde übersteigt. Er erfüllt eine koordinierende und die Gemeinden ergänzende Funktion. Mit dem Stellenrahmenplan, der gemeindeübergreifenden Diakonie, mit überörtlichen Angeboten in Kultur, Bildung und Kirchenmusik trägt er zur Schwerpunktsetzung bei. Im Kirchenkreisamt hält er eine Service-Einrichtung für Verwaltungsaufgaben in der Region bereit. Dem Kirchenkreis obliegt so die Gewährleistung dafür, dass die Gemeinden ihre Aufgaben erfüllen können und auch tatsächlich erfüllen. Der Verständigung darüber, in welcher Weise und in welchem Maß das tatsächlich gelingt, dient das Instrument der Visitation. Natürlich hat ein Kirchenkreis auch eine Verantwortung für die Erfüllung seiner eigenen Aufgaben; diese sind aber kein Selbstzweck, sondern dienen selbst wieder den Gemeinden.

Die Aufgaben der Landeskirchen werden zunehmend in enger Abstimmung mit anderen Landeskirchen, mit den konfessionellen Zusammenschlüssen und mit der EKD wahrgenommen. Bei den Landeskirchen liegt in der Regel die Bekenntnis-, Rechts-, und Organisationshoheit für die jeweilige Region. Sie haben dafür Sorge zu tragen, dass die wesentlichen kirchlichen Aufgaben wahrgenommen und neue Herausforderungen rechtzeitig erkannt werden. Sie tragen Sorge für ein erkennbares Profil als evangelische Landeskirche. Darum verfügen die Landeskirchen über die „Kompetenz-Kompetenz" zur Definition und Zuordnung grundlegender kirchlicher Aufgaben. Sie gewährleisten die Aufgabenwahrnehmung durch die Kirchenkreise und andere kirchliche Handlungsebenen (z. B. durch ein angemessenes Finanzausgleichssystem und einen sachgerechten Rechts- und Ordnungsrahmen) – und nehmen ihrerseits Aufgaben auf gesamtkirchlichen Handlungsfeldern wahr (beispielsweise Amt für kirchliche Dienste, Frauenarbeit, Männerarbeit, Jugendarbeit, Kirchlicher Dienst in der Arbeitswelt, Missionarische Dienste, Erwachsenenbildung, Religionspädagogisches Institut, Evangelische Akademie, Predigerseminar, Pastoralkolleg). Die landeskirchliche Ebene übernimmt Verantwortung für Öffentlichkeitsarbeit und Publizistik sowie für die Ökumene in der Region und weltweit, sie vertritt die evangelische Kirche im Gegenüber zu Staat und Gesellschaft. Die auf der landeskirchlichen Ebene wahrgenommenen Aufgaben sind kein Selbstzweck, sondern dienen letztlich der Arbeit der Gemeinden und den kirchlichen Handlungsfeldern nahe bei den Menschen.

Die Verantwortung der Landeskirchen wird in zunehmendem Maß durch freiwillige Übereinkunft in einen informierenden und koordinierenden Austausch auf der Ebene der EKD eingebunden. Sie wird in ihren Grundzügen zwischen den Gliedkirchen in der Kirchenkonferenz sowie in Fachreferentenkonferenzen und im Blick auf die gemeinsame Öffentlichkeitsverantwortung der evangelischen Kirche durch Synode und Rat der EKD, insbesondere auch in Zusammenarbeit mit den Kammern der EKD, wahrgenommen. Inhaltlich geht es dabei unter anderem um konkrete Themen öffentlicher Verantwortung, die europäische wie die weltweite politische Entwicklung, gesamtkirchliche Medienarbeit, diakonische Aufgaben unter Einschluss der ökumenischen Diakonie, den ökumenischen Auftrag der Kirche unter Einschluss der kirchlichen Auslandsarbeit sowie um die Einrichtungen, die als gesamtkirchliche Kompetenzzentren den Gliedkirchen zur Verfügung stehen. Im Lauf der Jahre sind der EKD bestimmte Aufgaben nicht nur im Bereich der öffentlichen Verantwortung, sondern auch in der Koordination kirchenleitender Praxis zugewachsen, wie sich an den inhaltlich zunehmend gehaltvollen Absprachen der Landeskirchen zu bestimmten Themen zeigt. Die EKD wirkt so als gemeinsame Stimme des Protestantismus und als integrative Instanz für die Wahrnehmung und Bewältigung gemeinsamer Herausforderungen aller Landeskirchen.

Diese zweifellos idealtypische Gliederung der Verantwortlichkeiten für die Evangelische Kirche in Deutschland entspricht ihrem partizipatorischen Selbstverständnis. Sie ist weder eine „von oben nach unten" strukturierte religiöse Organisation, noch hat sie eine dem freikirchlichen Ansatz vergleichbare Struktur eines unverbindlichen Zusammenschlusses von einzelnen Gemeinden. Die evangelische Kirche in Deutschland wird auch in Zukunft die Gliederung ihrer Verantwortungsebenen als angemessenen Ausdruck ihres Selbstverständnisses beibehalten. Zugleich aber ist deutlich zu erkennen, dass neue Herausforderungen verstärkt zu Verschiebungen und veränderten Gewichtungen führen. Diese Verschiebungen sind nicht zufällig, sondern um der

Aufrechterhaltung der Handlungsfähigkeit willen notwendig. Es geht darum, diese Verschiebungen bewusst wahrzunehmen und gemeinsam zu gestalten. Gegenwärtig sind mindestens drei gewichtige Verschiebungen in der evangelischen Kirche wahrnehmbar:

- Die evangelische Kirche besteht aus Menschen, die sich um Verkündigung und Sakrament sammeln; deshalb hat die Gemeinde am Ort eine hohe Bedeutung. Zugleich bedarf die Form der Parochialgemeinde der Ergänzung, wenn möglichst viele Generationen und Lebenswelten in das kirchliche Leben einbezogen und drohende Milieuverengungen wirkungsvoll überwunden werden sollen. Solche ergänzenden Gemeindeformen können auch dazu beitragen, dass der auf einen engeren Gemeindehorizont bezogenen Betreuungskultur eine sich nach außen wendende Beteiligungskultur zur Seite tritt. Eine Steigerung der missionarischen und kulturellen Qualität kirchlicher Arbeit wird sich wiederum befruchtend auch auf das Leben in Parochialgemeinden auswirken.
- Grenzen parochialer Handlungsmöglichkeiten zeigen sich auch darin, dass in fast allen Landeskirchen den Kirchenkreisen (Dekanaten, Propsteien) zusätzliche Gestaltungsaufgaben für eine kirchliche Region zuwachsen. Kooperationen oder Fusionen von Gemeinden im Zuge von Regionalisierungen tragen ebenfalls zu einer veränderten Bedeutung der Kirchenkreis- bzw. Dekanatsebene bei. Weil bestimmte Aufgaben nicht oder nicht mehr von den einzelnen Gemeinden allein wahrgenommen werden können, wird die Region zu einem wichtigen Gestaltungsraum. Dieser Prozess bietet zugleich die Chance, funktionale Aufgaben auch unter schwieriger werdenden Bedingungen aufrecht zu erhalten. Durch eine engere Verknüpfung mit bestimmten kirchlichen Orten wird die Wahrnehmung dieser Aufgaben mit der kirchlichen Basis verknüpft, an einem klaren kirchlichen Profil orientiert und vor der Einengung auf bestimmte Interessengruppen bewahrt. Der engen Zusammenarbeit zwischen gemeindlichen und funktionalen Arbeitsformen gehört die Zukunft. Durch sie wird eine Kirchturmpolitik einzelner Gemeinden oder Arbeitszweige überwunden, die ein problematisches Erbe aus finanziell besseren Zeiten darstellt. Der Kirchenkreis wird auf diese Weise aus einer (kircheninternen) Verwaltungsebene im Hintergrund zu einer sichtbaren Gestaltungsebene für eine Region. Er kann die jeweiligen Stärken benachbarter Kirchengemeinden miteinander verknüpfen und durch gemeinsame Angebote verstärken. So kann er die gesamtkirchliche Strategie für eine Region in einer Weise steuern, in der die Nähe zu den unterschiedlichen Situationen am Ort im Blick bleibt. Bisher ist diese Veränderung sowohl in der theologischen Arbeit als auch in den kirchlichen Leitungsgremien zu wenig bedacht. Dabei stellen sich mit diesen Verschiebungen wichtige Fragen: Wie groß kann oder sollte ein Kirchenkreis sein? Wie ist die geistliche Leitung gegenüber Pfarrern und Pfarrerinnen zu gestalten? Welche neuen

Formen für die Kooperation zwischen den einzelnen Gemeinden und dem Kirchenkreis müssen entwickelt werden? Welche Führungskompetenzen, -qualitäten und -strukturen braucht ein Kirchenkreis? Solche Fragen sollten mit Vorrang weiter bearbeitet werden.

- Gleichzeitig hat sich in den letzten Jahren eine Verschiebung auch im Blick auf die gemeinsame Aufgabenverantwortung der Landeskirchen eingestellt. Der Bedarf an gemeinsamen Profil- und Prioritätsentscheidungen ist erheblich gewachsen. Wer sich nicht mehr alles leisten kann, muss Aufgabenschwerpunkte setzen; und wer mit seinen spezifischen Angeboten wahrgenommen werden möchte, muss das eigene Profil verdeutlichen. Koordinierte Aufgabenkritik und profilierte Ausrichtung auf eine einladende, missionarisch aktive und überzeugende Kirche ist am besten in enger Gemeinschaft der Landeskirchen untereinander und also auf der Ebene der EKD zu bewältigen; denn in einer medial bestimmten Zeit werden die evangelischen Landeskirchen öffentlich ohnehin im Verbund wahrgenommen. Mehr als die Hälfte der Kirchenmitglieder ordnet sich, wie die Kirchenmitgliedschaftsuntersuchungen seit 1972 kontinuierlich belegen, weder einer bestimmten Gemeinde noch einem bestimmten kirchlichen Angebot zu. Sie suchen vielmehr geistliche Zugehörigkeit in der evangelischen Kirche als solcher; sie wollen nicht zuerst Gemeindeglieder oder Landeskirchenkinder sein, sondern evangelische Christen. Diese allgemeine Zugehörigkeit zur evangelischen Kirche wird durch ein gemeinsames Profil und eine vergleichbare Qualität in den Angeboten der evangelischen Kirche inhaltlich gefüllt und gefördert. Erst der Verbund mit der ganzen evangelischen Kirche macht auch die Veranstaltungen der einzelnen Gemeinden zu Angeboten der evangelischen Kirche insgesamt. Das Ansehen der einzelnen gemeindlichen Angebote und das Bild der Evangelischen Kirche in Deutschland im Ganzen mit all ihren Gliedkirchen sind wechselseitig miteinander verbunden. Ein gemeinsames Kirchenbewusstsein dient deshalb der Wahrnehmung auch der unterschiedlichen Aufgaben am besten.

Die beschriebenen Verschiebungen sind mit Reibungsverlusten verbunden; sie stoßen bisweilen gerade bei kirchlich Engagierten auf Widerstand. Denn sie werden als Verlust an Möglichkeiten zur Mitgestaltung und als unerwünschte Zentralisierung wahrgenommen. Tatsächlich werden bisherige Zuständigkeiten von Leitungsgremien wie gewohnte Arbeitsfelder beruflicher Mitarbeiterinnen und Mitarbeiter durch diese Veränderungen in Frage gestellt. Die dadurch ausgelösten Empfindungen sind verständlich. Dennoch ist die mit solchen Verschiebungen verbundene Konzentration der Kräfte wie die von ihnen erhoffte Profilierung der Inhalte richtig. Solche Entwicklungen werden unterstützt, wenn auch die Evangelische Kirche in Deutschland sich an dieser Diskussion beteiligt und dadurch die perspektivische Arbeit in den Landeskirchen fördert und unterstützt.

3. Aufbrüche in der evangelischen Kirche

Die bisherigen Reaktionsweisen der Gliedkirchen und der EKD auf die Herausforderungen der Gegenwart zeigen bei aller Differenzierung ein erstaunliches Maß an Übereinstimmung. Trotz seiner Vielfalt reagiert der deutsche Protestantismus keineswegs diffus auf die Herausforderungen der Zukunft. Alle Gliedkirchen der Evanglischen Kirche in Deutschland haben ebenso wie viele ihrer Kirchenkreise und Gemeinden in den letzten Jahren erhebliche Veränderungsanstrengungen unternommen. Die EKD sieht ihre Rolle darin, diese Überlegungen und Initiativen aufzugreifen, aufeinander zu beziehen und weiterzuentwickeln. Auf den Handlungsdruck, der sich aus der demographischen Entwicklung und den finanziellen Rückgängen ergibt, reagieren viele Gliedkirchen mit einem auf fünf bis sieben Jahre angelegten Zeithorizont und einer entsprechenden mittelfristigen Finanzplanung. In zum Teil aufwändigen Prozessen haben viele Landeskirchen ihre Aufgaben und Ziele für die Zukunft erarbeitet und dokumentiert. Ostdeutsche Landeskirchen haben sich mit der Minderheitensituation auseinandergesetzt und Perspektiven für die Zukunft entwickelt. Westdeutsche Landeskirchen organisierten Leitbild- oder Leitsatzprozesse. Landeskirchen entwickelten ein Corporate design, um das Bewusstsein der Zusammengehörigkeit zu stärken. Das Thema Leiten und Führen fand verstärkte Aufmerksamkeit. Insgesamt lassen sich die Reaktionen mit den fünf Leitworten Verbesserung der Organisation, Definition der Kernkompetenzen, Intensivierung von Mission, Entdeckung und Aktivierung vorhandener Stärken und Lernen von wirtschaftlichem Denken beschreiben:

a) Organisation verbessern

Die Ebene der Organisationsveränderung steht dort im Vordergrund, wo die Herausforderung primär durch die Konstituierung von (neuen) Handlungseinheiten beantwortet wird. Hierher gehören alle Vorschläge und Projekte, die sich auf die Veränderung der kirchlichen Strukturen konzentrieren und die inhaltlichen Aufgaben dahinter zurücktreten lassen. Dabei stehen entweder die kirchliche Struktur oder die kirchlichen Entscheidungs- und Handlungsprozesse im Vordergrund. Dieses Muster findet sich in theologischen Beiträgen, die beispielsweise unter dem Leitbegriff „Kirchliche Orte" die Aufgaben von funktionalen und parochialen Diensten neu kombinieren. Es zeigt sich in Vorschlägen und Vorhaben zur Neustrukturierung der Landeskirchen und der gliedkirchlichen Zusammenschlüsse. Hierher gehören aber auch innerkirchliche Reformvorhaben, die das sogenannte „Neue Steuerungsmodell" auf die Landeskirchen anwenden wollen. Dieses für Kommunalverwaltungen entwickelte Modell trägt der Erkenntnis Rechnung, dass neue Aufgaben aus finanziellen Gründen nicht durch die Schaffung neuer Stellen gelöst werden können, wie dies auch die deutschen Kirchen in den 1960er und 1970er Jahren praktiziert hatten. Vielmehr ist es notwendig, neue Schwerpunkte zu setzen und andere Handlungsfelder aufzugeben. Dabei werden nicht von vornherein bestimmte Ziele in den Mittelpunkt gestellt, sondern das Prinzip der Zielorientierung selbst. Die Verantwortlichen werden also nicht von vorneherein auf bestimmte Inhalte verpflichtet, sondern auf ein verbindliches Verfahren. Zu den zentralen Begriffen dieses Steuerungsmodells gehören Zielvereinbarungen, Dienstleistungsdefinitionen, Kosten- und Leistungsrechnungen sowie Controlling.

b) Kernkompetenzen definieren

Verwandt, aber nicht identisch mit dem Reaktionsmuster der Verbesserung von Organisation sind die Bemühungen, in einer Zeit, in der nicht mehr alles Bisherige weitergeführt werden kann, unter den vielen kirchlichen Aktivitäten Kernkompetenzen zu definieren, die auf jeden Fall wahrzunehmen sind. Das formale Reaktionsmuster verbindet sich mit einer inhaltlichen Perspektive. Die Erkenntnis der Ressourcenverknappung steht am Anfang. Die dadurch ausgelöste Frage nach der Kernkompetenz wird beispielsweise in Leitbild- oder Leitsatzprozessen beantwortet, die angesichts der Fülle kirchlicher Handlungsfelder Kernaufgaben identifizieren sollen. Es ist in diesem Zusammenhang interessant, dass die wichtigsten Bereiche, in denen Landeskirchen in jüngster Zeit behutsam und wohlüberlegt neu investieren, das gottesdienstliche Handeln und die Förderung des geistlichen Lebens sind. Darin drückt sich eine deutliche Antwort auf die Frage nach Kernkompetenzen aus.

c) Mission verstärken

Andere Reaktionsmuster setzen nicht formal, sondern inhaltlich an. Ein Beispiel: „Wer glaubt, kann nicht stumm bleiben. Wer glaubt, hat etwas zu erzählen von der Güte Gottes. Darum tragen wir die Bilder des Lebens, des Trostes und der Sehnsucht weiter und treten ein für die Sache Gottes – leise und behutsam, begeistert und werbend." So heißt es in der von der EKD-Synode 1999 in Leipzig beschlossenen Kundgebung zum Schwerpunktthema „Der missionarische Auftrag der Kirche an der Schwelle zum 3. Jahrtausend". Nicht leere Kassen oder eine leerlaufende Organisation fordern heraus, sondern leere Herzen – und Kirchen. Die evangelische Verkündigung wird in einem solchen Ansatz mit Selbstbewusstsein und Öffentlichkeitswillen vorgebracht. „Alle Bemühungen um den missionarischen Auftrag fangen damit an, zu erkennen und zu beschreiben, wie schön, notwendig und wohltuend die christliche Botschaft ist. Sie zielt auf die Antwort des Glaubens." Die EKD-Synode in Leipzig 1999 hat ein wieder erwachendes missionarisches Selbstverständnis und Handeln der evangelischen Kirche aufgegriffen und vorangebracht. Neben programmatische und strategische Überlegungen treten zahlreiche praktische Initiativen und Programme für missionarische und evangelistische Vorhaben.

d) Stärken entdecken und aktivieren
Das vierte Reaktionsmuster steht beispielhaft für die Initiativen von Kirchen und Gemeinden, in denen der Grundsatz gilt, nicht etwas zu machen, sondern etwas zu merken. Nicht ein Handlungsbedarf wird erkannt, sondern die Aufmerksamkeit wird auf Gegebenes gerichtet. Entdeckte Stärken sind dann freilich auch aktiv zu verstärken. Die konzentrierte Analyse von Eintritten beziehungsweise Wiedereintritten in die Kirche in der badischen Landeskirche ist ein Beispiel für dieses Reaktionsmuster. An die Stelle des Starrens auf die Austritte aus der Kirche kommt die Gegenbewegung in den Blick. Die Wahrnehmung osmotischer Prozesse an den Rändern der Kirche, an denen Menschen leichter aus der evangelischen Kirche austreten, sich aber auch eher zum Wiedereintritt entscheiden, ermutigt zum Aufbau von Kircheneintrittsstellen. Auch die neue Wahrnehmung von Kirchenräumen als Symbolräume in ihrer katechetisch-missionarischen Bedeutung stärkt vorhandene Stärken. Die EKD-Synode 2003 verdeutlicht das mit den Worten: Kirchenräume „haben eine Ausstrahlungskraft weit über die Gemeinden hinaus, denen sie gehören. Wer eine Kirche aufsucht, betritt einen Raum, der für eine andere Welt steht. Ob man das Heilige sucht, ob man Segen und Gottesnähe sucht oder schlicht Ruhe, ob ästhetische Motive im Vordergrund stehen – immer spricht der Raum. ... Kirchen sind Orte, die Sinn eröffnen können und zum Leben helfen können, Orte der Gastfreundschaft und der Zuflucht. Sie sind Räume, die Glauben symbolisieren, Erinnerungen wach halten, Zukunft denkbar werden lassen, Beziehungen ermöglichen: zu sich selbst und zu Gott." Die kirchlich-gemeindliche Perspektive weitet sich zu einer kulturreligiösen; Kirchenräume werden nicht nur als Medien der Gemeindebildung wahrgenommen, sondern als Ressourcen individueller Lebensbegleitung und Sinnerschließung.

f) Lernen von wirtschaftlichem Denken
Unternehmerische, betriebswirtschaftliche und marketingorientierte Methoden und Einsichten werden auch in den Kirchen aufgegriffen, gemäß dem paulinischen Grundsatz, alles zu prüfen und das Gute zu behalten (1. Thessalonicher 5,21). Der Einwand, dass ein Lernen von den wirtschaftlichen Kompetenzen zwangsweise zu einer Angleichung der Kirche an die Marktwirtschaft führt, wird heute nur noch selten vertreten. Stattdessen setzt sich die Auffassung durch, dass die Kirche bei bestimmten Aufgaben (Immobilienbewirtschaftung, Haushaltssteuerung, Qualitätsmanagement usw.) das Lösungsniveau nicht unterschreiten darf, das in anderen gesellschaftlichen Bereichen erreicht wird. Das nötigt freilich dazu, in der Fehleranalyse konkret, sachbezogen und fair zu urteilen. Dass die Ursachen für Negativentwicklungen im kirchlichen Bereich nur in äußeren Umständen oder gesellschaftlichen Veränderungen zu suchen sind, wird heute kaum noch behauptet. Doch auch wenn man den eigenen kirchlichen Anteil an negativen Entwicklungen als ge-

ring veranschlagt, bleibt er derjenige Bereich, der durch eigene Klärung und Bemühung verändert werden kann.

Überblickt man die kirchlichen Reaktionsweisen auf die neuen Herausforderungen, kann man ein doppeltes Resultat festhalten:

Zum einen werden heute stärker als früher Kritikpunkte gegenüber der inhaltlichen Arbeit der evangelischen Kirche eingestanden. Selbstkritisch werden Phänomene wie eine verbreitete Selbstsäkularisierung und eine mangelnde Qualität in zentralen kirchlichen Handlungsfeldern, eine unzureichende Identifikation kirchlicher Mitarbeiterinnen und Mitarbeiter unter Einschluss von Pfarrern und Pfarrerinnen mit den Kernaufgaben der Kirche, eine verspätete Wahrnehmung des missionarischen Auftrages der Kirche und eine zu zögerliche Inangriffnahme unabweisbar notwendiger Reformen genannt.

Zum anderen wird die Begründungspflicht im Blick auf kirchliche Aufgaben umgekehrt. Die Bereitschaft schwindet, Arbeitsbereiche zu finanzieren, die zwar eine gewachsene Struktur haben und deren historische Bedeutung zu würdigen ist, die aber unter veränderten Bedingungen zu viel Kraft und Geld kosten, ohne eine entsprechende Priorität beanspruchen zu können. Die im Juli 2004 vom Rat der EKD beschlossene Umkehrung der Begründungspflicht, die auch in manchen Landeskirchen aufgenommen wurde, kann daher als Zukunfts-Grundsatz für den anstehenden Mentalitätswechsel und den dazu gehörenden Paradigmenwechsel gelten:

„Nicht mehr die lange oder gute Tradition einer Aufgabe ist ausschlaggebend, sondern die zukünftige Bedeutung. Bei jeder finanziellen Unterstützung durch die EKD muss die Frage überzeugend beantwortet werden können, ob es für die Zukunft des Protestantismus in Deutschland von herausragender Bedeutung sei, diese Aufgabe fortzusetzen. Was würde der evangelischen Kirche fehlen, wenn es diese Aufgabe nicht mehr gäbe? Dieses Kriterium führt in allen Bereichen der EKD zu einer generellen Überprüfung der Aufgaben und Unterstützungen."

III. Perspektiven der evangelischen Kirche im Jahre 2030

1. Evangelisch im 21. Jahrhundert

Die faktischen Reaktionsweisen der Landeskirchen auf den spürbaren Veränderungsdruck stimmen darin überein, dass eine Profilschärfung des Evangelischen geistlich und theologisch die richtige Reaktion auf die anstehenden Herausforderungen bildet. „Evangelisch in Deutschland" braucht ein deutliches Profil und eine klare Qualität. Das aus einer Kommunikationskampagne der Evangelischen Kirche in Hessen und Nassau stammende Motto „Evangelisch aus gutem Grund" weist in diese Richtung. Ein ausgeprägtes Profil ermöglicht Erkennbarkeit in einer unübersichtlich gewordenen Welt. Ein evangelisches Profil der Kirche und die Reflexion der eigenen Herkunft mit der Bereitschaft zu zukunftsbezogener Erneuerung eröffnen Wege in die Zukunft.

In der Reformationszeit vollzog sich eine positive Zuwendung zum Glauben des Einzelnen. Die im Evangelium versprochene und Wirklichkeit gewordene Rechtfertigung befreite von allen falschen Abhängigkeiten in der Welt und ermutigte zur Verantwortung für den Nächsten im Alltag des eigenen Lebens. Die Reformation führte – bei aller Kritik im Einzelnen – auch zu einer grundsätzlichen Würdigung der modernen Lebenswelt. Eine aufgeklärte, den Diskurs mit den Wissenschaften auf Augenhöhe suchende Form evangelischer Theologie wurde zum Kennzeichen des Protestantismus. Dieses Erbe einer aufgeklärten Frömmigkeit gilt es auch für die Zukunft zu sichern.

Profilschärfung kann missverstanden werden als Verengung, als Verkirchlichung, als Abkehr von einer ökumenischen Grundhaltung oder als mangelnde Toleranz gegenüber anderen Religionen. Das ist hier nicht gemeint. Die hier beschriebene Profilschärfung ist vielmehr eingebettet in das Konzept einer Kirche der Freiheit im 21. Jahrhundert, die offen und einladend, weltverantwortlich und kulturorientiert ist. Eine evangelische Kirche der Freiheit wird auch im 21. Jahrhundert ihrem Öffentlichkeitsauftrag, ihrer diakonischen Ausrichtung, ihrer evangelisch profilierten Bildungsarbeit, ihrer kulturprägenden Kraft und ihrer ökumenischen Grundorientierung verpflichtet sein. Im Umbruch der Gegenwart will sie den Platz des Christentums in der Moderne in seiner dreifachen Gestalt stärken. Nach einer Überlegung von Dietrich Rössler erscheint das Christliche in der Moderne in dreifacher Gestalt, nämlich

- als kirchliches Christentum im Leben der Gemeinden und im Handeln der kirchlichen Institutionen,
- als öffentliches Christentum in vielfältigen kulturellen Zusammenhängen: von der Präsenz christlichen Traditionsgutes in der Sprache, in der Musik und im Stadtbild über die Geltung bestimmter Werte und den staatlichen Schutz christlicher Feiertage bis hin zu öffentlichen Erwartun-

gen an die Kirchen, z. B. in Situationen kollektiven Gedenkens mit religiösen Handlungsformen zu dienen,
- als individualisiertes Christentum, das in den unterschiedlichsten Gestalten privater Frömmigkeit oder einer zumindest teilweise christlich geprägten Weltsicht anzutreffen ist.

Diese Konzeption einer dreifachen Gestalt des Christentums in der Moderne soll nicht dazu dienen, die Gegenwart religiös zu verklären. Aber sie kann deutlich machen, dass eine Stärkung der kirchlichen Gestalt des Christentums in der gegenwärtigen Umbruchsituation nicht nur der Kirche, sondern allen Bereichen der modernen Christlichkeit zu Gute kommt. Die Vorstellung, die öffentliche und die private Gestalt des Christentums könnten sich auch ohne die Kirche als Institution weiter entwickeln, wäre dagegen naiv.

Auch die private und die öffentliche Christlichkeit leben davon, dass die evangelische Kirche sichtbar und kompetent, verantwortlich und wirksam das Evangelium von der Barmherzigkeit Gottes in Jesus Christus in der modernen Welt verkündigt. Oder in Abwandlung eines auf den modernen Staat gemünzten Satzes von Ernst-Wolfgang Böckenförde: Das private und das öffentliche Christentum leben von Voraussetzungen, die sie selbst nicht hervorbringen können; das kirchliche Christentum gehört zu diesen Voraussetzungen. Gleichgültigkeit gegenüber der äußeren Gestalt der Kirche wäre deshalb ein Irrweg. Die gemeinsame Sorge aller Christinnen und Christen muss vielmehr darauf gerichtet sein, die äußere Gestalt der Kirche zu stärken.

Der hier vorgelegte Entwurf einer Zukunftsvision in zwölf Leuchtfeuern für eine evangelische Kirche der Freiheit im 21. Jahrhundert will die perspektivischen Überlegungen aus den Landeskirchen aufnehmen und koordinieren, fortführen und verstärken. Ein solcher Entwurf kann die vielerorts in Gang gekommenen Prozesse des Aufbruches in einen Gesamtrahmen stellen, der die gemeinsame Verantwortung der Evangelischen Kirche in Deutschland sichtbar macht. Dabei ist von vornherein mit einer produktiven Ungleichzeitigkeit zu rechnen. Was für eine Region längst selbstverständlich ist, ist für andere Gebiete befremdlich; und was für die einen nicht weit genug geht, ist für die anderen (noch) unzumutbar. Die zwölf Leuchtfeuer können auch dort Orientierung bieten, wo einzelne Landeskirchen vor unterschiedlichen Herausforderungen stehen und verschiedene Wege gehen. Die Leuchtfeuer können und sollen die Diskussion der notwendigen Veränderungsprozesse stärken, ohne dass jede einzelne Aussage schon allseits zustimmungsfähig sein muss.

Jede Vision von der Zukunft der evangelischen Kirche stützt sich auf biblische Grundlagen. Biblische Bilder von Kirche und Gemeinde werden aufgegriffen und aktualisiert. Schlüsselbilder sind die Rede vom „Salz der Erde“ (Matthäus 5,13), vom „Licht der Welt“ (Matthäus 5,14), und vom „Leib Christi“ (1. Korinther 12,12 ff.). Aus diesen Bildern ergeben sich nicht unmittelbar Handlungsanweisungen für zukünftige Strukturen der Kirche. Sie haben eine orientierende und vergewissernde Funktion im Grundsätzlichen. Sie ermutigen dazu, auf bestimmten Wegen weiter zu gehen; denn wo sich Vertrautes mit neuen Visionen verbindet, wird der Weg des Wandels leichter. In den folgenden Leuchtfeuern sind vier allgemein formulierbare Motive wirksam, die in vielen kirchlichen Veränderungsprozessen unserer Zeit auffindbar sind. Sie lassen sich als Aktualisierungen der genannten biblischen Motive verstehen.

- Geistliche Profilierung statt undeutlicher Aktivität
  Wo evangelisch draufsteht, muss Evangelium erfahrbar sein. In diesem Motiv scheint das biblische Bild vom Licht der Welt auf, von dem Licht, das nicht unter den Scheffel gestellt werden soll (vgl. Lukas 11,33).
- Schwerpunktsetzung statt Vollständigkeit
  Kirchliches Wirken muss nicht überall vorhanden sein, wohl aber überall sichtbar. Hier ist an die vielfältige Bedeutung des zeichenhaften Handelns Jesu zu denken (vgl. insbesondere die Heilungs- und Wundergeschichten).
- Beweglichkeit in den Formen statt Klammern an Strukturen
  Nicht überall muss um des gemeinsamen Zieles willen alles auf dieselbe Weise geschehen; vielmehr kann dasselbe Ziel auch auf verschiedene Weise erreicht werden. Im Bild „vom Leib Christi" darf man „den Juden ein Jude und den Griechen ein Grieche" sein (vgl. 1. Korinther 9,20).
- Außenorientierung statt Selbstgenügsamkeit
  Auch der Fremde soll Gottes Güte erfahren können, auch der Ferne gehört zu Christus. Das Bild von „Christus als Haupt der Gemeinde" veranschaulicht, dass seine Gegenwart in der Welt immer größer und weiter ist als der je eigene Glaube und die je eigene Gemeinde (vgl. Kolosser 1,15 ff.).

Leuchtfeuer wurden in früheren Zeiten am Strand oder in den Bergen als Orientierungslichter gesetzt, damit Segler oder Wanderer trotz Wind und Wetter, trotz Berg und Tal zu ihrem Ziel finden konnten. Leuchtfeuer sind Orientierungspunkte, die aus allen Richtungen gleichermaßen gut zu erkennen sind. Sie wollen Räume öffnen, Zielorientierung geben und zur Suche nach eigenen Wegen ermutigen. Die Leuchtfeuer wollen die Angst überwinden, die gerade in Umbruchzeiten entstehen kann. Sie lenken den Blick über die kurz- oder mittelfristigen Herausforderungen hinaus und öffnen ihn für eine Entwicklung, die mehr bereit hält als die Fortsetzung des Bisherigen unter erschwerten Bedingungen. Die Leuchtfeuer erschöpfen sich nicht in der Reaktion auf aktuelle Belastungen, sondern formulieren positive Ziele; dadurch setzen sie Motivation und Gestaltungswillen frei; sie erlauben Schritte ins Freie, denn sie entwerfen eine neue Mentalität und ein anderes Paradigma von Kirchesein. Auch die Jahreszahl 2030 hat eine öffnende Bedeutung; es geht nicht um prognostische Fixierung bestimmter Entwicklungslinien oder um scheingenaue Zielbestimmungen. Was im Folgenden vorgelegt wird, trägt insofern eher den Charakter einer Landschaftsbeschreibung als einer Konstruktionszeichnung.

Mit der Vision der zwölf Leuchtfeuer für das Jahr 2030 nimmt die Evangelische Kirche in Deutschland die Herausforderungen der Umbruchzeit an und ermutigt zu einem gemeinsamen Weg, der sich den voraussehbaren demographischen und finanziellen Entwicklungen stellt und sie durch konzeptionelle Überlegungen zum Positiven wendet. Der christliche Glaube beugt sich nicht jenen falschen Prophetien der Moderne, die ihm immer wieder den Untergang voraussagten.

Die Evangelische Kirche in Deutschland will mit den zwölf Leuchtfeuern ein Wachstum gegen den Trend initiieren, weil sie in der evangelischen Freiheit eine unentbehrliche Kraftquelle und eine wegweisende Lebensorientierung für das 21. Jahrhundert sieht.

2. Zwölf Leuchtfeuer der Zukunft

Die folgenden zwölf Leuchtfeuer konzentrieren die perspektivischen Überlegungen auf zwölf Handlungsfelder, die für den Mentalitätswechsel in der evangelischen Kirche zentrale Bedeutung haben; die Leuchtfeuer spiegeln dabei die vier Veränderungsbereiche, die vordringlich der Bearbeitung bedürfen:

- Aufbruch in den kirchlichen Kernangeboten (Leuchtfeuer 1–3)
- Aufbruch bei allen kirchlichen Mitarbeitenden (Leuchtfeuer 4–6)
- Aufbruch beim kirchlichen Handeln in der Welt (Leuchtfeuer 7–9)
- Aufbruch bei der kirchlichen Selbstorganisation (Leuchtfeuer 10–12)

Mit dieser Konzentration werden nicht alle wichtigen Handlungsfelder angesprochen oder alle perspektivischen Fragen beantwortet; manche Themen fehlen, weitere perspektivische Aspekte könnten genannt werden. Vielmehr lässt sich an diesen zwölf Handlungsfeldern die Richtung des notwendigen Wandels exemplarisch beschreiben. Dabei muss sich die Beschreibung zukünftiger Ziele immer mit der Demut verbinden, die sich aus dem besonderen Doppelcharakter der Kirche als Glaubensgegenstand und „weltlich Ding" zugleich ergibt. Dieser Doppelcharakter kommt in den zwölf Leuchtfeuern darin zum Ausdruck, dass sie jeweils mit dem Leitsatz eingeleitet werden: Auf Gott vertrauen und das Leben gestalten.

2.1 Aufbruch in den kirchlichen Kernangeboten

Erstes Leuchtfeuer
Auf Gott vertrauen und das Leben gestalten – den Menschen geistliche Heimat geben.

Im Jahre 2030 ist die evangelische Kirche nahe bei den Menschen. Sie bietet Heimat und Identität an für die Glaubenden und ist ein zuverlässiger Lebensbegleiter für alle, die dies wünschen.

Ein vergleichbares Anspruchs- und Qualitätsniveau in allen geistlichen und seelsorgerlichen Kernvollzügen zeichnet die Erkennbarkeit und Beheimatungskraft der evangelischen Kirche aus.

a) Die Situation beschreiben

Die innere Pluralität der evangelischen Kirche ist zugleich Versuchung und Segen des Protestantismus. Die Vielfalt der Gestaltungsformen, die Flexibilität im Umgang mit regionalen Besonderheiten, die Offenheit in den verschiedenen Teilnahmeformen und die diskursive Kraft der unterschiedlichen Positionierungen sind segensreiche Entwicklungen im Protestantismus. Sie heben ihn ab von jeder Vereinnahmungstendenz und jedem geistigen Zentralismus. Ebenso deutlich tritt aber auch die Schattenseite dieser Pluralität ins Auge: Der Protestantismus hat teilweise auf allen seinen Ebenen eine bedauerliche Neigung zum Separatismus. Es gibt ein ungutes Kirchturmdenken in Gemeinden und Arbeitsbereichen der evangelischen Kirche, die sich mit der Anerkennung einer gesamtkirchlichen Verantwortung oft schwer tun. Es gibt überzogene Autonomievorstellungen im Pfarramt (das zeigen Ausdrucksweisen wie „Bezirkspapst“ oder jeder „sein eigener Bischof“); entsprechend unterentwickelt ist die Beteiligung an der gesamtkirchlichen Kommunikation. Es gibt auch in anderen Gremien und Entscheidungsinstanzen von Kirchenvorständen bis zu theologischen Universitätsgremien Defizite in der Verantwortungsbereitschaft für das Ganze der Kirche und für den Zusammenhalt der vielfältigen kirchlichen Handlungsfelder. Jede Untersuchung zum Berufsbild der Pfarrerin und des Pfarrers, aber auch jede Analyse zur Einstellung anderer kirchlicher Mitarbeitender signalisiert, dass die Identifikation vieler Mitarbeitender mit der Kirche als Institution im Vergleich zu Mitarbeitenden in anderen gesellschaftlichen Institutionen Mängel aufweist. Was einerseits als Segen der individuellen Glaubensfreiheit wahrzunehmen ist, ist auf der Rückseite die Versuchung einer Separation, die sehr oft Vereinzelung und Milieuverengung, aber auch Überforderung und Qualitätsverlust zur Folge hat.

Beheimatungskraft ist eine geistliche Qualität, die sich zwar nicht berechnen oder herstellen lässt, deren Fehlen aber jederzeit zu spüren ist. Beheimatungskraft hat mit den qualitativen Ansprüchen an theologisches, liturgisches und seelsorgerliches Handeln zu tun; hierin liegt deshalb eine entscheidende Herausforderung. Die Verständigung über ein vergleichbares Qualitätsniveau in diesen kirchlichen Schlüsselangeboten ist unerlässlich. Die Verschiedenheit theologischer Traditionen, regionaler Rahmendaten und kirchenleitender Orientierungen rechtfertigt nicht, dass es ganz unterschiedliche Qualitätsstandards für die Wahrnehmung des kirchlichen Auftrags in seinem Kernbereich gibt. Evangelische Gottesdienste haben jedoch oft sehr unterschiedliche Anmutungen; in sehr unterschiedlichem Maß sind sie dazu geeignet, Menschen im christlichen Glauben zu beheimaten. Beheimatungskraft hat mit Wiedererkennbarkeit, Verlässlichkeit, Zugewandtheit und Stilbewusstsein zu tun.

Das unterschiedliche Ausmaß, in dem solche Kriterien erfüllt werden, zeigt sich exemplarisch an den Kasualien. Menschen, die eine evangelische Beerdigung wünschen, erleben oft zugewandte und geistlich kompetente Pfarrerinnen und Pfarrer; mitunter gestaltet sich aber schon das Erreichen eines Pfarramtes außerordentlich schwierig. Die Bereitschaft, in der Gestaltung von Amtshandlungen auf die persönliche Situation und damit verbundene Erwartungen einzugehen, ist nicht immer gegeben; manche Klagen über schroffe Reaktionen sind zu hören. Dabei gilt für Kasualien das sogenannte Bahn-Gesetz: Ein einziger verspäteter Zug beschädigt das Image der Bahn mehr, als fünfzig pünktliche Züge es fördern. So zieht eine einzige unaufmerksam durchgeführte Trauerfeier einen höheren Imageschaden nach sich, als fünfzig glaubwürdige Trauerfeiern an Imagegewinn hervorbringen können. Für die Teilnehmenden an einem Trauergottesdienst hat dieser Gottesdienst etwas Einmaliges, weil er sich mit dem Tod einer bestimmten Person verbindet; für Pfarrerinnen und Pfarrer sind Beerdigungen regelmäßig wiederkehrende Amtshandlungen.

Daraus ergibt sich eine Wahrnehmungsdiskrepanz, aus der heraus Pfarrerinnen und Pfarrer die Auswirkungen mangelnder Professionalität und insbesondere mangelnder geistlicher Zuwendung gerade in diesem Bereich häufig unterschätzen. Ähnliches gilt für alle anderen kirchlichen Kernangebote; eine verlässlich niveauvolle Gestaltung von Trau- und Taufgottesdiensten mit einladender Atmosphäre ist nicht nur für das Bild von der Kirche, sondern ebenso für den Zugang zum christlichen Glauben über eine lange Lebensspanne hinweg von prägender Bedeutung. Zu Unrecht herrscht in der Pfarrerschaft eine Scheu davor, Kollegen oder Kolleginnen in ihrer geistlichliturgischen Arbeit offen, fair und nachvollziehbar zu beraten. Dienstaufsicht, die sich gerade in einer solchen Hinsicht mit der Fachaufsicht verbinden muss, wird in diesem Kernbereich zu selten ausgeübt. Die Praxis der Visitation erreicht solche Fragen in aller Regel nicht. Es legt sich eine verhängnisvolle Unberührbarkeit über die gottesdienstliche Arbeit vieler Pfarrerinnen und Pfarrer. Man kann kollegial leichter über höchst intime Dinge sprechen als über die letzte Predigt.

Dadurch entsteht eine Einsamkeit in geistlichen Dingen, die keinen erfüllt und viele belastet. Eine geistlich anspruchsvolle, missionarisch überzeugende, kulturell stilsichere und menschlich zugewandte Qualität aller geistlichen Vollzüge ist aber unerlässlich, um eine überzeugende Beheimatungskraft evangelischer Kernangebote zu erreichen.

b) Perspektiven eröffnen

Unter Wahrung der individuellen und regionalen Gestaltungsfreiheit gilt es, stärker als bisher vergleichbare Qualitätsstandards in den Kernvollzügen der evangelischen Kirche sicherzustellen. Zum Wesen evangelisch verstandener Freiheit gehört es, für wieder erkennbare Formen, beheimatende Rituale und erwartbare Qualitätsstandards einzustehen. Klarheit über die Kernbestände und Kernvollzüge im geistlichen und gottesdienstlichen Leben der Kirche sowie verlässliche Standards im Blick auf Verkündigung, Liturgie und seelsorgerliche Begleitung sind deshalb unverzichtbar. Aber die Aufmerksamkeit muss ebenso den Kirchenmitgliedern gelten – es sind derzeit über 80 Prozent –, die sich treu zur Kirche halten, aber nicht zur Kerngemeinde bzw. zu den hoch Verbundenen gehören. Schließlich müssen alle Angebote auch unter dem Gesichtspunkt betrachtet werden, was sie für diejenigen bereithalten, die nicht zur Kirche gehören, aber sich zu Gottesdiensten und anderen Veranstaltungen einladen lassen. Alle drei Gruppen müssen stärker wahrgenommen werden: die kirchlich hoch Verbundenen, die Kirchenmitglieder, die nicht zur Kerngemeinde gehören, und die Menschen außerhalb der Kirche, die sich für die Teilnahme an kirchlichen Veranstaltungen gewinnen lassen und damit auf dem Weg zur Taufe sind oder sein können.

In allen drei Hinsichten ist ein verlässliches Qualitätsmanagement nötig. Die ständige Fort- und Weiterbildung gerade in geistlicher Hinsicht gehört darum zu den wichtigsten Investitionen für die Zukunft der Kirche. Zugleich aber bedarf es einer ebenso transparenten wie fairen Beurteilungskultur im Blick auf die geistliche Qualität der einzelnen Angebote. Glaube ist nicht messbar; das dispensiert jedoch nicht von der Bestimmung der Kriterien für gute oder misslungene kirchliche Arbeit. Jede Beurteilung an Hand solcher Kriterien wird immer in gemeinschaftlicher Beratung erfolgen; denn nach evangelischer Auffassung kann niemand den Schüssel zu den Herzen der Menschen für sich allein beanspruchen. Das heimliche Schweigegebot über die geistliche Qualität kirchlicher Angebote muss jedoch aufgebrochen und die kollegiale Team- und Kritikfähigkeit muss gestärkt werden.

Solche Maßnahmen der Entwicklung und Sicherung von Qualität werden sich auf zentrale Felder konzentrieren. Der Umgang mit den uns anvertrauten Kirchenräumen und die überlieferten gottesdienstlichen Zeiten des Sonntags gehören ohne Zweifel in diesen Kernbereich. Situationsbezogene Flexibilität und wünschenswerte Vielfalt werden nicht ausgeschlossen, wenn man feststellt: Geistlich erkennbare Räume und geistlich vertraute Zeiten brauchen ein verlässliches geistliches Leben.

Es mag Situationen geben, in denen dieses nicht durch hauptamtliche Kräfte verantwortet wird; aber es muss gestaltet werden. Qualitätsstandards müssen auch für kleine Gottesdienstformen entwickelt werden. Getragen werden sie von Gottesdienstkernen, von Christinnen und Christen, die sich gegebenenfalls auch ohne die Anwesenheit einer Pfarrerin oder eines Pfarrers regelmäßig zum Hören auf Gottes Wort und zum gemeinsamen Gebet zusammenfinden. Auch darin zeigt sich die Aktualität des Priestertums aller Glaubenden. Die Ermutigung zu solchem ehrenamtlichen geistlichen Engagement ist allerdings auf entsprechende Weiterbildungsmöglichkeiten angewiesen. Zu den wichtigsten Präsenzformen der evangelischen Kirche in

kleineren Gemeinden auf dem Land gehört ebenso eine stilsichere und qualitätsvolle Gestaltung größerer Festgottesdienste. In Gottesdiensten zu den Festen des Kirchenjahrs und anderen herausgehobenen Anlässen sollen die Fülle, der Glanz und die Dichte evangelischer Frömmigkeit aufleuchten.
All diese geistlichen Vollzüge leben aus zentralen Texten, Liedern und Gesten. Eine Verständigung über deren Kernbestand ist ein wichtiges Element evangelischer Identität. Die Bedeutung eines solchen Kanons von zentralen Texten und Vollzügen des Glaubens wird auch im Zusammenhang des kirchlichen Bildungsauftrags neu gewürdigt.

c) Ziele formulieren
Ein verlässlich hohes Qualitätsniveau bietet die größte Chance, die Beteiligung an den evangelischen Kernangeboten zu stabilisieren und zu steigern. Das aber ist eine zentrale Aufgabe. Es muss darum gehen, die Beteiligung der Kirchenmitglieder an den Kernangeboten der evangelischen Kirche deutlich zu erhöhen. Was damit gemeint ist, sei an einigen Beispielen verdeutlicht: Die Zahl derjenigen, die regelmäßig von den kirchlichen Kernangeboten Gebrauch machen, sollte sich auf ca. 50 Prozent aller Mitglieder verdoppeln. Der durchschnittliche Gottesdienstbesuch am Sonntag sollte – unter Berücksichtigung der kreativen Vielfalt von Angebotsformen – von derzeit 4 Prozent auf 10 Prozent aller Kirchenmitglieder gesteigert werden. Die Mitgliedschaft in der evangelischen Kirche liegt derzeit bei etwa 31,3 Prozent der Gesamtbevölkerung; auch im Jahre 2030 sollte es mindestens dieser Bevölkerungsanteil sein, der zur evangelischen Kirche gehört. Alle Verstorbenen, die zur evangelischen Kirche gehört haben, sollen kirchlich bestattet werden. Alle Kinder, deren Eltern evangelisch sind, sollen getauft werden. Und auch, wenn nur ein Elternteil Mitglied der evangelischen Kirche ist, gilt es, die Taufquote signifikant zu erhöhen. Entsprechend ist bei Eheschließungen, bei denen beide Partner Mitglieder der evangelischen Kirche sind, eine Trauquote von 100 Prozent anzustreben; auch in den Fällen, in denen nur einer der beiden Partner Mitglied der evangelischen Kirche ist, sollte die Trauquote deutlich gesteigert werden. Diese anspruchsvollen Ziele signalisieren den Willen der evangelischen Kirche, gegen den Trend zu wachsen und die eigenen Mitglieder wie Menschen, die noch außerhalb der evangelischen Kirche stehen, durch die Qualität ihrer Kernangebote zu überzeugen.

Zweites Leuchtfeuer
Auf Gott vertrauen und das Leben gestalten – die Vielfalt evangelischer Gemeindeformen bejahen.

Im Jahre 2030 gibt es verschiedene, in gleicher Weise legitime Gemeindeformen der evangelischen Kirche. Durch sie werden Mitgliederorientierung und missionarische Wendung nach außen gestärkt. Die Profilierung spezifischer Angebote ist erwünscht, die frei gewählte Zugehörigkeit der Kirchenmitglieder zu einer bestimmten Gemeinde wird bejaht, ein verantwortetes Maß an Wettbewerb unter den Gemeindeformen und -angeboten wird unterstützt und gelingende Beispiele werden gestärkt (Good-practice-Orientierung).

a) Die Situation beschreiben

Die klassische evangelische Parochialgemeinde in ihrer vertrauten Struktur nimmt wichtige Aufgaben in verlässlicher Form wahr; doch im Blick auf missionarische Herausforderungen und geistliche Qualitätsansprüche bedarf sie der Weiterentwicklung wie der Ergänzung. So steht in den Gemeinden zu oft eine vereinsmäßige Ausrichtung mit deutlicher Milieuverengung einer missionarischen Öffnung entgegen. Damit möglichst viele Menschen erfahren und erleben können, dass das Evangelium eine Hilfe zum Leben ist, sind Gemeindeformen zu stärken, die Räume der Begegnung über die vorherrschenden gemeindlichen Milieus hinaus eröffnen. Die Praxis der Amtshandlungen ist dafür ein besonders wichtiger Anknüpfungspunkt. Aber auch darüber hinaus entwickeln sich neue Formen von situativen Begegnungsorten. Die Zahl der Menschen wächst, die der Kirche bei besonderen Gelegenheiten begegnen („Kirche bei Gelegenheit") und in erster Linie anlassbezogen mit der Verkündigung des Evangeliums in Berührung kommen. In großem Unglück oder großem Glück, in biographischen Umbruchsituationen oder familiären Ereignissen nehmen sie Sprache, Bilder, Rituale, Gesten, Symbole des Glaubens und Geschichten der Hoffnung in Anspruch.

Gemeinden bieten ihnen geistliche Räume an. Sie erleben gemeinsam gesungene Lieder und innige Gebete; auch ungeübte Seelen bekommen so Anteil an Geist und Glanz des Glaubens. Diese anlassbezogene Teilnahme wird immer stärker zu einer missionarischen Grundsituation. Deshalb müssen Modelle und Angebote entwickelt werden, die situative Katechumenen in überzeugender Weise der Wahrheit und Schönheit des evangelischen Glaubens begegnen lassen. Die damit verbundene Erweiterung des Gemeindebegriffs geht von der Grundform der Parochialgemeinde aus, entwickelt diese aber fort. Dafür sind in höherem Maß als bisher Ressourcen für Gemeindeangebote einzusetzen, die an befristetem Engagement, projektorientierter Mitwirkung und situativer Beteiligung orientiert sind. Denn angesichts der gesellschaftlichen Mobilität ist eine primär lokale oder parochiale Lebensgestaltung heute oft an bestimmte Lebensphasen (zumeist die Kinderphase oder das Alter) sowie an bestimmte Milieus oder Lebensstile gebunden. Im Vergleich dazu wächst die Zahl der Menschen und das Ausmaß der Lebensphasen, für die eher netzwerkartige und projektförmige Orientierungen charakteristisch sind.

Erste Erfahrungen mit situativen Verkündigungssituationen und netzwerkartigen Beteiligungsstrukturen werden in funktionalen Handlungsfeldern der Kirche gesammelt. Beispiele dafür finden sich in der Tourismusseelsorge, in der Krankenhausseelsorge, in Evangelischen Akademien, in der Bundeswehrseelsorge und in der Citykirchenarbeit. Vergleichbare Erfahrungen verbinden sich mit Großereignissen wie den Kirchentagen oder Gospelfestivals. Der Austausch mit solchen Erfahrungen ist auch für die Weiterentwicklung der Parochialgemeinden wichtig. Zugleich ist die eigenständige Bedeutung solcher inhaltlich profilierten Angebote als neue Gemeindeformen zu achten.

b) Perspektiven eröffnen

Evangelische Gemeinden brauchen eine Qualitätsoffensive. Sie müssen vielfältige und gleichberechtigte Formen der Gemeindearbeit entwickeln. Dabei lassen sich zwei Grundformen der Zugehörigkeit unterscheiden, die sich gegebenenfalls überlagern können. Einerseits bleibt die lokale Zugehörigkeit weiterhin wichtig; andererseits gewinnt die netzwerkartige, an bestimmten inhaltlichen Angeboten orientierte Zugehörigkeit an Bedeutung. Deutlich an einer lokalen Zugehörigkeit sind folgende Formen orientiert:

Die Parochialgemeinde hat als bleibende Grundform evangelischer Gemeinden erhebliche Wachstumsmöglichkeiten im Blick auf neue Zielgruppen und veränderte Erwartungen. Dazu müssen Ortsgemeinden allerdings eine bewusste Wendung nach außen vollziehen, ihre Arbeit missionarisch ausrichten und auf anspruchsvollem Niveau gestalten. Strukturelle Maßnahmen sollten daran orientiert sein, die Ressourcen für eine solche Wendung nach außen zu bündeln.

Wo Ortsgemeinden von ihrer Größe her nicht mit einem eigenständigen Status aufrechterhalten werden können, entstehen Standorte christlichen Lebens mit Gottesdienstkernen, die auch dann lebendig sind, wenn „zwei oder drei in Jesu Namen" versammelt sind (vgl. Matthäus 18,20). Auch in den vielen Dorfkirchen zahlenmäßig kleiner werdender Dörfer sucht die evangelische Kirche Christen dafür zu gewinnen, dass sie geistliches Leben in den Kirchenräumen aufrecht erhalten. So wird auch die evangelische Kirche selbst am Ort erkennbar präsent bleiben. Dies ist ein Ausdruck der Treue nicht nur gegenüber den Menschen am Ort, sondern ebenso gegenüber Gott, der auch in entlegenen Gebieten gelobt und gefeiert werden will.

Erprobte Formen evangelischer Gemeinden sind die Anstaltsgemeinden, deren Dienst den an besonderen Einrichtungen lebenden und arbeitenden Menschen sowie ihren Angehörigen gilt. Gottesdienst und Seelsorge in diakonischen Einrichtungen haben hier ihren Ort.

Eine deutliche Verschränkung von lokaler und netzwerkartiger Zugehörigkeit findet sich in folgenden Gemeindeformen:

Aus den Parochien heraus entwickeln sich immer häufiger Profilgemeinden, die mit einem besonderen geistlichen, kirchenmusikalischen, sozialen, kulturellen oder jugendbezogenen Schwerpunkt nicht nur die unmittelbare örtliche Umgebung ansprechen, sondern eine regional bezogene Ausstrahlung entwickeln. Solche Profilgemeinden verbinden die Grundaufgaben von Ortsgemeinden mit einem Schwerpunktbereich, den sie besonders stark ausbauen und kompetent gestalten. In diesem Bereich nehmen sie stellvertretend für umliegende Gemeinden eine regionale Gemeinschaftsaufgabe wahr. Profilgemeinden sind daher auf eine Region oder einen Kirchenkreis angewiesen, in der oder in dem eine solche stellvertretende Aufgabenwahrnehmung gewünscht und gefördert wird. Eine gesamtkirchliche Einbindung ist auch für geistliche Richtungs- oder Migrantengemeinden notwendig, in denen sich Menschen mit einem speziellen Frömmigkeitsstil oder mit einer gemeinsamen Herkunft sammeln (beispielsweise charismatisch orientierte Gemeinden, russlanddeutsche Gemeinden oder fremdsprachige Gemeinden). Vorausgesetzt ist, dass solche Gemeinden sich selbst der Gemeinschaft der evangelischen Kirche in Deutschland zuordnen, die Vielfalt der Frömmigkeitsformen im Protestantismus mittragen, öffentliche Gottesdienste anbieten und Visitationen erlauben.

Aus Parochialgemeinden entwickeln sich in Situationen der Regionalisierung oder der Fusion Regionalkirchen, die Kräfte einer Region zusammenfassen und zugleich die geistliche Versorgung in der Region sicherstellen. Regionalkirchen bündeln die Ressourcen dort, wo Gemeinden in Stadt oder Land aus demographischen Gründen kleiner werden. Man kann sie als Kirchenkreis-Gemeinden mit regionaler Verantwortung verstehen, in denen sich lokale und netzwerkartige Zugehörigkeit miteinander verbinden.

Auf situative und lokal unabhängige Beteiligungsformen sind folgende Gemeindeangebote ausgerichtet:

Aus den Parochien und in ihnen entwickeln sich Passantengemeinden, also Gemeinden bei Gelegenheit, in denen sich die Teilnahme aus besonderen persönlichen oder gesellschaftlichen Gegebenheiten ergibt. Passantengemeinden entstehen dort, wo die evangelische Kirche anlassbezogen Angebote entwickelt. Nicht immer knüpft sich daran eine dauerhafte Bindung; aber auch dann bleibt die Zuwendung zu den zufällig oder auf Zeit versammelten Menschen nicht folgenlos. Die Chancen von Passantengemeinden können noch intensiver ausgeschöpft werden; in der Tourismusarbeit (in Deutschland, im deutschsprachigen Ausland, aber auch in anderen Ländern mit einem hohen Anteil deutschsprachiger Touristen), in der Citykirchenarbeit (mit ihren Angeboten von Kurzandachten und Orgelvespern, von Kirchenführungen und seelsorgerlichen Gesprächen, von Wiedereintrittsstellen und Infocafés), in den anlassbezogenen Gottesdiensten (sei es zum Gedenken an Unglücksfälle oder zur Gestaltung von Pilgerwegen) und in vielen anderen Zusammenhängen wächst die Zahl der situativen Begegnungen mit christlichem Glauben und evangelischer Kirche. Diese anlassbezogenen Angebote sind nicht nur Zeichen eines öffentlichen Christentums, sondern bieten wichtige Möglichkeiten dafür, dass Menschen einen Weg zu persönlichem Glauben finden und ihr Verhältnis zur Kirche neu bestimmen. Darin liegt eine missionarische Chance, die es verdient, weiter entwickelt und gefördert zu werden.

Ein ganz neues Gewicht gewinnen Kommunitäten und klosterähnliche Gemeinschaften an besonderen kirchlichen Orten. Die Zahl evangelischer Gemeinschaften mit einer verbindlichen geistlichen Lebensform wächst; oftmals erfüllen sie herausgehobene geistliche Räume mit ihrem spirituellen Leben. Sie wollen und sollen den Dienst der Ortsgemeinden ergänzen. An solche Orte kommen Menschen, die Zeiten der Stille und des gemeinsamen geistlichen Lebens, also ein „Kloster auf Zeit" suchen. Soweit ihre Gottesdienste und Gebetszeiten öffentlich sind und sie sich im Rahmen der kirchlichen Glaubens- und Lebensordnungen bewegen, sind diese Kommunitäten ein Schatz der evangelischen Kirche, dessen Bedeutung für die evangelische Frömmigkeit im Wachsen ist.

Einen besonderen Bereich bilden die Medien-Gemeinden, die sich durch die öffentlichen Äußerungen leitender Geistlicher, durch Fernsehübertragungen von Gottesdiensten oder durch das „Wort zum Sonntag", durch Radiogottesdienste und Radioandachten oder andere Formen sowie durch das Internet bilden. In diesem Zusammenhang das Wort Gemeinde zu verwenden, ist besonders kühn; denn Zugehörigkeit und Beteiligung sind hier besonders schwer zu greifen. Dass sich Gemeinde bildet, ohne dass Menschen sich an einem Ort zusammenfinden, ist den gewohnten Vorstellungen von Gemeinde fremd. Die Grenze, die einer solchen Vorstellung gesetzt ist, zeigt sich am deutlichsten daran, dass nur bei leibhaftem Beisammensein gemeinsam das Abendmahl gefeiert oder die Taufe vollzogen werden kann. Dennoch spielt die mediale Wahrnehmung der Kirche für das Bewusstsein der Zugehörigkeit zu ihr und die Verbundenheit mit ihr eine erhebliche Rolle. Die Zahl derjenigen evangelischen Christen, die nur über die Medien erreicht werden und dennoch treu zu ihrer evangelischen Kirche halten, wird größer; insofern ist die Zukunftsbedeutung dieser medialen Gemeindearbeit groß.

c) Ziele formulieren

Eine größere Vielfalt von Gemeindeformen ist für die evangelische Kirche ein sinnvoller Weg, um ihre Vitalität und ihre Wachstumskräfte zu stärken. Dieses Anliegen sollte durch rechtliche Regelungen und Finanzordnungen gefördert werden. Eine größere Vielfalt der Gemeindeformen ist nur möglich, wenn die Finanzverteilung an die Gemeinden nicht allein an den Status der Ortsgemeinde gebunden ist. Vielmehr kann eine Reduzierung klassischer ortsgemeindlicher Angebote sogar über das Maß des allgemeinen Finanzrückgangs dann gut begründet sein, wenn dadurch eine Stärkung von Profilgemeinden ermöglicht wird. Geht man davon aus, dass gegenwärtig etwa 80 Prozent der Gemeinden rein parochialer Struktur sind, dass es etwa 15 Prozent Profilgemeinden (z.B. City-, Jugend- oder Kulturkirchen) gibt und nur etwa 5 Prozent der Gemeinden auf netzwerkorientierten Angeboten beruhen (z.B. Akademiegemeinden, Tourismuskirchen oder Passantengemeinden), dann sollte es ein Ziel sein, diese Proportion zu einem Verhältnis von 50 Prozent zu 25 Prozent zu 25 Prozent weiterzuentwickeln. Dabei ist vorausgesetzt, dass auch die verbleibenden 50 Prozent rein lokal orientierter Parochien ihr Gemeindeleben in erheblichem Umfang umstellen müssen. Daraus ergeben sich auch Konsequenzen für die übergemeindlichen Pfarrstellen. Denn ihre Bedeutung wird in dem Maß steigen, in dem sie Beiträge zur Entwicklung von Ortsgemeinden zu Profil- und Regionalgemeinden leisten werden. So wird die Ortsgemeinde weiterhin eine Grundform von Gemeinde bleiben, aber ihre Bedeutung wird sich zugunsten anderer Gemeindeformen relativieren. Dies wird erhebliche Konsequenzen sowohl für die Verteilung von Ressourcen als auch für das Berufsbild der Pfarrerin und des Pfarrers sowie für Aus-, Fort- und Weiterbildung haben.

Drittes Leuchtfeuer
Auf Gott vertrauen und das Leben gestalten – ausstrahlungsstarke Begegnungsorte evangelischen Glaubens schaffen und stärken.

Im Jahre 2030 gibt es zentrale Begegnungsorte des evangelischen Glaubens, die missionarisch-diakonisch-kulturell ausstrahlungsstark sind und angebotsorientiert in einer ganzen Region evangelische Kirche erfahrbar machen. Im Sinne der „Stadt auf dem Berge" (Matthäus 5,14) zeigt die evangelische Kirche an diesen Orten die Fülle ihrer geistlichen Kraft. Diese Stärkung der Stärken in kirchlichen Zentren wird regional gemeinsam gewollt, weil diese Zentren geistliche Verantwortung für die sie umgebenden Regionen übernehmen.

a) Die Situation beschreiben
Angesichts der finanziellen Entwicklungen in den vergangenen Jahren musste die Zahl der hauptamtlichen Mitarbeiterinnen und Mitarbeiter in der Kirche reduziert werden. Das wird auch in Zukunft unausweichlich sein, weil die Personalkosten den mit Abstand größten Kostenfaktor unter allen kirchlichen Ausgaben bilden. Die Last der Arbeit und der Verantwortung verteilt sich dadurch auf weniger Schultern. Mitarbeiterinnen und Mitarbeiter haben das durch große Einsatzbereitschaft kompensiert. Doch dieser additive Weg kommt nicht nur in den östlichen, sondern auch in den westlichen Gliedkirchen der EKD an ein Ende. Die evangelische Kirche muss ihre weitverzweigte und kleinteilige Gemeindestruktur verändern. Wenn Kirchenvorstände zu klein, die Ortsgemeinden pro Pfarrerin oder Pfarrer zu zahlreich, die Gottesdienstgemeinden zu schwach, die Wege zu weit und die Zahl der Mitarbeiter und Mitarbeiterinnen zu gering werden, dann dünnt sich das kirchliche Angebot so stark aus, dass die vitale Kraft des evangelischen Glaubens nicht mehr spürbar wird. Auch in der Beteiligung an kirchlichen Angeboten gibt es einen Umschlag von der Quantität in die Qualität. Deshalb muss das Netz der parochialen Versorgung neu konzipiert werden. Darauf zielt der Vorschlag, ausstrahlungsstarke evangelische Begegnungsorte zu schaffen. Er ermöglicht es, die Kräfte zu konzentrieren, vorhandene Stärken zu stärken und Ressourcen zu bündeln. Damit dies gelingt, muss den geeigneten Kirchen in einer Region die Ausstattung eingeräumt werden, die

nötig ist, damit Ausstrahlung entstehen kann. Obwohl in der evangelischen Tradition das Kirchturmdenken stark verwurzelt ist, muss man feststellen, dass die Konzentration auf ausstrahlungsstarke Begegnungsorte so alt ist wie die Kirche selbst. Immer wieder hat die Kirche ihre Kräfte konzentriert und dadurch kirchliche Orte mit großer Ausstrahlungskraft geschaffen. Daran wollen wir anknüpfen und dazu ermutigen, dass ein Wachsen gegen den Trend durch Konzentration der Kräfte auch heute gelingen kann.

b) Perspektiven eröffnen
Geistliche Zentren, in denen der christliche Glaube in seiner evangelischen Gestalt beispielhaft erfahren werden kann, können auf dem Lande ebenso entstehen wie in der Stadt. Als städtische Hauptkirchen sind sie denkbar wie als Regionalkirchen auf dem Lande. In einem Prozess der Regionalisierung, der das Netz der Parochien unweigerlich dehnt, werden solche Zentren für ein unter Umständen sehr großes Parochialgebiet zuständig. Aber solche Zentren können die geistliche Fülle evangelischen Christseins zum Ausdruck bringen. Dadurch entsteht missionarische Ausstrahlung. Sie lebt davon, dass Gottesdienste, Amtshandlungen, Seelsorge, Bildungsangebote und diakonische Arbeit gelingen.

Zu solchen Begegnungsorten gehören beispielsweise überzeugende Verkündigung, gastfreundliche Herbergen, Kommunitäten, Kirchenmusik, akademieartige Angebote, evangelische Kinderarbeit, Kindergärten mit evangelischem Profil, evangelische Schulen oder Internate, evangelische Diakonie, die geistliche Begleitung einschließt. Die evangelische Kirche wird hier als „Kirche für andere" sichtbar, weil sie Orte der Barmherzigkeit und der Integration schafft. Gemeindeleben und Pfarrbüro nutzen, wo immer möglich, die Kirchengebäude, weil sie die entscheidenden Symbolräume der Kirche sind. Diese Rückgewinnung der Kirchenräume hat deren umfassende Nutzung zur Folge. Sie werden als Orte für das Erwachsenen-Katechumenat ebenso genutzt wie als kirchenpädagogische Lernorte für Kinder und Jugendliche. Ebenso werden sie als Informations- und Eintrittsstellen in Anspruch genommen. In diesen Räumen klingt die evangelische Kirchenmusik festlich und einladend. Denn in ihrer gemeindestärkenden, kulturellen und missionarischen Bedeutung ist die Kirchenmusik kaum zu überschätzen. Die Kirchenmusik wird auch im Jahre 2030 ein Erkennungszeichen evangelischer Frömmigkeit sein, in ihren künstlerisch konzertanten Hochformen ebenso wie in ihrer populären Gestalt. An großer geistlicher Musik wird das Geheimnis einer anderen Sprache des Glaubens erfahrbar. Die ungezählten Kirchen- und Posaunenchöre, Kinderchöre und Musikgruppen machen evangelische Gemeinden zugleich zu Orten lebendiger Gebrauchskunst. Als singende Kirche pflegt die evangelische Kirche auch die Musikalität der Gesellschaft insgesamt. Die Finanzierung von kirchenmusikalischen Angeboten durch deren Adressaten wird allerdings an Bedeutung zunehmen. Neben der Kinder- und Jugendarbeit hat die Kirchenmusik die größten Chancen, durch Qualität, Engagement und Kooperationsmöglichkeiten für eine solche Refinanzierung zu sorgen.

c) Ziele formulieren
Solche herausgehobenen Begegnungsorte entstehen, wenn ein regionales Zusammengehörigkeitsgefühl dabei hilft, vertraute Arbeitsfelder, überkommene Strukturen und auch gewachsene Zuständigkeiten in gemeinsame Vorhaben zu überführen. Teamfähigkeit und die Bereitschaft zur Revision langjähriger Gewohnheiten sind nötig. Begegnungsorte leben von einer herausragenden Qualität ihrer Angebote und von einer starken Aktivierung ehrenamtlicher Mitwirkenden. Für jeden derartigen Begegnungsort ist eine umsichtige Führungskraft nötig, die einen zentralen Begegnungsort in einer Region verwirklichen und prägen kann. Deshalb ist der Vorschlag ein besonders anspruchsvolles Ziel, dass im Jahr 2030 in jeder Region beziehungsweise in jedem kirchlichen Gestaltungsraum überhaupt ein solcher zentraler Begegnungsort existiert.

2.2 Aufbruch bei allen kirchlichen Mitarbeitenden

Viertes Leuchtfeuer
Auf Gott vertrauen und das Leben gestalten – durch geistliche Kompetenz, Qualitätsbewusstsein und Leistungsbereitschaft bei den Menschen Vertrauen gewinnen.

Im Jahre 2030 haben sich bei den kirchlichen Mitarbeitenden Leistungsfähigkeit und Leistungsbereitschaft, Qualitätsbewusstsein und Identifizierung mit den kirchlichen Grundaufgaben signifikant erhöht. Auch hat die evangelische Kirche kirchlich angemessene Formen gefunden, Erfolge zu würdigen. Das trägt zu einer hohen Zufriedenheit der Mitarbeitenden mit ihrer Arbeitssituation bei.

a) Die Situation beschreiben
Das Evangelium und die Menschen sind der entscheidende Schatz der Kirche. Die Botschaft von der Barmherzigkeit Gottes für alle Menschen wird zwar nicht nur, aber wesentlich personal vermittelt. Die Menschen sind „Botschafter an Christi Statt" (2. Korinther 5,20). Strukturen oder Rituale, Gebäude oder Organisationsabläufe können engagierte Menschen nicht ersetzen, die Gottes Wort weitersagen und zum Glauben einladen. Sie bürgen für den Glauben in der Welt. Das gilt für alle Rollen und Aufgaben, Kompetenzen und Zuständigkeiten. Ein überzeugender Pfarrer oder eine überzeugende Pfarrerin sind ebenso bedeutsam wie eine glaubwürdige Erzieherin; ein engagierter Religionslehrer ist ebenso wichtig wie eine kompetente Kirchenjuristin; ein engagierter Christ in wirtschaftlicher Verantwortung ist ebenso ein Glau-

benszeuge wie ein Schüler, der widerspricht, wenn von Gott schlecht geredet wird. Christen bezeugen ihren Glauben in der verfassten Kirche wie in diakonischen Einrichtungen, in Schulen wie in anderen Einrichtungen, an ihrem Arbeitsplatz ebenso wie in den Familien.

Kirchliche Mitarbeiterinnen und Mitarbeiter bezeugen ihren Glauben unabhängig davon, wie ihre Arbeit finanziert wird. Auch Mitarbeiterinnen und Mitarbeiter, deren Arbeit vom Staat oder von den Sozialversicherungen finanziert wird, sind kirchliche Mitarbeiter. Sie stehen für ihre Kirche ein und zeigen zugleich, dass kirchliches Handeln der Gesellschaft im Ganzen zu Gute kommt.

Doch es gibt Mitarbeiterinnen und Mitarbeiter, die mit der Kirche als Institution unzufrieden sind, erhebliche Abgrenzungsbedürfnisse gegenüber anderen Mitarbeitendengruppen in der Kirche entwickeln oder abwertend übereinander reden. Mangelnde Identifikation mit dem Auftrag der Kirche und interner Streit führen zu Vereinsamung und Selbstüberforderung, zur Verkümmerung sozialer Fähigkeiten und zum Erlöschen der Teamfähigkeit. Zugleich leidet die Zufriedenheit der Kirchenmitglieder unter mangelndem Qualitätsbewusstsein und nachlässig gestalteten Angeboten. Auf die kirchlichen Mitarbeiterinnen und Mitarbeiter werden künftig erhebliche Belastungen und Solidaritätserwartungen zukommen. Nach geistlichen Prioritäten wird zu entscheiden sein, welche Berufsgruppen der Profilierung des Evangelischen besonders dienlich sind. Kirchliche Aktivitäten werden unter dem Gesichtspunkt ihrer missionarisch einladenden Wirkung zu prüfen sein.

b) Perspektiven eröffnen

Verkündigung, Aufbau, Finanzeinsatz und Diakonie der Kirche sind kein Selbstzweck, sondern zielen darauf, „Kirche für andere" zu sein. Dazu braucht die Kirche Menschen, die motiviert sind und gemeinsame Ziele verfolgen. Die evangelische Kirche wird nur Menschen neu gewinnen, wenn das Niveau ihrer Arbeit stimmt und wenn ihre Mitarbeiterinnen und Mitarbeiter qualitätsvolle Leistungen erbringen und Überzeugungen einladend vertreten. Aus-, Fortund Weiterbildung für alle Mitarbeitenden in der Kirche haben deshalb oberste Priorität. Die evangelische Kirche muss eine lernende Organisation werden. Erfolgreiche Gemeindemodelle und überzeugende Arbeitsformen müssen als anregende Vorbilder ins Licht gerückt werden. Die Bereitschaft zu Selbstkritik und zur Suche nach besseren Wegen muss gesteigert werden. Auf einzelne, Teams oder Arbeitszweige bezogene Leistungsanreize können die Motivation steigern.

Unerlässlich ist es dafür, Ziele zu formulieren, Erfolge zu überprüfen und Teamfähigkeit zu fördern. Der Umfang der von kirchlichen Mitarbeiterinnen und Mitarbeitern erbrachten Leistung wie deren Qualität lassen sich steigern. Orientierungsgespräche, Zielvereinbarungen, 360-Grad-Feedbacks und andere Instrumente können auch den Mitarbeiterinnen und Mitarbeitern der Kirche zu Gute kommen. Auch die Mitglieder und die an der Kirche Interessierten werden das mit Freude bemerken.

Die Qualifizierung von Mitarbeiterinnen und Mitarbeitern hat deshalb eine so hohe Priorität, weil die evangelische Kirche die geistliche Qualität ihrer Arbeit steigern und unter diesem Gesichtspunkt Leistung fördern möchte. Dadurch will sie die Zuwendung zur Kirche fördern und neue Wege zur Kirche eröffnen. Überzeugte und zufriedene Mitglieder der Kirche werden auch der Kirche als Institution treu bleiben und auch finanzielle Solidarität mit ihr praktizieren. Solche Solidarität erhofft die evangelische Kirche von denen, die gar nicht oder oft nur sehr eingeschränkt zu kirchlichen Beiträgen herangezogen werden.

c) Ziele formulieren

Eine mentale Veränderung bei allen kirchlichen Mitarbeitenden setzt den Einsatz der nötigen Ressourcen für eine zielgerichtete, ergebnisorientierte Fort- und Weiterbildung voraus. Mindestens 5 Prozent aller Personalkosten sollten nach Erfahrungen in vergleichbaren Bereichen in die Fort- und Weiterbildung investiert werden. Unentbehrlich sind zugleich Maßnahmen der Personalführung und -beurteilung, aus denen sich Optimierungspunkte und Fortbildungsnotwendigkeiten ergeben. Fortbildung ist ein modernes Führungsinstrument, sie folgt nicht nur subjektiven Interessen. Personalentwicklungsmaßnahmen zielen auf einen optimalen Einsatz der Mitarbeitenden gemäß ihren Fähigkeiten und Entwicklungsperspektiven. Die Schulung von Führungskräften ist ein besonders wichtiges Thema einer fortbildungsorientierten Personalpolitik.

Aufmerksamkeit verdient auch die angemessene Honorierung besonderer Leistungen. Die – nicht notwendigerweise finanzielle – Anerkennung von guter Leistung gehört zu den wesentlichen Motivationselementen jeder Mitarbeiterführung.

Fünftes Leuchtfeuer

Auf Gott vertrauen und das Leben gestalten – das Priestertum aller Getauften und das freiwillige Engagement als Kraftquellen der evangelischen Kirche fördern.

Im Jahre 2030 hat die evangelische Kirche das Verhältnis zwischen den ins Ehrenamt Ordinierten, Prädikantinnen und Prädikanten sowie Lektorinnen und Lektoren und dem Amt der hauptberuflichen Pfarrerinnen und Pfarrer eindeutig und überzeugend gestaltet. Der ehrenamtliche und nicht hauptamtliche Dienst erfährt – auch in der Beteiligung am Verkündigungsauftrag der Kirche – eine klare Würdigung.

a) Die Situation beschreiben

Freiwilliges Engagement ist für die Kirche so wichtig wie für die Gesellschaft.

Nach Schätzungen des Statistischen Bundesamtes gibt es in Deutschland etwa acht Millionen Freiwillige; davon ist die Hälfte im Umfeld der christlichen Kirchen aktiv: Eltern, die freiwillig an der Gestaltung der Kindergottesdienste mitwirken, Chormitglieder, die Gottesdiensten wie kirchenmusikalischen Veranstaltungen ihre Prägung geben, Gesprächs- und Bibelkreise, die christlichen Glauben weitergeben, engagierte Christen, die sich im Besuchsdienst engagieren, Multiplikatorinnen und Multiplikatoren in Wirtschaft, Politik oder Kultur, die für den christlichen Glauben in der Öffentlichkeit einstehen, Kirchenvorsteherinnen und Kirchenvorsteher, die sich um die Kirchen am Ort sorgen. Engagierte Christen sind die entscheidende Basis für alle Aktivitäten der evangelischen Kirche. Das „Priestertum aller Glaubenden" lebt dort, wo ein Christ dem anderen ein Priester und Nächster wird. Das ehrenamtliche Engagement zu pflegen und zu fördern, ist daher eine Grundaufgabe aller hauptamtlich in der Kirche Tätigen.

Das Ehrenamt wird heute dort besonders wichtig, wo es um die geistliche Präsenz des evangelischen Glaubens in der Nähe zu den Menschen geht. Denn die Dehnung des parochialen Netzes führt dazu, dass viele kleine Ortschaften, Stadtteile und kirchliche Angebotsformen nicht mehr hauptamtlich versorgt werden können. Die evangelische Kirche wird in solchen Bereichen künftig exemplarisch und situativ präsent sein. Darin ist nicht eine Vernachlässigung von Randgebieten, sondern ein unausweichlicher Wandel der Präsenzformen der evangelischen Kirche zu sehen. Auch wenn Dorf- oder Stadtteilkirchen nicht mehr parochial genutzt werden, ist dies jedoch nicht zwingend das Ende der Kirchennutzung. Es entstehen vielmehr Initiativgruppen, die sich mit dem Kirchengebäude identifizieren und es am Sonntag zur Andacht oder zum Gottesdienst nutzen.

Kirchbauvereine nehmen sich der Kirchengebäude an, die nicht mehr in der gewohnten Weise landeskirchlich versorgt werden können. Aber die evangelische Kirche kann nicht an jedem Ort von Hauptamtlichen verantwortetes geistliches Leben in verlässlicher und kontinuierlicher Weise gewährleisten. In solchen Situationen hilft die Konzeption des Priestertums aller Glaubenden – durchaus auch in Differenz zur katholischen Schwesterkirche – dabei, die ehrenamtliche Beauftragung darin zu würdigen, dass sie gottesdienstliches Leben am jeweiligen Ort ermöglicht.

b) Perspektiven eröffnen

Neben den zum beruflichen Dienst in der öffentlichen Wortverkündigung und in der Verwaltung der Sakramente Ordinierten stehen der evangelischen Kirche ins Ehrenamt Ordinierte zur Verfügung, die in der Regel eine volle theologische Ausbildung vorweisen, Prädikantinnen und Prädikanten, die über eine theologische Ausbildung sowie eine Fortbildung in Fragen des Gemeindedienstes verfügen, Lektorinnen und Lektoren, die Gottesdienste mit einer Lesepredigt gestalten, und engagierte Laiinnen und Laien, die Andachten selbstständig halten. Die Ausbildung und Begleitung ermutigt Ehrenamtliche dazu, geistliches Leben vor Ort verantwortlich und selbstbestimmt zu gestalten. Ehrenamtliche lediglich als Aushilfen einzusetzen, missachtet ihren Einsatz. Die Hauptamtlichen in der evangelischen Kirche müssen es deshalb als eine ihrer Hauptaufgaben ansehen, die Ehrenamtlichen für ihren Zeugendienst zu stärken. Wenn jede Pfarrerin und jeder Pfarrer einen Kreis von ehrenamtlich Beauftragten um sich sammelt, wird die Pfarrerin oder der Pfarrer selbst zur oder zum leitenden Geistlichen eines Netzwerkes von Ehrenamtlichen. Der Kirchenvorstand einer Ortsgemeinde wird in Zukunft vielleicht ein Netzwerk aus Ehrenamtlichen sein, das sich für bestimmte Orte und Kirchen geistlich verantwortlich weiß.

Dieses Netzwerk pflegt als Gottesdienstkern – mit Unterstützung der Kirche und ihrer Hauptamtlichen – besondere gottesdienstliche Formen und Grundformen seelsorgerlicher Betreuung. Dadurch ist die evangelische Kirche bei den Menschen präsent.

Diese Stärkung des Ehrenamtes führt keineswegs zu einer Relativierung des hauptamtlichen Dienstes, sehr wohl aber zu dessen Veränderung. Anleitung und Begleitung des ehrenamtlichen Einsatzes werden als zentrale Herausforderung für die hauptamtlich Mitarbeitenden und in diesem Sinne als eine evangelische Grundkompetenz anerkannt. Pfarrerinnen und Pfarrer werden in einer solchen Konzeption neben der regelmäßigen Präsenz in größeren Abständen mit besonderer Sorgfalt die Gottesdienste an besonderen Tagen im Kirchenjahr oder im Dorfkalender gestalten. Zusammen mit den Ehrenamtlichen am Ort gestalten Hauptamtliche – beispielsweise zu Erntedank, zum Schützenfest oder zum Feuerwehrball – Kleinkirchentage. Pfarrerinnen und Pfarrer bleiben gleichwohl – vor allem durch ihre klar definierte Amtshandlungszuständigkeit für die Menschen in der Region – die wichtigsten Ansprechpartner, obschon sie nicht zu jeder Zeit und an jedem Ort zu erreichen sind. Sie werden die Erreichbarkeit verbessern und zugleich ein neues Selbstbewusstsein als wandernde Prediger entwickeln, die für die frühe Christenheit von entscheidender Bedeutung waren. Für die evangelische Kirche wird die Gruppe der ehrenamtlich für die Kirche Tätigen in Zukunft genauso wichtig sein wie die Gruppe der beruflich Tätigen.

c) Ziele formulieren

Die Gewinnung, Begleitung und Qualifizierung von Ehrenamtlichen gehört für die evangelische Kirche zu den wichtigsten Zukunftsaufgaben. Die Zahl der ehrenamtlich Engagierten im Verhältnis zu der Gesamtzahl der Kirchenmitglieder sollte gegenüber heute deutlich erhöht werden. Dabei sind ehrenamtlich Engagierte nicht als Helfer oder Ersatz für hauptamtliche Kräfte zu betrachten. Vielmehr nehmen sie ihre Aufgaben in eigenständiger Verantwortung wahr.

Es ist dringend zu wünschen, dass die unterschiedlichen Ausbildungsbestimmungen und Beauftragungsformen in den Gliedkirchen der EKD vereinheitlicht werden. Wenn auch von unterschiedlichen Ausgangsbedingungen aus, so sollte doch das Ziel gemeinsam angesteuert werden, die Zahl der Beauftragungen von Prädikanten zu erhöhen. Für viele Bereiche der evangelischen Kirche ist zu wünschen, dass hauptamtliche Pfarrerinnen und Pfarrer, Prädikantinnen und Prädikanten sowie Lektorinnen und Lektoren jeweils in gleicher Zahl, also im Verhältnis 1:1:1, zur Verfügung stehen.

Sechstes Leuchtfeuer
Auf Gott vertrauen und das Leben gestalten – den Beruf der Pfarrerinnen und Pfarrer als Schlüsselberuf der evangelischen Kirche stärken.

Im Jahre 2030 ist der Pfarrberuf ein attraktiver und anspruchsvoller, ange-messen finanzierter und hinreichend flexibilisierter Beruf. Pfarrerinnen und Pfarrer sind leitende geistliche Mitarbeitende der evangelischen Kirche. Zu ihren Schlüsselkompetenzen gehören theologische Urteilsfähigkeit und geistliche Präsenz, seelsorgerliches Einfühlungsvermögen und kommunikative Kompetenz, Teamfähigkeit und Leitungsbereitschaft, Qualitätsniveau und Verantwortung für das Ganze der Kirche. Lebenslanges Lernen und beständige Fortbildung sind selbstverständliche Grundelemente des Berufes.

a) Die Situation beschreiben
Im Amt der Pfarrerin bzw. des Pfarrers existiert eine für die evangelische Kirche spezifische Form des Dienstes, in der Verkündigung und Verwaltung, Führung und Vorbild eine Einheit bilden. Akademische Ausbildung und angemessene Vergütung sollen dafür bürgen, dass in der evangelischen Kirche qualitativ hochstehende geistliche Mitarbeitende tätig werden. Die akademische Ausbildung entspricht dem Grundanspruch der evangelischen Kirche, Aufklärung und Frömmigkeit, Vernunft und Glaube, Wissenschaft und Herzensbildung zusammen zu halten. Liturgische Kompetenz, homiletische Stärke, seelsorgerliches Einfühlungsvermögen und theologische Wachheit sind zusammen mit sozialer Sensibilität und motivierender Kommunikation Grundkompetenzen des Pfarrberufes. Zu den vordringlichen Aufgaben gehört es, die Verantwortung des einzelnen geistlichen Mitarbeiters für die Aufgaben und Ziele der ganzen Kirche zu stärken; pastoralen Separatismus kann die evangelische Kirche sich nicht leisten.

Perspektivische Überlegungen für die nächsten 25 Jahre laufen darauf hinaus, dass die Zahl der Pfarrerinnen und Pfarrer zurückgeht. Das Verhältnis zwischen ihnen und den Gemeindemitgliedern wird dadurch zahlenmäßig ungünstiger. Im Rückblick auf die Entwicklung des Pfarrberufs im 20. Jahrhundert ist zugleich nüchtern festzustellen, dass eine höhere Pfarrerdichte keineswegs automatisch zu stabileren Gemeindemitgliederzahlen führt. Heute erleben Pfarrerinnen und Pfarrer nicht nur ein Schwinden ihrer Amtsautorität und ihres Einflusses. Zugleich wächst die Sehnsucht nach einem Rückzug in kirchliche Nischen; die Gefahr des Ausbrennens in den gestellten

Aufgaben nimmt zu (Burn-out- Syndrom). Die Bereitschaft, sich gesamtkirchlichen Zielvorstellungen anzuschließen, schwindet. Dort, wo das nicht gelingt, leben viele Pfarrerinnen und Pfarrer in einer selbstbezüglichen Situation, in der sie nur noch ihrem eigenen Gewissen und der Zustimmung durch eine Kerngemeinde folgen. Doch das theologische Alleinstellungsmerkmal des Pfarrberufes ist an vielen Stellen so unklar und unsicher geworden, dass der Eindruck entsteht, der Schlüsselberuf der evangelischen Kirche stecke weithin in einer geistlichen und mentalen Orientierungskrise.

In dieser Situation hat daher die Formulierung weiterer Ansprüche, Erwartungen und Forderungen an den Pfarrerstand wenig Aussicht auf Berücksichtigung, wenn nicht zugleich wesentliche Ressourcen der evangelischen Kirche in die Aus-, Fort- und Weiterbildung des Pfarrerstandes investiert und dieser Beruf in positiven Zukunftsbildern seine besondere Würdigung erfährt. Denn nur eine gut qualifizierte Pfarrerschaft, die geistliche Sprachkraft entwickelt, für alle Mitarbeitenden Führungsfähigkeiten entwickelt und missionarisch einladende Aktivitäten aufbaut, kann dazu helfen, das Verhältnis zwischen der Pfarramtsdichte und der Zahl der Gemeindeglieder neu zu bestimmen. Im Kern geht es darum, dass die evangelische Kirche den Pfarrberuf als Schlüsselberuf sorgfältig wahrnimmt, die in diesem Bereich auftretenden Probleme im Vorhinein kennt und dadurch zu ihrer Lösung beitragen kann.

b) Perspektiven eröffnen

Die richtigen Menschen mit den richtigen Fähigkeiten am richtigen Ort: das muss der Leitgedanke einer bewusst intensivierten kirchlichen Personalentwicklung und Personalführung sein. Für den Pfarrberuf bedeutet dies, dass er auch in Zukunft einen akademischen Abschluss voraussetzt, wenn auch die durchschnittlichen Ausbildungszeiten kürzer werden sollten. Finanziell sollte er auch in Zukunft ähnlich attraktiv sein wie vergleichbare akademische Berufe, also etwa auf dem heutigen Vergütungsniveau verbleiben. Allerdings müssen die Möglichkeiten von Entsendung, Versetzung und Neubeauftragung erheblich ausgeweitet werden, ohne dass damit willkürlichen Entscheidungen Tür und Tor geöffnet wird. Bewusste Personalpolitik verlangt Beweglichkeit. Ebenso müssen Pfarrerinnen und Pfarrer sich über die bisherigen landeskirchlichen Grenzen hinaus bewerben können; das Landeskinderprinzip muss insofern modifiziert werden. Es sollte die Möglichkeit geschaffen werden, bestimmte Pfarrstellen deutschlandweit auszuschreiben. Ebenso sollte unter Kompetenz- und Leistungsgesichtspunkten auf besonderen Pfarrstellen auch die Möglichkeit einer Höherstufung vorgesehen werden. Auch wenn im Grundsatz an der einheitlichen Bezahlung des Pfarrdienstes festzuhalten ist, stellen nicht alle Pfarrstellen die gleichen Anforderungen; die Möglichkeit, besondere Leistungen auch finanziell zu würdigen, sollte nicht generell ausgeschlossen werden.

Das Pfarramt der Zukunft muss sich neuen Herausforderungen stellen. Die kybernetisch-missionarische Kompetenz, die Selbstverständlichkeit regelmäßiger Fort- und Weiterbildung sowie die Einbettung der eigenen Aufgaben in eine gesamtkirchliche Verantwortung bedürfen der Steigerung. Das geistliche Leben – allein wie in Gemeinschaft mit anderen – wird den Pfarrberuf in Zukunft deutlicher prägen. Regelmäßige wie situative Gottesdienste und begleitende Seelsorge, Amtshandlungen und anlassbezogenes geistliches Handeln bilden neben den Leitungs- und Anleitungsaufgaben zukünftig Haupttätigkeiten des Pfarrstandes. In diesen Aufgaben liegen die größten missionarischen und kulturellen Chancen dieses Berufs. Fortbildung in den aktiven Amtsjahren muss als unerlässlich anerkannt werden. Hartnäckig vermiedene Fortbildung muss berufliche Konsequenzen haben. In einem das ganze Berufsleben begleitenden Lernprozess sollen die beruflichen Fähigkeiten vor allem in vier zentralen Feldern gestärkt und gefördert werden:

- theologische wie seelsorgerliche Amtshandlungskompetenz, in der sich die Treue zum Zeugnis des Evangeliums und die lebensbegleitende Nähe zu den Erwartungen der Menschen so verbinden, dass Sicherheit in der geistlichen Verwurzelung Flexibilität in der Gestaltung ermöglicht;
- missionarische Innovationskompetenz, die mit neuen Angeboten Menschen zu erreichen sucht, die mit dem christlichen Glauben noch nicht oder nicht mehr vertraut sind;
- gabenorientierte Motivations- und Qualifikationskompetenz, die das Engagement der Ehrenamtlichen fördert und bestärkt;
- qualifizierte Führungskompetenz, die die Bereitschaft zur geistlichen Leitung und die Fähigkeit zur Begeisterung für neue Ziele verbindet.

Insgesamt muss sich mit einer Kultur der Würdigung und Anerkennung eine neue Bereitschaft zur Qualitätssicherung verbinden. Dabei müssen die Erwartungen der Kirche an berufliche Mitarbeiterinnen und Mitarbeiter klar und transparent formuliert werden; Leitungsfähigkeit, Führungskraft und Vorbildlichkeit werden dadurch gestärkt. Zielverabredungen und Beurteilungen schränken die geistliche Freiheit im Pfarrberuf nicht ein, sondern stärken das gemeinsame Zeugnis der Kirche.

Die zukünftige Personalstruktur der evangelischen Kirche richtet sich nicht nach Proporzgesichtspunkten, sondern nach dem Auftrag der Kirche; daher haben die geistlichen Dienste bei anstehenden Strukturveränderungen einen gewissen Vorrang. Allerdings gehört zur pastoralen Identität auch die Einsicht in die Grenzen der eigenen Zuständigkeit. Pfarrerinnen und Pfarrer können daher kein Interesse an einer Wiederauferstehung altertümlicher Pfarrherrlichkeiten oder an einer einseitigen Bevorzugung ihrer Berufsgruppe haben. Sie wissen den Dienst anderer beruflicher Mitarbeiterinnen und Mitarbeiter zu würdigen. Von den Pfarrerinnen und Pfarrern als leitenden geistlichen Mitarbeitenden der Kirche muss Verantwortungsbewusstsein für die Vielfalt der verschiedenen Berufsgruppen in der Kirche erwartet werden; reine Interessenvertretung wird der pastoralen Verantwortung nicht gerecht.

Eine unterproportionale Reduzierung der Pfarrerschaft im Rahmen von Strukturveränderungen ist dann zu verantworten, wenn die geistlich-missionarische Kompetenz des Berufsstandes wächst. Wenn das der Fall ist, werden sich auch neue Finanzierungsmöglichkeiten für Pfarrstellen erschließen; dies ist bei hinreichend gesicherter Finanzierung zu ermöglichen und zu fördern. Neue Möglichkeiten entstehen im Blick auf die in den ehrenamtlichen Dienst Ordinierten; Aufgaben für diese Gruppe sollten mit Weitblick bestimmt und der Kontakt mit ihnen sollte intensiv gehalten werden. Der Wechsel von Ordinierten aus dem ehrenamtlichen in den beruflichen Dienst sollte, auch wenn es dafür keinen Rechtsanspruch geben kann, nicht prinzipiell ausgeschlossen, sondern dann ermöglicht werden, wenn Qualifikation, Lebenssituation und gemeindlicher Bedarf das nahe legen. Pfarrer und Pfarrerinnen, die eine gewisse Lebenszeit in anderen Berufen oder mit anderen Herausforderungen zu tun hatten, sind ein Gewinn für die evangelische Kirche.

c) Ziele formulieren

Die Zahl der Pfarrerinnen und Pfarrer hängt unter anderem von der Finanzkraft der Kirchenmitglieder ab, die für ihre Besoldung aufkommen. Solange eine Trendwende in der Mitgliederbasis der evangelischen Kirche aussteht, würde dem voraussehbaren Rückgang der Gemeindemitgliederzahl eine Absenkung in der Zahl der Pfarrerinnen und Pfarrer von einer Gesamtzahl von 21.000 auf 13.000 entsprechen. Sollte es der evangelischen Kirche dagegen gelingen, ihre Mitgliederbasis bei der heutigen Zahl zu stabilisieren, könnte die Pfarrerzahl wegen finanzieller Entwicklungen nur dann auf dem jetzigen Stand gehalten werden, wenn es in anderen Mitarbeiterbereichen zu erheblichen Reduzierungen käme.

Dabei ist zu berücksichtigen, dass ein vermehrter Einsatz von Pfarrerinnen und Pfarrern sich in der Vergangenheit nicht mit einer Stabilisierung oder Steigerung der Kirchenmitgliederzahlen verbunden hat. Das Verhältnis zwischen Pfarrerstellen und Kirchenmitgliedern hat sich seit den siebziger Jahren des letzten Jahrhunderts stetig verbessert (von 1:2.700 im Jahre 1962 zu 1:1.120 im Jahre 2000); doch die Mitgliederzahlen gingen gleichzeitig zurück. Deshalb müssen zu der Anzahl der Pfarrerinnen und Pfarrer ein neues Qualitätsbewusstsein, eine gute Ausbildung und eine entsprechende Ausrichtung der Arbeit hinzutreten. Unter der Voraussetzung einer stetig wachsenden geistlich-missionarischen Kompetenz im Pfarrberuf ist eine unterproportionale Kürzung im Verhältnis zur Mitgliederbasis anzustreben. Eine sinnvolle Zielvorgabe für das Jahr 2030 ist eine Zahl von 16.500 Pfarrerinnen und Pfarrern unter der Voraussetzung, dass die Mitgliedschaft bei 31,3 Prozent der Gesamtbevölkerung bliebe (entspricht etwa 26 Millionen Gemeindemitgliedern).

Als realistischer Durchschnittswert ist dann ein Verhältnis von 1: 1.600 erreicht. Dabei handelt es sich um eine Durchschnittszahl, die in unterschiedlichen Regionen mit einer erheblichen Variationsbreite umgesetzt wird.

Ebenso wichtig wie eine Verständigung über die künftige Zahl von Pfarrerinnen und Pfarrern ist eine Verständigung über transparent formulierte Indikatoren pfarramtlicher Arbeit. Wenn die Schlüsselfunktion von Fort- und Weiterbildung anerkannt wird, sollten dafür mindestens fünf Prozent der Personalkosten eingesetzt werden. Durch kollegiale Begleitung, aber auch durch wirksame Dienst- und Fachaufsicht ist die Qualität der pastoralen Praxis zu sichern und zu stärken.

Eine sich fortbildende und lernbereite Pfarrerschaft wird das Ihre dazu beitragen, dass neue Pfarrstellen, zum Beispiel Stiftungspfarrämter, aus zusätzlichen Mitteln finanziert werden.

2.3 Aufbruch beim kirchlichen Handeln in der Welt

Siebentes Leuchtfeuer

Auf Gott vertrauen und das Leben gestalten – evangelische Bildungsarbeit als Zeugnisdienst in der Welt verstehen.

Im Jahre 2030 ist Bildungsarbeit eines der wichtigsten Arbeitsfelder der evangelischen Kirche. Sie führt Kinder und Jugendliche an den christlichen Glauben und an verantwortliches Leben aus Glauben heran. Sie bestärkt Christen darin, in Familie, Beruf und Gesellschaft von Gott Gutes zu sagen und den christlichen Glauben zu bezeugen.

In kirchlichen wie in staatlichen Institutionen konzentriert sich evangelische Bildungsarbeit auf die Beheimatung in den Überlieferungen des Glaubens und auf die Dialogfähigkeit mit anderen Religionen und Weltanschauungen. Wo immer der evangelischen Kirche Interesse an evangelischer Bildungsarbeit entgegentritt, wird sie diesem Interesse nachzukommen suchen. Dabei erhofft sie nicht nur Resonanz und Respekt, sondern auch die für den Umfang dieser Arbeit nötige Refinanzierung.

a) Die Situation beschreiben

Bildung ist zugleich ein elementares Menschenrecht und eine Schlüsselressource der Zukunft. Damit rückt ein Kernthema der evangelischen Kirche neu in den Blick. Mit dem Bildungsthema verknüpft sich die Frage nach der Verwirklichung gesellschaftlicher Beteiligungsgerechtigkeit. Denn sie setzt voraus, dass Menschen von der Elementarbildung über allgemeine Bildung und berufliche Bildung bis zur lebenslangen Fortbildung fairen Zugang zu Bildungschancen erhalten. Beteiligungsgerechtigkeit setzt insofern Befähigungsgerechtigkeit voraus. Der Bildungsauftrag der evangelischen Kirche ist unmittelbar auf solche Zusammenhänge bezogen. Seit der frühen Verbindung zwischen Reformation und Humanismus umfasst dieser Bildungsauftrag mehr als allein die Sorge um religiöse Bildung. Bildung ist nach evangelischem Verständnis immer Bildung des ganzen Menschen. Sie zielt darauf, dass Menschen Möglichkeiten dazu entwickeln können, Subjekt der eigenen Lebensgeschichte zu werden. Der Bildungsauftrag der evangelischen Kirche betrifft das Verhältnis von Christentum und Kultur sowie die Frage, welche Beiträge das Christentum zur humanen Gestaltung des Lebens leisten kann. Er richtet sich auf die Vermittlung von Glaubenswissen und Orientierungswissen. Beide sind gerade angesichts der Zunahme von Verfügungswissen erforderlich, um Kriterien für das Wozu dieses Wissens zu entwickeln. So wie Orientierung ohne Wissen leer ist, bleibt Wissen ohne Orientierung blind. Bildung, wie sie in der evangelischen Kirche intendiert wird, zielt auf existenzielle Orientierung, ethische Urteilsfähigkeit und die Motivation zur Übernahme von Verantwortung. Urteils- und Handlungsbereitschaft beruhen auf einer Gewissheit über Grund und Bestimmung des menschlichen Lebens und bedürfen deshalb eines religiösen Bezugsrahmens. Die Bildungsarbeit der evangelischen Kirche bezieht sich auf die Vermittlung und Aneignung religiöser Überlieferungen und Orientierungen, die dem Einzelnen zur Klarheit über die eigene religiöse Identität und zur Urteilsfähigkeit verhelfen. Die Bildungsarbeit der Kirche nimmt nicht nur die Religionsfreiheit in Anspruch, sondern sie hilft Menschen auch dazu, von ihrer Religionsfreiheit einen eigenständigen Gebrauch zu machen.

Für diese Aufgaben bestehen in Deutschland gute institutionelle Voraussetzungen. Der konfessionell bestimmte Religionsunterricht ist im Grundgesetz verankert und wird – bis auf wenige bedauerliche Ausnahmen – in seiner Bedeutung gerade für eine religiös plurale Gesellschaft zunehmend gewürdigt. Ähnliches gilt für die wissenschaftliche Theologie; die Präsenz der evangelischen Theologie an den Hochschulen spiegelt die Prägekraft des Christentums angemessen wider und bleibt auch dann eine zentrale Forderung, wenn im Zeichen von Sparmaßnahmen um Umfang und Ausstattung gerungen wird. Eine vorrangige Aufgabe ist darin zu sehen, das Profil evangelischer Bildungsarbeit zu verdeutlichen. Denn es gibt kirchliche Angebote, denen die Konzentration auf den spezifisch evangelischen Beitrag zur Bildung verloren gegangen ist. Eine neue inhaltliche Konzentration und daraus abgeleitete strukturelle Konsequenzen werden der Ausstrahlungskraft evangelischer Bildungsarbeit gut tun.

b) Perspektiven eröffnen

Die grundlegenden Themen und Wissensbestände der christlichen Tradition müssen wieder ins Zentrum evangelischer Bildungsarbeit rücken. Das wird dann auch die anderen Aspekte einer ganzheitlich orientierten Bildungsarbeit prägen. Freiheit und Autonomie, Verantwortlichkeit und soziale Sensibilität des Einzelnen werden angesichts der weitreichenden Bildungserwartungen der Gegenwart auch durch religiöse Kompetenz und eigene Auseinandersetzung mit der christlichen Tradition gestärkt. Zur geistlichen Beheimatung verhilft der Protestantismus dann, wenn Menschen durch geeignete Bildungsprozesse mit den elementaren Wissensbeständen der evangelischen Frömmigkeit vertraut gemacht werden. Evangelische Bildungsbiographien entstehen durch Einführung in eine evangelische Frömmigkeitstradition, durch Kenntnis biblischer Grundtexte und zentraler Glaubensaussagen der christlichen Tradition, durch Begegnung mit wichtigen Gebeten und geistlichen Liedern, durch Beschäftigung mit Vorbildern christlicher Existenz und theologischen Denkens. In einer nicht mehr selbstverständlich christlich geprägten Welt sollte es in kirchlichen Kindergärten, in evangelischen Schulen, im Religionsunterricht, in Konfirmandengruppen und in Fortbildungsseminaren wieder zur Regel werden, dass solche Grundlagen und Grundtexte memoriert und interpretiert werden. Dazu ist eine Verständigung darüber nötig, was zum Grundbestand zentraler biblischer Texte, wichtiger evangelischer Lieder gehört und welches katechismusartige Wissen über Gottesdienst und Gebet, über Glaubensbekenntnis und Gebote jedem evangelischen Christen zu Gebote stehen sollten. Es sollte eine Verständigung über die zwölf wichtigsten biblischen Geschichten, die zwölf wichtigsten evangelischen Lieder, die zwölf wichtigsten Gebete geben, die Gemeinsamkeit und Beheimatungskraft zugleich ausstrahlen. Fundamentale Bedeutung hat die pädagogische Arbeit im Religionsunterricht; in ihm wird die evangelische Kirche das Evangelium von der Barmherzigkeit Gottes und das evangelische Verständnis des Glaubens als Bildungsgut weitergeben. Regelmäßige religionspädagogische Fortbildung der Lehrerschaft wie der Pfarrerschaft ist unentbehrlich. Die angestrebte Konzentration auf die Kernbestände des Glaubenswissens und des Glaubensverstehens wird ein spezifisch evangelischer Beitrag zu der notwendigen neuen Bildungsinitiative sein, die gesellschaftlich an der Zeit ist.

Eine solche Konzentration wird zugleich in alle Handlungsräume der Kirche ausstrahlen, in die Gemeinden ebenso wie in Krankenhäuser oder Gefängnisse. Denn die Vertrautheit mit den eigenen Traditionen stärkt auch die Fähigkeit zum Dialog mit anderen Religionen und Weltanschauungen. Die Herausforderungen an die evangelische Dialogfähigkeit im Kontext einer pluralen Welt werden wachsen und bedürfen einer doppelten Kompetenz: Beheimatung in der eigenen Tradition und Kenntnis der vielen anderen Wege, das Leben in der modernen Welt zu verstehen. Klare und verständliche evangelische Positionen schwächen weder den ökumenischen noch den interreligiösen Dialog, sondern sind dessen Voraussetzung.

In vielen Bereichen der modernen Welt entsteht neues Interesse an elementarer Beheimatung in christlichen Traditionen, an liturgisch glaubwürdigen Formen und an evangelischer Orientierung. Die evangelische Kirche wird diese Interessen dankbar und nach Kräften aufgreifen. Sie wird künftig aber verstärkt darauf achten, ob die Interessenten die Dienste der evangelischen Kirche mit Respekt behandeln (sachangemessene Ausstattung usw.), ob sie Räume für Resonanz eröffnen (evangelisches Profil und nicht interreligiöse Allgemeinheit) und ob sie die Leistungen der evangelischen Kirche zu finanzieren bereit sind.

In den Gemeinden müssen die religiöse Bildungsarbeit in Kindertageseinrichtungen, Kinder- und Jugendarbeit sowie Konfirmandenarbeit als wichtige Chancen zur Weitergabe des Evangeliums an die nächste Generation neue Priorität erhalten. Dabei hat religionspädagogische Arbeit nicht nur dort ihren Ort, wo die evangelische Kirche Trägerin einer Einrichtung ist; unter voller Achtung der Religionsfreiheit kann spezifische evangelische Beheimatung und Orientierung an allen Bildungsorten angeboten werden.

Aber der Wunsch vieler Eltern, ihren Kindern im Rahmen einer guten allgemeinen Bildung zugleich eine gute religiöse Erziehung zu ermöglichen, erklärt, warum evangelische Kindergärten und evangelische Schulen eine wachsende Attraktivität entwickeln. Manche Eltern finden dabei zugleich Wege aus einer eigenen religiösen Unsicherheit. Die evangelische Kirche hat auf diesem Feld noch erhebliche Entwicklungsmöglichkeiten. Aus- und Fortbildungsanstrengungen für die pädagogisch Mitwirkenden sind aus all diesen Gründen eine zentrale Zukunftsinvestition; denn an der Glaubwürdigkeit und Prägekraft dieser Bildungsarbeit hängt die Stellung und Bedeutung der evangelischen Kirche in den nächsten Generationen. Religiöse Bildung ist im Kern Herzensbildung; solche Bildung lebt aber immer auch von Vorbildern. Deswegen ist es entscheidend, dass sie evangelische Christen als Multiplikatoren in weltlichen Berufen kennt und fördert, die an ihren Orten gut von Gott und dem Glauben reden. Engagierte evangelische Christen in Bildung und Kultur, in Politik und Wirtschaft, in Redaktionen und Wissenschaft müssen deshalb von der evangelischen Kirche bewusst gefördert werden.

Protestantische Eliten in diesem Sinne sind ein Segen für die Kirche wie für die Gesellschaft; sie sollten in ihrem Einsatz und ihrer Beziehung zur evangelischen Kirche bewusst gefördert werden. Als ein Schritt in diese Richtung ist die Arbeit des Evangelischen Studienwerkes Villigst im Blick auf eine nachgehende Alumniarbeit weiter zu entwickeln. Neue Formen des Gespräches zwischen Kirche und Kultur, Journalisten, Juristen, Wissenschaft und Wirtschaft sollten auf vielen Ebenen eingerichtet werden.

c) Ziele formulieren

Konkrete Zielvorgaben richten sich zuerst auf die Konzentration und Profilierung der evangelischen Bildungsarbeit. Sie sollte insgesamt das evangelische Anliegen deutlicher sichtbar machen als bisher. Die regelmäßige Fort- und Weiterbildung der in der kirchlichen Bildungsarbeit aktiven Personen ist unerlässlich. Darüber hinaus lassen sich weitere Ziellinien formulieren. 90 Prozent aller Kinder eines Jahrgangs sollten im Laufe ihrer ersten sechs Lebensjahre mit biblischen Geschichten und christlichen Symbolen, mit christlichen Festen und kirchlichen Traditionen sowie ihren modernen Vermittlungsformen in Berührung kommen. Die Zahl der evangelischen Schulen sollte kontinuierlich gesteigert werden. Mindestens einmal im Jahr sollten evangelisch geprägte Multiplikatoren in der Gesellschaft Kontakt mit (führenden) Kräften der Kirche haben können (beispielsweise durch Wirtschafts-, Journalisten-, oder Kulturforen). Die kontinuierliche Begleitung von herausragenden Nachwuchskräften sollte entwickelt bzw. ausgebaut werden. Die Verbindung zu den gesellschaftlichen Eliten sollte gestärkt werden (beispielsweise durch Alumniarbeit).

Achtes Leuchtfeuer

Auf Gott vertrauen und das Leben gestalten – Diakonie evangelisch profilieren.

Im Jahre 2030 ist die Diakonie ein zentrales Handlungsfeld der sich auf ihre Stärken konzentrierenden evangelischen Kirche. Jede diakonische Aktivität hat ein deutlich wahrnehmbares evangelisches Profil und steht in einer guten Relation zu einem Handlungsfeld der evangelischen Kirche. Die Verbindung zwischen verfasster Kirche und Diakonie ist besser verwirklicht. Das Eintreten der Kirche für Menschenwürde und Menschenrechte, für Gerechtigkeit und nachhaltige Entwicklung, für Gewaltfreiheit und Frieden prägt die öffentliche Wirksamkeit der Kirche, ihrer Gemeinden und Initiativgruppen.

a) Die Situation beschreiben

Die Arbeit der diakonischen Einrichtungen ebenso wie die diakonischen Aktivitäten der Gemeinden und Arbeitsfelder der Kirche besitzen für die evangelische Kirche eine herausgehobene Bedeutung. In ihr kommt nicht nur die untrennbare Verbindung der Predigt des Evangeliums mit der christlichen Liebestätigkeit zum Ausdruck, sondern auch der Auftrag der Kirche, für Gerechtigkeit in der eigenen Gesellschaft wie in den weltweiten Beziehungen einzutreten. Umfragen zeigen die hohe Wertschätzung der Diakonie in der Bevölkerung.

Die Zustimmung zu der kirchlichen Mitgestaltung des Sozialen ist kontinuierlich gewachsen. Heute sind die mehr als 400.000 Mitarbeiterinnen und Mitarbeiter der Diakonie in allen Zweigen der sozialen Arbeit, der gesundheitlichen Fürsorge und des helfenden Handelns tätig. Die Einbindung der Diakonie in die Gestaltung des Sozialstaates macht diakonisches Handeln von politischen Entscheidungen abhängig. Auf Grund des Subsidiaritätsprinzips übernimmt die Diakonie soziale Aufgaben für die Allgemeinheit und handelt dabei als ein Anbieter unter anderen; zugleich muss es ihr darum zu tun sein, gemäß der Profilierung des Evangelischen bestimmte geistlich geprägte Angebote zu entwickeln und in der inhaltlichen Ausrichtung unverwechselbar zu sein.

Angesichts dieser Spannung ist die Diakonie zu neuer Klarheit herausgefordert. Dabei kann die Anwaltschaft für Bedrängte und Bedrückte nicht zur Disposition stehen; denn sie ergibt sich aus der biblischen Orientierung der

Diakonie; sie ist „Mund der Stummen" (Weisheit Salomos 10,21) und auf die Taten der Barmherzigkeit verpflichtet (vgl. Matthäus 25,31 ff.).

Zwei Entwicklungen vor allem gefährden die Wahrnehmung dieser Anwaltschaft. Zum einen wird das christliche Liebeshandeln in dem Maß undeutlich, in dem seine christlichen Wurzeln nicht mehr im Bewusstsein sind; denn das helfende Handeln enthält in sich selbst keinen Hinweis auf die Motivation, die ihm zu Grunde liegt.

Diakonisches Handeln muss daher stärker als bisher mit katechetischen Elementen verbunden werden, damit deutlich wird, wessen Geistes Kind es ist. Die Rede von der verborgenen Tat, in der die linke Hand nicht wissen soll, was die Rechte tut (vgl. Matthäus 6,3), spricht nicht gegen solche diakonische Klarheit. Denn diese Weisung in der Bergpredigt Jesu mahnt zur Freiheit des Almosens von aller Berechnung. Übertragen auf die Diakonie bedeutet dies, dass helfendes Handeln nicht an Vorbedingungen geknüpft (Hilfe gegen Glauben), sondern ohne Ansehen der Person gewährt wird. Aber gerade um dieser Freiheit des barmherzigen Handelns willen ist es nötig, die Verwurzelung der menschlichen Barmherzigkeit im Glauben an die bedingungslose Barmherzigkeit Gottes zur Sprache zu bringen.

Zum anderen wird die Wahrnehmung diakonischer Anwaltschaft durch Entwicklungen in der Diakonie selbst gefährdet. Die Unternehmensorientierung, die aus nachvollziehbaren Gründen in der Diakonie Einzug gehalten hat, kann deren anwaltliches Mandat schwächen. Um im Wettbewerb der Leistungsanbieter mithalten zu können, ist die Diakonie auf betriebswirtschaftlichen Erfolg und wachsende ausfinanzierte Leistungen angewiesen. Damit verbindet sich die Gefahr, dass vorrangig Handlungsfelder gewählt werden, die auf Grund der zu erzielenden Kostensätze ausreichend finanziert sind. Daraus entsteht eine Spannung zur Anwaltschaft für Bedrückte und Bedrängte und zur Orientierung an den Ärmsten der Armen. Die Diakonie muss klare und überzeugende Antworten auf diese Situation finden. Keinesfalls darf (unvermeidliches) institutionelles Eigeninteresse die Orientierung an dem Wohl der Menschen schwächen.

b) Perspektiven eröffnen

Diakonie als Lebens- und Wesensäußerung der evangelischen Kirche erhebt den Anspruch, die Wahrheit des Evangeliums im Dienst an den Schwachen zu bezeugen. Aus der Gewissheit des Glaubens heraus will sie Menschen in Erfahrungen des Kummers, der Krankheit und der Hilflosigkeit zur Seite stehen. Dieser Kern ihres Selbstverständnisses sollte in allen Handlungsfeldern gestärkt und in einer überzeugenden Kombination von sachgemäßer Professionalität, Wertorientierung und evangelischer Frömmigkeit gelebt werden. Diakonische Aktivitäten sind dann eindeutig erkennbar als Werk der Kirche und betonen die Christusorientierung des kirchlichen Dienstes. Durch eine solche Schärfung ihres Profils bestehen die Einrichtungen und

Werke der Diakonie die Herausforderung, die in der Verknappung von Ressourcen, der Etablierung von Sozialmärkten und dem Wettbewerb mit Anbietern von unterschiedenem Selbstverständnis liegt. Sie werden darin unterstützt durch diakonisch profilierte Gemeinden mit ihrer besonderen Nähe zu Menschen in konkreten Notlagen.

Zugleich müssen die Strukturen innerhalb des Diakonischen Werkes zukunftsfähig gemacht werden. Die Zersplitterung diakonischer Einrichtungen, die historisch entstanden ist, wird den Zukunftsaufgaben nicht gerecht. Eine angemessene Trägerstruktur setzt ausreichende Betriebsgrößen, verbesserte Steuerungsmöglichkeiten und einen qualifizierten Personaleinsatz voraus. Alle Mitarbeiterinnen und Mitarbeiter sind aufgerufen, an der Profilierung der Diakonie als Dienst der evangelischen Kirche mitzuwirken. Für die Zukunft wird es darauf ankommen, das unverwechselbar Eigene der kirchlichen Liebestätigkeit herauszustellen. Eine verstärkte Aus- und Fortbildung der Mitarbeitenden im Blick auf ihre christliche Sprachfähigkeit und ihre geistliche Beheimatung ist für diese Profilierung einer evangelischen Diakonie die entscheidende Voraussetzung.

Diakonie und Kirche verbinden sich auch darin, dass kirchliche Stellungnahmen zu Grundfragen des gesellschaftlichen Zusammenlebens diakonisch orientiert und deshalb durch das Eintreten für eine Zukunft in Solidarität und Gerechtigkeit geprägt sind.

c) Ziele formulieren

Alle diakonischen Einrichtungen und Dienste stehen im Jahr 2030 in einer definierten Kooperations- bzw. Partnerschaftsbeziehung zu den Kirchengemeinden bzw. Kirchenbezirken ihrer Region. Sie orientieren ihre Personalentwicklung auch an den Erfordernissen des evangelischen Profils und führen regelmäßig Fortbildungsangebote für die Mitarbeitenden zu Fragen des christlichen Zeugnisses durch. Sofern sie nichtchristliche Mitarbeiterinnen und Mitarbeiter beschäftigen, werben sie unter ihnen für eine bewusste Zuwendung zum Glauben. Die Abhängigkeit von staatlichen Zuschüssen bzw. Leistungsentgelten der Sozialversicherung ist gemildert durch eine verstärkte Eigenfinanzierung, so dass der Prozess der Profilschärfung auch finanziell unterstützt werden kann.

Die evangelische Kirche wird im Jahr 2030 wahrgenommen als ein Anwalt und Bürge für ein Zusammenleben in Gerechtigkeit und Frieden; ihr Eintreten für die Würde des Menschen vom Beginn bis zum Ende des Lebens sowie für eine nachhaltige Entwicklung hat weiter an Resonanz gewonnen. Die ökumenische Zusammenarbeit in diesen Bereichen hat die ökumenische Kooperation insgesamt wirksam gefördert.

Neuntes Leuchtfeuer

Auf Gott vertrauen und das Leben gestalten – Themenmanagement und Agendasetting bewusst stärken.

Im Jahre 2030 ist die evangelische Kirche in der öffentlichen Wahrnehmung dadurch stark, dass sie gemeinsame Themen und Positionen vorgibt, die in die Gesellschaft hineingetragen und vertreten werden. Die professionelle Reflexion dieser Themen in Zuschnitt und Abfolge sowie die öffentliche Kommunikation der Themen sind die wichtigsten Voraussetzungen für eine starke und profilierte Präsenz.

a) Die Situation beschreiben
Eine Profilentwicklung der evangelischen Kirche muss im Blick auf ihre öffentliche Wirksamkeit drei Dimensionen unterscheiden: einmal die Struktur der kirchlichen Organisation selbst mit den Erwartungen und Vorstellungen, die sich mit ihr verknüpfen, sodann die inhaltliche Programmatik, an deren Verbindlichkeit sich die Kirche orientiert, und schließlich die aus beidem folgende und mit aktuellen Geschehnissen verknüpfte Themenagenda. Die evangelische Kirche hat als religiöse Organisation eine relativ konstante Struktur und Identität. Sie ist damit zugleich nur schwer zu verändern. Auch wenn ihr Image sich positiv entwickelt, hat sie doch auch mit negativen Imagezuschreibungen zu kämpfen. Die Programmatik der evangelischen Kirche, die sich auf die Botschaft des Evangeliums, seine reformatorische Auslegung und den der Kirche gegebenen Auftrag stützt, muss diese Grundlagen in eine bestimmte gesellschaftliche Situation vermitteln. Das geschieht in der evangelischen Kirche – einer Kirche der Freiheit und der Individualität – in vielfältigen Formen. Deshalb wirkt diese Programmatik mitunter diffus und uneinheitlich; oftmals wird die innere Pluralität der evangelischen Kirche als Beliebigkeit und Unsicherheit angesehen. Profilarbeit im Programmatischen zielt darauf, diesen Eindruck zu überwinden. Wofür die evangelische Kirche aktuell steht, muss schließlich an konkreten Themen konkretisiert und konturiert werden. Eine Themenagenda hat demgemäss die Aufgabe, konkrete und detaillierte Umsetzungen von Ideen zu planen und durchzuführen, mit denen sich die evangelische Kirche in gesellschaftlichen Debatten und Konflikten erkennbar präsentiert. Eine professionell organisierte Themenagenda kann die Programmatik der evangelischen Kirche deutlicher konturieren und damit mittelfristig das Image der Institution verbessern.

b) Perspektiven eröffnen
Mit einer breit getragenen und professionell profilierten Themenagenda ist die Erkennbarkeit der evangelischen Kirche zu steigern. Inhaltliche Vielfalt und thematische Pluralität werden dadurch keineswegs eingeschränkt; sondern es werden bestimmte Themen, die dem deutschen Protestantismus besonders wichtig sind (beispielsweise: „Ohne Sonntag gibt es nur noch Werktage“; „Advent ist im Dezember“; „Offene Kirchen“), bewusst gestaltet und gesteuert. Eine in diesem Sinn auf die evangelische Kirche insgesamt ausgerichtete Themenprogrammatik enthält eine konzentrierte

Orientierung für all die Kräfte in der evangelischen Kirche, die an der angestrebten Profilierung bereits arbeiten, wie für diejenigen, die sich dieser Profilierung stärker annähern müssen. Die evangelische Kirche setzt durch solche Themenagenden eigene Profilelemente bewusster ins Licht, sie akzentuiert deutlicher, was es heißt, evangelisch in Deutschland im 21. Jahrhundert zu sein.

Eine auf die evangelische Kirche bezogene Themenagenda muss sich allerdings zuerst die innere Schichtung dieses Profils vor Augen halten:

In der Außenwahrnehmung ist die erste Schicht in der Regel das gemeinsam Christliche, das die evangelische Kirche mit allen anderen christlichen Kirchen und Konfessionen teilt, wie das Kernsymbol des Kreuzes, das Bekenntnis zum dreieinigen Gott, Weihnachten und Ostern, die Pflege des christlichen Festkalenders, besondere Kirchenräume und anderes mehr.

Die zweite Schicht der Außenwahrnehmung könnte man dann „die evangelische Skyline" nennen; zu ihr gehören beispielsweise die Lutherbibel und das Evangelische Gesangbuch, die Reformatoren Martin Luther, Huldrych Zwingli und Johannes Calvin ebenso wie die Komponisten Johann Sebastian Bach und Johannes Brahms, die typisch protestantischen Symbolräume wie Wittenberg, die Dresdner Frauenkirche, die Franckeschen Stiftungen in Halle, der Hamburger Michel und der Berliner Dom, aber auch Frauen im Talar als Erkennungszeichen und die entscheidungsrelevante Beteiligung von Laien als Ausdruck des Priestertums aller Glaubenden und der Mündigkeit jedes Christenmenschen.

Gewiss muss an der Beschreibung der evangelischen Skyline, auch im Blick auf den ökumenischen Zusammenhang, weitergearbeitet werden. Doch darüber hinaus sollte die inhaltliche Profilierung typisch evangelischer Themen in aktuellen Zusammenhängen vorangetrieben werden. Jede professionelle Themenkommunikation ist darauf angewiesen, dass die angebotenen Themen und Zusagen auch angemessen aufgenommen werden. Daher ist eine Qualitätsoffensive und ein vergleichbarer Qualitätsstandard in den genannten Themenbereichen die unerlässliche Voraussetzung für die Möglichkeit, dass die evangelische Kirche trotz und in aller Konzentrationsbemühung als eine vitale Kirche der Freiheit mit dem Willen zum Wachstum wahrgenommen werden kann.

Eine Themenagenda übersetzt die generelle Programmatik in konkrete Themen und Kommunikationsstrategien. Dabei kommt es auf eine überzeugende Verbindung von Traditionsverlässlichkeit und Geistesgegenwart an. Künftig sollte die evangelische Kirche bestimmte, der evangelischen Kirche angemessene Themen bewusst von sich aus setzen und deren Behandlung bewusst steuern. Die Infrastruktur der kirchlichen Presse- und Medienarbeit hat die Aufgabe, solche Themen und Kommunikationsstrategien schnell und kostengünstig für den Gesamtbereich der evangelischen Kirche zu kommunizieren. Dies ist einer der wichtigen Wege, um das, wofür die evangelische Kirche steht, öffentlich zu kommunizieren. Das trägt zu einer Aufwärtsagenda bei, die signalsiert: die Kirche wandelt sich und wächst.

c) Ziele formulieren
Die evangelische Kirche stellt bis zum Reformationsjubiläum im Jahr 2017 jährlich eine spezifische Thematik in den Vordergrund, die durch geeignete Kommunikationsstrategien deutschlandweit die Bedeutung der Reformation und ihrer geschichtlichen Folgen sowie das Profil evangelischen Glaubens ins Bewusstsein hebt. Beispiele sind für das Jahr 2007 ein „Paul-Gerhardt-Jahr", für das Jahr 2008 ein „Jahr der Lutherbibel – das Original". Die Gemeinschaft der Gliedkirchen sieht dafür einen jährlichen Betrag von drei Millionen vor. Reformationsgottesdienste werden als herausgehobene Festgottesdienste im Kirchenjahr gestaltet. Bis zum Jahr 2017 sollte dadurch die Bedeutung des Reformationstags und das Interesse, seine festliche Gestaltung mitzuerleben, in breiteren Bevölkerungskreisen verankert werden. Andere Ideen für Aufwärtsthemen, die sich strategisch einsetzen lassen, könnten sein:

- eine Zukunftskonferenz zu Konzentration und Aufbruch;
- ein Wettbewerb um die fünfzig überzeugendsten Missionsideen;
- eine Profilierung der fünfzig bedeutendsten evangelischen Kirchen;
- eine Sammlung von hundert innovativen Ideen für die Förderung von Kirchengebäuden;
- ein Kulturpreis des deutschen Protestantismus.

Zuletzt sei auch auf das wichtige Ziel einer sichtbaren Identität der evangelischen Kirche – vom Briefpapier über die Erkennbarkeit von Pfarrerinnen und Pfarrern im Alltag bis zum Talar hingewiesen; bei aller Vielfalt sind Verabredungen darüber nötig, an welchen äußeren Zeichen man die evangelische Kirche in Deutschland verlässlich erkennen kann. Mitgliederorientierung und Mitgliederbindung können in analoger Anwendung moderner Kundenbindungsinstrumente gesteigert werden (z. B. Mitgliederzeitung).

2.4 Aufbruch bei der kirchlichen Selbstorganisation

Zehntes Leuchtfeuer

Auf Gott vertrauen und das Leben gestalten – die finanzielle Solidarität aller Kirchenmitglieder stärken und ergänzende Finanzierungssysteme etablieren.

Im Jahre 2030 hat die evangelische Kirche neben der Kirchensteuer als ihrer Finanzbasis und der projektbezogenen Finanzierung durch Fördervereine, Kirchbauvereine, Stiftungen und Fundraising eine weitere Säule der Finanzierung ihrer Aufgaben etabliert, die aus der mitverantwortenden Solidarität aller Kirchenmitglieder der Kirche gespeist wird.

a) Die Situation beschreiben
Auf Grund von demographischer Entwicklung, Kirchenaustritten, Arbeitslosigkeit und politisch vollzogener Verlagerung der Steuerlast von den direkten zu den indirekten Steuern sind die kirchlichen Einnahmen seit der Mitte der neunziger Jahre kontinuierlich zurückgegangen. Die Kirchen haben diese Einbrüche mit erheblichen Anstrengungen bewältigt, ohne die Ausfälle durch Schulden zu kompensieren. Weiterhin steht die evangelische Kirche vor gewaltigen finanziellen Herausforderungen, die sich nicht allein auf die Finanzierung der Kernaufgaben im Leben der Gemeinden beziehen, sondern sich zunehmend daraus ergeben, dass erhebliche Eigenmittel der Kirche in die Erhaltung der Bausubstanz der Kirchengebäude fließen. Es waren vor allem zwei Maßnahmen, mit denen die evangelische Kirche eine Stabilisierung ihrer abschmelzenden Finanzeinnahmen ausgleichen konnte: Zum einen gelang es auf allen kirchlichen Ebenen, ein wirtschaftliches, effizientes und leistungsförderndes Handeln zu stärken. Die evangelische Kirche geht verantwortlich und effektiv mit den ihr zur Verfügung gestellten Mitteln um und nimmt dabei auch Einsichten aus wirtschaftlicher Erfahrung auf. Zum anderen wurden neue Wege der Finanzierung bestimmter kirchlicher Angebote beschritten. Projektbezogene Förderungen, Finanzierung von Personalstellen durch Gemeinden, Fördervereine oder Mäzene, Fundraising und andere moderne Instrumente wurden mit zum Teil eindrücklichem Erfolg eingesetzt.

Beide Maßnahmen führten aber auch zu der nüchternen Einsicht, dass Spendengelder nur schwer zu erlangen sind. Der Spendenmarkt ist sehr umkämpft, die evangelische Kirche kann zusätzliche Mittel letztlich nur durch qualitätsvolle Angebote und emotional berührende Projekte einwerben.

b) Perspektiven entwickeln
Vor diesem Hintergrund ist es erforderlich, die Instrumentarien zur Finanzierung ihrer Arbeit weiter zu entwickeln und kreativ einzusetzen. Neben der Nutzung von Kirchensteuermitteln und aufgabengebundenen staatlichen Mitteln sind neue Finanzierungsquellen zu erschließen. Projektorientierte Unterstützungsformen, die konkrete und emotional ansprechende Aktivitäten direkt und unmittelbar fördern, Fördervereine für Kinder- und Jugendprojekte, für Kirchen- und Orgelrestaurierungen oder für besondere soziale Projekte sind auszubauen und zu professionalisieren. Stiftungen und mäzenatische Initiativen für Pfarrstellen sind positiv zu würdigen. Die evangelische Kirche fördert die Chancen eines professionellen Fundraisings. Darüber hinaus sind zwei Wege erfolgversprechend:

Die finanzielle Beteiligungsbereitschaft derjenigen Kirchenmitglieder, die keine Kirchensteuern bezahlen, aber zur Beteiligung im Stande sind, ist auch auf anderen Wegen zu fördern. Durch die Bindung der Kirchensteuer an Einkommen- und Lohnsteuer liegt der Anteil derjenigen Kirchenmitglieder, die sich durch die Kirchensteuer an der Finanzierung der kirchlichen Aufgaben beteiligen, bei circa 30 Prozent; ähnlich wie im staatlichen Bereich trägt eine relativ kleine Schicht von Kirchenmitgliedern eine relativ große steuerliche Last.

Während im staatlichen Bereich die Beteiligung aller an den indirekten Steuern einen gewissen Ausgleich schafft, gibt es etwas Vergleichbares für den Bereich der Kirche nicht. Eine solche weitergehende Beteiligung von Kirchenmitgliedern, die keine Kirchensteuer zahlen, wird naturgemäß freiwillig sein und kann vielfältige Formen annehmen. Eine im Blick auf Gerechtigkeit und Zumutbarkeit sinnvolle Ergänzung zur allgemeinen Kirchensteuerpflicht in Gestalt eines Gemeindebeitrages (sog. Kirchgeld) ist bewährt und bedarf der Weiterentwicklung. Dabei ist die stilsichere und ansprechende Vermittlung dieser Forderung besonders wichtig.

Zu prüfen ist, ob nicht eine Dachstiftung deutscher Protestantismus eingerichtet werden sollte, die Fundraisingprojekte für die Gemeinschaft der Gliedkirchen organisiert und strukturiert. So wie die Aktion „Brot für die Welt" eine deutschlandweite Aktivität der EKD ist, die stellvertretend vom Diakonischen Werk gestaltet und gesteuert wird, so können auch deutschlandweite Kampagnen Mittel sammeln, die bestimmten Vorhaben gezielt zu Gute kommen. Gesamtkirchliche Projekte könnten aus solchen zusätzlichen Mitteln finanziert werden, ohne dass dies die landeskirchlichen Haushalte zusätzlich belasten müsste. Zu den denkbaren gesamtprotestantischen Themen- oder Kampagnefeldern könnten innovative Missionsideen, Öffentlichkeitskampagnen, herausragende Ereignisse (z. B. Kirchentage oder Jugendtreffen) gehören.

Es gehört zur Konzeption einer Konzentration der Kräfte und einer Stärkung der Stärken, dass besondere finanzielle Einnahmen unter Wahrung einer prinzipiellen Solidarität einzelnen Gemeinden, Arbeitszweigen oder Projekten gezielt zu Gute kommen. Die Motivation dazu, durch besondere Initiativen zusätzliche Mittel zu gewinnen, muss sich auch im Recht zum Einsatz dieser Mittel niederschlagen. Projekte des gesamten Protestantismus sind zugleich einer der Wege dazu, die Ungleichheiten, die sich daraus ergeben, auszugleichen.

Eine besondere Kultur der Würdigung ist der Gruppe von Kirchenmitgliedern gegenüber zu entwickeln, die der evangelischen Kirche in außergewöhnlichem Umfang Mittel zur Verfügung stellen. Darin liegt keine Anbiederung oder Abhängigkeit; sondern besondere Formen des Dankes bringen zum Ausdruck, wie groß die Möglichkeiten kirchlichen Handelns sind, die durch große Kirchensteuerbeträge oder umfangreiche Stiftungen eröffnet werden. Diesen Personenkreis zu besonderen kirchlichen Veranstaltungen einzuladen, hilft auch dabei, ihm einen Eindruck davon zu geben, wofür die erheblichen finanziellen Beiträge eingesetzt werden.

c) Ziele formulieren

Die Einnahmen aus zusätzlich eingeworbenen Mitteln sollten im Jahre 2030 20 Prozent aller Mittel der evangelischen Kirche ausmachen. Die Zahl der Kirchenmitglieder, die sich je nach ihrer Leistungskraft an der Mitfinanzierung der kirchlichen Kosten beteiligen, sollte im Jahre 2030 verdoppelt sein (von circa 30 Prozent auf circa 60 Prozent). Ziele und Formen, in denen in der evangelischen Kirche diese Mittel eingeworben werden, müssen ständig weiterentwickelt und optimiert werden.

Elftes Leuchtfeuer

Auf Gott vertrauen und das Leben gestalten – die Konzentration der Kräfte auch in den Landeskirchen vorantreiben.

Bis zum Jahre 2030 ist die Zahl der Gliedkirchen in der evangelischen Kirche so konzentriert, dass eine annähernd gleichstarke kirchenleitende Dienstleistung für alle Regionen in Deutschland ermöglicht und die Zukunftsfähigkeit der Kirche dadurch nachhaltig gefördert wird. Als politisch sinnvoller Ausgangspunkt für die zukünftige Zahl und Größe der Landeskirchen liegt die Orientierung an den Bundesländern (ohne die kleinen Länder) nahe.

a) Die Situation beschreiben

Bei Zahl und Größe der Gliedkirchen der EKD spielen neben Gesichtspunkten des historischen Herkommens, der Bekenntnisbindung und der gewachsenen Vertrautheit zunehmend Gesichtspunkte der Zweckmäßigkeit eine erhebliche Rolle. Auch die Zahl und die Grenzen der Landeskirchen sind ein „weltlich Ding". Zu den Diensten und Leistungen, die eine Landeskirche erbringen muss, gehören neben der symbolischen regionalen Repräsentanz des Protestantismus und der Koordinierungsaufgabe gegenüber staatlichen und gesellschaftlichen Institutionen eine ausreichende theologische Leitungs- und Profilierungskompetenz, eine angemessene Beweglichkeit in der Besetzung der Stellen für berufliche Mitarbeiterinnen und Mitarbeiter, eine hinreichende Aus-, Fort- und Weiterbildungskapazität für die berufliche und ehrenamtliche Mitarbeiterschaft, eine überzeugende Beratungskompetenz für die Kirchenkreise und Gemeinden und eine ausreichende finanzielle Kraft. Vor diesem Hintergrund muss die Frage gestellt werden, durch welche Verbindungen und Zusammenschlüsse die Landeskirchen mittelfristig in die Lage versetzt werden, diese typischen Dienstleistungsaufgaben auch künftig zu erfüllen.

Eine Veränderung der Zahl der Landeskirchen ist kein Selbstzweck, sondern Mittel zum Zweck der besseren Aufgabenerfüllung und der Erhöhung der Öffentlichkeitswirkung der evangelischen Kirche. Darum ist eine Schwachstellenanalyse auch der größeren Landeskirchen unerlässlich, denn Größe alleine ist noch kein Beleg für eine optimale Organisation. Es gilt zu prüfen, auf welchem Wege die kirchlichen Lebensverhältnisse mit Hilfe größerer finanzieller Solidarität einander angenähert werden können. Der Föderalismus der evangelischen Kirche darf gerade in Zeiten des Umbruchs nicht die Gliedkirchen weiter vereinzeln, sondern er muss zur Quelle einer gleichgerichteten Veränderung und einer gemeinsamen Verbesserung der Lage werden. Ungefähr gleich starke Landeskirchen haben es leichter, Solidarität zu üben.

b) Perspektiven eröffnen

Ebenso wie kleine Kirchengemeinden den Menschen örtlich nahe sind, so haben kleinere Landeskirchen den Vorteil, mit den jeweiligen regionalen Bedingungen vertraut zu sein. Dieser Vorteil muss bewahrt und genutzt werden; eine Zentralisierung aller Entscheidungen ist deshalb nicht der richtige Weg. Doch die Entwicklung der letzten Jahre zeigt, dass in kleineren Landeskirchen überregionale Aufgaben wie Aus- und Fortbildung, Zielgruppenarbeit und Kompetenzzentren nicht mehr allein wahrgenommen werden, da sie sich nicht mehr allein finanzieren lassen. Sie werden deshalb auf landeskirchenübergreifende Instanzen übertragen. Auch in einer solchen Situation sind die unterschiedlichen geistigen Prägungen des Protestantismus in den verschiedenen Regionen zu pflegen und weiterzuentwickeln; und die Bindung von Leitenden Geistlichen an ihre Regionen wird auch in Zukunft von hohem Gewicht sein. Dennoch wird es für den inneren Zusammenhalt und die äußere Präsenz der evangelischen Kirche entscheidend sein, dass Landeskirchen eine ausreichende Größe und Kraft zur Wahrnehmung ihrer zentralen Aufgaben haben. Dezentrale Partizipation in überschaubaren Einheiten wird sich in Zukunft mit der Wahrnehmung von Leitungsverantwortung in verbindlichen, effektiven und verantwortungsklaren Entscheidungswegen verbinden müssen. Der Nachteil einer verselbstständigten dezentralen Struktur ist nicht nur eine schleichende Ausdünnung landeskirchlicher Kernkompetenzen durch mangelnde Kraft und Leistungsfähigkeit, sondern auch eine relativ kleinteilige und abstimmungsintensive Reaktionsweise auf geistige, gesellschaftliche und politische Herausforderungen. Da die Bundesländer auch künftig entscheidende Vorgaben im Blick auf kirchlich interessierende Themen geben werden (vom Religionsunterricht bis zur Hochschulpolitik, vom Bestattungsrecht bis zur Rundfunk- und Medienpolitik, von der Sozial- bis zur Kindergartenpolitik), erscheint eine Orientierung der Zahl und des Zuschnittes der Landeskirchen an der politischen Gliederung der Bundesländer ein wichtiges Kriterium neben anderen für weitere Überlegungen. Eine geschlossenere und damit kräftigere Reaktion auf die kultur-, religions- und sozialpolitischen Vorgaben eines Bundeslandes wäre so leichter möglicher.

Ein bewusst gestalteter und gemeinsam gewollter Konzentrationsprozess in der Zahl der Landeskirchen muss regional gewachsene Besonderheiten keineswegs schwächen. Markante regionale Kulturen und Ereignisse, Frömmigkeiten und Leitungsinstanzen können auch gefördert werden, wenn die Kräfte der Landeskirchen durch gute Koordination untereinander und durch gemeinsam betriebene Kompetenzzentren von Doppelarbeit entlastet sind. Darüber hinaus wird der Bedarf an geistlicher Begleitung und koordinierender Führung für die Gewährleistungsebene der einzelnen Regionen, Gestaltungsräume und Kirchenkreise steigen; größere Landeskirchen verfügen über mehr Möglichkeiten, diese Leitungsaufgaben in einem gemeinsamen Geist zu stärken.

Zuletzt hat eine Verringerung der Zahl der Landeskirchen innerkirchlich den Vorteil, dass für Kirchengemeinden und Kirchenkreise, die sich der Notwendigkeit von Kooperation und Fusion gestellt haben, eine parallele Konzentrationsanstrengung auch auf der Ebene der Landeskirchen erkennbar wird. Die emotionale und symbolische Wirkung solcher Umstrukturierungen sollte deshalb in ihrem Gewicht gewürdigt werden.

c) Ziele formulieren
Im Jahre 2030 sollte es zwischen 8 und 12 Landeskirchen geben, die an den Grenzen der großen Bundesländer orientiert sind und jeweils nicht weniger als eine Million Kirchenmitglieder haben.

Zwölftes Leuchtfeuer
Auf Gott vertrauen und das Leben gestalten – die EKD- Ebene für ein „Evangelisch in Deutschland" profilieren.

Im Jahre 2030 repräsentiert die EKD im Dienst der Gemeinschaft der Gliedkirchen den deutschen Protestantismus in der Öffentlichkeit und organisiert die Abstimmungsprozesse nach innen, soweit die Bekenntnisfamilien und Landeskirchen dies wünschen. In inhaltlichen Fragen formuliert sie gemeinsame Qualitätsstandards, auf juristisch-finanzieller Ebene bemüht sie sich um annähernd gleiche Arbeitsbedingungen und in thematischen Bereichen initiiert sie Kompetenzzentren und organisatorische Dienstleistungszentren. Das biblische Motiv des stellvertretenden Handelns wird in diesen Einrichtungen konkretisiert.

a) Die Situation beschreiben
Eine Stärkung der Gemeinschaft der Gliedkirchen auf der Ebene der Gesamtkirche fördert das gemeinsame evangelische Profil und hilft dabei, die verfügbaren Kräfte gemeinsam zu nutzen. Als Repräsentanz des Protestantismus in der gesellschaftlichen Öffentlichkeit hat die Evangelische Kirche in Deutschland die Aufgabe, die verschiedenen Strömungen in der evangelischen Kirche zusammen zu halten und die Vielfalt im Protestantismus zu sichern. Professionelle Öffentlichkeitsarbeit und thematische Schwerpunktsetzung sind in Abstimmung mit den Gliedkirchen voranzutreiben. Nach innen steht die EKD vor der Herausforderung, für annähernd gleiche Verkündigungsverhältnisse und Arbeitsbedingungen zu sorgen und dafür einen verantwortlichen Ausgleich zwischen (finanziell und geistlich) starken und schwachen Regionen in Deutschland herzustellen, der die inhaltliche und finanzielle Solidarität weder überfordert noch für gleichgültig erklärt.

Heute gibt es in der evangelischen Kirche wohl drei vorrangige Identifikations- und Beheimatungsebenen für evangelische Christen: die Gemeinden und die besonderen kirchlichen Orte, die Landeskirchen und die EKD. Heimat im Glauben entsteht zuvörderst in Ortsgemeinden sowie in wachsendem

Maß in neuen Gemeindeformen, hier wird der Glaube in Wort und Sakrament erlebbar, hier wachsen personale, insbesondere auch pastorale Beziehungen. Diese Form der Beheimatung wird auch in Zukunft wichtig bleiben.

Daneben werden die Landeskirchen – auch in einer reduzierten Zahl – eine Identifikationsebene anbieten, insofern darin die größeren regionalen Besonderheiten und Frömmigkeitsmentalitäten eine Heimat haben. Die Beheimatung in der EKD als Ausdruck eines Evangelisch-in-Deutschland-Seins steigt angesichts der Mobilität der Menschen und ihrer zunehmenden situativen Teilnahme an kirchlichen Angeboten an. Alle Untersuchungen zum Teilnahmeverhalten von Kirchenmitgliedern und Interessierten an Angeboten der evangelischen Kirche, aber auch alle generationsbedingten Veränderungen von Beheimatungsbedürfnissen sprechen eine deutliche Sprache. Sehr viele Kirchenmitglieder suchen Heimat in der evangelischen Kirche, nicht aber zwingend Heimat in einer Gemeinde.

Das Heimatbedürfnis konkretisiert sich zwar immer wieder an konkreten Glaubensorten, aber selbst auf dem Lande nicht durchweg an ein und demselben Ort. Entsprechend werden Umgemeindungen, Wohnungswechsel, Wiedereintritte, Aufenthalte im Ausland heute häufiger wahrgenommen und leichter ermöglicht als früher; die Entwicklung des gemeinsamen Mitgliedschaftsrechts der EKD hat für die flexibler gewordene Zugehörigkeit zur evangelischen Kirche einen klaren Rahmen zur Verfügung gestellt.

Diese offenere und flexiblere Form von Zugehörigkeit wird durch eine bewusste Verstärkung des „Evangelisch in Deutschland“ aufgenommen und gestaltet.

b) Perspektiven eröffnen

Unbeschadet der Zugehörigkeit eines Kirchenmitgliedes zu einer bestimmten Gemeinde und zu einer bestimmten Landeskirche, unbeschadet auch seiner finanziellen Verpflichtung in diesen Bezügen sollte ein evangelischer Christenmensch in Zukunft zugleich ein verstärktes Bewusstsein für die Zugehörigkeit zur Evangelischen Kirche in Deutschland haben, das weder durch Umzüge noch durch Auslandsaufenthalte verloren geht. Kirchenmitglieder mit einem ersten Wohnsitz im Ausland haben gar keine Möglichkeit, ihre Mitgliedschaft in der evangelischen Kirche zu belegen und Kirchensteuern zu zahlen.

Dies ist – auch angesichts der intensiven Auslandsarbeit der EKD für Expatriots und (Semi-)Residenten – bedauerlich.

Darüber hinaus werden die Dienstleistungen der EKD für die Gliedkirchen und Regionen immer wichtiger und umfänglicher; die Erwartungen an Impulskraft, Koordinationsleistung und Kompetenzangebote wachsen der EKD verstärkt zu, weil viele sinnvolle Maßnahmen nur noch überregional aufrecht erhalten oder neu entwickelt werden können. Die notwendige Konzentration der Kräfte sollte zu einigen zentralen Kompetenzzentren führen, die kompetent und dienstleistungsbereit im Blick auf zentrale kirchliche Handlungsfelder spezifische Inhalte des Evangelisch-Seins für alle Landeskirchen entwickeln und vermitteln. Solche Zentren bürgen für das wünschenswerte theologische Niveau und unterstützen damit die Qualitätssicherung der Angebote der Evangelischen Kirche in Deutschland. Diese Kompetenzzentren können von einzelnen Landeskirchen stellvertretend für die Gemeinschaft der Gliedkirchen oder von der EKD verantwortet werden; es handelt sich bei ihnen um die Fortentwicklung vorhandener Einrichtungen unter Zusammenführung der Kräfte.

Weiterhin sollte sich die Gemeinschaft der Gliedkirchen in der EKD auf einige Dienstleistungszentren verständigen, in denen sich verwaltungstechnisches Know-how im Blick auf Beihilfe-, Steuer-, Abrechnungsfragen, im Blick auf das Meldewesen und die Statistik des kirchlichen Lebens oder andere Aufgaben ebenso professionell wie effektiv konzentrieren lässt.

Das „Evangelisch in Deutschland" kann auch dadurch gestärkt werden, dass einzelne große Kirchengebäude mit gesamtdeutscher protestantischer Ausstrahlung die Chance erhalten, mit (finanzieller) Hilfe der Gemeinschaft aller Gliedkirchen vorbildliche, herausragende und innovative evangelische Kirchenarbeit sichtbar zu machen. Schon heute gibt es eine Reihe von Kirchen, die weit mehr sind als der Gottesdienstraum einer Ortsgemeinde oder auch einer Region; sie sind überregionale Identifikationspunkte des Evangelischen. Um diese Kirchen zu profilieren, sollten sie durch die Gemeinschaft der Gliedkirchen unterstützt werden. Jede dieser Kirchen entwickelt einen deutschlandweit ausstrahlenden inhaltlichen Schwerpunkt, der typisch für den deutschen Protestantismus insgesamt ist. Neue Wege könnten auch in den Leitungsstrukturen dieser Kirchen beschritten werden, in denen moderne Führungsformen (Kuratorien oder Vorstände) auch Personen mit öffentlicher Ausstrahlung beziehungsweise Multiplikatorenfunktion integrieren könnten. Die Lesbarkeit dieser Kirchen als evangelische Kirchen wäre der Ausgangspunkt für weitergehende kulturelle oder gesellschaftliche Bedeutungen, die solchen Kirchen zuwachsen können. Die Gemeinden solcher Kirchengebäude sind nicht allein parochial bestimmt, sondern verteilen sich auf ein weites Gebiet. Darüber hinaus entwickelt sich eine Art fördernder Mitgliedschaft, wie sie in der weltweiten Unterstützung für die Dresdner Frauenkirche exemplarisch zu erleben war. An diesen Symbol-Kirchen zu arbeiten, ist Auszeichnung und Verpflichtung für Spitzenkräfte der evangelischen Kirche.

Zuletzt wird zu einem „Evangelisch in Deutschland" in Zukunft auch eine Zugehörigkeit von vielen (jungen) Menschen zu einer ortlosen Internetgemeinde gehören. Erste Erfahrungen mit Chatrooms und Internetforen zeigen, dass eine beachtliche Zahl von Menschen an theologischen, kirchenrechtlichen und seelsorgerlichen Fragen interessiert ist, ohne in einer konkreten Gemeinde oder Landeskirche Orientierung zu suchen. Doch es handelt sich um eine gestaltbare Beziehung, die keineswegs immer in der Anonymität verbleibt. Die Partner bei dieser Art des elektronischen Austauschs sind keineswegs durchweg auf eine bleibende Distanz zur evangelischen Kirche festgelegt. Die

Kommunikation mit den Gliedern solcher Online-Gemeinden, die religiöse Weiterbildung ebenso einschließt wie Beratung und Begleitung, nimmt an Umfang zu. Hier neue Formen von Beteiligung und Verbindlichkeit zu entwickeln, ist eine wichtige Aufgabe der EKD.

c) Ziele formulieren
Im Jahre 2030 hat die Gemeinschaft der Gliedkirchen Dienstleistungszentren zu folgenden Aufgaben geschaffen:

- Organisationsberatung und Management
- Beihilfezentrum und Personalabrechnung
- Steuern und Kirchensteuern
- Fundraising und Stiftungswesen
- Koordinationszentrum zu Meldewesen und Statistik

Sie hat ferner in Orientierung an den zwölf Leuchtfeuern und in Aufnahme der schon vorhandenen Ansätze Kompetenzzentren aufgebaut; exemplarisch seien genannt:

- ein Kompetenzzentrum für Gottesdienst, Predigt und Kirchenmusik
- ein Kompetenzzentrum für den Dialog zwischen der Theologie und den modernen Wissenschaften
- ein Kompetenzzentrum für Führungsämter in Kirche und Diakonie
- ein (oder mehrere) Kompetenzzentren für Fort- und Weiterbildung
- ein Kompetenzzentrum für Weltanschauungsfragen
- ein Kompetenzzentrum für den interreligiösen Dialog
- ein Kompetenzzentrum für sozialwissenschaftliche Fragen
- ein Kompetenzzentrum für Konfirmanden- und Jugendarbeit
- ein Kompetenzzentrum für missionarische Aktivitäten
- in Kompetenzzentrum für den Dialog mit gesellschaftlichen Multiplikatoren.

Darüber hinaus hat die evangelische Kirche im Jahre 2030 einige Kirchen als gemeinsame thematische Zentren etabliert. Exemplarisch seien genannt:

- den Berliner Dom (Kirche und Politik)
- die Frauenkirche Dresden (Friedens- und Versöhnungsarbeit)
- die Lorenzkirche Nürnberg (Tourismusarbeit)
- die Stiftskirche in Stuttgart (Missionskirche)
- die Wittenberger Schlosskirche (Predigtkultur)
- die Thomaskirche Leipzig (Kirchenmusik/ Johann Sebastian Bach)
- die Reinoldikirche Dortmund (soziale Verantwortung)
- der Hamburger Michel (Wirtschaftsdialog)

Diese zwölf Leuchtfeuer sind Orientierungslichter auf dem Weg zu einer evangelischen Kirche in Deutschland, die als vitale religiöse Gemeinschaft auch im Jahre 2030 Gottes Barmherzigkeit für alle Menschen verkündet. Sie hat sich den unabweisbaren Herausforderungen rechtzeitig gestellt und den notwendigen Mentalitätswandel frühzeitig zu gestalten versucht. Dabei weisen die starken Bilder von der Kirche: das Licht der Welt, die Stadt auf dem Berge, der Leib Christi und Christus als das Haupt des Leibes dem Aufbruch die Richtung. So kann die evangelische Kirche auch in Zukunft darauf hoffen, von Gott zu dem gemacht zu werden, was sie immer sein sollte: die Kirche der Freiheit der Kinder Gottes, die konkret wird im Gebet und im Tun des Gerechten.

IV. Ausblick

Die Ausführungen zu den zwölf Leuchtfeuern beschreiben den Geist, die Farbe und den Klang des anstehenden Mentalitätswechsels; mit ihrer Mischung aus nüchterner Wahrnehmung des Heute und ermutigender Ausrichtung auf Morgen zeigen sie Wege aus der Stagnation.

Solche Wege werden nur begehbar, wenn sie sich mit konkreten Zielen verbinden. Deswegen werden in den vorangehenden Kapiteln zu jedem der zwölf Leuchtfeuer konkrete Ziele formuliert. Diese Ziele werden in ihrer inhaltlichen Ausrichtung Anlass zur Diskussion geben und in ihrer jeweiligen Konkretisierung auch manchen Anstoß erregen. Solche Anstößigkeit ist unvermeidbar. Denn wer verändern will, muss konkret werden und auch Zahlen wagen. Nur auf Grund von klaren Zielwerten lässt sich das eigene Wirken wahrnehmen und in seiner Qualität einschätzen. Nur so lassen sich die Stärken der kirchlichen Kernangebote, der kirchlichen Mitarbeitenden, des kirchlichen Handelns in der Welt und der kirchlichen Selbstorganisation angemessen würdigen; aber auch Schwachpunkte lassen sich so identifizieren und verbessern. Auch wenn die Zielangaben im Einzelnen unterschiedlich treffgenau sind, soll doch die Grundrichtung deutlich werden: Als Gemeinschaft aller an ihrem Auftrag Beteiligten erkennt, sichert und steigert die evangelische Kirche die Qualität ihres Wirkens auf all ihren Handlungsfeldern. Sie tut dies im Vertrauen auf das freie Wirken des Geistes Gottes, der allein Glauben weckt und Kirche baut, wo und wann er will.

Nach diesem „Weitblick" auf das Jahr 2030 sind nun als „Ausblick" die nächsten Schritte zu beschreiben, die auf dem Weg zu einer veränderten Kirche der Zukunft zu gehen sind. Vier konkrete Schritte seien genannt, zu denen die auf allen Ebenen der Kirche Verantwortlichen hiermit eingeladen werden.

1. Diskussionsprozess und Zukunftskongress

In den Gliedkirchen der EKD gibt es vielfältige Reformansätze. Sie müssen zusammengeführt und miteinander verglichen werden. Denn der inhaltlichen und formalen Abstimmung kirchlicher Reformmaßnahmen kommt eine wachsende Bedeutung zu.

Dem soll ein Diskussionsprozess dienen, der die in diesem Perspektivtext enthaltenen Anregungen aufnimmt und weiterführt. Dazu werden – neben einem allgemeinen Diskussionsprozess, zu dem der Rat der EKD ausdrücklich ermuntert – in einem Konsultationsverfahren Vertreterinnen und Vertreter verschiedener kirchlicher wie nichtkirchlicher Bereiche nach ihrer Einschätzung befragt und um weitere Anregungen und Konkretisierungsvorschläge gebeten.

In Aufnahme und Fortführung der Ergebnisse dieses Diskussionsprozesses veranstaltet der Rat der EKD vom 25. bis zum 27. Januar 2007 in Wittenberg einen Zukunftskongress. Vertreter der Kirchenleitungen aller Gliedkirchen werden auf diesem Kongress gemeinsam mit Vertretern von Reformprozessen in vielen kirchlichen Handlungsbereichen den gemeinsamen Weg der evangelischen Kirche ins 21. Jahrhundert diskutieren. In Foren zu den zwölf in diesem Text vorgestellten Leuchtfeuern wird die Diskussion zu den zentralen Themen kirchlicher Veränderung weiter entwickelt. Die Ergebnisse dieses Zukunftskongresses in Wittenberg werden aufgearbeitet und für die Weiterarbeit verfügbar gemacht werden.

2. Mentalitätswandel und Reform-Charta

Doch der angestrebte Mentalitätswandel muss weitere Kreise ziehen und mehr Menschen in der evangelischen Kirche erreichen.

Der Orientierung in diesem Mentalitätswandel soll das Vorhaben „Kirche der Freiheit – Charta der evangelischen Kirche im 21. Jahrhundert“ dienen. Diese Charta soll – ähnlich wie die „Charta Oecumenica“ im Bereich der europäischen Ökumene – ein Angebot zur Selbstverpflichtung all derjenigen sein, die sich an diesem Reformprozess aktiv beteiligen wollen. In ihr soll zur Sprache kommen, was den Weg der evangelischen Kirche in die Zukunft an allen Orten und auf allen Ebenen prägt: Das Vertrauen auf Gottes Verheißung ermutigt dazu, den Auftrag der Kirche in der eigenen Zeit wahrzunehmen und die Qualität des institutionellen wie des persönlichen Wirkens zu verbessern. So stellt sich die Kirche unter den Auftrag, die Botschaft von Gottes Gnade und der durch sie geweckten Freiheit des Glaubens den Menschen nahe zu bringen. Die Arbeit an einer solchen Charta wird die Diskussion um die notwendigen Veränderungen in die Breite der evangelischen Kirche tragen.

3. Themenagenda und Jahresthemen der Reformdekade 2007 bis 2017

Der Rat der EKD schlägt vor, eine Agenda von Themen zu entwickeln, denen sich die Evangelische Kirche in den nächsten Jahren in besonderer Weise zuwenden wird. Das dient der Konzentration auf den Kern der reformatorischen Botschaft auf dem Weg zum Jahr des Reformationsjubiläums 2017. Es dient zugleich der Entwicklung von inhaltlichen Schwerpunkten, auf die jeder kirchliche Reformprozess bezogen bleiben muss. Und es trägt schließlich der Tatsache Rechnung, dass für viele Menschen, deren Kontakt zur evangelischen Kirche in hohem Maß durch die Medien vermittelt ist, eine thematische Schwerpunktbildung die Erkennbarkeit der Kirche deutlich erleichtert.

An dieser Zielsetzung orientiert sich die Formulierung von Jahresthemen, die von den Gliedkirchen gemeinsam unterstützt und öffentlich vertreten werden. Im Blick auf den fünfhundertsten Jahrestag der Reformation soll eine solche Themenplanung die Reformdekade 2007 bis 2017 umfassen. Der Zukunftskongress bildet dazu den Auftakt; deshalb findet er in Wittenberg statt. Die Jahresthemen sollten sich an dem orientieren, was das Profil der Evangelischen Kirche ausmacht und welche Botschaften sie in der Öffentlichkeit besonders darstellen will. Dafür könnte – nach dem Dekaden-Auftakt-Jahr 2007 – das vierfache Allein der Reformation einen Ansatzpunkt bilden: allein aus Glauben, allein die Schrift, allein aus Gnade, allein Jesus Christus (z. B. 2008: Glauben – Leben in Freiheit; 2009: Bibel – Wort der Freiheit usw.). Andere Ansatzpunkte liegen in der Orientierung an herausragenden Personen, die für ein bestimmtes Moment evangelischen Glaubens stehen (z. B. 2007: Paul Gerhardt, das evangelische Kirchenlied und die Bedeutung der Kirchenmusik; 2009: 500. Geburtstag Johannes Calvin), in der Hervorhebung bestimmter kirchlicher Handlungsfelder (z. B. Taufe und Kircheneintritt, Erhaltung und Zukunft von Kirchengebäuden u. a.) oder in der Beschäftigung mit aktuellen ethischen Themen. Es wird vorgeschlagen, für die Gestaltung des jeweiligen Rahmens gemeinsam finanzielle Mittel in Höhe von drei Millionen Euro bereitzustellen.

4. Sicherung und Steigerung der Qualität von Kernangeboten

Die Sicherung und Verbesserung der Qualität von kirchlichen Kernangeboten zu diskutieren, ist ebenso notwendig wie ungewohnt. Die Debatte darüber wird Kontroversen einschließen und neue Einsichten eröffnen. Schon die Frage, was zu den kirchlichen Kernangeboten gehört, ist umstritten. Die Qualität dieser Kernangebote fair zu bestimmen, ist ebenso schwierig wie die Beschreibung von Wegen zur Verbesserung dieser Qualität. Die Vorschläge, die in dem vorliegenden Text dazu gemacht werden, bedürfen der Prüfung und Weiterentwicklung.

Deshalb wird der Rat der EKD eine Diskussion zur Qualität kirchlichen Handelns zunächst im Blick auf die kirchlichen Amtshandlungen anstoßen. Taufe, Konfirmation, Trauung und Bestattung bilden für viele Menschen zentrale, biographisch verankerte Kontaktpunkte zur Kirche. Hier Stärken und Schwächen kirchlichen Handelns zu identifizieren, wird dabei helfen, die Botschaft von der Freiheit aus Glauben in ihnen noch kräftiger und strahlender zum

Leuchten zu bringen. Verschiedene Ansätze für eine Qualitätssteigerung bieten sich an. Zu ihnen gehört die Erarbeitung von verlässlichen Qualitätsstandards volkskirchlicher Kasualpraxis, die feste Installierung von wirksamer Visitation und kollegialer Beratung in der Praxis der Amtshandlungen, die Entwicklung von neuen Aus-, Fort- und Weiterbildungsangeboten in diesem Feld sowie die Entwicklung neuer Modelle für eine integrale Verbindung von Kasualpraxis und Gemeindeaufbau.

Diese vier Ansatzpunkte für eine konkrete Umsetzung des Reformprozesses tragen exemplarischen Charakter. Die weitere Diskussion wird zu prüfen haben, wie tragfähig und belastbar diese Vorschläge sind. Der Reformprozess in der evangelischen Kirche ist ein offener Prozess; alle Engagierten sind dazu eingeladen, eigene Vorschläge einzubringen. Es geht um einen neuen Aufbruch auf einem Weg, der zur Mitgestaltung und Mitwirkung einlädt. Wenn der Rat der EKD einen solchen Weg vorschlägt, geschieht das in der festen Zuversicht, dass die evangelische Kirche als Kirche der Freiheit auch in Zukunft „Botschafter an Christi Statt" sein wird, die alle Menschen bittet:
„Lasst euch versöhnen mit Gott!" (vgl. 2. Korinther 5,29).

Literaturhinweise

Arnoldshainer Konferenz (Hg.): Sein Licht leuchten lassen. Zur Erneuerung von Gemeinde und Pfarrerschaft. Ein Votum des Theologischen Ausschusses der Arnoldshainer Konferenz, Neukirchen-Vluyn 1989.

Douglass, Klaus: Die neue Reformation. 96 Thesen zur Zukunft der Kirche, Stuttgart 2001.

Drobinski, Matthias: Oh Gott, die Kirche. Versuche über das katholische Deutschland, Düsseldorf 2006.

Engelhardt, Klaus, von Löwenich, Hermann, Steinacker, Peter (Hg.): Fremde Heimat Kirche. Die dritte EKD-Erhebung über Kirchenmitgliedschaft, Gütersloh 1997.

Fechtner, Kristian: Kirche von Fall zu Fall. Kasualpraxis in der Gegenwart – eine Orientierung, Gütersloh 2003.

Herbst, Michael, Ohlemacher, Jörg, Zimmermann, Johannes (Hg.): Missionarische Perspektiven für eine Kirche der Zukunft, Neukirchen 2005.

Hermelink, Jan: Praktische Theologie der Kirchenmitgliedschaft. Interdisziplinäre Untersuchung zu Gestaltung kirchlicher Beteiligung, Göttingen 2000.

Herms, Eilert, Schweitzer, Friedrich (Hg.): Führen und Leiten im Pfarramt. Der Beitrag von Theologie und kirchlicher Lehre, Norderstedt 2002.

Huber, Wolfgang, Friedrich, Johannes, Steinacker, Peter (Hg.): Kirche in der Vielfalt der Lebensbezüge. Die vierte EKD-Erhebung über Kirchenmitgliedschaft, Gütersloh 2006.

Huber, Wolfgang: Kirche in der Zeitwende. Gesellschaftlicher Wandel und Erneuerung, Gütersloh 1998.

Institut für Wirtschafts- und Sozialethik (IWS): Antworten. Fragen. Perspektiven. Ein Arbeitsbuch zur Pastorinnen- und Pastorenbefragung der Evangelisch-Lutherischen Landeskirche Hannovers, im Auftrag von Kirchenamt und Pastorenausschuss der Evangelisch-Lutherischen Landeskirche Hannovers, Hannover 2005.

Karle, Isolde: Der Pfarrberuf als Profession. Eine Berufstheorie im Kontext der modernen Gesellschaft, Gütersloh 2001.

Kirchenamt des EKD (Hg.): Mitgliedschaftsprognose 2002 bis 2003. Hannover, Juli 2004.

Köcher, Renate: Die wachsende Anziehungskraft der Religionen. Wachsendes Interesse an Glaube und Kirche, FAZ 12.04.2006.

Lindner, Herbert: Kirche am Ort. Ein Entwicklungsprogramm für Ortsgemeinde, völlig überarb. Neuausgabe, Stuttgart u. a. 2000.

Perspektive Deutschland (Hg.): Projektbericht Perspektive Deutschland 2004/05. Die größte gesellschaftspolitische Online-Umfrage. Eine Initiative von McKinsey, stern, ZDF und AOL, Düsseldorf 2005.

Pohl-Patalong, Uta: Von der Ortskirche zu kirchlichen Orten. Ein Zukunftsmodell, Göttingen 2006.

Ratzmann, Wolfgang, Ziemer, Jürgen (Hg.): Kirche unter Veränderungsdruck. Wahrnehmungen und Perspektiven, Leipzig 2000.

Tetzlaff, Anna-Silja: Führung und Erfolg in Kirche und Gemeinde. Eine empirische Analyse in evangelischen Gemeinden, Gütersloh 2005.

Volz, Rainer: Massenhaft unbekannt – Kircheneintritte. Forschungsbericht über die Eintrittsstudie der Evangelischen Landeskirche in Baden, Kurzfassung: Michael Nüchtern, Karlsruhe 2005.

Perspektivkommission

Mitglieder der Perspektivkommission des Rates der EKD

Dr. Peter Barrenstein, München

Oberkirchenrat Thomas Begrich, Hannover (Geschäftsführung)

Landesbischof Jochen Bohl, Dresden

Bernhard Fischer-Appelt, Hamburg

Oberkirchenrat Dr. Thies Gundlach, Hannover (Geschäftsführung)

Bischof Dr. Wolfgang Huber, Berlin, Vorsitzender des Rates der EKD (Vorsitzender)

Prof. Dr. Renate Köcher, Allensbach

Oberkirchenrat Dr. Michael Nüchtern, Karlsruhe

Direktorin Margit Rupp, Stuttgart

Prof. Dr. Klaus Tanner, Halle

Direktorin Marlehn Thieme, Frankfurt

Präsident Dr. Eckhart von Vietinghoff, Hannover

Entfaltung

Einführung in das Impulspapier des Rates der EKD „Kirche der Freiheit“[1]

Perspektiven für die evangelische Kirche im 21. Jahrhundert

Thies Gundlach

I.

Sehr geehrte Damen und Herren, manche von Ihnen mögen die kleine biblische Geschichte von der Heilung des Blinden bei Jericho kennen. Sie steht bei Markus im 10. Kapitel, Verse 46–52, hat ihre Parallelerzählungen sowohl bei Matthäus als auch bei Lukas und ist eine jener wunderbaren kleinen Perlen in der Bibel, die von einem vorösterlichen Anhalt aus hineinerzählt worden sind in ein nachösterliches Licht. Es heißt dort:

> 46 Und sie kamen nach Jericho. Und als er aus Jericho wegging, er und seine Jünger und
> eine große Menge, da saß ein blinder Bettler am Wege, Bartimäus, der Sohn des Timäus.
> 47 Und als er hörte, dass es Jesus von Nazareth war, fing er an, zu schreien und zu sagen:
> Jesus, du Sohn Davids, erbarme dich meiner! 48 Und viele fuhren ihn an, er solle still-
> schweigen. Er aber schrie noch viel mehr: Du Sohn Davids, erbarme dich meiner! 49 Und
> Jesus blieb stehen und sprach: Ruft ihn her! Und sie riefen den Blinden und sprachen zu
> ihm: Sei getrost, steh auf! Er ruft dich! 50 Da warf er seinen Mantel von sich, sprang auf
> und kam zu Jesus. 51 Und Jesus antwortete und sprach zu ihm: Was willst du, dass ich für
> dich tun soll? Der Blinde sprach zu ihm: Rabbuni, dass ich sehend werde. 52 Jesus aber
> sprach zu ihm: Geh hin, dein Glaube hat dir geholfen. Und sogleich wurde er sehend und
> folgte ihm nach auf dem Wege.

In dieser Geschichte ist nach meiner Überzeugung alles drin, was man für das angemessenes Verstehen und Einordnen des Impulspapiers des Rates der Evangelischen Kirche in Deutschland braucht. Deswegen erlauben Sie mir, eine kleine biblische Betrachtung an den Anfang zu stellen:

Da ist zuerst Bartimäus, Timäus Sohn, abgeschnitten vom Leben, von der Lebendigkeit, am Wegesrand, neben der Spur, abgeschoben vom Leben, der Mainstream rauscht woanders; er ist blind, bettelnd, beiseite gepackt. Er hört von Jesus, diesem Sohn Davids, irgendwo in der Nähe muss er sein; und irgendwoher weiß Bartimäus, dass dieser ihm helfen kann. Woher? Vielleicht von anderen, von den Eltern, aus den Traditionen, aus verschütteter Erinnerung? Wie auch immer, Bartimäus hört eine Art Anruf, er hat Erinnerungssplitter im Herzen; modern würden wir vielleicht sagen, in ihm waren „Rest-

[1] Vortrag, gehalten am 28. September 2006 in der Martin-Luther-Gemeinde, Evangelischer Kirchenkreis Pankow

bestände eines kulturellen Gedächtnisses". Denn niemand fängt bei Null an, auch in Bartimäus glimmt ein Docht, der nicht zerknickt ist, eine Hoffnung, die über seine enttäuschenden Erfahrungen hinausgeht, auch Bartimäus hat ein Depot an Hoffnung, das ihn wissen lässt: Dieser eine Sohn Davids ist mehr als ein Kumpel oder ein Sozialarbeiter, mehr als ein Wertevermittler oder ein Moralist, dieser ist ein Heiler.

Die anderen, die Jünger, die Kerntruppe, die Hochverbundenen um Jesus herum reagieren so, wie Vertraute nun mal reagieren: Sie schließen die Reihen fester zusammen, sie werden abweisend, zurechtweisend, wegweisend. ‚Halt doch den Mund, Bartimäus, nimm dich nicht so wichtig, was willst du denn jetzt noch, lass den Mann doch in Ruhe!' Aber Bartimäus lässt sich so schnell nicht abweisen. Gegen äußere und innere Widerstände hält er an dem Ruf fest: Du Sohn Davids, erbarme dich meiner! Die äußeren Widerstände, die Zurückweisung der anderen kann viele Gestalten annehmen: Eingefahrenheit, Selbstzufriedenheit, Ingroupverhalten, Angst vor Neuem – es gibt viele Gründe, die Rufer von außen erst einmal abtropfen zu lassen. Aber fast noch schwerer sind die inneren Widerstände. Was muss Bartimäus in sich überwinden, um zu solch einem Rufen zu kommen? Wie viel innere Distanz hat er übersprungen, welche Berge von eigenem Zynismus und Täler von Skepsis musste er überwinden, bevor er laut rief: Erbarme dich meiner? Wie viel nüchterne Selbsteinsicht, realistische Selbsterkenntnis brauchte er, um sich nicht mehr zu scheuen, so zu rufen? Oder ist der geheimste und schwerste Widerstand gegenüber solch einem Flehen doch letztlich die Furcht, es könnte keine Antwort geben? Die Furcht, dass der Ruf nach Jesus, nach Heilung, nach Beachtung einfach verhallt in der Stille, dass das Schreien im Schweigen stecken bleibt, dass das Rufen zurückkehrt nur als einsames Echo, dass Christus, dass Gott mich gar nicht hört, auch wenn ich rufe – wie viele lässt diese untergründige Sorge gar nicht erst rufen?

In dieser Geschichte aber hört Jesus, er bleibt stehen, er lässt sich anhalten, lässt sich unterbrechen, er hat keinen Termindruck, keinen Tunnelblick, er hält inne, achtet auf das Geschrei. „Ruft ihn her", wendet er sich an seine Jünger. Und diese, beflissen wie sie nun einmal sind, wenden sich dem Bartimäus zu und bringen ihn gleich in die Rolle des Dankbaren: „Hast du ein Glück, Junge, er ruft dich!" Aber Bartimäus macht nun etwas, was in der Geschichte gar nicht vorbereitet ist; es heißt: „Da warf er seinen Mantel von sich, sprang auf und kam zu Jesus!" Von dem Mantel war bisher gar nicht die Rede. Was lässt Bartimäus hinter sich, wofür steht sein Mantel? Für sein altes Leben, für seinen alten Panzer, der ihn bisher beengt hat? Sind es alte Enttäuschungen, die sich um ihn abgelagert haben wie eine zweite Haut? Sind es alte Erfahrungen, die ihn festlegen auf blind, behindert, beiseite geschoben? Bartimäus jedenfalls springt auf, unverpackt, ungeschützt, unbelastet und kommt zu Jesus. Und dieser stellt nur jene eine Frage, von der wir wohl im Kern alle hoffen, sie einmal von Gott gestellt zu bekommen: „Was willst du, was ich dir tun soll?"

Bartimäus, was ist dein geheimster Wunsch? Was ist deine größte Sehnsucht? Wo willst du wirklich geheilt, nicht nur verändert werden? Wo ist die Mitte deiner Verletzungen, das Herzstück deines Kummers? Bartimäus, was willst du, das ich dir tun soll?"

„Rabbuni, dass ich wieder sehen kann." Dieses Sehen ist natürlich viel mehr als das Erkennen von Bäumen und Häusern. Dass ich wieder sehen kann die Wege, die mich tragen, dass ich die Richtung erkennen kann, die ich in meinem Leben einschlagen soll, dass ich den Glanz sehen kann, der mein Leben umgibt, dass ich nicht mehr im Dunkeln bleiben muss mit meinen verschatteten Augen, dass ich die sehen kann, die es gut mit mir meinen, und die, denen ich gut sein kann. In dieser einen Bitte des Bartimäus steckt alles, was der Glaube von Sinn und Orientierung, von Halt und Heilung, von Würde des Lebens und Glanz des Glaubens weiß.

Und Jesus hört zu, er macht gar nichts, er zaubert nicht, es geschehen keine Mirakel und Wunder, sondern es gibt eine Zusage, eine Befreiung wird festgestellt. „Geh hin, dein Glaube hat dir geholfen." Dein Glaube, deine Zuversicht, deine Herzenshoffnung, dein Mut, aufzuspringen, deine Kraft, alles Alte hinter dir zu lassen, deine Zuversicht, mir dies alles zuzutrauen – all dies hat dir geholfen. Deine Zuversicht auf Gott, dein Vertrauen in den Sohn Davids, dein Glaube hat dich befreit von Skepsis und Distanz, von Ironie und Zynismus, von Hoffnungslosigkeit und der Randexistenz. So wurde Bartimäus sehend und folgte jenem nach auf dem Wege.

II.

Sehr geehrte Damen und Herren, in dieser Geschichte ist alles drin, um das zentrale geistliche Anliegen des Impulspapiers des Rates der EKD zu verstehen. Denn auch Kirchen können mitunter Bartimäus heißen! Dem Papier geht es im Kern um einen geistlichen Vorgang, eine Umkehr, einen Neuaufbruch, eben um einen Mentalitätswechsel. Es geht um eine veränderte innere Haltung in unserer Kirche, um einen anderen Geist, der uns in der Kirche berührt, treibt, ausmacht und ausstrahlt. Mentalitätswechsel hat ja laut Bibel viel mit Umkehr und Veränderung, mit Buße und Aufbruch, mit Einsicht und Zuversicht zu tun. In diesem Sinne hat der im Impulspapier angesprochene Mentalitätswechsel mindestens drei Dimensionen, die sich auch als systematisch-theologische Auslegung der Bartimäus-Geschichte verstehen lassen. Es geht um einen Glauben, der eine Dimension der Gottesnähe, eine des Traditionswissens und eine des Selbstbewusstseins umschließt.

1. Am Anfang, in der Mitte und am Ende eines jeden Mentalitätswechsels steht ein Berührtsein von Gott im Glauben. Eine Ahnung davon, dass Gott ist, dass er das Geheimnis meines Lebens ist, ein Ergriffensein von dem,

was mich unbedingt angeht (Paul Tillich), ein Wiederentdecken der Fragen nach Sinn und Halt, nach dem, woran unser Herz auch in der Kirche wirklich hängt (Martin Luther), all dies ist der Anfang. In unserer Geschichte hatte Bartimäus eine solche Ahnung, eine solche Sehnsucht nach der Mitte des Lebens; mit Max Weber könnte man sagen: Bartmäus war ein religiös-musikalischer Mensch. Das sind nicht alle, aber doch viel mehr, als wir denken. Am Anfang steht diese offene Sehnsucht nach Gott, diese Sehnsucht nach der Mitte des Lebens, nach dem Kern meiner Berufung, meiner Aufgabe in diesem Leben.

2. Aber diese noch offene Sehnsucht fängt nicht bei Null an. Niemand erfindet das Rad neu, die Sehnsucht nach Gott hat Geschwister, vor mir, neben mir, nach mir. Mit meiner Sehnsucht, meinen Fragen stehe ich auf den Schultern der Väter und Mütter, die auch gesucht, gefragt, gesehnt und dann gefunden haben. Auch Bartimäus bleibt Kind seiner Zeit, er ruft in der Sprache seiner Zeit, der des klassischen Judentums: du Sohn Davids. Auch er leiht sich eine Traditionssprache für seine Sehnsucht.

Diese Einkehr in die geistlichen Wissensbestände der Väter und Mütter des Glaubens ist in unserer Generation oftmals nicht sehr beliebt. Haben wir doch oft gelernt, dass dogmatische Bestimmungen und theologische Festlegungen der Väter und Mütter fern und fremd sind, oft Ballast, unverständliches Zeugs, ungenießbar für Leben und Alltag. Aber ich gestehe ehrlich: Je älter ich werde, umso skeptischer ist mein Blick auf diese theologische Distanzierung. Auch wenn es ein wenig pessimistisch klingen mag: Ich glaube, dass wir in einer Generation leben, die zu viel abgebaut und reduziert und aufgegeben hat an klassischen theologischen Bestimmungen, dass wir aber auf der anderen Seite (noch) nicht die Kraft gefunden haben, wirklich tragende neue geistliche Dimensionen zu erschließen. Wir sind keine Generation der religiösen Giganten, die neue Tiefen entdecken und neue geistliche Wege freilegen. Ich glaube deswegen, dass es ein Schritt zur Heilung und zur Mitte unseres Auftrages ist, wenn wir die Traditionen, die Glaubensbekenntnisse und dogmatischen Aussagen wieder stärker das sein lassen, was sie sein wollen: Wege und Steige im geistlichen Gelände, Geländer auf dem Wege in die Tiefe des Glaubens, Hinweise auf die Säulen des Sinnes. Oder, wie der berühmte Theologe Karl Barth gesagt hat: „Dogmatische Bestimmungen sind Antworten, zu denen es die richtigen Fragen zu finden gilt."

Ich will das an einem Beispiel deutlich machen, das mir besonders vor Augen getreten ist, weil wir im Zusammenhang mit dem Impulspapier „Kirche der Freiheit" kritische Anfragen bekommen haben, ob der Titel überhaupt berechtigt sei. Man wird keine Verwunderung auslösen mit der Feststellung, dass eine Kirche der Freiheit wesentlich im Glauben an die befreiende Kraft des Evangeliums gründet. Die *iustificatio impii* (Römer 4,5), die Rechtfertigung nicht des frommen Menschen, sondern des Gottlosen, dieser Glaube ist der

Schritt ins Freie, heraus aus den Gefangenheiten des Lebens hin zu der Weite des Gottesglaubens. Was aber meint diese Befreiung? Wir haben uns angewöhnt, diese Rechtfertigung vom „lieben Gott" herzuleiten, von dem Gott also, der unendlich barmherzig ist und allen Sündern ihre Sünde vergibt. So richtig das ist, wenn man sich einmal an der Tradition orientiert und vor Augen führen lässt, was die Väter und Mütter alles mit der Rechtfertigung des Gottlosen verbanden, dann kann man nur staunen über den Reichtum, über die Vielfalt, über die Differenziertheit und seelische Präzision der Bestimmungen. Damals gehörte zur Befreiung im Glauben zuerst die *vocatio*, die Berufung, das Herausrufen aus einem beliebigen Lebenslauf, so wie Bartimäus herausgerufen wird aus seinem Bettlerdasein. Zur Befreiung im Glauben gehörte die *illuminatio*, die Erleuchtung, das Einsehen von Zusammenhängen, das Erkennen eines geistlich roten Fadens im eigenen Leben. Plötzlich „leuchtet etwas wieder ein", das hat mit Helligkeit und Erkenntnis zu tun, mit Wahrheitseinsicht und Gottesahnung. Bartimäus konnte am Ende jenem einen auf dem Wege folgen! Zur Befreiung im Glauben gehörte dann die *conversio*, die Umkehr, das Andersmachen als bisher, das Nicht-mehr-festgelegt-Sein auf das bisherige Bettlerdasein am Rande des Lebens. Aufspringen, Altes verlassen, Verändern und Neuanfangen gehört mitten ins Diesseits. Dann wussten die Alten von der *regeneratio* zu erzählen, von der Wiedergeburt, von dem Neuwerden im geistlichen Leben, hinein in ein Leben, das plötzlich wieder beten kann, das plötzlich das Wort Gottes wieder sucht, das die Psalmen zum Schwingen und die Bibeltexte zum Klingen bringt. Eine Wiedergeburt hinein in ein – im besten Sinne des Wortes – „frommes Leben", das im Kern ein Leben vor und mit Gott ist. Es folgte bei den Alten die *iustificatio*, die Rechtfertigung vor Gott, ausgelegt als eine Glaubenszuversicht, die frei ist von Angst, frei von der Angst, dass am Ende des Lebens oder schon in diesem Leben Gott uns straft durch Krankheit und Krisen, durch eine Hölle auf Erden. Es folgten bei den Alten noch Ausführungen zur *renovatio*, zur Erneuerung des Lebenswandels und dann – gleichsam als Höhepunkt und Zielpunkt – diese wunderbare Glaubensdimension der *unio mystica*, ein Ankommen bei Gott, ein Ausatmen und Aufatmen in seinem Licht, ein punktuelles Eintreten in seine Gegenwart. Ein Sabbat der Seele, die Heimat findet im Staunen über Gottes Güte, ein Innehalten vor Gottes Geheimnis und eine untrügliche Ahnung davon, dass das Leben größer, heller, heiler ist als ich es selbst jemals machen könnte. Die *unio mystica* leuchtet auf manchmal in der Musik, manchmal in der Stille, manchmal im Gebet, manchmal im Zuhören. Unser Leben hat nicht oft diese Versenkungsdimension, dazu sind wir zu laut, zu hektisch, zu beschäftigt, aber jeder von uns mag das kennen: für einen kurzen Moment herausgehoben sein aus dem Getrommel und Getrappel des Alltags, hineingezogen in eine Dimension des Lebens, die von Gottes Gegenwart geprägt ist.

Alle diese Bestimmungen der Alten zu dem zentralen reformatorischen Stichwort der Befreiung des Menschen im Glauben spiegeln einen Reichtum, eine Vielfalt, eine geistliche und anthropologische Tiefe, die wir heute manchmal nur sehnsüchtig anschauen können. Natürlich ist es nicht sinnvoll, diese Bestimmungen einfach zu rezitieren, aber an ihnen sich zu orientieren und zu wachsen in der eigenen Verkündigung, das wäre doch etwas. Allerdings habe ich manchmal den Eindruck, dass wir heute in unseren Predigten, Auslegungen, Andachten und spirituellen Aussagen inhaltlich oft viel weniger sagen als wir könnten. Es gibt viel zu entdecken in den Schätzen der eigenen Tradition, denn ich könnte diesen Reichtum problemlos entfalten auch im Blick auf andere dogmatischen Traditionen. Zum Beispiel reden wir heute durchweg vom „lieben Gott", aber viele andere Gottesattribute – von seiner Macht bis zu seiner Verborgenheit – sind uns unterwegs verloren gegangen. Manchmal habe ich die Sorge, dass wir mit der berechtigten Sehnsucht nach Verständlichkeit eine solche Elementarisierung des Glaubens vorgenommen haben, dass am Ende nur noch „kleine, leichtverdauliche Häppchen" übrig bleiben.

3. Ich glaube, und damit bin ich beim dritten Punkt, dass genau dieser etwas reduzierende Umgang mit den eigenen Schätzen der Tradition zu einem mangelnden Selbstbewusstsein führt. Haben wir deswegen einen verunsicherten Pfarrerstand, einen nicht weniger verunsicherten Laienstand und oftmals das Phänomen einer geistlichen Erschöpfung gerade bei den Engagiertesten? Und flüchten deswegen nicht viele in eine Rede über Moral und Engagement, über Politik und Ethik, um wenigstens etwas lebensnah und alltagstauglich zu wirken? Haben wir – wenn man es etwas pointiert sagen will – die Traditionen so weit geschliffen und mundgerecht gemacht, dass wir am Ende erstaunt feststellen: Davon kann man ja gar nicht satt werden? Mangelndes Traditionsbewusstsein führt jedenfalls zu mangelndem geistlichen Selbstbewusstsein; dabei gehört zum Selbstbewusstsein evangelischer Geistlicher, dass wir in einer Mischung aus Würde und Weisheit, aus Traditionsbewusstsein und geistlicher Reife auf die Menschen zugehen. Zu einem evangelischen Selbstbewusstsein gehört ein Wissen um die spirituelle Kraft und den geistlichen Glanz, der in unseren Traditionen schlummert. Und wer dieses geistliche Selbstbewusstsein entwickelt, der braucht nicht neidisch auf die römisch-katholischen Geschwister zu schauen, auch nicht auf die Beweglichkeit der jungen Freikirchen oder die neuesten religiösen Bedürfnisse von Wellness bis Meditationen, sondern kann in den eigenen Traditionen starke, heilende, tragfähige Dimensionen finden und zum Leuchten bringen.

Diese geistliche Stärkung des Selbstbewusstseins ist deswegen nach meiner Überzeugung das Schlüsselziel des Impulspapiers des Rates der EKD, das mit dem Begriff Mentalitätswechsel avisiert wird. Bei allen Zielen und Ansprüchen, bei allen Forderungen und Verabredungen: letztlich sind es alles Versuche, eine kommende Generation auszustatten mit diesem geistlichen Dreiklang von Gottessehnsucht, Traditionswissen und Selbstbewusstsein, das uns aufrecht in die Veränderungen der Zeit und der Kirche hineingehen lässt. Das Impulspapier hat deswegen nicht zufällig die vier wesentlichen biblischen Grundsätze zum Mentalitätswechsel gleich aufgenommen: einmal im Vorwort und einmal in der Mitte der Argumentation, denn hier ist sozusagen das geistliche Scharnier des ganzen Textes festgehalten. Ich zitiere:

„Die folgenden vier biblisch geprägten Grundannahmen sind für die hier vorgelegten Überlegungen leitend:
a) geistliche Profilierung statt undeutlicher Aktivität
b) Schwerpunktsetzung statt Vollständigkeit
c) Beweglichkeit in den Formen statt Klammern an den Strukturen
d) Außenorientierung statt Selbstgenügsamkeit."

Es liegt nun allerdings auf der Hand, dass dieses gestärkte geistliche Selbstbewusstsein, diese aus den eigenen Quellen schöpfende evangelische Profilierung niemandem zur Verfügung steht. Keiner hat den Schlüssel zum Herzen der Menschen, weder der Glaube noch das Selbstbewusstsein lassen sich machen, herstellen oder erzwingen. Deswegen unternimmt das Impulspapier des Rates auch an keiner Stelle den Versuch, dieses neue geistliche Profil zu definieren und festzulegen. Das ist uns mitunter als theologische Schwäche des Papiers ausgelegt worden, aber das Gegenteil ist der Fall: Das Impulspapier weiß um die Grenzen des Machbaren und vergreift sich deswegen nicht an der unableitbaren Freiheit des Geistes. Umgekehrt wird ein Schuh daraus:

Das Impulspapier unternimmt den Versuch, die Situation des Bartimäus am Wegesrand zu beschreiben, den alten Mantel zu benennen, der ihn belastet, und den Weg zu beschreiben, auf dem er zu Jesus läuft. Das Impulspapier des Rates darf daher weder überfordert noch überschätzt werden, es ist eine Anregung und ein Diskussionsbeitrag zur geistlichen Profilverstärkung, indem es die äußeren Bedingungen der heutigen Verkündigung überprüft, nicht indem es die Verkündigung festschreibt. Das Papier bleibt in gewisser Weise im Vorhof des geistlichen Mentalitätswechsels stehen. Im Idealfall macht sich das Impulspaper dadurch im Laufe der Diskussion überflüssig, weil es anregt zur Konzentration auf die geistliche Dimension unserer evangelischen Kirche, ohne diese selbst zentral festlegen zu wollen. Die Freiheit der Verkündigung, die Unableitbarkeit des Wirkens des Geistes ist so gewahrt. Es gehört zum guten protestantischen Geist der Freiheit, dass diese Impulse in einen breiten Diskussion- und Reformprozess einmünden, der nichts von oben nach unten durchstellen will, der aber nach dem Grundsatz „government by discussion" versucht, jeden Einzelnen an seinem Ort und in seiner Aufgabe anzuregen, sich den zentralen Fragen eines Mentalitätswechsels zu stellen: Bin ich geistlich, spirituell dicht dran an der Tradition und den Menschen? Erreicht meine Verkündigung diejenigen, die ich erreichen möchte? Gehe ich gut mit den

Wissensbeständen unserer Tradition um? Bin ich als evangelisch erkennbar? Wie fair gehe ich mit dem Auftrag der Gesamtkirche um? Alle diese Fragen stellt das Impulspapier im Blick auf die geistliche Situation unserer Kirche, und all die Anregungen zu den äußeren Strukturen sind nur Hilfsmittel auf dem Weg, diese Fragen verantwortlich zu entscheiden.

III.

Das Impulspapier enthält deswegen drei Ebenen der Reflexion: Die 1. Ebene sind ekklesiologische Überlegungen zur „Kirche der Freiheit". Es gehört zum evangelischen Selbstverständnis, dass die Kirche nicht an sich unantastbar ist, sondern vor der Aufgabe steht, sich in ihren Strukturen, Handlungsmustern und Kräften an der Aufgabe zu orientieren, die ihr aufgegeben ist. Die Strukturen der evangelischen Kirche in ihrer Ausrichtung auf Verkündigung, Seelsorge, Diakonie und Bildung dürfen und müssen verändert werden, wenn sie nicht mehr auftragsgemäß funktionieren. Solch eine Veränderung der Kirche muss zwar nicht leichtfüßig und ohne Folgenabschätzung geschehen, aber es gibt eben auch keinen theologischen Grund, die jetzigen Strukturen festzuschreiben und sie für die einzig richtigen zu halten. Ein Blick in die Geschichte der Parochie kann uns z.B. davor warnen, heutige Versammlungsformen um Wort und Sakrament für allein selig machend zu halten. Historische Kenntnisse sichern die Einsicht, wie flexibel, wie vielfältig und wie unterschiedlich evangelische Verkündigung schon organisiert worden ist im Laufe ihrer Geschichte.

Der 2. Reflexionsbogen besteht in der Nüchternheit der Situationsanalyse. Das Impulspapier des Rates versucht, in einem Doppelschritt diese Nüchternheit an den Tag zu legen. Da wird zuerst von den neuen Chancen und Herausforderungen gesprochen, die sich in der Gegenwartssituation im Rahmen des allgemeinen gesellschaftlichen Umbruches erkennbar machen. Natürlich ist die Einschätzung eines „Megatrends der Respiritualisierung" oder einer „Wiederkehr der Religionen" auch eine umstrittene These, aber sie sichert eine chancenorientierte Ausrichtung des kirchlichen Veränderungsprozesses. Zugleich werden ebenso nüchtern acht der wichtigsten zukünftigen Herausforderungen genannt, vor denen die evangelische Kirche steht. Im Grunde genommen ist die Leitthese dahinter der Grundsatz: Jede Herausforderung ist eine Chance, jede Chance ist eine Herausforderung. Der Blick auf die Demographie, auf die Finanzentwicklung, auf die Strukturfragen, auf die kirchlichen Amtshandlungen usw. macht transparent, wo wir stehen und was passiert, wenn nichts passiert; und erst diese Einsicht lässt realistische Chancen erkennbar werden.

Zur Fairness der Situationsanalyse gehört sodann auch das Wissen, dass das Rad der Veränderung keinesfalls vom Impulspapier neu erfunden wird, sondern dass weite Strecken der Überlegungen aufgenommen sind aus den

Landeskirchen und einzelnen kirchlichen Arbeitszweigen, die spätestens seit Mitte der 90er Jahre immer wieder neue Versuche und Unternehmungen starten, die veränderte Situation durch neue, intelligente Formen zu bewältigen. Das Impulspapier des Rates beansprucht keine Originalität, wohl aber eine zusammenfassende Verdichtung und Weiterführung der bisherigen Reformüberlegungen in der evangelischen Kirche. Dabei ist auch deutlich geworden, dass der deutsche Protestantismus trotz seiner Vielfalt und seiner strukturellen Unübersichtlichkeit auf die Herausforderungen der Zukunft im Kern in vergleichbarer Weise reagiert. Der Protestantismus reagiert keinesfalls kopflos auf die Herausforderungen, sondern quer durch Deutschland, im Osten und im Westen, im Norden und im Süden nach fünf Grundsätzen, die sich generell so beschreiben lassen: Organisation verbessern, Kernkompetenzen definieren, Mission verstärken, Stärken entdecken und Lernen vom wirtschaftlichen Denken. Und es ist ein ermutigendes Zeichen, dass der Protestantismus so vergleichbar reagiert.

Die 3. Reflexionsebene des Impulspapiers sind die zwölf Leuchtfeuer, das Herzstück des Ganzen. Dabei sind die Leuchtfeuer kein Masterplan für alle denkbaren Entwicklungen, sondern eher Landschaftsbeschreibungen, in die hinein sich die evangelische Kirche entwickeln sollte. Hier wird kein fertiger Schlachtplan vorgelegt, der dann nur noch umzusetzen ist, sondern es werden Perspektiven eröffnet, die in den unterschiedlichen Regionen Deutschlands auch ganz unterschiedlich angesteuert werden können. Das zeigt sich auch darin, dass die zwölf Leuchtfeuer keineswegs alle Themen abdecken, die zen-tral für die evangelische Kirche des Jahres 2030 sein werden. Es fehlt z.B. die Reflexion der Ökumene und ihre Bedeutung für das Selbstverständnis der evangelischen Kirche. Es fehlt vielleicht ein eigenes Leuchtfeuer zum Thema Gerechtigkeitshandeln und Anwaltschaft. Es fehlt vielleicht ein Leuchtfeuer zur wissenschaftlichen Theologie und ihrer Bedeutung für die verfasste Kirche. Es gibt eine ganze Reihe von Themen, die mit gutem Grund hätten in die Leuchtfeuer aufgenommen werden können, die aber auch den Verdacht gestärkt hätten, der Rat der EKD entwickele eine Art Rasterplan, der für alles und jedes eine Antwort bereithält.

Das Impulspapier des Rates konzentriert sich auf vier Handlungsfelder, von denen er überzeugt ist, dass sie für den Mentalitätswechsel entscheidende Bedeutung haben. Zuerst die Leuchtfeuer 1–3 mit der Frage nach der Qualität in den kirchlichen Kernangeboten, die Leuchtfeuer 4–6 mit der Frage nach der inneren Haltung der kirchlichen Mitarbeitenden, die Leuchtfeuer 7–9 mit der Frage nach dem kirchlichen Handeln in der Welt und die Leuchtfeuer 10–12 mit der Frage nach der kirchlichen Selbstorganisation. Es ist eine Verzeichnung in der öffentlichen Debatte, wenn es ausschließlich um die Föderalismusfrage in der 11. These geht, also um die zukünftige Zahl der Landeskirchen. So wichtig diese Frage ist, sie ist eine von zwölf und nicht die einzige. Im Gegenteil: Nach meiner Wahrnehmung ist der eigentliche hoch explosive

Punkt das 1. Leuchtfeuer, nämlich die Frage nach der Qualität kirchlicher Kernvollzüge. Das ist eine außerordentlich schwierige Frage, weil diese Qualitätsfrage sich nicht auf die Theologie der Verkündigung bezieht, nicht auf die spirituelle oder geistliche Dimension, denn darin muss und soll der einzelne Pfarrer/die einzelne Pfarrerin frei bleiben und seinem Glauben und Gewissen folgen. Trotzdem ist es unerlässlich, nach vergleichbaren Qualitätsstandards in kirchlichen Kernvollzügen zu fragen. Das Impulspapier unterscheidet deswegen indirekt zwischen einer geistlichen Kernkompetenz, die niemand beurteilen, bestimmen oder festlegen kann, weil sie geistliche Freiheit braucht und verdient, und einer Sekundärkompetenz, die sich um diese Kernkompetenz herum lagert und die Atmosphäre und die Chancen der Verkündigung mitbestimmt. In diesem Sekundärkompetenzbereich geht es um ein „hohes Maß handwerklicher Sorgfalt" (W. Huber), die man durchaus kritisch prüfen und konstruktiv verändern kann. In diesem Sekundärbereich kann man noch einmal unterscheiden zwischen Senderkompetenz, die wir letztlich nur im internen Diskurs definieren können, weil sie darüber entscheidet, was neben der freien Verkündigung an unerlässlichen Absenderqualitäten einzuhalten ist, um die Erkennbarkeit und das Profil der evangelischen Kirche sichtbar zu machen. Daneben gibt es aber auch eine Empfängerkompetenz, die es wahrzunehmen gilt, indem man andersherum fragt und sich auf die Seite der Empfänger stellt. Was können die anderen wahrnehmen von der Verkündigung des Evangeliums, wie werden sie erreicht, wie sind sie angesprochen und wie nehmen sie die Aktivitäten der evangelischen Kirche wahr. Zur Wahrnehmung solcher Empfängerkompetenz gehören die Studien zum Milieu, zur Unterschiedlichkeit der verschiedenen Zielgruppen, zum Mitgliedschaftsverhalten, zu den Gründen für einen Wiedereintritt usw. – alles Fragen, die wir nicht aus uns selbst und intern klären können, sondern die es in einem sorgsamen und genauen Hören auf die Empfänger zu erfassen gilt. Diese Sekundärkompetenzen zu stärken und sie ohne Verlust von Glaubwürdigkeit im Kernkompetenzbereich zu berücksichtigen, dies gilt es unter dem Stichwort des 1. Leuchtfeuers von den vergleichbaren Qualitätsstandards intensiv zu diskutieren und weiterzuentwickeln. Wie explosiv dieses Thema aber ist, zeigen zwei kleine Beispiele:

Ich habe im Frühjahr dieses Jahres eine Taufe in München durchgeführt, weil dort die Regel herrscht, dass in einer Gemeinde, die etwa 8.000 Gemeindeglieder und drei Pastorenstellen hat, grundsätzlich nur an einem Sonntag im Monat getauft wird, und zwar von dem Pastor, der an diesem Taufsonntag dran ist, so dass im Schnitt 8–12 Taufen an diesem Sonntag stattfinden. Eine Analyse der Sekundärqualitäten dieser Regel mit Blick auf die Sender- und Empfängerqualität dürfte ein relativ bestürzendes Ergebnis zeigen.

Ein zweites Beispiel: Die Trauung eines Paares, das sich außerhalb seines ersten Wohnsitzes trauen lassen wollte, scheiterte daran, dass der Wohnsitzpastor sich weigerte, außerhalb seiner Parochie Trauungen zu vollziehen, und der Pastor, in dessen Parochie der erwünschte Trauungsort lag, sich weigerte, eine Trauung bei Kirchenmitgliedern vorzunehmen, die nicht zu seiner Gemeinde gehören. Auch hier wäre die Analyse der Sekundärqualität zweifellos niederschmetternd. Wenn wir unser kirchliches Handeln unter diesen Gesichtspunkten einmal überprüfen würden, könnten wir wohl zu erheblichen Verbesserungen kommen, ohne dass nur der geringste Einfluss auf die Art und Weise der Verkündigung genommen würde.

Ein zweiter wichtiger Punkt ist im 2. Leuchtfeuer formuliert, nämlich die Weiterentwicklung der Parochie zu einem spezifizierten Gemeindeangebot. Profilgemeinden, Richtungsgemeinden, Citykirchengemeinden, Regional- oder Leuchtturmgemeinden, die Stichworte sind uns allen bekannt. Sie sind keinesfalls in jeder Gegend und in jedem Bereich gleich sinnvoll unterzubringen, und trotzdem geht es hier auch um eine Qualitätsanalyse der Gemeindeangebote, die wir im Blick auf die Menschen, die wir erreichen wollen, neu überdenken müssen. Wohnortgemeinden als Grundform, die als solche auch bleiben soll, müssen zunehmend wahrnehmen, dass sie bestimmte Milieus, Gruppen und auch Altersjahrgänge mit ihren Angeboten kaum noch erreichen können. Es gibt das berühmte Stichwort der Milieuverengung der Parochien, die nicht überall gleich stark und keinesfalls überall bereits ein Problem ist, die auf Dauer aber in den Blick genommen werden muss, weil die Menschen, die wir erreichen wollen, wählerischer geworden sind, flexibler, weniger ortsgebunden, weil wir mit unseren klassischen Parochieangeboten diese zunehmende Zahl von „flexiblen Menschen" (R. Senett) nicht mehr erreichen. Manchmal erinnert mich unser Kampf um die Bedeutung der Parochien an den Verkauf von Fax-Geräten: die Fax-Geräte werden liebevoll gewartet, ordentlich ausgestattet, in verschiedenen Farben und Formen angeboten, aber es werden all die Menschen nicht mehr erreicht, die per E-Mail kommunizieren. Dabei ist der springende Punkt: Mit dem Wechsel vom Fax zur E-Mail ist eine Reduzierung der Kommunikation gar nicht verbunden. Deswegen geht es in dem Impulspapier um eine Weiterentwicklung der Parochien zu profilierten Gemeindekirchen, von dort zu Profilkirchen im Ensemble einer Region usw. Und man wird nüchtern sagen müssen: Diese Entwicklungen können wir heute noch gestalten, bald aber – und in einigen Regionen im Nordosten Deutschlands ist es schon so weit – können wir nur noch den Mangel verwalten.

Lassen Sie mich noch zwei andere wichtige Leuchtfeuer besonders nennen: Pastor bzw. Pfarrer sind der Schlüsselberuf der evangelischen Kirche. Dieser Satz ist kirchenintern ungleich umstrittener als von außen. Jede gesellschaftliche Analyse von Respekt und Achtung der verschiedenen Berufsgruppen lässt die Pastorinnen und Pastoren immer in der obersten Gruppe der respektvollen Berufe landen, einmal hinter, einmal vor Ärzten. Aber diese Perspektive auf den Schlüsselberuf Pfarrer ist aufgenommen nicht aus Proporzgründen der unterschiedlichen Berufsgruppen, sondern im Blick auf die theologische

Reflexion, was das evangelische Profil in besonderer Weise kennzeichnen und stärken kann. Neben der Kirchenmusik sind es die Seelsorger, die ordinierten Pastorinnen und Pastoren, die auch in Zukunft gleichsam das Erkennungszeichen der evangelischen Kirche sein sollen. Andererseits ist diese Schlüsselrolle Pastorin/Pastor kein Freibrief für die so schnell und oft befürchtete „Pastorenkirche". Die Erwartungen an die Pastorinnen und Pastoren im Blick auf ihre Fortbildung, auf ihre Einsatzflexibilität, auf ihre seelsorgerlichen Kompetenzen, auf ihre geistliche Verkündigungsarbeit werden eher höher als niedriger. Aus-, Fort- und Weiterbildung als lebenslanges Lernen wird eine Grunderwartung an pastorale Biographien werden. Zweifellos gehört zu dem neuen Bild des Pastors auch eine höhere Gesamtverantwortung für das Umfeld der je eigenen Gemeinde bzw. des Quartiers. Es darf nicht ausschließlich nur die eigene Gemeinde in den Blick genommen, sondern es muss ein Gesamtverantwortungsbewusstsein für die evangelische Kirche in der Region entwickelt werden. Flexibilität, Veränderungsbereitschaft, Einsatzfreude, Aufmerksamkeit für die anderen – alle diese Sekundärqualitäten eines modernen Berufslebens sollten viel stärker auch für uns gelten. Dies auch deswegen, weil nur so hochqualifizierte leitende geistliche Mitarbeiterinnen und Mitarbeiter fähig sein werden, ehrenamtliches Engagement auch auf geistlichem Feld zu fördern.

Einen letzten wichtigen Punkt will ich andeuten: Natürlich hat die Frage nach der Zahl der Gliedkirchen eine nicht geringe Rolle in der Rezeption des Papiers gespielt. Sie ist im Rahmen der Zusammenlegungen, Fusionen, Kooperationen, die auf Gemeinde- und Kirchenkreisebene seit einigen Jahren selbstverständlich vonstatten gehen, auch eine Selbstverständlichkeit. Es ist ja wenig plausibel, dass wir an der Basis zusammenlegen und verschmelzen, während sich auf der landeskirchlichen Ebene nichts regt. Gleichwohl ist die Zusammenlegung von Landeskirchen kein Selbstzweck, kein Allheilmittel, die Verkündigung des Evangeliums wird dadurch nicht automatisch besser. Im Kern geht es bei dieser Föderalismusdebatte um die Frage, was eigentlich eine Landeskirche ausmacht, was sie für die Verkündigung vor Ort leisten und was sie vorhalten können muss, damit die Mitarbeitenden die Gewissheit haben, ihre Landeskirche gibt ihnen genügend Unterstützung und Fortbildung, Flexibilität und Anregungen, um den Aufgaben gerecht zu werden. Eine Landeskirche, die kaum noch sog. Overhead-Einrichtungen vorhalten kann, erscheint mir als Landeskirche jedenfalls nicht mehr zwingend begründbar zu sein. Dies besonders auch dann, wenn das von kleinen kirchlichen Einheiten am häufigsten bemühte Argument gar nicht so stabil ist. Immer wieder wird von kleinen Einheiten (Gemeinden, Kirchenkreise, Landeskirchen) behauptet, dass kleinere Einheiten eine höhere Bindungskraft entwickelten. Das ist aber mit Zahlen kaum zu belegen: Denn die Zahlen im Blick auf Mitgliederstabilität, Amtshandlungshäufigkeit und Vertrauen in der Kirche hängen nicht zuerst an der Größe der Landeskirche, sondern an den regionalen Rahmenbedingungen. Eine ländliche Landeskirche wie Schaumburg-Lippe hat durchaus vergleichbare

Zahlenwerte wie eine ländliche Superintendentur in der rheinischen Kirche. Natürlich sind die Durchschnittszahlen einer großen Landeskirche im Schnitt schlechter, weil sie in der Regel auch viele Städte umfasst; aber dann vergleicht man Äpfel mit Birnen. Deswegen wird die kritische Frage nach der zukünftig sinnvollen Größe einer Landeskirche wichtig, auch wenn sie natürlich nicht übermorgen gelöst sein wird.

Das Impulspapier des Rates der EKD ist der Versuch, die äußeren Rahmenbedingungen für eine gestärkte, selbstbewusste geistliche Verkündigung des Evangeliums in der evangelischen Kirche zu verbessern. Es ist kein Masterplan und kein theologischer Gesamtentwurf, es ist eine Anregung zur Diskussion. Zu hoffen ist, dass mit dem avisierten Zukunftskongress in Wittenberg im Januar 2007 der Mentalitätswechsel, der letztlich allein zu einem geistlichen Aufbruch in der evangelischen Kirche führen kann, fortgesetzt wird, damit wir im Idealfall im Jahre 2017 beim Reformationsgedächtnis gemeinsam in ein Danklied vor Gott darüber einstimmen können, dass er uns gerufen hat, dass wir haben aufspringen können, dass wir die alten Mäntel zurückgelassen haben und dass wir je auf unsere eigene Weise jene eine geistliche Sehnsucht ins Zentrum stellen konnten, die der blinde Bartimäus so formuliert: Rabbuni, dass ich wieder sehen kann!

Kann, will und darf die Kirche steuern?[1]

Thomas Begrich

Wer einmal das Glück hatte, den See Genezareth zu erleben, wie er sich still und ruhig vor den Augen ausbreitet, kann kaum ermessen, was für heftige Stürme auf ihm toben können. In der Bibel (Lukas 6,22–25) ist die Geschichte der Sturmstillung überliefert. Jesus schläft, während der Sturm über den See rast und seine Jünger vor Angst nicht wissen, was sie tun sollen. Ein Bild vom Leiten in der Kirche.

Dieser Vortrag spricht vom Steuern – dabei will ich Steuern und Leiten hier gern als synonyme Begriffe benutzen, auch wenn es interessant wäre, über Differenzierungen nachzudenken.

I. Steuern – was ist das?

Der Frage nachgehend, was das Steuern eigentlich ist, bieten sich in den verschiedenen Bereichen der Wissenschaft unterschiedliche Antworten an. In der Systemtheorie wird von einer gerichteten Beeinflussung des Verhaltens eines Systems von *außen* ausgegangen. In der Soziologie ist Steuerung eine verdeckt gezielte Einflussnahme – also eine Manipulation! Freundlicher klingt es dann in der Steuerungstechnik: In diesem Bereich ist von der Beeinflussung technologischer Prozesse nach einem vorgegebenen Plan die Rede. Und uns ganz vertraut ist das Steuern von Fahrzeugen, dort schlicht die Lenkung zur Beeinflussung der Fahrtrichtung. Diese letzten beiden Definitionen möchte ich gern aufgreifen und für die Aufgabenstellung dieses Vortrages „Steuern" als „Einhalten eines Kurses auf der Grundlage eines vorgegebenen Zieles" definieren. Das mag etwas verwundern, vielleicht meinte die Fragestellung ja „darf, kann und will die Kirche Ziele setzen"?

II. Steuern – wohin?

Nun kann man in der Kirche über solche grundlegenden Dinge nicht reden, wenn man nicht theologisch von ihnen redet. Die Frage nach Ziel und Auf-

[1] Hannover, im Januar 2007; als Vortrag gehalten während der Tagung Finanzmanagement IX der Evangelischen Akademie Bad Boll am 18. Januar 2008.

trag der Kirche zu stellen ist eine eminent theologische Frage und die Antwort darauf ist eigentlich erstaunlich einfach. Natürlich finden wir diese Antwort nirgendwo sonst als in der Schrift:

„Darum gehet hin und machet zu Jüngern alle Völker: Taufet sie auf den Namen des Vaters und des Sohnes und des Heiligen Geistes und lehret sie halten alles, was ich euch befohlen habe." (Matthäus 28,19–20).

Und wenn dies zu einfach, zu selbstverständlich oder zu allgemein erscheint, lohnt ein Blick in die Bekenntnisschriften unserer Kirche. So in die Bekenntnisschrift, die für uns seit ihrer Formulierung vor 70 Jahren eine außerordentliche und zunehmende Bedeutung erlangt hat: Die theologische Erklärung des Bekenntnisses zum Symbol Barmen. In diesem heißt es in der 6. These:

> Jesus Christus spricht:
> Siehe, ich bin bei euch alle Tage bis an der Welt Ende. (Matthäus 28,20)
> Gottes Wort ist nicht gebunden. (2. Timotheus 2,9)
> Der Auftrag der Kirche, in welchem ihre Freiheit gründet, besteht darin, an Christi Statt und also im Dienst seines eigenen Wortes und Werkes durch Predigt und Sakrament die Botschaft von der freien Gnade Gottes auszurichten an alles Volk.
> Wir verwerfen die falsche Lehre, als könne die Kirche in menschlicher Selbstherrlichkeit das Wort und Werk des Herrn in den Dienst irgendwelcher eigenmächtig gewählter Wünsche, Zwecke und Pläne stellen.

„Die Botschaft von der freien Gnade Gottes auszurichten an alles Volk" – das ist der häufig zitierte Kernsatz der Barmer Theologischen Erklärung und ist die wohl treffendste (und zugleich knappste) Definition von Ziel und Auftrag der Kirche. Länger freilich als das Jesus-Wort ist sie auch nicht! Und wem der Satz von der „freien Gnade Gottes" zu abstrakt erscheint, dem ist vielleicht eine einfache Formulierung von Bischof Axel Noack aus Magdeburg hilfreich: „Die Aufgabe der Kirche: den Menschen zu helfen, christlich zu leben und getröstet zu sterben."

Damit ist erfrischend klar alles gesagt! Wenn wir uns nun noch vergegenwärtigen, dass *die* Kirche – das „die" ein immer wieder ärgerlich distanzierend gebrauchter Artikel – nicht irgendwer ist, sondern nach dem Augsburger Bekenntnis (1530) die Versammlung der Gläubigen (CA VII) – also niemand anders als wir selbst!

Steuern wohin? Das Ziel des Steuern ist nun bestimmt: Alles zu tun, um genau diejenigen Maßnahmen zu ergreifen, die der Auftragserfüllung nach herrschender Einsicht am besten dienen.

III. Darf die Kirche steuern?

Nun ist fast schon klar, dass die Kirche steuern darf, ja muss – aber die Fragestellung kommt ja nicht von ungefähr. Es gibt – gefühlte, also scheinbar begründete – Zweifel daran, ob die Kirche wirklich steuern darf? Oder anders gefragt, wer eigentlich in der Kirche steuern darf? Von keinem Geringeren als Kurt Scharf, Bischof der Evangelischen Kirche in Berlin-Brandenburg und eine der profiliertesten protestantischen Persönlichkeiten des vergangenen Jahrhunderts (1902–1990), ist dieser Satz überliefert: „Der Statistik traue ich im Prinzip nicht, auf sie Prognosen zu stützen halte ich in der Kirche für ein Denken, das letztlich Abfall vom Glauben ist."

Nun ist die Statistik eben eins der unverzichtbaren Instrumente für eine wirksame Leitungstätigkeit, so wie ein Kompass beim Segeln! Verbirgt sich vielleicht hinter diesem Satz der unausgesprochene Zweifel, ob Leiten in der Kirche ein zielgerichtetes Steuern sein darf? Woher kommen diese Zweifel? Sie wurzeln möglicherweise in der Rede des Apostel Paulus vom Leib Christi (1. Korinther 12,27; Epheser 1,22). Darin vergleicht er uns, die Glieder der Gemeinde, mit dem Leib Christi – das Haupt aber ist Christus selbst, wie auch sonst. Das Haupt wird für alles Sorge tragen, wie Christus es im Sturm auf dem See Genezareth gesagt hat: „Ihr Kleingläubigen, wo ist euer Glaube?" Nun, was da nicht steht – er meinte doch sicher auch: Warum rudert ihr nicht? Aber die Frage nach Christus als dem Haupt der Gemeinde geht selbstverständlich tiefer, es ist die Frage danach, ob Christus nun nur der Weltenrichter oder der Weltenlenker ist und in welchem Verhältnis diese beiden Vorstellungen zueinander stehen. Die protestantische Theologie spricht von der *providentia dei*, dem geschichtlichen Wirken Gottes, vulgär der Vorsehung – und denkt darüber nach, wie Gott in der Geschichte wirkt. Die *gubernatio* Gottes, die Lenkung geschieht durch die *permissio*: Gott lässt es zu, er lässt es geschehen. Dies zieht ja immer wieder die rat- und hilflose Frage nach sich: „Wie konnte Gott dies zulassen?" Wir sprechen von *impeditio* und *determinatio*, also Hinderung und Begrenzung. Gott grenzt das Handeln und Wirken der Mächte ein. Und klarer meint die *directio*: Er führt und leitet uns. Es ist der wohl immer unergründliche Ratschluss Gottes und ein Geheimnis göttlichen Handelns, das wir nicht ergründen können: Wir wissen weder, wann, noch warum und schon gar nicht wie er handelt. Es bleibt uns also nicht erspart: Wir müssen rudern. So, wie in einem Gebet aus dem 13. Jahrhundert: Gott hat keine Hände, nur unsere Hände. Wir sind gefragt und folgerichtig bittet der Beter des Psalms: „... ja das Werk unserer Hände wollest du fördern!" (Psalm 90,17)

Darf die Kirche also steuern? Sie muss! Steuern ist uns Auftrag in der Erfüllung göttlichen Willens. Gott misst uns dazu den freien Willen zu, seinen Willen zu ergründen und also auch über die Art und Weise, wie wir ihn erfüllen wollen, zu bestimmen.

IV. Kann die Kirche steuern?

Zweifel daran begegnet man in Gesprächen und Diskussionen mehr als häufig. Macht ihr das richtig? Wisst ihr überhaupt, wie das geht? Verfügt ihr über die entsprechenden Instrumentarien? Wenn man die heftigen Kontroversen im Zusammenhang mit der Veröffentlichung des Impulspapiers des Rates über die Zukunft der Evangelischen Kirche im 21. Jahrhundert im vergangenen Jahr Revue passieren lässt, wird deutlich, dass diese Zweifel tief sitzen. Wird doch einerseits die dort gelegentlich verwendete ökonomische Sprache ebenso heftig kritisiert, wie anderseits beklagt wird, dass in der Kirche viel zu wenig von Mitteln und Methoden der modernen Unternehmensführung Gebrauch gemacht wird.

Also, zunächst: Wer steuert eigentlich? Auch hier lohnt wieder ein Blick in die Barmer Theologische Erklärung (These 4):

> Jesus Christus spricht:
> Ihr wisst, dass die Herrscher ihre Völker niederhalten und die Mächtigen ihnen Gewalt antun. So soll es nicht sein unter euch; sondern wer unter euch groß sein will, der sei euer Diener. (Matthäus 20,25.26)
> Die verschiedenen Ämter in der Kirche begründen keine Herrschaft der einen über die anderen, sondern die Ausübung des der ganzen Gemeinde anvertrauten und befohlenen Dienstes.
> Wir verwerfen die falsche Lehre, als könne und dürfe sich die Kirche abseits von diesem Dienst besondere, mit Herrschaftsbefugnissen ausgestattete Führer geben und geben lassen.

Und da steckt wohl – etwas überraschend – ein nicht unwichtiger Bestandteil des Problems. Die Synode von Barmen verwirft begründet solche Strukturen der Herrschaftsausübung, die die Überordnung des einen über die anderen nach sich ziehen: Es darf in der Kirche keine mit Herrschaftsbefugnissen ausgestatteten Führer geben! Es war 1934, als diese Thesen entstanden sind: gerade hatten die Nationalsozialisten erschreckend erfolgreich mit der von ihnen unterstützten Bewegung der sog. Deutschen Christen nach der Macht in der Kirche gegriffen! Wie aber wird die Kirche ohne klare Herrschaftsstrukturen (also: Leitungsstrukturen) gesteuert?

Ein Blick in die Geschichte lohnt, um Barmen besser zu verstehen. Martin Luther schuf mit seiner Erkenntnis vom Priestertum aller Gläubigen (nach 1. Petrus 2,19) die Voraussetzung dafür, dass in unserer Kirche Gleichheit und gleiche Würde sowie die gleiche Wertigkeit aller Gläubigen Grundvoraussetzungen für die Gestaltung kirchlichen Lebens sind. Barmen war 1517! Aber die Geschichte der Reformation ging den uns bekannten Weg und dies war kein einfacher: Er war von Religionskriegen begleitet, so dass im Ergebnis des Augsburger Religionsfriedens mit der berühmten Formel „cuius regio, eiius religio“

ein problematischer Kompromiss gefunden wurde. In der Folge wurden die protestantischen Landesherren als *summus episcopus* auch die obersten Vertreter kirchlich-weltlicher Macht der protestantischen Landeskirchentümer. Über das kirchliche Leben entschied auch der Landesherr, selbst als erste Konsistorien entstanden, die bestimmte eingegrenzte Funktionen wahrnahmen. Erst 1835 entstand zumindest in lutherischen Gebieten Deutschlands mit der Rheinisch-Westfälischen Kirchenordnung eine erste Kirchenordnung, die mit presbyterial-synodalen Leitungselementen größere Bedeutung erlangte. Aber grundsätzlich bestand scheinbar bis zur Weimarer Reichsverfassung gar kein Bedarf, die Kirche zu leiten. Womöglich war der Aufruf von Johann Hinrich Wichern für ein Programm der Inneren Mission 1848 geradezu eine Reaktion darauf? Auf die finsteren Jahre nach 1933 bin ich schon kurz eingegangen: Sie bewirkten, dass 1945 eine Neubesinnung nach Wesen und Gestalt der Kirche nötig wurde. Die kirchlichen Verfassungen basieren von nun an eindeutig auf dieser Erkenntnis: Es soll keine Herrschaft der einen über die anderen geben. Es geht also um die Macht. *Potentia in terram esse*, sagt Martin Luther: die Macht ist in der Welt. Die Macht gibt es also auch in der Kirche. Und hat Luther Unrecht, wenn er fortfährt: *non es per se malum* (sie ist nicht per se schlecht)? Nach Max Weber bedeutet Macht die Chance, innerhalb einer sozialen Beziehung „den eigenen Willen auch gegen das Widerstreben anderer durchzusetzen".

Solche Macht ist es aber gerade, gegen die die Barmer Theologische Erklärung zu Felde zieht! Als Konsequenz daraus verlangt Wolfgang Huber eine Definition von Macht, die die Erkenntnis berücksichtigt, dass mit der Macht, die in der Welt ist – und damit auch in der Kirche –, verantwortlich umgegangen werden muss: „Macht ist nicht nur die Fähigkeit, die eigenen Ziele gegen das Widerstreben anderer durchzusetzen, sondern ebenso die Fähigkeit mit anderen ein Einverständnis über Ziele zu erreichen und im Blick auf diese Ziele zu kooperieren." Und noch deutlicher betont er: „Macht in der Kirche ist letztlich die Fähigkeit, die Handlungsfähigkeit ihrer Mitglieder zu mobilisieren."

Es ist diese Fähigkeit, die man in der modernen Management-Theorie schlicht mit dem Wort „Führen" bezeichnet. Ein anderes Führen freilich als das, was die Barmer Theologische Erklärung so vehement abwehrt, sondern ein Führen, das ganz und gar im Einklang mit ihr steht! Nur, dass wir das wohl noch lernen müssen.

V. Die Leitung der Kirche

Wie macht sie das? Wer ist es nun, der leitet? Wir unterscheiden in den Leitungsstrukturen der Kirche drei grundlegende Elemente. Das synodale Element, das episkopale Element und das konsistoriale Element. Oder vereinfacht gesagt: die Mitwirkung der Ehrenamtlichen oder Laien, die Anerkennung der besonderen Rolle und Bedeutung des geistlichen Amtes und die notwendige fachliche Organisation. Diese drei Elemente werden in den Verfassungen und Grundordnungen der Gliedkirchen der Evangelischen Kirche in Deutschland auf unterschiedliche Art und Weise miteinander verbunden, ja man möchte manchmal meinen: vermischt. Das findet darin z.B. seinen Ausdruck, wie diese drei Elemente und wie die sich daraus ableitenden Organe miteinander wirken und ihre Wirksamkeit entfalten können.

Das Evangelische Staatslexikon von 2006 sagt dazu: „Die Leitung der Kirche hat im gemeinsamen Zusammenwirken aller kirchenleitenden Organe zu bestehen." Das ist ein deutlicher Unterschied zur Konzeption demokratischer Verfassungen, die demokratische Machtorgane als Legislative und Exekutive voneinander trennt. Der Konzeption im Bereich unserer Kirche liegt die Überlegung – Barmen scheinbar folgend – zugrunde, dass man Machtkontrolle am besten durch Machtteilung erreichen kann. Wenn man allerdings die Macht teilt, teilt man dann nicht auch die Verantwortung? Kann man diese wirklich teilen? Ich fürchte, dass wir so manches Mal eine entfremdete Verantwortung erleben. Vielleicht ist darin die Ursache zu sehen, dass in manchen Synodendiskussionen Hauptfragen wie Nebenfragen und Nebenfragen wie Hauptfragen behandelt werden. Wenn etwa eher nach irgendwelchen Kostendetails einer kirchlichen Einrichtung gefragt wird als nach der Wirksamkeit dieser Einrichtung! Wenn unser synodal-parlamentarischer Aufbau in der klassischen Betrachtungsweise als eine Körperschaft des öffentlichen Rechts Partizipation und Mitwirkung der Mitglieder durchaus gewährleistet, zieht das eben diese Nachteile nach sich, dass es allzu oft unscharf getrennte Verantwortungsbereiche gibt, in deren Folge Steuerungsfähigkeit bzw. -neigung beeinträchtigt werden können und damit auch die Fähigkeit, auf sich verändernde gesellschaftliche und künftige Verhältnisse vorausschauend zu reagieren. Wenn wir einmal eine andere Betrachtungsweise wählen, sehen wir, dass sich Kirchengemeinden eher wie Vereine verhalten. Die große und weite Kirchenwelt interessiert sie weniger. Aber: Kirche ist mehr als die Summe ihrer Gemeinden. Darum müssen zentrale Leitungsgremien steuern, also durchaus eher unternehmerisch agieren. Daraus ergeben sich notwendigerweise Widersprüche zwischen den Gemeinden und den Zentralen. Darum ist es so wichtig, dass Kirchenkreise und Regionen als Mittler zwischen diesen Widersprüchen und als basisnahe Organisationsform entwickelt werden. Selbstverständlich bedürfen solche Strukturen auch ihrer eigenen synodalen Vertretungen. Prof. Eberhard Hauschildt aus Bonn spricht in diesem Zusammenhang vom Bild des Hybridmotors, in dem wir Organisationsformen aus der Verbindung von Institution und Organisation, Körperschaft und Unternehmensansätzen gebrauchen sollten. Die Zweifel an der Fähigkeit der Kirche zu steuern basieren also letztlich auf einem in den Praxisvollzügen nicht immer als einfach erlebten Strukturproblem mit daraus resultierenden Defiziten in Leitungsvollzügen. So müssen wir wohl an zwei Strukturproblemen arbeiten: dem horizontalen

Strukturproblem zwischen den Leitungsorganen, die ihre Wurzel in der Vermischung von Funktionen und nicht immer ausreichender Arbeitsteilung haben, und den vertikalen zwischen den Handlungsebenen.

Nun sind noch ein kleiner Exkurs und ein kleiner Seitenblick auf die in der Kirche unbeliebte Verwaltung nötig. Ist die Verwaltung der Kirche eine mittelalterliche Kanzlei, eine Schreibstube, ist sie eine Denkfabrik, ist sie ein Dienstleister und Ratgeber? Ist sie Aufsicht oder hat sie geschäftsführende Aufgaben? Je nach Standpunkt scheint das ungeklärt. Dabei ist sie das alles und sie hat von allem etwas. Ihre Reduktion auf jeweils eine der genannten Funktionen würde immer dazu führen, dass die Verwaltung nicht funktionierte, ihre Aufgaben nicht erfüllen könnte und damit letztlich die Kirche Schaden nähme. Man sollte vielleicht einmal einen Preis für die Findung eines modernen und die Aufgaben zutreffend beschreibenden Begriffes für „die Verwaltung" aussetzen; „Kirchenamt" ist es gewiss nicht.

VI. Warum die Kirche steuern wollen soll ...

Dafür gibt es viele Gründe. An dieser Stelle möchte ich aber nur auf drei Gründe dafür eingehen, warum es wirklich nötig ist, dass wir in der Kirche steuern – und zwar langfristig!

Zunächst ein Blick in die Vergangenheit: Zwischen 1975 und 2002 hat sich das nominelle Kirchensteueraufkommen der westlichen Gliedkirchen verdoppelt. So war es möglich – und sicherlich auch sinnvoll –, die kirchlichen Arbeitsfelder erheblich auszuweiten. Deutlich wird das beispielsweise an einem Anwachsen der Zahlen von Theologinnen und Theologen im aktiven Dienst, die von 1975 mit 15.500 bis zum Jahr 2002 auf 19.500 (wieder nur für die westlichen Landeskirchen betrachtet) stieg. Allerdings hat sich im gleichen Zeitraum auch der Preisindex verdoppelt – bei den real zur Verfügung stehenden Mitteln hat sich also letztlich gar nichts bewegt! Nur: Die Zahl der Kirchenmitglieder für diesen Bereich ist von 27 Millionen auf unter 23 Millionen zurückgegangen! Eine Studie aus dem Kirchenamt der EKD prognostizierte bereits 1986 wegen dieser auseinanderlaufenden Entwicklungen, dem starken Anwachsen kirchlicher Aktivitäten und dem Rückgang der Gemeindegliederzahlen für den Anfang dieses Jahrtausends eine Finanzkrise, die im Prinzip – wie in vielen Bereichen schmerzlich erlebt – auch eingetreten ist. Die Frage ist nun, warum auf diese Erkenntnis nicht ausreichend reagiert worden ist? Haben wir denn solche Steuerungsmechanismen, die in der Lage sind, vorausschauend auf solche Fragen zu reagieren? Welche Synode hätte dies vor 20 Jahren tatsächlich vermocht?

Grund zwei, warum die Kirche steuern soll, ist die ungenügende Reichweite unseres kirchlichen Handelns. Wir erinnern uns: die Botschaft von der freien Gnade Gottes auszurichten an alles Volk. Aber erreichen wir alles

Volk? Um es nur an einer Kennziffer deutlich zu machen (man verzeihe mir die ökonomische Kategorisierung): Die Zahl der Taufen ging von 1990 zu 2005 von 36 % auf 29 % zurück, d.h. der Anteil evangelisch Getaufter an allen in Deutschland geborenen Kindern ist nicht nur dem Rückgang der Geburten entsprechend um 100.000 pro Jahr niedriger ausgefallen, sondern sank auch relativ. Und auch wenn die Zahl der Kirchenaustritte von ihrer unglaublichen Höhe Anfang der 90er Jahre von über 300.000 auf 120.000 im Jahr 2006 zurückgegangen ist, ist diese Zahl doch noch immer erschreckend hoch: Jedes Jahr meldet sich die Einwohnerschaft einer gesamten deutschen Großstadt aus der evangelischen Kirche ab. Grund genug zu handeln und zu steuern.

Einen noch stärkeren Grund haben wir allerdings, wenn wir uns die demographische Entwicklung ansehen. Nach einer Prognose des Kirchenamtes der EKD wird die Zahl der Evangelischen bis zum Jahr 2030 um ein Drittel zurückgehen. Da die Zahl der 20–60-Jährigen, also derjenigen, die finanziell am ehesten leistungsfähig sind (potenzielle Kirchensteuerzahler), sich nahezu halbiert, muss man davon ausgehen, dass auch die finanziellen Ressourcen entsprechend stärker zurückgehen. Was für Folgen das habe kann, ist an folgender Überlegung deutlich zu machen: Sollten wir etwa die Stellenpläne für den Pfarrdienst heute linear auf das Jahr 2030 übertragen (d.h. heute jede frei werdende Stelle wieder besetzen), dann werden wir nicht wie im Jahr 2004 den Umfang von 35 % unserer Kirchensteuereinnahmen für die Finanzierung des Pfarrdienstes benötigen, sondern (gleiche Preise vorausgesetzt) im Jahr 2030 75 %. Wenn die Entwicklung des Pfarrdienstes proportional zur Mitgliederentwicklung gesteuert würde, wären das immerhin noch 45 bis 50 %. Nur wenn wir proportional zu den uns heute bekannten finanziellen Möglichkeiten die Entwicklung des Pfarrdienstes steuerten, werden wir die Proportion des heutigen Kostenanteils halten können. Aber was auch immer wir tun: Es wird erhebliche Auswirkungen haben! Damit entscheiden wir also heute schon mit darüber, wie unsere Kirche morgen aussieht.

Kein Zweifel also: Wir haben genügend Anlass zu steuern. Leitungshandeln heute schafft nicht nur die Voraussetzungen für heutige Arbeitsmöglichkeiten, sondern auch für die Gestaltungsräume kirchlicher Arbeit morgen.

VII. Was tun?

Die bis hier angestellten Betrachtungen zeigen, dass wir auch in der evangelischen Kirche einigen Handlungsbedarf haben. Darüber ist gerade in der letzten Zeit viel und intensiv geredet worden. Namentlich das Impulspapier des Rates der EKD 2006 hat unter dem Titel „Kirche der Freiheit – Perspektiven für die Evangelische Kirche im 21. Jahrhundert" eine intensive Diskussion angestoßen. So heißt es dort:

> „Für eine klare Zuordnung von Leitungsverantwortung in der Kirche, eine Öffnung für moderne schnelle Entscheidungswege, eine deutliche Unterscheidung zwischen Geschäftsführung und geistlicher Aufsicht können sich auch kirchliche Institutionen Elemente einer modernen Führungskultur zunutze machen."

Davon ausgehend möchte ich drei Elemente auswählen und vorschlagen:
- *corporate governance* in der Kirche gestalten,
- die dienende Funktion des Geldes entwickeln und – vor allem:
- die Handlungsfähigkeit der Mitglieder mobilisieren.

Es lohnt sich, darüber nachzudenken, ob nicht auch in der Kirche Regeln des *corporate governance* gestaltet und umgesetzt werden sollen. Beim *corporate governance* geht es bekanntlich um Regeln einer verantwortlichen Unternehmensführung. Das ist genau unser Thema. Das Diakonische Werk hat sich dieser Frage bereits vor Jahren angenommen und im Jahr 2005 einen eigenen *corporate governance*-Kodex verabschiedet. In der Kirche nun sollte es etwa um Fragen der arbeitsteiligen Ausrichtung der sich überschneidenden Leitungsfunktionen gehen, Leitung und Aufsicht voneinander zu trennen und klarer zu definieren. Schließlich wird es mehr denn je erforderlich sein, Aufsicht auch wahrzunehmen. In den einzelnen Handlungsebenen sollte auch überdacht werden, wie Geschäftsführung und Leitungsaufgaben zu definieren, abzugrenzen oder auch miteinander zu verbinden sind. Dies ist auch und gerade für den Bereich der Kirchengemeinden von nicht unwesentlicher Bedeutung und könnte dazu führen, manche Konflikte zwischen Pfarrerinnen und Pfarrern und ihren Kirchenvorständen bzw. Gemeindekirchenräten zu minimieren. Schließlich gehört zu den Regeln eines guten *corporate governance* auch die Sicherung einer umfassenden und transparenten, aber auch zugleich zielgerichteten Kommunikation. Dies ist Voraussetzung dafür, dass Machtfragen frei von Vorurteilen und Ängsten diskutiert werden können, Wissen nicht zum Herrschaftswissen und damit nicht zu einem Machtinstrument mit der Gefahr des Machtmissbrauchs mutiert. Dazu ist es nötig, einen angemessenen Umgang mit wirtschaftlichen und anderen Risiken zu organisieren. Dies betrifft das Handeln der Landeskirche selbst ebenso wie das Handeln einzelner Einrichtungen und Werke, kirchlicher Institutionen sowie der Kirchengemeinden. Die Gliedkirchen der EKD haben übrigens bereits vor zwei Jahren genau in diesem Sinne im Rahmen eines erweiterten Solidarpaktes eine Verabredung für ein entsprechendes Frühwarnsystem getroffen.

Professor Eberhard Hauschildt hat in seinem grundlegenden Vortrag zur Frage der Organisation der Evangelischen Kirche auf der Synodaltagung der EKD im Herbst 2007 in Dresden betont, dass in einer Organisation der Freiheit – er nimmt damit das Impulspapier des Rates der EKD auf – Beteiligungsrechte und Entscheidungsbefugnisse geklärt und in Balance gebracht sind. Genau dies ist ein wichtiger Baustein dazu, die Steuerungsfähigkeit der Evangelischen Kirche zu stärken!

Ich bin überzeugt, dass eine arbeitsteiligere Ausrichtung der zentralen Leitungsfunktion in der evangelischen Kirche unverzichtbar wird. Eine klarere Trennung von Aufgaben und Funktionen zwischen der Synode, Kirchenleitung und einem Kirchenamt (Landeskirchenamt oder Konsistorium) führt zur Stärkung der einzelnen Aufgabenbereiche und keineswegs zu deren Schwächung; also schon gar nicht zur Schwächung unserer Synoden. Nicht alle müssen sich um alles kümmern, weil sie nicht Sorge haben müssen, dass ihre Rechte oder ihre Verantwortung beschnitten würden. Vielmehr ist die Schaffung einer klaren Abstimmung untereinander Voraussetzung dafür, dass ein vertrauensvolles Miteinander tatsächlich zu einem wirksamen Steuerungsprozess in der evangelischen Kirche führen kann. Dazu gehört dann allerdings auch, dass auch in diesen Bereichen (also etwa gegenüber einer verantwortlich handelnden, geschäftsführenden Verwaltung) eine wirksame geschwisterliche Aufsicht wahrgenommen wird.

Die dienende Funktion des Geldes entwickeln: Geld regiert die Welt. Und auch die Kirche? Geld ist ein Herrschaftsinstrument. Bei uns auch? Geld ist in allererster Linie eigentlich ein Leistungsaustauschmittel. Wer welches hat, bekommt Leistungen, wer keines hat, kann keine Leistungen erlangen. Wir haben natürlich Geld in der Kirche. Woher? Die Grundlage aller kirchlichen Finanzwirtschaft sind die Gaben der Gemeindeglieder, Kirchensteuern, Spenden, Kollekten, Gemeindebeiträge. Das sind 40 bis 60 % unserer Haushalte. Mit diesem Geld kann man dann Drittmittel einwerben; es ist Basis unserer Liegenschaften und Kapitalanlagen. Also: ohne Gemeinde kein Geld, genauer: ohne Mitglieder kein Geld. Aber auch in der Kirche ist das Geld recht ungleich verteilt. Es ist Aufgabe des Finanzmanagements, für den rechten Umgang auch mit diesem Problem Lösungen zu entwickeln. Eine Frage ist etwa: Wie setzen wir die Gemeinden bestmöglich in die Lage, über ihre Angelegenheiten selbst zu entscheiden?

Im Auftrag des Finanzbeirates und der Gliedkirchen hat der vormalige leitende Oberkirchenrat Badens, Beatus Fischer, die Finanzverteilsysteme der Landeskirchen untersucht. Das Ergebnis stimmt in einem Punkt etwas nachdenklich: In nur vier der 23 Landeskirchen werden von den Haupteinnahmen (also vornehmlich den Kirchensteuern) mehr als 50 % direkt an die Gemeinden weitergeleitet. Wie kommt das? Nun, die Kirchensteuer ist in der Regel eine Landeskirchensteuer; sie geht zentral ein. Um die kirchliche Arbeit zu finanzieren, muss sie an die Gemeinden weitergeleitet, also verteilt, werden. Wie man das macht, muss geregelt werden. Dabei kann man zwei grundsätzlich unterschiedliche Finanzverteilsysteme unterscheiden: ein bedarfsorientiertes und ein aufkommenorientiertes. Beim bedarfsorientierten Finanzsystem wird – in der Regel auf der Basis entsprechender Schlüsselzahlen – eine möglichst bedarfgerechte Zuweisung vorgenommen. Solidarität wird organisiert

(Gerechtigkeit vielleicht auch). Solche Systeme ermöglichen einen begrenzbaren Verwaltungsaufwand, viele Leistungen können gleich zentral abgewickelt werden (z. B. Personalleistungen). Allerdings bedeutet dies auch, dass mit den Kriterien für den – wie auch immer ermittelten – Bedarf Grundentscheidungen für die Gestaltungsmöglichkeiten der Gemeinden gefällt werden. Selbst wenn die Synoden Herrinnen dieses Verfahrens sind, ist dies unter Umständen in dem einen oder anderen Fall ein wenig paternalistisch.

Bei der aufkommensorientierten Finanzverteilung dagegen wird der fiktive Anteil an den Kirchensteuereinnahmen (etwa nach dem durchschnittlichen Pro-Kopf-Aufkommen) ermittelt und unter Abzug notwendiger Prozentanteile für zentrale Aufgaben an die Gemeinden pauschal weitergeleitet. Nach dem Bedarf wird dabei zunächst nicht gefragt. Auch die solidarische Mitverantwortung für schwächere Gemeinden bedarf weiterer Maßnahmen. Aber die Entscheidungshoheit liegt stärker bei den Gemeinden, die Eigenverantwortung wird herausgefordert. Das ist nicht immer einfach, zumal es mit einem höheren Verwaltungsaufwand verbunden ist. Allerdings weckt eine stärkere Eigenverantwortung in der Regel mehr Kräfte – und darin liegt nach meiner Überzeugung ein gutes Teil unserer Zukunft. Man muss der Kirchensteuer die Anonymität nehmen: Das Geld kommt nicht vom Landeskirchenamt, sondern von den Gliedern der Gemeinde selbst. Die Stärkung der Eigenverantwortung ist im Zusammenhang mit den wirtschaftlichen Herausforderungen eine zentrale Forderung des Zukunftskongresses in Wittenberg gewesen. Der Finanzbeirat hat daher auch den Landeskirchen empfohlen, ihre Finanzsysteme zu überprüfen. Ich will nicht falsch verstanden werden: Hier gibt es kein Richtig oder Falsch, das rechte Maß muss eine jede Kirche selbst für sich bestimmen. Aber es lohnt schon, dieses Maß unter die Lupe zu nehmen: Je mehr wir die dienende Funktion des Geldes entwickeln, desto mehr wird vom kirchlichen Finanzmanagement erwartet. Das neue kirchliche, ergebnisorientierte Rechnungswesen ist darum vonnöten, weil es Informationen für die Entscheidungen in den Synoden und in den Gemeinden auf der Basis transparent gemachter Prozesse bietet. Denn wir sind nicht die Herren des Geldes, sondern nur dessen Manager.

Schließlich ist ein wesentlicher Ansatz des Umgangs mit der Macht in der Kirche die *Mobilisierung der Handlungsfähigkeit der Mitglieder.* Damit ist nicht etwa der Jetzt-Stand abqualifiziert, vielmehr ist ein immer wieder neues Reflektieren des Erreichten und eine Fortentwicklung im Sinne der Auftragserfüllung gemeint. Zur Mobilisierung gehört die Stärkung der Eigenverantwortung. Damit einher geht die Gestaltung einer entwickelten Dezentralisierung, als Beitrag zur Stärkung der Eigenverantwortung. Transparenz schafft eine Voraussetzung für die Wahrnahme von Eigenverantwortung. Bei allem geht es nicht einfach um ein nach vorne offenes Loslassen, sondern zugleich um die Stärkung der Gemeinschaft. So bedarf es weiterer begleitender Elemente, zu denen nicht zuletzt auch Aufsicht gehört. Notwendig ist es daher auch, die Kooperationsfähigkeit der Kirchengemeinden und Einrichtungen zu organisieren. Damit muss eine organische Sicherung von Solidarität zwischen Starken und Schwachen einhergehen. Dabei geht es nicht darum, die Starken schwach zu machen, sondern den Schwachen so die Möglichkeiten zu geben, dass sie eigenverantwortlich ihre Angelegenheiten wahrnehmen können. Ein gutes Beispiel dafür ist der Finanzausgleich zwischen den Gliedkirchen in der EKD. Die stärkeren Gliedkirchen geben durchschnittlich weniger als 4 % von ihrem Kirchensteueraufkommen an die finanzschwächeren (namentlich die ostdeutschen) Gliedkirchen ab, für die das einen finanziellen Wert bis zu 60 % des eigenen Kirchensteueraufkommens bedeutet! Gleichwohl werden mit diesen Mitteln die ostdeutschen Gliedkirchen finanziell keineswegs so gestellt, wie die finanzstärkeren westdeutschen Gliedkirchen. Es bleibt für sie schwer genug, aber sie werden in die Lage versetzt, eigenverantwortlich ihren Auftrag zu erfüllen. Wie verantwortlich sie damit umgehen, zeigen nicht zuletzt die Fusionsbeschlüsse und Fusionsüberlegungen von Landeskirchen gerade der letzten Zeit.

Schließlich darf man nicht verkennen, dass eine einfache und dienstleistungsfähige Verwaltung ein ganz wesentlicher Beitrag für die Mobilisierung der Mitglieder und Kirchengemeinden ist. Die Gesetze und Verordnungen der einzelnen Landeskirchen beanspruchen in der Bibliothek der EKD nahezu fünf laufende Meter. Gerade wenn sich jetzt die Gliedkirchen anschicken, ein neues kirchliches Finanzmanagement einzuführen, das von der Natur der Sache her ein wesentlich komplexeres System darstellt, wird es darauf ankommen, es so zu gestalten, dass Handhabung und Umgang damit für die Kirchengemeinden als erleichternd empfunden werden. Es geht ja nicht darum, möglichst viele Informationen bereitzustellen, sondern die richtigen Informationen so darzustellen, dass sie für die Leitungsaufgaben in den Kirchengemeinden auch wirklich fruchtbar und zielführend zur Verfügung stehen. Schließlich gehört zur Leitung das Setzen von Impulsen, um sich selbst und die Entwicklung der Kirche immer wieder zur Diskussion zu stellen. Das Nachdenken über die Art und Weise, wie die kirchliche Arbeit am besten gestaltet werden kann, ist eine bleibende und unverzichtbare Aufgabe. Ich möchte sie als typisch protestantisch bezeichnen, aber dies würde alle anderen, die genau dies tun, abqualifizieren. Darum lässt sich richtiger formulieren: Über sich selbst nicht nachzudenken, ist zutiefst unprotestantisch.

Nun sind wir wieder beim Führen angekommen: Leiten bewegt sich immer in der rechten Spannung zwischen Loslassen und Führen. Und wenn wir, bei allem was wir tun, wirklich mit Gott rechnen und das wissen, was schon Martin Luther so treffend formuliert hat, sind wir vielleicht auf dem richtigen Weg:

Wir sind es doch nicht, die da die Kirche erhalten könnten. Unsere Vorfahren sind es auch nicht gewesen. Unsere Nachkommen werden's auch nicht sein; sondern der ist's gewesen, ist's noch und wird's sein, der da sagt: „Ich bin bei euch alle Tage bis an der Welt Ende." (Matthäus 28,20b)

Literatur

Kirche der Freiheit. Perspektiven für die evangelische Kirche im 21. Jahrhundert – Ein Impulspapier des Rates der EKD, Hannover 2006.

J. Winter: Die Typen evangelischer Kirchenverfassungen, in: J. Winter, Staatskirchenrecht, Neuwied 2001.

W. Härle: Dogmatik, Berlin/New York 1995, S. 570 ff.

A. Schilberg: Aufbruch bei der kirchlichen Selbstorganisation; in: ZevKR 52 (2007), S. 198 ff.

Strukturbedingungen der Kirche auf längere Sicht, Studien- und Planungsgruppe der EKD, Hannover 1985.

W. Huber, Der Beruf zur Politik, Zwanzig Jahre Demokratiedenkschrift der EKD, Berlin 2005.

Th. Begrich: Kirchliche Finanzen – ein Herrschaftsinstrument?; in: Der Dienst der ganzen Gemeinde Jesu Christi und das Problem der Herrschaft, Barmen IV, Bd. 1, Gütersloh 1999.

M. Beintker: Gestalt und Gestaltung der Kirche; in: Die kleine Prophetin Kirche leiten, Wuppertal 2005.

W. Huber: Glaube und Macht; in: Die kleine Prophetin Kirche leiten, Wuppertal 2005.

E. Hauschildt, Organisation der Freiheit – Evangelische Kirche verändert sich. Vortrag auf der 6. Tagung der 10. EKD-Synode, 2007.

Diakonischer Corporate Governance Kodex; in: Diakonie Korrespondenz 05/2005.

Vergiftete Frucht?[1]

Überlegungen zum Gebrauch neuer Sprachformen für theologische Inhalte aus Anlass der Diskussion über „Kirche der Freiheit"

Hermann Barth

Es gibt kaum eine kritische Stellungnahme zum Impulspapier des Rates, in der nicht prominent und in kritischer Absicht davon die Rede ist, dass wirtschaftliche, insbesondere betriebswirtschaftliche Kategorien in ihm eine große Rolle spielen. Der Vorwurf lautet: Die „Kirche der Freiheit" ist von dieser Sprache durchdrungen, aber das tut ihr nicht gut, sondern es pervertiert sie.

Es ist reizvoll, diesen Vorwurf in Bilder zu fassen. Das erste Bild, das ich den Kritikern andienen möchte, ist das des Trojanischen Pferdes: Im Bauch der wirtschaftlichen Sprache dringt der Feind in die „Kirche der Freiheit" ein und zerstört sie. Ein anderes Bild könnte die Ansteckung mit einer Krankheit sein: Die wirtschaftliche Sprache kommt dabei wie der Erreger einer Seuche zu stehen; sie erfasst und verdirbt die „Kirche der Freiheit". In einem dritten Bild geht es um eine vergiftete Frucht: Die wirtschaftliche Sprache – so kann man das Bild ausschmücken – muss den Autoren der „Kirche der Freiheit" offenbar erschienen sein wie die Frucht von dem Baum mitten im Garten Eden: „eine Lust für die Augen ... und verlockend, weil sie klug macht", und darum pflückten sie die Frucht und aßen davon, aber diese Frucht ist vergiftet.

Im Programm der Tagung folgt mein Referat unmittelbar auf ein schönes Abendessen, bei dem wir auch viele verlockende Früchte genossen haben. Das ist der Grund, warum ich mich mit dem Titel des Referats am dritten Bild orientiere. Ich möchte Folgendes zeigen: So wenig wie das Abendessen, das eine Lust für die Augen und den Gaumen war, bei uns Vergiftungserscheinungen hervorgerufen hat, führt die Anleihe der Autoren bei der wirtschaftlichen Sprache dazu, dass die „Kirche der Freiheit" eine schleichende Vergiftung erleidet.

In einem ersten Teil werde ich den Vorwurf anhand von Textbeispielen etwas näher unter die Lupe nehmen; dabei werde ich zu zeigen versuchen, dass die wirtschaftliche Sprache im Impulspapier wie ein neues „Sprachspiel" verwendet wird: Es hat eine verfremdende Wirkung, ruft damit gesteigerte Aufmerksamkeit hervor und erlaubt einen frischen Blick auf vertraute Sachverhalte. Der zweite Teil stellt sich der Einsicht, dass kein „Sprachspiel" gewissermaßen unschuldig ist; Sprache und „Denke" korrespondieren miteinander, jede Sprache transportiert eine bestimmte Denkweise; darum ist jedenfalls die Forderung wohl begründet, dass geprüft werden muss, ob die in der „Kirche der Freiheit"

[1] Referat bei der Jahrestagung des AEU in Dresden, 24. November 2006.

aufgegriffene wirtschaftliche Sprache die Sache, von der die Rede ist, verfälscht. Der dritte Teil schließlich rückt die Frage, inwieweit die Verwendung einer neuen Sprache die anvertraute Sache erschließt oder aber verdirbt, in einen weiteren Horizont: In der biblischen Überlieferung, in der Geschichte der christlichen Theologie, auch in den Versuchen, für Gebet, Kirchenlied und Gottesdienst, nicht zuletzt für die Übersetzung der Bibel, eine der Sache und den Menschen angemessenere Sprache zu finden, bekommen wir es immer wieder mit dieser Frage zu tun; eines der prominentesten Beispiele ist der Streit um die Hellenisierung bzw. die Enthellenisierung des christlichen Glaubens, den Papst Benedikt XVI. vor wenigen Wochen mit seiner Regensburger Vorlesung neu entfacht hat.

I. Die Verwendung wirtschaftlicher Sprache im Impulspapier als Verfremdungseffekt

Das Impulspapier macht von wirtschaftlicher Sprache nicht verschämt Gebrauch, es bekennt sich programmatisch dazu. Das „Lernen von wirtschaftlichem Denken" (S. 40) wird ausdrücklich zu den „Aufbrüchen in der evangelischen Kirche" (S. 40–42) gerechnet: „Unternehmerische, betriebswirtschaftliche und marketingorientierte Methoden und Einsichten" – so heißt es (S. 42) – „werden auch in den Kirchen aufgegriffen gemäß dem paulinischen Grundsatz, alles zu prüfen und das Gute zu behalten". Ohne Anspruch auf Vollständigkeit liste ich auf, welche Stichworte und Kategorien vorkommen:

- „Marktverlust im Bereich des Kerngeschäfts" (S. 27),
- „Taufquote bei Kindern" (S. 27),
- „Qualitätsmanagement" (S. 27, vgl. S. 51),
- „Benchmarking ... für alle Bereiche kirchlichen Handelns" (S. 26),
- Orientierung an „Erfolgsmodellen (good practice)" (S. 19) und
- Lernen aus der „Analyse von missglückten Aktivitäten (bad practice)" (S. 27).
- Entwicklung eines „corporate design" (S. 40),
- sich „Elemente einer modernen Führungskultur zu Nutze machen" (S. 29),
- „eine lernende Organisation werden" (S. 64) oder – um ein letztes Beispiel zu nennen –
- „Ziele formulieren" und „Erfolge überprüfen" (S. 64 f.).

Von den ersten, ganz spontan aufgeschriebenen Reaktionen auf die Veröffentlichung des Impulspapiers bis hin zu den jüngsten, in *cold blood*, also wohlüberlegt formulierten Kommentaren hat die Sympathie des Impulspapiers für wirtschaftliche Kategorien in vielen Fällen ein kritisches Echo gefunden.

Dafür ein paar Belege:

In der Leserbriefspalte der FAZ (vom 17. Juli) schreibt ein Karl-Heinz Bassy: Verstand sich die Kirche „einst als ‚creatura verbi', so nunmehr als Geschäft – allein die verwendete Sprache erweist einmal mehr die Lebendigkeit des Zeitgeistes in jenen Mauern und Köpfen, die dem Heiligen vorbehalten sein sollten. Es ist bezeichnend, wie sehr ein diskutables betriebswirtschaftliches Denken über die Theologie triumphiert".

In der linkskatholischen Zeitschrift „Publik-Forum" (vom 14. Juli) befindet der frühere Mitarbeiter der „Evangelischen Kommentare" und des Deutschen Evangelischen Kirchentags und jetzige Chefredakteur von „Publik-Forum" *Christoph Quarch*: „Das Wohl und Wehe der Kirche wird sich daran entscheiden, ob ihr ein geistlicher Um- und Aufbruch gelingen wird. Genau an diesem Punkt aber lässt das EKD-Papier den Leser besorgt zurück. Denn was dort an Strategien angeboten wird, erscheint eher dem Repertoire der Consulter und Coaches zu entstammen ... Das alles mögen Tools sein, die im Business funktionieren – ob sie aber auch dort greifen, wo es ums Evangelium geht, darf bezweifelt werden."

Im Pfälzischen Pfarrerblatt (Ausgabe Juli/August, jetzt auch breit aufgenommen im Editorial von Heft 11/2006 des Deutschen Pfarrerblatts) geht *Martin Schuck*, Schriftleiter dieses Organs und zugleich Mitarbeiter des Konfessionskundlichen Instituts, mit dem Impulspapier hart ins Gericht:

Der Rat „setzte bei der Berufung der Kommission ... gezielt auf wirtschaftlichen Sachverstand, und demzufolge ist ‚Kirche der Freiheit' weniger theologischer als betriebswirtschaftlicher Rationalität verpflichtet ... Pfarrerinnen und Pfarrer werden [von den Gemeindegliedern und der Öffentlichkeit] angesehen als Vertreter einer Institution, die qua Auftrag für das Unverfügbare im Leben zuständig ist ... Müsste sich ... der Pfarrer einer systematischen Qualitätskontrolle unterziehen, wie sie vielen Gemeindegliedern aus ihrer beruflichen Tätigkeit ... bestens bekannt ist, wäre er bald genau dieser Aura des Zuständigen für das Unverfügbare im Leben beraubt. Das wäre dann der Abstieg des Theologen und Seelsorgers hin zum Ekklesio-Technokraten. Die Rede von ‚Taufquote' ... sollte hier hellhörig machen."

Vor zwei Wochen erst, pünktlich zur Tagung der EKD-Synode, erschien in der Frankfurter Rundschau (vom 7. November) ein Verriss des Impulspapiers aus der Feder von *Joachim Perels*, Politologe an der Universität Hannover und Mitglied des Vorstands der Martin-Niemöller-Stiftung. Er setzt ein mit einem Appell an die Synode: „Die Synoden der evangelischen Kirche haben eine große Tradition ... Ein in diesem Jahr veröffentlichtes Impulspapier des Rates ... ist eine Herausforderung für eine Synode, die sich theologischer Erkenntnis verpflichtet weiß. Das Papier orientiert sich in starkem Maße an Kriterien, die Beraterfirmen an Industrieunternehmen oder staatliche Einrichtungen anlegen, um deren Effizienz zu steigern ... An der quantitativ messbaren Erhöhung der ... Kasualien bemisst sich der Wert kirchlicher Arbeit, deren theologisch zu begründender Inhalt [hingegen wird] ... nicht in den Blick genommen ... Von der weltkritischen Dimension des Christentums, die bei Jakobus in den Satz gefasst wird: ‚Wer der Welt Freund sein will, der wird Gottes Feind sein' (Jakobus 4,4), ist in dem Papier nichts zu spüren".

Ich kann die in diesen Reaktionen erhobenen Vorwürfe aus Zeitgründen nicht im Detail analysieren. Es ist auch nicht wirklich nötig. Denn die Vorwürfe sind durch folgende Denkmuster geprägt:

a) Falsche Alternativen: Es wird pauschal – und ohne das am Impulspapier oder an der kirchlichen Praxis zu prüfen – ein Gegensatz unterstellt zwischen der Betrachtung der Kirche als „creatura verbi" einerseits und als menschliches Handlungsfeld, auf dem aus Erfolgen und Misserfolgen gelernt werden kann, andererseits, zwischen einem geistlichen Aufbruch und handwerklichen Methoden, zwischen der Anerkennung einer Dimension des Unverfügbaren und dem Bemühen um Qualitätskontrolle, zwischen theologischer Erkenntnis und Handlungsrationalität.
b) Hermeneutik des Verdachts: Aus der Zusammensetzung der Perspektivkommission wird der Schluss gezogen, dem Rat sei es mehr um betriebswirtschaftliche Rationalität als um Orientierung an theologischen Einsichten gegangen – als ob die Mitglieder der Kommission nicht in der Lage wären, ihre unterschiedliche Herkunft, Ausbildung und Tätigkeit als Reichtum der vielfältigen Gaben Gottes zu verstehen und zu nutzen.
c) Protestantische Wirtschaftsfremdheit: Aus den Evangelien kennen wir für die Zeit Jesu das Vorurteil: „Was kann aus Nazareth Gutes kommen?" (Johannes 1,46). Für einen Teil des Protestantismus vor allem des 20. Jahrhunderts ist das Vorurteil charakteristisch: Was kann aus dem wirtschaftlichen Denken Gutes kommen? Diese Fremdheits- und Distanzgefühle, die nicht zuletzt mit der Wirtschaftsdenkschrift der EKD von 1991 überwunden oder wenigstens zurückgedrängt erschienen, feiern in der Kritik am Impulspapier traurige Urständ.

Nach meiner Auffassung wird die wirtschaftliche Sprache im Impulspapier als „Sprachspiel" angesehen und genutzt. Vielleicht wird gelegentlich ein wenig zu viel „gespielt"; ich könnte auf die „Aufwärtsagenda" (S. 9) oder die „balanced scorecard" (S. 27) gut und gern verzichten. Der Gebrauch dieses besonderen „Sprachspiels" hat eine verfremdende Wirkung, ruft damit gesteigerte Aufmerksamkeit hervor und erlaubt einen frischen Blick auf vertraute Sachverhalte.

II. Welche Denkweise prägt das Impulspapier?

Die Sprache transportiert eine Denkweise. Kein „Sprachspiel" ist gewissermaßen unschuldig. Darum ist die kritische Frage im Prinzip nicht nur berechtigt, sondern notwendig: Von welcher Denkweise ist das Impulspapier, das sich in so auffallender Weise wirtschaftlicher Sprache bedient, grundlegend geprägt?

Folgt man dem Selbstverständnis des Impulspapiers, heißt die Antwort: „Es gehört zum Selbstverständnis reformatorischer Kirchen, Kurskorrekturen durch theologische Reflexion und innerkirchlichen Diskurs zu steuern. Dabei ist es unerlässlich, sich über Wesen und Auftrag der Kirche zu verständigen. Was sind ihre zentralen Aufgaben und welche Ausrichtung ist ihr von der biblischen Botschaft her aufgegeben? Die folgenden vier biblisch geprägten Grundannahmen sind für [das Impulspapier] leitend:

a. Geistliche Profilierung statt undeutlicher Aktivität. Wo evangelisch draufsteht, muss Evangelium erfahrbar sein ...
b. Schwerpunktsetzung statt Vollständigkeit. Kirchliches Handeln muss nicht überall vorhanden sein, wohl aber überall sichtbar ...
c. Beweglichkeit in den Formen statt Klammern an Strukturen. Nicht überall muss um des gemeinsamen Zieles willen alles auf dieselbe Weise geschehen; vielmehr kann dasselbe Ziel auch auf verschiedene Weise erreicht werden ...
d. Außenorientierung statt Selbstgenügsamkeit. Auch der Fremde soll Gottes Güte erfahren können, auch der Ferne gehört zu Christus ...“ (S. 8, vgl. ausführlicher S. 44 f.).

Die Orientierung an diesen vier Grundannahmen jedenfalls gibt der Vermutung keine Nahrung, das Impulspapier sei „weniger theologischer als [vielmehr] betriebswirtschaftlicher Rationalität verpflichtet“. Nun könnte es allerdings immer noch sein, dass das Impulspapier in seiner Durchführung dem erklärten Anspruch, sich an den Grundannahmen zu orientieren, nicht genügt und de facto eben doch vom wirtschaftlichen Denken gesteuert und theologisch defizitär ist. Dieser Punkt bedarf der Prüfung – nicht zuletzt wegen des Umstandes, dass die biblische und theologische Reflexion im Impulspapier mehr vorausgesetzt und angedeutet als ausgeführt ist. Ich kann im Rahmen meines Referats die Prüfung nur exemplarisch vornehmen. Dazu werde ich einige der heftig angegriffenen, aus der wirtschaftliche Sprache übernommenen oder von ihr inspirierten Stichworte des Impulspapiers – Qualitätsmanagement, Marktverlust im Bereich des Kerngeschäfts, Ziele formulieren und Erfolge überprüfen, Taufquote – näher betrachten und fragen, ob ihr Verständnis und ihre Verwendung zu den vier Grundannahmen in Spannung stehen:

a) *Wilfried Härle* hat (in seinem Beitrag in der September-Ausgabe von „zeitzeichen“ beanstandet, dass das „aus evangelischer Sicht maßgebliche Verständnis der Kirche als Werk Gottes und Geschöpf des Evangeliums [im Impulspapier] keine grundlegende und orientierende Bedeutung gewonnen hat". Dass „wir arbeiten sollen, als ob alles Beten nichts nützte, davon ist in dem Text viel zu spüren. Dass wir beten sollen, als ob alles Arbeiten nichts nützte, das findet sich dagegen allenfalls in Spurenelementen." Diese Kritik ist nicht unbegründet. Sie will aber expressis verbis gerade nicht in Abrede stellen, dass auf die Qualität kirchlicher Arbeit geachtet werden muss, mit anderen Worten: dass es handwerkliche Anforderungen an Predigt und Gottesdienst, Kasualien und Seelsorge, Unterricht und diakonisches Handeln gibt. Den handwerklichen Anforderungen zu genügen, gewährleistet noch nicht, dass das Wort Gottes in den Herzen einwurzelt. Aber Bemühungen um ein Qualitätsmanagement mit Verachtung zu strafen, ist nicht Ausdruck von Vertrauen in das Wirken des Geistes, sondern von Nachlässigkeit.

b) Vor Jahrzehnten sprach man gern vom „Proprium" des kirchlichen Handelns oder von den „eigentlichen" Aufgaben der Kirche. Ich kann nichts Schädliches darin erkennen, dieser Terminologie den Ausdruck „Kerngeschäft" an die Seite zu stellen. Mein Großvater sagte gern: *Variatio delectat.* Nicht ganz so harmlos ist die Kategorie des Marktverlusts. Der Sendung Jesu Christi zu folgen und das Wort von der Versöhnung auszurichten, geht nicht darin auf, Anbieter auf dem Markt religiöser Suche oder religiöser Lebensbegleitung zu sein. Aber das behauptet ja auch niemand. Die Rede vom Marktverlust im Bereich des kirchlichen Kerngeschäfts will nur signalisieren, dass es kirchliche Handlungsfelder gibt, auf denen wir mit anderen Anbietern konkurrieren und ihnen gegenüber den Kürzeren ziehen. Das beste Beispiel ist die Bestattung. Es gab eine Zeit, in der die freien Bestattungsredner so dilettantisch auftraten, dass man schon sehr antiklerikal sein musste, um sie einem Pfarrer vorzuziehen. Die Zeiten haben sich geändert. Der Anteil von Kirchenmitgliedern, die nicht kirchlich bestattet werden, wächst.

c) Der positive Effekt, der davon ausgeht, Ziele – auch quantifizierte Ziele – zu formulieren und den Erfolg der zielgerichteten Anstrengungen zu prüfen, wird im Impulspapier durch zwei Faktoren etwas verdunkelt: Es werden im Einzelfall – insbesondere was die Steigerung des Gottesdienstbesuchs auf 10 % angeht – Ziele formuliert, die so unrealistisch sind, dass sie nicht motivieren, sondern frustrieren. Vor allem aber sind Ziele, die Durchschnittszahlen für die gesamte EKD angeben, virtuelle Größen und stimmen – beide als Beispiele genommen – praktisch weder für die Kirchenprovinz Sachsen noch für Bayern. Werden Ziele jedoch passgenau für eine einzelne Gemeinde oder – meinetwegen – auch einen Kirchenkreis formuliert, können sie eine enorme Antriebskraft darstellen. Zu dem Instrument der Zielverabredungen gehört es dann notwendig hinzu, den Erfolg, also das in bestimmten Zeitabständen Erreichte, zu überprüfen.

d) Dass der Begriff „Taufquote" zunächst ein Störgefühl auslöst, kann niemanden überraschen. Das geistliche Geschehen der Taufe scheint einer ganz anderen Welt anzugehören als die Quoten, von denen wir in den Medien

> erfahren: Investitionsquote, Arbeitslosenquote, Sparquote. Erstaunlich ist freilich, dass das Störgefühl bei vielen anhält. Denn eigentlich liegt auf der Hand, dass es wissenswert und handlungsorientierend ist, für die eigene Gemeinde oder Landeskirche – am besten im Vergleich mit anderen Gemeinden bzw. Landeskirchen – angeben zu können, wie sich, unterschieden nach der Kirchenzugehörigkeit der Eltern, beispielsweise Taufbereitschaft und Taufvollzug zueinander verhalten und welche Veränderungen in zwei Jahrzehnten festzustellen sind, mit anderen Worten: Es liegt auf der Hand, dass Taufquoten relevante Daten darstellen.

Auch wenn ich nur exemplarisch vorgehen konnte – so viel scheint mir deutlich: Die vier biblisch geprägten und das Impulspapier inhaltlich steuernden Grundannahmen werden durch die aus der wirtschaftlichen Sprache übernommenen oder von ihr inspirierten Ausdrücke weder konterkariert noch verbogen. Man mag an der einen oder anderen Stelle leichte Spannungen registrieren, aber man kann den Autoren keine Widersprüchlichkeit oder Inkonsistenz vorwerfen. Das geht auch noch aus einer anderen Beobachtung, sozusagen *e negativo* hervor. Unter den Importen aus der Wirtschaftssprache fehlt der in diesem thematischen Zusammenhang gelegentlich begegnende Begriff der Kundenorientierung. Unterstellt, dass dies ein bewusst oder intuitiv geübter Verzicht ist, zeigen sich darin bei den Autoren Urteilskraft und die Fähigkeit zu kritischer Unterscheidung (anders jüngst der Generalvikar des Erzbistums Köln, *Dominik Schwaderlapp*, der – vgl. Frankfurter Rundschau vom 24. November 2006, S. 23 – die Gläubigen als „Kunden" bezeichnet). Nichts gegen die Förderung von Servicementalität. Aber das Verständnis der christlichen Gemeinde als Kunden, selbst schon der Vergleich mit ihnen droht zum *slippery slope*, zur schiefen Ebene zu werden. Es ist dann nicht mehr weit zu der Vorstellung, auch in der christlichen Gemeinde sei der Kunde König und bestimme über den Umfang und die Schwerpunkte des Angebots.

III. Der Gebrauch neuer Sprachformen für theologische Inhalte als kreativer und kritischer Prozess

Dass das Impulspapier zur Beschreibung kirchlicher Aufgaben und Handlungsfelder Anleihen bei der wirtschaftlichen Sprache macht, wirkt, wie wir gesehen haben, auf viele befremdlich und irritierend. Dabei ist es in Kirche, Gottesdienst und Theologie seit ihren Anfängen überhaupt nicht ungewöhnlich, vertraute theologische Inhalte in neuen Sprachformen auszudrücken. Die Entdeckung anderer sprachlicher Ausdrucksmöglichkeiten (oder die Suche nach ihnen) ist stets ein kreativer und kritischer Prozess: kreativ, weil er die Chance bietet, neue Facetten der Sache selbst zu entdecken, kritisch, weil sorgfältig geprüft werden muss, ob die Veränderung der sprachlichen Gestalt unter der Hand auch den Inhalt verändert.

Dieser kreative und kritische Prozess findet schon innerhalb der biblischen Überlieferung, nämlich in der Formation der biblischen Texte statt. Ich erinnere nur an die vier Evangelien in ihren Übereinstimmungen und Unterschieden; dabei gehören die ersten drei, das Matthäus-, Markus- und Lukasevangelium, die man wegen ihrer Parallelen und Abhängigkeiten die „synoptischen" nennt, enger zusammen, während sich das Johannesevangelium in der Sprache deutlich von ihnen abhebt. Auch jede Übersetzung der Bibel stellt einen solchen kreativen und kritischen Prozess dar. Von der Frühgeschichte der christlichen Kirche bis hin zur Missionsgeschichte der Neuzeit führte die Entstehung von Gemeinden in einem neuen Kultur- und Sprachraum binnen kurzem dazu, dass eine weitere Übersetzung der biblischen Texte entstand. Luther wünschte, dass „jede einzelne Stadt ihren eigenen Übersetzer oder Dolmetscher hätte, damit dies Buch ... in jedermanns Sprache, Hand, Augen, Ohren und Herzen wäre" (zitiert nach: *Ingolf U. Dalferth*, Der Ewige und die Ewige. Rezension der „Bibel in gerechter Sprache", NZZ vom 18. November 2006).

Beides – das Bewusstsein davon, dass die biblischen Texte einem jahrhundertelangen Werdegang zu verdanken sind, ebenso wie das Drängen darauf, sie in Übersetzung zugänglich zu machen – markiert einen deutlichen Unterschied zu den Verhältnissen im Islam. Der Koran gilt im Islam – von wenigen, zaghaften Stimmen abgesehen – als eine in sich geschlossene, einheitliche Schrift; die Entdeckung seines historischen Charakters und die damit verbundene Öffnung für einen historisch-kritischen Umgang mit ihm stehen noch aus. Die Verehrung des Koran als heiliger Schrift bezieht sich allein auf seine ursprüngliche – oder besser: seine früheste zugängliche – Gestalt, die in einem so heute nicht mehr gesprochenen Arabisch abgefasst ist. In allen Ländern, in denen Muslime leben, unabhängig davon, welche Sprache sie sprechen, ist dieselbe Fassung des Korans im Gebrauch. So sehr dieser Umstand der Zusammengehörigkeit der muslimischen Gläubigen einen sinnenfälligen Ausdruck verleiht – die Beschränkung auf die eine, sakrosankte Sprachgestalt und die Relativierung der als bloße Übertragung geltenden Versionen in den zeitgenössischen Sprachen bringen es mit sich, dass der Koran als gegenständliche, verfügbare Wahrheit erscheint. Die Spannung zwischen verschiedenen Sprachgestalten der heiligen Schrift, der Streit um die rechte Interpretation und die Suche nach neuen Sprach- und Ausdrucksformen sind nicht konstitutiv für den Islam, und das macht ihn anfällig für fundamentalistische Auffassungen.

Die Differenz, die sich in dieser Hinsicht zwischen Christentum und Islam auftut, ist vor einigen Tagen von dem Religionswissenschaftler *Karl-Heinz Ohlig* (in einem Artikel in der FAZ vom 21. November 2006, dort S. 41) auf den Punkt gebracht worden: „Wie eine Revolution wirkte es im Christentum, als man begann, sich seiner Überlieferung ... mit der historisch-kritischen Methode zu nähern. Vieles von dem, was man bisher als vom Himmel gefallen erachtete, wurde nun in seinem historischen Gewordensein sichtbar. Damit öffneten sich hermeneutische Spielräume, eine wortwörtliche Lesart der heiligen Texte schien endgültig obsolet. Das Absolute wird damit nicht negiert, es wird in seinen stets nur relativen Aussagebedingungen begriffen. Mit anderen Worten: Man hat im Zuge der Aufklärung gelernt, die Religion mit (hermeneutischer) Vorsicht zu genießen."

An drei Beispielen will ich den gerade für die evangelische Welt bezeichnenden Prozess veranschaulichen, kreativ nach neuen, angemesseneren Sprachformen für die Inhalte von Glaube und Theologie zu suchen: an neuen Bibelübersetzungen, am gottesdienstlichen Gebet und am Streit um die Hellenisierung bzw. Enthellenisierung des christlichen Glaubens.

2005 und 2006 haben zwei neue Bibelübersetzungsprojekte Schlagzeilen gemacht: die Volxbibel und die „Bibel in gerechter Sprache".

a) Die Volxbibel beschränkt sich auf das Neue Testament und sieht sich selbst als „Sprachexperiment". Sie sei „die erste deutsche Bibel, die versucht, zu zeigen, wie Jesus möglicherweise heute geredet hätte". Sie beruft sich dabei auf Luthers Motto, „dem Volk aufs Maul zu schauen". Genauso sei es das Ziel der Volxbibel, „eine möglichst normale Sprache zu sprechen, mit Ausdrücken, wie man sie im Jugendzentrum oder auf dem Schulhof hört. Begriffe, die erst mal nur jemand versteht, der christlich aufgewachsen ist, sollten, so weit es ging, vermieden werden."

Was kommt bei diesem Ansatz heraus? Offen gesagt: kaum etwas Anregendes und schon gar nichts von Bedeutung. Der verwendete Slang wirkt künstlich und ist als Dauerton unerträglich. Dem „Volk aufs Maul schauen" meint ja auch nicht, den biblischen Text sprachlich auf das Niveau des Schulhofslangs zu bringen. Der Präsident der Deutschen Akademie für Sprache und Dichtung, *Klaus Reichert*, hat dieser Tage (vgl. FAZ vom 18. November 2006) gesagt: Modernismen dürfe man bei der Übersetzung der Bibel nicht verwenden. „Dort muss es eine andere Sprache geben als die des Alltags." Es wäre ein Leichtes, Textbeispiele zu zitieren, die die Volxbibel gnadenlos lächerlich machen. Aber wir sollen ja, wie Luther das 8. Gebot ausgelegt hat, unseren Nächsten „entschuldigen, Gutes von ihm reden und alles zum besten kehren". Darum als Beispiel ein paar Zeilen aus der Bergpredigt Jesu (Matthäus 7,21–23):

> „Die, die mich immer volllabern mit ‚O Herr, allmächtiger Jesus', werden nicht in das Land kommen, wo Gott das Sagen hat ... Am letzten Tag auf dieser Welt, da wird abgerechnet. Dann werden viele große Sprüche machen und sagen: ‚Mann, Gott, wir haben doch immer weitererzählt, was du unserer Meinung nach zu uns gesagt hast' ... Ich werde dann nur kontern: ‚Habt ihr auf euren Ohren gesessen? Ihr habt doch die ganze Zeit nur euer eigenes Ding durchgezogen! Haut bloß ab!'"

b) Von einem anderen Kaliber ist die „Bibel in gerechter Sprache". Ihr Kernproblem ist die ideologische Brille, die sich hinter dem Stichwort „gerechte Sprache" verbirgt. Vor ein paar Tagen hat der Zürcher evangelische Theologe *Ingolf U. Dal-*

ferth in einer Rezension (in der NZZ vom 18. November) den kritischen Punkt genauestens markiert: Die Bibel kann „Regel und Richtschnur des Glaubens nur sein, wenn die biblischen Texte nach allen Regeln philologischer Kunst davor bewahrt werden, sich in die Sichtweisen ihrer Leser hinein aufzulösen. Sich den Sinn der Texte nach eigenem Gusto zurechtzulegen, war für Luther das Kennzeichen von Schwärmerei ... Der Eigensinn der Bibeltexte war deshalb gegen ihre kirchlichen und antikirchlichen Aus- und Zurechtleger stark zu machen. Nur wer die Texte gegen die eigenen und fremden Vorurteile zum Zug kommen lässt, ist ihrem Sinn auf der Spur ... Ganz anders diese Neuübersetzung, die nicht richtig, sondern ‚gerecht' zu übersetzen beansprucht. Sie traut den Lesern gar nichts zu, sondern schreibt ihnen unablässig vor, wie sie verstehen sollen, was sie lesen."

Als ein weiteres Beispiel für Prozesse, in denen vertraute theologische Inhalte eine andere Sprachform erhalten, soll die Entstehung neuer Fassungen des gottesdienstlichen Sündenbekenntnisses in den Blick genommen werden. Der evangelische Gottesdienst ist nicht festgelegt auf ein und dieselbe, gewissermaßen klassische Gestalt des Gebets. Neben sie treten bewährte neuere oder experimentelle Gestalten. So ist es auch beim Sündenbekenntnis. An seine klassische Gestalt lehnt sich die Fassung an, die ich in meiner hannoverschen Gemeinde verwende. Sie werden unschwer die traditionellen Formulierungen von den neuen Akzenten unterscheiden können:

„Heiliger, barmherziger Gott, der du nahe bist allen, die dich anrufen,
wir beugen uns vor dir und bekennen,
dass wir von deinen Geboten gewichen und ungehorsam gewesen sind.
Wir sind deiner Liebe und Treue nicht wert.
Wir haben oft auf dein Wort nicht geachtet und uns nicht leiten lassen von deinem Geist.
Wir haben vieles getan, was wir hätten lassen sollen,
und vieles unterlassen, was wir hätten tun sollen –
aus Unglauben und Misstrauen gegen dich
und aus Mangel an Liebe gegen unsere Nächsten und uns selbst.
Das ist uns von Herzen leid.
Darum nehmen wir Zuflucht zu deiner großen Barmherzigkeit
und bitten dich, dass du uns Sündern gnädig seiest:
Der allmächtige Gott erbarme sich unser,
er vergebe uns unsre Sünde und führe uns zum ewigen Leben."

Einen ganz anderen Ton – ohne jedoch in der Sache abzuweichen – schlägt ein Text aus der „Reformierten Liturgie" (S. 61 f.) an:

„Gnädiger, geduldiger Gott,
offen von unserer Sünde zu reden gelingt uns selten.
Schuld einzugestehen fällt uns schwer,

und die Bitte um Vergebung will kaum über die Lippen.
Lieber reden wir uns heraus,
sagen: So schlimm war es doch nicht
oder: Andere sind noch schlechter als ich.
Du hast es schwer mit uns, Gott. Wir machen dir viel Mühe.
Du hast mit dem Leben deines Sohnes bezahlt, um uns zu gewinnen.
Lass uns im Licht deiner Güte anfangen, ehrlich mit uns zu sein.
Und wenn wir vor den Abgründen in uns erschrecken,
dann lass dein Gnadenwort stärker sein als die anklagende Stimme unseres Gewissens.
Gott, hilf uns, deiner Vergebung zu trauen und einen neuen Anfang zu machen."

Zunächst kaum als Sündenbekenntnis wiederzuerkennen, aber gerade deshalb vielleicht einen neuen Zugang bahnend ein Text von Lothar Zenetti:

„Ich weiß nicht, was ich beichten soll
Ich habe mir nichts vorzuwerfen
Ich halte mich immer an meine Grundsätze
Ich belüge niemand und betrüge niemand
Ich bin höchstens mal ungeduldig
Ich hätte vielleicht manchmal mehr Verständnis für meine Frau haben können
Ich habe mich nicht immer viel um sie gekümmert
Ich habe mich recht wenig um sie gekümmert
Ich habe nur an mich gedacht
Ich kenne eigentlich nur mich
Ich erkenne das
Ich bekenne"

Die unterschiedlichen Gestalten des Sündenbekenntnisses lenken unseren Blick auf einen kleinen, sehr speziellen Ausschnitt der Sprachwerdung von Glauben und Frömmigkeit. Das letzte Beispiel ist von ganz anderer Art und betrifft ein groß dimensioniertes Thema der christlichen Dogmen- und Theologiegeschichte. Es geht – knapp und schlicht gesagt – um die Frage: Bedeutet der Übergang des biblischen Gottesglaubens in den Raum der griechischen Sprache und die geistige Welt der griechischen Philosophie, der in den biblischen Texten Alten und Neuen Testaments bereits beginnt, seine sachgerechte Entfaltung, oder führt er zu seiner Entstellung? In seiner Regensburger Vorlesung (vom 12. September, veröffentlicht u.a. in der FAZ vom 13. September) hat *Papst Benedikt XVI.* kraftvoll die erstgenannte These vertreten: Das „Zugehen aufeinander, das sich zwischen biblischem Glauben und griechischen philosophischen Fragen vollzogen hat, ist ein nicht nur religionsgeschichtlich, sondern weltgeschichtlich entscheidender Vorgang, der uns auch heute in die

Pflicht nimmt ... Diese Begegnung, zu der dann noch das Erbe Roms hinzutritt, hat Europa geschaffen und bleibt die Grundlage dessen, was man mit Recht Europa nennen kann. Der These, dass das kritisch gereinigte griechische Erbe wesentlich zum christlichen Glauben gehört, steht die Forderung nach der Enthellenisierung des Christentums entgegen, die seit dem Beginn der Neuzeit wachsend das theologische Ringen beherrscht" und „vom Christentum nur ein armseliges Fragmentstück" übrig lässt.

Der Papst unterscheidet „drei Wellen des Enthellenisierungsprogramms", deren zweite er mit der liberalen Theologie des 19. und 20. Jahrhunderts identifiziert und für die ihm „Adolf von Harnack als herausragender Repräsentant steht". In der Tat propagierte von Harnack „ein gänzlich undogmatisches Christentum", dessen Zentrum ‚das Evangelium', nämlich „die Verkündigung Jesu als das geschichtlich Ursprüngliche und damit inhaltlich Authentische" bildete (so *Wolf-Dieter Hauschild* in: Profile des Luthertums. Biographien zum 20. Jahrhundert, 1998, S. 275–300, dort: 287 f.). Er sah in der „Fixierung" des Christentums in der Kirche und ihren Dogmen eine „Verfremdung des Evangeliums" (Hauschild, a. a. O., S. 288). *Adolf von Harnack* im Originalton: „Das Lebensbild und die Reden Jesu zeigen kein Verhältnis zum Griechentum." Oder: „Das Einströmen des Griechentums, des griechischen Geistes und die Verbindung des Evangeliums mit ihm ist die größte Thatsache in der Kirchengeschichte des zweiten Jahrhunderts, und sie setzte sich, grundlegend vollzogen, in den folgenden Jahrhunderten fort" (Das Wesen des Christentums, Leipzig 1915, S. 22.125). So sehr sich von Harnack, um das Wesen des Christentums zu bestimmen, an der Verkündigung Jesu – bzw. was er dafür hielt – orientierte und so sehr er die Entwicklung der paulinischen Theologie und der kirchlichen Glaubenslehre als „Verfremdung des Evangeliums" qualifizierte – dies bedeutete ihm „nicht einfach eine Degeneration des Christentums": Die „authentische Wahrheit, das Evangelium Jesu, benötigte diesen Vermittlungsweg neuer Formen, um sich durchzusetzen und in der Menschheitsgeschichte verwirklichen zu können; das war allerdings zugleich eine ‚Beschränkung und Belastung'" (Hauschild, a. a. O., S. 289 f.).

So verlockend es ist – ich kann dem Streit um Hellenisierung bzw. Enthellenisierung des Christentums hier nicht weiter nachgehen (vgl. aber den bei der XIV. Konsultation zwischen Kirchenleitung und wissenschaftlicher Theologie am 20. September 2006 in Bad Herrenalb gehaltenen und demnächst in den EKD-Texten zur Veröffentlichung kommenden Vortrag von Volker Gerhardt: „Glauben unter den Bedingungen des Wissens", dort Abschnitt 3: „In die Moderne verstrickt"). Bis auf einen Punkt: Die Position des Papstes impliziert, dass – so seine Worte – „das kritisch gereinigte griechische Erbe wesentlich [Hervorhebung durch H. B.] zum christlichen Glauben gehört" und eine „ihm gemäße Entfaltung" darstellt. Das zieht der Inkulturation des christlichen Glaubens enge, zu enge Grenzen. Da halte ich es lieber mit *Adolf von Harnack*: „Das Evangelium ist nicht als statuarische Religion in die Welt getreten, und es kann daher auch in keiner Form seiner intellektuellen und gesellschaftlichen Ausprägung, auch nicht in der ersten, seine klassische und bleibende Erscheinung haben" (Das Wesen des Christentums, S. 119). Mit anderen Worten: Es kann nicht um Hellenisierung oder Enthellenisierung gehen. Das Evangelium und der christliche Glaube können auch ohne die Ehe mit dem griechischen Erbe eine ihnen gemäße Entfaltung finden. Die Suche nach neuen Ausdrucksformen darf den Kreis ruhig weiter ziehen.

Ich habe Ihnen, verehrte Zuhörerinnen und Zuhörer, einen weiten Weg zugemutet: von dem Detail der wirtschaftlichen Sprache im Impulspapier des Rates bis hin zu den grundsätzlichen Fragen nach dem Verhältnis zwischen dem Evangelium oder dem christlichen Glauben und seinen unterschiedlichen Sprachgestalten. Ich danke Ihnen für Ihre Geduld und Aufmerksamkeit und bin gespannt auf das Gespräch.

Über Schlafen und Steuern in kirchenleitender Verantwortung[1]

Thorsten Latzel

Sehr geehrte Damen und Herren,
erlauben Sie mir, dass ich mit meinem Vortrag zum Impulspapier „Kirche der Freiheit", zu seiner Diskussion und zum Zukunftskongress Anfang des Jahres an einem etwas entfernteren Ort anfange: beim See Genezareth.

> Und am Abend desselben Tages sprach Jesus zu seinen Jüngern: Lasst uns hinüberfahren. Und sie ließen das Volk gehen und nahmen ihn mit, wie er im Boot war, und es waren noch andere Boote bei ihm. Und es erhob sich ein großer Windwirbel, und die Wellen schlugen in das Boot, so dass das Boot schon voll wurde. Und er war hinten im Boot und schlief auf einem Kissen. Und sie weckten ihn auf und sprachen zu ihm: Meister, fragst du nichts danach, dass wir umkommen? Und er stand auf und bedrohte den Wind und sprach zu dem Meer: „Schweig und verstumme!" Und der Wind legte sich, und es entstand eine große Stille. Und er sprach zu ihnen: „Was seid ihr so furchtsam? Habt ihr noch keinen Glauben?" Sie aber fürchteten sich sehr und sprachen untereinander: „Wer ist der? Auch Wind und Meer sind ihm gehorsam!"

Das Schöne an den biblischen Geschichten ist, dass sie schräg sind, himmlisch schräg. Und weil sie so schräg sind, können sie helfen, unseren Blick geradezurücken. Da geraten Jesus und seine Jünger also mit ihrem Schiff in einen Sturm: Die Jünger schaffen, Jesus schläft. Das Boot läuft voll, die Jünger wecken Jesus, der stillt den Sturm. Und das Ganze endet mit einem höchst messianischen Glaubensrüffel und dem furchtsamen Erschrecken der Jünger. Die Jünger sind hier – wie auch sonst bei Markus – die Personifikation des Kleinglaubens, ja sogar des fehlenden Glaubens. „Was seid ihr so furchtsam? Habt ihr noch keinen Glauben?"

Doch worin zeigt sich eigentlich der Glaubensmangel bei den Jüngern? Darin, dass sie sich in ihrer Not geradezu betend an Jesus wenden und ihn aufwecken? Oder darin, dass sie statt zu steuern, Wasser zu schippen und Segel zu reffen lieber auch hätten schlafen sollen? „Den Seinen gibt's der Herr im Schlaf"? Ich bin skeptisch, ob das wirklich ein Ausdruck besonderen Gottesglaubens gewesen wäre, wenn sich die Jünger – von denen etliche

[1] Vortrag zum Impulspapier, gehalten im März 2007.

ja noch dazu Fischer waren – einfach zu ihm gelegt hätten. Jesus kann schlafen, weil seine Jünger sich um das Schiff kümmern und weil er darum weiß, dass dieser Sturm nicht das Ende sein wird.

Nein, ich sehe den kritischen Punkt woanders: Der Unglaube liegt m.E. darin, dass die Jünger bei ihrem regen seemännischen Handeln nicht darauf vertrauen, dass Gott sie am Leben erhalten und ans andere Ufer bringen wird: „Meister, fragst du nichts danach, dass wir umkommen?" Der Unglaube der Jünger ist ihre Furcht.

Eine wesentliche Pointe der Geschichte liegt dann darin, wie sich Schiff steuern, schlafen und Sturm stillen zueinander verhalten. Es geht damit zugleich um die sorgfältige In-Beziehung-Setzung dessen, was Sache des Menschen und was Sache Gottes ist und wie sich beides zueinander verhält. Die Geschichte von der Sturmstillung ist so eine Einübung in die höchste Kunst der Theologie, in die Unterscheidung von *opus Dei* und *opus hominum*, in den Kern der Rechtfertigungsbotschaft.

Schlafen ist Sache des Menschen. Es ist – hier in dieser Geschichte – Ausdruck des unbedingten Vertrauens, des sich in die Hand des gütigen Gottes Fallenlassens. „Ich liege und schlafe ganz mit Frieden; denn allein du, HERR, hilfst mir, dass ich sicher wohne." (Psalm 4,9) Glaube als Geschenk, schlafen zu können, weil Gott selbst zum Tun das Ruhn gesetzt hat und den Segen von beidem in seinen Hände hält. Glaube als Geschenk, schlafen zu können, weil man den Schöpfer des Himmels und der Erden auf seiner Seite weiß. Glaube als Geschenk, schlafen zu können, weil auch der kleine Bruder des Todes, der Schlaf, so nicht mehr Feind, sondern Tröster ist.

Dass Schlafen dabei nicht per se und in jedem Fall Ausdruck des Glaubens und das adäquate Verhalten in der Nachfolge Jesu ist, zeigt sich spätestens im Garten Gethsemane. Glaube als das Geschenk, schlafen zu können, gewinnt Gestalt in der Gabe, zur rechten Zeit zu wachen und zu beten.

Auch Schiffe zu steuern ist Sache des Menschen. Es gehört zur Klugheit und zum Verstand, mit denen Gott Menschen begabt. Gott sei Dank gibt es Menschen, die dies können – und die mit ihrer Arbeit andere schlafen lassen. Spannenderweise sind es in der Bibel immer die Gottesmänner, gleichsam die Theologen, von denen das Schlafen bzw. Ruhen auf dem Schiff in ganz unterschiedlicher Weise berichtet wird: von Jona, von Jesus, von Paulus. Schiffe zu steuern ist eine gute Gabe Gottes an den Verstand des Menschen im Dienst seiner Boten. Schiffe steuern und schlafen gehören zusammen.

Problematisch wird das Steuern allerdings dann, wenn es eben nicht im Dienste Gottes steht. Problematisch wird es, wenn die Leute am Steuer nicht darum wissen, wer Wolken, Luft und Winden Wege gibt, Lauf und Bahn. Der Mensch steuert das Schiff, aber er beherrscht es nicht. Der Mensch denkt und lenkt, aber er hält nicht Kurs, kommt nicht von sich aus vorwärts, erreicht nicht aus eigener Kraft das Ziel. Das alles ist allein Sache Gottes.

Damit sind wir beim dritten Punkt: Sturm stillen ist Sache Gottes. Der Herr der Zeiten ist auch der Herr der Ge-Zeiten. Was um uns und mit uns und in uns passiert, das steht in seiner Hand. Und auch Stürme, urzeitliche Chaosmächte und dämonische Kräfte haben still zu sein, wenn er „Schweig und verstumme" spricht. Die Erfahrung dieser erhabenen Vollmacht der Liebe Gottes lässt auch den Glaubenden, wann immer sie ihm widerfährt, erzittern. Aber sie lässt ihn – anders als die Jünger – nicht mehr fürchten. Die Vollmacht der Liebe Gottes – jenseits all dessen, was ein Mensch sich vorstellen kann – ist vielmehr der tragende Grund allen Tuns der Glaubenden. Weil Gott Stürme stillt, können wir steuern und schlafen – und alles zur rechten Zeit am rechten Ort. Gott führt die Seinen ans rechte Ufer – ob durch Schiffbruch wie bei Paulus, ob durch Sturmstillung wie bei den Jüngern oder durch einen Fisch wie bei Jona. Es ist gut, wenn die Seinen sich mit ihrem Tun und Ruhn in Gottes Dienst nehmen lassen, wenn sie auf dem Weg zu Gottes Ziel nicht Hindernis, sondern Hilfe sind, und wenn sie allem Toben und allen Stürmen zum Trotz nicht daran irre werden, dass es gut ausgeht, also zu Gottes Ziel, zum Wohl seiner Gemeinde und zum Heil der gesamten Schöpfung führt:

> Was er sich vorgenommen und was er haben will,
> das muss doch endlich kommen zu seinem Zweck und Ziel.

Wenn man einen Vortrag über den Reformprozess in der Kirche mit einer Geschichte über ein Schiff im Sturm beginnt, so hört das symboldidaktisch geschulte Ohr natürlich schon die Nachtigallen trapsen. Ich werde am Ende des Vortrags noch einmal darauf eingehen, was diese Geschichte für die Frage kirchlicher Veränderung bedeutet. Zuvor möchte ich in aller Kürze zu folgenden vier Punkte etwas sagen:

1. Anstoß und Entstehung des Impulspapiers
2. Zentrale Pointen des Impulspapiers
3. Eindrücke aus der Diskussion und kritische Anfragen an das Papier
4. Der Zukunftskongress in Wittenberg und der weitere Reformprozess

Sehen Sie mir bitte nach, wenn ich – trotz der Themenstellung – in meinem Vortrag auf die Frage der Leuchtfeuer-Metaphorik nicht noch einmal eigens eingehe. Zu diesem Bild ist m. E. im Für und Wider nun wirklich alles gesagt – wenn vielleicht auch noch nicht von allen. Es gibt für unsere Diskussion heute Morgen – glaube ich – fruchtbarere Bäume, an denen wir schütteln sollten. Wie ich selbst zu der etwas eigenartigen Alternative „Sternschnuppe oder Signal" stehe, werden Sie vielleicht schon ahnen, aus dem Folgenden aber sicher heraushören können.

I. Anstoß und Entstehung des Impulspapiers

Die Erarbeitung des Impulspapiers hatte einen doppelten unmittelbaren Anlass: zum einen die mittelfristige Mitgliedschafts- und Finanzperspektive der EKD, zum anderen die vierte Kirchenmitgliedschaftsuntersuchung (KMU IV).

Zur mittelfristigen Mitgliedschafts-/Finanzperspektive: Jedes Jahr verlieren wir bundesweit Mitglieder im Umfang von rund 200.000–300.000 Menschen, also etwa die halbe Einwohnerschaft der niedersächsischen Landeshauptstadt Hannover. Trotz rückläufiger Austrittszahlen und vermehrter Eintritte wird sich daran aller Voraussicht nach unmittelbar nicht viel ändern, da über zwei Drittel der Verluste schon heute auf demographische Gründe zurückgeht. Das ist alles überhaupt nicht neu. Der Skandal ist dabei auch nicht der Umfang des Verlustes, sondern dass er zur Normalität geworden ist. Es regt sich im Grunde niemand wirklich darüber auf.

Zur IV. Kirchenmitgliedschaftsuntersuchung: Die vierte Kirchenmitgliedschaftsuntersuchung führte – neben vielen anderen Einsichten – noch einmal die Milieuverengung innerhalb der Kirche deutlich vor Augen. Und ein Journalist brachte es auf die schöne Formel: „Das ist doch seltsam: Die Mitglieder werden weniger und die KMU immer dicker." Das heißt im Klartext: Wir verstehen zwar immer genauer, was im Blick auf die Entwicklung der Kirche und ihrer Mitglieder passiert, schaffen es aber nicht, daran etwas zu ändern.

Wenn ich in die Arbeiten meines Vorgängers schaue, so finde ich darin ganz ähnliche Aussagen schon vor 15–20 Jahren, nur dass damals aufgrund von höheren Kirchensteuereinnahmen offensichtlich kein Handlungsdruck da war.

Die Aufgabe, vor der sich der Rat der EKD deshalb sah, war eine dreifache:

1. Es sollte eine Trendwende in der Entwicklung der Institution angestrebt werden.
2. Es galt einen dafür notwendigen Mentalitätswandel zu initiieren bzw. zu befördern.
3. Es sollten ermutigende Perspektiven gegen die Depressionsspirale der ständig neuen Kürzungswellen und Strukturveränderungen vermittelt werden – eine Perspektive, in der Kirche wieder neu offen, attraktiv und einladend für andere wird und in der vor allem für alle Mitwirkenden die Arbeit in der Kirche Sinn und Freude macht.

Für äußerst wichtig halte ich es dabei, dass diese Zielsetzung ein dezidiert geistlich-theologisches Anliegen ist und nicht bloß den Versuch einer kirchlichen Selbsterhaltung darstellt. Es geht letztlich um die Frage, wie wir möglichst gute Voraussetzungen dafür schaffen, das Evangelium an andere Menschen weiterzusagen – und auch dafür, dass das in der nächsten Generation so möglich ist.

Um diese Aufgabe wahrzunehmen, setzte der Rat der EKD Ende 2004 eine Perspektivkommission ein: ein Gremium, besetzt mit zwölf Personen, das aber bewusst nicht die verschiedenen kirchlichen Lobbygruppen abbilden sollte, sondern darauf zielte, von anderen zu lernen. Dieser Ansatz war für kirchliche Binnenkultur fremd und störend, erwies sich rückblickend jedoch als sehr produktiv.

Nach anderthalbjähriger, intensiver Arbeit hatte die Perspektivkommission einen Text erarbeitet, der – nach Beratung in Rat und Kirchenkonferenz – vom Rat am 6. Juli 2006 veröffentlicht wurde.

II. Zentrale Pointen des Impulspapiers

Für das richtige Verständnis des Textes gilt es zunächst, seine Gattung zu beachten: Es ist kein Masterplan, der einen Gesamtplan für den kommenden Reformprozess darzulegen beansprucht. Es ist auch kein bleibendes theologisches Manifest, kein Text, der auf zeitübergreifende Dignität zielt. Es handelt sich vielmehr um ein Impulspapier, d.h. um einen Text, der auf Anstößigkeit im positiven Sinne zielt, einen Text, der etwas praktisch in Bewegung setzen will. „Kirche der Freiheit" hat insofern eine mäeutische, ein Hebammenfunktion. Es ist ein Verbrauchstext, der sich in der Reform-Diskussion abnutzen soll und überholt wird, ein Text, von dem es keine zweite, überarbeite Auflage geben wird. Seine Zielsetzung ist es, vom „Papier zum Prozess" zu führen.

Diese Gattung ist in der Kirche gleichfalls fremd und ungewohnt. Üblich sind in der Kirche eher Leitbild- statt Impulsprozesse. Es geht in der Regel eher darum, eine konsensfähige Textgrundlage zu finden, auf der sich möglichst viele Menschen einfinden können und die möglichst wenigen Menschen wehtun soll. Das war aber nicht die Intention dieses Textes – und manche der Reaktionen auf das Impulspapier erklären sich m.E. aus der Ungewohnheit der Gattung, der es um eine konstruktive, produktive Anstößigkeit geht. Als besondere Leistung des Textes sehe ich folgende Punkte an:

1. Er bietet eine nüchterne Bestandsaufnahme der kirchlichen Situation und verbindet diese mit einer ermutigender Perspektive.
2. In ihm hat sich der Rat der EKD selbst positioniert und so ansprechbar und angreifbar gemacht.
3. Er liefert den Anstoß dazu, dass sich die Landeskirchen *gemeinsam* auf den Weg machen – und das auf allen kirchlichen Ebenen und Handlungsfeldern.
4. Er ermutigt zu kirchlichem Handeln, indem er Kirche *von vorne her denkt* und neue, langfristige Perspektiven aufzuweisen versucht.
5. Er drückt den Willen zu wirklichen Veränderungen aus, indem er auch konkrete Zahlen zu nennen wagt und nicht auf der Ebene abstrakter Aussagen bleibt.
6. Er greift – wie die Diskussion gezeigt hat – zentrale schmerzhafte Fragen im kirchlichen Veränderungsprozess auf.

Das eigentliche Zentrum des Textes bilden dabei vier Leitlinien, die so etwas wie der Puls und Herzschlag aller weiteren Ausführungen sind.

1. *Geistliche Profilierung statt undeutlicher Aktivität*: Wo evangelisch draufsteht, muss Evangelium erfahrbar sein.
2. *Schwerpunktsetzung statt Vollständigkeit*: Kirchliches Wirken muss nicht überall vorhanden sein, wohl aber überall sichtbar.
3. *Beweglichkeit in Form statt Klammern an Strukturen*: Nicht überall muss um des gemeinsamen Zieles willen alles auf dieselbe Weise geschehen; vielmehr kann dasselbe Ziel auch auf verschiedene Weise erreicht werden.
4. *Außenorientierung statt Selbstgenügsamkeit*: Auch der Fremde soll Gottes Güte erfahren können, auch der Ferne gehört zu Christus. Insofern gilt es, alle kirchliche Arbeit daraufhin zu befragen, ob sie nur dazu dient, sich selbstbezüglich auf den angestammte Kern zurückzuziehen oder sich offen und einladend anderen Menschen zuzuwenden.

Diese Leitlinien werden in dem Papier bezogen auf die empirische Wahrnehmung von Chancen und Herausforderungen der gegenwärtigen kirchlichen Situation. Sie werden sodann ekklesiologisch verankert im Blick auf die reformatorische Theologie – und schließlich exemplarisch entfaltet im Blick auf die zwölf sog. „Leuchtfeuer“– auf Themen, die für die weitere Entwicklung der Kirche von besonderer Bedeutung sind. Die zwölf Leuchtfeuer sind dabei ihrerseits vier übergreifenden Handlungsfeldern zugeordnet: kirchlichen Kernangeboten, kirchlichen Mitarbeitenden, kirchlichem Handeln in der Welt und kirchlicher Selbstorganisation.

Ohne auf die einzelnen Themen hier einzugehen, die Sie ja schon kennen oder zu Hause in Ruhe nachlesen können, möchte ich nur auf einige Knackpunkte, einige „crucial points“ des Textes abheben.

- Dazu gehört etwa die Frage nach der Qualität kirchlicher Arbeit. Wie lässt sich die Qualität kirchlichen Handelns, etwa von Gottesdienst und Kasualien, wahrnehmen, sichern und steigern? Dieses Thema wird in der Kirche weithin tabuisiert. Man redet unter Kollegen über vieles, aber nicht darüber.
- Welche Bedeutung wird eigentlich der Stärkung der Institution Kirche in evangelischer Sicht beigemessen? Es geht hier um die Frage einer reflektierten und kritischen Identifikation der Mitarbeitenden mit der Kirche. Es gibt wohl keine größere Institution, in der die Mitarbeitenden eine solche kritische Haltung gegenüber der eigenen Einrichtung haben wie in der Kirche.
- Wie ist das Verhältnis von Wirken des Geistes und Gestaltungsaufgabe des Menschen zu beurteilen? Und ist Erfolg oder gar messbares Wachstum eigentlich ein theologisch zulässiges Ziel kirchlichen Handelns?

- Wie kann die kirchliche Präsenz in Fläche auch bei rückläufigen Finanzeinnahmen und personellen Ressourcen gesichert werden, ohne der Gefahr einer strukturellen Überdehnung zu erliegen?
- Wie sieht unter diesen Voraussetzungen das künftige Verhältnis von Ehrenamtlichen und Hauptamtlichen in der Kirche aus? Was sollten die Pfarrerinnen und Pfarrer als ihre Kernaufgaben ansehen und was nicht?
- Wie kann angesichts einer regional zunehmenden divergierenden Entwicklung der unterschiedlichen Regionen in Deutschland ein gelingender kirchlicher Föderalismus aussehen?

III. Eindrücke aus der bisherigen Diskussion und kritische Anfragen an das Papier

Das Impulspapier hat eine sehr starke Wirkung entfaltet. Es wurde innerhalb wie außerhalb der evangelischen Kirche sehr breit aufgenommen und diskutiert. Innerhalb von neun Monaten wurde der Text rund 42.000 Mal als Druckfassung versandt und ca. 260.000 Mal im Internet aufgerufen – und das bei einem theologischen Text von über 100 Seiten! Erfreulich ist dabei vor allem die Beteiligung von sehr verschiedenen Bereichen. Es wurde in Schulklassen ebenso diskutiert wie in Gemeinden, Kirchenkreisen, Gruppen und Institutionen. Positive Resonanz fand es besonders oft bei jungen Menschen und bei Menschen, die nicht zu den kirchlichen Funktionären gehören.

In aller Kürze einige Stationen der Diskussion bis zum Kongress in Wittenberg: Eine erste Phase der Diskussion lässt sich Anfang Juli unmittelbar nach der Veröffentlichung des Textes ausmachen. Die Presse konzentrierte sich in dieser Phase besonders auf die Punkte, bei denen sich eine innerkirchliche Kontroverse erzeugen lässt, namentlich das Leuchtfeuer 11 mit den Vorschlägen zur Reduktion der Landeskirchen von 23 auf acht bis zwölf. Nach diesen recht hitzigen ersten Reaktionen kommt es in einer zweiten Phase dann zu ersten eingehenderen Diskussionen in Institutionen, zu schriftlichen Stellungnahmen und ersten grundlegenden Auseinandersetzungen.

Eine dritte Phase lässt sich mit der Aufnahme der Diskussion auf der EKD-Synode von Würzburg Anfang November 2006 festmachen. Nachdem zunächst ein Vorwurf gegenüber dem Papier lautete, dass die verfassten kirchlichen Organe, insbesondere die Synoden, nicht hinreichend beachtet würden, nahm die Synode selbst den Impuls des Textes positiv auf und machte in einer intensiven und guten Diskussion den Reformprozess zu ihrem zweiten Hauptthema. Zugleich wurde die Fortführung des Prozesses zum Thema der nächsten Synode 2007 bestimmt. Die positive Rezeption der Impulse in Würzburg war rückblickend ein zentraler und wichtiger Schritt auf dem Weg zum Zukunftskongress in Wittenberg, auf den ich gleich näher eingehe.

Inhaltlich kann man die Diskussion als sehr intensiv und kontrovers, aber auch als äußerst hilfreich und klärend bezeichnen. An vielen Stellen konnten die entfalteten Perspektiven präzisiert, modifiziert und weiterentwickelt werden. An anderen Stellen half die Diskussion dabei, die zentralen offenen Fragen sichtbar zu machen und genauer zu klären. Darüber hinaus erbrachte der Diskussionsgang vielfältige Anregungen für die weitere Arbeit. Kritisch muss jedoch rückblickend auch festgestellt werden, dass in der Diskussion oft eine massive Form des Kirchturmdenkens zum Ausdruck kam. Die Leitfrage des innerkirchlichen Lobbyismus lautete an vielen Stellen: „Wie häufig kommt unser Arbeitsfeld als Stichwort im Text vor" und „Können wir das Papier nutzen, um Wasser auf unsere eigenen Mühlen zu lenken". Es gibt in unseren Kirchen m. E. einen eklatanten Mangel an gesamtkirchlicher Verantwortung und Sichtweise.

An dieser Stelle sei noch einmal ausdrücklich betont, dass das Impulspapier anstößig und strittig ist und auch sein will, dass man durchaus unterschiedlicher Meinung zu den verschiedenen Überlegungen sein kann und dass der Text auch verschiedene Unschärfen und Weiterentwicklungsmöglichkeiten bietet. Notwendig ist es jedoch, sich der leitenden Fragestellung und den zentralen Anliegen des Textes zu stellen. Ich finde es – exegetisch formuliert – problematisch, wenn man sich bei einem „Impulspapier", das sich den institutionellen Herausforderungen der Kirche in unserer Zeit zu stellen versucht, in Einzelversauslegung verliert und die eigentliche Pointe und pragmatische Intention nicht mehr im Auge behält.

In diesem Sinne möchte ich – in Form einer freundlichen Apologie – versuchen, auf einige zentrale Einwände aus der Diskussion einzugehen und speziell auch auf die Frage, was die Diskussion für den Pfarrberuf heißt. Anliegen ist es dabei nicht, das Papier zu verteidigen, sondern die Sache zu fördern, um die es in dem Papier geht.

Ein Grundvorwurf lautete, der Text sei zu wenig spirituell und theologisch. Es komme in dem Papier zu wenig die „Kirche in der Kraft des Heiligen Geistes" vor, es werde zu sehr das Handeln des Menschen in das Zentrum gerückt.

Nun, der Feststellung, dass nicht wir es sind, die die Kirche berufen, sammeln, heiligen und bis ans Ende der Zeiten erhalten, sondern dass dies der Heilige Geist tut, kann ich nur zustimmen. Und ich glaube, dass dies auch an verschiedenen Stellen im Text markiert ist – etwa im zweiten Hauptteil oder in der Einleitung zu jedem Leuchtfeuer. Es stimmt allerdings auch, dass das Impulspapier sich stärker auf das konzentriert, was wir im Blick auf die weitere Entwicklung der Kirche tun können und sollen.

Aber gerade weil Gott seine Kirche bis an das Ende der Zeiten erhalten wird, haben wir m. E. die Aufgabe und Verantwortung, uns als Werkzeug des

Heiligen Geistes gebrauchen zu lassen und alles in unserer Macht Stehende zu tun, um die Wirksamkeit des äußeren Wortes zu fördern. Insofern halte ich die institutionelle Stärkung für ein dezidiert theologisches Anliegen, das dem Glauben an die Angewiesenheit auf die Wirksamkeit des Heiligen Geistes in keiner Weise entgegensteht, sondern vielmehr darauf traut und sich dafür beanspruchen lässt. Ich habe umgekehrt manchmal den Eindruck, dass wir mit dem theologisch richtigen Hinweis auf den Geist Gottes faktisch dem aus dem Wege gehen, was in unserer Verantwortung steht.

Ein zweiter Einwand zielte darauf, was in dem Papier alles fehlt: etwa die Ökumene, die soziale Gerechtigkeit, die Ausführungen zu anderen Mitarbeitenden, die Frage der Geschlechterrollen. Dieser Hinweis trifft zu – und das Impulspapier bietet nur eine exemplarische Auswahl von Themen, die immer unbefriedigend bleibt. Doch ich finde es im Blick auf die leitende Fragestellung legitim, sich auf bestimmte Bereiche zu begrenzen und Mut zur Lücke zu haben. Hilfreich finde ich, dass zeitgleich etwa ein Text wie „Gerechte Teilhabe" vom Rat veröffentlicht worden ist, der diese Lücken füllt. Manchmal erinnert mich diese „Lückenexegese" allerdings auch an eine bestimmte Form der Predigtkritik, die aufzählt, was man noch alles hätte sagen sollen, und nicht dazu Stellung nimmt, was man gesagt hat.

Ein heikler und oft angesprochener Punkt in der Diskussion war drittens die Wirtschaftssprache in dem Papier; vor allem der Begriff der Tauf- und Trauquote wurde dabei immer wieder als anstößig empfunden. In der Tat spricht das Impulspapier eine für kirchliche Verlautbarungen untypische Sprache, und die Gefahr des Jargons möchte ich dabei nicht völlig von der Hand weisen. Dies hängt mit dem Versuch zusammen, von anderen – und das heißt hier besonders auch von der Wirtschaft – zu lernen. Die kritische Übernahme von anderen Sprachspielen ist dabei in der Theologie allerdings nichts Ungewöhnliches (vgl. Psychologie, Soziologie, Philosophie). Und ich halte es für wichtig, dass in dem Papier nie von der Kirche als „Firma" mit „Waren" und „Kunden" die Rede ist. Das ist sie nicht. Sehr wohl aber ist sie eine Organisation mit Mitgliedern. Die Schwierigkeiten mit der Wirtschaftssprache können dabei – kritisch gesehen – auch auf die Gefahr eines kirchlichen Sprachverlustes hinweisen.

Besonders interessant ist dabei in der Tat der Ausdruck „Taufquote". Dieser Begriff stammt nämlich nicht aus der Wirtschaftssprache, sondern aus der statistischen Erhebung der Daten kirchlichen Lebens. Er steht seit Jahr und Tag in den diesbezüglichen kirchlichen Texten und besagt nichts anderes, als dass man die m. E. notwendige Frage stellt, wie viele der Kinder evangelischer Eltern wir eigentlich taufen, warum etwa der Anteil der Taufen bei alleinerziehenden Müttern signifikant niedriger ist und was das über unsere Kasualpraxis aussagt. Die Tatsache, dass dieser Begriff so sehr aufstößt, wirft ein Licht darauf, welche Rolle solche Informationen in unserer Kirche spielen.

Eine der sicherlich schwierigsten und offensten Anfragen bezieht sich viertens auf die Präsenz der Kirche in der Fläche und die weitere Entwicklung der verschiedenen Gemeindeformen, insbesondere der Parochie. Manche Stellen des Impulspapiers haben dabei den Eindruck geweckt, als ginge es um die Intention, die Parochie zu schwächen bzw. zu ersetzen. Insbesondere die prozentuale Angabe der verschiedenen Gemeindeformen hat so gewirkt. Die Diskussion konnte an dieser Stelle die Fragestellung klären helfen. Es geht letztlich darum, das hergebrachte System eines oft unverbundenen Nebeneinanders von funktional und parochial zu überwinden, nach den Entwicklungsmöglichkeiten der Parochie zu fragen und sie zugleich durch eine Pluralisierung von weiteren Gemeindeformen (und nicht bloß kirchlichen Angeboten) zu erweitern. Deutlich ist jedoch auch, dass mit dem jetzigen parochialen System die Präsenz in der Fläche gerade nicht zu halten sein wird. Hier stehen wir vor der Aufgabe, nach neuen Formen kirchlicher Präsenz zu fragen, die konsequent von den Lebenswelten der Mitglieder her zu denken sind und nicht von den Organisationsanliegen der Institution her. Die Parochie erfasst die Lebenswelt bestimmter Milieus (vor allem in ländlichen Regionen, bei älteren Menschen und jungen Familien), bei anderen ist sie unzureichend.

Ein weiterer Brennpunkt der Diskussion war fünftens die Rolle der Pfarrerinnen und Pfarrer. Hier wurden verschiedene kritische Einwände geäußert: Die Arbeit der Pfarrerinnen und Pfarrer würde in dem Papier zu wenig wertgeschätzt, ja schlecht geredet, zugleich würden die Pfarrerinnen und Pfarrer durch zusätzliche Anforderungen überbelastet, die (wenn auch unterproportionale) Kürzung von Pfarrstellen sei an sich problematisch.

Nun kann man über einen subjektiven Leseeindruck, der sich oft aus sehr unterschiedlichen Quellen speist, nur schwer streiten. Ich selbst zumindest – als jemand, der mit Herz, Leib und Seele Gemeindepfarrer war und meine Arbeit im Kirchenamt als eine Dienstleistung für die Wahrnehmung dieser Aufgaben sehe –, kann diesen Eindruck nicht teilen. Im Gegenteil verstehe ich den Text gerade als einen Ausdruck dafür, den Pfarrberuf in seiner zentralen Rolle für die Kirche wahrzunehmen und für die Zukunft stark zu machen.

Es geht gerade darum, danach zu fragen, wie eine Arbeit in der Kirche unter den veränderten Bedingungen auch in Zukunft Sinn und Freude machen kann, wie wir der Gefahr wehren, dass das Predigtamt zu einer bloßen geistlichen Fließbandarbeit wird, in der die Hauptamtlichen ausbrennen, wie der Pfarrberuf wieder neu auf seinen eigentlichen geistlichen Kern konzentriert und von anderen Aufgaben entlastet werden kann, z.B. durch ein neues Verhältnis von Haupt- und Ehrenamtlichen damit er attraktiv bleibt für Menschen, die ihn ausüben und die darüber nachdenken, ihn für sich zu wählen. Und für wichtiger als die Frage, wie viele Pfarrer und Pfarrerinnen es in Zukunft geben wird, halte ich die Frage, was diese Pfarrerinnen und Pfarrer tun werden und wie sie es tun werden.

Dazu gehört dann auch die Frage nach der Qualität pastoraler Tätigkeit. Diese Frage halte ich für dringend notwendig, damit endlich eine wirkliche Würdigung und Wertschätzung der guten Arbeit passiert und eine Veränderung an den Stellen, an denen es nicht gut läuft.

Ein letzter Hinweis noch zur Frage der Macht: Wiederholt wurde beanstandet, dass es sich bei der Einsetzung der Perspektivkommission und dem Impulspapier um einen Top down-Ansatz handelt, demzufolge die Gefahr einer Machtübernahme seitens der EKD bestehe und die vorhandenen Institutionen ausgehebelt würden. Das Impulspapier selbst hat in dem Refomprozess jedoch – ebenso wie die EKD – keine andere Macht als die des Arguments; es geht um ein „government by discussion". Dass der Impuls hierbei „von oben" kam, ist gar nicht zu bestreiten, sagt aber m.E. nichts über seine Richtigkeit aus. Und die Intention des Impulses zielt ja gerade auf die bestehenden Organe der Landeskirchen als den bleibenden Entscheidungsgremien.

Es gibt in der evangelischen Kirche jedoch an manchen Stellen eine Ideologisierungstendenz im Blick auf kirchliche Leitungsformen, die leider dazu führt, dass sich vieles nur sehr langsam bewegt. Der Schriftbeweis dafür, warum eigentlich die kirchlichen Mühlen langsam mahlen müssen, blieb meines Wissens bisher aus. Über die effektive Fortentwicklung kirchlicher Leitungsarbeit in einem dezidiert evangelischen Sinn sollte man zumindest nachdenken dürfen.

IV. Der Zukunftskongress in Wittenberg und der weitere Reformprozess

Der Zukunftskongress in Wittenberg stellte nun den Versuch dar, die bisherige Diskussion des Impulspapiers aufzunehmen und für den weiteren Prozess fruchtbar zu machen. Er stellte von der Art der Veranstaltung her ein wirkliches Novum innerhalb des deutschen Protestantismus dar: Erstmals trafen sich die leitenden Personen aus allen 23 Landeskirchen mit einem volkskirchlichen Querschnitt von reformerisch engagierten Personen aus möglichst allen kirchlichen Ebenen und Handlungsfeldern. Bischöfin und Vikar, leitender Jurist und Pfarrerin, Kirchenvorsteher und Hochschullehrerin, Synodaler und Studentin arbeiteten daran, wie der gemeinsame zukünftige Weg der evangelischen Kirchen in Deutschland aussehen kann.

Um die Ergebnisse des Kongresses recht verstehen zu können, muss man zunächst noch einmal sagen, was der Kongress war und was nicht.

- Er war keine Synode und fasste deshalb auch keine Beschlüsse.
- Er war kein Kirchentag, der in bunten Schals protestantische Vielfältigkeit spiegelt.
- Er war kein Oberseminar mit theologischen Tiefenbohrungen und Begriffsklärungen.

- Und er war auch kein prophetischer Hügel, auf dem völlig neue kirchenreformerische Einsichten offenbar wurden.

Aber:
- Er war ein Katalysator, ein Beschleuniger für einen gemeinsamen kirchlichen Reformprozess aller evangelischen Kirchen in Deutschland.
- Er war ein prozessualer Wendepunkt, durch den sich die Beweispflicht umkehrte. Nicht die Reformwilligen, sondern die Reformkritiker stehen jetzt in der Beweispflicht. „Zurück geht es nicht mehr."
- Er war ein Commitment, ein Sich-Einbringen und eine Selbstverpflichtung aller Teilnehmenden auf den gemeinsamen Weg der Veränderung.
- Er war ein mediales Großereignis mit über 100 akkreditierten Journalisten, mit dem die evangelischen Kirchen ihren Willen zur Veränderung ihrer selbst symbolisch kommuniziert und deutlich gemacht haben.

Entsprechend liegt der eigentliche Ertrag des Kongresses noch stärker als auf der inhaltlichen auf der pragmatischen Ebene. Wichtiger als die verschiedenen einzelnen Ergebnisse ist es, dass mit dem Impulspapier und dem Zukunftskongress ein Bezugspunkt und Anstoß für den gemeinsamen Weg aller Landeskirchen in Deutschland geschaffen wurde.

Wichtig ist, dass sich in Wittenberg ein Stimmungsumschwung ereignete: An die Stelle der sehr kontroversen Diskussion im Vorfeld trat die konstruktive gemeinsame Arbeit. Im Blick auf diesen Wechsel kann man schon von einem kleinen „Wunder von Wittenberg" sprechen.

Es zeigte sich beispielsweise darin, dass viele Impulse, die im Vorfeld z. T. heftig diskutiert wurden (z. B. Qualität, Mission, geistliche Konzentrierung), auf dem Kongress selbstverständlich aufgenommen und weitergeführt wurden. Für die inhaltliche Arbeit an den einzelnen inhaltlichen Themen gab es dabei eine dreifache Leitfrage:

1. Wo zeichnen sich *gemeinsame Perspektiven* ab im Blick auf den gemeinsamen weiteren Weg?
2. Wo gibt es *offene Diskussionspunkte*, die für die Zukunft der Kirche einer weiteren Klärung bedürfen?
3. Welche *konkreten Handlungsschritte* sollten im Anschluss von wem in welcher Zeit angegangen werden?

Es ging somit insgesamt darum, vom Papier zur Praxis zu kommen und die vielfältigen Reformbemühungen dafür zu vernetzen. Die Ergebnisse aus den einzelnen Arbeitsgruppen stellen dabei einen bunten Blumenstrauß dar: da wird etwa vorgeschlagen

- eine Landkarte kirchlicher Kraftorte zu schaffen,
- eine theologische Ausbildung für alle Mitarbeitenden in der Kirche zu installieren,
- eine Gemeinde nur noch dann mit einem Pfarrer zu versehen, wenn diese ihn von allen Verwaltungsaufgaben freistellt,
- für eine geistliche Begleitung aller Mitarbeitenden, einschließlich der Pfarrerinnen und Pfarrer zu sorgen,
- neue Formen kirchlicher Finanzierungen zu installieren, die auch kirchliche Randsiedler einbeziehen,
- die diakonische Kompetenz der Gemeinden neu zu entfalten und diese mit der institutionellen Diakonie zu koppeln,
- Mindeststandards für Landeskirchen zu entwickeln und die Bezeichnung kirchlicher Ämter zu vereinheitlichen,
- alle Strukturen kirchlicher Arbeit konsequent von den Menschen und nicht von den institutionellen Anliegen her zu entfalten.

Mehr dazu finden Sie auf unserer Homepage.

In Aufnahme der Geschichte von der Sturmstillung vom Anfang möchte ich mit einigen Fragen schließen, Fragen, die – so meine Einschätzung – in der weiteren Reform und Diskussion eine wichtige Rolle spielen werden:

- Glauben wir eigentlich wirklich noch daran, mit diesem Boot der Volkskirche an neue Ufer zu gelangen? Glauben wir noch, dass diese verfasste kirchliche Institution für die Kirche im geistlichen Sinn als „Gemeinschaft der Heiligen" gut, förderlich und hilfreich ist? Oder haben wir uns innerlich schon längst auf einen anderen Ausgang eingestellt – Schiffbruch oder Walfisch?
- Nehmen wir den „stillen Sturm" unserer Tage überhaupt wahr, in dem immer mehr Menschen mit christlichem Glauben und Kirche nichts anfangen können? Oder ist es so, wie ein Jugendlicher herrlich schräg in der vierten Kirchenmitgliedschaftsuntersuchung gesagt hat: „Ich glaube, dass die in der Kirche irgendwie den Zahn der Zeit verschlafen haben."
- Trauen wir Gott ernsthaft zu, dass er Stürme stillt und kirchliche Entwicklungstrends wendet? Und wenn der „stille Sturm" sich legt und Menschen in unsere Kirchen strömen: Was machen wir eigentlich dann?
- Wie gehören für uns „Steuern" und „Schlafen" zusammen? Beten wir noch so für unsere Kirche, als ob alles Arbeiten nichts nütze, und arbeiten wir noch so in ihr, als ob alles Beten nichts nütze?
- Und: Sind wir bereit dazu, Verantwortung für das ganze Schiff zu übernehmen, und es, wo nötig, umzubauen, auch wenn das den Abschied von Liebgewordenem bedeutet?

Ich sehe ehrlich gesagt zur Zeit für unsere Situation kein besseres Schiffsmodell am Horizont. Ich bin überzeugt, dass an dem Boot gearbeitet werden muss und – das ist die große Herausforderung – dass diese Arbeit während der Fahrt erfolgen muss. Dass Gott mit uns an neue Ufer gelangt, daran zweifle ich nicht. Meine Hoffnung ist nur, dass wir ihm dabei Hilfe und nicht Hindernis sein mögen.

Schenke Gott uns die Weisheit zu steuern und zu schlafen – jedes zu seiner Zeit – in der gewissen Zuversicht, dass er selbst das Sturmstillen in seine Hand nimmt.

Reaktionen und Stellungnahmen zum Impulspapier des Rates der EKD

Thomas Begrich / Thies Gundlach

I. Eine kurze Entstehungsgeschichte

Im Verlauf des Jahres 2004 haben der Rat der Evangelischen Kirche in Deutschland (EKD) und die Kirchenkonferenz drei Texte zur Kenntnis bekommen. Einmal waren das die Ergebnisse der IV. Kirchenmitgliedschaftsuntersuchung, sodann eine Prognose zur Mitgliedschaftsentwicklung 2003 bis 2030 und zuletzt die Überlegungen zu den „Mittelfristigen Finanzperspektiven" für die Jahre 2005 bis 2009. Alle drei Informationen machten es drängend, sich mit der Zukunft der evangelischen Kirche und des Protestantismus in Deutschland zu beschäftigen.

Auf Anregung der Kirchenkonferenz hat der Rat der EKD im Dezember 2004 eine Perspektivkommission 2030 eingesetzt mit dem Auftrag, Handlungsstrategien für die evangelische Kirche zu entwickeln, die angemessen auf die absehbaren Herausforderungen reagieren. Der Rat betonte bei diesem Auftrag, es solle ohne Scheuklappen und Bedenklichkeiten eine Art „konzeptioneller Weitwurf" gewagt werden. Entsprechend wurde die Perspektivkommission sehr klein gehalten (zehn Mitglieder) und aus Vertretern und Vertreterinnen des Rates und der Kirchenkonferenz und aus externen Beratern zusammengesetzt. Die Perspektivkommission hat sich zwischen Februar 2005 und Mai 2006 achtmal getroffen und ihre Erkenntnisse und Ergebnisse in einem Papier zusammengefasst. Der Rat der EKD hat sich den Text nach zwei Lesungen im Juni 2006 grundsätzlich zu Eigen gemacht und die Kirchenkonferenz hat gleichfalls im Juni 2006 einer Veröffentlichung zugestimmt. Der Text wurde am 6. Juli 2006 veröffentlicht. Er versteht sich als Impulstext, der die in den Gliedkirchen längst vorhandenen Überlegungen zur Reform der evangelischen Kirche aufnimmt, sichtet, bündelt und weiterführt. Er will darin zugleich Auftakt sein zu einer Reformdekade bis zum Jahre 2017 (500. Jahrestag des Thesenanschlags Martin Luthers als symbolisches Datum für den Beginn der Reformation). Auf dem Zukunftskongress im Januar 2007 in Wittenberg sollen die Anregungen und Ideen des Impulspapiers weiterentwickelt werden im Blick auf ihre Konkretion und Umsetzbarkeit. Für eine angemessene Diskussion der Zukunftsfragen ist es in einer evangelischen Kirche unerlässlich, dass nicht nur die leitenden Gremien und Ämter vertreten sind, sondern auch die Kompetenz möglichst vieler Engagierter zur Geltung kommt. So entwickelte sich der Vorschlag, „Personenkontingente der Landeskirchen" zu bilden, um je nach Größe einer Landeskirche eine bestimmte Anzahl von Vertreterinnen und Vertretern zum Kongress nach Wittenberg einladen zu können. Die Landeskirchen haben diese Personen in eigener Verantwortung bestimmt. Der Rat der EKD hat dann noch von sich aus eine Anzahl von Personen eingeladen, die für die Arbeit auf dem Kongress besonders hilfreich sind. Mittlerweile hat der Zukunftskongress in Wittenberg eine eigene Dynamik erlangt, weil hier – wie es in der Einladung heißt – erstmals „Repräsentantinnen und Repräsentanten aller Kirchenleitungen im Bereich der EKD mit wichtigen kirchlichen Reformkräften an der Entwicklung gemeinsamer Zukunftsperspektiven arbeiten" werden. Der Kongress ist schon rein formal kein Beschlussgremium oder gar eine Synode, sondern ein Forum, auf dem anlässlich der Debatte um das Impulspapier weitere Schritte auf dem Weg der evangelischen Kirche ins 21. Jahrhundert diskutiert werden sollen. Da die Tagungsmöglichkeiten in Wittenberg objektiv begrenzt sind, konnten leider nicht alle Interessierten und Engagierten eingeladen werden. Die Enttäuschung, die dies ausgelöst hat, ist sehr verständlich, aber angesichts der Gesamtumstände nicht zu beheben.

II. Eine kurze Rezeptionsgeschichte

Das am 6. Juli 2006 veröffentlichte Impulspapier hat sowohl in der öffentlichen Publizistik als auch in der kircheninternen Presse heftige Reaktionen ausgelöst. Ein Fülle von kritischen und anerkennenden, von überraschten und abwehrenden Reaktionen war zu lesen, der vom Kirchenamt der EKD erstellte Pressespiegel umfasst mehrere hundert Seiten. Zwei grundsätzliche Tonlagen waren dabei herauszuhören: einerseits eine Würdigung des Mutes und der perspektivischen Kraft des Papiers, auch der Respekt vor der nüchternen Ehrlichkeit im Blick auf die Zahlen und Herausforderungen, andererseits sehr kritische Lesarten des Papiers, die sich sowohl an der grundsätzlichen Richtung wie an einzelnen Thesen und Themen festmachten. Im Kern lassen sich wohl drei Rezeptionsphasen voneinander unterscheiden, obwohl sie natürlich nicht säuberlich getrennt werden können:

Die erste große Rezeptionsphase konzentrierte sich sehr auf das Föderalismusthema, das im Impulspapier angesprochen wird. Die vorgeschlagene Überprüfung der Zahl und Größe der evangelischen Landeskirchen (Leuchtfeuer 11) und die Rolle der EKD im Blick auf die angesprochenen Dienstleistungs- und Kompetenzzentren einschließlich der Rede von zentralen deutschlandweit ausstrahlenden Kirchen (12. Leuchtfeuer) ließen Warnungen vor einem neuen Zentralismus und einem vermeintlichen „Weg nach Rom" ebenso anklingen wie eine vehemente Abwehr einer Verringerung der Zahl der Landeskirchen. Das Impulspapier hat hier ganz offensichtlich einen sensiblen Punkt getroffen, der nur in großer Behutsamkeit und in der Gemeinschaft der Gliedkirchen in der EKD weiter verfolgt werden kann. Daneben fanden sich auch sehr viele kritische Stimmen zu der wirtschaftlichen Sprache bzw. dem ökonomischen Denken des Impulspapiers. Gerade aus kircheninternen Kreisen wurde diese Kritik oft mit dem Hinweis einer theologischen Unangemessenheit verbunden; da Kirche kein Unternehmen sei, sei z.B. eine Rede von „Taufquote" verquer. So verständlich diese z.T. sehr heftigen Reaktionen waren, so sehr haben sie die Stoßrichtung des Impulspapiers verengt, da die Föderalismusfragen ja nur eine von zwölf Leuchtfeuern und Themen des Impulspapiers ausmachen.

In einer zweiten Rezeptionsphase, die nach einer gewissen Ruhephase der Diskussion durch die Sommerferien einsetzte, konnten sich andere Themen und Perspektiven des Impulspapiers in der Debatte durchsetzen. Nun wurde der gesamte Text als theologische und konzeptionelle Äußerung des Rates der EKD wahrgenommen und kritisch-konstruktiv befragt. Kritische Analysen zur biblischen Fundierung und zur theologischen Grundlegung wurden veröffentlicht, die ekklesiologische Begründung wurde hinterfragt, die spirituelle Kraft des Textes stand zur Diskussion, die Frage nach „vergessenen Themen" wurde gestellt. So wurde das Fehlen von Gesichtspunkten zur Ökumene, zur Fort- und Weiterbildung, zur Medienarbeit, zur Bedeutung der wissenschaftlichen Theologie für die Kirche, zur Diakonie und Seelsorge u.a.m. bemängelt. Gerade so aber erbrachte die Diskussion die Einsicht, dass das Impulspapier tatsächlich nur das sein wollte und konnte, was es war: ein Impuls, der zwar kraftvoll nach vorne weist und dem Charakter eines „konzeptionellen Weitwurfs" entspricht, der aber diese Kraft nur zu entfalten vermochte, weil er sich auf 100 Gramm Papier konzentrierte und nicht auf 1000 Gramm ausgeweitet wurde. Dass bei solcher Konzentration nicht alle nötigen Differenzierungen eingetragen werden konnten und im weiteren Verlauf des Prozesses regionale, theologische und organisatorische Besonderheiten viel stärker beachtet werden müssen, wurde allen Beteiligten deutlich. Zugleich wurde sichtbar, dass die Zukunft des Diskussionsprozesses nicht in einer Korrektur oder gar einer überarbeiteten 2. Auflage des Impulspapiers liegen kann, sondern in einem gemeinsamen Aufbruchsprozess, der das Impulspapier gleichsam als „Sprungschanze" für weitere Konkretionen und Handlungsschritte nutzen sollte.

In einer dritten Rezeptionsphase wurde dann eine Fülle von Stellungnahmen, Hinweisen, Ergänzungen und Gesichtspunkten eingebracht, die sich auf einzelne Aspekte der im Impulspapier angesprochenen Themen konzentrierte. Viele sehr hilfreiche und weiterführende, aber auch viele kritische und ablehnende Stellungnahmen erschienen, die Gesichtspunkte benannten, die entweder fehlten oder falsch beleuchtet schienen. Zu dieser Phase der Rezeption gehören die meisten Texte, die in diesem Reader gesammelt sind. Sie stammen von Institutionen, Einrichtungen und Arbeitszweigen innerhalb der evangelischen Kirche, die oftmals auch die kritische Frage stellten, warum ihre spezifische Kompetenz und ihr institutioneller Sachverstand nicht stärker berücksichtigt worden seien. Durch diese Stellungnahmen haben alle an dem Prozess Beteiligten viel lernen können, die Aspekte gehören in den Fortgang des Reformprozesses unbedingt hinein und sind deswegen in diesem Materialband weithin, wenn auch aus Raumgründen nicht vollständig abgedruckt worden.

Das Impulspapier hat seit seiner Veröffentlichung ein „Eigenleben" insofern entfaltet, als es in vielen Gremien und Institutionen, bei Tagungen und Konferenzen immer wieder als Bezugspunkt für Überlegungen herangezogen wurde. Ob man nun an den Theologenkongress des AMD in Leipzig oder an den Deutschen Pfarrertag in Fulda denkt, an die Jahrestagung der AEU in Dresden oder an die vielen Konferenzen, Konvente und Diskussionen in den Landeskirchen, Synoden, Kirchenleitungen, Kirchenkreisen und Gemeinden – überall wird das Impulspapier als hilfreiche Ermutigung oder kritische Folie herangezogen. Im Grunde ist dies das Beste, was dem Papier passieren konnte, wird es doch so sehr breit in der Kirche diskutiert.

Eine besondere Würdigung fand das Impulspapier auf der 5. Tagung der 10. Synode der EKD in Würzburg. Statt der geplanten zwei Stunden wurde es mit über 30 Beiträgen in zwei großen Diskussionseinheiten während der Tagung kritisch-konstruktiv aufgenommen. Die Beiträge sind in diesem Reader vollständig dokumentiert, nicht nur weil sie einen sehr guten Spiegel der gesamten bisherigen Argumente für und wider darstellen, sondern auch weil die Debatte aufzeigen kann, in welcher Richtung der angestoßene Reformprozess seine Verankerung in der Synode der EKD finden könnte. Als Schwerpunktthema für die 6. Tagung der 10. Synode in Dresden ist von der Synode das Thema „Aufbruch in der evangelischen Kirche" ausgewählt worden, die Synode will den angestoßenen Aufbruchsprozess wesentlich mitgestalten und mitverantworten.

Natürlich ist es unmöglich, alle Presseartikel und Interviews, alle Stellungnahmen und Kommentare seit der Veröffentlichung des Papiers abzudrucken, ein unlesbares und übergewichtiges Konvolut wäre die Folge. In diesem Reader sind lediglich die drei Rezeptionsstationen mit ihren u. E. wichtigsten Texten und Argumenten dokumentiert. Auswahl aber – das ist uns bewusst – ist immer auch Ausgrenzung, und insofern bitten wir vorab alle um Verständnis, deren Texte und Voten hier keinen Eingang gefunden haben; weitere Texte sind im Internet unter www.zukunftskongress-ekd.de gesammelt. Aber auch dort werden aus unterschiedlichen Gründen nicht alle Texte aufgenommen werden können. Dennoch hoffen wir, dass jeder und jede Teilnehmende am Zukunftskongress in Wittenberg und die Mitglieder der EKD-Synode mit diesem Reader die Möglichkeit an die Hand bekommen, sich wesentliche Gesichtspunkte der Würdigung und der Kritik des Impulspapiers des Rates der EKD zu erarbeiten.

III. Themenfelder der weiteren Diskussion

Es ist für alle an dem Prozess der Entstehung des Impulspapiers Beteiligten eine beeindruckende Erfahrung, wie intensiv das Impulspapier in der Kirche und in der Öffentlichkeit diskutiert wurde. Das Kirchenamt der EKD hat bis Mitte November ca. 30.000 Exemplare des Impulspapiers versenden können und über 200.000 Downloads des Textes aus dem Internet registriert; darüber hinaus sind im Kirchenamt sehr viele Texte und Stellungnahmen zum Impulspapier eingegangen. Diese große Bereitschaft vieler, sich auf die angestoßene Diskussion einzulassen, deutet darauf hin, dass der Zeitpunkt der Veröffentlichung des Impulspapiers ein „kairos" war, da in der ganzen evangelischen Kirche eine große Bereitschaft vorhanden ist, einen solchen Impuls aufzunehmen. Natürlich waren viele der im Impulspapier angesprochenen Themen und Thesen in den Landeskirchen längst schon virulent, das Impulspapier steht auf den Schultern der vielen vorhandenen Leitbild- und Reformtexte der Landeskirchen. Es ist die große Hoffnung, dass sich nach dem Kongress in Wittenberg in den Landeskirchen, den Kirchenkreisen und Gemeinden vielfältige Möglichkeiten abzeichnen, diese Bereitschaft zur Mitarbeit fruchtbar zu machen. Denn natürlich waren sich Rat und Kirchenkonferenz bei der Veröffentlichung des Impulspapiers darüber im Klaren, dass die Entscheidungsträger für Erneuerungsprozesse in der evangelischen Kirche nicht allein und nicht zuerst die Leitungsgremien der EKD sind und sein werden, sondern die Landeskirchen und ihre Synoden.

Viele Stimmen zum Impulspapier des Rates der EKD haben die antidepressive Stimmung gelobt, die das Papier atme; mit den vier Zukunftsgrundsätzen der geistlichen Profilierung, der Konzentration der Kräfte, der Verflüssigung von Strukturen und des missionarischen Aufbruchs sei dem Text ein kraftvoller Auftakt gelungen, der sich vermeintlich unabwendbaren Entwicklungen entgegenstemme. Auch sei die Konzentration auf die vier Handlungsfelder (kirchliche Kernangebote, kirchliche Mitarbeitende, kirchliches Wirken in der Welt und kirchliche Selbstorganisation) eine gute Hilfe, damit Reformbemühungen sich nicht verzetteln. Und dass das Papier manche „Tabus" in der Kirche – von der Frage nach den Qualitätsstandards geistlicher Arbeit bis zu den schmerzhaften Fragen nach der Zahl und Größe der Landeskirchen – ebenso nüchtern wie fair anzusprechen sich getraute, wurde oftmals gewürdigt. Für nicht wenige Kommentatoren hatte es insgesamt den Charakter einer „Sensation": Die evangelische Kirche liefert sich den vermeintlichen Zukunftsentwicklungen nicht resignativ aus, sondern will gegen den Trend wachsen.

Aber das Impulspapier ist auch hart kritisiert worden. Über weite Strecken kann man diese Kritik nur dankbar annehmen und versuchen – nicht zuletzt durch diesen Reader –, die Anregungen in den weiteren Klärungsprozess über den Weg der evangelischen Kirche in die Zukunft einzuspeisen. Versucht man aber, in der Fülle der Reaktionen etwas Übersicht zu behalten, so kristallisieren sich u. E. fünf zentrale Themenkomplexe heraus, auf die sich die kritischen Rückfragen an das Impulspapier konzentrieren und die daher im weiteren Diskussionsprozess um einen Aufbruch in der evangelischen Kirche unbedingt beachtet werden sollten. Natürlich ist eine solche systematisierende Zusammenfassung der Kritiken auch eine Abstraktion, die manche konkrete Einzelkritik wieder unsichtbar macht. Insofern bitten wir schon vorab um Verständnis dafür, wenn der eine oder andere völlig zutreffende Hinweis nicht aufgenommen ist bzw. der eine oder die andere ihren Gesichtspunkt nicht zutreffend oder vollständig berücksichtigt findet.

Der erste Themenkreis lässt sich mit dem Titel „theologische Grundlegung" umschreiben. Hierhin gehören zuerst all die Rückfragen zum Titel des Impulspapiers „Kirche der Freiheit". Inwieweit holt das Papier diesen Titel ein und fundiert es ihn angemessen? Zweifellos richtig ist, dass es an dieser theologischen Grundfrage noch vieles zu explizieren gibt, auch wenn u. E. an den Schaltstellen der Argumentation im Impulspapier der Freiheitsbegriff in reformatorischer Perspektive angemessen berücksichtigt ist. Darüber hinaus wird im weiteren Verlauf des Prozesses genauer zu bestimmen sein, wie sich eigentlich die Hoffnung auf Gottes Tun und Handeln an seiner Kirche verhält zu den Aktivitäten und Anstrengungen, die sich die Mitwirkenden in der Kirche vornehmen: Wie verhalten sich Gottes Werk und der Beitrag des Menschen zueinander? Und wie verhalten sich das Beten und Bitten um Gottes Segen zu dem aktiven Aufbruchsgeist, den das Impulspapier atmet? Beten wir zu wenig um Gottes Geist oder handeln wir zu wenig in Gottes Geist? Sind das überhaupt Gegensätze und, wenn nicht, wie gehören sie systematisch-theologisch einander zugeordnet?

Weiter wurde zu Recht gefragt, ob man einen Mentalitätswandel überhaupt wollen und initiieren kann. Mentalitäten sind langlebige Grundhaltungen, die sich weithin jenseits der unmittelbaren Beeinflussbarkeit bewegen. Mentalitätswandel hat mit Buße, Einsicht und Umkehr zu tun, eine Umkehr, die nach evangelischem Verständnis immer ein Geschenk Gottes ist, aber die dennoch schon in der Bibel als Aufforderung und Erwartung an den Menschen herangetragen wird (vgl. Markus 1,15). In das Umfeld dieser Fragen gehört auch eine Klärung des theologischen Status von Qualitätskriterien bzw. Qualitätsüberprüfungen. Kann man überhaupt geistliche Qualität beschreiben, feststellen und prüfen? Denn glaubensweckende und -stärkende Predigt ist nicht zwangsläufig identisch mit qualitätsvoller Predigt, und jeder Seelsorger hat schon erfahren, dass auch die unscheinbaren, brüchigen, stotternden Sätze heilen und trösten können. Aber zugleich liegt auf der Hand, dass das Umgekehrte auch nicht wahr ist: dass wir, weil wir überzeugendes, berührendes geistliches Reden nicht machen, steuern und kontrollieren können, uns um die Qualität geistlichen Redens gar nicht erst zu bemühen bräuchten. Wie also verhalten sich beide Größen zueinander? Müssen wir unterscheiden lernen zwischen einer geistlichen Unverfügbarkeit und einer Art „geistlicher

Sekundärkompetenz", die festzulegen und zu überprüfen durchaus möglich ist? In jedem Fall sind hier fundamentaltheologische Besinnungen ebenso hilfreich wie bildungstheoretische Überlegungen, denn in der Aus-, Fort und Weiterbildung werden ja ganz selbstverständlich Qualitätsstandards gesetzt und auch überprüft. Aber haben wir schon ein den geistlichen Herausforderungen entsprechendes Fort- und Weiterbildungsverständnis? Hier sind viele Fragen zu klären und Handlungsziele näher zu bestimmen. Doch in allen Stellungnahmen und Reaktionen zu diesem Fragenkomplex war eines deutlich zu spüren: Die Frage der geistlichen Qualität ist eine ebenso elementare wie zentrale Zukunftsfrage, die das Impulspapier zu Recht aufgeworfen hat, auch wenn die Antworten vielleicht noch nicht allen tragfähig genug erscheinen.

Zu den wichtigen Klärungsbereichen gehört auch die Frage nach dem Wirklichkeitsverständnis, das im Impulspapier implizit vorausgesetzt wird. Heftige Reaktionen hat die positive Aufnahme des Stichworts von der „Wiederkehr der Religionen" ausgelöst. Ist die Situation, in der wir leben, günstig für einen Aufbruch, oder ist diese günstige Lagebeurteilung lediglich ein „Pfeifen im dunklen Wald"? Auch die Frage nach den innerkirchlichen Voraussetzungen wird mitunter ganz unterschiedlich beurteilt, so dass die besonders in den acht Herausforderungen formulierten Bedingungen strittig sind. Trifft uns die demographische Entwicklung wirklich so hart? Sind nicht zu pessimistische Zahlen angelegt worden? Hilfreiches Material für die Beurteilung der kirchlichen Situation bieten hier vor allem die IV. Kirchenmitgliedschaftsuntersuchung und verschiedene Studien des Sozialwissenschaftlichen Instituts der EKD (SI) in Hannover.[1] Und richtig an diesen Rückfragen ist mindestens dies: Es gibt in den Gliedkirchen der EKD erhebliche Unterschiede in den Regionen, die Situation der badischen oder bayerischen Landeskirche ist komplett anders als die Situation in Pommern oder Thüringen. Ein Impulspapier des Rates der EKD kann naturgemäß nur die gemeinsamen Herausforderungen beschreiben; umso wichtiger wird es im weiteren Prozess sein, dass hier die regionalen Kirchen die je spezifischen Herausforderungen präzisieren und für ihre Situationen die Perspektiven der zwölf Leuchtfeuer auslegen. Das Impulspapier braucht regionale Näherbestimmungen.

Gleichwohl halten wir an einem Punkt fest: Die demographische Entwicklung – in der ja letztlich alle anderen sieben Herausforderungen wurzeln – bleibt eine gemeinsame Herausforderung aller Gliedkirchen, auch wenn sich in den Zuwanderungsgebieten in Süddeutschland diese Herausforderung

---

[1] Vgl. als abgeschlossene religionssoziologische Projekte: die Evaluation der öffentlichen Wirkung des Deutschen Evangelischen Kirchentages 2005 in Hannover, die Analyse des Taufverhaltens in Deutschland, die Mitgliederbefragung anlässlich der Kirchenvorstandswahlen in der Ev.-luth. Landeskirche Hannovers, die Sekundäranalyse des Freiwilligensurvey 2005, die Evaluation des Images der Diakonie oder die religiöse und kirchliche Ansprechbarkeit von Konfessionslosen in Ostdeutschland. Die Abschlussberichte zu diesen Projekten sind zu beziehen über www.si-ekd.de.

eher als Frage nach der Solidaritätskraft mit den anderen Kirchen stellen wird denn als Frage nach dem Mitgliederverlust. Die evangelische Kirche wird in Deutschland ihren Weg ins 21. Jahrhundert nur gemeinsam bestehen können, auch wenn sich die Herausforderungen jeweils anders darstellen.

Der zweite Themenkreis, der im weiteren Prozess der Bearbeitung und Vertiefung bedarf, ist mit „fehlenden Grundaspekten" zu kennzeichnen. Zuvörderst steht die vielfach geäußerte Kritik, dass ein Leuchtfeuer zum Thema Ökumene fehle. Dies ist nicht zuerst unter dem Gesichtspunkt der Vollständigkeit – dies war dem Rat der EKD auch bewusst und im Papier selbst zur Sprache gebracht –, sondern im Blick auf die fundamentale Bedeutung der ökumenischen Perspektive für das Selbstverständnis des Protestantismus geltend zu machen. Ökumene ist im Kern ein Querschnittsthema, das in allen Leuchtfeuern eine besondere Rolle zu spielen hat und besonderer Beachtung bedarf: von den Lernmöglichkeiten, die sich aus der weltweiten Ökumene auch für die Situation der Kirche in Deutschland ergeben, bis hin zur theologischen Grundkonzeption eines aufbrechenden Protestantismus, der sich selbst bei aller Profilierung nicht ohne ökumenische Dimension verstehen will. Insofern ist das im Gespräch mit den römisch-katholischen Geschwistern in jüngster Zeit entstandene Leitwort von einer „Ökumene der Profile" eine Themenangabe, die auch im Blick auf die weltweite ökumenische Verortung noch genauer durchbuchstabiert werden muss.

Ähnlich sind die Hinweise auf andere fehlende Themen oder fehlende Aspekte, seien es Hinweise auf die Bedeutung der wissenschaftlichen Theologie für die evangelische Kirche oder spezifische Einsichten zur Struktur von moderner Medienarbeit, seien es Hinweise zur vernachlässigten Gender-Perspektive oder zum weltweiten Entwicklungs- und Gerechtigkeitshandeln der Kirche. Das Impulspapier ist ein Text auf 100 Seiten, der nach seinem Selbstverständnis keine Vollständigkeit anstreben, sondern eine Stoßrichtung aufzeigen wollte. Naturgemäß lassen sich darum alle im Papier genannten Perspektiven differenzieren, verfeinern und anderes akzentuieren. Viele der Stellungnahmen, die in diesem Reader aufgenommen sind, leisten dankenswerterweise genau dies; die Anregungen sollen nicht nur in Wittenberg, sondern auch in den erhofften anschließenden Diskussionen in den Landeskirchen und Kirchenkreisen aufgenommen und weiter bearbeitet werden. Dabei sei allerdings daran erinnert, dass das Impulspapier ein einmaliger Impuls ist und sein will; es geht also nicht darum, den Text zu korrigieren, sondern den Prozess zu stärken. Insofern geht es bei einer Weiterarbeit besonders um die Frage, wie die fehlenden Aspekte in den Aufbruchsprozess integriert werden können und welche Handlungsschritte besonders geeignet erscheinen, den Prozess auch bei den fehlenden Themen voranzutreiben.

Den dritten Themenkomplex könnte man „Fragen zur Situation der Mitarbeitenden" nennen. Eine große Zahl von Stellungnahmen ist eingegangen, die sich kritisch über die Zuordnung und Gewichtung der verschiedenen Berufsgruppen und Mitarbeitenden in der Kirche geäußert haben. Den einen war die „Schlüsselrolle Pfarramt" eine bedenkliche Konzentration auf eine Pfarrerkirche, den anderen fehlten – zu Recht – Aussagen zur Zukunft der Diakone oder Gemeindehelfer. Die einen sahen in der neuen geistlichen Bedeutung der Ehrenamtlichen den Beginn eines bedenklichen geistlichen Niveauverlustes, den anderen ging dieser Weg nicht weit genug. Einige sahen in den hohen Erwartungen an das zukünftige Pfarramt eine heillose Überforderung, andere fragten nüchtern, wo denn in bestimmten Regionen Deutschlands die so begehrten Ehrenamtlichen herkommen sollen. An diesen kritischen Überlegungen gilt es weiter zu arbeiten, denn natürlich ist ein Mentalitätswandel in der evangelischen Kirche nur mit den Beteiligten gemeinsam zu erreichen. Das Impulspapier hat unter dem Leitwort von der Profilierung des Evangelischen sehr klar für die Schlüsselrolle Pfarramt votiert. Dies hat allerdings bei Vertretern der Pfarrerschaft zu erheblichen Irritationen geführt, weil ihnen das Impulspapier die gegenwärtigen Leistungen und Bemühungen der Pfarrerinnen und Pfarrer nicht ausreichend zu würdigen scheint. Darüber hinaus sei weder die besondere Bedeutung der Amtshandlungen eine neue Einsicht, noch könne man einen Mentalitätswechsel im Pfarramt erwarten, wenn man zugleich die Zahl der Pfarrstellen erheblich reduzieren wolle. Was sollen denn die Pfarrer und Pfarrerinnen noch alles leisten, wird gefragt, sie seien doch schon an der Grenze der Belastbarkeit angesichts der ständig wachsenden Anforderungen an den Beruf.

Es ist verständlich, dass die heftige Kritik von Seiten der Pfarrerinnen und Pfarrer an den Passagen des Impulspapiers zum Pfarrberuf auch Verwunderung ausgelöst hat. Denn nüchtern gelesen wird ja keinem Berufsstand in der evangelischen Kirche so eindeutig eine zentrale Rolle zugeschrieben wie diesem; im Impulspapier ist eindeutig formuliert, dass Kürzungen von Pfarrstellen unterproportional stattfinden müssen, eben weil es der Schlüsselberuf der evangelischen Kirche ist. Erwartet wurden sehr heftige Reaktionen von den nichttheologischen Berufsständen; gekommen sind sehr heftige Reaktionen aus dem an sich „gut behandelten" Pfarrerstand. Wie kommt dies zustande? In jedem Fall muss der Kritik in der weiteren Diskussion nachgegangen werden, denn im Kern geht es hier um das Pfarrerbild der Zukunft. Was dürfen die Mitglieder und Interessierten von den Pfarrern erwarten, welche Dimensionen des Berufes haben in den nächsten Jahren Priorität und wo sind Qualitätsfragen unerlässlich? Und wenn man der Grundintention des Impulspapiers zustimmen kann, dass die Zukunft der pfarramtlichen Aktivitäten in den geistlich-missionarischen, glaubensweckenden Dimensionen liegt, stellt sich die Frage, wie diese eigentlich zu steigern und zu befördern sind. Denn natürlich kommt vor dem Fordern ein Fördern! Hat die evangelische Kirche genügend Fort- und Weiterbildungsmöglichkeiten auf diesem Feld? Und wie verhalten sich zukünftig die Herausforderungen in einer normalen Gemeindeparochie zu den Herausforderungen, die sich mit der Profilbildung eines Angebotes verbinden?

Oftmals ist auch kritisch die Spannung angesprochen worden, wie eigentlich die geistliche Profilierung der evangelischen Kirche zusammenpassen soll mit der verstärkten Einsetzung von Lektoren und Prädikanten – eine berechtigte Frage, die im weiteren Prozess intensiver bedacht werden muss. Allerdings sollte die Ausgangssituation dieser Klärung u. E. nicht darin bestehen, dass ehrenamtliche geistliche Arbeit von vornherein als defizitär und qualitätsmindernd aufgefasst wird. Auch hier geht es zuerst um eine Würdigung der Chancen, die solch eine stärkere Beteiligung der Ehrenamtlichen am Verkündigungsauftrag hat, nicht um die möglichen Defizite und Gefährdungen.

Sehr eng verbunden mit der kritischen Diskussion um die Haupt- und Ehrenamtlichen in der evangelischen Kirche sind die Fragen nach der „Zukunft der Gemeinden". Die Überlegungen des Impulspapiers zur Weiterentwicklung der Gemeinde durch Profilierung und Konzentration wurden in ihrer schärfsten Variante als „Ende der Volkskirche" bezeichnet, andere Stimmen halten die angegebene Zielbestimmung für einen Rückzug aus der Fläche und wieder andere – überwiegend im süddeutschen Raum – sehen angesichts stabiler Gemeindegliederzahlen gar keinen Anlass, an dieser Grundform der Sammlung um Wort und Sakrament etwas zu ändern. Wieder andere erkennen in der vorgeschlagenen Weiterentwicklung der klassischen Ortsgemeindearbeit einen entscheidenden Schritt in die Zukunft, weil die alleinige Orientierung am Wohnort der Menschen auch auf dem Lande längst nicht mehr überzeugen kann. Auch hier sind die regionalen Unterschiede in den Gliedkirchen zweifellos stärker zu beachten, als es dem Impulspapier möglich war. Dahinter aber steht wiederum die Grundfrage nach der Kernaufgabe der Gemeinde heute und morgen: Darf sich eine Gemeinde spezialisieren? Soll sie nicht Sammlung um Wort und Sakrament aller verschiedenen Gruppen, Menschen und Milieus sein, die der Aufsplitterung der Menschen in Segmente und Parallelwelten gerade wehrt? Oder ist es umgekehrt? Weil eine durchschnittliche Ortsgemeinde dieses Zusammenführen gar nicht mehr leistet und leisten kann, sondern oft genug nur noch von einem bestimmten Milieu aufgesucht wird, ist es zwingend erforderlich, dieser Engführung durch neue Profilbildung entgegenzusteuern. Im Kern zeigen alle kritischen Hinweise und Einwände, dass sich die evangelische Kirche weithin in einer Spannung zwischen Aufbruch und Beharrung befindet: Die Weiterentwicklung der Ortsgemeinden zu profilierten und konzentrierten Angebotsformen erscheint angesichts der Flexibilität und Unstetigkeit vieler gesellschaftlicher Milieus als Notwendigkeit, zugleich aber sind die Chancen solcher Sammlungsformen noch gar nicht wirklich ausgelotet. In den vorhandenen wohnortnahen Gemeindeformen aber weiß man, was man hat, auch wenn eine gewisse Milieu-, Alters- und Lebensstilverengung nicht durchweg geleugnet wird. Ist es also der Spatz in der Hand, der mit der Taube auf dem Dache streitet?

Die bisherigen Rückmeldungen und Stellungnahmen zur Frage der Zukunft der Gemeindeformen haben auch gezeigt, dass es in den Landeskirchen und

Kirchenkreisen eine Fülle von Gemeindeaufbrüchen mit modifizierten und veränderten Angebotsformen gibt, die alle den Status einer Suchbewegung haben. Es ist an der Zeit, transparent für alle zu prüfen, was gelingt, welche Formen überzeugen, welche nachhaltig tragfähig und welche nur ein kurzes Strohfeuer sind. Wir brauchen ein „Forum des Gelingens", das die good-practice-Beispiele sichtbar macht und aus den misslingenden Ansätzen lernen will. Denn unstreitig sollte doch sein – und dies bitten wir auch die sehr scharf reagierenden Kritiker stets im Auge zu behalten –, dass das Impulspapier nicht die Nähe einer „Kirche vor Ort" aufheben will, sondern die Frage zu klären versucht, wie diese Nähe unter den zukünftigen Bedingungen zu gestalten ist. Die entscheidende Aufgabe dabei lautet, „eine offene Gemeinde zu sein, ... ob für eine Gemeinde mit speziellem Profil oder für eine nicht auf eine solche Weise profilierte Ortsgemeinde"[2].

Den fünften Themenkomplex, in dem es weitere Lernschritte geben muss, könnte man den „Ökonomie-Komplex" nennen. Das Impulspapier ist von Beginn an für seine Sprache getadelt worden. Wer von Taufquote, Qualitätsstandards und Zielvereinbarungen rede, der übernehme nicht nur ein fremdes Sprachspiel, sondern untergrabe gerade so das eigene Anliegen, das spezifisch Evangelische zu profilieren und eine Kirche der Freiheit zu stärken. Denn keine Sprache ist neutral, sie transportiert immer auch fundamentale Voraussetzungen, die erst einmal daraufhin zu prüfen sind, ob sie mit den Grundauffassungen der Bibel und der Bekenntnisse vereinbar sind. Es liegt auf der Hand, dass diese Kritik auch in Gestalt einer Kritik an der Zusammensetzung der Perspektivkommission auftreten konnte.

So sehr die Warnung einer Überfremdung der biblisch-theologischen Sprache durch ökonomische Sprachspiele zu beachten ist, so sehr plädieren wir zugleich für einen gelassenen Umgang mit diesem Einwand. Denn es sind doch mindestens drei Leistungen, die die ökonomische Sprache mit sich bringt: Zuerst einmal gibt es einen erkenntnisfördernden Verfremdungseffekt; Sachverhalte in einer ungewohnten Sprache formuliert zu lesen haben einen „Verblüffungseffekt", der außerordentlich hilfreich sein kann. Natürlich ist es erst einmal befremdlich, den Missionsbefehl von Matthäus 28 zu „übersetzen" in eine Taufquote, die wir bei evangelischen Eltern erreichen wollen. Aber ist es falsch, nach der Beteiligung der eigenen Kirchenmitglieder an einem Kernangebot christlichen Glaubens zu fragen? Zum anderen können die wirtschaftliche Sprache und ihre Denkmuster einen Wirklichkeitszugang eröffnen, den wir in der theologischen Tradition nicht so ohne Weiteres haben. Mit der ökonomischen Rede von Zielvereinbarungen sprechen wir in der Sache von den Verpflichtungen, die in der Dienstgemeinschaft der Kirche in Gestalt von Visitation, von Dienst- und Fachaufsicht immer schon präsent waren. Die

---

[2] So Jan Ross, Bernd Ulrich, Interview Bischof Wolfgang Huber: Kirche der Freiheit, ZEIT, 2. November. 2006.

andere Sprache öffnet also vertrautes kirchliches Denken und Handeln für eine Vergleichbarkeit mit Anstrengungen in anderen Berufsfeldern des modernen Lebens, die nicht zu berücksichtigen keinesfalls zwingend ein Qualitätskennzeichen ist. Und zum Dritten haben ökonomische Kategorien den Vorteil, eine Dimension kirchlichen Handelns, Leitens und Entscheidens sichtbar zu machen, die ohnehin immer wirkt, aber nicht immer klar und transparent kommuniziert wird. Es ist für eine evangelische Kirche unerlässlich, auch die ökonomischen Rahmenbedingungen nicht nur ehrlich zu kommunizieren, sondern für den Dienst aller nutzbar zu machen. Dann kann man auch von allen Beteiligten erwarten, sich auf den notwendigen Konzentrationsprozess einzulassen. Insgesamt aber ist das Impulspapier des Rates in der Überzeugung geschrieben, dass die Theologie die „Herrin" des Gedankenganges ist, die wirtschaftliche Sprache dagegen die „Magd", die ihr zu dienen hat. Sollte dieses innere Gefälle nicht deutlich genug hervorgetreten sein, muss an dieser Stelle weitergearbeitet werden.

Natürlich hat es noch eine Fülle von weiteren Anregungen zu einzelnen Leuchtfeuern und ihren Themen gegeben; naturgemäß haben viele diakonisch engagierte Personen zum Leuchtfeuer 7, Bildungsengagierte zum Leuchtfeuer 8 und Medienkompetente zum Leuchtfeuer 9 Stellung genommen. Das Kirchenamt wird sich bemühen, all diese sehr konkreten und hilfreichen Anregungen in die Forenarbeit auf dem Zukunftskongress einfließen zu lassen.

Explizit nicht zu einem eigenen Themenbereich erklärt werden all die Reaktionen und Stellungnahmen, die sich um die Föderalismusproblematik innerhalb des deutschen Protestantismus drehen. Das Impulspapier hat hier einen Anstoß geben wollen, was ihm offenbar gelungen ist. Aber die Entscheidungen über Größe und Zahl der Landeskirchen, über die Menge der Kooperationen und Fusionen usw. werden zweifellos nicht auf der Ebene der EKD getroffen, sondern in jeder Landeskirche selbständig. Dort wird auch überlegt werden müssen, ob die so oft zitierte These wirklich belastbar ist, nach der kleine Einheiten bindungsstärker seien als große Einheiten. Und dort wird auch diskutiert und entschieden werden müssen, was die EKD als Gemeinschaft der Gliedkirchen zukünftig stellvertretend und/oder im Auftrage der Landeskirchen an Aufgaben für alle übernehmen kann und soll und was nicht.

VI. Die Chancen in Wittenberg

Zuletzt ein kurzer Ausblick auf Wittenberg. Die Kapazitäten in Wittenberg sind begrenzt, so dass die Kongressplanung bei dreihundert Teilnehmenden an die bewältigbare Grenze gekommen ist. Angesichts dieser Grenzen möchten wir aber die Anregung weitergeben, dass es im weiteren Verlauf des Aufbruchsprozesses möglichst „viele kleine Wittenbergs" geben möge. Ob auf Kirchenkreisebene oder unter mehreren Gemeinden, ob auf landeskirchlicher Ebene oder innerhalb großer Institutionen – eine Diskussion um das Impulspapier im Blick auf die je eigenen Handlungsfelder ist eine gute Möglichkeit, den anstehenden Reformprozess zu unterstützen und voranzutreiben. Die EKD kann in diesem Prozess zwar eine stützende und begleitende, die Transparenz für alle sichernde Zuarbeit anbieten, aber zweifellos nicht einen so umfassenden Prozess allein koordinieren und auswerten. Und Gott sei Dank gibt es schon im Vorfeld zu Wittenberg deutliche Zeichen der Unterstützung: So treffen sich in fast allen Landeskirchen die nach Wittenberg Eingeladenen vorab, um den Prozess in Wittenberg vorzubereiten und voranzubringen; auch die Jugendlichen, die nach Wittenberg kommen, werden sich vorher zusammensetzen. Der Kongress in Wittenberg bietet so die große Möglichkeit, den Reformprozess in der evangelischen Kirche mit ganz konkreten Verabredungen voranzutreiben.

Inhaltlich soll Wittenberg ein Lern- und Anregungskongress sein; in Wittenberg wird kein Text korrigiert, sondern ein Prozess initiiert. Die große Chance und Aufgabe in Wittenberg wird darin bestehen, die Fülle der berechtigten Hinweise und Ergänzungen, die aus der Lektüre des Impulspapiers entstanden sind, einfließen zu lassen in einen Aufbruchsprozess, der zu konkreten und differenzierten, regional verantwortbaren und situativ angemessenen Zielsetzungen führt. Dabei wird es darauf ankommen, dass die unterschiedlichen Aspekte und Aufgaben des gemeinsamen Erneuerungsprozesses von einzelnen Landeskirchen oder Kirchenkreisen, von Gemeinden oder Institutionen stellvertretend für alle anderen übernommen und exemplarisch bearbeitet werden.

Vor diesem Hintergrund sieht die bisherige Planung des Zukunftskongresses so aus: Nach dem eröffnenden Hauptvortrag des Vorsitzenden des Rates der EKD am Donnerstag zum Thema „Evangelisch im 21. Jahrhundert" und Plenumsdiskussion über das Impulspapier am Freitagmorgen liegt das Schwergewicht des Zukunftskongresses auf der Forenarbeit. In zwölf Foren, die thematisch parallel zu den zwölf Leuchtfeuern aufgebaut sind und jeweils von rund 30 Personen aufgesucht werden, sollen in drei Phasen von Freitagnachmittag bis Sonnabendmittag die kritischen Punkte des Themenfeldes benannt, die wichtigsten Aspekte herausgearbeitet und die nächstliegenden Handlungsschritte angedacht werden. Im Idealfall haben alle zwölf Foren Ergebnisse erarbeitet, die den Reformprozess in der evangelischen Kirche mit neuen Ideen bereichern und um konkrete Handlungsziele ergänzen. Im Plenum am Sonnabendnachmittag werden dann die Ergebnisse der Forenarbeit im Plenum vorgestellt und durch drei oder vier Vertreter unterschiedlicher Perspektiven kommentiert. Zu diesen Kommentatoren werden ein Gemeindevertreter oder eine Gemeindevertreterin, eine Stimme aus einem Kirchenkreis, eine leitende Stimme aus den Landeskirchen und der Vorsitzende des Rates der EKD gehören. In Andacht, Bibelarbeit und liturgischem Abendausklang manifestiert sich die geistliche Dimension der gesamten Arbeit auf dem Kongress. Den Abschluss des Zukunftskongresses wird ein gemeinsamer Abendmahlsgottesdienst in der Schlosskirche zu Wittenberg bilden, in dem alle Sorgen und Hoffnungen im Blick auf die Zukunft der evangelischen Kirche vor Gott getragen werden können. Auch wenn der Zukunftskongress in Wittenberg in seiner äußerlichen Struktur weithin geplant und organisiert ist, bleibt es offen, ob ein Geist der Wahrheit und der Neugier, ein Geist der Zuversicht und des Mutes die Hallen und Säle in Wittenberg durchwehen wird. Deswegen soll diese Einführung in den Reader zur Vorbereitung des Kongresses in Wittenberg mit der Bitte abgeschlossen werden, es möge viele gute Gedanken und Gebete für einen gelingenden Prozess in Wittenberg geben – in den Gemeinden und in den Herzen der Menschen.

Stationen

Zukunftskongress Wittenberg 2007

Synode Dresden 2007 – „Evangelisch Kirche sein“

Zukunftswerkstatt Kassel 2009

Evangelisch im 21. Jahrhundert[1]

Eröffnungsvortrag

Wolfgang Huber

„Unsre Seele ist entronnen wie ein Vogel dem Netze des Vogelfängers; das Netz ist zerrissen, und wir sind frei!“ (Psalm 124,7)

„Die Zeit des Schweigens ist vergangen, und die Zeit des Redens ist gekommen.“ Hier in Wittenberg wurde dieser Satz geprägt. Martin Luther richtete ihn im Jahr 1520 „an den christlichen Adel deutscher Nation“ und forderte diesen dazu auf, das Seine für „des christlichen Standes Besserung“ zu tun.

Nun ist die Zeit christlicher Adelsherrschaft vorbei. Zum „christlichen Adel“ gehören alle Getauften; sie alle sind aufgefordert, das Ihre zu „des christlichen Standes Besserung“ zu tun. Sie alle sind zur Antwort auf den Ruf des Evangeliums berufen. Wir kommen deshalb in diesen Tagen in Wittenberg zusammen, weil wir das Gespräch über die Zukunft unserer Kirche stellvertretend voranbringen wollen.

Als durch die allen christlichen Kirchen gemeinsame Taufe „Geadelte“ fragen wir in diesen Tagen und über sie hinaus nach dem Weg unserer Kirche. Wir fragen danach, wie unsere Kirche das Evangelium von der Rettung des gottlosen Menschen durch Gottes Gnade so zu Gehör bringen kann, dass es die Menschen erreicht. Wir fragen deshalb nach der evangelischen Gestalt des christlichen Glaubens im 21. Jahrhundert – „Evangelisch im 21. Jahrhundert“. Christliche Freiheit ist dafür das Losungswort. Als Kirche der Freiheit wollen wir wirken und wahrgenommen werden. „Unsre Seele ist entronnen wie ein Vogel dem Netze des Vogelfängers; das Netz ist zerrissen, und wir sind frei.“ Dieser Vers aus dem 124. Psalm bildet das biblische Motto für die Überlegungen, die ich an den Anfang unseres Zukunftskongresses stellen möchte.

Ich werde zunächst danach fragen, um welche Freiheit es denn geht, wenn wir von der christlichen Freiheit sprechen. Hier in Wittenberg soll unsere Aufmerksamkeit sodann der Neuentdeckung dieser Freiheit in der Reformation gelten. Wie wir diese Neuentdeckung im 21. Jahrhundert wahrnehmen und bewähren können, ist anschließend zu bedenken. Schließlich wenden wir uns der Frage zu, was sich aus dieser Konzentration auf die christliche Freiheit für das Verständnis der Kirche ergibt. Dabei will ich ausdrücklich auf die aktuelle Bedeutung eingehen, die in der Forderung nach einer „Kirche für andere“

1 Eröffnungsvortrag für den Zukunftskongress der Evangelischen Kirche in Deutschland, Wittenberg, 25. Januar 2007.

enthalten ist. Das alles wollen wir in einer Weise bedenken, die zwischen dem Handeln Gottes und dem Handeln der Menschen, zwischen der Zukunft Gottes und der von uns zu gestaltenden Zukunft unterscheidet.

I.

Freiheit ist die Verheißung des Projekts Moderne; sie ist das Versprechen der Neuzeit. Mehr Hoffnungen und Erwartungen, mehr Zuversicht und Veränderungen hat kein anderer Begriff freigesetzt; zugleich hat kein Begriff so viele Ängste und Anmaßungen, so viele Zerstörungen und Überforderungen ausgelöst wie dieser. Das Ansehen der Freiheit ist schillernd: Sie wird heute zwar oft in kleinen Münzen, in kommerzieller Verpackung und in täuschender Verkleidung ausgezahlt, doch sie hat gleichwohl einen guten Ruf.

Unter den drei Leitbegriffen der neuzeitlichen Revolutionen – Freiheit, Gleichheit, Brüderlichkeit – ist vor allem die Freiheit zu einem Schlüsselwort für das Selbstverständnis des modernen Menschen geworden. Seine Berufung zum aufrechten Gang, die ihm anvertraute Fähigkeit, Subjekt des eigenen Handelns, ja der eigenen Lebensgeschichte zu sein, der ihm zugetraute Mut, sich des eigenen Verstandes zu bedienen, die Erfahrung mit sich selbst in der Erschließung der Welt: all das gibt dem Begriff der Freiheit einen unvergleichlichen Klang. Er ist voller Verheißungen.

Immer wieder jedoch wurde die Freiheitseuphorie mit Enttäuschungen konfrontiert. Aber endgültig beugen ließ sich das Freiheitsbewusstsein dadurch nicht. Empirisch lässt es sich nicht beweisen; vielmehr ist es dem Menschen mit seinem Menschsein zugesprochen, zu dem die Möglichkeit gehört, Handlungen von sich aus anzufangen. Doch woher wissen wir, dass unsere Handlungen aus Freiheit geschehen, dass wir selbst ihre Urheber sind? Wir wissen es jedenfalls nicht einfach durch die Beobachtung des Menschen selbst. Aber wir wissen, dass wir den Begriff des Menschen selbst preisgeben würden, rechneten wir ihm seine Handlungen nicht mehr zu.

Freiheit ist ein Schlüsselbegriff schon des biblischen Zeugnisses. Diesem Zeugnis gemäß ist Freiheit die große Gabe Gottes an die Menschen. Ihr wohnt die Verheißung des Gelingens ebenso inne wie die Verführung zum Misslingen. Die ihm als Geschenk anvertraute Freiheit zu bewahren, die in der Befreiung aus der Sünde erneuerte Freiheit verantwortlich zu gebrauchen, ist Gottes Auftrag an den Menschen. In allen großen Traditionsströmen des christlichen Glaubens hat diese Freiheitszusage ihren Ort, weitergegeben von Generation zu Generation.

Dabei waren die christlichen Kirchen keineswegs immer Vertreter und Förderer der Freiheit. Sie haben immer wieder vor den Folgen der Freiheit gewarnt und den Missbrauch der Freiheit beklagt; sie haben die vom christlichen Glauben selbst ausgelösten Freiheitsprozesse auch negiert und problematisiert. Es geht also nicht einfach darum, eine Erfolgsgeschichte zu erzählen. Wohl aber gilt es zu würdigen, dass in allen diesen verschiedenen Haltungen der Mütter und Väter im Glauben immer wieder der Versuch zu erkennen war, das besondere Freiheitsverständnis des christlichen Glaubens zu dem jeweils dominanten weltlichen Freiheitsverständnis als Quelle und kritisches Gegenüber ins Verhältnis zu setzen; es hat dadurch immer wieder zur Präzisierung und zum tieferen Verständnis der Freiheit beigetragen.

Die christliche Theologie hat um das rechte Verständnis der Freiheit gerungen. Sie hat in allen ihren Phasen, Ausgestaltungen, Richtungen und Verästelungen festgehalten, dass das christliche Freiheitsverständnis einen unaufgebbaren Beitrag zum Verständnis und zur Gestaltung der Freiheit leistet. Diese christliche Freiheit wird auch die alleinige und entscheidende Basis sein, die uns als Kirche der Freiheit evangelisch im 21. Jahrhundert sein lässt. Bei aller Ungewissheit über die Wege, die vor uns liegen, werden wir den nötigen Mentalitätswandel nur in der Freiheit finden, die Gott uns in Jesus Christus schenkt und die wir im Glauben für uns gelten lassen. Orientierung finden wir in der Freiheit durch Gott, zu uns selbst und für unsere Nächsten.

Auch eingedenk des 400. Geburtstages Paul Gerhardts, den unsere Kirche in diesem Jahr besonders feiert, will ich an dieser Stelle in das Lied eines anderen, großen Liederdichters einstimmen. Der Erfurter Professor und Mühlhausener Pfarrer Ludwig Helmbold hat eines der schönsten Danklieder unserer evangelischen Tradition gedichtet; Johann Crüger hat ihm wie auch vielen Liedern Paul Gerhardts eine musikalische Gestalt gegeben, durch die es über die Jahrhunderte hin vertraut blieb. Ich meine das Lied „Nun lasst uns Gott dem Herren Dank sagen und ihn ehren". Das Lied endet mit einem großen Ausblick; als Gebet singen evangelische Gemeinden seit Jahrhunderten diesen Vers: „Erhalt uns in der Wahrheit, gib ewigliche Freiheit, zu preisen deinen Namen durch Jesus Christus. Amen." (EG 320,8)

In wenigen Worten wird sie vor uns gestellt: die in der Wahrheit gründende „ewigliche Freiheit" eines Christenmenschen. Diese Freiheit erhält ihre Bestimmtheit durch den Namen Jesu Christi. Und sie kommt zu ihrer höchsten Erfüllung, wenn sie sich aufschwingt zum Lob Gottes, der in Jesus Christus uns zu Gute menschliche Gestalt annimmt. Eine in Gottes Menschwerdung begründete Freiheit, die im Lob Gottes ihre Erfüllung findet – das ist in der Tat eine Freiheit, die der Mensch sich nicht dadurch plausibel machen muss, dass er sie an sich selbst und seinen Taten aufweist. Dies ist keine Freiheit, die dadurch geprägt ist, dass sie alles Mögliche für gleich gültig erklärt. Sondern es ist eine Freiheit, die sich ein Mensch von Gott schenken lässt, um sie im Verhältnis zu sich selbst wie im Eintreten für seinen Nächsten zu bewähren. Sie erhebt sich aus der Gefangenschaft allen Machens und Schaffens. Sie lässt sich nicht durch uns selbst verbürgen, durch unsere Fähigkeiten, Finanzen oder Freunde; sondern sie verdankt sich der Güte Gottes. „Erhalt uns in der Wahrheit, gib ewigliche Freiheit, zu preisen deinen Namen durch Jesus Christus. Amen."

„Evangelisch im 21. Jahrhundert" wird diese Erkennungsmelodie auf den Lippen tragen. Diese Melodie wird zum Mitsingen einladen; denn nur in diesem Gesang der Befreiten ist unsere Kirche auch in Zukunft eine Kirche der Freiheit.

II.

Wer im Jahre 2007 zu einem Zukunftskongress nach Wittenberg einlädt, der will mit den Vätern und Müttern der Reformation in die Zukunft gehen; er will erneut in die Schule der Anfänge gehen; er will sich unter die Kanzel Martin Luthers setzen, der hier in der Stadtkirche über die Freiheit eines Christenmenschen predigte und ihren Grund freilegte, indem er, die eine Hand auf dem Bibelbuch, mit der anderen von sich weg auf den Gekreuzigten wies. Worum es in der ewiglichen Freiheit geht, die in der Wahrheit gründet, stand damals auch jedem Einwohner Wittenbergs sehr konkret vor Augen.

Das Jenseits des Diesseits, das Leben vor und bei Gott, war sehr real, ja erschreckend nah. Jeder Mensch, so hieß die Vorstellung, – ob jung oder alt, ob Mann oder Frau, ob arm oder reich – wird sich vor Gott zu verantworten haben für sein Tun und Lassen, für sein Dichten und Trachten, minutiös aufgezeichnet im Buch des Lebens. Auch die Innenwelt der Seele wird notiert, jeder Traum, jede Begierde, jeder dunkle Gedanke wird festgehalten, es gibt kein Täuschen oder Verstecken, das ganze Leben – innen und außen – ist transparent für diese letzte Urteilsinstanz.

„Herr, du erforschest mich und kennest mich. Ich sitze oder stehe auf, so weißt du es; du verstehst meine Gedanken von ferne", heißt es im 139. Psalm, der keineswegs immer als Ausdruck des Vertrauens auf Gott, sondern oft auch als Anleitung zur Selbsterforschung und Selbstprüfung verstanden worden ist. „Was ihr getan habt" – oder eben: „nicht getan habt" – „einem von diesen Geringsten, das habt ihr mir getan" – oder eben: „nicht getan." So heißt es im Gleichnis vom Weltgericht (Matthäus 25,40.45). Es lässt keinen Zweifel daran, dass dem endzeitlichen Richter all unser Tun in einer vollständigen Transparenz vor Augen steht. „Wir müssen alle offenbar werden vor dem Richterstuhl Christi, damit jeder seinen Lohn empfange für das, was er getan hat bei Lebzeiten, es sei gut oder böse" – so fasst der Apostel Paulus (2. Korinther 5,10) das Motiv in Worte, das in vielen christlichen Kirchen an den prominentesten Stellen ins Bild gefasst wurde, die dafür überhaupt nur gewählt werden konnten: im nach Osten ausgerichteten Chor, wo der Blick des Beters auf die Maiestas Domini, die Majestät des Weltenherrschers und Weltenrichters Christus fiel, oder an der gegenüberliegenden Westwand, wo in detailfreudigen Gerichtsszenen geschildert wurde, wie alle mit ihren Taten vor dem Richter stehen und ihr Urteil entgegennehmen müssen.

Luther stellte sich – wie die meisten Menschen damals – jene himmlische Beurteilung wie eine weltliche Gerichtsverhandlung vor: mit einem gestrengen Richter, der sich nur an Recht und Gesetz hält; mit einem Ankläger, der alle Taten vorträgt; und mit einem Delinquenten, der schon bald nichts mehr zu seiner Verteidigung vorzubringen vermag. Denn seine guten Taten wirken nur kläglich gegen alle Schuld und Sünde, die der Ankläger vorzubringen weiß; der Weg in die ewige Hölle ist unabwendbar. Aber gerade da, als alles verloren scheint, tritt dieser Eine auf, Jesus Christus. Er stellt sich zwischen den Delinquenten und den Richter, er nimmt dem Richter gleichsam die Sicht auf die arme Kreatur und sagt: ‚Vater, schau nicht auf ihn, schau auf mich, und dann urteile.' Angesichts dieses seines Sohnes wird der Mensch „ewiglich frei" gesprochen, er ist dem Tod entkommen und kann – um Paul Gerhardt doch noch zu Ehren kommen zu lassen – fröhlich singen: „Die Höll und ihre Rotten, die krümmen mir kein Haar; der Sünden kann ich spotten, bleib allzeit ohn Gefahr" (EG 112,4).

Durch diesen einen Mittler ist der Mensch von der Sünde kraft der Gerechtigkeit Gottes selbst frei gesprochen. Er ist befreit für ein Leben aus Glauben, in dem er dem Nächsten gute Werke tun kann, ohne der Frage ausgesetzt zu sein, ob diese dazu reichen, vor Gott bestehen zu können. Der Mensch ist frei, ewiglich frei, ganz ohne sein Verdienst, ganz ohne seine Werke, allein durch Christus, allein aus Gnade. Und Christus hilft diesem wunderbar Befreiten auf die Beine und führt ihn dorthin, wo er mit allen anderen gemeinsam in „ewiglicher Freiheit" Gott loben und preisen kann. Weil der Mensch diesen wunderbaren Ausgang im lebendigen Wort Gottes zugesagt erhält und mit ganzem Herzen, ganzer Seele und all seiner Kraft glaubt, mit einem Glauben, „der durch die Liebe tätig ist" (Galater 5,6), hat er schon in seinem diesseitigen Leben Teil an jener „ewiglichen Freiheit", allein aus Glauben, allein durch das Wort. Er kann nun schon in dieser Welt singen und sagen: „Meine Seele ist entronnen wie ein Vogel dem Netze des Vogelfängers; das Netz ist zerrissen, und ich bin frei."

Dies ist der Kern aller christlichen Glaubensfreiheit: Sie ist Freiheit von der Sünde und Freiheit zum Gotteslob; sie ist in Gottes Gnade und Barmherzigkeit gegründet, in Christi Sterben und Auferstehen offenbar, in der Heiligen Schrift bezeugt und im Glauben ergriffen. Diese Befreiung von Furcht und Zittern enthält eine existentielle Kraft in sich. Durch sie wird der christliche Glaube zu einer Lebenshaltung, die von Gottvertrauen und Zuversicht geprägt ist und sich deshalb an die Aufforderung des Apostels hält: „Zur Freiheit hat uns Christus befreit! So steht nun fest und lasst euch nicht wieder das Joch der Knechtschaft auflegen! " (Galater 5,1)

Aus dieser existentiellen Kraft erklärt sich auch die Wirkungsgeschichte der von Wittenberg ausgehenden Reformation. Wie eine Druckwelle breitet sich die wieder entdeckte „Freiheit eines Christenmenschen" in Europa aus, sie wird weitererzählt, weitergepredigt, weiterbeschrieben in immer neuen

Bildern, in immer neuen Anläufen. Sie wird aufgenommen und abgewandelt, auch missdeutet und missbraucht, sie wird veredelt und verdichtet, auch verhärtet und dogmatisiert, aber sie bleibt der Gründungsakt und die Verfassungsurkunde aller reformatorischen Kirchen. Der in Gottes Barmherzigkeit und ihrer Offenbarung in Christus gegründete freie Blick des Menschen auf Gott und der aufrechte Gang im Glauben machen aus den Kirchen der Reformation „Kirchen der Freiheit". Aus diesem Impuls entsteht das Beharren auf einer Gewissensfreiheit, die gegenüber den Ansprüchen der Mächtigen eine unantastbare Instanz der Verantwortung vor Gott und der aus ihr folgenden Selbstbestimmung bildet.

Aus diesem Impuls entsteht die Kraft zu einer kulturellen Gestaltung, für die sich die Bezeichnung des Protestantismus eingebürgert hat. Bis zum heutigen Tag ist deutlich, dass der reformatorische Impuls mit diesen kulturellen Wirkungen zusammengehört. Deshalb achten wir auch wieder neu auf lebendige, sich immer wieder erneuernde kulturelle Gestaltungsformen evangelisch geprägter Kultur. Es ist bekannt, in welch vielfältigen Formen sich die reformatorische Tradition, auch in Gestalt des evangelischen Pfarrhauses, insbesondere auf Literatur und Musik ausgewirkt hat. Die Erneuerung dieses konstruktiven Verhältnisses zwischen Glaube und Kultur gehört zu den Hoffnungszeichen unserer Gegenwart.

Zugleich kann der reformatorische Impuls so wenig auf einen Kulturprotestantismus reduziert werden, wie es angeht, das Christentum auf ein bloßes Kulturchristentum zu verengen. Ein Kulturchristentum bezieht sich auf die Prägungen, die unsere Lebenswelt bestimmen. Der christliche Glaube aber ist eine Haltung, die unser Leben bestimmt. Ein Kulturprotestantismus beruft sich auf die gesellschaftlichen Folgen, die aus der Wiederentdeckung der christlichen Freiheit erwachsen sind. Evangelischer Glaube aber bekennt sich zu ihrer Quelle: zu der Freiheit, zu der uns Christus befreit. Kulturelle Bedeutung und gesellschaftliche Folgen sind gewiss von großem Gewicht; aber sie sind nicht alles. Wer das Christentum nur als Kultur versteht, sieht seine Aufgabe vor allem darin, eine „Tradition" zu bewahren und ein „Erbe" zu verwalten. Wer sich auf die Quelle dieser kulturellen Wirkungen besinnt, fragt nach der lebendigen Kraft, die das eigene Leben ergreift und deren kulturelle Folgen sich deshalb auch zu erneuern vermögen.

Es ist dieses weithin leuchtende Feuer der „ewiglichen Freiheit", diese Freiheitsglut des christlichen Glaubens, die uns auch im 21. Jahrhundert zu tragen vermag. Alle Veränderungen und Neugestaltungen, die wir uns vornehmen, alle Zielverabredungen und Qualitätsanstrengungen, alle Strukturverbesserungen und Fortbildungsanstrengungen müssen sich als Dienst an dieser Freiheit verstehen lassen, sonst taugen sie nicht. Soweit die evangelische Kirche die von Gott geschenkte Freiheit des Glaubens als ihre Quelle bekennt, aus ihr lebt und sie durch Wort und Tat weitervermittelt, soweit kann und darf sie sich auch in Zukunft eine „Kirche der Freiheit" nennen.

III.

Wie aber lässt sich dieser Glutkern der christlichen Freiheit für das 21. Jahrhundert beschreiben? Wie lässt sich die Rechtfertigung des Sünders als Wurzelgrund für die Würde des Menschen heute erzählen?

Natürlich haben sich die Konstitutionsbedingungen der Freiheit so dramatisch verändert, dass wir heute neu und anders von der Freiheit erzählen müssen, als es Luther hier in Wittenberg vor bald 500 Jahren tat. „Der Horizont ist weggewischt", lässt Nietzsche seinen Zarathustra sagen. Richtig ist daran, dass mit der Aufklärung und der Neuzeit das Jenseits jenseitiger und das Diesseits diesseitiger geworden sind. Eine Zeit lang verbreitete sich die Meinung, es könnten rein diesseitige Verheißungen der Freiheit als endgültige Zukunft ausgegeben werden. Daraus gespeiste Utopien haben manche Aufbrüche ausgelöst, aber zugleich Zerrüttungen und Zerstörungen bewirkt. Heute spüren wir, dass reine Diesseitigkeit ein Verhängnis ohne Ausweg ist. Wer sich ihr unterwirft, lebt unter dem Verhängnis einer doppelten Verschattung. Der Aufblick zu Gott ist ebenso verdunkelt wie der Ausblick auf die Zukunft. Blickt der Mensch über sich selbst hinaus, so stößt er doch nur auf sich selbst; er trifft beim Überschreiten der eigenen Gegenwart nur noch auf die Zukunft, die er selbst machen kann. Weil es dabei nicht bleiben kann, ist ein neues Nachdenken über die christliche Freiheit nötig; weil es dabei aber so oft bleibt, muss dieses neue Nachdenken über die christliche Freiheit wieder (mit Karl Barth zu sprechen) mit dem Anfang anfangen.

Für das reformatorische Denken ist der entscheidende Grundsatz für die „ewigliche Freiheit" in einem Satz eingefangen, den Martin Luther 1530 an Spalatin schrieb: „Wir sollen Menschen und nicht Gott sein. Das ist die Summa!" In die Wahrheit gelangt der Mensch, wenn er nicht sich selbst definiert, sondern sich von Gott definieren lässt – als der Mensch nämlich, der durch Gottes Gnade und durch sie allein zu sich selbst kommt.

Es wäre ein Missverständnis, diese klare Unterscheidung von Mensch und Gott dahingehend aufzulösen, als sei der Mensch von Gott frei geworden und bräuchte ihn nicht mehr. Im Gegenteil: Die Unterscheidung macht bewusst, dass ein Mensch zu sich selbst in ein Verhältnis treten kann, weil ihm dies durch Gott möglich wird. Die Reformation beschrieb das in dem Bild, dass innerer und äußerer Mensch einander gegenüberstehen. Das Selbstsein des Menschen wird unterscheidbar von der Summe seiner Tätigkeiten. Der Mensch, der vor Gott gerecht gesprochen ist, wird dadurch frei von der Knechtschaft des Äußerlichen. Indem er sich durch Gottes Gnade neu wahrnimmt, findet er zu sich selbst. Er hat nun den Rücken frei vom Ballast der Selbstbestätigung. Das selbstgesponnene „Netz ist zerrissen, und wir sind frei". Der Mensch kann frei und aufrecht gehen. Er macht die Erfahrung, dass die verheißene „ewigliche Freiheit" etwas anderes ist als die äußere Freiheit. Ohne diese Erfahrung hätten all die Zufälligkeiten unserer äußeren Freiheit geradezustehen für die ungeheure Behauptung, dass sich in ihnen bereits erfüllt, wozu uns Gott berufen hat – nämlich zur Freiheit. Das aber wäre ohne Zweifel, um Eberhard Jüngel zu zitieren, eine „maßlose Behauptung und hypertrophe Versicherung".

Gewiss hat man bisweilen die Zuwendung zum inwendigen Menschen als Lob einer gemütvollen, ja gemütlichen Innerlichkeit missverstanden, die sich gegebenenfalls sogar mit äußerer Unfreiheit zu arrangieren weiß, weil sie sich auf einen behaglichen Seelenfrieden zurückzieht. Doch es geht bei dieser Unterscheidung um etwas ganz anderes. Es geht darum, wie sich ein Mensch auf das eine, befreiende Wort Gottes stützen kann, das in Jesus Christus Person ist. Das kann nur in einem radikalen Freiheitsbewusstsein geschehen, das sich von allen selbst gemachten Bedingungen und Folgen ebenso unabhängig weiß wie von allen äußeren Bedingtheiten und Bestimmtheiten.

Doch die Unterscheidung zwischen innerem und äußerem Menschen nötigt zugleich dazu, deren Zusammengehörigkeit zu bedenken. Wer sich einer Freiheit verdankt, die unverfügbar ist, weiß sich für die Gestaltung von Räumen verantwortlich, in denen diese Freiheit zur Erfahrung kommt. Deshalb interessiert sich der christliche Glaube für die Bedingungen, Voraussetzungen und Folgen im eigenen Handeln ebenso wie für die Bedingtheiten und Bestimmtheiten des gesellschaftlichen Zusammenlebens. Er setzt sich leidenschaftlich für Lebensverhältnisse ein, in denen Freiheit erfahrbar wird. Deshalb ist er als Religion der Freiheit eine Religion der Aufklärung und der Vernunft, des freien Dienstes am Nächsten und der politischen Mitverantwortung.

Aus der Erfahrung des inwendigen, also im Innern durch den Glauben vergewisserten Menschen heraus sprechen die Lieder Martin Luthers wie Paul Gerhardts, erklingen die Melodien Johann Crügers wie Johann Sebastian Bachs, speisen sich die Aufbrüche vom Pietismus bis zur Bekennenden Kirche, leben neue geistliche Impulse vom Gemeinsamen Leben Dietrich Bonhoeffers bis zur fröhlichen Auftragsgewissheit von Klaus Peter Hertzsch, nähren sich die Formen geistlichen Lebens von den Bruder- und Schwesternschaften der Diakonie bis zu den evangelischen und ökumenischen Kommunitäten.

Wenn wir heute mit neuem Nachdruck vom inneren Menschen und davon sprechen, dass die Freiheit des Glaubens den einzelnen ergreift und verwandelt, wenn wir von daher in der so begründeten Freiheit der Person und ihres Gewissens den entscheidenden Beitrag der evangelischen Christenheit zum christlichen Zeugnis in unserer Zeit sehen, dann geschieht das keineswegs, wie auch von katholischen Gesprächspartnern vermutet wird, in einer schlichten Anknüpfung an einen neuprotestantischen Kulturprotestantismus. Vielmehr muss man auch Friedrich Schleiermacher und Adolf von Harnack, die in solchen Zusammenhängen immer wieder genannt werden, zutrauen, dass sie genau an dieser Stelle einen urreformatorischen Impuls aufgenommen haben – einen Impuls also, der nicht erst im Berlin des 19., sondern schon im Wittenberg des 16. Jahrhunderts laut geworden ist. Dieser Impuls liegt eben in der Unterscheidung zwischen dem inneren und dem äußeren Menschen. An ihr wird anschaulich, was es bedeutet, dass der Mensch durch das Geschenk des Glaubens zu sich selbst kommt.

Wo diese Dimension evangelischer Freiheit verkümmert, hat der Baum unserer Kirche zu flache Wurzeln. Tiefe Wurzeln aber braucht dieser Baum auch für alle gesellschaftliche Verantwortung und diakonische Aktivität, für alle Verpflichtung zur weltweiten Ökumene und zum missionarischen Aufbruch.

IV.

Die Reformation hat deshalb bei aller Weite der christlichen Freiheit den Begriff der Kirche ganz konsequent vom Gottesdienst her bestimmt. Denn im gefeierten Gottesdienst vergewissert sich die christliche Gemeinde ihres Grundes: der Erlösung in Jesus Christus. Und im gefeierten Gottesdienst kommt sie ihrer allerersten Pflicht nach: dem Lob Gottes.

Deshalb ist die christliche Kirche nach der Aussage des Augsburgischen Bekenntnisses von 1530 die „Versammlung aller Gläubigen ..., bei denen das Evangelium rein gepredigt und die Sakramente dem göttlichen Wort gemäß gereicht werden". Weil der Gottesdienst Grund und Gestalt der Kirche miteinander verbindet, bezeichnet die Barmer Theologische Erklärung von 1934 die christliche Kirche als eine geschwisterliche Gemeinschaft, „in der Jesus Christus in Wort und Sakrament durch den Heiligen Geist als der Herr gegenwärtig handelt", nämlich als der eine Herr dieser Gemeinschaft von Gleichen. Weil die Feier des Gottesdienstes die Kirche Jesu Christi konstituiert, bindet die Leuenberger Konkordie von 1973 die Möglichkeit der Kirchengemeinschaft an die „gewonnene Übereinstimmung im Verständnis des Evangeliums"; sie ermöglicht es, „einander Gemeinschaft an Wort und Sakrament (zu) gewähren und eine möglichst große Gemeinsamkeit in Zeugnis und Dienst an der Welt (zu) erstreben". Aber weder die schon erreichte Einheit in Zeugnis und Dienst noch die bereits verwirklichte Einheit in der Gestalt der kirchlichen Ämter wird zur Voraussetzung dafür erklärt, einander Gemeinschaft an Wort und Sakrament zu gewähren. Denn diese Gemeinschaft gründet allein im übereinstimmenden Verständnis des Evangeliums.

Diese Konzentration auf das Evangelium, das uns im Gottesdienst in Wort und Sakrament begegnet, ist das entscheidende Charakteristikum des evangelischen Kirchenbegriffs. Darin liegt zugleich seine ökumenische Weite begründet. Er achtet das Amt in der Kirche hoch; aber er bindet die Möglichkeit der Kirchengemeinschaft nicht exklusiv an eine bestimmte Gestalt dieses Amtes. Er weiß um die Aufgaben geistlicher Leitung und Aufsicht in der Kirche; aber er beschränkt die Episkope nicht auf die eine Form des historischen und hierarchischen Bischofsamtes. Er ist keineswegs gleichgültig gegenüber den Fragen der sichtbaren Gestalt der Kirche; denn ihn prägt die Überzeugung, dass die Kirche auch mit ihrer Gestalt und der sie prägenden Ordnung zu bezeugen hat, dass sie zu Christus gehört und in seinem Dienst steht. Aber dieses evangelische Kirchenverständnis sieht in Ordnung und Gestalt der Kirche menschliche Antworten auf das Evangelium, also Ausdrucksformen verantwortlichen menschlichen Handelns. Es ist gerade diese Unterscheidung und Verbindung zwischen Grund und Gestalt der Kirche, zwischen Konzentration und Weite, zwischen göttlichem Wirken und menschlicher Verantwortung, welche die evangelische Kirche in einem spezifischen Sinn zu einer Kirche der Freiheit macht.

Denn auch im Blick auf die Kirche kann der Glaube an Gott vor der Versuchung bewahren, die Dinge des Diesseits jenseitig aufzuladen. Die Achtung des Ersten Gebots hat unmittelbare Folgen für das Verständnis der Kirche. Als Gemeinschaft der Glaubenden hat sie allein Gott die Ehre zu geben. Sie hat in gemeinsamer Verantwortung Sorge dafür zu tragen, dass sie „mit ihrem Glauben wie mit ihrem Gehorsam, mit ihrer Botschaft wie mit ihrer Ordnung mitten in der Welt der Sünde als die Kirche der begnadigten Sünder" Kirche Jesu Christi ist, wie dies die Barmer Theologische Erklärung formuliert.

Eine in solcher Nüchternheit verstandene Kirche der Freiheit hat sich gemäß ihrem Auftrag und gemäß verantwortlicher Einsicht über ihre Gestalt Rechenschaft abzulegen und diese wo nötig umzugestalten. Sie befindet sich ständig im Prozess der Erneuerung. Damit sind nicht eine pauschale Kritik am Überkommenen und ein Zwang zur Veränderung um ihrer selbst willen gemeint. Gemeint ist die dieser Kirche von ihrem Grund her innewohnende Freiheit dazu, ihre Strukturen immer wieder neu auf ihre Auftragsgemäßheit hin zu prüfen, dasjenige zu bewahren, was der Verkündigung des Evangeliums in Wort und Tat dient, und zugleich neue Wege dafür zu suchen. Auch in Zukunft wird dies nicht einfach ein Weg sein. Die Vielfalt protestantischer Gestaltungsformen bleibt auch im 21. Jahrhundert ein mit dem evangelischen Kirchenverständnis gegebener und geschenkter Reichtum und in sich selbst ein Ausdruck evangelischer Freiheit. Die Ermutigung zu unterschiedlichen Formen und Profilen von Gemeinden ist ein konkretes Beispiel dafür.

In der Konzentration des evangelischen Kirchenverständnisses auf den Gottesdienst als das Geschehen, in dem die Kirche ihres Grundes wie ihres Auftrags gewiss wird, liegt der entscheidende Grund dafür, dass alle Reformprozesse in unserer Kirche sich zuallererst auf die kirchlichen Kernaufgaben und auf eine Profilierung der geistlichen Grundlagen und Grundvollzüge kirchlichen Lebens richten und richten müssen. Aus dieser Konzentration ergibt sich auch die besondere Wertschätzung all der beruflichen und ehrenamtlichen Tätigkeiten, die der um Wort und Sakrament versammelten Gemeinde zu Gute kommen. Unser gemeinsames Ziel sollte es sein, dass dieser Einsatz wachsende Resonanz findet, ja dass von ihm eine missionarische Ausstrahlung ausgeht. Wir wollen den öffentlichen, nach außen gewandten Charakter des Gottesdienstes neu zur Geltung kommen lassen. Dafür wollen wir an seiner inneren Kraft und

Qualität, an der Anmut und dem Glanz unserer Gottesdienste arbeiten. Dass Gottesdienste zum Lob Gottes gefeiert werden, dass sie Glauben wecken und im Glauben stärken, soll neu zum Bewusstsein kommen.

Deshalb sprechen wir von einem geistlichen Mentalitätswandel. Alle Rede von der Konzentration auf Kernaufgaben, von der Profilierung des Evangelischen, von der qualitätvollen Arbeit in der Vielfalt kirchlicher Handlungsfelder verweist auf diesen Grundgedanken. Zukunft hat die evangelische Kirche durch ihre geistliche Kraft. Alle äußeren Gestaltungen und Umgestaltungen unserer Kirche müssen hiervon ausgehen und darauf hinwirken.

Wenn in solchen Zusammenhängen von der Stärkung des evangelischen Profils die Rede ist, dann entspringt dies weder einer Lust an der Abgrenzung gegenüber anderen Kirchen und Konfessionen noch gar der Absicht, die Vielfalt und Pluralität in den Gestaltungsformen des Protestantischen einzugrenzen. Sondern es geht zentral darum, sich der eigenen Wurzeln neu bewusst zu werden und den spezifischen Glaubensschatz der evangelischen Kirchen aufs Neue zu heben. Es geht in diesem Sinn, wie Walter Kasper zu Recht hervorgehoben hat, um die Frage nach der eigenen Identität. Die reformatorische Orientierung an Gottes lebendigem Wort, die evangelische Treue zum Reichtum der biblischen Botschaft, die Konzentration auf eine gute Predigt in einem liturgisch bewusst und qualitätvoll gestalteten Gottesdienst, die Hochschätzung der Bildung und des persönlich angeeigneten Glaubens, die Betonung von kultureller Kraft und gesellschaftlicher Verantwortung, die möglichst breite Ausrichtung auf eine große Beteiligung von Frauen und Männern, von Jungen und Alten, Armen und Reichen – all das sind zugleich Konsequenzen reformatorischer Einsichten und Erkennungszeichen evangelischer Kirchen.

Die Erinnerung an dieses besondere reformatorische Profil unserer Kirche ist die wichtigste Begründung für den mit unserem Selbstverständnis unmittelbar verknüpften ökumenischen Geist. Gerade weil wir wissen, dass wir die Fülle der christlichen Wahrheit und den Kosmos der christlichen Einsichten nicht allein vertreten, sind wir von Haus aus ökumenisch ausgerichtet. Die besonderen reformatorischen Entdeckungen weiten unseren Blick für die Wahrheit, die sich in anderen christlichen Konfessionen und Kirchen findet. Wenn wir feststellen, dass sie sich dort besser findet, erkennen wir das an und geben dadurch Gott die Ehre. Deswegen meint die Rede von einer „Ökumene der Profile" nicht nur die Stärkung der eigenen Identität. Sie richtet sich vielmehr zugleich auf die Stärkung der christlichen Gemeinschaft. Uns bestimmt die ökumenische Hoffnung, dass alle christlichen Kirchen sich berufen wissen, die Wahrheit des christlichen Geheimnisses zu bezeugen, das größer ist als die immer nur unvollkommene und fragmentarische Wahrheitserkenntnis jeder einzelnen Kirche. Uns bestimmt die ökumenische Hoffnung, dass alle christlichen Kirchen sich berufen wissen, den Frieden zu bezeugen, der höher ist als alles, was eine einzelne Kirche vermag, und zu dem wir doch unermüdlich beitragen wollen, auf dass die Welt glaube.

V.

Das Geschenk des Glaubens befreit uns von Gott her zu uns selbst; und es richtet unseren Blick von uns weg auf den Nächsten; denn ihm wendet sich der Glaube zu, der durch die Liebe tätig ist.

Eine Kirche, die im Gottesdienst ihres Grundes gewiss wird, ist deshalb in einem präzisen Sinn eine Kirche für andere. Dietrich Bonhoeffers Ortsbestimmung der Kirche Jesu Christi als einer „Kirche für andere" ist für evangelisches Kirchenverständnis von unaufgebbarer Bedeutung. „Christus befreit – darum Kirche für andere" – diese 1972 von Heino Falcke geprägte Formel behält auch unter den Bedingungen des 21. Jahrhunderts ihre Gültigkeit. Die Freiheit eines Christenmenschen kommt erst dann zu sich selbst, wenn sie in der Verantwortung für andere konkret wird. Dass der Christenmensch ein freier Herr aller Dinge ist, bewährt sich gerade darin, dass er aus freien Stücken allen ein Diener sein kann.

Wenn der christliche Glaube auch darin der Freiheit die Treue hält, dass er aufmerksam ist für die Bedingungen, unter denen diese Freiheit erfahren werden kann, und wachsam ist gegenüber Umständen, die dieser Freiheit den Entfaltungsraum verweigern, dann gilt dies keineswegs nur für die jeweils eigene Freiheit, sondern gerade auch für die Freiheit des andern. Dass die Freiheit eines Christenmenschen den vor Gott stehenden und durch ihn aufgerichteten Menschen meint, relativiert doch die gesellschaftliche, politische und kirchliche Verantwortung der Christen nicht, sondern präzisiert sie.

Ich halte es deshalb nicht für zutreffend, wenn die These, die Kernkompetenz der Kirche liege in ihrem gottesdienstlichen Handeln und geistlichen Leben, so verstanden wird, als werde diese Kernkompetenz damit „unpolitisch" ausgelegt. Vielmehr ergibt sich doch die Verantwortung für Gerechtigkeit und Frieden, für die Würde des Menschen und die Bewahrung der Natur aus dem gottesdienstlichen Handeln und geistlichen Leben der Kirche selbst: aus dem Lob Gottes, der es gut mit seiner Welt meint und ihren Frieden will; aus der Perspektive Jesu, der auf die Seite der Leidenden tritt; aus der Hoffnung auf das Reich Gottes, in dem Friede und Gerechtigkeit sich küssen. Unser Eintreten für eine Reform unserer Kirche von innen heraus und unser Eintreten für gerechte Teilhabe in unserer Gesellschaft wie in der einen Welt gehören unmittelbar zusammen. Wir wollen das eine nicht ohne das andere. Eine „selbstgenügsame Kirche" wäre ein Widerspruch in sich selbst.

Auch für das Evangelischsein im 21. Jahrhundert gilt, dass das Evangelium in Wort und Tat, in Verkündigung und Diakonie bezeugt wird. Die evangelische Kirche sieht in der Solidarität mit dem hilfsbedürftigen Nächsten eine zentrale Lebensäußerung der Kirche. Sie macht sich die Klage über Unfrieden und Ungerechtigkeit zu Eigen und sucht nach Wegen dazu, wie die vorrangige Option für die Armen und die vorrangige Option für gewaltfreies Handeln Gestalt gewinnen können. Deshalb bleibt es ihr wichtig, dass das Christentum nicht nur eine kirchliche und eine persönliche, sondern auch eine öffentliche Gestalt annimmt.

Wenn vom „öffentlichen Christentum" die Rede ist, dann ist dabei nicht nur das Verhältnis von Kirche und Staat im Blick; gemeint ist damit vielmehr vor allem die Bedeutung von Glauben und Kirche für die Zivilgesellschaft. Der christliche Glaube, das Zeugnis der Freiheit, lässt sich nicht in die Mauern der Kirche einsperren. Dass sie in ihrer kritischen und orientierenden Bedeutung für die Gesellschaft zur Geltung kommen, ist für Zeugnis und Dienst der Kirche unentbehrlich. Wir wollen, dass die evangelische Stimme im kritischen Diskurs unserer Gesellschaft gehört wird.

Die evangelische Kirche will auch im 21. Jahrhundert eine gesellschaftlich engagierte und wache Kirche sein. Es bleibt ihre Aufgabe, die Freiheit zu stärken und Abhängigkeiten anzuklagen. Sie erhofft die nötige Kraft dafür, für die unantastbare Würde eines jeden Menschen einzutreten und die Gerechtigkeit zu fördern, die allen Menschen faire Beteiligungschancen eröffnet. Wir bitten Gott darum, dass er uns vor Trägheit bewahrt und uns dabei hilft, unsere gesellschaftliche Verantwortung auch künftig nachdrücklich und überzeugt wahrzunehmen.

„Kirche für andere": Diese Grundformel evangelischen Kirchenverständnisses ist mit dem gleichen Nachdruck auf unsere missionarische Situation anzuwenden. Der Auftrag, „die Botschaft von Gottes Gnade auszurichten an alles Volk", von dem die sechste These der Barmer Theologischen Erklärung spricht, verlangt heute eine neue Orientierung hin zu den Menschen, denen diese Botschaft fremd und unbekannt ist. Sie erwarten ein klares Zeugnis des christlichen Glaubens in Wort und Tat. Für sie kann der christliche Glaube dann überzeugende Kraft gewinnen, wenn sie im Alltag ihres Lebens Menschen begegnen, die aus Glauben leben. Für sie ist es entscheidend, dass Christen darüber Auskunft geben können, was ihnen an ihrem Glauben wichtig ist. Außenorientierung des kirchlichen Handelns und Auskunftsfähigkeit der Christen im Alltag sind die beiden wichtigsten Grundelemente der missionarischen Ausrichtung, die heute an der Zeit ist. Auch in dieser Hinsicht gilt: Eine „selbstgenügsame Kirche" wäre ein Widerspruch in sich selbst.

VI.

Zuletzt: Eine Kirche der Freiheit ist im Blick auf ihre eigene Zukunft in einem präzisen Sinn eine sorglose Kirche; sie macht sich nicht Sorgen um sich selbst. Denn eine Kirche, die sich in Gottes Wort gegründet und von der Barmherzigkeit Gottes gehalten weiß, muss sich nicht um ihre Existenz und ihre Zukunft sorgen.

Die Freiheit des Glaubens bestimmt auch den Umgang mit der Sorge um unsere Kirche. Für uns gilt heute ebenso wie für alle anderen Generationen vor uns und nach uns die Feststellung Martin Luthers: „Wir sind es doch nicht, die da die Kirche erhalten könnten, unsere Vorfahren sind es auch nicht gewesen, unsere Nachkommen werden's auch nicht sein, sondern der ist's gewesen, ist's noch und wird's sein, der da spricht: ‚Siehe, ich bin bei euch bis an der Welt Ende.'"

Die Kirche Jesu Christi, die im Glaubensbekenntnis von allen Christen bezeugte und bekannte „eine, heilige, allgemeine und apostolische Kirche", diese von Gottes heiligem Geist erhaltene und durch die Zeiten geführte Gemeinschaft der Glaubenden hängt nicht davon ab, ob wir eine große oder kleine, eine glanzvolle oder klägliche, ein mutige oder ängstliche, eine einladende oder verschlossene evangelische Kirche gestalten oder nicht. Aber gerade weil dies so ist, weil wir den Rücken frei haben und entlastet sind von falschen Sorgen, können und sollen wir mit all unserem theologischen Verstand, mit unseren intellektuellen Kräften, mit unserem nüchternen Weltwissen und einem emphatischen Hoffen unserem Auftrag folgen und ihn nach bestem Wissen und Gewissen erfüllen. Befreit von der Sorge um uns selbst können wir auch heute und morgen einstimmen in den großen Gesang der Freiheit und rufen: „Unsere Seele ist entronnen wie ein Vogel dem Netze des Vogelfängers; das Netz ist zerrissen, und wir sind frei." In unserem Zusammenhang ist es nicht allein die Sorge um uns selbst, aus deren Netz wir befreit werden. Frei sollen wir auch werden von der Sorge um die Zukunft unserer Kirche, von jenem Sorgengeist, der mehr auf unsere schwachen Kräfte setzt als auf den Geist Gottes, von dem wir bekennen: „Der Herr ist der Geist; wo aber der Geist des Herrn ist, da ist Freiheit." (2. Korinther 3,17)

Dass wir den Sorgengeist hinter uns lassen und uns dem Geist der Freiheit anvertrauen, ist das Wichtigste, was zu Beginn dieses Zukunftskongresses überhaupt geschehen kann. Dazu kann uns auch Martin Luther ermutigen, der am 27. Juni 1530 an Melanchthon schrieb: „Deine elenden Sorgen, von denen Du, wie Du schreibst, verzehrt wirst, hasse ich von Herzen. Dass sie in deinem Herzen regieren, ist nicht der großen Sache, sondern unseres großen Unglaubens Schuld. ... Was marterst Du Dich selbst so ohne Unterlass? ... Ich bete wahrlich mit Fleiß für Dich, und es tut mir weh, dass Du unverbesserlicher Sorgen-Blutegel meine Gebete so vergeblich machst. Ich bin wenigstens, was die Sache angeht – ob es Dummheit ist oder der Geist, mag Christus sehen – nicht sonderlich beunruhigt, vielmehr besserer Hoffnung, als ich zu sein gehofft hatte."

In dieser Freiheit von der Sorge wollen wir, wie Wolf Krötke unlängst formuliert hat, „der Zukunft das Wort geben". Damit ist mehr gemeint, als dass wir uns dem Diktat zurückgehender Zahlen unterwerfen und, ihm Rechnung tragend, „der Vergangenheit durch Konzentration der Kräfte noch etwas abtrotzen". Es ist damit auch mehr gemeint, als dass wir in kühler Rechenhaftigkeit die Kräfte abschätzen, die wir selbst in die Gestaltung der Zukunft einbringen können.

Gewiss, die Zukunft kommt im Ablauf der Zeiten. Diese Zukunft erwarten wir, so gut wir das auf der Grundlage bisheriger Erfahrungen können, und stellen uns planend auf sie ein. Doch für den Glauben ist die Zukunft mehr als das, was wir voraussagen können; sie ist der Raum des Unerwartbaren und Überraschenden. Gewiss kann sie auch an Schrecken mehr in sich bergen, als wir zu antizipieren vermögen. Aber ihre Überraschungen können auch in ihrer Güte über das hinausgehen, was wir für möglich hielten, und uns alle miteinander des Kleinglaubens überführen. Wer nur auf den möglichen Schrecken schaut, begegnet dieser Zukunft mit Furcht. Der christliche Glaube begegnet ihr mit der Hoffnung, dass „das Morgen sich zu unseren Gunsten ereignet" (W. Krötke).

Wir sind gut beraten, wenn wir unser Nachdenken über die Zukunft von dem bestimmen lassen, was wir hoffen. Denn die Hoffnung ist ebenso ein Wesensmerkmal des Glaubens wie die Liebe. Ebenso wie vom Glauben zu sagen ist, dass er durch die Liebe tätig ist, so ist von ihm auch zu sagen, dass er an der Hoffnung nicht irre wird. Die Kirche ist eine Gemeinschaft leidenschaftlicher Hoffnung; im Auf und Ab der Geschichte hält sie Kurs auf das Reich Gottes, in dem Gottes Zukunft sich zu unser aller Gunsten ereignet.

Mit leidenschaftlicher Hoffnung auf Gottes Wirken richten wir den Blick auf den Weg unserer Kirche und auf ihr Tun. Deshalb sind wir zu diesem Kongress zusammengekommen. Es geht uns darum, gemeinsam einen Weg in die Zukunft zu finden und unsere Kirche so zu verändern, dass sie ihrem Auftrag besser gerecht wird. Dafür brauchen wir gute Ideen, einfallsreiche Anregungen, weiterführende Hinweise, ermutigende Ziele, gemeinsame Verabredungen, realistische Umsetzungen. Wenn wir dabei unseren Verstand nach Kräften anstrengen, tun wir es in der Hoffnung, der Heilige Geist möge sich, wie Karl Barth einmal sagte, als ein „Freund des gesunden Menschenverstandes" erweisen; und wir tun es mit der Bitte Martin Luthers an den Heiligen Geist: „Zünd uns ein Licht an im Verstand".

Wir wissen: Dieser Geist wirkt, wo und wann er will. Wir wollen ihn nicht auf das begrenzen, was uns in diesen Tagen durch den Sinn geht. Aber wir wollen ihm zutrauen, dass er uns beflügelt. Wir können ihn nicht herbeizwingen, wir können und wollen ihn aber erbitten: Veni Creator Spiritus – „Komm, Gott Schöpfer, Heiliger Geist".

Bibelarbeit über 1. Mose 13[1]

Eberhard Jüngel

Und Abraham zog von Ägypten herauf in das Südland, er und seine Frau und alle seine Habe, und Lot mit ihm.

Und Abraham war sehr reich an Vieh, an Silber und an Gold. Er zog von Lagerplatz zu Lagerplatz, vom Südland bis nach Bethel, bis zu der Stätte, wo (schon) zu Anfang sein Zelt gestanden hatte, zwischen Bethel und Ai, jene Stätte, wo er vorher den Altar gebaut hatte. Und Abraham rief dort den Namen Jahwes an. Und auch Lot, der mit Abraham zog, hatte Schafe, Rinder und Zelte. Und das Land ertrug es nicht, dass sie beieinander blieben; denn ihre Habe war sehr groß. So kam es (denn auch) zum Streit zwischen den Hirten über Abrahams Vieh und den Hirten über Lots Vieh. Damals wohnten die Kanaaniter und die Pheresiter im Land.

Da sprach Abraham zu Lot: Lass doch nicht Streit sein zwischen mir und dir und zwischen meinen Hirten und deinen Hirten! Wir sind doch Brüder! Steht dir nicht das ganze Land offen? Trenne dich doch von mir! Willst du nach links, dann gehe ich nach rechts; und willst du nach rechts, gehe ich nach links.

Da erhob Lot seine Augen und sah, dass die ganze Jordanebene reich an Wasser war – das war, bevor Jahwe Sodom und Gomorrha zerstörte – wie ein Garten Gottes, wie das Land Ägypten, bis hin nach Zoar. Da wählte sich Lot die ganze Jordanebene. Und Lot brach nach Osten auf. So trennten sie sich voneinander. Abraham blieb im Lande Kanaan, Lot ließ sich in den Städten der Ebene nieder und zeltete bis nach Sodom. Aber die Leute von Sodom waren böse und sündigten sehr gegen Jahwe.

Und Jahwe sprach zu Abraham, nachdem sich Lot von ihm getrennt hatte: Hebe deine Augen auf und siehe von dem Ort, an dem du stehst, nach Norden und nach Süden, nach Osten und nach Westen: das ganze Land, das du siehst: dir will ich es geben und deinen Nachkommen, für ewige Zeiten. Und deinen Samen will ich machen wie den Staub der Erde; nur wenn einer den Staub der Erde zählen kann, kann er auch deine Nachkommen zählen. Auf, durchziehe das Land in seiner Länge und seiner Breite! Denn dir will ich es geben.

Und Abraham brach mit seinen Zelten auf, zog los und ließ sich nieder bei der Terebinthe von Mamre bei Hebron. Und er baute dort für Jahwe einen Altar. (Genesis 13)

---

[1] Bibelarbeit auf dem Zukunftskongress in Wittenberg, 25.–27. Januar 2007.

Erzählen müsste man können, verehrte Zuhörerinnen und Zuhörer: so, wie die alten Erzähler aus längst vergangenen Zeiten zu erzählen vermochten; so zu erzählen vermochten, dass die, denen da etwas erzählt wird, gar nicht genug davon hören können.

Heutzutage sind es oft nur noch die Kinder, die uns Erwachsene zum Erzählen verführen, ja zum Erzählen geradezu herausfordern. Und wenn dann erzählt wird, können sie in der Tat gar nicht genug davon kriegen. Wenn ich abends am Bett meiner Patenkinder eine Gute-Nacht-Geschichte erzähle, um ihnen den Übergang in das Dunkel der Nacht zu erleichtern, heißt es nur zu oft: Erzähl weiter, Onkel, noch eine Geschichte, erzähl weiter! Ja, bei den Gute-Nacht-Geschichten, mit denen wir Kindern den Abschied vom Tag leichter machen, da klappt es noch: das Erzählen. Ganz egal, ob es sich um ein Märchen handelt oder um eine wahre Begebenheit oder um eine Mischung von Dichtung und Wahrheit.

In der Bibel wird viel erzählt. Schon die ersten Kapitel der Heiligen Schrift sind randvoll von Erzählungen. Allerdings nicht von Gute-Nacht-Geschichten, die den Übergang in das Dunkel der Nacht erleichtern sollen! Ganz im Gegenteil: Die biblischen Erzähler wollen dem Leben am hellen Tag zugute kommen. Sie wollen nicht einschläfern, sondern hellwach machen. Denn was die biblischen Texte von längst vergangenen Begebenheiten erzählen, das hat den jetzt lebenden Menschen, die erzählte Vergangenheit hat der Gegenwart etwas zu sagen. Was vor Urzeiten erlebt und erfahren wurde, das soll uns so vermittelt werden, dass wir wenn nicht dieselben, so doch ähnliche Erlebnisse und Erfahrungen machen und in analoger Weise mit ihnen umgehen können. Gewiss, „es war einmal", *long, long ago*. Aber was damals war und geschah, das kann dazu helfen, dass sich uns unsere eigene Gegenwart ganz neu erschließt und dass sich uns bisher verschlossene Horizonte eröffnen. Das, was vor Urzeiten war und geschah, kennen zu lernen, kann oft sehr viel hilfreicher und lehrreicher sein als eine ganze Ethik-Vorlesung eines gelehrten Professors. Die mag zwar informativ sein. Doch der authentische Erzähler will eigentlich nicht informieren. Der authentische Erzähler, so formuliert treffend Walter Benjamin,[2] ist „ein Mann, der dem Hörer Rat weiß". Der Rat aber kommt „aus der Erfahrung: aus der eigenen oder berichteten", und will wieder zur Erfahrung werden, „zur Erfahrung derer, die seiner Geschichte zuhören" – wobei es dem Hörer „freigestellt" ist, „sich die Sache zurechtzulegen, wie er sie versteht ..., damit erreicht das Erzählte eine Schwingungsbreite, die der Information fehlt".

Um lebenswichtige Erfahrungen zu vermitteln, so zu vermitteln, dass die Hörer mit dem Erzählten ihre eigenen Erfahrungen machen können – deshalb wurde im alten Israel noch und noch erzählt: nicht einfach drauflos, sondern wohl überlegt; nicht ohne Fantasie, aber mit gewissenhafter Genauigkeit.

2 W. Benjamin, Der Erzähler. Betrachtungen zum Werk Nikolai Lesskows, Ges. Schriften II/2, 1977, 442–445.

Das fängt gleich auf den ersten Seiten der Bibel an. Das erste Buch Mose, die sog. Genesis, erzählt zunächst die „Urgeschichte“ (Genesis 1–11). In ihr geht es um die „elementaren Grundlagen der Welt“[3]: um den Ursprung allen geschöpflichen Seins und Lebens und um den Ursprung aller kreatürlichen Wohlordnung im schöpferischen Handeln Gottes, des Allmächtigen.

Doch die „Urgeschichte“ erzählt auch von der Bedrohung der von Gott geschaffenen Welt durch das Tohuwabohu, dem Gott zwar gleich am Anfang ein Ende gemacht hat, das der Mensch aber immer wieder über Gottes gute Schöpfung heraufzubeschwören droht. So gefährdet der Mensch die Erde und mit ihr zugleich sich selbst, schon vor Urzeiten und bis zum heutigen Tag.

„Urgeschichte“ – das heißt also: Am Anfang schuf Gott Himmel und Erde. Und die Erde war tohuwabohu ... Und Gott sprach ... Und Adam und Eva ... Und Kain und Abel ... Und Noah und die Sintflut ... Und ... Und ... Und ... Die „Urgeschichte“ erzählt von den Erzanfängen. Aber sie erzählt so davon, dass sich der gegenwärtige Mensch in sie hineinversetzen zu können glaubt: jene Anfänge, das sind auch unsere Anfänge.

Dann wird die sog. „Vätergeschichte“ erzählt (Genesis 12–50), in der die Mütter keineswegs fehlen und die Kinder auch nicht. Es ist die Geschichte der Patriarchen und ihrer Familien. Die Familie ist die ursprünglichste und war lange Zeit auch die einzige Organisation menschlicher Gemeinschaft. „In der Vätergeschichte werden die Grundverhältnisse menschlicher Gemeinschaft ... zum Gegenstand des Erzählens.“[4] Und das sind nicht selten recht intrikate familiäre Verhältnisse. Es geht um menschliche „Beziehungskisten“ – wie man heute wohl sagen würde.

Doch die „Beziehungskisten“ sind unterwegs. Die Väter, um die es in der „Vätergeschichte“ geht, sind Nomaden, wandernde Aramäer. Sie ziehen von hier nach dort, lassen sich für eine gewisse Zeit nieder, um dann erneut aufzubrechen und weiterzuziehen. Deshalb haben die sog. „Itinerare“ in der Vätergeschichte eine bedeutsame Funktion. Sie zählen die Stationen der wandernden Nomaden-Gruppen auf, so dass man ihren Weg nachvollziehen und sich in Gedanken mit ihnen auf den Weg machen kann.

Und der Gott der Väter, der macht sich ebenfalls mit ihnen auf den Weg. Ja, er weist ihnen den Weg, begleitet sie, beschützt sie, hilft ihnen. Und er redet mit den Vätern, und zwar ohne jede priesterliche Vermittlung. „Alles, was zwischen Gott und Mensch geschieht, das geschieht direkt, ohne jeden Mittler“[5]: Religion ohne Kult, Religion *en famille* ...

Eine dieser Vätergeschichten ist die im 13. Kapitel der Genesis erzählte Geschichte von „Abraham und Lot unterwegs“. Auf sie sollen wir uns heute Morgen besinnen. Und das tun wir am besten so, dass wir versuchen, sie nachzu-

---

3 C. Westermann, Genesis. Bibl. Kommentar, Altes Testament, I/11, S. 1.

4 Ebd.

5 A. a. O., I/12, S. 124.

erzählen, so nachzuerzählen, dass ihre sich jeder Gegenwart neu mitteilende Wahrheit auch uns erreicht. Mehr als ein Versuch wird es nicht werden. Denn wenn es mehr als ein Versuch werden soll, dann müsste man eben auch wirklich erzählen können – so wie jener authentische Erzähler aus dem alten Israel, dem wir die „Vätergeschichte" von „Abraham und Lot unterwegs" verdanken. Doch das gelingt uns kaum. Wir stottern eher. Versuchen wir es trotzdem!

Am Ende dieser Geschichte steht – wie schon an jenem früheren Anfang, auf den unsere Geschichte bereits zurückblickt – ein Altar, erbaut zur Ehre Gottes. Die Geschichte hat also offensichtlich ein frommes, ein geistliches Ende. Doch auf dem Weg zu diesem geistlichen Ende geht es weltlich, geht es sogar sehr weltlich zu. Der Erzähler erzählt eine Geschichte, die voll von Gegensätzen ist; oder sagen wir es etwas vorsichtiger: die voll von Spannungen und Kontrasten ist.

Da begegnen sich Wirtschaftsinteressen und Glaubensentscheidungen; da begegnen sich Vertrauen in Gottes Verheißung und ein Appell an die menschliche Vernunft. Da begegnen sich Verzicht und überfließender Reichtum. Und wir begegnen der Schönheit eines ertragreichen Landes und mitten darin Sodom und Gomorrha – zwei wegen ihrer Bosheit und Verkommenheit sprichwörtlich gewordene Städte. Doch davon ist nur am Rande die Rede, eher nebenher. Die Hörer der Erzählung nehmen das nur wie ein fernes Donnergrollen wahr oder wie eine schwarze Wolke am Horizont, die kommendes Unheil befürchten lässt. Insgesamt aber dominieren die satten, saftigen Farben in der Geschichte von „Abraham und Lot unterwegs".

Könnte man riechen, was hier erzählt wird, es röche nach würzigem Boden und reifen Früchten – es röche gut. Sehr „weltlich", sehr „lebensnah", ja, selber Welt und kräftiges Leben – das ist der Weg des Patriarchen Abraham, den Paulus später den Vater aller Glaubenden nennen wird und den nicht nur Juden und Christen, sondern auch die Muslime als Patriarchen verehren. Doch das trennt sie eher. Die Rede von den drei „abrahamitischen Religionen" hat zwar ein unbestreitbares Wahrheitsmoment. Aber sie kann auch die tiefe Differenz zwischen Judentum, Christentum und Islam vernebeln. Denn in Synagoge, Kirche und Moschee nimmt die Gestalt des Patriarchen sehr unterschiedliche Züge an.

In unserer Geschichte sehen wir Abraham unterwegs auf sehr weltlichen Wegen: unterwegs von Weideplatz zu Weideplatz. Und da entstehen sehr weltliche Probleme, mit denen man auf sehr weltliche Weise fertig werden muss. Doch am Ende dieser sehr weltlichen Wege mit ihren sehr weltlichen Problemen steht ein Altar. Seine Steine bringen zum Ausdruck, dass Abrahams Weg eminent geistlich war, dass er der Weg einer Führung war. Gottes Wort führte und es wusste, wohin. Ein Mensch folgte; wohin – das wusste er nicht. Aber er wusste, dass Gott es weiß. Und das war genug.

Ist es uns auch genug? Einer vom Rat der EKD eingesetzten Perspektivkommission, die die Zukunft der Evangelischen Kirche in Deutschland bedenken und die bis ins Jahr 2030 vorausdenken soll, kann das gar nicht genug sein.

Sie muss ja die Gegenwart in die Zukunft hochrechnen und sich dann ihre Gedanken machen oder doch dazu anregen, dass wir alle uns unsere Gedanken darüber machen, wie es weitergehen soll mit dem kirchlich verfassten Christentum in Deutschland. Und da gilt: Vertrauen ist gut, Gottvertrauen zumal; doch planen ist – nein, nicht: besser. Aber Planen ist auch gut. Und unerlässlich. In gewisser Weise hatte ja auch Abraham zumindest kurzfristige Pläne.

Der Mann war ein Kleinviehnomade, schwerreich an Vieh, Silber und Gold. Das Ziel aller Kleinviehnomaden sind Weideplätze, ist Land. Wenn man es findet, hält man inne, schlägt seine Zelte auf und lässt das Vieh weiden – bis die Weide kahl gefressen ist. Dann geht es wieder weiter: von Weideplatz zu Weideplatz. So war auch Abraham unterwegs – dem unbekannten Land entgegen, das Gott ihm verheißen hatte. So ging er seinen Weg. So kam er in jene Gegend, in der er früher schon einmal sein Zelt aufgeschlagen und seinem Gott einen Altar errichtet hatte. So kam er in die Gegend von Bethel.

Mit ihm zog ein Verwandter, der hieß Lot und hatte auch Schafe, Rinder und Zelte, auch er ein Nomade, auch er wohlhabend, ja reich. Und Reichtum braucht Platz. Abraham und Lot brauchen viel Platz: Raum für Mensch und Tier, Lebensraum. Doch der Lebensraum, den sie miteinander teilen, ist begrenzt. Es kommt zum Streit zwischen den Hirten des einen und denen des anderen. Und hinter diesem Geplänkel auf niederer Ebene wird eine Interessenkollision der beiden Besitzer sichtbar. Sie sind beide zu reich, um gemeinsam zu leben. Zu mächtig, um gemeinsam zu arbeiten und gemeinsam zu genießen. Ein späterer Bearbeiter der Erzählung erläutert: „Das Land ertrug es nicht, dass sie beisammen bleiben konnten; denn ihre Habe war groß."

Ein Konflikt erscheint unausweichlich, wenn Macht und Macht so dicht beieinander wohnen und wenn der Reichtum des einen mit dem Reichtum des anderen ins Gehege kommt. Es droht einer von jenen Konflikten, wie die Geschichte sie immer wieder hervorbringt, wie sie auch in unseren Tagen hinreichend bekannt sind: Konflikte, die auf eine Katastrophe zusteuern, wenn sie nicht rechtzeitig aufgefangen werden. Durch einen „Mentalitätswandel" zum Beispiel, der es erlaubt, mit so viel Macht und so viel Reichtum friedlich fertig zu werden.

Ein Konflikt aufgrund überfließenden Reichtums – nein, dergleichen droht der Evangelischen Kirche in Deutschland wahrhaftig nicht. Ein solcher Konflikt droht wohl keiner Kirche in Europa. Doch uns schon gar nicht. In dem vor einer Woche veröffentlichten EKD-Papier „Wandeln und Gestalten" wurde aus der dramatisch schwindenden Mitgliederzahl hier in meiner ostdeutschen Heimatkirche und in den anderen strukturschwachen Regionen der Bundesrepublik die Folgerung gezogen, dass es auch in der EKD zu einem „Mentalitätswandel" kommen müsse. Doch der ist dem schwindenden Reichtum und dem schwindenden Gewicht der Kirche in der deutschen Gesellschaft geschuldet. Da waren Lot und Abraham doch in einer geradezu beneidenswerten Lage, als sie wegen ihres Reichtums aneinander zu geraten drohten.

Indessen, Abraham wehrt der drohenden Katastrophe. Mitten in die gespannte Lage hinein fällt von seiner Seite das lösende Wort: „Wir sind doch Brüder!" Das wirkt immer – möchte man meinen. Unter uns Pastorentöchtern zumal: „Wir sind doch Schwestern! Wir sind doch Brüder! Also bitte ...". Nur möge man diese Erinnerung nicht sentimental missverstehen. Wenn ich an meine eigenen Schwestern oder an mich und meinen Bruder denke, ist mir sofort klar, dass ein solcher Satz eine sehr nüchterne Erinnerung zu sein vermag, der einen „Vorschlag zur Güte" einleitet.

So auch bei Abraham. Seine Erinnerung daran, dass er und Lot engste Verwandte sind, ist ein sehr unsentimentaler, ein sehr nüchterner Appell an die menschliche Vernunft. Wenn wir Christen einander „Bruder" sagen und „Schwester", dann bringen wir damit in der Regel ein Zusammengehörigkeitsgefühl zum Ausdruck, das uns auch zusammenhält. Wir halten es da eher mit der Erzählung aus dem Buch Ruth: „Wo du hingehst, da will ich auch hingehen. Und wo du bleibst, bleibe auch ich." (Ruth 1,16) Auf den ersten Blick scheint das ja auch dem Selbstverständnis der *una sancta catholica et apostolica ecclesia* genau zu entsprechen. In ihr gilt: „Wir wollen niemals auseinandergehen!"

In der „Vätergeschichte" ist es anders: „Wir sind doch Brüder", daraus folgt hier: „Trenne dich doch von mir. Willst du links, so gehe ich rechts, oder willst du rechts, so gehe ich links". Abraham appelliert an die Vernunft. Keiner von beiden soll auf Besitz und Macht verzichten, keiner soll aber auch zu einer den anderen erdrückenden Supermacht entarten. Man will friedlich auseinandergehen. „ Wir sind doch Brüder", d.h., Gewaltanwendung scheidet aus. Krieg jeder Art kommt nicht in Frage. Auch der Kleinkrieg auf Hirtenebene nicht. Denn das, was man später als „Krieg" kennen lernt und auch so nennt, das gibt es hier, wo es um familiäre „Beziehungskisten" geht, noch nicht. Hier gibt es nur „Streit", der aber nicht weniger vehement und lebenszerstörend sein kann als der zwischen Völkern und Staaten geführte „Krieg". In beiden Fällen ist menschliches Leben in Gefahr. „Wir sind doch Brüder", das kann man übersetzen mit: „Wir wollen uns leben lassen."

Insofern ist unsere Geschichte das positive alttestamentliche Gegenstück zu der anderen Erzählung vom schrecklichen Ende menschlicher Bruderschaft, die die „Urgeschichte" erzählt hatte: zur Erzählung von Kain und Abel, der Geschichte vom Brudermord. Abraham kommt dieser finsteren Möglichkeit, die auch hier am Rande sichtbar wird, zuvor. Er appelliert in einer sich zuspitzenden Lage an die Vernunft, ehe es zu spät ist, bevor die unbedachte Tat geschieht: „Wir sind doch Brüder!"

Liebe Brüder und Schwestern, das ist auch eine Möglichkeit von Brüderlichkeit: in Frieden auseinanderzugehen. Man muss sich dabei ja nicht aus den Augen verlieren. Als Lot später – schon das nächste Kapitel erzählt davon – von fremden Königen in Sodom überwältigt wurde, da ist Abraham alsbald zur Stelle, um ihm zu helfen. Diese Hilfe ist eine späte Frucht der jetzt vollzogenen friedlichen Trennung.

„Wir sind doch Brüder" – dieser unsentimentale Appell an die menschliche Vernunft kann auch heute auf Erden im Großen und im Kleinen Wunder wirken. Er bedeutet Verzicht auf Gewalttat, auf physische und geistliche (jawohl: auch geistliche) Gewalttat. Mitunter kann er auch in der christlichen Ökumene mehr bewirken als ein zu enges Zusammenrücken. Mitunter dient es dem ökumenischen Frieden, wenn die einen sich mehr nach links und die anderen sich mehr nach rechts orientieren. Wenn sie sich nur nicht aus den Augen verlieren, sondern im entscheidenden Augenblick gemeinsam zur Stelle sind.

Dieser Appell an die Vernunft wird jedenfalls immer dann notwendig, wenn Macht zur Supermacht entarten will, wenn Lebenshunger lebensbedrohend wird, wenn geistige Stärke zur ideologischen Fessel wird und wenn geistlicher Mut zu geistlichem Hochmut, evangelischer Zuspruch zu klerikalem Anspruch entartet. Dann ist es dringend geboten, Abstand zu nehmen, Distanz zu gewinnen. Dann wird der Appell „Wir sind doch Brüder!" zum Ausdruck einer elementaren Entkrampfung: Wir wollen uns leben lassen.

Höchste Verantwortung spricht sich also in dieser Aufforderung zur Trennung aus; auf keinen Fall zu verwechseln mit einem „laissez faire, laissez aller". Im Gegenteil: Es geht um brüderlichen Abstand voneinander, es geht um brüderliche Distanz. Es geht darum, dass Brüder und Schwestern einander leben lassen.

Hoffen wir, dass auch bei dem in unserer Kirche unerlässlichen „Mentalitätswandel" so viel Verantwortung zur Stelle ist, dass wir uns diesem Appell an die Vernunft bei aller theologischen Gegensätzlichkeit und Polemik nicht verschließen: Wir, die angeblich Modernen und die vermeintlich Orthodoxen, die allzu Kritischen und die allzu Unkritischen, wir, die angeblich Reaktionären und die vermeintlich Fortschrittlichen, wir sind doch Brüder. Wir sollten uns entkrampfen. Wir sollten nicht gegeneinander zu Felde ziehen, sondern brüderliche Distanz gewinnen. Wir sollten uns denken und leben lassen.

Dieser Appell an die Vernunft kann von jedem verstanden werden. Und jeder, der ihn versteht, weiß, dass man diesem Appell nicht folgen kann ohne Selbstbeherrschung und Selbstbeschränkung. Es ist uns ja leider nicht fremd, zumindest mit Worten zuzuschlagen, wenn uns die Nähe eines anderen unerträglich wird. Der Übergriff liegt oft näher als Selbstbeherrschung und Selbstbeschränkung. Selbstverwirklichung ist lockender.

Verstehen kann also jeder, was da von ihm erwartet wird. Aber es gilt, das Verstandene auch zu tun. Und das fällt schwer. Abraham fällt es erstaunlich leicht.

Unsere Geschichte erzählt, dass Abraham seinen Appell an die Vernunft sofort mit einem großzügigen Angebot verbindet: Lot soll wählen, wohin er ziehen will. Er, Abraham, wird sich mit dem ausgeschlagenen Rest begnügen. Das ist gewiss ein Beispiel von Selbstbeherrschung und Selbstbeschränkung. Aber darin spricht sich noch etwas ganz anderes aus. Und damit kommen wir erst zum Kern unserer Geschichte. Denn was sich da in Selbstbeherrschung und Selbstbeschränkung ausspricht, das ist ein geradezu erschreckendes Maß an Gottvertrauen. Und deshalb, deshalb vor allem, wird diese Geschichte erzählt. Nicht nur, weil hier an die Vernunft appelliert wird, sondern weil hier der Glaube an die Vernunft appelliert, das Vernünftige zu tun.

Man bedenke: Abraham war immerhin auf dem Weg in das ihm verheißene, aber noch unbekannte Land, als er Lot aufforderte, nach links oder nach rechts aufzubrechen, ganz nach eigener Wahl. Konnte nicht in der von Lot gewählten Richtung das Gelobte Land, also das Ziel der göttlichen Verheißung liegen? Gab Abraham nicht leichtfertig preis, was Gott ihm zugedacht hatte? Was Gott für ihn bereithielt, vielleicht lag es gerade dort: dort, wo nun Lot seinen Lebensraum haben wird?

Unsere Geschichte erzählt das Gegenteil. Und sie gibt damit zu verstehen, dass Gottes Verheißung für uns niemals auf Kosten des Nächsten verwirklicht wird. Abraham glaubte der Verheißung Gottes. Gerade deshalb kann er zuwarten. Denn der Glaube misst Erfolg und Misserfolg nicht nach sichtbaren Dingen. Der Glaube kennt nur einen Erfolg: von Gott geführt zu werden. Und er kennt nur einen Misserfolg: von dem, was vor Augen liegt, verführt zu werden. Der Erzähler schildert mit starken Superlativen und faszinierender Umständlichkeit den Eindruck, den das schöne und fruchtbare Land auf Lot macht: „Da erhob Lot seine Augen und sah, dass die ganze Jordanebene wohl bewässert war … wie der Garten Gottes, wie das Land Ägypten" – wahrhaftig ein verführerischer Eindruck für einen Kleinviehnomaden. Abraham lässt Lot die Wahl, und Lot hat sich den besseren Teil erwählt und brach auf gen Osten.

Abraham neidete es ihm nicht. Er gönnt ihm offensichtlich das fruchtbare Land, die satten Gefilde in der Jordanebene. Doch auch der Verzichtende kommt nicht zu kurz. Diese „Vätergeschichte" will uns nicht eine Moral des Verzichts vermitteln. Ganz im Gegenteil! In einer geradezu unanständig anmutenden Konsequenz wird dem, der da eben noch verzichtend hinter dem anderen zurücktrat, nun seinerseits Lebensraum eröffnet. Und zwar weitaus mehr als er braucht. So weit sein Auge blicken kann, soll das Land ihm gehören. Gott selbst öffnet ihm die Augen für das, was an weltlichen Gütern nun auf ihn wartet. Der sich nicht verführen ließ von dem, was vor Augen liegt, der soll sich nun sattsehen. Schon seine Augen sollen genießen, was ihm an Besitz zuteilwerden soll: „Hebe doch deine Augen auf und sieh … nordwärts, südwärts, ostwärts, westwärts!" Man meint fast Gottes eigene Freude zu spüren an all dem, was er Abraham da sehen und nehmen lässt. Und mehr noch: Selbst einen Blick in die Zukunft darf Abraham tun. Der Staub zu seinen Füßen wird zum anschaulichen Bild für die Zukunft seines Geschlechtes: „Deine Nachkommen will ich mehren wie den Staub der Erde."

Was das bedeutet, wird klar, wenn man die dunklen Geschichten liest, in denen nachher Lots Töchter für Nachkommenschaft sorgen müssen. Da muss sehr, sehr menschlich manipuliert werden. Abraham hingegen darf göttlicher Fürsorge gewiss sein. Nicht nur jetzt, nicht nur für sich. Noch lange nach Abrahams Tod wird der jetzt für ihn sorgende Gott sein Gott, „der Gott Abrahams", sein und heißen.

Ein verhaltener Jubel durchzieht deshalb den Schluss unserer Erzählung. Reich beschenkt steht Abraham da. Das verheißene Land liegt vor ihm. Und er soll sich dessen freuen. Gar nicht protestantisch, gar nicht abstinent ergeht da Gottes Aufforderung: „Auf! Durchwandre das Land in der Länge und Breite, nimm's hin, denn dir schenke ich es!" Es ist nicht Belohnung für erlittenen Verzicht, sondern es ist die Fülle göttlicher Gnade, die da auf Abraham überströmt. Und so spiegelt sich in der göttlichen Schenkung, die dem Vater aller Gläubigen zuteil wurde, die Fülle des Reichtums Gottes, der für alle seine Kinder irdische und geistliche Güter bereithält.

Der Glaube vertraut auf Gottes Reichtum. Und Gott gibt, was er hat. Er verschenkt irdischen Lebensraum und schenkt ewiges Leben, er gibt zeitliche Güter und vergibt Sünden für alle Zeit. So ist der ewigreiche Gott am Werk, so führt er uns: niemals nur geistlich, sondern immer auch weltlich. Aber eben auch niemals nur weltlich, sondern immer auch geistlich.

Und deshalb steht am Ende dieser Geschichte mit all ihren weltlichen Wohlgerüchen ein Altar, erbaut zur Ehre Gottes. Der Appell an die Vernunft, der Abraham und Lot veranlasste, in Frieden auseinanderzugehen; er und der Frieden Gottes, der höher ist als alle Vernunft, schließen sich also nicht aus. Mehr noch. Kritischer Gebrauch der Vernunft und die Anbetung des ewigreichen Gottes begünstigen und befördern sich gegenseitig. Denn Gott ist ein Freund des gesunden Menschenverstandes. Deshalb ist es würdig und recht, wenn der gesunde Menschenverstand diesem Gott dankt und ihm die Ehre gibt.

Und so hoffen wir, dass auch die „Kirche der Freiheit" auf ihrem Weg durch das 21. Jahrhundert immer wieder einmal so frei ist, Gott einen Altar zu bauen mit Gedanken, Worten und Werken, sei es nun neben einer Terebinthe oder auch einfach dadurch, dass sie – in, mit und unter allen Perspektiv-Planungen – die Kirche im Dorfe lässt. Wo immer wir Gott Dank sagen und ihn ehren, da ist, da ereignet sich die Kirche der Freiheit.

Abschliessendes Votum des Vorsitzenden des Rates der EKD

Wolfgang Huber

I.

„Der Kongress tanzt." Das kann man von diesem Zukunftskongress nicht gerade behaupten. Aber aufgebrochen sind wir. Wir sind unterwegs. Wir bewähren uns als wanderndes Gottesvolk. „Kirche im Aufbruch" – dieses Thema der EKD-Synode später im Jahr strahlt schon voraus. Gemeinsam sind wir Kirche Jesu Christi. Gut evangelisch streiten wir um den richtigen Weg. Aber wir lassen uns nicht auseinanderdividieren. Wir sind doch Brüder und Schwestern. Die haben eigene Meinungen, wie wir heute Morgen gehört haben. Aber sie halten zusammen – aus Vernunft und Gottvertrauen. Wir sind aufgebrochen. Zurück geht es nicht mehr.

Mein Dank gilt allen, die uns den Weg bereitet haben und hier in Wittenberg die entsprechenden Vorbereitungen getroffen hatten. Ich meine dabei die vielen inhaltlichen Diskussionsprozesse in den Gemeinden, in den kirchlichen Werken und Verbänden, in den Landeskirchen und gliedkirchlichen Zusammenschlüssen – all diese Diskussionen, von denen wir während dieser Tage gezehrt und die wir weitergeführt haben. Ebenso meine ich das Vordenken, die Planung bis hin zur organisatorischen Feinjustierung und hervorragenden Durchführung dieses Kongresses. Manchmal wurden wir in ein enges Korsett gesteckt. Die Teilnehmerinnen und Teilnehmer haben das mit sportlichem Geist genommen und dadurch das Beste daraus gemacht. Mein Dank gilt allen Mitwirkenden, allen Gästen, allen Berichterstatterinnen und Berichterstattern, allen, die diesen Kongress im Gebet begleitet haben. Die Begegnung zwischen Menschen, die an vergleichbaren Projekten arbeiten, war ein hohes Gut.

Man hat diesen Kongress als ein erstmaliges Ereignis bezeichnet. Das stimmt. Aber was erstmalig war, braucht nicht einmalig zu bleiben. Die Veränderungen, die nötig sind, werden uns über die nächsten Jahre beschäftigen. Bei diesen Veränderungen wollen wir auch weiterhin voneinander lernen. In allen Gliedkirchen der EKD gibt es wichtige Reformvorhaben und hoch motivierte Multiplikatoren. Ausgehend von Wittenberg werden bestimmte Projekte zu den Themen in Gang kommen, die in den zwölf Leuchtfeuern beschrieben sind. Wir werden konkreter und praktischer werden. Bestimmte Ansätze werden dabei verändert. Auch zu den quantitativen Angaben, die das Impulspapier enthält, werden wir neue Einsichten gewinnen. Die Perspektivkommission hat keine Bibel geschrieben und auch kein Bekenntnisbuch. Nach absehbarer Zeit sollten wir eine Ortsbestimmung vornehmen und uns fragen: Wo sind wir vorangekommen? Was können wir voneinander lernen? Wie geht es weiter? Deshalb bin ich davon überzeugt: Auf diesen Zukunftskongress werden weitere Schritte folgen. Und da wir uns gern von den Stätten inspirieren lassen, an denen unserer Kirche wichtige Einsichten zugewachsen sind, könnte das doch eine Idee sein: eine Zukunftswerkstatt, beispielsweise in Barmen. Wir wollen damit keine Dauerinstitution schaffen. Denn es geht um eine Arbeit, die es dann den verantwortlichen Gremien ermöglicht, die nötigen Entscheidungen zu treffen. Aber es geht zugleich darum, dass der nötige Schwung entsteht auf dem Weg zu einer nächsten großen Begegnung hier in Wittenberg – nämlich beim Reformationsjubiläum 2017. Wir haben die ganze Dekade bis 2017 im Blick; aber wir lassen uns nicht bis dahin Zeit. Unsere gemeinsamen Bemühungen um die Reform unserer Kirche verbinden unser Tun jetzt – jetzt sind wir „Kirche im Aufbruch". Dabei wollen wir die Menschen mitnehmen. Wir freuen uns vor allem über die Beteiligung junger Menschen an diesem Prozess. Beteiligung setzt Transparenz voraus. Deshalb wollen wir uns um Öffentlichkeit und Verständlichkeit unserer Vorhaben und Strukturen noch stärker bemühen.

II.

Wir sind kritisch miteinander umgegangen – und das ist auch dringend nötig. Wir müssen uns insbesondere wechselseitig davor bewahren, dass unsere Problembeschreibung zu harmlos wird. Denn wir neigen immer wieder zu einem binnenkirchlichen Blick. Dann stehen uns zuerst die Menschen vor Augen, die uns ohnehin in unseren Gemeinden begegnen. Aber sie sind nur ein Teil derjenigen, die zu unserer Kirche gehören. Aus dem Blick geraten aber rasch auch diejenigen, die außerhalb der Kirche stehen. Das aber genügt nicht. Auch wenn wir sagen, dass die Kirche im Dorf bleibt, muss sie Kirche für das ganze Dorf sein. Das gilt auch dort, wo derzeit nur 20 % der Dorfbewohner zur Kirche gehören. Und die Kirche in der Stadt muss „der Stadt Bestes suchen" – und darf erst recht den biblischen Zusatz nicht vergessen: „und betet für sie zum Herrn". Auch wegen dieses Auftrags ist die Zusammengehörigkeit von Kirche und Diakonie so wichtig und so zentral, wie dieser Kongress zu Recht gesagt hat.

III.

Unsere Aufgabe ist es, auf die Menschen zuzugehen, die Halt und Orientierung suchen. Mit einer großen Einhelligkeit haben wir das festgestellt. Die

Bedeutung von Religion und Glaube verändert sich. Auf eine Phase der Privatisierung von religiösen Einstellungen und der Abwendung von Glaubensfragen folgt eine Zeit, in der die Suche nach der eigenen religiösen Bindung, die Suche nach spirituellen Erfahrungen, die Ausschau nach einer Kraftquelle für das eigene Leben viele Menschen bestimmt. Zugleich wächst der gesellschaftliche Klärungsbedarf. Auskunftsfähigkeit ist gefragt. Darin haben wir immer eine evangelische Stärke gesehen. Sie müssen wir erneuern. Die veränderte Bedeutung von Religion und Glaube ist keine Eintagsfliege, keine modische Erscheinung; sondern in ihren guten wie in ihren problematischen Seiten entwickelt sie sich nachhaltig. Darauf zu antworten, ist für uns als Kirche eine elementare Pflicht. Wenn wir unsere Fähigkeit dazu stärken, beschäftigen wir uns nicht einfach mit uns selbst. Wenn eine Religionsgemeinschaft sich kompetent mit Religion befasst, wenn die Kirche Jesu Christi den Menschen den Glauben an Jesus Christus nahebringt, dann ist sie bei ihrer Sache; aber sie beschäftigt sich nicht einfach mit sich selbst. Demografische und finanzielle. Veränderungen haben wir dabei zu berücksichtigen. Sie sind Rahmenbedingungen, aber nicht der entscheidende Bezugspunkt unseres Reformprozesses. Manche können es schier nicht glauben, aber es ist so: Unsere Kirche starrt nicht auf Zahlen, sondern es geht ihr um ihre großartige Aufgabe: die Botschaft von Gottes Liebe zu den Menschen zu bringen, ihnen Jesus Christus vor Augen zu stellen, Gottvertrauen, Daseinsgewissheit und Nächstenliebe in ihnen zu wecken. Wo immer das geschieht, ereignet sich Kirche. Dafür, dass es – soweit es an uns liegt – besser geschieht, wollen wir arbeiten.

IV.

In Wittenberg, der Stadt der Reformation, haben wir uns miteinander auf den Weg gemacht. Unterschiedliche Auffassungen hatten Raum oder sind auch einmal aufeinandergeprallt. Wir waren zusammen, Kardinal Lehmann hat daran erinnert, am Tag des Apostels Paulus. Papst Benedikt XVI. hat aus diesem Anlass daran erinnert, wie beherzt Paulus dem Petrus entgegentrat, den er auf einem falschen Weg sah. Mit dieser Kontroverse begann die missionarische Bewegung, der wir es zu verdanken haben, dass wir Christen sind. Als evangelische Kirche schätzen wir deshalb den konstruktiven Sinn von Kontroversen. Wir beenden diesen Kongress an dem Tag des Gedenkens an den Holocaust. Schon das wird uns daran hindern, die Verantwortung für unsere Geschichte hintanzustellen und unsere Pflicht gering zu schätzen, für die gleiche Würde jedes Menschen in der Gesellschaft einzutreten und allen Diskriminierungen mit Nachdruck zu widerstehen.

Bestimmend für diesen Kongress, das wird aus allen Foren berichtet, war die gemeinsame Suche nach der evangeliumsgemäßen Gestalt unserer Kirche im 21. Jahrhundert. In diesem Geist haben wir unsere Kontroversen ausgetragen.

Eine besonders wichtige Kontroverse galt der Frage nach der Zukunft der Gemeinde. Der Gedanke, dass der Anteil von Profil- und Netzwerkgemeinden in unseren Kirchen steigt, stößt auf viel Skepsis. Die Warnungen haben Gewicht. Aber wir sollten auch nicht verkennen: Die heutige Form der parochial verfassten Ortsgemeinde war nicht zu allen Zeiten der Christenheit bestimmend; und sie prägt das Gemeindeleben auch nicht in allen anderen Ländern und Kontinenten. Dass Menschen sich heute in Sozialräumen orientieren, kann auch für die Zukunft der Gemeinde wichtig sein. In manchen Landeskirchen sind schon Pilotprojekte im Gange, die in der nächsten Zeit verstärkt entwickelt und ausgewertet werden können. Citykirchen und Jugendkirchen oder – um auch Entwicklungen auf dem Land anzusprechen – Fahrradkirchen und Dorfkirchensommer zeigen die Entwicklung unterschiedlicher Profile an. Ich halte es für richtig, diese Entwicklungen gründlich auszuwerten, und bin dankbar dafür, dass es dazu erste Verabredungen gibt, insbesondere orientiert an dem Grundsatz: „zu Profilbildung ermutigen auf der Grundlage der Parochie". In diese Entwicklung lässt sich auch das schöne Vorhaben einer „Landkarte der Kraftorte" einfügen.

Umstritten war bis in diesen Kongress hinein die Frage nach der Qualität im Kernbereich kirchlichen Handelns. Gibt es dafür Kriterien? Kann man diese Qualität gar messen? Da tobt der Streit. Aber zugleich ist allen klar, dass wir etwas für die Wiedererkennbarkeit des evangelischen Gottesdienstes tun müssen – und zwar dafür, dass er nicht an seiner Formlosigkeit, sondern an seiner Form wiedererkannt wird. Die situationsbezogene Gestaltung von Gottesdiensten in großer Vielfalt wird dadurch nicht ausgeschlossen; aber gerade eine solche situationsbezogene und situationsgerechte Gestaltung setzt Stilsicherheit und Formbewusstsein voraus.

Umstritten war bis in diesen Kongress hinein die Frage, was denn mit der Rede vom Pfarrberuf als Schlüsselberuf gemeint sei. Verwiesen wurde ganz zur Recht auf die vielen anderen wichtigen Berufe im kirchlichen Handeln, von den Kirchenmusikern bis zum Diakonat. Doch dass der Beruf der Pfarrerin und des Pfarrers für den Gesamtbereich des deutschen Protestantismus ein gemeinsam erkennbares Profil braucht, wurde als zutreffend anerkannt. Und es wurde auch festgestellt, dass wir dahin streben sollten, dass Pfarrerinnen und Pfarrer sich im Gesamtbereich der Evangelischen Kirche in Deutschland um Pfarrstellen bewerben können. Das bedeutet aber zugleich, dass die Weiterentwicklung dieses Berufs und die Standards für Aus-, Fort- und Weiterbildung eine gemeinsame Aufgabe sind.

Das Verhältnis zwischen ehrenamtlicher und beruflicher Arbeit in der Kirche ist ein Schlüsselthema der weiteren Entwicklung. Der evangelische Ausgangspunkt ist dabei die gemeinsame Verantwortung aller Getauften. Die Sprachfähigkeit des Glaubens und die theologische Grundkompetenz aller Mitarbeitenden ergeben sich aus diesem evangelischen Ausgangspunkt. Die Stärkung evangelischer Eliten, die hier zur Sprache kam, ergibt sich gerade aus der gemeinsamen Verantwortung aller Getauften.

Auch neue Fragen sind aufgetaucht, darunter viele, die im Impulspapier gar nicht behandelt werden. Ehrenamtlich engagierte Mitchristen machen uns beispielsweise darauf aufmerksam, dass wir mit den unterschiedlichen Benennungen unserer Leitungsämter nicht nur anderen, sondern auch uns selbst das Leben schwer machen. Gibt es an dieser Stelle einen Schritt nach vorn?

Wir haben keinen Masterplan zu Zahl oder Struktur der Landeskirchen. Aber wir wollen sowohl das Eigengewicht als auch das Zusammenwirken der Landeskirchen in der EKD stärken. Dazu gehört auch, dass die Landeskirchen je für sich und wir gemeinsam darüber nachdenken, was eine Landeskirche ausmacht und wie sie sich mit ihren jeweiligen Stärken in die Gemeinschaft einbringt.

In unserem Zukunftsprozess werden nun Landeskirchen Themen wählen und ihre Prioritäten setzen. Die Gremien der EKD – Synode, Kirchenkonferenz und Rat – werden sich auf einzelne Pilotprojekte verständigen – ich hoffe übrigens: auf wenige Projekte, die wir dann auch mit der nötigen Kraft verfolgen können. Wir werden nicht alles gleichzeitig machen.

V.

Es geht uns darum, Glauben zu wecken und Glauben zu stärken. Dazu sind geistliche Erfahrungen nötig. Wir wurden in solche Erfahrungen hineingenommen, als wir miteinander sangen: „Nun lasst uns Gott dem Herren Dank sagen und ihn ehren für alle seine Gaben, die wir empfangen haben.“ Wir werden es erfahren, wenn wir gleich in Martin Luthers Kirche Gottesdienst feiern und am Tisch des Herrn zusammen sind.

Gelacht hat dieser Kongress in vielen Foren, in denen die Teilnehmenden das strenge Metaplan-Verfahren mit sportlicher Heiterkeit nahmen. Ja, gelacht haben wir sogar bei der Bibelarbeit.

Wir wissen: Gott zu loben, ist die Aufgabe für alle Sinne. Deshalb wollen wir die liturgische Qualität unserer Gottesdienste stärken, wollen wir einladende Räume und neue Anlässe zur Begegnung mit dem Heiligen schaffen. Der Mut zum Ritus wird sich in unserer Kirche weiter entfalten, der Ergriffenheit beim Abendmahl werden wir uns nicht schämen.

VI.

Die Kirche Jesu Christi ist eine Gemeinschaft von Gemeinschaften. Deshalb ist, wie Landesbischof Johannes Friedrich in seinem Beitrag für diesen Kongress formuliert hat, keine Gemeinde und keine Kirche sich selbst genug. Unser Glaube vernetzt uns miteinander, unser Bekenntnis verbindet, unsere Verantwortung weist uns aneinander. Aus diesem Verständnis ergibt sich meiner

Auffassung nach die Folgerung, dass Aufgaben jeweils an dem Ort und auf der Ebene gelöst werden, auf denen dies am besten möglich ist. Sich darüber zu verständigen und abzusprechen, hat nach meiner tiefen Überzeugung mit Zentralisierung und Zentralismus nichts zu tun. Sehr viel zu tun hat es aber mit verantwortlicher Haushalterschaft sowie dem Nutzen von Kompetenzen und gemeinsamen Möglichkeiten. Deshalb bin ich dankbar dafür, dass für die angemessene Zuordnung bestimmter Aufgaben während dieses Kongresses wichtige Vorschläge gemacht worden sind. Die zuständigen Gremien werden nun darangehen, diese Vorschläge zu prüfen und Vorschläge zur Verwirklichung zu machen.

Die Foren haben konkrete Themen identifiziert. Verantwortliche Personen oder Institutionen, die diese Themen vorrangig behandeln können, wurden in den Blick genommen. Die Stärke dieses Kongresses, dass landeskirchen-, werke- und institutionenübergreifend Gespräche in Gang kamen, ist auch nach den Tagen von Wittenberg fruchtbar zu machen. Dass wir einander an den Fortschritten in diesen Diskussionen teilnehmen lassen, ist ein unabdingbarer nächster Schritt. In diesem Sinn und in diesem Geist werden wir uns wiedersehen und miteinander unterwegs bleiben.

VII.

Dieser Kongress stand unter einem Motto. Das Motto war ihm vorgegeben durch die Jahreslosung: „Gott spricht: Siehe, ich will ein Neues schaffen, jetzt wächst es auf, erkennt ihr's denn nicht?" Das ganze Jahr über verkündigen wir die gute Nachricht von Gottes verlässlicher Treue zu den Menschen und von den guten Absichten, die er mit uns hat. Das ganze Jahr über bestimmt dieser Ton unsere Predigten. Wir wollen diese Predigt auch für uns selbst als Evangelische Kirche in Deutschland gelten lassen. Wir wollen Zutrauen entwickeln zu dem Neuen, das Gott unter uns aufwachsen lässt. Das Vertraute wird uns ja nicht geraubt, wenn wir dem Neuen Raum geben. Gestern haben wir es in der Morgenandacht gehört: „Gott ist sehr gespannt auf das, was uns gelingen wird. Es liegt was in der Luft. Nicht Frust, sondern neue Lust und Liebe, Christen und Kirche zu sein, neue Wege zu gehen." Dieser Lust und Liebe will ich am Ende Sprache geben mit Worten – nun ja und jetzt wirklich – von Paul Gerhardt, sommerliche Worte im winterlichen Wittenberg:

> „Mach in mir deinem Geiste Raum, dass ich dir werd ein guter Baum, und lass mich Wurzel treiben. Verleihe, dass zu deinem Ruhm ich deines Gartens schöne Blum und Pflanze möge bleiben, und Pflanze möge bleiben."

Ich danke Ihnen allen von Herzen und wünsche Ihnen Gottes Geleit auf dem Weg zu unserem gemeinsamen Gottesdienst und nach Hause. Bleiben Sie behütet.

Predigt über 2. Korinther 3[1]

Axel Noack

Gnade sei mit uns und Frieden von Gott, unserem Vater, und unserem Herrn Jesus Christus. Amen.

Liebe Schwestern und Brüder, die klugen Vorbereiterinnen und Vorbereiter dieser Abendandacht haben drei Bibeltexte ausgesucht und einen Psalm. Die schöne Geschichte, wie Mose auszieht aus Ägypten, die tröstliche Geschichte von der Sturmstillung und dann noch ein Bibelwort als Predigttext, das steht auch in ihrem Liedblatt, und ich lese die Verse aus dem 2. Korintherbrief, Kapitel 3:

> „Der Herr ist der Geist; wo aber der Geist des Herrn ist, da ist Freiheit. Nun aber schauen wir alle mit aufgedecktem Angesicht die Herrlichkeit des Herrn wie in einem Spiegel, und wir werden verklärt in sein Bild von einer Herrlichkeit zur andern von dem Herrn, der der Geist ist."

Gott segne uns dieses Wort. Bei so einem Predigtwort müssten hier eigentlich Nachtigallen zu hören sein. Nachtigall, Nachtigall, warum haben sie dieses Wort wohl ausgesucht? Das scheint so zu unserem Zukunftskongress zu passen. Da ist dann also besondere Aufmerksamkeit gefordert, denn Gottes Wort will nicht nur zur Bestätigung unserer Ideen gelesen werden. Wir wollen uns also diesem Wort aussetzen und werden merken, damit ist ein Predigtwort ausgesucht, das uns am Sonnabendabend noch ganz schön beschämen kann. Paulus fängt den Abschnitt über dieses Predigtwort an mit einer ganz provokanten Frage, bei der niemand auf die Idee käme, dass die zu einem Zukunftskongress der EKD passen könnte. Paulus fragt: „Fangen wir denn abermals an, uns selbst zu empfehlen, oder brauchen wir wie gewisse Leute Empfehlungsbriefe an euch oder von euch?" Antwort: Nein, brauchen wir nicht!

Warum nicht? Weil ihr, ihr Christen in Korinth, möglicherweise ihr Christen in der EKD, der Empfehlungsbrief Gottes an die Menschen seid. Ihr selbst seid der Empfehlungsbrief, andere braucht es nicht. Alle Menschen können ihn lesen und erkennen. Das wird dann ausführlich beschrieben: „Ist doch offenbar geworden, des lebendigen Gottes, nicht auf steinerne Tafeln, sondern auf fleischerne Tafeln, nämlich eure Herzen. Solches Vertrauen aber haben wir durch Christus zu Gott. Nicht dass wir tüchtig sind von uns selber, uns etwas

[1] Gehalten im Abschlussgottesdienst des Zukunftskongresses Wittenberg 2007.

zuzurechnen als von uns selber; sondern dass wir tüchtig sind, ist von Gott, der uns auch tüchtig gemacht hat zu Dienern des neuen Bundes ..."

Ihr seid der Empfehlungsbrief in Sachen Gott. Was qualifiziert euch dazu? Weil ihr euch habt tüchtig machen lassen von Gott, nicht von euch selbst, und weil das nicht nur äußerlich ist, sondern „in eure Herzen" geschrieben wurde und weil die Leute euch erkennen und lesen können. Also, erstes Fazit: Begeisterte Christen, vom Geist begeisterte Christen, sind die allerbeste Empfehlung in Sachen Gottes.

Aber Paulus setzt noch einen drauf und erinnert an einen anderen, sehr alten Empfehlungsbrief Gottes – auf Stein gehauen, den hat Mose auf zwei Tafeln vom Berg geschleppt: die Zehn Gebote. Und Paulus sagt, das war so eine tolle Sache mit diesen zehn Geboten. Der Mose war so angetan – als er den Berg herunterkam, glänzte sein Gesicht. Und das waren doch nur Buchstaben, die gewöhnlich töten, das war nur auf Stein geschrieben. Und: wie viel herrlicher ist der heutige Brief, der euch in die Herzen geschrieben ist!

Wie viel herrlicher als damals bei Mose, was schon so toll war, dass Mose geglänzt hat und sich verhüllen und eine Decke über sein Gesicht hängen musste, um nur niemanden zu blenden (nachzulesen im zweiten Mosebuch, Kapitel 34,27–35).

Bruder Paulus begeht da allerdings eine kleine Gemeinheit und sagt, der Mose habe die Decke auf seinem Gesicht gehabt, nicht nur weil er geglänzt hat, sondern weil er wusste, das Glänzen hört auch wieder auf und dann sind die Leute enttäuscht, deswegen habe er sich eine Decke übergehängt. Denn dieses Glänzen ist ein endliches, vergängliches Glänzen. Das kennen wir auch: Man kann ja sein Licht auch unter den Scheffel stellen, damit die Leute nicht merken, dass es schon lange aus ist.

Und so ähnlich interpretiert Paulus den Mose. Und er sagt nun: „Weil wir nun solche Hoffnung haben, sind wir voll großer Zuversicht und tun nicht wie Mose, der eine Decke vor sein Angesicht hängte, damit die Israeliten nicht sehen konnten das Ende der Herrlichkeit, die aufhört." Denn die Herrlichkeit, in eure Herzen geschrieben, hört überhaupt nicht auf. Ihr seid jetzt frei von der Decke: „Nun aber schauen wir alle mit aufgedecktem Angesicht die Herrlichkeit des Herrn wie in einem Spiegel, und wir werden verklärt in sein Bild von einer Herrlichkeit zur andern von dem Herrn, der der Geist ist."

Liebe Schwestern und Brüder, jetzt müssten hier alle strahlen. Ich habe mir schon vorgestellt, medienwirksam wäre es, wenn jetzt alle mit einer Decke über dem Gesicht hier sitzen würden. Das würde gut rüberkommen. Aber die ist weggetan. Ihr sollt jetzt leuchten. Und zwar in einer beständigen Helligkeit, die sogar immer noch zunimmt – Brüder und Schwestern, ein bisschen beschämt der Paulus uns. Denn das ist ja das, was wir sofort und immer wieder merken: So dolle leuchten wir nicht. Und unsere Prognosen leuchten auch nicht so dolle. Unser Zukunftskongress – sicherlich, da war was Leuchtendes! Aber ich – und Sie sicher auch – erleben so viele Sitzungen, da ist nichts Leuch-

tendes. Und das kennen Sie alle genug. Und man fragt sich, was hat denn der Paulus da gemeint. Warum glänzt es denn bei uns so wenig? Und man fragt sich natürlich, woran liegt das? Und man fragt sich sehr zu Recht, liebe Schwestern und Brüder, war das denn früher anders. Haben die so dolle geglänzt? In der Geschichte unserer Kirche könnten wir auch eine Geschichte der Sorgen um diese Kirche schreiben und der Kümmernisse und der Kläglichkeit.
Da tritt dann die Geschichte von der Sturmstillung auf den Plan, weil nämlich da ganz deutlich wird – und das tröstet doch: Selbst die Jünger Jesu haben so dolle nicht geglänzt, damals im Boot. Diese Geschichte kann nun wirklich eine Trostgeschichte sein für alle, die nur mäßig glänzen: Martin Luther hat hier in dieser Kirche darüber gepredigt und sagt: „Diese Geschichte sollen wir gut merken, auf dass wir wissen, wie es sich anlässt, wenn die Lehre vom Glauben auf den Plan kommt. Und wir sollen gleich ein Sprichwort draus machen und sagen: So geht's, kommt Christus in das Schiff, so wird's nicht lange still bleiben, es wird ein Wetter und Ungestüm kommen, die Sonne scheint nicht mehr, und das Meer wütet und tobt."

Ja, so geht's! Und wir hatten gedacht, wir könnten so in aller Ruhe kulturvoll über den See fahren. Und wenn schon wir nicht glänzen, vielleicht dann das Wasser und das Mondlicht. Ein bisschen irdischer Segen dazu. Und dann kommt es aber ganz anders! So geht's! Wenn Christus in das Boot tritt, wird es unruhig. Und, liebe Schwestern und Brüder, das Gute daran ist und das Verwunderliche, das Luther in seiner Predigt besonders herausgestellt hat: Jesus tadelt die Jünger, dass sie einen kleinen Glauben haben, oder fragt in der Lukas-Variante, wo ist euer Glauben?

Jesus nennt sie kleingläubig und hilft ihnen trotzdem. Er hätte ja auch sagen können, das habt ihr nun davon – euer kleiner Glaube rettet euch nicht. Nein, er hilft den Kleingläubigen und sagt, so legt Luther aus: „Der Herr nennt sie kleingläubig. Er bekennt damit, dass sie einen Glauben haben, aber es sei ein kleiner, schwacher Glaube. Denn wo sie gar keinen Glauben gehabt hätten, würden sie Christus in der Not nicht aufgeweckt haben. Dass sie ihn aber aufwecken, das ist ein Stück des Glaubens. Denn niemand kann Gott anrufen, besonders in der Not, er habe denn den Glauben. ... Darum ist's eine große Gnade Gottes, wenn wir auch einen schwachen Glauben haben, dass wir nicht unter dem Haufen derer sind, die an Gottes Hilfe verzweifeln."

Also selbst der kleine Glaube ist eine Gnadengabe Gottes. Und das ist schon ganz gut – jedenfalls hilft sie zur Rettung. Sie lässt uns den kennen, den wir anrufen müssen. Wir schreien da nicht, „Hilfe, wir versinken", sondern wir schreien: „Herr hilf, wir versinken", „dass wir nicht unter dem Haufen derer sind, die an Gottes Hilfe verzweifeln".

Es ist gut, das zu wissen und die Adresse zu kennen, an die wir uns wenden in der Not. Dieses Wissen beschreibt Paulus, wenn er berichtet, dass er die Korinther durch seinen „Dienst zubereitet", also unterrichtet und eingewiesen hat. Er hat geholfen, die Christen in Korinth vorzubereiten, damit der Heilige

Geist in ihr Herz schreiben kann, damit sie leuchten. Genau diese Aufgabe ist auch uns geblieben bis zum heutigen Tag. Und genau dazu, wie diese Aufgabe anzugehen ist, kann man hier in Wittenberg genug erfahren. Hier wurde ja immer versucht, dazu zu helfen, dass die Menschen zubereitet werden, dass sie im Glauben – jedenfalls ein bisschen – wachsen sollen, damit der Heilige Geist in die Herzen schriebe.

Martin Luther ist da ein gutes Beispiel: Als er von seinem Kurfürsten losgeschickt wurde hier in dieser Gegend – Torgau, Delitzsch, Eilenburg –, da sollte er mal nachschauen, wie es bei den Christen glänzt. Und er kam und sah: Es hat überhaupt nicht geglänzt. Er schreibt: „Hilf, lieber Gott, welchen Jammer habe ich gesehen, dass die einfachen Leute doch so gar nichts wissen von der christlichen Lehre, besonders auf den Dörfern. Und leider sind viele Pfarrherrn sehr ungeschickt und untüchtig zu lehren; doch sollen sie alle Christen heißen, getauft sein und sollen die heiligen Sakramente genießen, können aber weder Vaterunser noch das Glaubensbekenntnis oder die Zehn Gebote, leben dahin wie das liebe Vieh und wie unvernünftige Säue, und wo (nun) das Evangelium gekommen ist, haben sie dennoch fein gelernt, alle christliche Freiheit meisterlich zu missbrauchen."

Sie haben vor allem gelernt, alle christliche Freiheit meisterlich zu missbrauchen. Das lernen sie ganz schnell, bis auf den heutigen Tag. Eigentlich ist Luthers Analyse katastrophal. Heute ist das besser – das müssen wir auch mal sagen. Aber immerhin – es ist eine katastrophale Analyse! Aber Luther hat sich eben nicht damit abgefunden und angefangen zu jammern, sondern hat klar gesehen: Jetzt muss etwas getan werden. Er hat sich hingesetzt und den Kleinen Katechismus geschrieben. Der Text, den ich gelesen habe, ist das Vorwort vom Katechismus – leider ist er im Gesangbuch nicht mit abgedruckt.

Eine solche Aufgabe bleibt unserer Kirche bis heute. Menschen zuzubereiten, dass der Heilige Geist in ihre Herzen schreiben kann. Das werden wir hoffentlich auch in Zukunft immer wieder tun, denn – wir erinnern uns – begeisterte Christen sind die allerbeste Empfehlung in Sachen Gottes. Aus alledem leite ich vier Folgerungen für uns ab:

1. Wenn man das hört mit dem Heiligen Geist und dem Glänzen und dem Decke-über-den-Kopf-Ziehen, dann muss man ganz bescheiden werden – auch als Kirche. Dann muss man sagen, mit unserem Leuchten ist es nicht weit her, da muss man sagen, wenn wir ein bisschen glänzen, kommt das nicht von uns. Dann muss man vielleicht sogar noch weiter sagen, auch in dieser Welt sagen, wir als Kirche, wir haben die Verheißung, aber sind nicht die Erfüllung. Wir als Kirche sind trotz aller öffentlichen und politischen Wertschätzung, die wir in der Gesellschaft genießen mögen, nicht die Einlösung der Zusagen Gottes an sein Volk. Die Kirche hat nicht die Wahrheit, die Kirche versucht, der Wahrheit zu vertrauen. Und was wir als Kirche den Menschen in unserem Lande zu ihrem Trost, ihrer Besserung und zu ihrer

Orientierung sagen können, das weist immer über uns hinaus – auch über uns als Kirche. Das ist auch nicht wahr und gut, sondern das muss dadurch wahr und gut werden, dass Gott sich möglichst dahinter stellt. Und das ist das, was unsere Kirche ausmacht. Bescheidenheit ist da ganz nötig, und die brauchen wir auch gerade jetzt, wenn wir so ganz groß über Zukunft reden.

2. Wir dürfen wirklich nicht nachlassen, um den Heiligen Geist zu bitten. Das ist die Aufgabe der Kirche von ihrem Anbeginn bis Ende und also auch weit in unsere Zukunft. Denn dieser Heilige Geist ist es, der in die Herzen schreibt. Und der uns dann möglicherweise ein bisschen glänzen lässt. Und der kleinen Glauben bestätigt, stärkt und aufrichtet. Also: Wir können gar nicht aufhören, um den Heiligen Geist zu bitten.
3. Das Dritte ist: Wir dürfen auch nicht aufhören in der „Zubereitung" der Menschen, nämlich helfen, den Grund zu bereiten, dass der Heilige Geist in die Herzen schreiben kann, also christlichen Glauben und christliche Lehre weitervermitteln, so wie es Luther uns vorgemacht hat.
4. Das Vierte, das ist mir besonders wichtig: Ich glaube, dass es dazugehört, dass wir unsere Situation, auch die Situation, in der wir jetzt leben, mit ganz großer Dankbarkeit ansehen. Das ist doch auch Gnade Gottes, dass wir hier zu einem Zukunftskongress zusammenkommen können, in gelöster Atmosphäre und bei gutem Essen. Das ist doch Ausdruck dafür, dass wir von Gott geseligt und geehrt worden sind: Noch können wir sein Wort hören, noch können wir planen und gestalten.

Vielleicht fällt uns Christen im Osten das heute ein wenig leichter als vielen anderen. Denn wenn wir jetzt 25 oder 30 Jahre zurückdenken, an die Prognosen, die wir uns damals für das Jahr 2000 gestellt haben, für das 21. Jahrhundert, kann man doch aus heutiger Sicht nur sagen: Vertraut nicht allzu sehr auf eure Prognosen. Wir sind beschämt worden von der Güte Gottes. Denn unsere Prognosen sahen viel fürchterlicher aus, als wir es jetzt erleben dürfen. Und das muss doch deutlich bleiben, dass wir an jedem Tag, den wir haben, immer wieder sagen: Gnädiger- und unverdienterweise dürfen wir Gottes Wort noch weitersagen. Gnädiger- und erstaunlicherweise gibt es immer noch Kirche. Und das ist Grund zur Freude und zur Dankbarkeit. Das ist doch auch ganz schön, und es glänzt sogar ein bisschen, nicht zu dolle, aber doch hin und wieder.

Lassen Sie mich noch zum Schluss den kleinen Brief zu Ende lesen, den der Ratsvorsitzende hier am Donnerstagabend vorzulesen begonnen hat. Sie wissen, der Brief Luthers an den sehr ängstlichen und um die Sache des Evangeliums so besorgten Philipp Melanchthon in Augsburg im Juni 1530. Luther langt da sehr kräftig zu und schreibt Melanchthon ins Stammbuch: „Dass die elenden Sorgen dein Herz so beherrschen, liegt nicht an der Größe der Not, sondern an der Größe unseres Unglaubens." Er macht Melanchthon Vorwürfe, dass dieser seine, nämlich Luthers, Gebete konterkariere: „Ich bete gewisslich für dich mit allem Fleiß, aber das ist mein Kummer, dass du dir mit deinen Sorgen hartnäckig das Blut aussaugen lässt und meine Gebete so zuschanden machst."

Dieser Brief endet mit den Sätzen: „Gott, der da mächtig ist, die Toten zu erwecken, ist auch mächtig, seine wankende Sache zu retten, die Gefallenen wieder aufzurichten, die Bestehenden zu fördern. Wenn wir nicht würdig sind, geschehe es durch andere! Denn wenn wir durch Jesu Verheißungen nicht aufgerichtet werden, ich beschwöre dich, wo in aller Welt sind denn andere, denen sie gelten? Aber noch mehr sagen hieße Wasser ins Meer tragen."

Amen!

Und der Friede Gottes, der unser Begreifen weit übersteigt, erfülle unsere Herzen und Sinne in Jesus Christus, unserem Herrn.

Einführung in den Dokumentationsband

Thomas Begrich / Thies Gundlach / Thorsten Latzel

I.

Im Januar 2007 trafen sich erstmals in der Geschichte des Protestantismus etwa 300 Personen aus allen Teilen der Evangelischen Kirche in Deutschland, um in konzentrierter Form die Anregungen des am 6. Juli 2006 vom Rat der EKD veröffentlichten Impulspapiers „Kirche der Freiheit" kritisch und konstruktiv zu diskutieren. Neben der Leitungsebene der evangelischen Landeskirchen und den Präsides der EKD- und Landessynoden waren viele haupt- und ehrenamtliche Vertreter und Vertreterinnen von Reformanstrengungen in den Kirchen eingeladen. Mit der hier vorgelegten Dokumentation des Wittenberger Kongresses haben nun auch alle diejenigen, die an dem Kongress aus Kapazitätsgründen nicht teilnehmen konnten, die Möglichkeit, sich ein umfassendes Bild vom derzeitigen Stand der Reformdiskussion im deutschen Protestantismus zu machen. Im Zuge der Vorbereitung des Zukunftskongresses wurden Prüfsteine zur Frage nach einem möglichen „Erfolg" des Wittenberger Kongresses definiert. Damals hieß es, dass ein erfolgreicher Kongress dann vorläge, wenn

- die öffentliche Wahrnehmung erreicht werden kann, dass die Evangelische Kirche in Deutschland gemeinsam und diskursiv einen Weg in die Zukunft sucht.
- der Übergang „vom Text zum Prozess" gelingt und die Teilnehmenden des Kongresses Aufbruchatmosphäre und Veränderungszuversicht in ihre jeweiligen Arbeitszusammenhänge transportieren.
- die Berücksichtigung der im Diskussionsprozess geäußerten konstruktiven Anregungen und Kritikpunkte zum Impulspapier zu einer Weiterentwicklung des notwendigen Reformprozesses beiträgt.
- im Anschluss an den Kongress auf allen Ebenen und in allen Bereichen der Kirche „viele kleine Wittenbergs" angeregt werden, die sich mit den Anregungen und Impulsen des Papiers für ihre Regionen beschäftigen.
- viele Landeskirchen und Institutionen sich bereiterklären, stellvertretend für die Gemeinschaft der Gliedkirchen konkrete Fragen und Perspektiven, die auf dem Kongress und in der Diskussion entwickelt worden sind, zu bearbeiten.

Eine erste Gesamtbewertung des Zukunftskongresses lässt im Blick auf diese selbst gestellten Prüffragen von einem *erfolgreichen Kongress* sprechen:

Die von der Pressestelle der EKD zusammengestellten Pressereaktionen zeigen eine beachtliche, wenn auch nicht durchweg positive Aufmerksamkeit. Die gehaltenen und ungehaltenen 64 Statements als grundlegende Reaktionen auf das Impulspapier (siehe Teil III der Dokumentation) spiegeln ebenso wie die Berichte und Ergebnisse der Forenarbeit (siehe Teil V der Dokumentation) eine erstaunliche Bereitschaft, den *durch das Impulspapier angestoßenen Reformprozess zu konkretisieren, zu differenzieren und zu regionalisieren.* Bis auf ganz wenige Ausnahmen war eine destruktive Haltung gegenüber dem gesamten Prozess nicht zu erkennen. In vielen Reaktionen auf den erlebten Kongress konnten deutliche Signale wahrgenommen werden, dass man den Schwung von Wittenberg nunmehr in den jeweils eigenen Arbeitszusammenhängen weitergeben möchte. Insgesamt wird man daher sagen dürfen: Es gibt einen Stimmungsumschwung zugunsten der Reformimpulse, ein „Zurück gibt es nicht mehr." (W. Huber) Und zugleich ist damit öffentlich deutlich geworden, dass dieser gemeinsame Reformprozess in typisch protestantischer Weise eingeschlagen worden ist, also öffentlich und kritisch, diskursiv und vielfältig, partizipativ und gemeinsam.

II.

Für diese Einschätzung sprechen folgende Gesichtspunkte:
Von keinem der Beteiligten ist Wittenberg missverstanden worden als Synode oder Kirchentag, als akademisches Oberseminar oder prophetischer Hügel, sondern der Intention des Kongresses gemäß als *Katalysator des Reformprozesses und Beschleuniger der Impulse.* Die auf dem Kongress gefundenen Formen des Sich-einbringen-Könnens haben einen hohen Grad von Beteiligung und Selbstverpflichtung erbracht, der positive Wirkungen in den jeweiligen Arbeitsfeldern erwarten lässt, aus denen die Teilnehmenden gekommen sind. Auch wurde in vielen Statements, aber auch in vielen Reaktionen von Institutionen, Einrichtungen und Kreisen der evangelischen Kirche auf dem Weg nach Wittenberg deutlich, wie groß das Interesse ist, sich an dem Prozess zu beteiligen, ihn für sich selbst wirksam werden zu lassen und das jeweils Eigene dazu beizusteuern. Sichtbarster Beleg für diese Einschätzung ist die schon im November 2006 erklärte Bereitschaft der Synode der Evangelischen Kirche in Deutschland, sich auf ihrer nächsten Tagung in Dresden das Thema „Aufbruch in der Kirche" zu eigen zu machen. Ähnliche Signale kamen und kommen aus dem Bereich der Diakonie, der Bildung, der Öffentlichkeitsarbeit, der Finanzreferenten usw. Durch die vielen Begegnungen unter den Teilnehmenden während des Kongresses ist darüber hinaus eine Atmosphäre der Gemeinsamkeit entstanden, so dass man wohl sagen kann: Mit diesem Zukunftskongress

signalisiert der deutsche Protestantismus, dass *er die Herausforderungen der Zukunft gemeinsam bewältigen will,* dass er die Ungleichzeitigkeit der Herausforderungen nicht als Trennungsgrund, sondern als Aufforderung zur gemeinsamen Anstrengung versteht und dass es eine Fülle von vergleichbaren Fragestellungen quer durch alle Landeskirchen gibt, die eine stärkere Vernetzung und optimalere Kooperation außerordentlich wünschenswert machen.

Durch die Diskussionen im Vorfeld von Wittenberg und durch die Arbeit auf dem Zukunftskongress sind die im Impulspapier des Rates der EKD *formulierten „Leuchtfeuer" korrigiert, konkretisiert und regionalisiert worden* – ein unerlässlicher Schritt auf dem Weg vom Text zum Prozess. Die Zahlenangaben, die sich im Impulspapier finden, behalten ihren Charakter als an- und aufregende Richtungsangaben, wenn sie auf die jeweils regional unterschiedlichen Bezugsgrößen hin präzisiert werden. Das Problem der EKD-weiten Durchschnittszahlen ist auf dem Zukunftskongress deutlich wahrgenommen worden. Die Zahl der durchschnittlichen Gottesdienstbesucher oder die Verhältnisbestimmung zwischen Pastor, Prädikant und Lektor müssen in Ost und West, in Nord und Süd, in Stadt und Land unterschiedlich ausfallen und bei Beibehaltung der Gesamtrichtung jeweils sehr spezifisch konkretisiert werden. Zugleich bleibt die im Impulspapier gestellte Frage nach der Relevanz von quantifizierbaren Ergebnissen kirchlicher Arbeit in ihrem Recht bestehen. Darüber hinaus sind durch den Hauptvortrag, durch die Bibelarbeiten, durch die vorgetragenen Statements und die Arbeit in den Foren manche *derjenigen Anfragen aufgenommen worden, die sich im Anschluss an das Impulspapier und im Vorfeld des Zukunftskongresses in Wittenberg aufdrängten.* Dass z. B. die Ökumene ein Querschnittsthema ist, das in vielen Themenbereichen zu berücksichtigen sei, wird nicht bestritten und hat durch die Präsenz ökumenischer Gäste konkrete Gestalt angenommen. Darüber hinaus hat der Eröffnungsvortrag Grundzüge eines evangelischen Kirchenverständnisses entfaltet, das auch die Kritik an der vermeintlich „überbordenden Wirtschaftssprache des Impulspapiers" relativierte. Auch ist die im Vorfeld zu Wittenberg häufig aufgekommene Frage des scheinbaren Gegensatzes zwischen einer Konzentration auf geistliche Kernaufgaben und dem gesellschaftlichen Engagement der Evangelischen Kirche in Deutschland präziser gefasst und intensiv diskutiert worden. Deutlicher als bisher wurde durch die Diskussionen in Wittenberg auch erkennbar, dass alle Anstrengungen im Blick auf Qualität, Erkennbarkeit und Profilierung des Protestantismus die Vielfalt der unterschiedlichen Theologien und Verkündigungsinhalte jeweils stärken, nicht aber vereinheitlichen.

Der *stärkste Konsens* während des Kongresses war wohl die Einsicht in die *Notwendigkeit einer geistlich-inhaltlichen Qualitätsoffensive* im deutschen Protestantismus. Sie ist von allen Gruppen und Foren anerkannt und für alle Gruppen, Kreise und Aufgaben in der evangelischen Kirche ausgesprochen worden. Als Lerngewinn aus Wittenberg lässt sich formulieren, dass es bei der Qualitätsoffensive um die Schlüsselaufgabe der evangelischen Kirche für alle

Berufe und für alle Engagierten geht. Es war eine große Bereitschaft auch zur ehrlichen und nüchternen Selbstbeschreibung zu beobachten. Dass aber diese Qualitätsoffensive keineswegs als pauschale Kritik am bestehenden Engagement der unterschiedlichen haupt- und ehrenamtlich Mitarbeitenden in der Kirche zu verstehen ist, sondern als Herausforderung, das schon Gelingende noch besser zu machen und das Misslingende zu korrigieren, ist ebenfalls klar ausgesprochen worden. Quer durch alle Foren ist weiterhin deutlich hervorgetreten, dass das Ziel einer Qualitätsoffensive kein „hierarchisches Selektionsvorhaben" ist, sondern ein Förderprogramm für die vorhandenen Aktivitäten und Arbeitsweisen. Wittenberg hat die Einsicht konsensfähig gemacht, dass das Fördern und Fordern – in dieser Reihenfolge – zusammengehören. Zuletzt ist in Wittenberg erkennbar geworden, dass es in verschiedenen Gliedkirchen und Institutionen bzw. Einrichtungen schon eine ganze Reihe von Erfolg versprechenden und sinnvollen Förderprogrammen gibt, so dass es zu einer der dringlichsten Aufgaben im Anschluss an Wittenberg gehört, diese vorhandenen Formen der Qualitätssteigerung zu sichten, zu sammeln und bekannt zu machen.

Das *Thema Gemeindeformen* und ihre Weiterentwicklung war quer durch die meisten Foren ein bestimmendes Thema. Da weder das Impulspapier noch die in Wittenberg Versammelten die Absicht verfolgten, einen Rückzug der evangelischen Kirche aus der Fläche zu propagieren, rückte die zukunftsweisende Frage ins Zentrum, wie die Kirche unter Berücksichtigung der im Impulspapier beschriebenen Herausforderungen in der Fläche präsent bleiben kann. Als Konsens in Wittenberg lässt sich formulieren, dass die im Impulspapier angedachte Pluralisierung der Gemeindeformen hin zu Profil- bzw. Netzwerkgemeinden nicht als zusätzliche Gemeindetypen auf Kosten der Ortsgemeinden gedacht ist, sondern als Weiterentwicklung der Ortsgemeinden selbst – unbeschadet der bleibenden Aufgabe, auch neue Sammlungsformen um Wort und Sakrament an neuen Orten und für besondere Zeiten zu entwickeln. Damit ist ein innerer Zusammenhang zwischen der Weiterentwicklung der Ortsgemeinden und dem Zuwachs an Personal-, Richtungs- und Netzwerkgemeinden sichtbar geworden. Dass aber die bestehenden Ortsgemeinden durch solche Weiterentwicklung die Chance entwickeln, im Konzert einer Region ausdifferenzierte Kontaktflächen zu den unterschiedlichen Menschen und Milieus in unserer Gesellschaft herzustellen, ist durchweg nicht mehr bestritten worden.

III.

Viele andere anregende und auch aufregende Einsichten, Erwartungen und Hoffnungen zeichnen die Ergebnisse der Foren aus. Sie müssen im Laufe der nächsten Zeit auf ihre Umsetzbarkeit hin geprüft werden. Dabei lag es aber im Duktus des Gesamtereignisses des Zukunftskongresses, dass eine Einsicht alle Teilnehmenden bestimmte: Wer danach fragt, wie der Reformprozess nun nach Wittenberg weitergehe, *der muss zuerst sich selbst und seine jeweiligen Möglichkeiten prüfen*. Das Subjekt der weiteren Reformanstrengungen sind nicht die anderen, sondern bin ich selbst. Dabei wird es zweifellos unerlässlich sein, die Kräfte zu bündeln und sich in den jeweiligen Zusammenhängen auf einige gewichtige Reformanstrengungen zu konzentrieren. Die Bereitschaft dazu aber zeigt sich vielleicht besonders darin, dass bis zum Ende des Zukunftskongresses (27. Januar 2007) 35.500 Impulspapiere im Kirchenamt der EKD angefordert und 264.777 Mal das Impulspapier von der Homepage der EKD heruntergeladen wurden. Ein Einbruch bei diesen Zahlenindikatoren ist seit dem Zukunftskongress nicht zu verzeichnen, sondern die Diskussion scheint durch Wittenberg eher verstärkt worden zu sein. Der Rat der EKD und die Kirchenkonferenz werden dabei diese Umsetzungsprozesse stützen und stärken: der Wille zur Zusammenarbeit zwischen Landeskirchen bzw. Institutionen, die stellvertretend für die Gemeinschaft der Gliedkirchen einige Themenfelder bearbeiten, die Bereitschaft, ausreichend Kapazitäten zur Verfügung zu stellen, um die Transparenz der Ergebnisse für alle Interessen in der evangelischen Kirche sicherzustellen, und die Offenheit, in einem noch genauer festzulegenden Zeitrahmen die Ergebnisse der Reformanstrengungen gemeinsam vorzustellen und zu würdigen, ist in den Gliedkirchen der EKD sehr ausgeprägt. Es kommt daher nun alles darauf an, dass sich an vielen Orten und auf vielen Ebenen der evangelischen Kirche „viele kleine Wittenbergs" bilden, die jeweils für ihren Verantwortungsbereich einen gemeinsamen Weg in die Zukunft suchen, der immer auch das spiegelt, was eine evangelische Kirche der Freiheit ist: eine reformfähige, glaubensfeste und zukunftsmutige Gemeinschaft von Christen.

Organisation der Freiheit – „Evangelisch Kirche sein“ verändert sich[1]

Referat zum Schwerpunktthema

Eberhard Hauschildt

Zwölf Merksätze

Kirche sein heißt ...
- Kirche sein aus der *Bewegung* durch Gott (1).
- *Institution* sein (2).

Evangelisch Kirche sein heißt ...
- Institution sein ja, aber *Institution der Freiheit* (3).
- *Organisation der Freiheit* sein (4).
- ein *Hybrid aus Institution und Organisation* bilden (5).

Evangelische Kirche als Organisation der Freiheit ...
- organisiert die maßgebliche *Beteiligung der Mitglieder* an den grundlegenden Entscheidungsprozessen (6).
- ist gekennzeichnet durch *theologische Auskunftsfähigkeit* über den Horizont ihrer Entscheidungen (7).
- lässt *Gottesbegegnung und Lebenserneuerung* aufeinander verweisen (8).
- trifft als *informierte* Organisation *theologisch kontrollierte* Entscheidungen, damit sie für die Situation passen (9).
- ist gestaltete *freie Gemeinschaft* von Organisationen (10).
- klärt *Beteiligungsrechte und Entscheidungsbefugnisse* und bringt sie in Balance (11).

Zusatz: Wir brauchen durch Zahlen informierte Theologie und *theologisch gewichtete Zahlen* (12).

---

[1] Referat zum Schwerpunktthema der Synode 2007.

I. Kirche als Bewegung, Institution und Organisation[2]

„Wo zwei oder drei in meinem Namen versammelt sind, da bin ich mitten unter ihnen." (Mt 18,20) Das ist die Verheißung, aus der Kirche entsteht. Begegnung mit dem Auferstandenen. Eine Begegnung mit dem Auferstandenen wie auf dem Weg zwischen Jerusalem und Emmaus. Ein Weg, wie Lebenswege so sind, einschließlich der Enttäuschungen und Bedrohung von Zukunft. Da kommt es, unbemerkt und ungewollt, zur Begegnung mit Gott; denn der Auferstandene gesellt sich dazu. Und da entsteht Freiheit, die Befreiung, die nur Gott geben kann, die Freiheit von Sünde, Tod und Teufel, die Freiheit im Lobpreis, die Freiheit zur Gerechtigkeit und zur Nächstenliebe auf Hoffnung hin.

Am Anfang ereignet sich Bewegung. Heraus aus Nazareth nach Judäa und Samaria, nach Antiochien, Europa und Afrika. Eine Bewegung hin zu den Frauen und Kindern, den Blinden und Lahmen, den Heiden. Diesen Weg nimmt das Evangelium. Darum ist evangelisch sein zuerst Bewegung. Die Begegnung mit Gott, die Bewegung aus Gott – allein darum ist Kirche da. Mein *1. Merksatz* lautet deshalb: *Kirche sein heißt, Kirche sein aus der Bewegung durch Gott.*

Und dann kommt ein Zweites hinzu. Schon auf dem Weg nach Emmaus heißt es: „Bleibe bei uns, denn es will Abend werden." (Lk 24,29) Bewegung will andauern. Der Moment soll seine Prägekraft entfalten. Und so hat der Auferstandene auch den Glaubenden verheißen: „Ich bin bei euch alle Tage, bis an der Welt Ende." (Mt 28,20)

Aber wenn Bewegung andauert, verändert sie sich. Die soziologische Beobachtung, dass charismatische Anfänge in Beständigkeit übergehen, gilt auch für das Christentum. Und dieser Vorgang wiederholt sich in seiner Geschichte immer wieder: von den Wanderaposteln zur Ortsgemeinde, von Franziskus zu den Franziskanern, von den 95 Thesen an der Wittenberger Schlosskirche zum Landesherrlichen Kirchenregiment, vom Verein für Mission zur Evangelischen Allianz. Aus der Bewegung wird Institution: Weitergabe des Evangeliums in den Familien, Fixierung von Tradition, rechter Lehre und Ritualen, Ämtern und Hierarchien.[3] Das Neue Testament selbst führt uns diesen Wandel vor – von den Gemeinden, an die Paulus seine Briefe schreibt, zu den Gemeinden des Titusbriefs und der Timotheusbriefe. Das Christentum in seiner Spur bejaht diesen

---

2 Eine Zusammenstellung und Diskussion der drei Begriffe findet sich bei *Michael Krüggeler/ Karl Gabriel/Winfried Gebhardt* (Hg.), Institution Organisation Bewegung. Sozialformen der Religion im Wandel (Veröffentlichungen der Sektion „Religionssoziologie" der Deutschen Gesellschaft für Soziologie Bd. 2), Opladen 1999.

3 Nach H. Tyrell zeigt sich der Institutionscharakter von Kirche darin, dass sie Religion verbindlich legitimiert, Motive definiert und vermittelt, soziale Kontrolle ausüben kann und einen selbstverständlichen Sinn und Verweisungszusammenhang liefert; sie hat eine Monopolstellung erreicht (vgl. *Hartmann Tyrell*, Ehe und Familie – Institutionalisierung und Deinstitutionalisierung, in: *Kurt Lüscher* [Hg.], Die ‚postmoderne' Familie, Konstanz 1988,145–156; ders., Katholizismus und Familie – Institutionalsierung und Deinstitutionalisierung, in: *Jörg Bergmann* u.a. [Hg.], Religion und Kultur [Sonderheft 33 der KZSS 33], 126–149).

Wandel. Der Weg zu den vielen wird zum Weg von der Untergrundbewegung zur flächendeckenden Staatskirche, einsozialisierte selbstverständliche Zugehörigkeit zur Kirche.

Die Gestalt der Volkskirche hat dann später dieses Erbe fortgeführt. Mein *2. Merksatz* lautet darum: *Kirche sein heißt, Institution sein.*

Der Weg in die Institution ist freilich damit auch ein Weg, der in die Differenz und die Distanz führt zu den Anfängen. Wo bleibt die Bewegung aus der Gottesbegegnung? Soweit habe ich über das Kirche-Sein allgemein geredet. Das Schwerpunkthema dieser Synode lautet „Evangelisch Kirche sein". auf. Evangelisch Kirche sein verdankt sich einer Bewegung, die sich den Selbstverständlichkeiten institutionalisierter Kirche entgegenstellte. So erstaunt es denn auch nicht, dass eine der markanten reformatorischen Umgestaltungen im Verständnis von Kirche selbst liegt. Die Reformation fragte kritisch: Wie kann die Kirche ihren Anfängen treu bleiben? Und sie antwortete: Nur so, in dem sie sich ausrichtet an der Begegnung mit Gott, daran, dass „das Wort im Schwange geht", die „viva vox evangelii", die lebendige Stimme des Wortes erklingt (M. Luther). Dabei war der Aufbruch unserer evangelischen Vorfahren von Anfang an realistisch genug, und das heißt: bibelfest genug, um sich darüber im Klaren zu sein: Institutionalisierung ist unausweichlich. Sie hat ihr Gutes, weil und sofern sie unterstützt, dass das Evangelium auf Dauer und für die vielen erklingt.

Darum stellte sich für das reformatorische Verständnis von Evangelisch-Sein sogleich die Frage, wie denn das geht: evangelisch Kirche sein. Wie sieht eine der Bewegung der Freiheit aus dem Evangelium entsprechende Institution der Freiheit aus? Die Antwort der Reformation: Die Institutionalisierung hat ihr Recht, soweit sie der Begegnung mit Gott dient. Kirche ist Versammlung der Heiligen zu Wort und Sakrament; mit geordneter Lehre und geordnetem Amt, aber das ist dann auch genug zur Definition von Kirche (Confessio Augustana 1530, Art. 7) Darüber hinausgehende Institutionalisierungen der Kirche kann und soll es zwar ruhig geben. Aber kirchliches Recht und kirchliche Hierarchie und kirchliche Traditionsbildungen haben keine Würde in sich selbst. Sie werden entmystifiziert als menschliche Ordnungen (vgl. CA Art. 7, 15 u. 28) und als Interpretationen, die zu prüfen sind, in welchem Maße sie dem Evangelium in der Situation dienen können.

Evangelisch Kirche sein heißt darum, die Institution der Kirche als Institution der Freiheit zu sehen.[4] Eine Institution, in der die Freiheit von den Ordnungen und Kirchentraditionen mitgedacht ist und in der eine Freiheit zur beständigen Reformation der Kirche besteht. Eine Institution, in der die span-

4 Ich nehme einen Begriff auf, den T. Rendtorff geprägt hat. Vgl. etwa *Trutz Rendtorff*, Institution der Freiheit. Volkskirche in der Dimension des Bekenntnisses, in: Lutherische Monatshefte 15 (1976), 18–21. In *Reiner Preuls* „Kirchentheorie" (Berlin / New York 1997) wird die Kirche als „Bildungsinstitution" beschrieben (140–152).

nungsvolle Dynamik zwischen Bewegung und Institutionalisierung gewollt ist. Eine Institution, in der Institutionskritik möglich, ja erwünscht ist.[5]

Diese Kirche erlaubt Freiheit auch zur Distanzierung von ihr selbst, denn die Begegnung mit Gott lässt sich nicht herbeiordnen. Diese Kirche beschränkt sich auf Rahmenregelungen in Sachen Aufsicht zur Verhinderung von Auswüchsen und sieht für dogmatische Positionen und ethische Urteile bewusst keine Durchgriffsmöglichkeiten der geistlichen Hierarchie vor. Wahrheit wird nicht durchs Kirchenrecht bestimmt; sie kommt zutage in der Interpretation der Schrift und den freien Diskurs darüber. Mein *3. Merksatz* lautet: *Evangelisch Kirche sein heißt, Institution sein, aber Institution der Freiheit.*

Es gibt darum ein spezifisch evangelisches Leiden an der Kirche. In einer anderen Kirche als der evangelischen mag sich das Leiden an der Durchsetzungsmacht der Kirchenhierarchie und der Unveränderlichkeit der Traditionen abarbeiten. Das sind nicht die Probleme der Protestanten. Sie leiden stattdessen an der Institution.[6] Im Bewusstsein, dass einzig die Begegnung mit Gott das Kriterium ist, leiden die Protestanten daran, dass sie in ihrer Kirche statt Bewegung zumeist auf Institution treffen: auf Kindertaufe, auf Kasualien- und Weihnachtschristentum, auf stabile Halbdistanz. Sie wünschen sich eine Kirche in Bewegung, wie sie einmal war, in den Anfängen. Dabei gerät dann freilich aus dem Blick, dass schon immer diese Bewegung auf dem Boden und durch die Unterstützung der Institutionen der Sesshaften lebte: Jesus kehrte ein in das Haus der Schwiegermutter des Petrus, hinter dem Wirken des Paulus stehen die reichen Witwen, hinter Luther der Kurfürst.

Die Sozialgestalt der Kirche ist nicht sakrosankt (CA), aber sie ist ebensowenig gleichgültig: Auch mit ihrer Ordnung bezeugt die Kirche das Evangelium (vgl. Barmen III).[7] Eine Schwäche der Sozialgestalt der Institution liegt darin, wie sie mit Wandel umgeht. Institutionen entstehen unmerklich, sie wandeln sich auch so langsam, dass es unmerklich ist, und ebenso lautlos vergehen sie. Der demografische Wandel (der resultiert im Jahr 2030 nach EKD-Prognose in 1/3 weniger Kirchenmitgliedern und – wenn es bei den bisherigen Kirchensteuerregelungen bleibt – 42 % weniger Kirchen-

5 Institutionenkritik erwünscht – das ist schon eine besondere Schule, eine Schule übrigens auch in der Tradition des Judentums. So wenig wie es ein Zufall war, dass der Protestantismus sich auf dem Boden der abendländischen Kirche entwickelte, so wenig ist es ein Zufall, dass maßgebliche Freiheitsvorstellungen der Moderne sich auf dem Boden des protestantischen Christentums und in Auseinandersetzung der Protestanten mit ihren eigenen institutionalisierten Kirchentümern ausbildete.

6 G. Wegner hat das einmal klar herausgearbeitet: *Gerhard Wegner,* Leiden als Bedingung der Freiheit. Kirchliche Organisation und geistliche Entscheidung, in: Pastoraltheologie 89 (2000), 403–417.

7 „Die christliche Kirche […] hat mit ihrem Glauben wie mit ihrem Gehorsam, mit ihrer Botschaft wie mit ihrer Ordnung […] zu bezeugen, dass sie allein sein [Christi] Eigentum ist, allein von seinem Trost und von seiner Weisung in Erwartung seiner Erscheinung lebt und leben möchte."

steuerzahlern) stellt eine Herausforderung dar. Es ist vielleicht die größte Herausforderung für die Kirche als Institution seit derjenigen durch die rasante Industrialisierung und Verstädterung im Verlauf des 19. Jahrhunderts. Institutionen reagieren schwerfällig. Die Gefahr, den Wandel zu verschlafen ist für Institutionen groß.

Was tat sich angesichts der Herausforderung im 19. Jahrhundert? Die Christinnen und Christen damals begannen Vereine zu gründen, Vereine für Mission und Diakonie. Die erneute Bewegung nach unten zu den sozial Deklassierten und nach außen[8] zu Nicht-Christen in Übersee und zu der kirchenentfremdeten Arbeiterklasse wurde umgesetzt und dann auch verstetigt in einer neuen Sozialform. Aus den Anfängen bürgerlicher Vereine und Assoziationen entwickelten sich nämlich Organisationen.

Organisationen sind die diejenige Sozialform, die für unsere Gesellschaft die maßgebliche wurde. Alle Organisationstypen im modernen Sinne entstanden im 19. Jahrhundert und entwickelten sich zum entscheidenden Träger der ausdifferenzierten modernen Gesellschaft. Die Institution des Königtums wurde abgelöst durch die von den Organisationen der Parteien getragene Demokratie, die Wirtschaftsordnung der Zünfte und Selbstproduzentenhaushalte von der Marktkonkurrenz der Wirtschaftsunternehmen. Wir leben in einer Organisationsgesellschaft.[9]

Was sind Organisationen im modernen Sinne genauer? Sie zeichnen sich dadurch aus, dass sie 1. ein klares Programm formulieren, sich 2. ein eindeutiges Handlungsziel geben, und zur Verfolgung dieses Ziels braucht es dann 3. materielle und personelle Ressourcen; deren Findung und möglichst effektiver Einsatz wird zu einer vordinglichen Aufgabe zur Erreichung des Ziels. Wie das für das Christentum aussieht, kann man bereits an den Initiativen von Mission und Diakonie des 19. Jahrhunderts studieren. Sie verfolgten ein ganz spezifisches und klar benanntes Ziel (christliche Krankenhauspflege bereitstellen, das Christentum in die Kolonien bringen, den Epileptikern helfen usw.). Darauf hin sind Spendenaufrufe wie Mitgliederwerbung zugeschnitten; schnelle Entscheidungsfindung und eindeutige Steuerungsmöglichkeiten werden dazu gebraucht. Darum gehören zu Organisationen dann auch klare und schlanke Leitungsstrukturen. Und der moderne Sozialstaat verlangt inzwischen noch einmal einen um viele Stufen erhöhten Organisationsgrad von den Einrichtungen der Diakonie als Akteure auf dem Sozialmarkt.

---

8 Zur Formulierung „nach unten und nach außen" vgl. *W Nethöfel: „Eine Kirche, die ganz bei ihrer Sache und damit ganz bei sich selbst ist, orientiert sich nicht am Zentrum, nicht an sich selbst, sondern schaut nach außen, sie schaut nicht nach oben, sondern nach unten. Das legt die biblische Überlieferung nahe – über alle Epochen hinweg." Das neue Gesicht des Christentums. (...) Fragen an den Sozialethiker und Kirchenreformer Wolfgang Nethöve, in: Publik Forum Nr. 20, 2007, 54–56 hier: 54.*

9 Vgl. dazu *Thomas Wex*, Der Nonprofit-Sektor der Organisationsgesellschaft, Wiesbaden 2004.

Inzwischen hat dieser Schub an Organisationslogik auch die Bereiche der staatlichen und staatsnahen Einrichtungen erfasst, den Bereich der Bildung, der Sozialbürokratien. Eines der wichtigen Versprechen lautet dabei: Mithilfe der Organisationslogik lassen sich die Ressourcen besser nutzen. Mission und Diakonie haben es vorgemacht. Der Staat zieht nach. Und in dieser Situation wächst die Einsicht. Evangelisch Kirche sein ist nicht nur Institution, Evangelisch Kirche sein ist in diesem präzisen Sinne auch Organisation.

Die Institutionsgestalt der Kirche ist zwar viel stabiler als viele meinen, die an der Differenz von Institution und Bewegung leiden. Aber sie flacht sich ab: Die Gesellschaft ist pluraler geworden, ein christliches Umfeld und schon ganz ein evangelisches als soziale Selbstverständlichkeit wird zumindest diffuser. Derzeit treten rund 0,5 % der Mitglieder jedes Jahr aus, rund 0,2 % kommen durch Eintritt, Wiedereintritt und Übertritt hinzu.[10] Ein Minus von 0,3% pro Jahr – auch das summiert sich auf Dauer. Die Zeiten, als die Kirchensteuern mit der allgemeinen Wirtschaftentwicklung von allein sprudelten und man in der Kirche über Geld nicht reden musste, weil man es hatte, sind schon allein aus demografischen Gründen vorbei.

Der Motor der Rekrutierung an Personen und Finanzen nach dem Muster der Kirche als Institution ist ins Stottern geraten. Darum jetzt auch in der Kirche der Blick auf die Organisationslogik. Und spätestens mit dem Impulspapier nun auch auf der Ebene der EKD.

Denn das ist es ja, was das Impulspapier von früheren Reform- und Leitbildüberlegungen unterscheidet: dass hier Ziele und Tätigkeitsfelder möglichst genau benannt sind und nun Zahlen auftauchen und an einen geplanten Prozess der Veränderung gedacht wird. Das bedeutet in der Tat einen Mentalitätswandel. Und genau diese Veränderung von der Institution zur Organisation ist es auch, die Bedenken hervorgerufen hat. Geht denn das? Geschieht hier Ausverkauf an das Denken und die Sprache der Ökonomie? Das wäre doch nicht Kirche, wenn sie jetzt zum Unternehmen mutierte. Selbst die Organisationsgestalt von diakonischen Unternehmen und von Missionsorganisationen wird sich kaum einfach 1 zu 1 kopieren lassen. Wenn Kirche auch Organisation sein kann und soll, dann müsste jedenfalls evangelische Kirche sich als Organisation der Freiheit erweisen. Das ist mein *4. Merksatz,* der nun die Herausforderung bezeichnet: *Evangelisch Kirche sein heißt, Organisation der Freiheit sein.*

Was für ein Verständnis von Organisation bedeutet das dann? Und was hat das für Konsequenzen für die Kirche als Institution und Bewegung? Welche Aufgaben liegen in dieser Perspektive vor der Evangelischen Kirche in Deutschland? Welche Konsequenzen lassen sich aus dem Impulspapier „Kirche der Freiheit" und aus den bisherigen Debatten über das Papier ziehen, vor allem auch aus denen auf dem Zukunftskongress in Wittenberg? Ich beginne mit einigen Beobach-

---

10 Kirchenamt der EKD (Hg.), Statistik über die Äußerungen des kirchlichen Lebens in den Gliedkirchen der EKD im Jahr 2005, Hannover, November 2006, 4–5.

tungen und Einschätzungen der Diskussionslage, schließe daran Überlegungen dazu an, was Organisation der Freiheit grundsätzlich bedeuten kann, und ende mit einigen Hinweisen für den weiteren Verlauf des Reformprozesses.

II. Beobachtungen zum Reformprozess in der EKD

Mutig war das Impulspapier, von einer zwölfköpfigen Perspektivkommission erstellt und dann im Auftrag des Rates der EKD herausgegeben. Diese Provokation der Zahlen und der Ziele und der Nennung von Kernbereichen, Leuchtfeuer genannt, sorgte für Aufmerksamkeit in den Medien: Es bewegt sich was in der Evangelischen Kirche – so die öffentliche Wahrnehmung.

Andererseits war das Papier auch vorsichtig. Dass und in welchem Maße hier aus den Organisationserfahrungen der betriebswirtschaftlichen Praxis und Theorie gelernt wird und wo man von ihr abweicht, musste man eher zwischen den Zeilen herauslesen. Wie sich der avisierte Prozess der Reform zu Mustern der Prozessmanagements in modernen Betrieben verhält, blieb ungeklärt. Die Frage, inwieweit man hier von Organisationserfahrungen in anderen Non-Profit-Organisationen lernen kann, wurde im Impulspapier nicht aufgeworfen, geschweige denn diskutiert.

Die Debatte, die dann losbrach, vor Wittenberg und auf dem Wittenberger Zukunftskongress, kann ich nicht im Einzelnen charakterisieren. Nur einige vielleicht auch subjektive Beobachtungen meinerseits.

Zunächst: Das Thema Kirchenreform durch Wandel zur Organisation ist damit – mit bis zu zehn Jahren Verzögerung gegenüber manchen Landeskirchen, Kirchenkreisen und Gemeinden[11] – auf der EKD-Ebene auf dem Tisch. Das ist mehr als ein Nachvollziehen, ein Sammeln und Sichten. Wenn die EKD sich diesen Prozess zu eigen macht, dann dreht das – wenn Sie so wollen – die „Beweislage" um: Nach dieser öffentlichen Debatte muss derjenige, der angesichts der Lage keine einschneidenden Strukturreformen will, begründen, wie er denn anders sich seine Antwort auf die Lage vorstellt. Ignorieren und ohne nachvollziehbare Gründe allein möglichst alles beim Alten lassen, das wird viel weniger möglich sein als vor dem Impulspapier und vor dem Zukunftskongress. Nicht dass es nicht doch passieren könnte. Aber dann wird man nicht mehr sagen können, man habe ja nicht ahnen können, was auf die Kirche zukommen würde.

11 Vgl. als einen frühen Bericht dazu: *Steffen Schramm*, Strukturreform der Kirchenleitung. Drei aktuelle Beispiele, in: Pastoraltheologie 86 (1997), 223ff. Ein „Netzwerk Kirchenreform", 2001 unter dem Namen „Netzwerk Gemeinde und funktionale Dienste" gegründet, diskutiert seitdem Reformansätze und sucht sie zu vernetzen (siehe www.netzwerkkirchenreform.de und die Publikationen des Netzwerks); es hatte schon seit längerem angeregt, dass die EKD ihre Verantwortung zur Sammlung, Sichtung und Verknüpfung der Reformen wahrnehme.

Sodann: Theologische Klärungen sind weiter nötig. Hier wurden vielfach noch Defizite des Impulspapiers gesehen.[12] Ein Mentalitätswechsel ist ein tiefgreifender Wechsel. Er lässt sich nicht einfach machen oder einfordern. Er entsteht, braucht Einsicht und ermutigende Erfahrungen. Der der EKD-Synode vorgelegte Kundgebungsentwurf arbeitet darum zu den theologischen Klärungen. Was bedeutet dieser Wandel theologisch? Ist er theologisch berechtigt, wo er doch auch das intensive Gefühl auslöst, die Kirche zu verlieren, wie sie war und wie sie einem vertraut und lieb ist?

Und weiter: Auffallend ist: In der Debatte sind inzwischen die provozierenden Zahlen weitgehend vom Tisch. Die zu der Anzahl der Landeskirchen, zu der prozentualen Aufteilung von Ortsgemeinden und anderen Gemeinden, zu dem Wachstum an Kirchgangsfrequenz und Trauquote. Dass sie vom Tisch sind, hat mehrere Gründe. Sie sind auch in der EKD nicht konsensfähig. Ihre Erreichung liegt zum größten Teil nicht im Handlungsbereich der Ebene der EKD, sondern auf anderen Ebenen der evangelischen Kirche. Sie erschienen selbst bei einem Vorlauf von 23 Jahren zum Teil nicht sehr realistisch. Und schließlich: Ihr Status zwischen Vision und betrieblicher Kennzahl war nicht klar.

Es zeigt sich hier mit aller Deutlichkeit: Eine durchschlagende Organisationsreform einfach von oben her ist in der Kirche als Organisation der Freiheit nicht möglich und auch nicht wünschenswert. Aber was ist dann wünschenswert und sollte ermöglicht werden?

Es bedarf der Prozess der Reform selbst weiterer Klärungen. Was ist wessen Job auf welcher Ebene der Kirche? Diese Frage muss geklärt werden, wenn in der Kirche nach Organisationslogik gehandelt werden soll. Organisation verlangt Leitung. Aber die Rechtsstrukturen der Kirche bieten zurzeit vor allem komplexe Aufsichtsrechte, oft haben mehrere Organe gemeinsam die Aufsicht inne. Aber welches Organ in welcher Hinsicht leitet, das bleibt diffus. Es gibt, was Regelungen betrifft, auf so gut wie allen Ebenen der Kirche ein Leitungsvakuum. Das bedeutet nicht, dass nicht Leitung ausgeübt wird. Aber es sind – abgesehen vom kleinsten gemeinsamen Nenner – eher die Zufälle starker Persönlichkeiten und die Absprachen in informellen Zirkeln, in denen Leitung realisiert wird. Aber wer wen beauftragen kann und wer wem berichten muss und wer wann auch tatsächlich entscheiden darf, das ist für die meisten Fragen des Organisationshandelns erstaunlich wenig geregelt. Welche Zeiträume sind für Entscheidungsfindungsprozesse angemessen? Wofür ist Einmütigkeit nötig und wofür nicht?

Zurücknehmen der Zahlen, nachzuholende theologische Klärungen, Beschäftigung mit den eignen Leitungsstrukturen – eine Verlangsamung der Reformprozesses tritt offensichtlich ein. Auf den ersten Blick sieht das aus wie eine Schwächung der Reform. Und das wäre ja auch nicht ein erstes Mal, wenn

[12] Vgl. als Beispiel *Jan Hermelink*, Die Freiheit des Glaubens und die kirchliche Organisation. Praktisch-theologische Bemerkungen zum „Impulspapier „Kirche der Freiheit" des Rates der EKD, in: Pastoraltheologie 96 (2007), 45-55.

es so laufen sollte, dass zunächst neue Bedenken und Hürden aufgerichtet werden, dann das Geld fehlt und zum Schluss ein Reformimpuls folgenlos bleibt. Andererseits: Es ist typisch für die Kirche (und Non-Profit-Organisationen überhaupt), dass ihre Organisationsreformen deutlich langsamer und weniger zentralistisch vonstatten gehen als bei Profitorganisationen. Das führt zu verspäteten Reformen; es bewahrt aber auch vor den Fehlern durch Überhastung und erbringt Zeit zum Lernen aus Fehlern. Wir sollten uns die theologischen Klärungen und die Klärungen im Leitungshandeln der Leitungsorgane der EKD leisten. Denn ohne Klärung der Ziele und ohne geklärte Zuständigkeiten für Entscheidungen sind in Freiheit gewollte Organisationsreformen nicht zu machen. Und genau diese Klärungen stehen meines Erachtens zurzeit an.[13] Ich will dazu meinen Beitrag leisten, indem ich die Frage zu vertiefen suche, was denn Organisation der Freiheit bedeuten kann.

III. Auf welcher Ebene liegt der Schwerpunkt der Kirche als Organisation der Freiheit?

Wollen wir Organisation werden? Wer die Frage positiv beantwortet, muss Auskunft geben können, in welchem Sinn wir Organisation werden wollen.

Es gibt manche Stimmen und Entwicklungen, die setzen ganz und einzig auf die Organisationswerdung der Gemeinden vor Ort. Bei knapper werdenden Finanzen ist auch die Versuchung für die Gemeindevertreter in den Synoden groß, das Übergemeindliche wegzusparen. Die einzelnen Gemeinden bestimmen dann über sich selbst, bekommen Finanzhoheit und konkurrieren direkt miteinander. So wird aus dem „Evangelisch Kirche sein" in Deutschland etwas anderes – ein Evangelisch-Sein nach dem kongregationalen Modell. Die Verhältnisse werden damit ähnlicher denen in den USA. Die besonderen Stärken der volkskirchlichen Tradition mit den Strukturen von Flächen-Landeskirchen und der EKD als kirchlicher Heimat fast aller Evangelischen in Deutschland werden damit aufs Spiel gesetzt; die starken Gemeinden (die Gemeinden der Gebildeten, der Engagierten, die blühenden Vorortgemeinden der Neubaugebiete) werden tendenziell sich gegenüber den Gemeinden der Schwachen durchsetzen. Die Milieus der Starken in der Gesellschaft werden so von der Evangelischen Kirche gestärkt, die Milieus unten in der Gesellschaft werden durch das Sich-Zurückziehen der Kirche weiter geschwächt; die Milieus der Kirchenfernen in Halbdistanz tendenziell weniger gehalten.[14]

Oder wollen wir doch eigentlich eine Reform von oben? Eine EKD, die von oben her einfach die Standards bestimmt und die Landeskirchen zwingt, sich dem anzupassen? Oder, weil das nicht durchsetzbar ist, dann eben Landes-

13 Unendlich viel Zeit steht dafür aber auch nicht zur Verfügung.

14 Zur Bedeutung der Milieus vgl. *Claudia Schulz / Eberhard Hauschildt / Eike Kohler*, Milieus praktisch. Analyse- und Planungshilfen für Kirche und Gemeinde, Göttingen 2008.

kirchen, die dementsprechend handeln? Die Kirche für alle, die die institutionellen Traditionen bruchlos weiterführt, verlässlich, verstärkt durch eine straffe zentrale Kirchenorganisation? Mancher, dem die ewigen Debatten leid sind, mag davon träumen. Aber insgesamt wollen wir das wohl kaum. Es wäre kaum eine Organisation der Freiheit, wenn nun zwar nicht angeblich göttliches Recht und unkorrigierbare Tradition, aber die Leitungsvorgaben der Organisationszentrale alles reglementieren würden.

Der Weg müsste dazwischen liegen. Es sollte die evangelische Kirche m.E. weder in Kleinstorganisationen zerfallen noch zu einer monolitischen Großorganisation verschmelzen.

Darum ist die Ebene der Kirche in der Region besonders wichtig. Hier ist das Feld, auf dem eine Balance aus Eigenständigkeit der Gemeinden und gemeinsamer Planung und gemeinsam verantworteter Schwerpunktsetzung in den Gemeinden stattfinden kann, damit für die Region die Kirche ihre Aufgaben in der Fläche so gut wie möglich leisten kann. Hier müsste der schwierige Prozess der Veränderung von Orten des kirchlichen Lebens[15] gemeinsam gestaltet werden. Das ruft nach einer Kultur der gemeinsamen Verantwortung und der klaren Übertragung von Leitungsbefugnissen in einem Klima des Vertrauens. Wenn die Organisation der Freiheit nicht eine Freiheit der Selbstdurchsetzung von Einzelgemeinden sein soll, sondern eine Freiheit der Gemeinsamkeit der Gemeinden, dann müsste sich das bereits auf dieser Ebene klar zeigen und schon von da auf die Gemeinden positiv zurückwirken.

IV. Wie passen Institution und Organisation bei der evangelischen Kirche zusammen?

Wer an die missionarische Aufgabe der Kirche denkt, der stellt sich oft die Kirche als Organisation vor. Missionsvereine des 19. Jahrhundert nahmen ja damals schon die Organisationsgestalt an: missionarische Programme mit zur Mission geschultem Personal, um das Ziel des Wachstums zu erreichen. Auf der anderen Seite: Wer die Kirche als Volkskirche versteht, der schätzt besonders den institutionellen Charakter der Kirche, ihre Präsenz in der Fläche und ihre Pluralität auch an Kirchenverbundenheit. So scheinen die beiden, seit dem 19. Jahrhunderts gepflegten, alternativen Kirchenbilder von missionarischer Kirche und Volkskirche auf der Ebene der Strukturfragen wiederzukehren. Nicht wenige Debatten über die Kirche und ihre Zukunft werden als Streit um zwei sehr unterschiedliche

[15] Zur Begriffswahl und der dahinterstehenden Idee, statt Parochie und nichtparochiale Arbeit gegeneinander auszuspielen, sie in einer Art „dritten Weg" miteinander zu kombinieren vgl. *Uta Pohl-Patalong*, Ortsgemeinde und übergemeindliche Arbeit im Konflikt. Eine Analyse der Argumentationen und ein alternatives Modell, Göttingen 2003; dies., Von der Ortskirche zu den kirchlichen Orten. Ein Zukunftsmodell, 2. überarb. u. erw. Aufl. Göttingen 2005.

Bilder von Kirche geführt, das der offenen Kirche für alle einerseits und der profilierten Kirche der Beteiligten andererseits. Dann bekommen auch die Strukturfragen eine Grundsätzlichkeit, scheinen doch die Strukturreformen das eine oder das andere Bild von der Zukunft der Kirche wahrscheinlicher zu machen. Es geht dann darum, entweder die Kirche als Institution zu bewahren und die Organisationslogik zu verhindern oder die Kirche als Organisation zu erreichen und sich von der Kirche als Institution möglichst schnell zu verabschieden.

Und in der Tat. Die Bilder sind alternativ. Ihre Logiken lassen sich m. E. nicht zu einem gemeinsamen System vereinheitlichen.

Das sozialwissenschaftliche Institut der EKD hat jüngst aus den empirischen Untersuchungen „10 Fakten zur Situation der Kirche" zusammengestellt.[16] Versucht man sich auf die auf den ersten Blick recht widersprüchlichen Fakten einen Reim zu machen mithilfe der Unterscheidung von Institution und Organisation,[17] dann zeigt sich: Es gibt empirische Nachweise dafür, dass bestimmte Phänomene der Evangelischen Kirche heute der Institutionslogik folgen (Kirchenmitgliedschaft z. B.) wie andere der Organisationslogik (Kirchenaustritt etwa).[18] De facto lebt die Kirche schon seit längerem mit beiden Kirchenbildern nebeneinander.

Was wäre, wenn sich nun eine Seite im Streit zwischen der Volkskirche und der Missionskirche durchsetzt? In beiden Fällen ergäbe es, wie die empirischen Daten vorhersagen lassen, einen Schaden für die Kirche. Dann liegt es nahe, die derzeitige Lage nicht als Unentschiedenheit zu beklagen, sondern einmal zu versuchen, genau diese Doppelheit als angemessen anzusehen, und zwar ohne die Widersprüche harmonisieren zu wollen.

Was in der Logik der Kirchenbilder gegeneinander steht, bedarf m. E. in der gegenwärtigen Situation der evangelischen Kirche der konsequenten Verknüpfung in der Praxis miteinander.[19] Eine solche besonders kluge Verkopplung des ganz Verschiedenen gibt es auch sonst. Man findet es – ich hoffe Sie

---

16 Die Thesen und die Experten-Stellungnahmen zu ihr sind abgedruckt in: Konzentration auf die Zukunft! Die wichtigsten Fakten zur Situation der Kirche aus sozialwissenschaftlicher Sicht (Sozialwissenschaftliches Institut der EKD), epd Dokumentation 25 v. 12. 6. 2007.

17 *Eberhard Hauschildt*, Institution oder Organisation?, in: ebd., 15–17 u. 33f.

18 *Hartmann Tyrell* hat aus religionssoziologischer Sicht die Verwendungen bei der Begriffe zur Beschreibung von Kirche verfolgt. Beide liegen nicht auf einer Ebene. Das Konzept der Institution betrachtet die Makro-Ebene und fragt nach gesamtgesellschaftlichen Funktionen; das Konzept der Organisation betrachtet die Meso-Ebene und blickt auf Akteure zwischen dem Gesamten und den Individuen (*Hartmann Tyrell*, Religion – Institutionen und Organisation, in: *Bernhard Schäfers / Justin Stagl* [Hg.], Kultur und Religion, Institutionen und Charisma im Zivilisationsprozess, Konstanz 2005, 25–56). Kirche als Bewegung wäre dann entsprechend zu verstehen als Begriff, der aus der Mikroperspektive eine individuell begründete Sozialform beschreibt.

19 Es geht z. B. darum zu bedenken, wie in welchem Maße manche Gottesdienste zugleich in der Tradition der Kirchenjahres für die regelmäßigen Gottesdienstbesucher wie als Event für Neugierige gefeiert werden können oder dass ein bestimmtes Gebiet sozialer Arbeit, in der sich eine Gemeinde oder ein Kirchenkreis engagiert, auf Möglichkeiten der Beteiligung durch das herkömmliche Ehrenamt wie durch Einzelaktionen und Sponsoring hin differenziert wird.

verzeihen mir das Beispiel aus der Mechanik – bei der neuesten Generation von Automobilen, die auf der Internationalen Automobilausstellung in Frankfurt jüngst gezeigt wurden: Hybridautos, die mit zwei Systemen je ganz eigener Antriebsart arbeiten: – ein Elektromotor für den Stadtverkehr, ein Benziner für die langen Strecken. *Evangelisch Kirche sein,* so mein 5. *Merksatz, heißt einen Hybriden aus Institution und Organisation bilden.*[20] Die Evangelische Kirche tut gut daran, mit beiden Motoren zu fahren. So kommt sie zurzeit am weitesten. Dann jedenfalls, wenn die Institutionslogik und die Organisationslogik nicht gegeneinander ausgespielt werden und sich in Sachen Antrieb blockieren, weil beide den Wagen exklusiv antreiben wollen. Sie können sich gegenseitig entlasten und die andere Seite jeweils das tun lassen, was sie am besten kann. Bei manchen der Hybridautos ist es übrigens so, dass sich durch das Fahren mit Benzinmotor die Elektromotorbatterie automatisch wieder auflädt.

V. Organisation der Freiheit aus der Gottesbegegnung

Der Hybridcharakter der Kirche ist, wie ein Blick auf andere Nonprofit-Einrichtungen lehren würde, gar nicht etwas so Spezifisches.[21] Aber es bleibt die

[20] *Eberhard Hauschildt*, Hybrid Evangelische Großkirche vor einem Schub an Organisationswerdung. Anmerkungen zum Impulspapier „Kirche der Freiheit" des Rates der EKD und zur Zukunft der evangelischen Kirche zwischen Kongregationalisierung, Filialisierung und Regionalisierung, in: PTh 96 (2007) 56–66.

[21] Dass Hybridstrukturen kein Nachteil sein müssen, sondern gerade charakteristisch sind für spezifische Einrichtungen, gilt für viele Einrichtungen in den Bereichen Kultur, Bildung, Soziales, Gesundheit. Diese bewegen sich nämlich, so die Theoriebeschreibungen, in einem intermediären Sektor zwischen den Größen Staat und Markt und Privathaushalten. (Vgl. *Adalbert Evers/Ulrich Rauch/Uta Stitz*, Von öffentlichen Einrichtungen zu sozialen Unternehmen. Hybride Organisationsformen im Bereich sozialer Dienstleistungen Berlin 2002; *Adalbert Evers*, Im intermediären Bereich – Soziale Träger und Projekte zwischen Haushalt, Staat und Markt, in: Journal für Sozialforschung 30 [1990] Heft 2, 189–210; *Karl Birkhölzer* u.a., Dritter Sektor/Drittes System. Theorie, Funktionswandel und zivilgesellschaftliche Perspektiven, Wiesbaden 2005; *Eberhard Hauschildt*, Zur Bedeutung der Theorie des „Dritten Sektors" für die Praktische Theologie. Kirchliches und öffentliches Christentum in einer anderen Perspektive, in: Pastoraltheologische Informationen 26 [2006] Heft 2, 282–297.) Der intermediäre Sektor hat sich herausgebildet, weil alle drei Größen für sich genommen bei der Bewältigung der Aufgabe versagten. Die privaten Haushalte allein können das, was nötig ist an spezialisierter Bildung und Hilfe, z.B. Altenhilfe und medizinischer Behandlung, nicht selbst bereitstellen. Aber auch der Staat allein mit seiner bürokratisierten Gleichmacherei wird der Differenziertheit der Verhältnisse und Lebenswelten nicht gerecht. Und schließlich kann auch der Markt über Konkurrenz und Kaufkraft allein nicht alles bereitstellen, was nötig ist an Bildung und Hilfe und Kultur in einer Gesellschaft. Grundverschieden sind sie – die Marktlogik der effizienten Konkurrenz der Angebote, die Staatslogik der gerechten Versorgung für alle Bürger der Gesellschaft und die Haushaltslogik der Kombination von Zuneigung und ganzheitlichem Tun. Doch wenn z.B. eine Selbsthilfebewegung einen Verein gründet, der dann vom Staat gefördert wird, Personen einzustellen beginnt, und schließlich auf dem Markt in Konkurrenz zu anderen bestimmte Hilfeleistungen anbietet, sind alle drei Logiken beteiligt. Daraus resultiert eine Mischung voller Spannungen, nicht zuletzt der zwischen Ehrenamtlichen und Hauptamtlichen, zwischen

Frage: Wie wirkt sich denn die Freiheit, die besondere Freiheit, um die es der Kirche geht, auf ihren Organisationscharakter aus? Mit Freiheit verhält es sich ja nicht so wie mit materiellen Gütern[22], die in Profit-Organisationen für Kunden hergestellt und auf Halde gelagert werden können. Freiheit braucht die Selbstbeteiligung derer, für die sie da ist.

Zur Botschaft der christlichen Freiheit passt darum die Mitbeteiligung der Mitglieder der Kirche. Für die Reformation war das das Recht der Gemeinde zur Beurteilung der Lehre, das allgemeine Priestertum aller Gläubigen. Es entspricht der Botschaft der Freiheit, wenn die Kirche dementsprechend die Gestalt einer Mitgliederorganisation annimmt. So lautet mein *6. Merksatz: Eine Organisation der Freiheit organisiert die maßgebliche Beteiligung der Mitglieder an den grundlegenden Entscheidungsprozessen.*

Die christliche Freiheit ist darüber hinaus Freiheit, die Gott schenkt. Darum ergibt sich christliche Freiheit anders als die Idee der politischen Freiheit nicht einfach aus der Summe aller Beteiligten an der Idee, sondern ist selbst noch einmal auf ein Gegenüber gewiesen: eben auf Gott. Und das bedeutet ja nach evangelischem Verständnis, dass die Wahrheit sich an der Interpretation dessen, was die Glaubenden als Ort des Wortes Gottes anerkennen, zeigt. Das bedeutet: Als Organisation der Freiheit gewinnt Evangelische Kirche ihre Freiheit also dadurch, dass ihr Leitungshandeln auf die Interpretation der Schrift befragbar bleibt und Entscheidungen auf den Zusammenhang der Schrift hin plausibel gemacht werden können müssen. Leitungshandeln kann sich hier nicht allein an Effizienz und Effektivität orientieren, und auch nicht allein an Mehrheiten, es muss theologisch auskunftsfähig sein. Denn die theologische Auskunftsfähigkeit ist dazu da, deutlich zu machen, wo und inwieweit das Handeln die christliche Freiheit fördert. Damit ergibt sich als *mein 7. Merksatz: Kirche als Organisation der Freiheit ist gekennzeichnet durch theologische Auskunftsfähigkeit über den Horizont ihrer Entscheidungen.*

Die christliche Freiheit kommt aus der Gottesbegegnung. Darum zielt alles Handeln der Kirche darauf. Die Gottesbegegnung ist nun aber – und das wirkt auf den ersten Blick wie eine Erschwerung oder gar Verunmöglichung von Organisationshandeln und dementsprechender Leitung – von außen her nur wenig überprüfbar. Sie ist eine Erfahrung, die auf Vertrauen in Gott hin gemacht wird, sich da einstellt. Doch wie kommt es dazu? Oder:

Vereinsvorstand und angestellter Geschäftsführung. Diese Komplexität ist der Tätigkeit angemessen. – Die Kirche gehört, von außen betrachtet, zweifellos in dieses Sektor. Sie ist eine „intermediäre Institution" der Zivilgesellschaft (*Wolfgang Huber*, Kirche in der Zeitenwende, Gütersloh 1998) und hat wie alle anderen Organisationen des intermediären Sektors die Komplexität als sachgerechte Dynamik in sich. Immer wieder neue Gewichtungen der drei Logiken bilden sich in diesem Spannungsfeld. Marktnähe oder Staatsnähe oder Haushaltsnähe sind jeweils als Optionen denkbar, ohne dass sich die beiden anderen Logiken völlig gegen null bringen lassen.

22 Vgl. *Eberhard Hauschildt*, Ist die Kirche ein Unternehmen? Zur ökonomischen Gütertheorie und der Praxis im Evangelischen Dekanat Wiesbaden, in: Pastoraltheologie 93 (2004), 514-528.

Was ist denn von der christlichen Freiheit wahrnehmbar? Leichter wahrnehmbar sind Erscheinungen der Lebenserneuerung, wo Menschen anders leben, reden, handeln aus der christlichen Freiheit heraus. So wenigsten deuten diese das. Für Außenstehende zeigt sich nur ein bestimmtes, vielleicht besonders fröhliches oder bewusstes Leben, ein sorgsames Reden, ein entschiedenes Handeln usw. Und das ist es, was man besonders gut sehen kann: wie die Gottesdienste gefeiert und wie darin gepredigt wird, in der Seelsorge beraten wird, der Unterricht aufgebaut, das politische Handeln begründet. Das alles lässt sich so deutlich wahrnehmen wie andere nicht-religiöse Erscheinungen des Lebens auch. Dieses Wahrnehmbare ist organisierbar, messbar - steht dem Organisationshandeln offen.

Eine Organisation christlicher Freiheit soll beides im Blick haben: Gottesbegegnung und Lebenserneuerung.[23] Beides ist nicht miteinander gleichzusetzen. Es ist eine besondere Versuchung der Institution der Freiheit, bei der Unanschaulichkeit der Gottesbegegnung stehenzubleiben und um konkrete Lebenserneuerungen sich weniger zu kümmern, als ließe sich hier nicht auch vieles organisieren. Als bestände christliche Freiheit nur im Handeln Gottes. Und es ist eine andere besondere Versuchung der Organisation der Freiheit, bei der Lebenserneuerung stehenzubleiben und sich weniger um die Gottesbegegnung zu kümmern. Als wäre schon mit dem kirchlichen Handeln die Gottesbegegnung automatisch gegeben.

Gottesbegegnung und Lebenserneuerung sollen nicht gleichgesetzt werden, aber auch nicht getrennt werden, sei es nun die Trennung des Rückzugs in schöne Gottesdienste oder die Flucht in spektakuläre Aktionen. Der gegenseitige Verweis ist das Spannungsvolle und das Nötige. Auf Dauer ist eine Gottesbegegnung ohne Früchte wohl doch keine. Aber nur Früchte ohne Baum – das geht auch nicht. Also lautet mein *8. Merksatz: In der Organisation der Freiheit verweisen Gottesbegegnung und Lebenserneuerung aufeinander.*

Für Organisationsentscheidungen ist es kennzeichnend, dass man vorweg versucht, möglichst genau das Wahrnehmbare zu erfassen. Auch für eine Organisation der Freiheit ist es wichtig, Informationen zu haben. Darüber, mit welchen und wie viel Personen Arbeit geschieht, wie viele sich beteiligen, was etwas kostet usw. Besonders interessant ist auch, in welchem Maße sich bei diesen Zahlen etwas verändert hat im Vergleich zu früheren Jahren. Manches schrumpft, anderes wächst. Bei einer Profitorganisation verdichtet sich das gesamte Zahlenwerk dann zu einer Zahl, nämlich der des erzielten Gewinns. Und dann erfolgt die Entscheidung nach einem Kriterium, nämlich wie dieser Gewinn demnächst zu erhöhen sei – so meint man. Schaut man genauer hin, dann gibt es zumindest auf dem Weg dazu doch auch viele andere Faktoren von großer Bedeutung: das Ansehen des Unternehmens, die Mitarbeitenden z.B., die auch einzubeziehen und in ihrem Verhältnis zur unmittelbaren Gewinner-

[23] Das Begriffspaar entnehme ich der Vorlage zur Kundgebung der EKD-Synode.

zielung gewichtet werden müssen. In der Kirche als Organisation der Freiheit bekommen diese Gewichtungen eine ungleich höhere Bedeutung. Wenn wir wissen, was ein Gottesdienst kostet oder was ein Friedhof usw., dann entstehen erst die entscheidende Fragen: Auf der Basis des Wissens um Zahlen und Kosten – mit welchen theologischen Gründen ist uns welche Arbeit wie viel an Kosten wert? So dass wir dann uns dazu entscheiden: ja, das wollen wir uns mit diesen Kosten leisten. Übrigens: Auch Aufwand und Nutzen von Zahlenerhebungen selbst sollte man dann wieder gegeneinander aufrechnen. Aber in einer Organisation der Freiheit ist die Frage der Erstellung von Zahlen keine Frage des Entweder-Oder, als ob Zahlen an sich vom Teufel wären.

Entscheidend ist, dass wir eine Kultur hinbekommen, in der nicht die Fragen „Was kostet das?" und „Können wir uns das leisten?" der einzige Gesichtspunkt sind, sondern man sich genau darüber austauscht: Wollen wir uns etwas zu welchem Preis mit welchem Einsatz an Zeit und Personen leisten? Hier ist Theologie gefragt. Hier ist gefragt das Hören auf die Botschaft der Bibel, um mit ihren Bildern und Weisungen im Kopf nun zu ergründen, was das unter den konkreten Umständen bei begrenzten Ressourcen bedeuten kann. So wird die Gottesbegegnung zum Kriterium. Mein *Merksatz 9: Die Organisation der Freiheit trifft als informierte Organisation theologisch kontrollierte Entscheidungen, damit sie für die Situation passen.*

VI. Was bedeutet Organisation der Freiheit für die Gemeinschaft der Kirche?

Wir erleben Kirche als Gemeinschaft, wir wünschen uns mehr Gemeinschaft in der Kirche. Die Erfahrung von Kirche als Bewegung ist: Hier entsteht, vom Geist geführt, spontane, neue Gemeinschaft mit welchen, die anders sind und draußen waren: Aussätzigen und Zöllnern, Kindern, Unbeschnittenen. Wird aus der Gemeinschaft dann im Laufe der Zeit eine Institution, entsteht Gemeinschaftsbildung meistens nicht so. Sie ist schon da, und die einzelnen wachsen in sie hinein, unmerklich und in mehr oder weniger intensiver Weise. Bewegung hat mit Gemeinschaftsbildung zu tun, Institution mit Gemeinschaftserhalt. Organisation hingegen lebt von beidem. Wenn das Ziel der Organisation berechtigt ist, dann ist es auch berechtigt, dass die Organisation sich um ihren Selbsterhalt bemüht, soweit es dem Ziel dient. „Komm hinein in meinen Club", so lautet dann die unausgesprochene Devise. Mission meint da Einbindung in die bestehende Gemeinde. Aber wenn das Ziel der Organisation christliche Freiheit ist und wenn sie bewusst auch tatsächlich sich am Vorbild Jesu orientieren will, dann geht es auch um bewusste Neubildung von Gemeinschaft mit denen, die so ganz anders sind und bleiben. Dann heißt Organisation der Freiheit auch die Freiheit zu neuen Bildungen von Gemeinschaft, neuen Arten der Vergesellschaftung. Die entstehen dann auch durchaus neben der gewöhnlichen Ortsgemeinde. Eine organisatorische Aufgabe für die Kirche wird dann die sein, das Neue und das Bestehende zueinander in Beziehung zu setzen, nicht vereinnahmend, aber eben doch in geschwisterlicher Respektierung. Beide Seiten erkennen sich als legitime Varianten in der einen Kirche an. Kein ganz einfacher Prozess, aber ohne ihn ist die Organisation der Freiheit nicht zu haben. *Kirche als Organisation der Freiheit, mein 10. Merksatz, ist gestaltete freie Gemeinschaft von Organisationen.*

Woher kommt die Freiheit dazu, nicht immer mehr an Gemeinschaft fordern zu müssen? Warum ist nicht der Druck da, dass die einen möglichst genauso wie die anderen werden müssen? Darum nicht, weil angesichts der Gemeinschaft, die Gott selbst schafft, alle anderen Gemeinschaften nur relativ sind, bezogen auf Gott, und eben nicht totalitären Charakter annehmen sollen. Der stellt sich bei Religionen ja da ein, wo sie menschliche Gemeinschaft mit Gott einfach gleichsetzen – und in der Politik, wo ein politisches System Religion sein will oder Religion ersetzen will.[24] Evangelisch Kirche sein ist antitotalitär.

Wie aber ist dann überhaupt grundsätzlich das Verhältnis zwischen organisatorischen Verbindlichkeiten und organisatorischen Selbstbestimmungen in der Kirche selbst zu gestalten? Ich denke, hier ist deutlicher Entwicklungsbedarf gegeben. In der Logik der Institution wurde diese Anforderung bearbeitet mittels einer Verteilung der Aufgaben auf die unterschiedlichen Ebenen der Kirche. Die höhere Ebene setzt die Verbindlichkeiten durch einen Rahmen des Kirchrechts und durch Aufsicht über die Bekenntnisbindung. Ansonsten ist die unterste Ebene, die Gemeinde vor Ort, die entscheidende Ebene, die evangelische Kirche baut sich ja von unten her auf; hier darf es von oben her möglichst wenig Eingriff geben; alles andere als die Aufsichtsrechte und der Rechtsrahmen geht die nächsthöhere Kirchenebene von rechts wegen nichts an. Die liturgische Gemeinschaft ist ja gegeben und die Traditionen sind gemeinsame.

Begreift man Kirche als Organisation, dann wird deutlich, dass hier Veränderungen auf uns zukommen. Sollen es Veränderungen der Freiheit sein, dann ist deren Grundrichtung klar: Auch in organisatorischen Fragen sind die Verbindlichkeiten wie die Selbstbestimmung für beide Seiten zu erhöhen. Daraus ergeben sich die Fragen: Wie können die höheren Ebenen in die Lage versetzt werden, einerseits klarer selbst bestimmen zu können über das, was die ihr übertragene Aufgabe ist? Wie können die unteren Ebenen so daran verbindlich beteiligt werden, dass sie die Grundentscheidungen mitverantworten? *Mein 11. Merksatz dazu lautet: In einer Organisation der Freiheit sind Beteiligungsrechte und Entscheidungsbefugnisse geklärt und in Balance gebracht.*

[24] Vgl. insgesamt dazu etwa *Friedrich Schweitzer* (Hg.), Religion, Politik und Gewalt, Gütersloh 2006, darin auch Eberhard Hauschildt, Gewalt als religiöses Gruppenphänomen, 759–775.

Wir befinden uns m. E. in einer Situation, in der klare Leitungsrechte in der Kirche nicht bestehen, dieses für Organisationen ungeheuer wichtige Mittel noch nicht angemessen ausgearbeitet ist. Das Verhältnis der Ebenen und Organe der Kirche zueinander muss in Zukunft besser geklärt werden. Was ist genuine Aufgabe der EKD, der konfessionellen Bünde, der Landeskirchen, der Kirchenkreise, der Gemeinden? Und vor allem umgekehrt: Welche Aufgaben erfordern welche Organisationsebenen? Hierzu stehen in allen Landeskirchen und Kirchenkreisen und Gemeinden Klärungen an. Mit Aufsicht allein und ein bisschen kirchlichem Rahmenrecht ist ein gezieltes Organisationshandeln nicht zu bewerkstelligen. Es gibt dennoch schon heute Möglichkeiten, bewusste Leitungsentscheidungen zu treffen. Wo ich diese für die EKD sehe, will ich abschließend skizzieren.

VII. Möglichkeiten jetzt

Wir haben m. E. einigen Konsens: Konsens darüber, dass die EKD es ist, der die Aufgabe zukommt, die Gemeinsamkeit aller Evangelischen in den Landeskirchen zu organisieren. Denn damit kann der Protestantismus in Deutschland auf der Bühne der Medien und der Politik sich deutlicher Gehör verschaffen – und übrigens, was gerne übersehen wird, seine Stimme wirkungsvoll in Europa und in internationalen Gremien erheben. Die EKD repräsentiert die Gesamtheit der Gemeinden und Landeskirchen. Diese Kommunikationsaufgabe lässt sich noch weiter stärken: Der Vorschlag in der Synodalvorlage, gemeinsame Themen zu identifizieren und dann auch in der Öffentlichkeit zu setzen, zielt genau darauf hin. Er sieht vor, dass die Themenfindung durchsichtig und gemeinsam geschieht und dann aber auch das Thema, das die bundesweite Ebene betrifft, von Seiten der EKD angemessen durchgeführt werden kann.

Zu klären ist, und dazu ist ein Auftrag von Ihnen, von der EKD-Synode, wichtig: Wie stehen die Rechte und Pflichten, die Entscheidungsmöglichkeiten und die Bestimmungsmöglichkeiten von EKD-Synode, Rat der EKD und Kirchenkonferenz zueinander? Rat und Ratsvorsitzender der EKD sollen schneller und eigenständiger im Laufe der Ereignisse entscheiden können und die Synode der EKD soll präziser und im Bewusstsein der dabei entstehenden Kosten etwa die Grundlinien der Arbeit der EKD für alle Evangelischen in Deutschland verbindlich festlegen können. Gleichzeitig bleibt die EKD Zusammenschluss der Landeskirchen, repräsentiert in der Kirchenkonferenz und gegliedert in VELKD und UEK. Die Organe geben ab und gewinnen.

Die Synode der EKD sollte überhaupt m. E. mehr Verantwortung übernehmen. Das ist Verantwortung auch für die Folgen von Beschlüssen. Machen Sie sich bei allen Ihren Beschlüssen klar, wie deren Umsetzbarkeit geprüft werden kann von Ihnen und was die tatsächlichen Kosten sind. Wenn ich Synodaler der EKD wäre, dann wollte ich darauf achten, dass wir dahin kommen, dass zu jedem Beschluss auch eine Kostenrechnung präsentiert wird. Ich meine damit auch eine Rechnung über die Kosten der Beschäftigung von Gremien mit Papieren, welche die Arbeitszeit der Mitberatenden, die ja von anderer Tätigkeit dafür abgezogen sind, in Geld umrechnet. Und ich würde geklärt haben wollen, wann und woran die Synode überprüfen kann, ob ihr Beschluss erfolgreich umgesetzt wurde. Ich fasse zusammen:

Kirche als Organisation der Freiheit, das zeigt an: Kirche heute baut diesen ihren Organisationscharakter aus, aber versteht ihn nicht als Alternative, sondern als sachgerechte Ergänzung zum Institutionscharakter. Mit Hybridantrieb fährt es sich besser.

Der Freiheitscharakter der Organisation, dass man hier auf der Basis der von Gott gewährten Freiheit einander „in Freiheit begegnen und Freiheit gewähren“[25] will, bedeutet konkret: Den Aufgaben entsprechend die passenderweise damit befassten Ebenen bestimmen. Jede Ebene in der Kirche das tun lassen, was sie am besten kann, und so Verbindlichkeiten und Selbstbestimmungen zugleich steigern. Für all das *brauchen wir* nicht entweder Theologie oder Zahlen, sondern Theologie und Zahlen, *durch Zahlen informierte Theologie und theologisch gewichtete Zahlen.*[26] (Das ist mein *12. Merksatz.*)

Das Geschenk der Gottesbegegnung ist der Kirche verheißen, die Frucht der Lebenserneuerung gilt auch für die Kirche als Organisation der Freiheit und für die Struktur der EKD. Wir haben Talente in die Hand bekommen; lasst uns sie nicht in Selbstblockade vergraben. Lasst uns die Talente einsetzen und mit den anvertrauten Pfunden gemeinsam wuchern nach bestem Wissen und Gewissen. Denn darauf vertrauen wir: Der Kirche, jeder Bewegung der Gottesbegegnung ist verheißen, mit den Worten des Apostel Paulus: „Zur Freiheit hat uns Christus befreit!“ (Gal 5, 1a).

25 Ich nehme hier die Formulierung aus dem Kundgebungsentwurf auf.

26 Wir brauchen nicht Vertrauen statt Organisation, sondern Organisationsklarheit hilft dazu, dass die in der Kirche von unklaren oder fehlenden organisatorischen Verfahren mitbeförderte so verbreitete Unkultur des gegenseitigen Misstrauens abgebaut wird. Organisationsklarheit hilft dazu, Vertrauen ineinander wachsen zu lassen. Zum Zusammenhang von Organisation und Vertrauen vgl. *Walter Neubauer/Bernhard Rosemann*, Führung, Macht und Vertrauen in Organisationen, Stuttgart 2006.

Einbringungsrede zum Kundgebungsentwurf „Evangelisch Kirche sein“

Peter Bukowski

I.

Sehr geehrte Frau Präses, hohe Synode,
auf der 5. Tagung der 10. Synode in Würzburg, haben Sie, liebe Schwestern und Brüder, einstimmig das Thema *Kirche im Aufbruch* als Schwerpunktthema für diese Synode gewählt. Damit haben Sie die lebhafte Diskussion um das am 6. Juli 2006 veröffentlichte Impulspapier des Rates der Evangelischen Kirche in Deutschland ‚Kirche der Freiheit‘ konstruktiv aufgenommen, und zugleich deutlich gemacht, dass die Synode der EKD den Reformprozess in unserer Kirche substanziell mit gestalten will. Einen wichtigen Hinweis haben Sie denen, die das Schwerpunktthema vorzubereiten hatten, mit auf den Weg gegeben. Sie erinnern an Artikel 23 Absatz 1 der Grundordnung der EKD, welcher der Synode die Aufgabe zuweist, „der Erhaltung und dem inneren Wachstum der Evangelischen Kirche in Deutschland zu dienen“; und entsprechend äußern Sie die Erwartung, es mögen diejenigen „Themen und Perspektiven“ in den Blick genommen werden, die „speziell von der EKD-Ebene zu verantworten sind“.

Daraufhin hat der Vorbereitungsausschuss zunächst die Diskussion um das Impulspapier, die Ergebnisse des Reformkongresses in Wittenberg sowie Berichte über den Fortgang des Reformprozesses in den Landeskirchen ausführlich analysiert mit dem Ziel, im Sinne des Arbeitsauftrages möglichst präzise die Fragestellungen auszumachen, auf die sich diese Synode konzentrieren sollte. Das Ergebnis liegt Ihnen in Form eines Kundgebungsentwurfs und dreier Vorschläge zur Konkretion vor.

Beides steht unter der Überschrift: *Evangelisch Kirche sein.* Diese Überschrift verhält sich zu dem Arbeitstitel „Kirche im Aufbruch“ wie eine Medaillenseite zur anderen: „*Evangelisch* Kirche sein“ bedeutet vom inneren Verständnis des Evangeliums her ja nichts anderes als „Kirche im Aufbruch“, denn wir sind kein Verein zur musealen Pflege religiöser Traditionsgüter, sondern wir sind lebendige Gemeinde des lebendigen Herrn Jesus Christus; wir sind wanderndes Gottesvolk, das durch die Zeit Seiner Zukunft entgegengeht und sich deshalb alle Morgen neu aus der Güte Gottes empfängt. *Ecclesia reformata semper reformanda* – haben die Alten gesagt: Die reformatorische Kirche ist eine sich ständig neu in Form bringende Kirche, Kirche im Aufbruch eben. Diese muss nun aber auch „*evangelisch* Kirche sein“!

Kirche also, die sich von der Besinnung auf den Grund, der sie trägt und vom Hören auf die Worte ihres Herrn Orientierung und Wegweisung für ihren Aufbruch verspricht. Wohlgemerkt: Evangelische Orientierung enthebt uns gerade nicht der Pflicht einer möglichst präzisen alles menschliche Wissen und Vermögen dankbar in Anspruch nehmenden empirischen Analyse der vor uns liegenden Wegstrecke. Auch mit noch so biblischen Sätzen im Sinn wäre die Parole „Augen zu und durch" eine falsche, eine unfromme Parole, denn der liebe Gott spielt mit den Seinen nicht Blindekuh! Wohl aber zeugen die Worte der Verheißung vom ew'gen Licht, das da herein geht und der Welt und der Kirche in der Welt einen neuen Schein gibt.

II.

In diesem Sinne möchte die *Kundgebung* im Horizont des Reformprozesses zur *evangelischen Orientierung* beitragen, indem sie mit wenigen Grundstrichen an Wesen und Auftrag der Kirche erinnert. Wir halten es in einem doppelten Sinne für hilfreich und wichtig, uns als EKD-Synode über ein theologisch verantwortetes Grundbild unserer Kirche zu verständigen. Eine theologische Fundierung des Reformprozesses ist gerade auch in Wittenberg immer wieder angemahnt worden. Nur die ausgesprochene Klarheit bezüglich des Auftrags der Kirche führt zu einem inhaltlich gefüllten Qualitätsbegriff pastoralen Handelns. Über die interne Orientierung hinaus gilt es aber gleichzeitig nach außen theologisch begründet zu kommunizieren, wofür die Evangelische Kirche steht und was man von ihr auch in Zukunft unter veränderten (womöglich: erschwerten) Rahmenbedingungen erwarten kann.

Um beides bemüht sich der Kundgebungsentwurf. Wir haben uns bei seiner Abfassung von den elementaren Bekenntnistexten, die in unseren Gliedkirchen in Geltung sind, inspirieren lassen, darüber hinaus vor allem von der Studie „Die Kirche Jesu Christi" (Wien 1994), einem Text, dessen Bedeutung nicht hoch genug veranschlagt werden kann. Denn hier hat sich der Europäische Protestantismus erstmalig gemeinsam über die Grundfragen der Kirche verständigt. Wir haben bewusst einen *ökumenischen* Basistext zu Rate gezogen und die Chance gerne genutzt, Sie via Synodenunterlagen an dieses Dokument zu erinnern.

Gestatten Sie mir einige Hinweise zum Verständnis des Kundgebungsentwurfs. Nach einer Einleitung, die den „Sitz im Leben" unserer Überlegungen markiert, erfolgt unter A. die Erinnerung an *Wesen und Auftrag der Kirche:* Sie lebt von Beginn an aus dem Geheimnis der Gegenwart des Auferstandenen und ist gesandt, die Botschaft von Gottes Liebe zu den Menschen zu bringen. Hier ist unter anderem die Pointe von Barmen VI aufgegriffen, derzufolge der Kirche gerade aus dem Gehorsam gegenüber ihrem Auftrag

Freiheit zuwächst. Aus dem Vertrauen auf seine Gegenwart schöpft die Kirche die Kraft zur evangeliumsgemäßen Gestaltung ihres Lebens.

Die *Grunddimensionen eines evangelischen Kircheseins* werden in Teil B entfaltet. Sie nehmen ihren Ausgangspunkt beim Gottesdienst. Das hat manche befremdet: „Ist Kirche nicht mehr als nur Gottesdienst?" „Müssen grundsätzliche Überlegungen nun ausgerechnet bei der Veranstaltung einsetzen, die mancherorts so kümmerlich daherkommt?" – so wurde gefragt. Antwort: Gottesdienst ist hier verstanden als der Lebensvollzug, in dem Christenmenschen Kontakt aufnehmen zu dem, der sie trägt. Wo immer Menschen hörend und redend, singend und betend und feiernd in Beziehung zum biblisch bezeugten Gott treten, um sich von ihm neu beschenken und leiten zu lassen, da geschieht Gottesdienst. In diesem elementaren Sinne ist er der Grundakt kirchlichen Lebens schlechthin. Keine Frage, dass kirchliches Leben sich in anderen Vollzügen fortsetzt! Keine Frage auch, dass praktisch und faktisch manche gottesdienstliche Versammlung jenes Geschehen eher verdunkelt als ans Licht bringt. Dies alles mag Anlass und Ansporn zu weiterem Nachdenken sein. Aber es kann dem Grundgedanken nicht widersprechen, dass der Gottesdienst – das „In-Seinem-Namen-versammelt-Sein" (Matthäus 28) – der eine, entscheidende Grundvollzug kirchlichen Lebens ist (modern gesprochen: sein Hologramm), der die wesentlichen Dimensionen des ganzen kirchlichen Auftrags zur Darstellung bringt: *Gottesbegegnung, Lebenserneuerung, Gemeinschaft*. Die Besinnung auf diese Dimensionen soll, wie der Entwurf im letzten Teil ausführt, nach innen und außen zur Konzentration und zur inhaltlichen Profilierung kirchlichen Handelns beitragen.

Es kann jetzt nicht darum gehen, die inhaltliche Füllung der drei Grunddimensionen noch einmal vorzustellen – entweder sie sprechen für sich oder sie müssen umgeschrieben werden! Nur darauf sei verwiesen, dass ihre besondere Aussagekraft und damit ihr heuristischer Wert sich nicht zuletzt ihrer inneren Bezogenheit verdankt: Es ist eben die lebenserneuernde Gottesbegegnung, welche die evangelische Kirche sucht und für die sie steht. Denn ohne Lebenserneuerung bliebe Gottesbegegnung abständig, museal, situationsvergessen. Eine Kirche, die sich hinter zeitlosen Wahrheiten verschanzt, wird im besten Fall irrelevant, im schlimmsten Fall gefährlich. Es ist andererseits die in der Gottesbegegnung gründende, aus ihr sich speisende Lebenserneuerung, die kirchlichem Liebes- und Lebensdienst allererst das eigene Profil und die unverwechselbare Nachhaltigkeit verleiht. Und nur als eine Größe, die auf Gemeinschaft bedacht ist, vermag die Kirche Gottesbegegnung und Lebenserneuerung glaubwürdig zur Darstellung zu bringen. Denn wenn sie selber nicht lebt, wovon sie zeugt, wird ihr Zeugnis schwach. Und würde sie Gemeinschaft bilden unter Ausklammerung ihrer ureigensten Inhalte, würde ihre Existenz banal. Als Gemeinschaft aber, die sich von Gottes Wort erneuern lässt und so dem Leben dient, stehen wir unter der Zusage, Salz der Erde und Licht der Welt zu sein.

III.

An das Stichwort Gemeinschaft knüpfen auch die *drei Vorschläge zur Konkretion* an. Sie verstehen sich nicht als (womöglich einzig zwingende) Deduktionen aus theologischen Obersätzen, wohl aber als begründeter Versuch, im Lichte unserer in der Kundgebung dargestellten Sendung das angesichts des Reformprozesses auf der Ebene der EDK heute Gebotene in den Blick zu nehmen. Das verbindende Stichwort aller drei Vorschläge lautet: „gemeinsam". Dieses Stichwort beinhaltet, evangelisch verstanden, eine doppelte Abgrenzung. Es ist zum einen *antiseparatistisch.* Und wer wollte leugnen, dass es gerade im Protestantismus eine offene Flanke zu dieser Gefahr hin gibt. Das Dictum: „Die armen Katholiken haben nur einen Papst, wir Evangelischen haben Hunderte!" ist ja nicht nur aus der Luft gegriffen. In Gemeinden, in einzelnen Kirchentümern, aber auch im föderalen Gesamtsystem des deutschen Protestantismus ist in dieser Hinsicht manches verbesserbar. Einiges benennen wir, indem wir unser „Reden", „Handeln" und „Leiten" in den Blick nehmen.

Die andere Abgrenzung von „gemeinsam" lautet: *antihierarchisch.* Gerade in Zeiten der Krise tut es auch Protestanten gut, daran erinnert zu werden, dass unsere Kirche auf allen Ebenen ihres Handelns – auch auf der Ebene der Leitung – auf die Gaben der Vielen vertraut, die es zum Nutzen aller gemeinsam einzubringen gilt. Presbytorial-synodal sind wir deshalb verfasst. Mit den schlichten Worten Zwinglis: Es braucht mehrere, um intelligent zu sein! Dass unser partizipatorisches Leitungsverständnis seine eigene Mühsal haben kann, wissen wir alle. Dass es gleichwohl verheißungsvoll ist und sich nicht zuletzt gerade in Zeiten der Bedrängnis heilsam bewährt hat – auch dies wird unter uns Konsens sein. Der Vorbereitungsausschuss bittet die Synode in diesem Zusammenhang zu prüfen, ob und wie das synodale Element der EKD gestärkt werden kann. Die Intention zielt nicht auf die Schwächung der anderen beiden Organe, auch nicht auf eine Kritik derselben, viel mehr bewegt uns die Frage, ob mit der jetzigen Funktionszuweisung an die Synode nicht Chancen verpasst werden. Es hat uns im Vorbereitungsausschuss zu denken gegeben, dass auch die unter uns, die sich als engagierte EKD-Synodale verstehen, in der Regel sagen: „Wir im Rheinland (oder Württemberg, oder ...) haben dies und das beschlossen", oder auch „Meine Kirche hat ...", dass wir aber andererseits sagen „Die EKD-Synode hat ...", und keiner von uns benutzt die Formulierung: „Meine EKD hat ... Mit bezeichnenden Ausnahmen, nämlich da, wo nun tatsächlich die EKD-Synode „hat ...", will sagen: wo die Synode sich als primär handelndes Subjekt betätigt hat. Sei es die Missionssynode, oder sei es die Synode, auf der wir um die Neuordnung der Militärseelsorge gerungen haben – in beiden Fällen war das Ergebnis tragfähig, nachhaltig und hat tatsächlich im deutschen Protestantismus „Mentalitäten verändert". Diese Beispiele von *good practice* sollten uns ermutigen, in diese Richtung weiter nachzudenken! Sie merken, ich werbe dafür, gerade diesen Beschlussvorschlag ernst zu nehmen: Er speist sich aus der Erwartung, dass eine gestärkte Synode eine verbindlichere Gemeinschaft im deutschen Protestantismus befördert. Dieser Aspekt ist so wie alle anderen Teile der Vorlage vom Vorbereitungsausschuss einstimmig verabschiedet worden.

Ich möchte in diesem Zusammenhang allen Mitgliedern des Vorbereitungsausschusses für die kollegiale Zusammenarbeit danken, auch unserem Geschäftsführer Dr. Thies Gundlach, den Mitarbeitenden seiner Abteilung und des Synodenbüros. Bruder Gundlach hat unsere Arbeit mit Engagement und Geduld, bisweilen sogar mit sichtlich strapazierter Geduld, aber immer konstruktiv und hilfreich gefördert.

IV.

Kirche im Aufbruch – *evangelisch* Kirche sein. Ein besonders sprechendes *biblisches Bild* ist für mich die Geschichte am Beginn des Markusevangeliums (Markus 2,11–12), die davon erzählt, wie die vier den Gelähmten auf seiner Bahre zu Jesus tragen. Da erleben wir Kirche im Aufbruch: Da haben sich welche auf den Weg gemacht. Und sie haben ein klares und benennbares Ziel: Sie wollen zu Jesus. Und sie vertrauen darauf, dass sie in seiner Gegenwart dem lebendigen Gott begegnen. Und sie erwarten von dieser Begegnung Lebenserneuerung, die den ganzen Menschen betrifft: „Deine Sünden sind dir vergeben“, und: „Steh auf, nimm dein Bett und geh heim.“ Und sie sind gemeinsam auf dem Weg. Und weil sie zusammenhalten, können sie den mitnehmen, der für sich allein den Weg zu Jesus nicht gehen könnte.

Liebe Schwestern und Brüder, wenn wir so unterwegs bleiben: gezogen vom Verlangen nach Gottesbegegnung, im Vertrauen auf Seine lebenserneuernde Kraft, als tragfähige Gemeinschaft, die anderen zu Gute kommt – wenn wir so aufbrechen, dann werden wir auch in Zukunft „evangelisch Kirche sein“.

Kundgebung zum Schwerpunktthema „evangelisch Kirche sein“

10. Synode der Evangelischen Kirche in Deutschland

I.

Jesus Christus spricht: „Ich bin bei euch alle Tage bis an der Welt Ende.“ (Matthäus 28,20)

Die Kirche ist eine Gemeinschaft von Menschen, die sich der Gegenwart des gekreuzigten und auferstandenen Jesus Christus und dem Wirken seines Geistes verdankt. Sie begründet und erhält sich nicht selbst.

Die Kirche ist von Jesus Christus in die Welt gesandt, um die Botschaft von Gottes Liebe zu den Menschen zu bringen und Gottvertrauen, Lebensgewissheit und Nächstenliebe in ihnen zu wecken. In der Bindung an den Auftrag Jesu Christi gründet die Freiheit der Kirche. So wird sie frei, mit Mut und Phantasie ihr Leben evangeliumsgemäß zu gestalten und die vor ihr liegenden Aufgaben befreit zu bewältigen.

„*Evangelisch* Kirche sein“ heißt: im Wandel der Zeit und unter sich ändernden Bedingungen beim Auftrag Jesu Christi zu bleiben, seiner Berufung zu folgen und die in ihm geschenkte Freiheit zu leben.

II.

Im Hören auf das Evangelium und in der Feier der Sakramente wird die Kirche ihres Grundes neu gewiss. Hiermit werden die Maßstäbe für das kirchliche Leben als „vernünftiger Gottesdienst“ (Römer 12,1) gesetzt und zugleich öffentlich kenntlich gemacht, was Menschen auch in Zukunft von der Kirche erwarten können. Im Gottesdienst – in seinen vielfältigen Formen im Alltag der Welt – kommen in Wort und Tat die wesentlichen Dimensionen des kirchlichen Auftrags Gottesbegegnung, Lebenserneuerung und Gemeinschaft zur Geltung.

1. Gottesbegegnung

Christinnen und Christen vertrauen darauf, dass in ihrem Zusammenkommen, im Reden und Hören, im Singen und Beten, im Handeln und Entscheiden Gott selbst gegenwärtig ist. Im Gottesdienst, in der Verkündigung des Wortes, in Taufe und Abendmahl feiert die Gemeinde in besonderer Weise die Gegenwart des gekreuzigten und auferstandenen Christus und begegnet so dem lebendigen Gott, dem Schöpfer der Welt, dem Grund und Horizont menschlichen Lebens. Aus den Worten und Geschichten der Bibel erfahren Menschen, wie Gott es mit ihnen meint: Gott ist auf ihre Würde bedacht, er gibt niemanden verloren und schenkt Hoffnung über das Sichtbare und Endliche hinaus. In der Begegnung mit dem biblisch bezeugten Gott wächst Vertrauen im Leben und im Sterben; hier hat auch das Ringen um den Glauben seinen Ort.

Gottesbegegnung ist das Grundmotiv aller kirchlichen Lebensäußerungen und entscheidendes Kriterium kirchlicher Gestaltungs- und Strukturaufgaben. Durch die Begegnung mit dem lebendigen Gott erfährt der Mensch die rechtfertigende und heilende Gnade Gottes. Alles ist zu fördern, was dieser Begegnung dient; alles ist zu verändern, was sie behindert.

Christinnen und Christen treten deshalb gegenüber anderen für ihren Glauben ein und wissen sich dabei gehalten von der Zusage Jesu Christi: „Ich bin der Weg, die Wahrheit und das Leben.“ (Johannes 14,6) So eröffnen sie Gelegenheiten, dass sich andere Menschen mit diesem Glauben auseinandersetzen.

„*Evangelisch* Kirche sein“ heißt: mitzunehmen in die Begegnung mit dem lebendigen Gott.

2. Lebenserneuerung

Die Gottesbegegnung verändert den Menschen. Im Gottesdienst werden Lebensfragen aufgegriffen und vor Gott in ein neues Licht gerückt. So werden die Menschen von Gottes Güte erreicht und erfahren auf unterschiedliche Weise Lebenserneuerung:

Vergewisserung:

Worte und Taten, Lieder und Gebete, Rituale und Gesten geben Vergewisserung, Trost, neuen Halt und Mut, auch zum Widerstehen. Der Zuspruch der Vergebung ermöglicht neu anzufangen und richtet auf, wen die Last seiner Schuld niederdrückt. Gottes Segen stärkt den Lebensmut und hilft, Zeiten der Krise durchzustehen.

Erkenntnis:

Die Auslegung der biblischen Botschaft lässt deutlich werden, dass Glaube und Vernunft nicht im Widerspruch stehen. Christuserkenntnis lässt das Licht von Gottes Wahrheit im menschlichen Alltag aufscheinen und setzt neues Erkennen frei. Sie fördert die Einsicht in die Bedingungen geschöpflichen Lebens. Sie beantwortet vom Glauben her menschliche Fragen nach dem Woher und Wohin. Sie schenkt Freiheit zum Denken und Handeln und erinnert daran, dass es heilsam sein kann, manche Fragen nicht beantworten zu müssen und nicht alles zu tun, was getan werden könnte. Christinnen und Christen suchen und pflegen selbstbewusst das offene Gespräch über die Fragen der Erkenntnis und der Weltdeutung der Gegenwart.

Orientierung:
Gottes Weisung gibt evangelischem Handeln Orientierung. Im Bedenken seiner Gebote werden menschliche Gefährdungen und Abgründe offensichtlich und zugleich Wege zum Leben gewiesen. Keine Rezepte liefert die Bibel, doch lassen sich durch sorgfältige und reflektierte Auslegung Maximen und Kriterien finden, die helfen, menschliches Zusammenleben gedeihen zu lassen, Gerechtigkeit und Frieden zu fördern und zur Bewahrung der natürlichen Mitwelt beizutragen.

Lebenserneuerung ist die Frucht der Gottesbegegnung. Als Vergewisserung, als Erkenntnis und als Orientierung hat sie den ganzen Menschen im Blick, indem sie sein Gefühl, seinen Verstand und seinen Willen anspricht und berührt. Alle kirchlichen Arbeitsfelder sind darauf ausgerichtet, an ihrem Ort und im Rahmen ihrer Möglichkeiten einer biblisch profilierten, ganzheitlichen Lebenserneuerung zu dienen.

„*Evangelisch* Kirche sein“ heißt: eine biblisch profilierte Zeitgenossenschaft jenseits von Selbstsäkularisierung und Fundamentalismus zu leben. Im engagierten und offenen Gespräch mit Wissenschaft, Kultur, Wirtschaft, Bildung, Politik nimmt evangelische Kirche in den verschiedenen Feldern zivilgesellschaftlichen Lebens ihre Verantwortung wahr.

3. Gemeinschaft
Im Gottesdienst erfahren Menschen eine Gemeinschaft, in der sich die Güte und Menschenfreundlichkeit Gottes widerspiegelt. Erlebte Gemeinschaft in der Gemeinde verstärkt die christliche Botschaft. Sie „freut sich mit den Fröhlichen und weint mit den Weinenden.“ (Römer 12,15) Menschen mit ihren unterschiedlichen Gaben und Begabungen werden wahrgenommen und gefördert. Deshalb ringt die Kirche von ihren ersten Tagen an darum, dass die Art des Beisammenseins der Botschaft nicht Hohn spricht, sondern einladend und nicht ausgrenzend, integrierend und nicht marginalisierend ist.

Die Gemeinde ist nicht zuletzt eine Schule der Nächstenliebe über soziale, kulturelle und nationale Grenzen hinweg. Das biblische Bild des Leibes mit seinen vielen Gliedern macht deutlich: Die Gemeinschaft in Christus bedarf der Unterschiedlichkeit, sie fördert die Vielfalt und öffnet sich zugleich für die Gemeinschaft der ganzen Christenheit auf Erden. Sie erträgt die Auseinandersetzung, aber sie erlaubt weder Spaltung noch Zertrennung, weil dies die Beziehung zu dem einen, alle verbindenden Christus und den gemeinsamen Glauben aufs Spiel setzt.

In der Gemeinschaft kommen zusammen: Gemeinsame Teilnahme und gegenseitige Teilgabe an Lebensmöglichkeiten und Glaubenserfahrungen, das heilsame Wort und die helfende Tat, die Zuwendung zum Einzelnen und das Ringen um gerechtere wirtschaftliche und politische Verhältnisse, nachbarschaftliches Engagement und der Blick für die fernen Nächsten. So wie die Güte Gottes allen Menschen gilt, bleibt auch der kirchliche Liebesdienst nicht auf den Binnenraum beschränkt, sondern wendet sich an alle, die seiner bedürfen und ihn sich gefallen lassen.

„*Evangelisch* Kirche sein“ heißt: als Gemeinschaft die eigene Lehre zu leben, solidarisch zu sein, nach Kräften zu helfen, sich für Menschen einzusetzen und für sie zu beten.

III.

Die Besinnung auf Wesen und Auftrag der Kirche führt in der gegenwärtigen Umbruchzeit zur Konzentration und zur inhaltlichen Profilierung kirchlichen Handelns. Auf der Suche nach geeigneten Strategien und Strukturen gewinnt die Kirche die Freiheit, alles zu prüfen, das Gute zu behalten und ihre Gestalt neu zu bestimmen. Dazu gehören Reformanstrengungen, die

- die theologische Kompetenz und die geistliche Qualität kirchlichen Handelns schärfen;
- die Konzentration auf erkennbar geistliche und theologische Handlungsfelder unterstützen;
- die Offenheit und Vielfalt gemeindlicher Angebotsformen erweitern;
- die Kompetenz in situativen Begegnungsformen mit Glaube und Kirche fördern;
- die religiöse Bildung in allen Lebensphasen stärken;
- das diakonische Engagement evangelisch und das evangelische Profil diakonisch schärfen;
- das Gespräch mit der Christenheit vor Ort und weltweit intensivieren und gemeinsam den konziliaren Prozess beherzt vorantreiben;
- die Begegnung und die Auseinandersetzung mit anderen Religionen wahrnehmen;
- den einladenden Charakter der evangelischen Arbeit unterstreichen;
- die Mitarbeitenden in der Kirche neugierig machen auf die „Fernstehenden“ und „Distanzierten“;
- den beteiligungsoffenen Charakter der evangelischen Kirche und ihrer Handlungen fördern.

Diese Reformanstrengungen sind in den Landeskirchen, Kirchenkreisen, Gemeinden sowie Werken und Einrichtungen zahlreich zu finden und ein deutlicher Beleg für die Aufbruchsbereitschaft in der evangelischen Kirche.

Niemand wird jene Reformen für sich allein umsetzen können. Kein Christenmensch, keine Gemeinde, kein Arbeitsbereich, keine Landeskirche lebt isoliert von den anderen und jede Aktivität im Raum der evangelischen Kirche wird dieser insgesamt und allen ihren Teilen zugerechnet. Die Synode der EKD erinnert daran, dass zur geistlichen Verantwortung aller auch die Stärkung der Gemeinsamkeit gehört und warnt vor Selbstgenügsamkeit, die jedes Kirchesein gefährdet. Sie ermutigt dazu, aufeinander zu hören, miteinander zu handeln und füreinander einzustehen. Sie betont die Notwendigkeit, geeignete Wege für ein verbindlicheres Miteinander zu fördern und auszubauen; sie wird sich im Rahmen ihres Auftrages daran engagiert beteiligen.

In der Wahrnehmung ihres Auftrags weiß sich die Kirche durch das Wort des auferstandenen Christus geleitet. Im Vertrauen auf ihn begegnen evangelische Christinnen und Christen einander in Freiheit und gewähren einander Freiheit. Auch bestes menschliches Bemühen ist anfällig für Versagen und Schuld, deshalb bleibt die Kirche der ständigen Erneuerung bedürftig. Sie vertraut auf die Zusage des Auferstandenen: *„Ihr werdet die Kraft des Heiligen Geistes empfangen, der auf euch kommen wird, und werdet meine Zeugen sein.“ (Apostelgeschichte 1,8)*

Dresden, 07. November 2007
Die Präses der Synode
der Evangelischen Kirche in Deutschland
Barbara Rinke

Eröffnungsrede der Präses der Synode der EKD

Katrin Göring-Eckardt

Wie wunderbar das ist: Wir alle hier. Mehr als 1.000 Vertreterinnen und Vertreter aller Landeskirchen sind zusammengekommen. Gemeinsam wollen wir in diesen Tagen hier in Kassel den Reformprozess betrachten: den Weg, den wir schon hinter uns haben, und vor allem in die Zukunft schauen. Ich bin ganz sicher: Das wird sehr spannend, das wird ganz intensiv. Ich hoffe, es wird gestritten. Und ich bin froh, dass wir feiern, weil das so gut zu uns Protestantinnen und Protestanten passt.

Ich freue mich, dass Sie aus allen Teilen der Republik hier nach Kassel gekommen sind. Ich freue mich über die Teilnehmenden aus Westoverledingen und Rosenheim, aus Ohlweiler und Waldhufen, aus Neufrankenroda, aus Saalfeld und Zwotha. Und wie ich höre, sind hier auch Teilnehmende aus München, Hamburg, Düsseldorf, Berlin, und sogar einige aus Hannover sind hierher gekommen. Auch Sie mit allen anderen zusammen: Es ist wunderbar, dass wir hier sind. Seid herzlich willkommen!

Ich freue mich auch, dass sich viele junge Menschen auf den Weg gemacht haben. Der Jüngste, habe ich mir sagen lassen, ist gerade 16. Da aber Jugend kein Alter kennt, kann ich auch sagen: Der älteste Jugendliche dieser Zukunftswerkstatt ist 75. Sie beide, und damit Sie alle: wie wunderbar, dass wir hier zusammen sind, und herzlich willkommen!

An dieser Stelle auch ein ganz besonderer Dank. Dank an all die, die in den letzten zwei Jahren ganz besonders intensiv daran gearbeitet haben, dass wir hier zusammen sein können. Die in den Gemeinden, die in den Kirchenleitungen, die, die geholfen haben, dass eine solche Zukunftswerkstatt überhaupt stattfinden kann, dass wir diese Wegstrecke zurückgelegt haben. Vielen Dank auch und ganz herzlich an diejenigen im Kirchenamt, die quasi immer den großen Werkzeugkoffer offen haben, damit uns nicht langweilig wird. Die zusammengetragen haben, was aus den verschiedenen Teilen der Republik kam, und die dafür sorgen, dass die neuen Ideen immer gleich publik werden. Dass wir voneinander erfahren und – vor allem – nicht nachlassen. Wenn wir als evangelische Kirche solch eine große Zukunftswerkstatt veranstalten, dann laden wir auch Freunde und Verwandte ein – natürlich: Politikerinnen und Politiker, die sich als evangelische Christen für die Belange ihrer Kirche ebenso einsetzen, wie sie sich für die Gesellschaft engagieren. Und gerade weil Wahlkampf ist und jeder von uns sicher großes Verständnis dafür hat, dass sich Politikerinnen und Politiker in diesen Tagen ganz besonders um den

Wahlkampf kümmern müssen, zeigt sich hier, dass Wahlkämpfe eben nicht alles sind. Dass das, was wir hier tun, eben in jedem Fall wichtig ist, und ganz bestimmt bleibt, auch über den nächsten Sonntag hinaus. Wie erleichternd!

Darum begrüßen Sie mit mir ganz herzlich den Bundesminister des Innern, Dr. Wolfgang Schäuble, und den Ministerpräsidenten Hessens, Roland Koch!

Nicht nur aus allen Teilen Deutschlands sind Menschen hierher angereist, wir haben auch Besuch aus vielen Ländern Europas bekommen. Das ist besonders wichtig, weil wir den Reformprozess ja bewusst in ökumenischer und internationaler Perspektive verstehen wollen. Da ist es gut, Gäste zu empfangen und voneinander zu lernen: aus Frankreich, aus Österreich, aus Norwegen, Island, und Italien, aus den Niederlanden und der Schweiz. Stellvertretend für Sie alle möchte ich den Präsidenten der Gemeinschaft Evangelischer Kirchen in Europa, Herrn Thomas Wipf, unter uns begrüßen. Seien Sie herzlich willkommen!

Wir wollen in diesen Tagen in Kassel den bereits zurückgelegten Weg ins Offene und Neue bedenken; die Vielzahl und Unterschiedlichkeit, das Innovative der Projekte wahrnehmen und gemeinsam eine Perspektive des Handelns bis zum Jahr 2017 weiterentwickeln. Man kann das aber alles nur dann tun, wenn man herzlich aufgenommen wird. Deswegen will ich unterstreichen: Die Stadt Kassel hatte ja auch eine besondere Aktion in diesem Sommer. „Rent a Pastor" hieß die. Ohne zu wissen, ob Sie das genutzt haben, Herr Oberbürgermeister, seien Sie hier herzlich willkommen, Herr Hilgen!

Und natürlich gilt unser Dank auch all denen, die sozusagen im Hintergrund gearbeitet haben: dem Straßenverkehrsamt, der Ortspolizei, den vielen Mitarbeitenden im Kongress-Palais und ganz besonders den vielen Kirchengemeinden hier in der Region. Ganz, ganz herzlichen Dank für die Vorbereitung und die Aufnahme hier in Kassel.

Manche haben gefragt, ob denn eine Zukunftswerkstatt wirklich eine solche sei, mit den besonderen Spielregeln, die eine solche Veranstaltung hat. Nein, in diesem strengen Sinn erleben wir keine Zukunftswerkstatt, sondern eine ganz neue Form der Zusammenkunft. Wie soll ich sie beschreiben? Eine Art Fachmesse vielleicht, eine Lerngemeinschaft, ein – allerdings ziemlich gut besuchter – Studienaufenthalt? Es ist ein Kongress der Initiativen vielleicht, einerseits Stuhlkreis und andererseits Groß-Event. Ein gemeinsamer Blick in das Jubiläumsjahr 2017. Und nicht zuletzt einfach ein schönes Fest. Ein schönes Fest, das sich über die schon erreichten Schritte der Reform freuen kann. Denn es ist doch wie sonst auch im Leben: Nur wenn man in allem Engagement zwischenzeitlich auch einmal anhalten kann, Bilanz ziehen, sich in die Augen schauen und freuen. Und dankbar sagen kann: Bis hierher hat mich Gott gebracht. Nur dann finden sich Kräfte für die nächsten Schritte und für eine nachhaltige Dynamik.

Und bei dem Wort „Dynamik" habe ich jetzt eine kleine Bitte an Sie: Stehen Sie doch für einen Moment auf. Wir machen ein Werkstatt-Experiment.

Sie sind so gut und verschränken einmal die Arme. Das machen wir ja ziemlich häufig. Und jetzt schauen Sie: Wer hat die rechte Hand oben. Und melden Sie sich einmal. Die andere Hälfte ungefähr hat die linke Hand oben. Jetzt machen wir uns kurz einmal locker. Und jetzt machen Sie es ganz einfach 'mal andersrum. Die linke oder die rechte Hand nach oben. Gar nicht so einfach, sagen Sie?

Am Ende der Zukunftswerkstatt können wir das vielleicht *alle* auch mit der anderen Hand oben. Als ein Zeichen von möglicher Veränderung dessen, was wir doch *immer so gemacht* haben. Am Ende dieser Zukunftswerkstatt, so hoffe ich, sind wir vor allem ermutigt und gestärkt. Am Ende dieser Zukunftswerkstatt, hoffe ich, sind wir reich an Ideen. Am Ende dieser Zukunftswerkstatt, so hoffe ich, sind wir Gesegnete. Das Schönste, was ich sagen kann an dieser Stelle: Die Zukunftswerkstatt ist eröffnet.

Du stellst unsere Füsse auf weiten Raum[1]

Eröffnungsvortrag

Wolfgang Huber

Liebe Schwestern und Brüder, meine Damen und Herren,
wie kommen wir nun nach dem Gottesdienst, den wir gefeiert haben, nach den Begrüßungen, die wir gehört haben, wie kommen wir nun in die gemeinsame Arbeit in dieser Zukunftswerkstatt hinein?

In vier Schritten will ich eine Ortsbestimmung unseres Reformprozesses versuchen. Diese vier Schritte heißen:

I. Der weite Raum der Reform
II. Der Ausgang aus den mentalen Gefangenschaften unserer Kirche
III. Die richtigen Sorgen zur rechten Zeit
IV. Zeichen der Hoffnung

I. Der weite Raum der Reform

Das Vertrauen auf Gott hat in dieser Zukunftswerkstatt das erste Wort, es bestimmt den Raum, den wir in diesen Tagen betreten wollen. Mit einem Gottesdienst haben wir begonnen und unser Vertrauen bekräftigt. Nach Gewissheiten fragen wir, mit denen wir am Ende wieder auseinandergehen. Diese Gewissheiten gründen nicht im Vertrauen auf uns selbst. Halt suchen wir allein bei Gott. Er stellt unsere Füße auf weiten Raum.

Die Sprache dafür leihen wir uns im Gebetbuch der Bibel. Der alttestamentliche Beter ruft zu Gott: „Du stellst meine Füße auf weiten Raum." Die äußeren Umstände sprechen eher gegen ein solches Bekenntnis. Dass andere ihn in einen Hinterhalt locken, gehört zu den Risiken seines Alltags. Dass sie ihm feindlich auflauern, ist eine aktuelle Gefahr zu seiner Zeit, die vom staatlichen Gewaltmonopol noch wenig weiß. Auch sein Bekenntnis zu Gott bringt ihn in gefährliche Situationen; denn umgeben ist er von Menschen, die sich an „nichtige Götzen" halten. Aus solcher Enge heraus bekennt er: „Ich aber hoffe auf den Herrn. Ich freue mich und bin fröhlich über deine Güte, dass du mein Elend ansiehst und nimmst dich meiner an in Not und übergibst mich nicht in die Hände des Feindes; du stellst meine Füße auf weiten Raum." (Psalm 31,7–9)

Delegationen des Rates der Evangelischen Kirche in Deutschland haben in

[1] Rede zur Eröffnung der Zukunftswerkstatt.

den letzten Monaten Christen aufgesucht, die in bedrängter Situation leben, die aus eigenem Erleiden wissen, was es heißt, von Menschen umgeben zu sein, die „nichtige Götzen" verehren. Wir haben vor wenigen Tagen Nordkorea besucht, wo der christliche Glaube an den Rand gedrängt ist. Er verträgt sich nicht mit einer Diktatur, die für Opposition keinerlei Raum lässt. Wer wollte dies 20 Jahre nach der Friedlichen Revolution im Osten Deutschlands und in Osteuropa bestreiten! Wir haben vor einigen Monaten die christlichen Minderheiten in der Türkei besucht, denen die eigenständige Ausbildung ihres Priesternachwuchses verweigert wird, weil schon das die Grenzen überschreiten würde, die ein angeblich laizistischer Staat der Religionsfreiheit zieht.

Andere Situationen der Bedrängnis stehen uns vor Augen. Im Nordjemen wurden eine Koreanerin und zwei Frauen aus Deutschland entführt und ermordet; eine fünfköpfige Familie aus Deutschland und ein englischer Entwicklungshelfer befinden sich dort seit vielen Wochen in der Hand von Entführern. Viele Christen leiden in unserer Welt darunter, dass das elementare Menschenrecht auf Religionsfreiheit missachtet wird. In der Folge kommt es zu Entführung und Mord, zu Verbrechen, die es schwer machen zu bekennen: „Du stellst meine Füße auf weiten Raum."

Wie viel leichter können wir so sprechen! Dankbar schauen wir auch in diesem Jahr auf den Reichtum der Traditionen, in die wir hineingestellt sind. Wir erinnern uns an Johannes Calvin, dessen Geburtstag sich zum 500. Mal jährte, und an die vor 75 Jahren verabschiedete Theologische Erklärung von Barmen; daran verdeutlichen wir uns den Zusammenhang von Reformation und Bekenntnis. An den Beispielen von Händel, Haydn und Mendelssohn Bartholdy vergegenwärtigen wir uns in diesem musikalischen Jubiläumsjahr den großen Beitrag der Musik zu unserer Kultur und sind dankbar dafür, dass sie gerade im Traditionsstrom der Reformation zu einer unverzichtbaren Ausdrucksform für unseren Glauben geworden ist. Wir begehen das 60-jährige Jubiläum unseres Grundgesetzes und feiern die Friedliche Revolution vor 20 Jahren, die den Durchbruch dazu brachte, dass die Unantastbarkeit der Menschenwürde in unserem ganzen Land gilt. Wir können im Ton dankbaren Staunens in das Bekenntnis des Psalmisten einstimmen: „Du stellst unsere Füße auf weiten Raum."

Unsere Sorgen tragen – weiß Gott! – einen anderen Charakter als das, was ich an den Beispielen zwischen Nordkorea und Nordjemen beschrieben habe. Unsere Kirche kann das Wort des Evangeliums in voller Freiheit ausrichten und sich den Menschen in vielfältigen Formen von Gottesdienst und Seelsorge, von Bildung und Erziehung, von Diakonie und kulturellem Wirken zuwenden. Dankbar sind wir für das vielfältige ehrenamtliche Engagement wie für den großen Einsatz in kirchlichen und diakonischen Berufen; dadurch gewinnt unsere Kirche Resonanz und Ausstrahlung. Mit Freude blicken wir auf die vielen Aufbrüche in Gemeinden, kirchlichen Regionen und Landeskirchen, derentwegen es nicht zu kühn ist, von einer „Kirche im Aufbruch" zu sprechen. Wir besinnen uns auf unsere reformatorischen Wurzeln und wissen uns in der Pflicht, als evangelische Kirche der „Freiheit eines Christenmenschen" zu dienen. Zugleich ist uns bewusst, dass das Zeugnis der christlichen Kirchen im 21. Jahrhundert noch deutlicher als im vergangenen Jahrhundert ökumenischen Charakter tragen muss – einen ökumenischen Charakter freilich, der sich nicht an unterschiedsloser Uniformität, sondern an der uns in aller Verschiedenheit geschenkten Einheit ausrichtet.

Manchmal kommt es mir so vor, als würden wir allzu schnell über das hinweggehen, was uns geschenkt und anvertraut ist, und gar nicht darauf hören, dass das Danken bei uns nun wirklich eine größere Kraft haben kann als das Jammern. Dass das, was uns geschenkt ist, wirklich intensiver zur Sprache kommen kann als die Sorgen, die wir uns machen. Und ich bin fest davon überzeugt: Den wichtigsten Schritt haben wir getan, wenn wir – dem Wochenspruch dieser Woche folgend – das Sorgen hinter uns lassen, dankbar auf das schauen, was uns anvertraut ist, und uns fragen, wie wir es weitergeben können.

Gewiss, die Sorgen, die uns beschäftigen, lassen sich nicht wegwischen. Wir sind durch eine Phase des Traditionsabbruchs gegangen, der sich auf die Vertrautheit mit dem christlichen Glauben und die Bindung an unsere Kirche negativ auswirkt. Wir haben den dramatischen Rückgang der Kirchenmitgliedschaft in der DDR bisher ebenso wenig ausgleichen können wie die schleichende Erosion der Kirchlichkeit in vielen Bereichen der alten Bundesrepublik. Die Einsicht, dass in all dem eine große missionarische Herausforderung liegt, nehmen wir eher zögernd auf; dass mehr als tausend Jahre nach der Christianisierung unserer Region eine missionarische Situation entstanden ist, stößt sich mit dem Beharren in gewohnter Kirchlichkeit. Noch immer hat die einfache Frage: „Wie werde ich Christ?" es bei uns schwer; wir richten uns allzu oft nur an Menschen, die das ohnehin schon sind.

Doch das entspricht nicht unserer Realität. Christsein und Kirchenzugehörigkeit verstehen sich nicht mehr von selbst. Es sind jedoch nicht Fragen von Größe und Einfluss, von Kirchenmitgliedschaft und Kirchenfinanzen, die uns vorrangig beschäftigen. Es ist der Auftrag der Kirche selbst, der uns mit Sorge auf solche Befunde schauen lässt. Denn dieser Auftrag bemisst sich an der klaren biblischen Aussage: „Gott will, dass allen Menschen geholfen werde und sie zur Erkenntnis der Wahrheit kommen" (1. Timotheus 2,4). Darin gründet der Auftrag dazu, anderen Menschen unseren Glauben nahe zu bringen, ihnen den Weg zur Taufe zu eröffnen, sie für die Zugehörigkeit zur Gemeinschaft der Glaubenden zu gewinnen.

In diesem Geist hat die Barmer Theologische Erklärung von 1934 eine Vorstellung von der Volkskirche formuliert, der wir uns auch heute, unter gewandelten Bedingungen, anschließen können, von einer Kirche nämlich, die „die Botschaft von der freien Gnade Gottes" ausrichtet „an alles Volk". Wie wir diesem Auftrag heute gerecht werden – das wollen wir hier in Kassel fragen.

II. Der Ausgang aus den mentalen Gefangenschaften unserer Kirche

Es geht in unserem Reformprozess nicht nur um einzelne Vorhaben zur Qualität von Gottesdiensten, zu missionarischen Initiativen in den kirchlichen Regionen oder zu einer verbesserten Leitungs- und Führungskultur. Es geht auch nicht nur um die Anstöße der Kompetenzzentren, deren Leiter wir vorhin in ihre Aufgaben eingeführt haben. Es geht zugleich, wie das Impulspapier von 2006 verdeutlicht hat, um einen Mentalitätswandel. Der Wandel von Mentalitäten ist jedoch keine Aktion, sondern ein Prozess. Er muss sich entwickeln und entfalten.

Die Verbesserung der Kirche als Organisation hat ihr Gewicht. Strukturmaßnahmen und Ressourcenmanagement mögen Entlastungen und Verbesserungen bewirken; aber eine Erweckungsbewegung entsteht daraus nicht. Strategische Entscheidungen und operative Initiativen haben einen hohen Nutzen; aber sie treffen noch nicht den Kern. Ihm nähern wir uns an, wenn wir den Lebensrhythmus der Kirche von der Liebe Gottes zu den Menschen bestimmen lassen.

Deshalb bildet die Hinwendung zu den Menschen, also die Mission, den Herzschlag der Kirche. Dann aber hat eine Kirche, die missionsvergessen ist, Herzrhythmusstörungen – wie Eberhard Jüngel 1999 auf der Missionssynode in Leipzig gesagt hat. Auch nach zehn Jahren haben wir diese Herzrhythmusstörungen noch keineswegs überwunden. Gottes Wort ist nicht gebunden; deshalb haben wir das Unsere zu tun, damit es die Menschen erreicht. Wir wollen es aber auch selbst so hören, dass es uns aus unseren mentalen Gefangenschaften befreit. Drei mentale Gefangenschaften will ich nennen, aus denen wir heraustreten wollen in den weiten Raum, den das Evangelium uns eröffnet.

Die erste mentale Gefangenschaft ist die *Gefangenschaft im eigenen Milieu*. Wir erleben es nicht nur individuell, sondern es wird uns auch empirisch aufgewiesen, dass uns als Kirche der Zugang zu bestimmten Milieus und Lebensstilen nicht zureichend gelingt und wir nicht dazu im Stande sind, ihnen die Relevanz unseres Glaubens nahe zu bringen. Eigene Berührungsängste spielen dabei eine große Rolle. Zu überlasteten Müttern fällt uns der Zugang ebenso schwer wie zu verbitterten Hartz IV-Empfängern. Die Opfer der Globalisierung zu erreichen, ist genauso schwer, wie ihre Akteure zu beeinflussen. Unsere Berührungsängste richten sich auf diejenigen, die an den Rand geraten, genauso wie auf diejenigen, die in Entscheidungszentren und Verantwortungsberufen tätig sind. Unsere Berührungsängste halten uns von vielen kulturell Kreativen genauso fern wie von wirtschaftlich Erfolgreichen.

Mit dieser sozialen geht eine geistliche Milieuverengung einher. Wir wollen dem Volk aufs Maul schauen, aber wir hören nicht, was es sagt. Das ist geistlich besorgniserregend. Denn wir kennen den Kummer vieler Menschen nicht und auch nicht ihre Freude. Wir ahnen die Zweifel nicht, die sie in sich tragen, aber auch ihre Glaubensfestigkeit ist uns fremd. Wir würdigen das Engagement der Eliten nicht und sind sprachlos gegenüber den Ausgeschlossenen an den Rändern der Gesellschaft. Milieugrenzen zu überschreiten, ist der Kirche der Freiheit aufgegeben. Die Befreiung aus der Milieugefangenschaft ist für die Reform unserer Kirche zentral. Und nichts wünschte ich dringlicher, als dass von Kassel ein deutliches Signal ausginge: Heraus aus der Gefangenschaft unserer eigenen Milieugrenzen hin zu den Menschen, von denen uns Berührungsängste trennen. Diese Berührungsängste wollen wir hinter uns lassen.

Eine andere mentale Gefangenschaft zeigt sich in einer verbreiteten geistlichen Furchtsamkeit. Manchmal mangelt es an Mut dazu, das Christusbekenntnis als Kern unseres Glaubens ins Licht zu rücken. Die Angst, für zu fromm gehalten zu werden, ist groß. Manchmal hält sie uns davon ab, unsere Glaubensgewissheit zur Sprache zu bringen. Die Furchtsamkeit im Blick auf den Kern verbindet sich jedoch mit einer Furcht vor dem, was außen ist. Wenn wir dagegen in unserem Bekenntnis zur Gnade Gottes in Christus gewiss sind, brauchen wir keine Angst vor der Weite der Welt zu haben. Wer im Glauben verwurzelt ist, kann sich weit in die Welt hinaus wagen, ohne um seine Identität fürchten zu müssen. Christen, die ihres Glaubens gewiss sind, igeln sich nicht in einer Sonderwelt ein, sondern lassen sich auf die Welt ein, in der sie leben.

Der Reformprozess in unserer Kirche geht von außen nach innen. Er widmet sich organisatorischen Fragen, damit der Kern des Evangeliums besser zum Leuchten kommt. Aber er geht auch von innen nach außen. Er verbindet die Konzentration auf den Kern des kirchlichen Auftrags mit großer Aufmerksamkeit für die Menschen außerhalb der Kirche wie für die gesellschaftlichen Herausforderungen unserer Zeit.

Von der Freiheit des Glaubens wollen wir einen Gebrauch machen, der den Menschen und unserer Gesellschaft zu Gute kommt. Zwar halten manche eine so verstandene positive Religionsfreiheit heute für überholt und wollen die Religion am liebsten in den Bereich des Privaten verweisen. Daran beteiligen wir uns nicht. Denn eine solche Privatisierung des Glaubens amputiert den christlichen Glauben selbst. Und das machen wir nicht mit.

Verheerend sind aber auch die Konsequenzen für die Gesellschaft. Denn eine solche Amputierung des Glaubens lässt zugleich die Quellen vertrocknen, aus denen sich ein freies, gerechtes und solidarisches Gemeinwesen speist. Diese Quellen lebendig zu halten, ist jedoch für die Kirche der Freiheit zentral. Dass der Beitrag unserer Kirche zur Gestaltung der Gesellschaft sichtbar wird, ist für unseren Reformprozess von zentraler Bedeutung, und deshalb sage niemand, wir beschäftigten uns mit uns selbst und wendeten uns nach innen. Nein, wir bleiben den Problemen unserer Gesellschaft zugewandt, gerade dann, wenn wir versuchen, mit größerer Kraft vom Kern unseres Glaubens her zu den gesellschaftlichen Fragen unserer Zeit beizutragen und ohne Wenn und Aber auf der Seite derer zu stehen, die in dieser Gesellschaft an den Rand gedrängt werden und in Armut versinken, in der sie nicht bleiben sollen.

Noch von einer letzten mentalen Gefangenschaft will ich sprechen. Manchmal trägt unser kirchliches Handeln – wie das gesellschaftliche Handeln um uns her – die Züge eines Lebens auf Pump. Wir zehren Ressourcen auf, die nicht für uns allein bestimmt sind. Wir lassen uns von einem Aktivismus leiten, den wir nicht auf seine Nachhaltigkeit hin prüfen. Wir fordern die Kräfte von beruflich wie ehrenamtlich Mitarbeitenden bis zum Äußersten, ohne nach Notwendigkeit und Sinn der geforderten Aktivitäten zu fragen. Wir halten manche Strukturen und Gewohnheiten gleichsam mit einem geliehenen Schutzschirm aufrecht, obwohl wir ahnen, dass dies auf Dauer nicht geht. Wir nehmen neue Aktivitäten auf, ohne Eingespieltes aufzugeben. Laufen wir nicht oft wie in einem Hamsterrad, mit hohem Tempo, aber ohne Geländegewinn, mit äußerster Anstrengung, aber ohne erkennbaren Erfolg?

Gegenüber dieser Tendenz enthält der Reformprozess unserer Kirche einen Aufruf zur Gelassenheit. Denn nur Gelassenheit hilft dazu, das bleibend Wichtige vom gerade jetzt Dringlichen zu unterscheiden. Nur Gelassenheit führt dazu, dass wir uns auf das konzentrieren, was wir auch zum Ziel führen können, dafür dann allerdings auch die verfügbaren Kräfte einsetzen. Reform bedeutet nicht: immer mehr zu tun. Es bedeutet vielmehr, loslassen zu können, damit man anpacken kann.

Anpacken wollen wir, um Steine beiseite zu räumen, die den Blick auf die Schönheit des Evangeliums verdunkeln und den Weg zu einem Leben aus Glauben verstellen. Aufbruch aus Milieugrenzen, Aufbruch aus geistlicher Furchtsamkeit, Aufbruch aus besinnungslosem Aktivismus: Im Kern geht es in unserem Reformprozess um eine geistliche und theologische Aufgabe, es geht darum – um mit dem Epheserbrief zu sprechen –, „mit allen Heiligen" zu „begreifen, welches die Breite und die Länge und die Höhe und die Tiefe ist, auch die Liebe Christi" zu „erkennen, die alle Erkenntnis übertrifft, damit" wir „erfüllt werden mit der ganzen Gottesfülle" (nach Epheser 3,18 f.).

Von Herzen wünsche ich mir „Leuchtfeuer", die unseren Glauben, unsere Theologie, unsere Frömmigkeit in ihrer Kraft lebendig werden lassen. Diese Kraft hält Aufklärung und Tradition, Frömmigkeit und Bildung, Freiheit und Verantwortung zusammen. Wir wollen uns mit dem Evangelium all denen zuwenden, die nach Halt und Sinn für ihr Leben suchen. Auch wenn ein solcher Weg Zeit braucht, hoffen wir darauf, dass es von uns heißen wird: Die evangelische Kirche hat sich die richtigen Sorgen zur rechten Zeit gemacht.

III. Die richtigen Sorgen zur rechten Zeit

„Alle Sorgen werft auf ihn, denn er sorgt für euch" – so heißt das biblische Wort, das über dieser Woche steht (1. Petrus 5,7). Das richtige Wort zur richtigen Zeit! Nicht von Sorgen lässt sich die Kirche beherrschen. Sondern der auferstandene Christus ist ihr alleiniger Herr. Es gilt nicht nur, sich die richtigen Sorgen zur rechten Zeit zu machen, sondern auch zu wissen, wem wir sie zuerst anvertrauen, damit sie uns nicht in die Enge treiben, sondern der Raum weit bleibt, in den Gott uns stellt. In einer Zeit, in der mit Vorliebe das Wort „Krise" zur Beschreibung der eigenen Gegenwart verwendet wird, feiern wir als evangelische Kirche Jesus Christus als den Herrn des Lebens, als Ende der Sorgen-Herrschaft, als Grund und Kraft dafür, die Kirche zu gestalten und in die Welt hinein zu wirken.

Ähnlich befreiend wie der Wochenspruch für diese Woche endet auch der Abschnitt über das ‚Schätzesammeln und Sorgen' in der Bergpredigt Jesu: „Darum sorgt nicht für morgen, denn der morgige Tag wird für das Seine sorgen. Es ist genug, dass jeder Tag seine eigene Plage hat." (Matthäus 6,34) Ein denkbar provozierendes Motto für eine „Zukunftswerkstatt" – scheint sie doch ganz und gar davon geprägt zu sein, dass wir uns heute schon die Sorgen von morgen machen!

Doch zu dieser eingefleischten Art, mit Sorgen umzugehen, werden wir zunächst einmal auf Abstand gebracht. Mit unseren Sorgen gehen wir nur dann angemessen um, wenn wir sie einer gründlichen „Entmythologisierung" unterziehen. Der vor 125 Jahren geborene Marburger Theologe Rudolf Bultmann hat dieses Wort in die theologische Sprache eingeführt. Leicht hat er es damit nicht gehabt. Angesichts seines Jubiläumsdatums erfährt er erstaunliche kirchliche Ehren; zu seinen Lebzeiten war das keineswegs abzusehen. Sein Aufruf, hinter die Mythen zu schauen, kann freilich nicht nur, wie er vorschlug, auf die biblische Botschaft angewandt werden. Dieser Aufruf ist vielmehr genauso auf den Umgang mit unseren eigenen Erfahrungen und den vor uns liegenden Herausforderungen anzuwenden.

Dass wir, wenn wir uns nur anstrengen, die Herausforderungen der Zukunft schon meistern werden, ist genauso ein Mythos wie die apokalyptische Angst, dass alles ohnehin über uns zusammenbrechen wird. Im einen Fall machen wir uns Menschen selbst zu Göttern, im andern Fall dämonisieren wir das Böse. Wenn wir unsere Sorgen Gott anvertrauen und die entscheidende Hilfe von ihm erwarten, befreit uns dies zu einem nüchternen Umgang mit dem, was uns Sorgen macht, ebenso wie zu einer nüchternen Einschätzung der uns anvertrauten Kräfte. Deshalb können wir getrost das in Angriff nehmen, was uns heute möglich ist, und andere Schritte einer nächsten Generation überlassen. Für unsere Sorgen um die Zukunft der Kirche gilt das allzumal. Denn unseren Beitrag zur Gestaltung von Kirche leisten wir in der Gewissheit, dass der Heilige Geist die Kirche stets auf seine Weise erhalten und erneuern wird. Aus der Freiheit des Glaubens können wir die Sorgen und Plagen unserer Zeit an die ihnen gebührende Stelle rücken. Wir können die uns gegebenen Möglichkeiten prüfen und unsere Kräfte in dem Bewusstsein einsetzen, dass es genügt, wenn „jeder Tag seine eigene Plage hat". Wir können uns auf das konzentrieren, was uns heute als wesentlich erscheint, und uns von dem Zwang lösen, alles gleichzeitig bewältigen zu wollen.

„Nicht im Möglichen schweben, das Wirkliche tapfer ergreifen“ – so hat Dietrich Bonhoeffer die Haltung christlicher Freiheit beschrieben. In einer solchen Haltung brauchen wir nicht alle Aufgaben auf einmal zu schultern; wir dürfen Lücken lassen. Wir haben keinen Grund dazu, vergangene Kirchenkampfsituationen zu wiederholen. Das schließt nicht aus, von ihnen zu lernen, wie das Beispiel der Barmer Theologischen Erklärung zeigt. Wir brauchen nicht das Gegeneinander von lutherisch, reformiert und uniert so zu wiederholen, als habe es die Leuenberger Konkordie von 1973 nie gegeben. Das schließt nicht aus, dass wir den Reichtum der reformatorischen Traditionen – im Plural! – lebendig halten; in diesem Jahr haben wir das am Beispiel von Johannes Calvin getan, im nächsten Jahr wird das Beispiel Philipp Melanchthons folgen. Meine herzliche Bitte: Folgt nicht denen, die sagen: „Die Menschen verstehen die Unterschiede sowieso nicht, wir können das gleich bleiben lassen!“ Nein, die Menschen haben Lust, zu verstehen, auch die Geschichte. Machen wir es uns nicht zu einfach.

Wir brauchen uns nicht einzubilden, wir könnten alle Fragen gleichzeitig lösen. Es kommt vielmehr darauf an, uns den für den Auftrag der Kirche wichtigen Fragen zu stellen. „Trachtet zuerst nach dem Reich Gottes und nach seiner Gerechtigkeit, so wird euch das alles zufallen“, heißt es in der Bergpredigt Jesu (Matthäus 6,33). Ein guter Leitsatz für den Reformprozess in der evangelischen Kirche! An ihn wollen wir uns halten auf allen Stationen des Weges zum Reformationsjubiläum 2017. Auch der nächsten Generation wollen wir von der Güte und dem Glanz Gottes erzählen und ihr Trost und Ermutigung, Orientierung und Klarheit aus der Heiligen Schrift weitergeben. Auf die Glaubenseinladung „an alles Volk“ zu verzichten, steht uns nicht frei.

Bei den Besuchen bei ökumenischen Partnern, von denen ich eingangs berichtete, haben wir Kirchen in kleiner Zahl erlebt. Wir begegnen ihnen mit Hochachtung; aber die kleine Zahl zum Selbstzweck zu erheben, ist abwegig. Hauskirchen begegnen uns in verschiedenen Ländern unseres Globus; die Glaubenstreue ihrer Mitglieder nötigt uns Bewunderung ab. Doch eine „Verwohnzimmerung des Protestantismus“ (Jens Haupt) ist kein Konzept kirchlichen Handelns.

Es steht uns nicht offen, uns nur um die zu kümmern, die schon da sind. Weil es um Hilfe und Heil Gottes für alle Menschen geht, können wir nicht unter uns bleiben. Aber ebenso wenig finden wir es angemessen, auf einen Eintrag im Guinnessbuch der Rekorde hin zu eifern, wie es uns die Full Gospel Church in der südkoreanischen Hauptstadt Seoul stolz präsentierte. Über den gigantischen Zahlen an Mitgliedern, Gottesdienstbesuchern und Missionaren in aller Welt schien sie zu übersehen, dass Quantität nicht das Evangelium ist. Alle sollen Zugang finden zu Gottes Barmherzigkeit als Weg, als Wahrheit und als Leben. Das ist das Maß der Mission. Darin liegt der Dreh- und Angelpunkt aller kirchlichen Reformprozesse, die im Vertrauen auf Gottes Sendung ihren Grund haben. Das Vorhaben dieser Tage in Kassel trägt im Kern einen geistlichen Charakter. Wir vertrauen auf einen Wandel aus Glauben. Es entspricht genuin reformatorischer Tradition, dass wir dabei die Hilfe der Theologie in Anspruch nehmen. Unser Reformprozess ist von der Hoffnung getragen, dass unsere Kirche ihre Theologie neu entdeckt – und die Theologie ihre Kirche. Wissenschaftliche Theologie betreibt Forschung; sie gehört an die Universität, weil sie die Wahrheit des christlichen Glaubens im Horizont des allgemeinen Wahrheitsbewusstseins entfaltet und die Grundlagen der Gesellschaft und ihrer Religiosität aus der Perspektive des Christentums analysiert. Doch wir erhoffen uns zugleich eine Theologie, die sich der Orientierungssuche unserer Zeit stellt und sie aus der Kraft der biblischen Texte und aus der Weite der kirchlichen Überlieferungen beantwortet. Es geht um eine Theologie, die in aller Wissenschaftlichkeit zu den Existenzfragen unserer Zeit Zugang findet, die ihre eigenen Traditionsbestände nicht eliminiert, sondern interpretiert, die ihre eigenen Schätze nicht konserviert, sondern erschließt.

Dafür gibt es wichtige Beispiele. Aber über diese Beispiele hinaus zeigt sich eine Neugier an geistlichen Themen und daran, dass sie im Dialog mit dem Denken unserer Zeit geklärt werden. Diese spirituelle Neugier richtet sich nicht mehr allein an die christliche Theologie. Umso stärker wird die Überzeugungskraft dieser Theologie gefragt. Sie wird dabei nicht auskommen ohne ein geklärtes Verhältnis zur Kirche als der Gemeinschaft der Suchenden und Glaubenden, derer, die schon gefunden haben, und derer, die noch nicht gefunden haben. Denn das war die christliche Kirche immer: eine Gemeinschaft derer, die noch auf dem Weg zum Glauben waren – also der Katechumenen –, mit denen, die schon im Glauben ihre Heimat gefunden hatten – also der Getauften. Dieses Verständnis von Kirche als Gemeinschaft der Suchenden und Glaubenden müssen wir heute erneuern und dafür eine praktisch überzeugende Gestalt entwickeln. Dazu brauchen wir das Miteinander von Kirche und Theologie.

Wenn es in all dem um das Trachten nach dem Reich Gottes, um die Weitergabe des Evangelium, um den Zugang zu Gottes Barmherzigkeit geht, muss auch von unserer menschlichen Mitwirkung die Rede sein. Zwischen Beten und Arbeiten, zwischen Gottes unverfügbarer Freiheit und unseren Anstrengungen, zwischen Gottes Heiligem Geist, der weht, „wo und wann er will", und unserem Gestalten besteht ein klarer Unterschied und ein unumkehrbares Gefälle. Doch beide zu unterscheiden, bedeutet nicht, sie auseinanderzureißen. Übrigens bewegen nicht nur Reformer sich im Bereich menschlicher Arbeit und Anstrengung. Auch wer nicht reformiert, gestaltet. Gründe muss nicht nur nennen, wer etwas anders machen will. Rechenschaftspflichtig ist vielmehr auch, wer alles so bleiben lässt, wie es ist. Jeder muss sich die Frage vorlegen: „Was geschieht, wenn nichts geschieht?" Die theologische Unterscheidung zwischen dem Wirken des Heiligen Geistes und dem menschlichen Handeln ist sehr am Platz. Aber diese Unterscheidung ist keine Rechtfertigung für ein schlichtes „Weiter so".

Nach den Traditionsabbrüchen, durch die wir hindurchgegangen sind, geht es darum, das Evangelium in einer ansprechenden und einladenden Weise weiterzugeben, so gut wir es eben können. Wenn dies unsere Sorge ist, kann es uns nicht gleichgültig sein, ob unsere Gottesdienste gut oder schlecht besucht sind, ob wir viele oder wenige Kinder eines Jahrgangs taufen, ob viele oder nur wenige Menschen gut von Gott reden und seine Gerechtigkeit in die Gestaltung unserer Gesellschaft einbringen.

Je länger desto mehr lehne ich mich innerlich dagegen auf, dass diese Art von Sorgen als bloßes Selbsterhaltungsinteresse der Institution Kirche missachtet wird. Es ist doch unsere zentrale Aufgabe, den Glauben an die nächste Generation weiterzugeben. Eine Kirche, die diese Aufgabe vernachlässigt, kann nicht von sich sagen, sie trachte zuerst nach dem Reich Gottes. Für die Weitergabe des Evangeliums bewährte Wege zu nutzen, aber dafür auch neue Formen zu entwickeln, das ist die Herausforderung, vor der wir stehen.

In unserer Kirche gibt es eine verbreitete Abneigung gegen die Vorstellung von wachsenden Gemeinden; so hat sich diese Ablehnung beispielsweise in der Kritik an den quantitativen Zielen in dem Impulspapier „Kirche der Freiheit" deutlich gezeigt. Doch die Gefahr, dass wir mit quantitativen Vorgaben und Erfolgsmeldungen zu weit gehen und dem Beispiel der koreanischen Full Gospel Church folgend einen Antrag auf Eintragung ins Guinness-Buch der Rekorde stellen, liegt in unserer Kirche wirklich denkbar weit entfernt. Und deswegen sage ich genau umgekehrt: Das Wachstum von Gemeinden dürfen gerade wir als Ziel nicht aus den Augen verlieren – auch wenn wir uns ohne Groll und Verzagtheit den Situationen stellen, in denen ein solches Wachstum schon aus demografischen Gründen nicht zu erwarten ist.

IV. Zeichen der Hoffnung

Mit dem Impulspapier „Kirche der Freiheit. Perspektiven für die evangelische Kirche im 21. Jahrhundert" vom Sommer 2006 hat der Reformprozess in unserer Kirche nicht begonnen. „Impulspapier" nannte der Rat der EKD diese Veröffentlichung auch deshalb, weil in ihm Impulse aus den Landeskirchen aufgenommen wurden. Freilich wollten wir diese Impulse zugleich verstärken. Wir wollten herausfinden, ob sie in eine gemeinsame Richtung weisen. Niemand kann eine solche Richtung verfügen, sie kann nur gemeinsam entwickelt werden. Deswegen ist für mich die ganze Debatte über eine Reform von oben oder von unten eine Scheindebatte. Denn erkennbar werden Impulse von unten nur dann, wenn Themen öffentlich vorgegeben werden, an denen sie sich kristallisieren können. Und das haben wir auch in den letzten drei Jahren erlebt. Wir haben in Wittenberg 2007 diese Anstöße aufgenommen, theologisch vertieft und praktisch weitergeführt; die Diskussion seitdem hat die Gemeinsamkeiten verstärkt.

Unter dem Motto „Kirche im Aufbruch" tragen wir seit dem Jahr 2008 vielfältige Beispiele guter Praxis zusammen. Und mehr „von unten" als diese Beispiele kann keine Reform sein. Deswegen sage ich hier in Kassel: Ein Gegeneinander von Reform von oben und Reform von unten gibt es in der evangelischen Kirche in Deutschland nicht.

Vieles wäre auch ohne den Reformprozess in Gang gekommen; doch es findet jetzt umso breitere Resonanz. Die Arbeit an der Qualität von Gottesdiensten ist ein Beispiel dafür. Anderes ist im Rahmen des Reformprozesses in Gang gebracht worden wie die „Glaubenskurse für Erwachsene". Wie die Reformatoren nutzen auch wir die Medien unserer Zeit. Mit dem Multimedia-Portal „evangelisch.de" vollziehen wir in diesen Tagen von Kassel dafür einen großen, für die nächsten Jahre wegweisenden Schritt. Mit all dem wollen wir die evangelische Kirche erkennbar machen, die sich nach einer Aussage der EKD-Synode von Dresden 2008 dort ereignet, wo „Gottesbegegnung, Lebenserneuerung und Gemeinschaft" eröffnet werden und erlebt werden können.

Als Teilnehmerinnen und Teilnehmer dieser Zukunftswerkstatt stehen Sie alle stellvertretend für das breite Interesse, die große Hoffnung, den bemerkenswerten Einsatz für die Zukunft unserer Kirche. Sie zeigen, dass im Bemühen um die Reform unserer Kirche eine neue Phase beginnt. Konzeptionelle Überlegungen werden mit Fantasie und Lust in vielfältiger Weise fruchtbar gemacht: in Gemeinden und kirchlichen Regionen, in freien Initiativen und landeskirchlichen Diensten. Auf diese Weise gewinnt das Bild unserer evangelischen Kirche an Farbe: einer Kirche, die sich mit der Botschaft von Gottes Gnade an die Menschen wendet, mit Gottvertrauen in die Zukunft geht und zur Liebe zum Nächsten wie zu sich selbst ermutigt.

Mein großer, persönlicher Dank gilt denen, die diese Zukunftswerkstatt vorbereitet und ermöglicht haben, und ebenso denen, die sie nun gemeinsam gestalten. Ich bin dankbar für die große Gemeinschaft der Landeskirchen, Kirchenkreise und Gemeinden, die sich hier gemeinsam als eine Kirche im Aufbruch auf den Weg machen. Die sichtbare Gemeinschaft, in der verschiedene Frömmigkeitstraditionen und theologische Richtungen zusammenfinden, empfinde ich als ein großes Gut in unserer evangelischen Kirche, ja als ein Geschenk Gottes.

Unsere Zukunftswerkstatt will ein Beispiel für die Kultur der Anerkennung geben, die wir in unserer Kirche fördern wollen. Das Licht, das von einzelnen Ideen und innovativen Perspektiven ausgeht, soll nicht unter dem Scheffel bleiben, sondern zum Leuchten kommen. Mit der dankbaren Zwischenbilanz verbinden wir den Start zu neuen Initiativen, der sich in den Foren des morgigen Tages vollzieht. Die drei Kasseler Tage werden Herausforderungen bedenken, Fragen bearbeiten, Themen vorstellen, neue Initiativen starten. Doch bestimmend ist die Dankbarkeit für das, was Gott unserer Kirche schenkt und anvertraut.

All unsere Arbeit wissen wir eingebettet in Gottes Hilfe und seinen Segen. Im Blick auf unsere Kirche halten wir uns an Martin Luthers ebenso schlichte wie klare Einsicht: „Wir sind es doch nicht, die da die Kirche erhalten könnten. Unsere Vorfahren sind es auch nicht gewesen. Unsere Nachfahren werden's auch nicht sein; sondern der ist's gewesen, ist's noch und wird's sein, der da sagt: ‚Ich bin bei euch alle Tage bis an das Ende der Welt.'"

Dein Wort ist unseres Fusses Leuchte

Über die Schönheit des Protestantismus

Fulbert Steffensky

Liebe Geschwister,
wie kann man über die eigene Schönheit und Stärke reden, ohne der Dummheit zu verfallen, die Paulus den Selbstruhm nennt? Gibt sich der nicht der Lächerlichkeit preis, der seine eigene Schönheit lobt und sich in sich selbst sonnt? Aber es gibt nicht nur die Lächerlichkeit dieses Selbstruhmes. Es gibt auch eine Art negativer Eitelkeit, die einen immer betonen lässt, dass wir nichts sind, dass mit unserer Macht nichts getan ist oder dass wir echte Rabenaase sind, wie es in den Buddenbrooks heißt. Wenn man schon nicht groß ist in der Tugend, so will man wenigstens groß sein in der Untugend. Lasst uns heute und in dieser Stunde vergessen, was wir alles nicht sind, schuldig bleiben und worin wir ungenügend sind! Lassen Sie uns mit Dank auf das schauen, was uns schon geschenkt ist! Lassen Sie uns dies nicht tun in Konkurrenz zu anderen Konfessionen oder anderen Dialekten des Christentums! Wer sich seiner gewiss ist, verzichtet auf den kindischen Ruhm auf Kosten anderer, und er nimmt ohne Arroganz die eigene Stärke in den Blick. Unsere Hoffnung bleibt mager, wenn sie nicht ernährt wird von dem Blick auf alles, was schön, charmant, liebenswürdig ist in unserer Tradition und unserer Kirche. Vielleicht werde ich etwas zu dick auftragen, wenn ich die Schönheit des Protestantismus lobe. Aber wen man liebt, den findet man immer schöner, als er ist. Und schön wird nur der, dem man eine Schönheit andichtet, die erst im Entstehen ist. Man lockt die Schönheit hervor, indem man sie sieht, bevor sie ganz da ist. Und wenn wir einmal ganz erwachsen sind, dann werden die Protestanten die Schönheit des Katholizismus loben und die Katholiken die Schönheit Wittenbergs.

Über die Schönheit der Musik

Ich lobe eine erste Schönheit unserer Kirche: die Musik und die Lieder natürlich. Sie sind die Muttersprache des Glaubens. In einem der schönsten Märchen der Antike werden uns Ursprung und Gehalt der Musik gedeutet. Der Gott Pan jagt die Baumnymphe Syrinx. Sie flieht vor ihm, sie kommt ans Wasser und bittet das Wasser, sie in eine Welle zu verwandeln, dass Pan sie nicht erkennt. Pan greift nach ihr, hält aber nur noch Schilfrohr in den Händen. Während seiner Klage fährt der Wind durch das Rohr, und Pan hört einen leisen und sehnsüchtigen Flötenton. Er bindet Schilfrohre verschiedener Größe zusammen, und wir haben die Panflöte. Die ersten Töne, die er spielt, sind die der

Klage, des Vermissens und des Entbehrens. Musik, die Lieder, sind der „Ruf ins Entbehrte“, sagt Ernst Bloch an der Syrinxgeschichte. Die Panflöte gleicht am meisten der Orgel, und diese gleicht am meisten der menschlichen Stimme. Gesang als Ruf ins Entbehrte und Gesang als Ausgriff in die Fülle. Was schon da ist, wird in seiner Güte und Schönheit besungen. Was noch nicht da ist, ersehnt wird, wird herbei gesungen. Unsere Stimme und unser Mund sind oft klüger als unser Herz. Es ist ja erstaunlich, was wir alles singen. Wir singen: „Aus meines Herzens Grunde sag ich dir Lob und Dank!“ Und man fragt sich, wie es mit dem Grund des Herzens ist. Wir singen: „Ist Gott für mich, so trete gleich alles wider mich!“ Singt das Herz, oder singt nur der Mund? Das ist eine falsche Frage. Manchmal singt wirklich nur der Mund. Aber wir sind ja nicht nur Herz, Gottseidank! Wir sind auch Mund, der das schwache Herz hinter sich her schleift, bis es wieder auf den eigenen Beinen stehen kann. Daran ist nichts falsch. Das Herz muss nicht immer Meister seiner selbst sein. In der Poesie des Singens sind wir uns selber voraus – unseren Einsichten, unseren Argumenten, unserem Zwiespalt und unserem Zweifel. Wie an keiner anderen Stelle tut man beim Singen, als könnte man schon glauben, ganz und gar. Wir geraten in der Musik und mit den Liedern in den Bereich der Schönheit. Die Schönheit heilt. Sie lehrt uns lächeln – wer täte es nicht bei Paul Gerhardts „Narzissus und Tulipan“? Sie lehrt uns weinen wie das „Wenn ich einmal sollt scheiden“. Sie lehrt uns Zartheit wie jenes weihnachtliche „Brich an, du schönes Morgenlicht“. Die Schönheit und die Gnade sind leibliche Geschwister, und sie begegnen uns am dichtesten in den Liedern. Wenn hier nicht ein protestantischer Ratsvorsitzender stände, würde ich sagen: Ich kann im Gottesdienst eher auf die Predigt als auf die Lieder verzichten.

Die Lieder, die ich schon lange gesungen habe, sind wie alte Formulare, in die ich im Laufe meines Lebens meine Ängste, meinen Schmerz und mein Glück eingetragen habe. Es sind aber auch die Lieder meiner Toten, meiner verstorbenen Frau, meines Vaters, meiner Mutter und deren Toten. Sie haben sie vor mir gesungen, und die Gesänge sind gewaschen mit den Hoffnungen und den Tränen der Toten. Keiner muss nur er selber sein und an seiner eigenen Glaubenskärglichkeit verhungern. Die Toten nehmen uns hinein in ihre Sprache und damit in ihren Glauben. Eine Kirche ist auch eine „Glaubensverleihanstalt“. Wir glauben unseren toten und lebenden Geschwistern ihren Glauben, wenn wir ihre Lieder singen. Auch das ist eine Weise des Glaubens. Das heißt Tradition, das heißt Kirche: Einstimmen in einen großen Gesang, der das Leben preist, und beklagen, was ihm angetan wird. Und am Ende noch eine Liebeserklärung an Paul Gerhardt: Seine Lieder sind zum Evangelisch-Werden. Ich habe gestern Abend zum Ratsvorsitzenden zwar gesagt, ich sei evangelisch geworden wegen ... wegen der Posaunenchöre. Lassen Sie uns jetzt die ersten drei Strophen vom „Wach auf mein Herz und singe“ anstimmen! Paul Gerhardt darf nicht fehlen.

Über die Schönheit der Gnade und Freiheit
Was liebe ich am Protestantismus? frage ich, was ist sein Charme? Es fällt mir eine Betonung der christlichen Botschaft ein, die ich im Protestantismus mit besonderer Deutlichkeit finde, die Lehre von der Rechtfertigung des Menschen in den gnädigen Augen Gottes. Einer meiner Lieblingstexte aus der Bibel ist das 8. Kapitel des Römerbriefes mit seiner Unterscheidung von Fleisch und Geist. Wenn ich die Schwierigkeit einer zeitgebundenen Sprache überwunden habe, finde ich darin den Grund einer unbeschreiblichen Lebensheiterkeit. Ich bin nicht gezwungen, mein eigener Schöpfer zu sein. Ich stehe nicht unter dem Zwang, mein eigener Lebenszeuge zu sein. Ich bin, weil ich bezeugt bin. „Der Geist selbst gibt Zeugnis unserem Geist, dass wir Kinder Gottes sind“, heißt es im 8. Kapitel (V. 16). Unter verdammendem Zwang stehe ich, oder – wie Paulus sagt –im Fleisch lebe ich, wenn ich mein Leben durch meine eigenen Kräfte und Stärken bezeugen will und muss, durch mein Lebenswerk, durch meine Religiosität, durch meine Schönheit, meinen Erfolg, meine Gesundheit, meinen Reichtum. Nicht einmal die Gebete und Lieder müssen uns aus der eigenen Kraft gelingen, denn „der Geist selbst vertritt uns mit unaussprechlichem Seufzen“, wie der Apostel sagt.

Der Satz von der Gnade ist einer der tröstlichsten und einer der kritischsten Sätze in der Bibel. Tröstlich, weil er jedem Menschen sagt, dass er schon gefunden ist, ehe er seine Suche beginnt. So befreit er von dem Zwang der Selbstbeabsichtigung, die immer in Verzweiflung führt. Man ist dazu befreit zu leben, zu lieben, den Willen Gottes zu tun. Und man ist davon befreit, ein Heiliger zu werden. Man lebt unter dem leichten Gedanken, dass man Fragment sein kann. Wir sind nicht die Autoren unserer eigenen Ganzheit. Der Blick Gottes sieht uns in eine Ganzheit, die alle unsere Selbstversuche übersteigt. Man kann in schmerzlicher Heiterkeit Fragment sein. Wir müssen uns nicht selbst genug sein. Gott ist unser Genug, das genügt.

Protestantismus sagt in letzter Radikalität: Jener Blick der Güte, der unsere Ganzheit und Liebenswürdigkeit in uns hineinsieht, genügt. Nichts, aber auch gar nichts (natürlich außer der Gerechtigkeit, die vom Menschen verlangt wird) kann noch irgendeine Heilswichtigkeit bedeuten. Es gibt keine religiös-substantiellen Materien mehr: Kein Priestertum, ausgestattet mit einer speziellen Macht; keine Amtsgewalt, die speziell an das Geschlecht eines Mannes gebunden ist; kein Amt mit dem Anspruch der Unfehlbarkeit. Das Prinzip der Gnade hat eine zersetzende Kraft. Es zersetzt alles, was sich außer dem Zeugnis des Geistes noch als substantiell religiös wichtig aufspielen will. Es führt uns in eine Freiheit, vor der wir selber manchmal erschrecken.

Mit dieser Freiheit hat die Buntheit des Protestantismus zu tun. Es kann nicht von oben geregelt werden, was der Fall sein soll. Und so gibt es den Protestantismus immer nur im Plural der Protestantismen. Der Gottesdienst im lutherischen Hamburg sieht anders aus als der der Reformierten in Emden. Die Theologien sind bunt und vielfältig. Die Leitenden einer Landeskirche heißen in Hannover Bischöfin, in der Rheinischen Kirche Präses, in Hessen Kirchenpräsident und als Gipfel des Understatement in der Bremischen Kirche Schriftführer. Das sind nicht nur verschiedene Namen, es sind auch verschiedene Auffassungen von Kirchenämtern. Protestantismus kommt immer im Dialekt vor. Es gibt den heißen schwäbischen Pietismus und die norddeutsche Kirchenkühle. Es gibt keinen genormten Protestantismus, es gibt Protestantismen. Viele stöhnen darunter und wünschen sich eine Theologie, eine Kirchenverfassung, einen Gottesdienst, die sich zwischen Flensburg und München aufs Haar gleichen. Aber Einförmigkeit ist nie ein Ideal des Geistes. Geist will Muttersprache werden. Er will sich einlassen auf geistige Landschaften; auf ihre Probleme, Sprachen, Begabungen und Schönheiten.

Diese Verschiedenheit ist allerdings die dauernde Quelle von anstrengenden Konflikten. Aber ohne Konflikte, ohne geschwisterliche Auseinandersetzung ist die Wahrheit gefährdet. Der Protestantismus kennt ja nicht ein Depot von Wahrheiten, das von Kirchenleitungen verwaltet und von ihnen verkündet wird. Sie wird gefunden im Dialog, manchmal auch im Streit der Geschwister. Die Einheit dieser Kirche muss nicht gefährdet sein durch diese Auseinandersetzungen. Sofern man sich in solchen Streiten nicht die Daseinsberechtigung und das Christentum abspricht, können sie nur heilsam sein und die Wahrheit voranbringen. Man streitet ja nicht im luftleeren Raum. Man streitet auf einem Boden, der von allen anerkannt wird, auf dem Boden der Bibel. Anders wäre eine Versöhnung kaum möglich. Und jetzt sage ich in Klammern: Ob aber die Protestanten wirkliche eine Streitkultur entwickelt haben, oder ob sie fürs Streiten zu hohe Individualisten sind, darüber will ich gerne sprechen, wenn wir mal darüber reden, was wir im Protestantismus nicht lieben. Klammer zu. Lassen Sie uns die nächsten drei Strophen des Liedes singen.

Über die Schönheit der Freigeister, die das Recht lieben

Ich liebe am Protestantismus seine Kargheit und seine Liebe zur Gerechtigkeit. Ich fange mit der Kargheit an. Protestantismus ist schwach in der Selbstinszenierung, er ist bilderschwach. Ich sehe es sofort, wenn ich in eine evangelische Kirche komme. Wir waren einmal in Holland in einer calvinistischen Kirche. Unser Kind war noch sehr klein. Sie kam in die Kirche und sagte: „Ist kein Gott drin!" Ich sehe es auch spätestens am Talar des Pfarrers oder der Pfarrerin, diesem unerotischsten aller liturgischen Kleidungsstücke. Diese Schwäche, die viele Protestanten bedauern, ist seine Stärke; die Kargheit ist seine Stärke, seine unbelohnte Stärke, das ist wahr. Denn im Augenblick wird belohnt, wahrgenommen, gewürdigt, was ins Bild gebracht werden kann. Könnte es sein, dass manchmal die Wahrheit durch Buntheit ersetzt werden kann? Das Bild untergräbt die Skepsis und wird zum Argument. Oder, wie der Prophet

Habakuk sagt, „Das Bild lehrt lügen" (vgl. Habakuk 2,18). Ich erinnere an eine kleine Geschichte. Die Geschichte des Photojournalismus beginnt mit einer trügerischen Inszenierung. Die ersten veröffentlichten Fotos stammen aus dem Krimkrieg (1853–1856). Sie beschönigen den Krieg, sie zeigen ihn nicht von seiner grausamen Seite, es ist ein gemütlicher Safaribericht aus einem fremden Land. Das Bild lehrt lügen. Wer die Bilder beherrscht, beherrscht auch die Köpfe. Mit Bildern kann man gigantische Scheinwirklichkeiten errichten – auch religiös. Es ist Zeit, das Misstrauen zu retten gegen den munteren Tanz der Bilder, die da lügen lehren. Darum achte ich das Bilderverbot aus der hebräischen Bibel, das in der protestantischen Tradition seine größere Heimat hat. Ich achte die Würde und die Kraft jener religiösen Tradition, die sich weigert, Gott oder die Menschen einzufangen und sich dienstbar zu machen in den Bildern, die wir von ihnen entwerfen.

Im 5. Buch Mose heißt es: „Macht euch kein Bildnis! Hebe deine Augen nicht auf zum Himmel, dass du die Sonne siehst, den Mond und die Sterne! Lass dich nicht verführen, sie anzubeten und ihnen zu dienen." Dies ist ein Freiheitstext der Weltgeschichte. Es könnte sich ein Menschentyp herausbilden, der nicht mehr auf Argumente hören kann und der nur noch durch Bilder und Inszenierungen zu gewinnen und zu überzeugen ist. Darum das Lob protestantischer Kargheit und das Misstrauen gegen die Augenschönheiten.

Ich nenne die andere Schönheit unserer Kirche: Gott mutet uns als erste Aufgabe den Schutz seiner Armen zu. Der Beter des 119. Psalms dankt, dass Gott ihn in die Ordnungen seiner Gerechtigkeit eingeführt hat. Spiritualität ist eine Tätigkeit: sie ist Gerechtigkeit. Die Frommen wandeln auf dem Weg des Herrn, und sie wissen, dass es keine Gotteserkenntnis ohne Barmherzigkeit gibt. Der Prophet Jeremia sagt von dem König Josias: „Er half den Elenden und Armen zum Recht. Heißt dies nicht, mich recht erkennen? Spricht der Herr." (Jeremia 22,16)

„Wer in Gott eintaucht, taucht neben den Armen wieder auf", sagt der französische Bischof Jacques Gaillot. So sagt es das wundervolle 58. Kapitel aus Jesaja: Dem Hungrigen das Brot brechen, die Nackten bekleiden, die Elenden aufnehmen – das sind Formen der Frömmigkeit, ohne die alles Beten, Fasten und jeder Gottesdienst Geplärr sind. Nur dessen Heilung wird voranschreiten, nur dessen Gebete und Schreie werden gehört, der die Schreie der Armen nicht überhört. Die prophetische Kritik an der „puren Frömmigkeit", an der Gottesverehrung an der geschundenen Welt vorbei zieht sich durch die ganze Tradition. Der Ökumenische Rat der Kirchen hat es in Nairobi (1975) so formuliert: Das Wachsen am inneren Menschen geht einher mit dem Kampf um Befreiung und Menschlichkeit. Und auch Paul Gerhardt wusste schon davon, und darum singen wir die drei nächsten Strophen.

Ermutigung zum Aufbruch
Wir werden – nach einer Inszenierung von Gisela Matthiae mit ihrer Gruppe – unseren Stationenweg gehen. Wir werden von diesem Kongress-Palais ausgehen, an der Friedenskirche halten, über den Samuel-Beckett-Platz gehen, vor der katholischen Kirche St. Familia anhalten und den Kulturbahnhof erreichen. Aber einmal – sage ich Ihnen! – wird der Protestantismus noch schöner sein. Dann werden wir „auf dem Weg der Gerechtigkeit" noch ganz andere Stationen finden. Wir werden an den Plätzen Halt machen, wo die Obdachlosen jetzt ihre Schlafsäcke aufmachen. Wir werden einen Umweg machen zu einer Gemeinde, die eine Tafel, eine Kleiderkammer und ein Frauenhaus unterhält. Wir werden in einer Kirche beten, in der eine Gemeinde eine Flüchtlingsfamilie aufgenommen hat und ihr Asyl gibt. Wir werden wach bleiben für eine noch größere Schönheit und für andere Wege und Stationen, die die Stationen Christi sind. Das Christentum ist schön, und es ist noch zu seiner Schönheit unterwegs.

SÄTZE DER VERLÄSSLICHKEIT

1. Gottesbegegnung

„Wer Asche hütet, den hat sein Herz getäuscht." (Jesaja 44,20)

Christen vertrauen auf Gott, den Schöpfer allen Lebens. Bei ihm suchen sie die Wahrheit über ihr Leben, über Größe und Gebrechen, über Glanz und Grenzen. Christen widerstreiten dem Irrtum, das Leben ohne Gott sei friedlicher und freier, toleranter und lebenswerter.

2. Lebenserneuerung

„Unsere Seele ist entronnen wie ein Vogel dem Netze des Vogelfängers, das Netz ist zerrissen und wir sind frei." (Psalm 124,7)

Unsere Seele sehnt sich nach der Befreiung aus den Fallstricken der Selbstüberschätzung und der Unverbindlichkeit. Christen vertrauen darauf, dass ihre Freiheit in der Bindung an Christus eine klare Gestalt gewinnt. Sie widerstreiten der Unwahrheit, dass Besitz, Leistung und Konsum allein ein Leben frei und sinnvoll machen könnten.

3. Hoffnungsleben

„Und bleibe bei dem, was dein Herz dir rät." (Jesus Sirach 37,17)

Hoffnung ist der Halt eines festen Herzens. Christen bezeugen Gott als Grund und Ziel aller Hoffnung, als „Schutz und Schirm vor allem Argen, als Stärke und Hilfe zu allem Guten". Sie widerstreiten der Verzagtheit, die sichtbare, vermessbare Welt sei die einzig wahre Welt.

4. Weitergeben

„Gott aber gebe mir, nach seinem Sinn zu reden und so zu denken, wie es solcher Gaben würdig ist." (Weisheit Salomos 7,15)

Heilige Texte, gewachsene Lehren, gereifte Rituale sind Schätze in irdenen Gefäßen. Ohne Tradition gelingt keine Emanzipation, reine Gegenwärtigkeit ist banal. Christen widerstreiten der Vergesslichkeit; die Schätze des Wissens, des Glaubens und des Tuns weiterzugeben an die nächste Generation, ist ihnen Reichtum, Ehre und Aufgabe.

5. Zusammensein

„Finde ich fünfzig Gerechte ..., so will ich um ihretwillen dem ganzen Ort vergeben." (1. Mose 18,26)

Eine Gesellschaft lebt aus Quellen, die sie dankbar annehmen und weiter entwickeln, aber nicht selbst hervorbringen kann. Christen halten die Quelle des Mitgefühls, des Engagements und der Verantwortlichkeit lebendig: es ist die Gemeinschaft mit Gott. Sie widerstreiten dem Kleinmut, dass der Einsatz für die Würde des Menschen, für die Solidarität mit den Schwachen und für die Bewahrung der Schöpfung vergeblich seien.

6. Innehalten

„Wenn ihr umkehrtet und stille bliebet, so würde euch geholfen." (Jesaja 30,15)

Der Lärm der Welt macht Menschen taub und stumm vor Gott. Leben aus der Verwunderung über Gottes Gegenwart, Einkehr bei Gott, Atmen mitten im Sturm, Freibleiben in aller Angst – das ist Gebet. Christen widerstreiten der Überheblichkeit, Sinn, Glück und Erfüllung selbst herstellen, ja, sich selbst erlösen zu können.

7. Nachhaltigkeit

„Wer voll brünstiger Gier ist, der ist wie ein brennendes Feuer und hört nicht auf, bis er sich selbst verzehrt hat." (Jesus Sirach 23,22)

Der Appetit der Gegenwart darf nicht zum Hunger der Zukunft werden. Christen stehen ein für eine Welt, in der auch Kinder und Enkel noch leben können – schuldenfrei, lastenleicht, unverbaut. Sie widerstreiten der Hoffnungslosigkeit, dass Bescheidenheit, Entschleunigung, Nachhaltigkeit in einer wachstumshörigen Welt unmögliche Tugenden seien.

8. Vertrauen

„Wenn ich ihnen zulachte, so fassten sie Vertrauen." (Hiob 29,24)

Vertrauen ist das wahre Kapital jedes Zusammenlebens. Christen setzen sich dafür ein, dass dieses Kapital als ‚Stiftung für das Leben' von niemandem leichtfertig verzehrt wird. Sie widerstreiten dem Irrtum, dass kleine Vertrauensbrüche keinen großen Schaden anrichten.

9. Unterwegs sein

„Vor allen Dingen aber ergreift den Schild des Glaubens, ... den Helm des Heils, und das Schwert des Geistes, welches ist das Wort Gottes." (Epheser 6,16)

Kirchen bieten Heimat auf dem Weg in die Zukunft. Von Gott Gutes zu sagen, ist das Herz ihres Dienstes. Musik ist der Klang ihres Trostes, Bildung die rechte Hand ihres Glaubens und Gerechtigkeit die Farbe ihres Engagements. Christen widerstreiten dem Kleinglauben, zurückgehende Ressourcen könnten Kraft und Klarheit des Wortes Gottes schwächen.

Prozess

Impulsaufnahme

Qualität von Gottesdiensten / Predigtkultur

Mission

Leiten und Führen

Kirche in der Fläche

Finanzmanagement

Ökumene

Seelsorge

Bildung

Erfahrungsaustausch / Neue Medien

Die EKD in Bewegung[1]

Standortbestimmung der evangelischen Kirche in Zeiten des Wandels

Katrin Göring-Eckardt

Sehr geehrte Damen und Herren,
über die Zukunft der evangelischen Kirche lassen sich nur zwei Dinge mit Sicherheit sagen:

Erstens: Wir werden uns garantiert irren. Die evangelische Kirche in 10, 20, 50 Jahren wird mit Sicherheit anders aussehen, als wir sie uns heute vorstellen. Und ich bin immer kritisch, wenn es Leute ganz genau wissen, die sich einbilden, die „Weisen aus dem Morgen-Land" zu sein, anrücken und anfangen, die Sterne über die Zukunft der Kirche zu deuten. Wer hätte im Jahr 1985 vorhergesagt, dass nur vier Jahre später die Mauer fällt, wir heute schon zum zweiten Mal eine Kanzlerin aus dem Osten haben, die uns erklärt, dass ihre hängenden Mundwinkel keinesfalls protestantische Verzagtheit seien, sondern erblich bedingt. Wer wäre auf die Idee gekommen, dass es mehr Handys als Einwohner in Deutschland gibt – mit der Folge eines Dauerklingeltons an allen Orten. Die Zukunft unserer Kirche dürfte trotz ihres stattlichen Alters wohl noch weniger zu prophezeien sein, als die Geschicke der Welt.

Das Zweite, was wir mit Sicherheit über die Zukunft der Kirche des Evangeliums sagen können: es wird sie garantiert geben – und zwar bis zur Welt Ende. Das ist die vielleicht größte und mutigste Aussage, die unsere Väter und Mütter damals im Augsburger Bekenntnis 1530, im siebten Artikel über die Kirche ausgedrückt haben: „Es wird auch gelehrt, *dass allezeit eine heilige, christliche Kirche sein und bleiben muss*, die die Versammlung aller Gläubigen ist, bei denen das Evangelium rein gepredigt und die heiligen Sakramente laut dem Evangelium gereicht werden." Glücklicherweise wird es auch nicht die EKD in ihrer heutigen Form sein, ja, es wird nicht einmal eine lutherische, reformierte oder unierte Konfession sein müssen. Das haben wir ja schon von Geburt an in uns, dass wir uns weiter entwickeln, gern mal etwas umwerfen und schöner neu aufbauen, dass wir sogar riskieren, etwas falsch zu machen, um uns zu korrigieren. Was es aber geben wird, ist eine Kirche Jesu Christi, in der „das Evangelium rein gepredigt und die heiligen Sakramente laut dem Evangelium gereicht werden". Das ist die große Verheißung: Wir können gar nicht so viel falsch machen, als dass es die auf dem Evangelium Jesu Christi fußende Kirche nicht mehr geben würde. Aber es schadet natürlich auch nichts, zu versuchen, möglichst viel richtig zu machen. In aller Freiheit – und mit aller

[1] Vortrag bei den Bonner Gesprächen der EKD, 5. Februar 2010, in Bad Godesberg.

Verantwortung – zur Gestaltung der Kirche: Eben weil die Kirche ein Geschöpf des Wortes Gottes ist, gibt es keine sakrosankten Strukturen in der evangelischen Kirche. Es gibt noch nicht einmal jemanden, der sie für uns festlegen könnte, noch nicht einmal einen, auf den wir dann heimlich oder unheimlich schimpfen könnten, nach dem Motto: Die da oben ... So können wir über Mitgliederzahlen reden, unsere Gotteshäuser betrachten, uns großartig im Internet präsentieren und Ringelbeat tanzen, um großartig rauszukommen. Letztlich aber wird sich Christus und sein Evangelium durch unsere Kirchen und Konfessionen, durch unsere Ordnungen und unsere Unordnung, durch unsere Einrichtungen und unser Ausgerichtetsein, durch unsere Strukturen und unser Chaos immer einen Weg bahnen zu den Herzen der Menschen. Denn Gottes Wort wirkt, wann und wo es will, und kehrt nicht leer zurück (vgl. Jesaja 55,10). Nein, verhindern können wir das nicht. Aber wir sollten es vielleicht nicht unbedingt darauf ankommen lassen, dass sich das Wirken des Wortes Gottes gegen unsere Anstrengungen und neben unserer Kirche einen Trampelpfad einrichten muss, weil wir gerade mit anderem befasst sind. Und weil Freiheit ja großartig ist und zugleich immer auch ein Wagnis: Um es noch einmal mit den Worten aus dem Augsburger Bekenntnis, Artikel 7 zu sagen „Und es ist nicht zur wahren Einheit der christlichen Kirche nötig, dass überall die gleichen, von den Menschen eingesetzten Zeremonien eingehalten werden."

Die evangelische Kirche ist so von ihrem Selbstverständnis her eine „Kirche der Freiheit" – der Freiheit von unveränderlichen, gar heiligen Ordnungen, der Freiheit zur verantwortlichen Gestaltung. Und als solch eine „Kirche der Freiheit" ist sie ständig im Aufbruch, in Bewegung, in Unruhe – weil das Evangelium Jesu Christi, an dem sie sich alleine ausrichtet, dieses „Geschrei von der Gnade Gottes" (Luther), so bewegt und lebendig ist, dass sie beides haben darf: gut und vertraut im Alten zu sein und sich zugleich neu zu erfinden. Nicht um immer wieder von vorn anfangen zu müssen, sondern um neu anfangen zu dürfen.

Lassen sie mich Ihnen gerne zunächst etwas über die Rahmenbedingungen gegenwärtiger protestantisch-kirchlicher Entwicklung sagen, eine Art Karte zeichnen zur „kirchlichen Großwetterlage".

Danach versuche ich in einem zweiten Schritt, den Reformprozess der evangelischen Kirche in den letzten Jahren zu skizzieren.

Schließlich werde ich versuchen, Ihnen – aus meiner persönlichen Perspektive – einige vorläufige, fragmentarische Eindrücke von der hohen Kunst geben, Kirche zu reformieren.

Als eine Art „Hybrid-Person", die zugleich in der Welt der Kirche und der Welt der Politik tätig ist, ist mein Eindruck, dass Kirche und Politik viel von den Reformprozessen der anderen lernen können.

I. „Kirchliche Großwetterlage" – Trends und Rahmenbedingungen kirchlicher Entwicklung

Überblickt man die aktuellen „kirchen-klimatischen Verhältnisse", so kann man sagen: Heiter bis wolkig. Gemischte Wetterlage.

Zunächst zur heiteren Seite, die man manchmal bei dem Reden über Wandel, Bewegung, Veränderung allzu leicht übersieht. Wir leben in der evangelischen Kirche in Deutschland Anfang des 21. Jahrhunderts in so günstigen kirchlichen Verhältnissen wie zu kaum einer anderen Zeit und an kaum einem anderen Ort. Wir können heute in Deutschland, in Ost wie West, ungehindert und ohne Gefahr Gottesdienst feiern, das Evangelium verkündigen, in Diakonie, Seelsorge, Bildung und Medien öffentlich wirksam sein. Das ist – gerade wenn man die Situation vieler verfolgter Christen weltweit vor Augen hat – ein so hohes Gut, für das wir Gott gar nicht genug dankbar sein können. Als meine Mutter in den 50er Jahren in Gotha zur Schule ging, war das dort noch anders. Da wurden alle in die Aula bestellt und dann wurde gefragt, wer in die Junge Gemeinde gehe. Sie war eine von dreien, die dann kein Abitur machen durften. Sie wurde Zahnarzthelferin statt Zahnärztin. Bei mir war es schon leichter. Ich musste nur für einen Tag nach Hause gehen, weil das Kreuz, das ich zur Konfirmation bekommen hatte, angeblich zu groß war, um als Schmuck gelten zu können. Aber natürlich war in der DDR niemand vom Tod bedroht, weil er oder sie Christin war.

Heute haben wir einen riesigen geistlichen Schatz – angefangen bei denen, die sich aktiv in ihrer Kirche engagieren, im Haupt- oder im Nebenamt. Unterschiedliche Schätzungen gehen davon aus, dass zwischen einer und vier Millionen Menschen ehrenamtlich in der evangelischen Kirche tätig sind, davon alleine rund 120.000 Menschen im Gemeindevorstand oder Presbyterium, das heißt, sie sind Kirchenleitende. Wir haben über 20.000 theologisch gut ausgebildeter Pfarrerinnen und Pfarrer. Im weiten Feld der Diakonie arbeiten über 450.000 Menschen. Dazu kommen die Kirchenmusiker, Diakon, Lehrer, Küster, Sekretär. Ein weiterer Schatz liegt etwa in den vielen schönen und wertvollen Kirchen. In nahezu jedem Dorf in Deutschland finden Sie eine christliche Kirche, sei es nun von der evangelischen Kirche, von der katholischen Schwesterkonfession oder von beiden. Wir sind – wie Bischof Noack einmal speziell im Blick auf die Landeskirchen im Osten Deutschlands gesagt hat – „steinreich" an solchen Orten gelebten Glaubens, an „durchbeteten" Kirchräumen, die als „sprechende Steine" Zeugnis vom Evangelium ablegen.

Wir haben einen geistlichen Schatz an theologischen Erkenntnissen. Der Streit darüber, ob die Theologie eine Wissenschaft sei, der im Wissenschaftsrat geführt wurde, ist dabei eine spannende Herausforderung. Ich finde, wir sollten sie getrost, freudig und voller Energie aufnehmen, allein die Frage danach, was die Theologie von anderen Geisteswissenschaften unterscheidet, dürfte interessant sein. Aber gern auch die nach der Unterscheidung von einer Wissenschaft wie der Medizin, in der es doch immer wieder zu erkennen gilt, dass nicht alle Vorgänge biologisch oder chemisch zu erklären sind. Auch politisch spannend ist natürlich in diesem Zusammenhang die allgemein geäußerte Zustimmung zu der Idee, in Deutschland Imame auszubilden. Jedenfalls sind wir glücklicherweise auch reich an Bildungsorten: Kindertagesstätten, Religionsunterricht an öffentlichen Schulen oder insgesamt rund 1.000 evangelischen Schulen bis hin zu den theologischen Fachbereichen und Fakultäten an den Universitäten oder den eigenen kirchlichen Hochschulen.

Wir haben eine sehr gute ökumenische Beziehung zu anderen Kirchen, insbesondere auch zur katholischen Schwesterkirche im Land, die uns an vielen Stellen eng zusammen arbeiten lässt, etwa beim ökumenischen Kirchentag oder bei den unzähligen engen Kooperationen auf Gemeindeebene, eine vertraute und tragfähige Beziehung, die auch manche medial mal gern überinszenierte Spannung gut aushalten lässt.

Wir haben ein sehr gutes Verhältnis von Staat und Kirche, das von den Staatskirchenrechtlern mit dem unschönen Begriff der „hinkenden Trennung" bezeichnet wurde. In Deutschland weiß der Staat, dass er von Werten und Voraussetzungen lebt, die er selbst nicht schaffen kann. Und die großen Kirchen tragen mit ihrem vielfältigen Engagement im Bereich von Religion, Sozialwesen, Bildung oder Kultur wesentlich, verlässlich und gut zum Allgemeinwohl bei. So sind, um nur ein Beispiel zu nennen, das mich zur Zeit besonders beschäftigt, die Kirchen in vielen strukturschwachen ländlichen Räumen oft die einzigen verbliebenen Kulturträger, die öffentliche Räume bieten, ortsnahe Bildungs- und Hilfsangebote vorhalten und zu sozialer Identität und Integration beitragen. In vielen Kirchbauvereinen im säkularen Osten der Republik überwiegen die konfessionslosen Mitglieder. Die Beschreibung der heiteren Sonnenseite unserer kirchlichen Situation ließe sich noch weiter fortführen. Zum Schluss aber noch ein wichtiger Punkt, der hier auf keinen Fall fehlen darf: Wir befinden uns in der evangelischen Kirche gegenwärtig in einer Phase der geistlichen Neubesinnung und Vertiefung kirchlichen Lebens, die gesellschaftlich mit einer neuen Offenheit für religiöse Themen einhergeht. Die geistliche Neubesinnung der Kirche lässt sich exemplarisch etwa an den Themen der EKD-Synoden ablesen. In Leipzig 1999 wurde „Mission" – im weiten Sinne eines einladenden, ansprechenden Zeugnisses von der eigenen Lebensgewissheit – als „Herz- und Pulsschlag" allen kirchlichen Lebens herausgestellt. In Dresden 2007 wurde das Evangelisch-Sein der Kirche vor allem am Gottesdienst festgemacht, mit seinen wesentlichen Grundelementen von Gottesbegegnung, Lebenserneuerung und Gemeinschaft. Nicht, dass wir heute alle unbedingt frömmer wären oder mehr glauben würden als etwa in den stärker friedensbewegten, sozialethisch ausgerichteten 80er Jahren. Aber wir sprechen offener, intensiver von Glaube und Gott. Und das in einer Zeit, in der Religion ganz anders als früher auf der gesellschaftlichen Tagesordnung steht:

Pilgern ist zur religiösen Massenbewegung geworden, an der sich auch dezidiert Säkulare beteiligen; eine Boulevard-Zeitung gibt die Bibel heraus und in der – gerade auch durch die Begegnung mit dem Islam – die Frage nach den eigenen religiösen Wurzeln und dem spirituellen Sein neu gestellt wird. Aber auch die Suche nach Sinn, nach Ortsbestimmung, nach Orientierung und Spiritualität, die sich (noch?) nicht auf Kirchen richtet, ist ein Zeichen dafür, dass in einer scheinbar völlig durchökonomisierten Welt die Suche nach dem nicht Berechenbaren, nicht Aussprechbaren, Numinosen präsent ist. Die allgegenwärtige Frage danach, was den Menschen, uns, *eigentlich* glücklich macht, dürfte ebenfalls ein Ausdruck der Sehnsucht nach Sinn sein. Die These, dass Modernität und Säkularisierung miteinander einhergehen, zeichnete sich schon früher durch einen meist stark eurozentrischen Blickwinkel aus. Doch auch im Blick auf die bundesdeutschen Verhältnisse scheint diese Annahme m. E. mit deutlichen Fragezeichen besetzt. Die Vorbereitungen, die in Deutschland als „Stammland der Reformation" im Blick auf die großen 500-Jahr-Feiern 2017 und folgend stattfinden, sind wesentlich auch ein Akt der geistlichen Neubesinnung.

Nach so viel Sonne nun zu den Wolken. Die evangelische Kirche steht – in vielem ähnlich wie die römisch-katholische Schwesterkonfession – zugleich vor großen Herausforderungen. So sagt man das ja lieber, wenn man von schwierigen Entwicklungen redet.

Einige kurz umrissene Problemfelder: Wir verlieren jedes Jahr etwa um die 200.000 bis 300.000 Mitglieder. Das sind – einmal institutionell umgerechnet – rund 100 bis 150 Ortsgemeinden bei einer durchschnittlichen Gemeindegliederzahl von 2.000 Personen. Dieses Problem teilt sie mit anderen großen Institutionen wie Parteien oder Gewerkschaften und auch mit den sog. „mainstream churches" anderer Länder – was das Problem aber keineswegs geringer macht, im Gegenteil. Es zeigt vielmehr die strukturelle Abhängigkeit von Rahmenbedingungen, die nur zum Teil von ihr selbst zu beeinflussen sind.

Zwei Drittel dieses Mitgliederschwundes gehen dabei allein auf demographische Gründe zurück. Die evangelische Kirche ist – aufgrund der Kirchenaustritte früher Jahre – stärker überaltert als die Bevölkerung in Deutschland insgesamt – und dies vor allem in den ostdeutschen Landeskirchen. Selbst wenn wir in den kommenden Jahren kein einziges Mitglied durch Austritt verlieren würden – womit nicht zu rechnen ist – und wenn wir jedes Kind mit einem evangelischen Elternteil taufen würden – was wir derzeit nicht tun – und auch wenn wir die nicht unerhebliche Zahl von rund 60.000 Menschen dazurechnen, die jedes Jahr durch Erwachsenentaufen, Wiedereintritte oder Übertritte zur evangelischen Kirche dazukommen, selbst dann werden wir in den nächsten Jahren weiter schrumpfen. Einfach, weil die Überalterung in der Kirche so stark ist. Wir brauchen daher ein umso stärkeres Engagement für ein „Wachsen gegen den Trend".

Eine weitere Herausforderung besteht darin, dass die Familie als primärer Ort religiöser Sozialisation ihren Charakter verändert hat. Eltern und vor allem auch Großeltern spielen – wie Studien belegen – die bei Weitem wichtigste Rolle in der Weitergabe christlichen Glaubens noch weit vor allem, was später in Kindergarten, Kirche oder Schule vermittelt werden kann. Glaube lernt man als Muttersprache. Diese Sozialisationsinstanz fällt jedoch in vielen Fällen aus: weil es den Eltern an Sprachfähigkeit für den eigenen Glauben mangelt, weil die Großeltern zu weit weg sind, weil die Pluralität religiöser Prägungen in den Familien höher ist als früher oder weil man bei der zweiten oder dritten Eheschließung den erneuten Gang zur Kirche scheut. Auch wenn die Taufbereitschaft der Kirchenmitglieder nach eigenen Angaben insgesamt gestiegen ist, sprechen die zurückgehenden Tauf- und Trauzahlen in den letzten Jahren eine deutliche Sprache.

Mit den zurückgehenden Mitgliederzahlen verbinden sich dann auch rückläufige Finanzen. In dem Impulspapier „Kirche der Freiheit" (2006) gingen die Schätzungen für das Jahr 2030 von einem Drittel weniger Mitglieder und der Hälfte weniger Einnahmen aus. Gerade der Schwund von Mitgliedern im erwerbsfähigen Alter zeigt hier Wirkungen. Noch stärker wirkt sich aber die Abhängigkeit der Kirchensteuereinnahmen von wirtschaftlichen Entwicklungen, etwa der Arbeitslosenquote, und politischen Veränderungen insbesondere beim Steuerrecht aus. Jede große steuerrechtliche Veränderung lässt sich unmittelbar an den kirchlichen Haushalten ablesen – und an den kirchlichen Austrittszahlen, da die Kirchensteuer die einzige Steuer ist, die man freiwillig zahlt.

Zudem hat sich auf Grund des veränderten religiösen Umfeldes die Selbstverständlichkeit, mit der man früher, zumindest noch lange in der alten Bundesrepublik, in der Kirche war, geändert. Kirchenmitgliedschaft wird nicht länger einfach von den Eltern gleichsam „sozial ererbt", sondern im Laufe des eigenen Lebens zum Gegenstand bewusster Entscheidung. Die evangelische Kirche ist ein Anbieter neben anderen auf dem pluralen Markt religiöser Sinnangebote. Daran ist natürlich erst einmal etwas sehr positives, denn wir haben mehr bewusst Evangelische und weniger rein traditionelle Mitglieder.

Und endlich – um auch hier die offene Liste mit einem wichtigen Punkt zu beschließen – hat sich die Kenntnis christlicher Glaubensüberlieferung und die Vertrautheit religiöser Praxis massiv verändert. Der Pegelstand des „religiösen Verfügungswissens" ist gesunken, an manchen Stellen bis zur Notwendigkeit einer neuen Alphabetisierung. Ob biblische Geschichten, Kirchenlieder, Bekenntnisse, Gottesdienste: diese Texte und Riten leben davon, dass sie eingeübt, wiederholt, memoriert, meditiert, verinnerlicht werden. Die Schnelligkeit und die Bilderflut im „Tempodrom" der Massenmedien bieten nicht gerade günstige Bedingungen für die Vermittlung und Aneignung von christlichem Glauben. Glaube ist wie gute Poesie – es braucht Zeit, Ruhe und immer wieder neue Begegnung, ihn zu verstehen. Auch hier sei der Osten Deutschlands noch einmal in besonderer Weise erwähnt. Der Versuch der Entchristlichung hat auch dort, wo es um die Tradition von Kunst und Kultur ging, versucht, christliche Wurzeln und Bezüge zu eliminieren, soweit es eben ging. Es fehlt also ganzen Generationen regelrecht an christlichem Grund- und Allgemeinwissen, ganz jenseits von Glaubenserfahrungen und -bezügen.

II. „Kirche im Aufbruch" – Der Reformprozess in der evangelischen Kirche

Die von mir hier nur kurz umrissenen Chancen und Herausforderungen der evangelischen Kirche waren der Grund dafür, dass im Jahr 2004 eine Perspektivkommission beauftragt wurde zu überlegen, wie die evangelische Kirche im Jahre 2030 aussehen könnte, wenn sie sich als Kirche der Freiheit nicht einfach den Verhältnissen anpasst, sondern sich selbst neu denkt, Tradition in Zukunft verwandelt und ein Ort für Menschen auf der Suche bleibt und wird, eben der Ort, an dem Gottes Wort wirken kann. Heute kann man sagen, das Impulspapier „Kirche der Freiheit", das dann – im Juli 2006 – veröffentlicht wurde, hat gerade auch durch Wolfgang Huber als damaligen Ratsvorsitzenden soviel Bewegung und Aufbruch gesetzt, dass ich nur freudig staunen kann. Der Text führte zu einer sehr intensiven und kontroversen Diskussion über die Zukunft der Kirche – weil hier eine ganze Reihe strittiger Fragen angeschnitten worden ist, etwa nach der Qualität kirchlicher Arbeit, dem Gelingen des kirchlichen Föderalismus oder der Zukunft des Pfarramtes und des Ehrenamtes. Vor allem aber war der Text von seiner Gattung völlig ungewohnt und untypisch für die evangelische Kirche. Es gab harten Streit, wie könnte es anders sein, unter Protestanten, gerade weil – anders als in den sonst üblichen wohlformulierten kirchlichen Verlautbarungen, die möglichst viele integrieren und niemanden weh tun wollen – dieser Text durchaus provokant formuliert war: er wollte einen Impuls setzen, griff heiße Eisen auf, war gerade nicht mit den verschiedenen Interessens-Gruppen abgesprochen und so durchaus „anstößig". In der Politik macht man so etwas in der Regel höchstens einmal. Dann ist man entweder ganz oben oder draußen. Die EKD hat es sogar gewagt, daraus einen Prozess zu machen und sie hört nicht auf, darum zu werben, dass viele ihn mitgestalten und dass auf diese Weise Neue hinzukommen und Neues entsteht. 2006 wurden Zielvorstellungen formuliert, natürlich biblisch fundiert: Heute klingt das fast selbstverständlich und außerhalb kirchlicher Strukturen vielleicht sowieso. Es ging um:

- *Geistliche Profilierung statt undeutlicher Aktivität. Wo evangelisch draufsteht, muss Evangelium erfahrbar sein.*
- *Schwerpunktsetzung statt Vollständigkeit. Kirchliches Wirken muss nicht überall vorhanden sein, wohl aber überall sichtbar.*

- *Beweglichkeit in den Formen statt Klammern an Strukturen. Nicht überall muss um des gemeinsamen Zieles willen alles auf dieselbe Weise geschehen.*
- *Außenorientierung statt Selbstgenügsamkeit: Auch der Fremde soll Gottes Güte erfahren können, auch der Ferne gehört zu Christus.*

Die Auflagenhöhe von über 45.000 Druckexemplaren und über 400.000 Downloads im Internet macht deutlich, wie intensiv die Wirkung war und ist – von völliger Ablehnung bis zur begeisterten Aufnahme. Im Sinne einer „Blütenlese" möchte ich Ihnen nun aus dem bunten Strauß der konkreten Maßnahmen und Aktionen, die in diesem Prozess angestoßen wurden, einige schöne Blumen pflücken. Dabei sei vorweg gesagt, dass ich mich auf die Darstellung der EKD-Ebene, also der Bundesebene beschränke. Zeitgleich vollziehen sich vielfältigste engagierte Aufbrüche und Reformanstrengungen auf Gemeinde-, Kirchenkreis- und Landeskirchenebene, oft schon lange vor dem EKD-Papier, oft aber auch indem sie Impulse von dem Prozess aufgenommen haben.

Aus der Einsicht heraus, dass Konzentration das Geheimnis des Erfolges ist, fokussierte sich der weitere Prozess auf drei inhaltliche Hauptthemen: a) Qualitätssicherung besonders bei Gottesdiensten und Kasualien, b) missionarische Wendung nach außen, c) Leitung und Führung. Es war die begründete Annahme, dass in diesen drei Themen wesentliche Schlüssel für die weitere Entwicklung liegen. Bei dem ersten Thema ging es um die Frage: Was können wir dafür tun, dass jeder ganz normale Sonntagsgottesdienst und jede Bestattung so gestaltet, wahrgenommen und gepflegt werden, dass sie von möglichst vielen Menschen als ansprechend und einladend empfunden werden? Unsere Gottesdienste sind es schlicht wert, dass wir uns um eine möglichst intensive Pflege bemühen. Was überhaupt ein „normaler" Sonntagsgottesdienst ist, gilt es dabei noch zu beantworten. Mit dieser Frage hing zugleich das zweite Thema zusammen: Was können wir dafür tun, dass sich alle kirchliche Arbeit einladend an die Menschen richtet, an die, die noch nichts oder nichts mehr mit dem Evangelium anfangen können? In vielen kirchlichen Vollzügen, in unserer Sprache oder unseren Einstellungen haben wir uns schlicht noch nicht hinreichend darauf eingestellt, dass von uns durchaus einladendes Handeln und glaubensweckende Rede erwartet wird, dies aber in einer Sprache, die dem Leben verbunden ist und in der Sprache der Menschen verstanden wird, jener Menschen, die sich vom christlichen Glaube finden lassen wollen. Und das dritte Thema Leitung und Führung geht davon aus, dass nachhaltige Veränderung und Zielorientierung der Kirche sich nur vollzieht, wenn sie von der Leitung mitgetragen ist. In dem weiten Feld der Kultur, der Struktur und der Instrumente von Leitung besteht in der evangelischen Kirche Entwicklungsbedarf. Darin unterscheiden wir uns von anderen Organisationen nicht unbedingt, aber wir haben natürlich den großartigen Vorteil, dass wir nicht danach suchen müssen, worum es bei uns eigentlich geht. Wir brauchen keine inhaltliche Neubestimmung. Auch wenn Glaube und Zweifel Geschwister sind, ist das, worum es uns geht, eben nicht fraglich oder gar verfügbar. Christlicher Glaube und christliches Leben sind ein wunderbares Angebot an die Welt. Frieden, Gerechtigkeit, Bewahrung der Schöpfung, die drei großen Themen sind aus dem Evangelium heraus guter Grund, ihnen einen wunderbaren Ort zu geben, die Welt zu schmücken und die Leidenschaft der Menschen zu wecken.

Um dem Bemühen um Aufbruch und geistliche Erneuerung nicht nur einen Ort, sondern auch einen festen „Punkt in der Zeit" zu geben, bemüht sich die EKD zum einen um eine neue Profilierung des Reformationstages, das ist ungefähr dann, wenn überall ausgehöhlte Kürbisse herumstehen. Der Reformationstag ist einfach eine gute Gelegenheit deutlich zu machen, was es heute heißt, evangelisch zu sein. Und es ist ein guter Zeitpunkt auch zu zeigen, welche Menschen in besonderer Weise dazu beitragen, dass wir gut evangelisch sind. Dafür gibt es seit zwei Jahren die Martin-Luther-Medaille. Klaus-Peter Hertzsch hat sie bekommen, ein großer Nach-Erzähler biblischer Geschichten, und Richard von Weizsäcker, der nicht nur ein großer Präsident des Deutschen Evangelischen Kirchentages war, sondern vor allem ein großer Präsident der Bundesrepublik, der glaubwürdig gezeigt hat, was es heißt, öffentlicher Protestant zu sein. Und natürlich schauen wir auf das Jahr 2017 und bereiten das große Jubiläum vor, an vielen Orten, mit verschiedenen Themen und hoffentlich so viel Begeisterung und Hingabe, dass uns dann jeder abnimmt: die Freiheit, die wir zu feiern haben, ist eine wirkliche Freude und ein guter Grund dessen, was wir hinfort bewegen wollen.

Um Kirche als „lernende Organisation" zu stärken und die vielfältigen Schätze zu heben, die in der tagtäglichen kirchlichen Arbeit schlummern, hat die EKD eine Sammlung von Beispielen guter Praxis eingerichtet, die Sie im Internet unter der Adresse www.beispiele-guter-praxis.de finden. Jeden Monat werden hier zehn neue anregenden, innovative, qualitätsvolle Beispiele aus der Gemeindearbeit vorgestellt – und ich kann nur sagen: wenn Sie einmal wissen wollen, was es alles an guten Einfällen in der Kirche gibt, stöbern Sie einfach mal hier, es lohnt sich! Da findet sich etwa die Beschreibung eines Gottesdienstes für die Obdachlosen einer Stadt, die im letzten Jahr starben, oder die Schilderung eines Gottesdienstes am Heilig-Abend auf dem Friedhof für Menschen, die im letzten Jahr einen Angehörigen verloren haben. Und schon beim Lesen dieser Beispiele spüren Sie etwas von der hohen geistlichen Dichte dieser Arbeit. Diese Arbeit wird zur Zeit weitergeführt in einem Forschungsprojekt, das vom Bundesministerium für Forschung und Bildung gefördert wird und darauf zielt zu klären, wie sich das interaktive Web 2.0 nutzen lässt, um das Erfahrungswissen kirchlicher Praktiker stärker zu heben und zu vernetzen. Ab Pfingsten dieses Jahres wird es unter der Homepage www.geistreich.de freigeschaltet werden.

Eine gewisse Zäsur in dem bisherigen Prozess war eine Zukunftswerkstatt, die im September des letzten Jahres in Kassel stattfand. Hier wurde nach drei

Jahren des Prozesses einmal Zwischenbilanz gezogen: wo stehen wir, was haben wir erreicht, wo wollen wir hin. Rund 1.200 Multiplikatoren waren dazu eingeladen. Und es war eine höchst anregende Veranstaltung, auf der evangelische Kirche einmal ganz anders erlebt werden konnte: angefangen von einer Galerie guter Praxis, auf der sich hundert ausgewählte Projekte präsentierten, über Werkstätten, bis zu „Andachten anders" mit dem Versuch, Gottesdienst an ganz ungewöhnlichen Orten zu feiern (etwa im Gericht, in der Bank, im Kino oder als „Gospel To Go" im Einkaufszentrum) bis hin zu einem „Abend ausgezeichneter Ideen", einer Art kirchlicher Oskar-Nacht, bei der sich in der Verleihung von sieben ganz unterschiedlichen Preisen die Vielfalt kirchlicher Aufbrüche spiegelte. So fein und entspannt war evangelische Kirche bis dato kaum zu sehen.

III. Von der Kunst, Kirche in Bewegung zu halten

Sie merken bei meinem Erzählen: in der evangelischen Kirche ist wirklich zurzeit viel in Bewegung und ich bin froh und dankbar, als Präses der Synode und Vorsitzende der eben neu vom Rat eingesetzten Steuerungsgruppe für den Reformprozess hieran mitwirken zu können. Deswegen möchte ich abschließend einige vorläufige, unfertige Perspektiven schildern, die mir für den Fortgang einer „EKD in Bewegung" wichtig zu sein scheinen.

Dabei will ich beginnen mit einem lustigen Bild, das ich während der Zukunftswerkstatt in Kassel kennen gelernt habe. Eine Soziologin, eine junge Wissenschaftlerin, brachte folgendes Beispiel: Wenn man möchte, das ein Wackelpudding glitzert, glänzt und in Bewegung bleibt, dann muss der ab und zu einen Anstoß bekommen, d. h. man muss die Schale mit dem Wackelpudding nicht einfach so vor sich hin stehen lassen, sondern immer mal wieder anstoßen und in Bewegung bringen.

Ein bisschen so ist es auch mit der Kirche. Für solch einen Reformprozess, für eine EKD in Bewegung, gilt – ähnlich wie für den Kirchentag und seine Beweglichkeit: Er ist darauf angewiesen, dass es immer wieder neue Impulse gibt, Anstöße, auch Ärgernisse und Herausforderungen, an denen man sich reiben und wachsen kann. Viele von Ihnen wissen, dass ich gleichzeitig Präsidentin des Kirchentages 2011 in Dresden bin und wir auch dort die Frage haben, welche Elemente und Bausteine wir neu einfügen und neu entdecken sollen, damit der Kirchentag nicht zu einer Routine wird, sondern immer wieder Kirche in Bewegung bleibt. Dies ist die Stelle für die Werbepause: Lassen Sie sich herzlich einladen zum 2. Ökumenischen Kirchentag in München. Auch dort werden wir mit der Artoklasie, also mit dem gemeinsamen Essen an Tausenden von Tischen mitten in der Innenstadt Münchens, eine neue Form der Gemeinschaft zwischen den Konfessionen finden, ein ganz besonderes Erlebnis, von dem ich überzeugt in, dass es prägend sein wird. Hier ist Kirche sitzend in Bewegung, das ist nicht schlecht! Aber wie ist es für eine verfasste Kirche, wie ist es für die EKD, die ordentliche Strukturen hat und eine hinreichend starke Versäulung, eine Kirche, in der Zuständigkeitsfragen die zentralsten Fragen zu sein scheinen? Welche Anstöße, welche Impulse brauchen wir, um eine Kirche in Bewegung zu sein? Lassen Sie mich drei Punkte und einen Ausblick nennen:

1. Zuerst: Ich glaube, das Entscheidende und Wesentliche ist, dass wir wieder mehr Theologie wagen, und zwar wir alle, nicht nur die Universitäten oder die hochgebildeten Theologen, sondern wir alle, Sie und ich, wir, die wir versuchen, auf Gottes Wort zu hören, gut von ihm zu reden, die wir Psalmen beten, die wir uns morgens und abends an seine Gegenwart erinnern und in Liedern von ihm singen. Wir suchen eine Theologie, die sich gerade dadurch auszeichnet, dass sie ganz eng verbunden ist mit den Fragen des Lebens selbst, mit dem, was uns wirklich Mühe macht, mit dem, was das Herz berührt und die Hoffnung klein zu machen versucht. Dabei denke ich natürlich auch an viele gesellschaftspolitische Fragen, die uns bedrängen – von der gescheiterten Kopenhagen-Verhandlung über die Zukunft der Erderwärmung bis hin zu dieser abenteuerlichen Schuldenpolitik, die die neue Regierung betreibt.

Unsere Welt braucht Christen, die ehrlich und nüchtern sagen, was dran ist – auch auf das Risiko hin, dass sie sich irren. Der prophetische Gestus ist immer auch ein gefährdeter Gestus, aber ohne ihn ist die Welt um eine wichtige Stimme gebracht. Aber wir sollen auch mehr Theologie wagen am Krankenbett, in den Sterbehäusern, bei den Kindern, die unheilbar krank sind, bei den Weinenden und Beschwerten. Wir sollen Gottes Wort hineintragen in den Kummer dieser Welt, wir sollen seinen Trost, sein Licht stark machen dort, wo es dunkel ist. Denn ich bin davon überzeugt, wenn wir Gottes Wort und seine Barmherzigkeit hineintragen in das wirkliche, echte, dichte Leben, dann lernen wir neue Fragen kennen, neue Sehnsüchte, und das verändert auch unsere Theologie hin zur Lebenswissenschaft. Deswegen ist die protestantische Grundeinsicht, dass Theologie nicht nur an Pfarrerinnen und Pfarrer gebunden ist, sondern dass jeder getaufte Christ quasi ein Priester ist, so wertvoll und so wichtig. Nicht, weil die Theologen alle nichts taugen, sondern weil wir nur zusammen Gott aufspüren können in den Winkeln dieser Welt, in den Lebensräumen, die wir bewohnen und ihn dort bezeugen können, wo andere ihn gar nicht vermuten. Mehr Theologie wagen heißt für mich, die Schätze der Tradition, den Glanz der Glaubensaussagen auch in unserer Generation weiterzugeben, mitzuhelfen, dass wir den Wackelpudding auch an dieser Stelle zum Glitzern und Glänzen kriegen, hier, wo es um das Herz des Glaubens geht.

2. Wir brauchen eine gewisse Angstfreiheit und Loslasskultur von den Herausforderungen, vor denen wir stehen. Ich habe ja eingangs einiges von dem aufgezählt, was uns bevorsteht. Eine Herausforderung scheint mir in der Mitte zu stehen und gleichsam exemplarisch diejenige Aufgabe zu sein, an der sich auch ein Stück entscheiden wird, ob Zukunft gelingt oder nicht. Das ist

die sogenannte Kirche in der Fläche. Wir haben eine Fülle von Gemeinden, die sehr klein sind, die auf dem Land sind, wo uns Menschen vertrauen, die seit Jahrhunderten in ihren Dörfern und kleinen Städten evangelische Predigt gehört haben, die vieles für ihre Kirche getan haben und tun, und die plötzlich merken: Es entsteht die Gefahr, dass wir als Kirche es nicht mehr schaffen, in der Fläche bei den Menschen zu bleiben. Wir müssen kluge Wege finden, das Evangelium auch in dünn besiedelten Gebieten, in erschöpften Gegenden zu verkünden, auch wenn wir dafür wirklich neue Ideen und hohe Kreativität brauchen. Es ist dieses Dilemma, vor dem wir exemplarisch stehen: Während man in den Städten Aufgaben immer noch austauschen und kooperieren kann, ist die Kirche in der Fläche eine Kirche, die gute Wege finden muss, bei den Menschen zu bleiben, ohne die Pastorinnen und Pastoren, die Katecheten und Katechetinnen, die Diakone und Kirchenmusiker zu überfordern und heimatlos zu machen, weil sie nicht nur für eine oder zwei oder drei Gemeinden zuständig sind, sondern für 12, 15, 17. Ich glaube, der Protestantismus muss all seine Intelligenz und seine Pfiffigkeit in diese Fragestellung stecken, denn wenn uns nichts Überzeugendes für die Kirche in der Fläche einfällt, dann wird es auch an anderen Orten schwierig.

3. Jede Bewegung in der Kirche braucht Menschen, die sie tragen. Menschen, die Lust haben, auch Risiken einzugehen, die neue Wege ausprobieren, die ermutigt sind und andere ermutigen können. Das Impulspapier hat damals von dem Pfarrer als dem Schlüsselberuf unserer Kirche gesprochen. Wir hatten alle erwartet, dass daraufhin viel Empörung bei den anderen Berufen in unserer Kirche entsteht, also bei den Diakonen, bei den Kirchenmusikern und Küstern. Aber nein, es war genau anders herum: diejenigen, die sich am lautesten beschwert haben, waren die Pfarrer selbst, weil sie sich überfordert und beansprucht fühlten. Wie kommt das eigentlich? Wir haben ganz zweifellos Herausforderungen auch in der Motivation, in der Ermutigung unserer Pfarrerinnen und Pfarrer. Das Verhältnis zwischen der Kirchenleitung und diesem Schlüsselberuf ist noch nicht rundum vertrauensvoll und gut. Wir müssen einen gemeinsamen Weg finden, um gerade diesen Berufsstand in unserer Kirche nicht als einzigen, aber doch als einen sehr wichtigen Berufsstand zu gewinnen für die Herausforderungen, in denen sich unsere Kirche befindet. Man kann nicht ohne die Pfarrerinnen und Pfarrer eine Kirche in Bewegung halten. Wir wollen sie gewinnen, und zwar mit dem Herzen, nicht durch obrigkeitliche Festlegung und ausschließliche Zielvereinbarungen. Das würde auch gar nicht zu uns passen. Es sind nicht nur ein paar einzelne von ihnen, die große Lust haben, an den Veränderungen mitzuwirken. Sie tun es längst, da wo sie sind und ohne großes Tamtam darum zu machen. Diesen Schatz müssen wir heben. Und zugleich müssen wir die, die sich erschöpft und überfordert fühlen, von immer wieder Neuem mitnehmen. Unser Reformprozess kann nur dann erfolgreich sein, wenn er für die, die ihn gestalten, am Ende Erleichterung bedeutet, Begeisterung und Zukunftsgewissheit und nicht Last

und Beschwernis. Das ist noch ein gutes Stück Arbeit. Und ich glaube, dass die ehrenamtlich Engagierten, die von den Kirchenvorständen bis zum Rat der Evangelischen Kirche in Deutschland als Laien aktiv mithelfen können, diese Bewegung zu gestalten, sie haben eine ganz wichtige Funktion der Ermutigung, der Entkrampfung, auch der Entspannung zwischen den verschiedenen Hierachieebenen. Hier gilt es neue Ideen zu entwickeln.

Ausblick

Zu jeder Kirche in Bewegung gehört eine doppelte Bewegung: Einmal die geistliche Konzentration und dann die Wendung nach außen. Wir müssen ein Selbstbewusstsein dafür gewinnen, wer wir sind, was wir können und wozu uns Gott berufen hat. Und gleichzeitig brauchen wir eine tiefe, leidenschaftliche Neugier auf die, die noch nicht oder nicht mehr zu uns gehören, die sich von der Kirche abgewendet haben, aus welchen Gründen auch immer. Wer die Welt nicht kennen lernen will und die Menschen in ihrer Größe und Grenze nicht mit aller Neugier und Aufmerksamkeit betrachten will, der kann kein guter Pfarrer, keine gute Pfarrerin sein. Und eine Kirche, die sich nicht nach außen wendet und die anderen kennen lernen möchte, die anderen Religionen, die anderen Weltanschauungen, auch diejenigen, die ohne jede Weltanschauung leben, eine solche Kirche vernachlässigt die Bewegung, die Gott selbst unternommen hat mit seinem Sohn, den er auch in die Fremde, in die Weltlichkeit gesandt hat. Denn das glaube ich schon: Im Kern ist unser Glaube ein wunderschöner Segen Gottes. Er gehört zu den grundlegendsten, schönsten und wichtigsten Dingen, die ich in meinem Leben kennen gelernt habe. Welch ein Reichtum, welch ein Staunen über Gottes Gegenwart, welch eine Weite, die sich dem Herzen öffnet und den Geist frei macht. Es gibt so etwas wie eine Schönheit des Glaubens, einen Glanz, ein Licht, das uns zu aufrechten, fröhlichen, liebensfähigen und liebenswürdigen Menschen macht. Eine Kirche in Bewegung, dazu gehören Menschen, die lachend, aufrecht, selbstbewusst und dankbar von Gottes Güte reden, seien diese Menschen nun in der verfassten Kirche der EKD oder im Kirchentag engagiert: Kirche in Bewegung, in Bewegung hin zu Gott, weil dieser immer schon in Bewegung zu uns ist.

Ein guter Gottesdienst ist, wenn ...

Perspektiven für eine Qualitätsentwicklung im Gottesdienst

Folkert Fendler

Ein guter Gottesdienst ist, wenn ...

Menschen suchen Gottes Güte. Gott schenkt Menschen seine Güte. Beides geschieht im Gottesdienst, mit beiden ist eigentlich alles gesagt, was theologisch über die Qualität von Gottesdiensten zu sagen ist. Jeder Gottesdienst ist ein Begegnungsgeschehen zwischen Gott und Mensch. Ein guter Gottesdienst ist einer, in dem Gott und Mensch sich finden. Ein guter Gottesdienst ist einer, in dem der Mensch Gottes Güte erfährt, darstellt, feiert, lobt, in dem er von ihr berührt wird und sich durch sie erneuern lässt. Gottes Güte ist so verstanden die entscheidende „qualitas" Gottes (lat. *qualitas*: Beschaffenheit). An dieser *qualitas* Gottes muss sich die *qualitas* des Gottesdienstes in erster Linie messen lassen.

Die theologische Grundlegung des Gottesdienstes ist die Basis aller Qualitätsarbeit am Gottesdienst, besonders auch die sorgfältige Unterscheidung von Gottes Werk und Menschenwerk *(opus dei* und *opus hominum)*, also von dem, was in den Bereich der Bemühungen von Pastorinnen und Pastoren und aller für den Gottesdienst Verantwortlichen fällt, und was unverfügbares Geschehen des Heiligen Geistes bleibt (pneumatologischer Vorbehalt). Mit der Einsicht in die Notwendigkeit solcher Unterscheidung einher geht die Erkenntnis der Unmöglichkeit, Gottes- und Menschenwerk klar auseinanderzuhalten. Der selber Mensch geworden ist, um unter den Menschen sein Werk zu tun, wirkt auch heute nicht, ohne Menschen immer wieder einzubinden. Wer als Kind Gottes unter der Verheißung des Heiligen Geistes Gottesdienst feiert, kann der noch sagen, welcher Teil seiner Worte, Gesten, seines Auftretens und seiner Ausstrahlung ihm selbst, welcher aber dem Wirken Gottes zuzuschreiben ist (inkarnatorischer Vorbehalt)? Pneumatologischer und inkarnatorischer Vorbehalt treten in Spannung zueinander und ergänzen einander zugleich. Wer Gottesdienst feiert, tut dies am besten in einer Weise, als hinge alles von ihm ab, von der Sorgfalt seiner Vorbereitung, von seiner Zugewandtheit zum Leben und seinem Gehorsam gegenüber Gottes Wort. Er tut es zugleich am besten in der Weise, als hinge nichts von ihm ab, im klaren Bewusstsein und Vertrauen, dass das Entscheidende nur Gott geben kann, dass er in Gelingen und Misslingen von Gott selbst in den Dienst genommen wird.[1]

---

[1] Vgl. auch das Barthsche Diktum: „Wir sollen als Theologen von Gott reden. Wir sind aber Menschen und können als solche nicht von Gott reden. Wir sollen Beides, unser Sollen und unser Nicht-Können wissen und eben damit Gott die Ehre geben."

Aufgabe des Zentrums für Qualitätsentwicklung im Gottesdienst

Auf dieser paradoxen Basis nimmt das Zentrum für Qualitätsentwicklung im Gottesdienst innerhalb der Schar der schon seit langem an Gottesdienstqualität Arbeitenden mit Neugier, Staunen, Wertschätzung, aber auch nicht ohne Lust an heilsamer Provokation seine spezifische Mission wahr: die Sammlung und Sichtung, die Analyse und Reflexion, die Kommunikation und Vernetzung von Instrumenten zur Qualitätsentwicklung im Gottesdienst. Es geht ihm darum, wahrzunehmen, mit welchen Mitteln und Methoden landauf, landab bereits die Qualität des Gottesdienstes weiter entwickelt wird, und die Erfahrungen, die damit gemacht werden, zu systematisieren und auszuwerten, sie für andere fruchtbar zu machen. Das Zentrum arbeitet damit an einer Schnittstelle von wissenschaftlicher Theologie, Fortbildungsbetrieb und gottesdienstlicher Praxis vor Ort. Es bewegt sich gewissermaßen auf einer Metaebene, auf der Prozesse beobachtet und analysiert werden, aber auch Impulse gegeben werden, Neuartiges zu erproben. Das Zentrum hat anders als das Wittenberger Predigtzentrum nicht die Hauptaufgabe, den Fortbildungsbetrieb zu ergänzen.

Laufende Projekte

Derzeitige Hauptmaßnahme des Zentrums für Qualitätsentwicklung im Gottesdienst in Hildesheim (Stand 2010) ist die Durchführung von ca. *einjährigen Kirchenkreismodellprojekten* mit ausgewählten Kirchenkreisen verschiedener Landeskirchen. Dabei handelt es sich um innovative, modellhafte Projekte zur Steigerung der Gottesdienstqualität, die entweder von den Kirchenkreisen selbst entwickelt oder durch das Zentrum angeregt werden. Modellkirchenkreise aus etwa drei Viertel der Landeskirchen haben sich gemeldet, mit den meisten befinden wir uns derzeit in der Vorbereitungsphase, einige haben schon die Arbeit aufgenommen („Gemeinsam wachsen im Gottesdienst" in Mosbach, Baden; „Querschnittsvisitation Sonntagsgottesdienst" in einer lutherischen Klasse der Lippischen Landeskirche, „Visitation von Taufgottesdiensten" in einer reformierten Klasse der Lippischen Landeskirche, Westfälische Kirche, „Gottesdienststruktur in dünn besiedeltem Raum" in Köthen, Anhalt, „Schwerpunktjahr Gottesdienst" in Celle, Hannover). – Das Zentrum begleitet die Projekte, wertet sie aus und vernetzt sie.

Die Diagnose von „Kirche der Freiheit" hinsichtlich der mangelnden Gesprächskultur aufnehmend („Schweigegebot" über unseren Gottesdiensten), ist ein Querschnittsthema der inhaltlichen Arbeit die Stärkung *gottesdienstlicher Feedbackkultur*. Dazu wurde eine Sammlung von Feedbackmodellen begonnen und werden entsprechende Feedbackregeln sowie dazugehörige Fortbildungsmodule entwickelt und erprobt (Herausgabe einer Feedbackbroschüre).

Voraussetzung jeder Gesprächskultur von Gottesdiensten ist dabei die Bewusstmachung der Beuteilungsmaßstäbe. So spielt die Erarbeitung von *Kriterien der Gottesdienstqualität* und ihrer Messbarkeit sowie möglicher Betrachtungs- und Beurteilungsdimensionen eine wichtige Rolle. Diese werden im Dialog mit Vikarsleitern, Lektorinnen, Mitarbeitern von Predigerseminaren und Visitatorinnen ständig verfeinert und weiterentwickelt. Im Anschluss an eine Tagung zur Theologie der Qualität unter Beteiligung von Mitarbeiterinnen von Gottesdienstarbeitsstellen und Hochschullehrern der Praktischen Theologie bildete sich eine Arbeitsgruppe, die das Thema der Gottesdienstqualität unter theologischen Gesichtspunkten vorantreiben will. Sie beabsichtigt, ein Handbuch von Perspektiven zur Betrachtung und Beurteilung von Gottesdienstqualität für Aus- und Fortbildungszwecke, aber auch für den gestalterischen Gebrauch herauszugeben.

Die Eröffnungstagung des Hildesheimer Zentrums im Februar 2010 unter dem Titel „Gottes Güte und menschliche Gütesiegel" nahm mit dem Motto „Von Anderen lernen" einen Faden auf, der schon vor Einrichtung des Zentrums im Rahmen des Reformprozesses zu spinnen begonnen wurde und auch künftig eine wichtige Rolle spielen wird. In ihm steht die Beschäftigung mit dem *außerkirchlichen Qualitätsmanagement* im Vordergrund. Das Zentrum tritt damit in die Debatte um die Frage der Ökonomisierung der Kirchen ein und lotet mit Hilfe einer Arbeitsgruppe aus Theologen und Ökonomen aus dem QM-Bereich („Qualitätszirkel"), die sich im Anschluss an die Eröffnungstagung bildete, Chancen und Grenzen der Übertragbarkeit von Qualitätsinstrumenten und Perspektiven aus diesem Bereich für den Gottesdienst aus. Nach ersten Erfahrungen der Übertragung von zunächst überraschenden Unterscheidungen etwa aus dem Dienstleistungsbereich (Grund-, Leistungs- und Begeisterungsfaktoren) auf den Gottesdienst wird deutlich, dass hierin ein großes kreatives Potential steckt, das neue Kräfte und Ideen freisetzt. Gottesdienstverantwortliche zeigen sich solchen Zugängen gegenüber aufgeschlossen, wenn die theologische Basis (s.o.) gelegt ist, und wenn deutlich wird, dass es nicht um eine Vereinheitlichung der Gottesdienstpraxis nach vorgegebenen Normen und Standards geht. – Für das kommende Jahr (2011) wird das Thema „Von Anderen lernen" durch eine Tagung mit Vertretern der Qualitätsentwicklung im diakonischen Bereich weitergeführt.

Ein eigenständiges Projekt ist die Sichtung und Analyse eines der ältesten Qualitätsinstrumente der Kirche, der *Visitation*. EKD-weit sichten wir derzeit die Visitationsordnungen und deren Praxis. Die Visitation speziell des Gottesdienstes wird in den Blick genommen. Es zeigen sich eine große Vielfalt und ebenso große Unterschiede im Grad, wie Gottesdienste visitatorisch wahrgenommen werden. Insbesondere die Kasualien, trotz ihrer volkskirchlich so hohen Bedeutung, werden kaum berücksichtigt. Nach Abschluss der Analysen ist eine Vernetzungstagung mit Vorstellung der Ergebnisse geplant.

Qualität und Quantität

Das erste Leuchtfeuer der Impulsschrift „Kirche der Freiheit" wünscht sich eine Steigerung des Gottesdienstbesuchs von derzeit vier auf zehn Prozent und bleibt damit um 90 % hinter dem Missionsbefehl zurück („*aller* Kreatur"). Hierin äußert sich der unaufgebbare Wunsch, möglichst viele Menschen für das Evangelium zu erreichen. Die Gefahr allerdings ist ein hohes Frustrationspotential, wenn hohe, rein quantitative Ziele gesteckt werden. Das Zentrum für Qualitätsentwicklung im Gottesdienst setzt dagegen, ohne die auch qualitative Bedeutung einer großen Gottesdienstgemeinde gering zu schätzen und die Sehnsucht nach vollen Kirchen aufzugeben, zunächst stärker auf die Vernetzung vorhandener Gottesdienstkompetenzen etwa durch kollegiale Hospitation und Gottesdienstberatung, auf Schärfung der Binnen- und Fremdwahrnehmung unserer Gottesdienste und eine Stärkung der Gesprächskultur des Wahrgenommenen. Zentral bleibt die Motivation und Wertschätzung derer, die für den Gottesdienst verantwortlich sind. Hier kommt von unerwarteter Seite Schützenhilfe: Der Kundenbegriff im modernen Qualitätsmanagement hat alle „interessierten Parteien" im Blick. Er bewahrt davor, allein den sog. „Gottesdienstbesucher" und seine Wünsche absolut zu setzen. Kundenorientierung fragt heute ebenso selbstverständlich nach Mitarbeiterzufriedenheit und für unseren Kontext ergänze ich ohne Zögern: nach Gotteszufriedenheit.

Neue Formen von Predigt und Verkündigung

Alexander Deeg

Die Suche nach „neuen Formen von Predigt und Verkündigung“ ist, gemäß der Konzeption des Zentrums für evangelische Predigtkultur in Wittenberg, eine seiner Aufgaben. „Neue Formen von Predigt und Verkündigung“ – das klingt interessant und gefährlich zugleich. Interessant, weil es natürlich immer neue Formen geben wird und geben muss. Wenn evangelische Verkündigung mitten hineingehört in die Zeit, in der wir leben, kann es gar nicht anders sein, als dass sich auch Predigt und Verkündigung mit der Zeit wandeln. Gefährlich erscheint die Formulierung, weil sie so klingen kann, als sollten und wollten wir versuchen, dem (vielfach apostrophierten und selten genauer identifizierten) „Zeitgeist“ hinterherzulaufen, und als ginge es darum, unter mehr oder weniger radikaler Absehung vom Inhalt der Verkündigung nach irgendwie innovativen Formen Ausschau zu halten. Damit die Kirche bunter, peppiger, auffälliger daherkommt – und wir in dem vielfältigen Getümmel der Medienlandschaft nicht untergehen.

Es ist evident, dass Letzteres nicht gemeint sein kann. Form und Inhalt gehören untrennbar zusammen. Das ist die Grunderkenntnis jeder ästhetisch arbeitenden Theologie, und es ist eine Selbstverständlichkeit des Lebens, die wir tagtäglich erfahren. Was ich sagen will, ist vom Wie nicht zu trennen. Und so kann es auch bei „neuen Formen von Predigt und Verkündigung“ nicht um Effekthascherei gehen oder um kurzfristige Events, sondern einzig darum, die Chance der Predigt auch unter neuen Bedingungen zur Geltung zu bringen.

I. Ein Loblied der „alten Predigt“

Darum gilt es, der „alten Predigt“ zunächst einmal ein großes Loblied anzustimmen! Ihre Leistung ist erstaunlich und ihre Möglichkeiten sind nach wie vor groß. Dass Sonntag für Sonntag rund eine Million Menschen in Deutschland eine evangelische Predigt „live“ hören, erscheint beachtlich. Und man könnte durchaus auch einmal etwas großspurig formulieren und sagen: Die Predigt (nicht nur die evangelische, sondern quer durch die Konfessionen und Religionen!) ist die einzige Form, in der Menschen hierzulande regelmäßig einer Kultur der öffentlichen Rede begegnen. Einer Rede von Frauen und Männern, die für das Gesagte persönlich einstehen, die im Vorfeld mit viel Mühe an ihren Worten arbeiten und dann auf der Kanzel das Beste daraus machen.

Seit der Antike pflegten Menschen die Kunst der öffentlichen Rede in ihren Spielarten der Festrede, Gerichtsrede und politischen Rede. Und spätestens seit der Reformation wurde die antike Rhetorik wieder entdeckt und für die neue Gestalt der evangelischen Predigt fruchtbar gemacht. Die Schönheit und Schwierigkeit, die Last und Lust der öffentlichen Rede – darüber wussten schon die alten Rhetoriker eine Menge zu sagen. So beschreibt Cicero einmal die Bürde, die auf dem Redner liegt. Es gelte, „sich ein Wissen von sehr vielen Dingen anzueignen, ohne das die bloße Wortgewandtheit leer und lächerlich erscheint, der Rede selbst nicht nur durch die Auswahl der Worte, sondern auch durch ihre Fügung die rechte Form zu geben und alle Regungen des Herzens, die die Natur den Menschen gab, genau zu untersuchen [...]. Dazu gehört noch ein gewisser Charme und Witz, Bildung, die eines freien Mannes würdigt ist, sowie Schlagfertigkeit und Kürze [...], mit der sich feine Anmut und Eleganz verbindet" (De oratore, Stuttgart 2006, S. 51). – Predigerinnen und Prediger wissen, wovon Cicero spricht, und kennen das hohe und anstrengende Erwartungsprofil durchaus, das er für den antiken Redner entwirft. Diese Anstrengung aber ist nur die eine Seite der Medaille. Ihr korrespondiert die Chance der öffentlichen Rede.

Medienwissenschaftler nehmen schon seit Jahren wahr, dass die Zunahme der Mediennutzung zwar keineswegs zu einem Verschwinden von zwischenmenschlicher Kommunikation führt (ganz im Gegenteil!), aber dass eine Weise der Kommunikation zunehmend weniger wird. Kurz und neudeutsch nennen Forscher sie „f2f", ausgeschrieben: „face to face". Menschen begegnen anderen, sehen sich in die Augen, finden Sprache in dieser Situation. Von Angesicht zu Angesicht, vom Ich zum Du!

Predigt pflegt diese „direkte" Kommunikation von Angesicht zu Angesicht – und allein schon dies ist Grund genug, sie zu loben und keineswegs vorschnell nach „neuen Formen" zu rufen.

II. Ein Blick auf gegenwärtige Herausforderungen für die Gestalt der Predigtrede

Dennoch stehen wir vor Herausforderungen – und mit ihnen (das macht den Reiz der Herausforderung aus!) vor Chancen. Drei deute ich an.

1. Die Dialogizität der Predigt

Das Wort „Homiletik", das seit dem 17. Jahrhundert für die Predigtlehre verwendet wird, beinhaltet nach wie vor eine eminente Provokation. Es stammt von dem griechischen „homilein" – ein Verb, das „reden", aber vor allem auch „sich unterreden/sich unterhalten" bedeutet und damit von vornherein auf Wechselseitigkeit und Dialog angelegt ist.

Zugegeben: Das ist nicht das erste, woran man denkt, wenn ein Charakteristikum der (evangelischen) Predigt (im europäischen Kontext) vorgelegt werden soll. Da gilt Predigt als die Form monologer Rede schlechthin – bis hin zu der alltagssprachlichen Abneigung dagegen, „angepredigt" zu werden. Und auch die rezeptionsästhetische Perspektive, wonach jede Predigtrede immer vielfältige und bunte Höreindrücke vermittelt und *so* aus der einen Predigt im Prozess des Redens und Hörens immer die vielen verschiedenen Predigten werden, darf nicht dazu führen, die Provokation des Begriffs „homilein" leichtfertig zu überspringen.

In den 1960er und 70er Jahren war eine ganze Predigtbewegung im deutschsprachigen Bereich dazu angetreten, die klassische monologe Verkündigung aufzubrechen. Hans-Wolfgang Heidland schrieb 1969: „Die junge Generation stößt sich an dem langen Monolog des Talarträgers hoch auf der Kanzel über der schweigenden, nicht einmal zu Applaus und Zwischenrufen ermächtigten Gemeinde, die sehnsüchtig, aber geduldig auf das Amen wartet, dieses wieder nicht von ihr gesprochen, sondern vom Pfarrer" (Das Verkündigungsgespräch, Stuttgart 1969, S. 19). Die Begriffe „Dialogpredigt" oder „Verkündigungsgespräch" waren in aller Munde. Predigten, die nicht länger nur von einem Pastor gehalten werden, sondern mit Beteiligung anderer, sollten Predigt für die Welt mit den unterschiedlichen Erfahrungen, die Menschen machen, öffnen. Freilich zeigte sich in der Praxis nicht selten, dass Dialogpredigten faktisch nicht mehr waren als Monologe, die nun auf zwei oder mehr Sprecher aufgeteilt wurden. Auch gelang es nicht immer, das Expertengefälle zu überwinden: Gemeindeglieder dürfen (echte oder mehr oder weniger rhetorische) Fragen stellen, die die Pfarrer dann beantworten.

Vielleicht waren es diese Probleme, die dazu führten, dass es still geworden war um die Herausforderung dialogischer Verkündigung in den vergangenen Jahren. Nun aber zeigt sich neues Interesse an dieser alten homiletischen Frage. Ein genuin evangelisches Interesse, wie ich meine. Denn nach wie vor gilt es, auch für den Bereich der Predigtrede einzuholen, was „allgemeines Priestertum aller Getauften" heißen könnte. Ich verweise nur auf zwei Beispiele, die zeigen, dass es sich allemal lohnt, an der Frage zu bleiben:

a) Mit dem „Bibliolog" liegt gegenwärtig wohl die entschiedenste Form vor, die Predigtrede (und nicht nur diese) als echtes Gespräch mit der Gemeinde im Sprachraum eines biblischen Textes zu gestalten. Verkürzt und vereinfacht gesagt werden einzelne Verse eines biblischen Textes verlesen, woraufhin der Leiter/die Leiterin des Bibliologs ein Rollenangebot aus dem biblischen Text oder seinem Umfeld vorstellt: „Du bist Petrus. Was geht dir jetzt durch den Kopf?" Die einzelnen Stimmen aus der Gemeinde werden nicht kommentiert, sondern bleiben für sich stehen. Dieses Verfahren erinnert an den jüdisch-rabbinischen Midrasch, in dem ‚Leerstellen' der Bibel auf unterschiedliche Weise und mit vielen unterschiedlichen Auslegungen gefüllt werden. Die Erfahrung dabei: Die Bibel wird nicht ärmer, sondern im Gegenteil immer reicher, je mehr unterschiedliche Stimmen zur Auslegung beitragen. Auch nach dem Ende des Bibliologs folgt keine zusammenfassende ‚Predigt'. In aller Regel beschließt lediglich eine nochmalige Lektüre des gesamten biblischen Textes die Bibliolog-Sequenz im Gottesdienst.

b) das Gottesdienstinstitut Nordelbien entwickelt derzeit ein Modell, das sich „Gottesdienst mit Lebensexperten" nennt. Unterschiedliche Menschen aus der Gemeinde (oder anderen Kontexten der Gesellschaft) mit einem spezifischen Hintergrund ergreifen im Gottesdienst das Wort. In der kurzen Darstellung einer Fortbildung zu diesem Gottesdienstmodell heißt es: „Nicht nur Erfahrungen in der Predigt zitieren, sondern sie selbst vorkommen lassen durch die, die sie hatten. Beispiel: Hebamme, Sozialamt-Mitarbeiterin und Kinderarzt erzählen aus ihrem Blickwinkel zu Weihnachten darüber, wie Menschen in unserem Land zur Welt kommen und wie sie empfangen werden. Der liturgische Rahmen ist der eines normalen Gottesdienstes. Die Predigt entsteht durch die verschiedenen Berichte – eine Collage zu einem Themenfeld, die Verbindungen zwischen Wirklichkeit und Spiritualität wahrnimmt. Diese Collage enthält auch Musik und einfache theatrale Elemente. Ansatz dieses Projekts ist: das normale Leben dient nicht als Beispiel für die Theologie, sondern die Theologie dient dem Leben. Je genauer sie hinschaut, desto inspirierter wird sie sprechen."

Gegenüber bisherigen Versuchen liegt das Besondere dieses Projekts in zwei Aspekten: 1. Die Lebenserfahrungen von Menschen dienen nicht als eine Art Anspiel für eine später dann zu haltende Predigt, die das „Eigentliche" der Botschaft nochmals betont. Nein, die Worte und Erzählungen, Fragen und Berichte der Lebens-Experten sind die Predigt, die ohne weitere erläuternde Worte auskommt. Freilich: Die Worte der Lebens-Experten finden ihren Ort im liturgischen Ganzen des Gottesdienstes. Lieder und Gebete, biblische Lesungen, Psalmen und der Segen gehören dazu und bilden geprägte und von der Tradition des Glaubens bestimmte Texte, die mit den Texten aus dem Leben interagieren. 2. Die Lebens-Experten beziehen sich nicht unmittelbar dialogisch aufeinander. Keine und keiner muss den Faden des anderen aufnehmen und weiterspinnen. Es entsteht nicht ein Ganzes, sondern eine Collage, die eine große Offenheit der Rezeption bietet.

2. Die politische Relevanz der Predigt

Das Jahr 2010 begann mit einem homiletischen Paukenschlag. Margot Käßmann predigte an Neujahr in Dresden, und ein Satz aus dieser Predigt erreichte bundesweite Berühmtheit und führte zu einer engagierten (und notwendigen!) politischen Debatte: „Nichts ist gut in Afghanistan!" Verstärkt durch die Aufmerksamkeit der Medien war politische Predigt plötzlich wieder ein Thema. Vorher war es um sie über viele Jahre eher still geworden. Und es gilt damit für die politische Predigt Ähnliches wie für die „dialogische".

Im Juni 2010 konnten wir Charles Campbell, Professor für Homiletik an der Duke University in North Carolina, in Wittenberg zu einem Seminar über „Politische bzw. Prophetische Predigt" begrüßen. In den USA wird dieses Thema seit einigen Jahren wieder intensiver diskutiert, nachdem dort viele Jahre lang vor allem ästhetische und formal-homiletische Fragestellungen die Diskussion bestimmt hatten. Die Herausforderung der Bush-Administration, die sozialen Verwerfungen im eigenen Land und die Kriege in der Welt führten dazu, dass sich viele Kirchen ihrer politischen Aufgabe neu bewusst wurden (auch vor dem Hintergrund eines neu erstarkten politisch-religiösen Fundamentalismus!). Campbell tauchte dazu tief ein in die Geschichte *der* politischen Predigt und landete bei Paulus und seiner Überzeugung von der „Torheit" des Wortes vom Kreuz im Gegenüber zur Weisheit der Welt (vgl. 1. Korinther 1,18–31). Er zeigte Spuren aus der Geschichte der Kirchen, in denen einzelne dieser „Torheit" in ihrer Predigt Gestalt verliehen – bis hin zu der Bewegung der „naked street preachers", derjenigen, die bewusst nackt auf die Straße gingen und die Andersartigkeit der Botschaft des Evangeliums gegen jede ‚Bürgerlichkeit' zur Schau stellten.

Die Notwendigkeit zu einer Demaskierung der (christlichen) Gesellschaft erkannte z. B. auch Sören Kierkegaard vor rund 150 Jahren. Er wunderte sich über eine Kirche in Dänemark, die sich so kompromisslos und unangefochten in die bürgerliche Gesellschaft integriert hatte. Einmal schrieb er über den „modernen Geistlichen", dieser sei „ein flotter, gewandter, geschwinder Mann, der äußerst leicht, in einer schmucken Sprachform, mit einem kleidsamen Wesen usw. ein wenig Christentum anzubringen weiß, aber so leicht, so leicht wie möglich. Im neuen Testament ist Christentum die tiefste Wunde, die einem Menschen beigebracht werden kann, nach dem furchtbarsten Maßstab darauf berechnet, mit allem zusammenzustoßen – und nun vervollkommnet der Geistliche sich darin, das Christliche derart anzubringen, daß es nichts bedeutet; und wenn er das vollendet machen kann, dann ist er das Muster. Das ist doch ekelhaft!" (Gesammelte Werke. Die Tagebücher, Bd. 5, ausgewählt, übersetzt und erläutert von Hayo Gerdes, Düsseldorf/Köln 1974, S. 184). Und ein anderes Mal zeigte Kierkegaard anhand einer kleinen Erzählung aus einer Dorfkirche, wie paradox sich das Christentum seiner Tage präsentierte:

„In der prächtigen Dorfkirche tritt der hochwohlgeborene, hochwürdige geheime General-Oberhofprediger auf, der auserwählte Günstling der vornehmen Welt, er tritt auf vor einem Kreis von Auserwählten und predigt gerührt über den von ihm selbst ausgewählten Text: ‚Gott hat auserwählt das Geringste vor der Welt und das Verachtetste' – und da ist niemand, der lacht" (Der Augenblick, Gesammelte Werke 34, S. 201). Freilich wird das Zentrum für evangelische Predigtkultur nun nicht die „nackte Straßenpredigt" als notwendige neue Form evangelischer Predigt propagieren. Aber die Frage wachhalten, wie die Anstößigkeit des Evangeliums auch in ihrer politischen Dimension Gestalt gewinnt, scheint unerlässlich.

3. Neue Medien und die Gestalt der Predigt

SMS, Twitter, Facebook – mit diesen Begriffen kann man manche älteren Menschen noch immer verwirren. Für jüngere sind sie pure Selbstverständlichkeit. Die Entwicklung der Kommunikationsmedien in den vergangenen Jahren verlief so sprunghaft wie kaum sonst in der Geschichte. Dass genau dies eine Chance für die Predigt als f2f-Kommunikation bedeuten kann, habe ich oben schon geschrieben. Und dass es auf keinen Fall bedeuten sollte, dass sich Predigerinnen und Prediger durch pure Anbiederung versuchen beliebt zu machen, erscheint ebenso evident. Eine Twitter-Predigt wird nur der gestalten können, der auch sonst mit diesem Medium intensiv lebt und damit vertraut ist!

Hier in Wittenberg steht Martin Luther beständig vor Augen (mal als Denkmal, mal als kleiner, bunter Lutherbotschafter auf dem Marktplatz, mal auf Socken, mal auf einer Bierflasche ...). Es beeindruckt immer wieder, wie intensiv und vor allem wie selbstverständlich er die Medien seiner Zeit zu nutzen wusste, um die neu entdeckte frohe Botschaft in der Welt bekannt zu machen. Predigt im Gottesdienst und Flugblatt – beides schloss sich für Luther nicht aus. Und genauso müsste es heute gelten, die neuen Medien intensiv auf ihre homiletischen Möglichkeiten hin zu bedenken. Viele Ansätze dazu gibt es. Diese wahrzunehmen, zu sammeln und anderen zugänglich zu machen, erscheint gegenwärtig nötig.

Nur ein Beispiel: Mit der „BasisBibel" liegt ab Oktober 2010 eine neue Bibelübersetzung vor, die sich auch medial auf die gegenwärtigen Herausforderungen einstellt. Die Bibel ist sowohl für das Lesen im Buch als auch für die Lektüre am Bildschirm konzipiert. Dort – am Bildschirm – bietet die BasisBibel (www.basisbibel.de) dann auch die Chance einer „crossmedialen Vernetzung" mit vielen weiteren Seiten, Informationen und Bildern. – Homiletisch gilt es, eine Vorlage wie diese aufzunehmen und weiterzuführen!

III. „nova sprach ..."

Martin Luther war ein Sprachgenie, ohne Zweifel. Und gleichzeitig jemand, der zeitlebens sprachlich unterwegs blieb. Auf der Suche nach einer Sprache, die wirklich trifft, die das Neue, das Überraschende, das Fremde des Evangeliums zum Ausdruck bringen kann. Einmal nannte er diese Sprache in einer Predigt die „nova sprach de resurrectione mortuorum" (WA 36, S. 647), die „neue Sprache von der Auferstehung der Toten". Unterwegs sein zu dieser Sprache – das ist die eigentliche Herausforderung der Predigt, sei sie nun f2f oder (massen-) medial vermittelt, sei sie dialogisch oder monologisch.

Rose Ausländer schrieb:
Erbarme dich
Herr
meiner Leere

Schenk mir
das Wort
das eine Welt
erschafft.

Dornröschen und Nazareth[1]

Zu Chancen und Risiken regionaler missionarischer Kooperation

Hans-Hermann Pompe

Bei Zugfahrten komme ich gelegentlich mit anderen Reisenden ins Gespräch – man schaut ja gelegentlich doch auf den Display des Mitreisenden. Vor einiger Zeit fragte mich ein Mitfahrer aus der Computerbranche: „Und in welcher Branche arbeiten Sie?" Er hatte auf meinem Display erst einen Bibeltext, dann Pressemitteilungen, danach einen Vortrag und schließlich Karikaturen gesehen, die Kombination war wohl verwirrend. Ich wollte es ihm nicht zu einfach machen, also antwortete ich: „Im Change Management – ich berate größere regionale Einheiten im öffentlichen Dienst in notwendigen Veränderungsprozessen". Anschließend bin ich dann doch noch präziser geworden, aber im Veränderungsgeschäft sind wir, seit der Herr der Kirche predigte: „Kehrt um, weil Gottes Herrschaft vor der Tür steht" (Markus 1).

Eine reformatorische Kirche, die als Reform-Bewegung entstanden ist, sollte Veränderung mit Begeisterung begrüßen. Tut sie aber nicht immer; es gibt Widerstände, Abwehr, Beharrung und Aussitzen. An einigen Punkten zu Recht: Lasst uns doch mal eine Weile in Ruhe unsere Arbeit machen!, stöhnen Mitarbeitende, die ständig neue Vorschriften auf den Tisch bekommen. Manches tarnt sich als Reform, was nur Papier bewegt, anderes nennt sich Mission, weil das gerade dran ist. Reform? Wir brauchen bestimmte strukturelle Veränderungen, aber wir brauchen vor allem einen Mentalitätswandel – das Zweite ist schwerer als das Erste, und kaum jemand weiß so recht, was neues Denken, was Mut zum Aufbruch fördert und hemmt.

Mit solch einem Bericht aus der Arbeit des Zentrums für Mission in der Region (ZMiR) ist ein Plädoyer zugunsten regionaler missionarischer Kooperation verbunden. Es geht um hilfreiche Aspekte von Region, um Bedingungen innerkirchlicher Kooperation und um den Weg zu einer zukunftsfähigen Mission. Das Ganze schließt mit einer kurzen Meditation über Igel und Abendmahl.[2]

---

1 Für den Druck gekürzte und aktualisierte Vorstellung der Arbeit des EKD-Zentrums für Mission in der Region vor der Synode der Ev. Landeskirche von Württemberg am 18. März 2011 in Heidenheim.

2 Weitere Ergebnisse aus den Aufgabenbereichen (z. B. Mitgliederorientierung, demographische Herausforderung, Kirche auf dem Land etc.) und aus den Pilotprojekten sind auf der Internetseite des ZMiR zu bekommen: www.zmir.de.

I. Zwischenstand: Die Aufgaben des EKD-Zentrums für Mission in der Region

Das ZMiR soll den Reformprozess in den Gliedkirchen unterstützen, es arbeitet bundesweit von den drei Standorten Dortmund, Stuttgart und Greifswald aus. Was kann solch ein „Think Tank für Region und Mission" im Projektzeitraum bis 2014 erreichen? Einige Stichworte aus den Zielen des ZMiR:

- Wir arbeiten daran, dass die Region als missionarischer Raum neu entdeckt wird.
- Wir bearbeiten die Anfragen und Hindernisse, die sich der Region als ergänzender kirchlicher Handlungsperspektive in den Weg stellen.
- Wir suchen Initialzündungen, die zu regionalen missionarischen Aufbrüchen helfen.
- Wir plausibilisieren die Chancen einer Zusammenarbeit von Kirchen und Christen auf regionaler Ebene in Zeiten knapper werdender Ressourcen.
- Einzelne und Gemeinden erkennen, wie unterschiedlich die Lebenswelten der Menschen in einer nachmodernen Gesellschaft sind und wie sinnvoll es ist, dass Kirche in der Region verschiedene Gestalten annimmt, um den Menschen in ihren unterschiedlichen pluralen Milieus und Mentalitäten zu begegnen.
- Wir sammeln und sichten, welche Gestalten von Kirche sich bisher schon entwickelt und auf die vielfältigen Bedürfnisse der Menschen eingestellt haben. Wir arbeiten an einer Konzeption, einer Vorstellung und einer Vision von Kirche, die Parochie und Gemeinde weiter denkt, umfassender versteht: als territorialen, mentalen, kulturellen und sozialen Raum, in dem Menschen in sehr vielgestaltiger Weise mit dem Evangelium in Kontakt kommen, egal ob als Profilgemeinde oder Personalgemeinde, als Citykirche oder Kirche im ländlichen Raum, als Freizeitgemeinde oder Gemeinde auf Zeit, als funktionale oder Netzwerk-Gemeinde.
- Dazu gehört ein differenzierter Begriff von Region: Was alles kann unter „Region" als einem umfassenderen kirchlichen Kommunikationsraum verstanden werden? – Wir erarbeiten eine Typologie für verschiedenen Regionen: Mithilfe von Demografie, Soziologie und Raumplanung differenzieren wir Typen von ländlichen und städtischen Räumen, fragen nach den besonderen Schwierigkeiten und Herausforderungen, vor die die jeweiligen Regionentypen Kirche und Mission stellen.
- Wir fragen, wie regionale missionarische Kooperationen theologisch und ekklesiologisch begründet werden können, so dass die jeweiligen Prozesse nach innen und außen als geistliche Prozesse empfunden und wahrgenommen werden können.

Diese Ziele werden in Pilotregionen in ca. 15–20 regionalen Prozessen[23] durchdekliniert, die Ergebnisse werden also an der Realität überprüft. Alle Ergebnisse werden in Fachtagungen und Netzwerken ausgewertet sowie durch Materialien und Publikationen zugänglich und übertragbar gemacht.

II. Region: Die schlafende Schönheit wecken

Dem Geburtsfest der Königstochter lag eine klassische Fehlplanung zugrunde. Es gab nur 12 goldene Teller für 13 weise Frauen: Ressourcenknappheit fordert Prioritäten. Also verzichtete man auf den 13. Gast, eine klassische Milieuverengung. Die Dame erschien dennoch, lud ihren ganzen Frust auf dem unschuldigen Kind ab und verbaute ihm damit die Zukunft. Dornröschen stach sich wie vorhergesagt an einer Spindel: Damit fiel alles in einen tiefen Schlaf, niemand bewegte mehr etwas – vollkommene Stagnation. Das gesamte Königreich verschwand hinter undurchdringlichen Dornenhecken – extreme Milieugefangenschaft. Dornröschen heißt aber auch: Sie wartet darauf, dass sie entdeckt wird, damit Stagnation und Barrieren überwunden werden können.

Die Region hat kirchlich gesehen Aspekte solch einer schlafenden Schönheit hinter den Dornen, die wachgeküsst werden will, um Leben zu ermöglichen. Der Kuss der Wertschätzung verbindet die Potentiale der Vergangenheit mit der Verheißung der Zukunftsfähigkeit. Allerdings: Weder regionale Verantwortliche noch das ZMiR können den Prinzen spielen – die tote Christenheit aus dem Schlaf der Sicherheit wecken kann ausschließlich der Geist der Wahrheit. Aber er bedient sich derjenigen Menschen, die Verheißungen ernst nehmen und Barrieren überwinden.

Welche Verheißung für uns als Kirche bietet regionales Denken? Drei Beispiele:

3 Beispiele und Pilotprojekte für regionale missionarische Kooperation aus der Arbeit des ZMiR: Kirchenvorsteher und Region (Propstei Königslutter, Braunschweig). – Evangelisch im Täle (Neuffen, Dekanat Nürtingen): Profil durch Kooperation von sechs Gemeinden. Unerreichte Menschen wahrnehmen, indem sozialwissenschaftliche und biblische Erkenntnisse verknüpft werden. – „Missionarischer Aufbruch" (Kirchenkreis Salzwedel, EKM). – „Lust auf mehr" (Dekanate Dillenburg/Herborn, EKHN): Kooperation zweier Dekanate. Missionarische Motivation in Gemeinden für neue Zielgruppen. Geistlicher Wechselstrom-Prozess, der die Vision der Dekane (top down) und die Wahrnehmungen der Basis (bottom up) verknüpft. – Heidelberg und Ladenburg-Weinheim (Baden): Regionale missionarische Zusammenarbeit; milieusensibles Glaubenskurs-Marketing. – „Lust auf Evangelisch im Limpurger Land" (Gaildorf, Württemberg): Ein missionarisches Portfolio für einen Kirchenbezirk entwerfen samt Baukasten für Unerreichte & Entwicklung einer evangelischen Identität. – „Strukturen in Bewegung" (Iserlohn, EKvW): Kooperation und Unterstützung im Kirchenkreis. – Kirchenkreise Hildesheim und Hildesheimer Land-Alfeld (Hannover): „Missionarisch qualifizierte Regionalentwicklung". – Stargarder Land (Nordkirche): Begleitung eines Kirchengemeindeverbandes bei Kooperationskraft und missionarischen Möglichkeiten. – Evaluationen in verschiedenen Stadien u.a. in: Wittstock-Ruppin (EKBO) Evaluation eines Strukturprozesses. – An der Agger (EKiR): Im Aufbruch. – Mission und Mitarbeitendenschulung, Burgdorf (Hannover), Pommern.

- *Räumliche Nähe* als Erfolgsfaktor. Regionalentwicklung setzt auf Unabhängigkeit von weit entfernten Entscheidern und auf Verdichtung von Beziehungen: „Nahverflechtung (...) bietet zahlreiche Qualitäten für den Alltag, regionale Räume werden wieder geschätzt als Gewächshäuser für soziale und kulturelle Vielfalt und ein Schuss Heimatbewusstsein bewährt sich als Gegenmittel gegen die Ortlosigkeit weltweiter Märkte“[4]. Nähe schafft Transparenz und baut Vertrauen.
- *Regionale Identität* als Gegengewicht gegen die unpersönlichen Aspekte von Globalisierung. Die „Rückkehr der Region“ ist nicht die nostalgische Solidarität der Globalisierungsverlierer, sondern signalisiert eine neue Balance für Identität und Heimat in einer zusammenwachsenden Welt.[5] Region verschafft Kontext und Heimat ohne Einengung, ihre Sandwichposition vermeidet sowohl die Enge des Ortes als auch die Unübersichtlichkeit zu großer Einheiten. Kirche in der Region kann Weite ohne Uferlosigkeit bieten.
- *Wechselseitiger Stärkenaustausch und gegenseitige Entlastung* für Kirche vor Ort. Ressourcen fließen zusammen und ermöglichen Gemeinsames, was einzelne Träger – egal ob Ortsgemeinde, funktionaler Dienst, Netzwerk oder kirchlicher Ort – überfordert. Die gemeinsame Verantwortung für Mission in der Region entlastet vom permanent schlechten Gewissen angesichts der vielen unerreichten Zielgruppen: Was missionarisch regional für Zielgruppen geboten wird, die lokal nicht erreicht werden, hat ja dennoch lokale Effekte. Egal ob ein attraktiverer Konfirmandenunterricht Jugendliche regional (etwa durch eine regional starke Jugendgemeinde) bindet, verschiedene Arten von ausstrahlungsstarker Kirchenmusik die Pop- oder die Hochkultur regional erreichen, oder Bildungsangebote mit evangelischer Identität einladen, den christlichen Glauben erneut oder wieder kennen zu lernen.

Eine gelingende regionale Zusammenarbeit kann eine wechselseitige Entlastung für die Parochien, für regionale kirchliche Dienste und auch für die regionalen Einheiten der Dekanate bedeuten. Es gibt z. B. bestimmte Zielgruppen, die erreichen wir nur noch regional: kulturinteressierte Erwachsene, denen Qualität wichtig ist, oder mobile Jugendliche, die sich nur unter größeren Ansammlungen Gleichaltriger wohlfühlen.

4 BUND, Brot für die Welt, eed (Hg.): Zukunftsfähiges Deutschland in einer globalisierten Welt. Ein Anstoß zur gesellschaftlichen Debatte. Eine Studie des Wuppertal Instituts für Klima, Umwelt, Energie, Frankfurt a. M. 2008, S. 242.

5 Vgl. Hans Heinrich Blotevogel, Auf dem Wege zu einer ‚Theorie der Regionalität'. Die Region als Forschungsobjekt der Geographie, in: Gerhard Brum (Hg.), Region und Regionsbildung in Europa. Konzeptionen der Forschung und empirische Befunde. Baden-Baden 1996, S. 44–68, hier S. 50. Der Raumplaner Blotevogel teilt einen offenen Raumbegriff mit den Sozialwissenschaften: Raum ist weder Behälter noch nur materielle Grundlage der Gesellschaft, sondern primär gesellschaftlicher Raum „im Sinne einer materiellen und zugleich sozialen Kategorie“ (a. a. O.).

Ein Beispiel für gelingende regionale missionarische Kooperation kann die EKD-Kampagne „Kurse zum Glauben“[6] sein. Da stehen Berufspendler oder Schüler morgens am Bahnsteig vor großen Plakaten: Sie zeigen Typen von Skepsis, Suche, Interesse, Sehnsucht. Ein goldenes *G* lädt zum Auspacken ein. Darunter ist zu lesen: „Kurse zum Glauben. Eine Einladung der evangelischen Kirche“, eine Internet-Adresse und eine Telefonnummer. Wer interessiert ins Netz geht oder anruft, entdeckt in der Nähe verschiedene regionale Angebote zu einem Glaubenskurs. Und kann sich gleich anmelden – möglicherweise für eine geistliche Reise zur (Wieder-)Entdeckung des Glaubens. Weil eine Region sich zur missionarischen Initiative „Kurse zum Glauben“ zusammengeschlossen hat, um viele Menschen zu einer erstmaligen oder erneuten Begegnung mit Gott, Glaube und Gemeinde einzuladen. Das gemeinsame Angebot hat eine erheblich höhere Qualität, kann sehr viel mehr Menschen ansprechen, es nutzt den Charme der Region, setzt auf Zusammenarbeit.

II. Nazareth oder Thessalonich: Chancen, Risiken und Nebenwirkungen von Kooperation

Protestantinnen und Protestanten sind keine geborenen Kooperateure: Wir lieben unsere Unabhängigkeit, es gibt ein verbreitetes Misstrauen gegen die Nachbarn, das aber dann gemeinsam auftritt gegen die nächst größere Einheit (Kirchenbezirk, Landessynode, Landeskirchenamt) – und es soll auch ein Misstrauen der Landeskirchen gegen die neuesten Ideen aus der EKD geben. Kooperation setzt also innerevangelische Ökumene voraus.

Was uns beim Kochen oder im Garten leicht fällt, aus den Erfahrungen anderer zu lernen, gelingt bei erfolgreichen Nachbargemeinden oder -kirchen seltener. Eine wachsende kirchliche Arbeit löst eher Neid oder Abstand aus. Widersprüche kommen hoch: Die haben Tricks, die wir nicht wollen! Bei uns klappt das nie. Man fühlt sich infrage gestellt: Wenn die das hinkriegen, warum wir nicht? Machen wir etwa keine gute Arbeit? Vielleicht gefällt es theologisch auch nicht, die handelnden Verantwortlichen wirken arrogant oder es gibt nicht genug Mitarbeitende, um Ähnliches zu starten.

Diese Abwehr nenne ich ‚Nazareth-Effekt‘. Übernehmen fällt am schwersten, wenn das Vorbild uns nahe und gut bekannt ist; wir haben unsere Erfahrungen mit ihnen. Jesus hat es in seiner Heimatstadt Nazareth erlebt, die Menschen dort erwarteten nichts: „ Ist das nicht der Sohn von Zimmermann Josef?“ – Ich habe neun Jahre in einer großen Landeskirche gearbeitet, um

6 www.kurse-zum-glauben.de. – Ein regionales Modellprojekt in den badischen Dekanaten Heidelberg und Ladenburg-Weinheim hat gezeigt, dass ein milieusensibler Umgang mit Glaubenskursen die Reichweite der beteiligten Gemeinden sowie die öffentliche Wahrnehmung der evangelischen Kirche deutlich verbessert hat. Die Dokumentation ist über das ZMiR gedruckt erhältlich.

missionarische Inspirationen in Kirchenkreise (Dekanate) und Gemeinden zu bringen. Gute Beispiele nahm ich lieber nicht aus dem Kirchenbezirk. Besser war zwei Kirchenkreise entfernt, noch besser ein Beispiel aus anderen Landeskirchen, am besten eines aus der Ökumene – weit weg, kaum infrage stellend.

Woher kommt dieser Nazareth-Effekt? Ich habe einen doppelten Verdacht. Einmal leben wir in einer Wettbewerbs-Gesellschaft: Es kann nur einen Besten geben, eine Marktführerin, eine Goldmedaille. Das beeinflusst mehr, als wir ahnen. Biblisch ist dieser Wettbewerb nicht – da sollen am Ende alle die Goldmedaille bekommen. Manche Pfarrkonvente habe ich kafkaesk erlebt: Niemand hatte Probleme, alle hatten nur Erfolge. – Dazu kommt zweitens: Innerkirchlich bauen wir eher auf Autarkie als auf Ergänzung. Unser Basismodell, die Parochie, muss für sich selbst auskommen, muss möglichst alles anbieten. Zusammenarbeit, Ergänzung oder gar Unterstützung ist nur für den Notfall vorgesehen, wenn es nicht mehr anders geht. Das erzeugt eher Neid und Konkurrenz als Mitfreuen oder Mitleiden. Markus notiert den resignierten Satz Jesu: „ein Prophet gilt nirgends weniger als dort, wo er gut bekannt ist", und kommentiert: „Jesus konnte dort nicht eine einzige Tat tun."[7] Nazareth spart sich die Neugier und verpasst so die Wunder.

Ein Gegenmodell ist z.B. Thessalonich: Eine von Paulus gegründete Gemeinde in Griechenland, die trotz schwieriger Startbedingungen Ausstrahlung entwickelte. Und zwar sowohl für ihre Gesellschaft als auch für die Nachbargemeinden ihrer Region (1. Thessalonicher 1). Das Gemeinde-Klima ist bestimmt von Freude und Motivation (1,6). Die Gemeinde inspiriert und prägt Nachbargemeinden in der Nähe und Ferne (1,7); es gibt über sie ein „Dort-ist-etwas-los-Gerücht" (1,9), das andere nicht neidisch macht, sondern ihrerseits ermutigt. Thessalonich und die ersten christlichen Gemeinden in der Umgebung haben etwas gelebt, was uns gelegentlich schwerfällt: mitzuleiden, wenn es einem Glied am Leib Christi schlecht geht, und sich mitzufreuen, wenn etwas spürbar gut geht (1. Korinther 12,26).

Die ersten Christinnen und Christen hatten die gegenseitige Verwobenheit in der Region erkannt und geistlich gefüllt; sie waren nicht Konkurrenten um Menschen, Finanzen, Erfolge oder Zahlen, sie bildeten eine *gGmbH*, eine *geistliche Gemeinschaft mit bestärkender Hilfe*. Im Neuen Testament hat der Umgang der Christen miteinander missionarische Auswirkungen auf die Umgebung. Die Menschen schauen durchaus hin: Wenn wir von der Liebe Gottes reden, aber sie nicht untereinander leben, dann stimmt etwas nicht. Umgekehrt: Wo in einer Wettbewerbs-Gesellschaft Erfolg nicht zum Neid führt, sondern zum Mitfreuen, entwickelt das seinerseits eine enorme Ausstrahlung. Das biblische Wort für diese Art von Erfolg ist Segen; und Segen dürfen alle empfangen.

Es gibt allerdings auch Risiken und Nebenwirkungen. Thessalonich wurde kurz nach einem Konflikt gegründet: Paulus und Barnabas trennten sich nach

---

7 Markus 6,4–5.

einem heftigen Streit über eine Personalentscheidung (Apostelgeschichte 15,36–41). Es ging nicht anders, weil es nicht zusammen ging. In vielen Landeskirchen gehören Gemeinden mit mehreren Pfarrstellen zu den problematischen: Kollegen blockieren sich über Jahre so, dass nichts vorangeht. Es gibt auch Gemeindeleitungen, die Gemeindeentwicklung über Jahre durch Verweigerung von Veränderung verhindern. Jenseits einer sinnvollen Streitkultur gibt es offensichtlich auch sinnlose Kooperationsforderungen.

Für ein Klima der Verlockung zur Kooperation braucht es Agreements. Zwei davon verdanken wir einem Hinweis von Prof. Wilfried Härle aus Heidelberg. Er hat über 30 wachsende Gemeinden in Deutschland untersucht.[8] Ein badischer Kirchenbezirk hat ihn dann für eine längere Begleitung gewonnen, musste aber zwei Bedingungen zustimmen:

Freiwilligkeit. Niemand wird gezwungen, etwas zu unterstützen, wogegen er sich mit Händen und Füßen wehrt oder wozu weder Motivation noch Kraft vorhanden ist. Es hat keinen Sinn, Menschen zu etwas zu verpflichten, wo ihre Lust und ihre Ideen gefragt sind, wenn sie es zutiefst ablehnen. Das wird bei gemeinsamen regionalen Aktionen zu einem Fleckenteppich führen, also einer akzeptierten Unvollständigkeit – denn dass alle Protestanten etwas gleich wichtig finden, ist eher selten.

Klarheit in der Gottesfrage. Wenn es in unserer Einladung um Gott geht, dann müssen wir voneinander wissen, was wir miteinander verlässlich teilen. Keine Normierungen, kein Schema, kein Einheitsbrei, aber etwas wie der gemeinsame Glutkern unseres Glaubens. Da lohnt es sich zu investieren, um weiter ausgreifen zu können.

Ich ergänze als dritte Bedingung *Mut zum Risiko*: Bei einer Studienreise mit Osnabrücker Superintendenten zu Aufbruchs-Experimenten in der anglikanischen Kirche in London ist uns ein Satz der Anglikaner hängen geblieben: „Gott liebt Experimente." Sie fördern Risikobereitschaft, geben die Erlaubnis mit Lust zu scheitern, es herrscht kirchliche Experimentier-Motivation. Bei einer Fachtagung sagte Michael Kleemann, Superintendent von Stendal: „Wir brauchen offensichtlich eine fehlerfreundliche Dienstaufsicht." Wer etwas wagt, weiß erst hinterher, ob es geklappt hat. Aber ohne dieses Risiko kommt es nicht zu Veränderung oder Aufbruch.

IV. Mission: Auszug aus der Ecke

Barbara Rudolph, die jeder Enge unverdächtige Einbringerin der Synodalvorlage für die EKD-Synode Leipzig 1999, zitierte vor der Synode aus einem Studienheft des EMW: „Das Wort Mission ist nicht gerade populär. Tatsächlich

---

8 W. Härle, J. Augenstein, S. Rolf, A. Siebert, Wachsen gegen den Trend. Analysen von Gemeinden, mit denen es aufwärtsgeht, Leipzig 2009.

geht es dem Wort so wie früher einem Schulkind, das wegen Unartigkeit und Störung im Unterricht in die Ecke gestellt wurde, wo es sich schämen sollte. Das Wort Mission steht – nicht erst seit heute – in der Ecke." Und sie fuhr fort: Mission „nicht in dieser Ecke zu belassen, in die sie mit und ohne eigenes Zutun geraten ist, ist Wunsch und Ziel" der Kundgebung.[9]

Seitdem hat sich viel getan: Die EKD hat diesen Impuls zentral im Reformprozess verankert – Mission ist kein eigenes Leuchtfeuer, sondern eine durchlaufende Querschnittsdimension. Außerdem haben viele Landeskirchen begonnen, sich in eigenen Prozessen einen neuen Zugang zu Mission zu schaffen.[10] Gemeinsam ist diesen Prozessen in der Regel 1. die innerkirchliche Konsenssuche, 2. die angestrebte Handlungsorientierung und 3. die Verknüpfung mit den enormen Herausforderungen (vor allem Traditionsbruch, Mitgliederschwund und sinkende Finanzen).

Theologisch haben wir im Rahmen der EKD und vieler Landeskirchen eine beachtliche Wegstrecke zurückgelegt. Meines Erachtens gibt es einen mehrheitsfähigen innerkirchlichen Konsens, der sich unter anderem in folgenden Punkten ausdrückt:

- Existenz und Zeugnis der Kirche ereignen sich in drei Dimensionen: *Mission, Dialog* und *Konvivenz* (T. Sundermeier). Sie sind sorgsam zu unterscheiden, weil sie jeweils ihr eigenes Recht haben, aber auch sorgsam zusammenzuhalten, weil sie jeweils nur eine Facette des einen Evangeliums ausdrücken. Das Geschenk des Dialoges ist die *Offenheit*: Mission kann von Dialog ein „schwaches" Auftreten lernen in den Fußspuren des sich entäußernden Jesus (Inkarnation). Das Geschenk der Mission ist die *Einladung*: Dialog kann von Mission eine eindeutige Identität lernen in den Fußspuren des berufenden Jesus (Nachfolge). *Konvivenz* bringt Beziehungskompetenz als Normalfall der missionarischen Begegnung ein. Jede Beziehung ist wesensmäßig dialogisch.
- Eine Mission, die für die Zukunft fruchtbar ist, muss *weit* genug sein, um viele mitzunehmen, *und präzise* genug, um etwas zu bewirken, muss offen genug sein, um weite biblische Dimensionen zusammenzuhalten, und klar genug, um den Skandal der Erlösung nicht zu entschärfen.
- Nicht mehr ein *Ob* („Dürfen wir überhaupt Mission treiben?"), sondern ein überzeugendes *Wie* ist gefragt. Wolfgang Huber sagte bei der Kasseler Zukunftswerkstatt 2009: „Wir sind durch eine Phase des Traditionsabbruchs gegangen, der sich auf die Vertrautheit mit dem christlichen Glauben und

[9] Barbara Rudolph, Einbringung des Kundgebungsentwurfes, in: Reden von Gott in der Welt. Der missionarische Auftrag der Kirche an der Schwelle zum 3. Jahrtausend, Kirchenamt der EKD (Hg.), Frankfurt a. M. 2000, S. 8.

[10] Typisch sind z. B. Berlin-Brandenburg („Leitlinien kirchlichen Handelns in missionarischer Situation" und „Salz der Erde"), Württemberg („Wachsende Kirche") oder Rheinland („Missionarisch Volkskirche sein").

die Bindung an unsere Kirche negativ auswirkt. (...) dass mehr als tausend Jahre nach der Christianisierung unserer Region eine missionarische Situation entstanden ist, stößt sich mit dem Beharren in gewohnter Kirchlichkeit. Noch immer hat die einfache Frage: ‚Wie werde ich Christ?' es bei uns schwer; wir richten uns allzu oft nur an Menschen, die das ohnehin schon sind."[11]

„Christen sind Bettler, die anderen Bettlern sagen, wo es Brot gibt." (D. T. Niles) Jeder missionarische Imperialismus ist angesichts eines barmherzigen Gott ausgeschlossen, das Evangelium kennt nur Empfangende. Der indisch-kanadische Missionstheologe Ravi Zacharias sucht einen radikalen Neuansatz für Mission in der Postmoderne: „Wie erreicht man eine Generation, die mit den Augen hört und mit den Gefühlen denkt?"[12] Für das ZMiR beginnt das auch mit Einübung einer neuen Wahrnehmung von Menschen, die nicht mehr oder noch nie vom Evangelium erreicht werden.[13]

V. Mehr-wert: Missionarische Nebenwirkungen

Der Philosoph Schopenhauer war skeptisch angesichts menschlicher Gemeinschaftsfähigkeit. Nach ihm sollten Igel aus verständlichen Gründen immer etwas Abstand halten.[14] Aber es war kalter Winter, so dass sie zusammenrückten. In der Nähe piekten die Stacheln der andern, also rückten sie wieder auseinander. Nach kurzer Zeit froren die armen Igel, rückten wieder zusammen – und begannen sich wieder zu stechen. Haben wir nur die Wahl zwischen distanzierter Kühle oder anstrengender Kooperation?

Jesus war anderer Meinung: Das Urmodell jeder innerkirchlichen Gemeinschaft ist das Mahl des Herrn, das Abendmahl. Jedes Mal erfahren wir zeichenhaft, wie Jesus Gemeinschaft baut. Nicht mit Argumenten oder mit Druck, sondern indem er sich selbst gibt. Alle Verheißungen für eine missionarische Kooperation sind darin bereits enthalten:

- Wir werden angenommen – müssen unseren Wert nicht erst durch unsere Leistung beweisen. Kooperation akzeptiert Partner, wie sie sind.

[11] Wolfgang Huber, „Du stellst unsere Füße auf weiten Raum", epd-Dokumentation 46/2009, S. 10.

[12] Zitiert nach John Finney, Wie Gemeinde über sich hinauswächst. Zukunftsfähig evangelisieren im 21. Jahrhundert, Neukirchen-Vluyn 2007, S. 161.

[13] Das ZMiR hat in Württemberg und Baden einen besonderen Schwerpunkt in der Anwendung von Ergebnissen der Milieuforschung: Der Theologe Prof. Dr. Heinzpeter Hempelmann und der Sozialwissenschaftler Daniel Hörsch arbeiten daran, wie in einer Region gleichzeitig Menschen wahrgenommen werden können und auf Gott gehört werden kann.

[14] Im Original dieser häufig zitierten Parabel sind es Stachelschweine (Parerga und Paralipomena, Leipzig 1890, Bd V, S. 689).

- Wir werden beschenkt – wir müssen nichts mitbringen, wir dürfen etwas empfangen. Zusammenarbeit hat immer einen Geschenkeffekt.
- Wir werden gestärkt – die Elemente greifen zurück auf die Grundnahrungsmittel Jesu, auf Brot und Wein. Erwarten Sie, dass jede Begegnung Sie neu ausrüstet – und vergessen Sie nicht, sich gegenseitig auch zum Essen einzuladen.
- Wir werden gemeinsam gesandt – Die Kirche in der Region bildet sich nicht aus den Übereinstimmenden, sondern aus von ihm Zusammengerufenen. So sendet er uns, um das Evangelium unter die Leute zu bringen. Nicht alleine, sondern gemeinsam.

Übrigens: Mit meinem Bahn-Mitreisenden habe ich dann getauscht. Er hat mir die Sicherheitsfunktion meines Laptops erklärt, ich habe ihm ein Programm mit der Bibel überspielt. Ob er darin liest, ob ihn das anspricht, ob er sich eine Gemeinde sucht und eine ihn ansprechende findet – all das ist Gottes Problem. Auch bei der Weitergabe des Evangeliums bin und bleibe ich Teil einer langen Kette von Kooperationen.

Leitung und Führung in der Kirche

Orientierung in einem zentralen Handlungsfeld[1]

Peter Barrenstein

Das Impulsreferat öffnet den Problemhorizont und stellt sich folgender Agenda:

I. Ziele und Gestaltungsbereiche von Leitung und Führung
II. Ausprägungen und wahrgenommene Stärken/Schwächen in der Evangelischen Kirche
III. Fragestellungen/Verbesserungsansätze nach Gestaltungsbereichen
IV. Abschließende Überlegung zum Verbesserungsweg

I. Ziele und Gestaltungsbereiche von Leitung und Führung

Zum Beginn wird das Ziel von Leitung und Führung in der Kirche definiert:

Beständige Ausrichtung der EKD, ihrer Glieder und Mitarbeiter auf einen klar formulierten Auftrag bei paralleler, kontinuierlicher und maximaler Erschließung der Leistungs- und Begabungspotentiale aller betroffenen Mitarbeiter.

Da es um Leitung und Führung in der Kirche geht, soll zwischen „geistlicher Führung" und „weltlicher Führung" unterschieden werden. Der Fokus der Präsentation liegt auf der „weltlichen Führung". Die geistliche Führung – hier nicht behandelt – sollte alle „weltlichen" Elemente ummanteln und stützen. Leitung und Führung werden hier nicht differenziert betrachtet.

Fünf zusammenhängende Einzelbereiche bestimmen im Folgenden die Diskussion zielgerichteter Führungssystematik:

Konzept

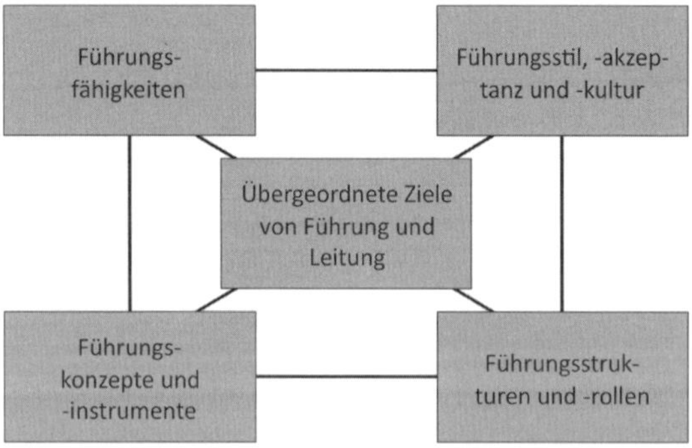

Quelle: Peter Barrenstein, Oktober 2008

[1] Beim hier gedruckten Text handelt es sich um eine verkürzte Wiedergabe der mündlichen Präsentation.

II. Ausprägungen und wahrgenommene Stärken/Schwächen in der Evangelischen Kirche

Tradierte Denkmuster prägten eine in der Vergangenheit teilweise zögerliche Beschäftigung mit Veränderungen im Bereich der Führung. So wurde für die Kirche mit Blick auf die Bindung an ihren Auftrag oft relativ pauschal eine Unübertragbarkeit mit betriebswirtschaftlichen Konzepten oder insgesamt Vorgehensweisen in nicht-kirchlichen Bereichen behauptet. In der Spannung zwischen Barmen IV: „Es darf in der Kirche keine mit Herrschaftsbefugnissen ausgestatteten Führer geben" und einem gottesunmittelbaren Gewissen: „Hier stehe ich und kann nicht anders ..." existierte Misstrauen gegenüber geordnetem Leitungshandeln. Ein Sonderstatus Kirche wird gepflegt: „Zu viel Systematik oder gar Qualifizierung ist für uns nicht angemessen. Wir sind anders" und wird partiell mit einer realitätsfernen Selbstwahrnehmung verbunden: „Ein guter Pfarrer/eine gute Pfarrerin kann eigentlich alles." Alles dies begrenzt die Bereitschaft zur Veränderung.

Gegenüber den Schwächen steht als Zielsetzung ein Wunschbild:

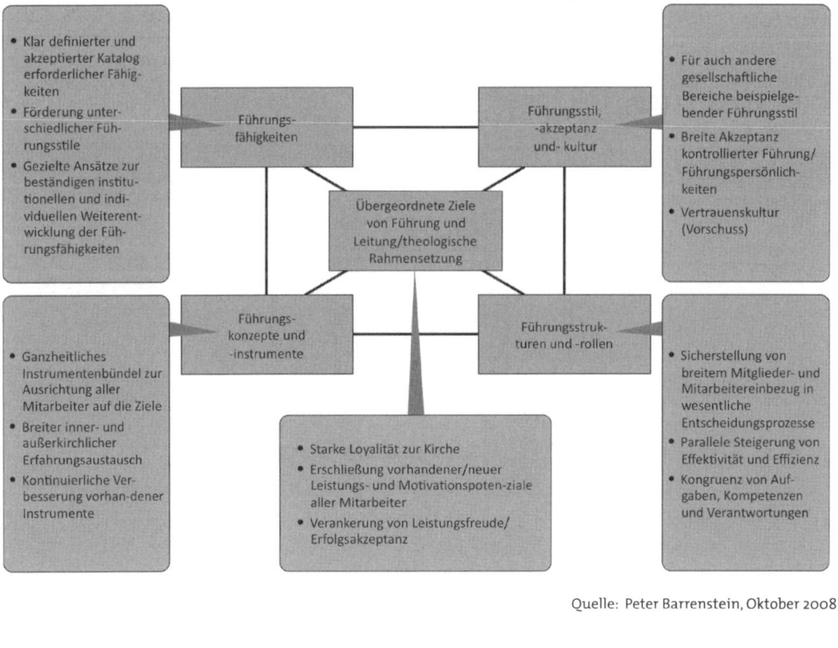

Quelle: Peter Barrenstein, Oktober 2008

Eine Betrachtung der Einzelbereiche führt zu einer Wahrnehmung der Stärken und der Schwachstellen:

STÄRKEN

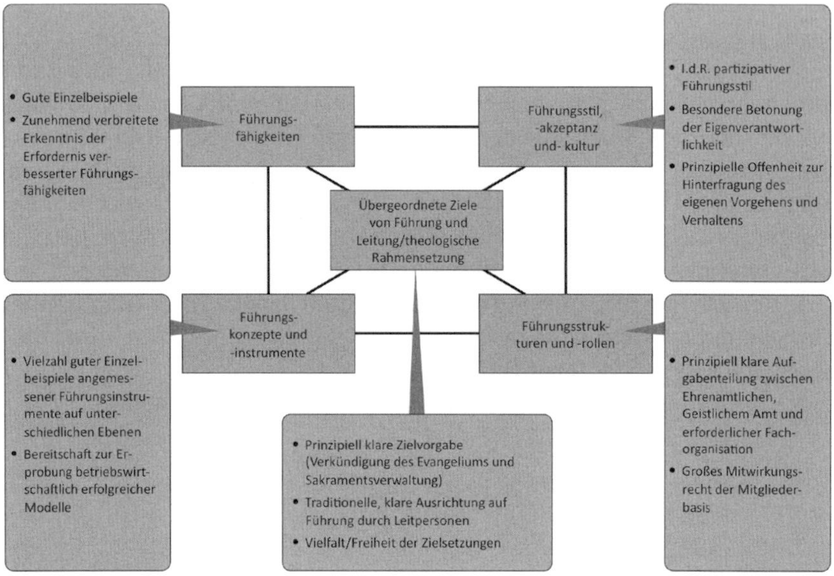

SCHWACHSTELLEN

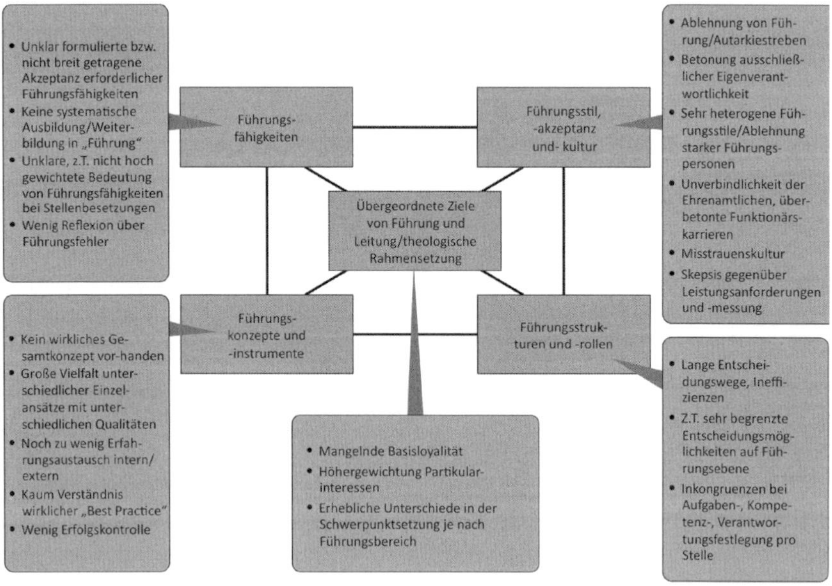

Quelle: Peter Barrenstein, Oktober 2008

III. Fragestellungen/Verbesserungsansätze nach Gestaltungsbereichen

Die zukunftsgerichtete Gestaltung verbesserter Führung sollte alle wesentlichen Einzelbereiche umfassen und auf die Verkündigung des Evangeliums sowie die Sakramentsverwaltung ausgerichtet sein.

Beispielhaft geht es dabei im Bereich der *Führungsfähigkeiten* um die Felder der Kommunikation, der Motivation, der sozialen Kompetenz, des konzeptionellen/analytischen Vorgehens und des zielgerichteten Managements. Eine ganzheitlich überzeugende Führungspersönlichkeit sollte neben den „technischen" Fähigkeiten auch über erforderliche Charaktermerkmale, klare Werte und Normen sowie Grundtugenden, Demut und Veränderungsbereitschaft verfügen. Technische Führungsfähigkeiten und charakterliche Fähigkeiten begründen gemeinsam Authentizität und Ausstrahlungskraft der Führungspersönlichkeit. Die Liste der zu gestaltenden *Führungsinstrumente* ist lang und sollte umfassend sein:

- Gewinnung geeigneter Mitarbeiter
- Ausbildung
- Planung/Budgetierung von Mitarbeiterstellen
- Festlegung Anforderungsprofile/Stellenziele
- Stellenbesetzung, Auswahl und Entscheidungsprozesse
- Zielvereinbarung/Jahresgespräche
- Erfolgskontrolle/Visitationen, Feedback
- Upward-feedback/360-Grad-Beurteilungen
- Förderungsmaßnahmen/Fort- und Weiterbildungen
- Coaching on the Job/Mentorenmodelle
- Honorierung/Bezahlung
- Motivation, Belohnung, „Bestrafung"
- Jobrotation
- Beförderung/Entlassungen
- Einbezug ehemaliger Mitarbeiter/innen

Erfolgsfaktoren für die erfolgreiche Konzipierung, Anwendung und Umsetzung dieser Instrumente sind Ganzheitlichkeit, Erfolgskontrolle an messbaren Zielgrößen und kontinuierliche Verbesserung. Die grundlegenden Elemente einer christlichen *Führungskultur* sollen letztlich auch Führungsstil und Führungsakzeptanz prägen. Kulturelle Grundelemente könnten sein: Hoffnung, Vertrauen, Aufbruch, Demut, Zielorientierung sowie auch die Akzeptanz der Begrenztheit des eigenen Handelns. Zur Verbesserung und zum Erfolg helfen eine ehrliche Bestandsaufnahme, breite Zielformulierung, Verabschiedung von konkreten Veränderungsschritten und letztlich ganzheitliche Verhaltensänderung.

Fragestellung/Verbesserungsansätze bei den *Führungsstrukturen und -rollen könnten sein:*

Führungsstruktur

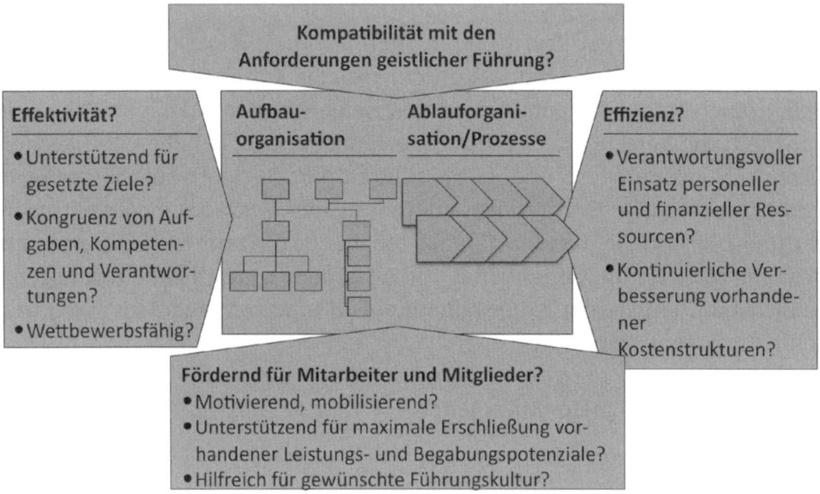

IV. Abschließende Überlegung zum Verbesserungsweg

Die Veränderungsbereitschaft und die Veränderungsfähigkeit in der Evangelischen Kirche müssen parallel erhöht werden. Beides bildet die Voraussetzung für die Verbesserung der Führung in unserer Kirche.

Führen und Leiten in der evangelischen Kirche

Ein Gutachten

Wilfried Härle

I. Die Aufgabenstellung des Gutachtens

Die Aufgabenstellung des vorliegenden Gutachtens ergibt sich aus einem Vertrag zwischen der Evangelischen Kirche in Deutschland als der Auftraggeberin und dem Verfasser als Auftragnehmer. Darin wurde vereinbart, dass der Auftragnehmer ein theologisches Gutachten zum Thema ‚Führen und Leiten in der evangelischen Kirche' erstellen solle, das die in der Reformation grundgelegten Einsichten entfaltet, die Entwicklungslinien dieser Fragestellung besonders im 19. und 20. Jahrhundert nachzeichnet und Empfehlungen für die heutige kirchliche Situation formuliert.

II. Die Methode zur Erarbeitung des Gutachtens

Aufgabe des vorliegenden Gutachtens ist es gemäß der Aufgabenstellung nicht, in einer freien – systematisch-theologischen und/oder praktisch-theologischen – Besinnung Ansätze für eine Theorie kirchenleitenden Handelns neu zu entwickeln, sondern eine theologische Grundlegung zu diesem Thema vorzulegen, die sich an den wesentlichen *reformatorischen Einsichten* und an den maßgeblichen *Entwicklungslinien des 19. und 20. Jahrhunderts* orientiert. Deshalb ist es methodisch geboten, sich an den unterschiedlichen *Quellen* zu orientieren, denen diese Einsichten und Entwicklungslinien zu entnehmen sind. Gleichwohl sehe ich meine Aufgabe auch darin zu prüfen, ob und inwieweit die unterschiedlichen Quellen und ihre Aussagen ein *zusammenstimmendes Ganzes* bilden, also konsistent und kohärent sind, so dass aus ihnen tatsächlich handlungsleitende *Empfehlungen für die heutige Situation* der evangelischen Kirche gewonnen werden können. Eventuell auftauchende Widersprüche und Unvereinbarkeiten in den Quellen müssen und sollen benannt, können aber hier nicht im Detail verfolgt und aufgearbeitet werden.

III. Quellen und Hilfsmittel

Als Quellen für dieses Gutachten kamen in Betracht und wurden von mir herangezogen die einschlägigen *reformatorischen Texte* des 16. Jahrhunderts[1], d.h. die Texte, die von der Kirche im Allgemeinen und von der Leitung der Kirche im Besonderen handeln. Da diese Schriften jedoch durchweg von der (begründeten) Voraussetzung ausgehen, dass alle kirchliche Lehre, also auch die Lehre von der Leitung der Kirche, aus dem im biblischen Kanon bezeugten *Wort Gottes* abzuleiten ist[2], waren und sind auch die entsprechenden *biblischen Aussagen* mit in den Blick zu nehmen. Dabei handelt es sich insbesondere um die Aussagen über

- das Allgemeine Priestertum[3],
- die Charismen in der christlichen Gemeinde nach Paulus[4] sowie
- die gemeindeleitenden Ämter und Personen in den Pastoralbriefen[5].

Weitere Quellen sind die Schriften *F. Schleiermachers*,[6] die selbst in Grundzügen eine evangelische Lehre von der Kirchenleitung enthalten: vor allem seine „Kurze Darstellung des theologischen Studiums zum Behuf einleitender Vorlesungen" (1810/1830)[7] sowie seine posthum veröffentlichten Werke: „Die christliche Sitte nach den Grundsätzen der evangelischen Kirche im Zusammenhange dargestellt" und seine „Praktische Theologie nach den Grundsätzen der evangelischen Kirche im Zusammenhange dargestellt". Hinzu kommen – als Hintergrundmaterial – die Kirchenordnungen, die es

1 Siehe dazu das Literaturverzeichnis im Anhang des Gutachtens.

2 „Gottes Wort soll Artikel des Glaubens stellen und sonst niemand, auch kein Engel" (BSLK 421,23–25).

3 Ex 19,6; Jes 61,6; 1 Petr 2,5 und 9; Apk 1,6 und 5,10.

4 Röm 12 sowie 1 Kor 12 und 14.

5 1 Tim 3,1–13; 5,17–22 sowie Tit 1,5–9.

6 Ferner sind die grundlegenden Schriften von C. I. Nitzsch heranzuziehen, der sich im Geiste Schleiermachers um die Ausarbeitung der Praktischen Theologie verdient gemacht und dabei die Bedeutung der Kirchenleitung zur Geltung gebracht hat.

7 Dabei ist freilich immer zu bedenken, dass der Zweck dieser Schrift nicht die Formulierung einer Theorie der Kirchenleitung, sondern eine (formale) theologische Enzyklopädie ist. Die äußerst fruchtbaren Aussagen zur Kirchenleitung ergeben sich gewissermaßen nur nebenbei, weil Schleiermacher (zu Recht) die Theologie ganz eng mit der Aufgabe der Kirchenleitung verbindet. Zwischen der 1. und der 2. Aufl. der KD bestehen terminologisch, inhaltlich und von der Gliederung her große Unterschiede. Maßgeblich für die Wiedergabe von Schleiermachers Position ist dabei natürlich die 2. Auflage. In ihr hat Schleiermacher die §§ von 1 bis 338 durchnummeriert. Ich zitiere sie deshalb so, dass ich zunächst die Paragraphen, dann die Seitenzahl nenne. In der 1. Aufl. beginnt Schleiermacher hingegen in jedem Abschnitt mit der Paragraphen-Zählung neu. Hier geben die Seitenzahlen die bessere Orientierungsmöglichkeit. Deshalb zitiere ich die 1. Aufl. der KD so, dass ich zunächst die Seite, dann den Paragraphen nenne, bei der 2. Aufl. jedoch umgekehrt erst den Paragraphen, dann die Seite. Das ist auch eine Hilfe zur Unterscheidung der beiden Auflagen.

schon seit der Reformationszeit gab, durch die aber seit dem beginnenden 19. Jahrhundert in den evangelischen Kirchen allgemein Synodalverfassungen eingeführt wurden, die bis heute die grundlegenden kirchenrechtlichen Rahmenbestimmungen für die Leitung der Kirche nach evangelischem Verständnis enthalten.

In der *Systematischen und Praktischen Theologie des ausgehenden 20. und beginnenden 21. Jahrhunderts* war das Thema „Kirchenleitung" sowie „(Personal-)Führung in der evangelischen Kirche" ebenfalls in unterschiedlicher Weise Gegenstand theologischer Reflexion und Theoriebildung. Diese Quellen konnten nicht vollständig, aber doch in einer repräsentativen Auswahl einbezogen werden.

Dasselbe gilt für die Fülle der *Sekundärliteratur*, die es zu dem gesamten genannten Schrifttum gibt. Dem Literaturverzeichnis (Ziff. 12) ist zu entnehmen, was davon im Rahmen dieses Gutachtens verarbeitet wurde.

IV. Sprachliche Beobachtungen und Vorüberlegungen

1. „Führen und Leiten"[8]

„Führe mich, o Herr, und leite meinen Gang nach deinem Wort; sei und bleibe du auch heute mein Beschützer und mein Hort. Nirgends als von dir allein kann ich recht bewahret sein" (EG 445,5). Diese Liedstrophe von Heinrich Albert aus dem Jahr 1642 ist zu naheliegend, als dass man sie bei dem mir gestellten Gutachtenthema übergehen könnte: weil sie die Rede vom Führen und Leiten enthält und weil sie die Form eines Gebetes hat, das Führung und Leitung von *Gott* erbittet. Damit rückt sie die Frage nach Führung und Leitung von vorneherein in den Horizont des Gottesglaubens, versteht sie also (auch) als eine geistliche Frage. Das kann die Bearbeitung des Themas vor einer fatalen Glaubensvergessenheit bewahren. Ich verstehe die Liedstrophe zudem als ein Gebet, das sich für mich auch auf die Ausarbeitung des Gutachtens selbst bezieht.

Die Art und Weise, wie Führen und Leiten in dieser Strophe – verbindend und differenzierend – angesprochen werden, stimmt mit anderen sprachlichen Beobachtungen überein:

8 Die Begriffe „Führen" und „Führung" bzw. „Leiten" und „Leitung" gebrauche ich im Folgenden je nach Bedarf ohne eindeutige definitorische Unterscheidung. Die Verben bzw. Verbalsubstantive „Führen" und „Leiten" erfreuen sich zwar in der Regel größerer sprachlicher Beliebtheit als die abstrakt klingenden Substantive „Führung" und „Leitung". Im Unterschied zu Ersteren können Letztere aber nicht nur ein Geschehen, sondern auch eine Institution und Organisationsform bezeichnen, ihre Bedeutung und Verwendung ist also breiter. Deswegen bieten sie sich häufig eher an.

- Führen und Leiten gehören in ein *gemeinsames sprachliches Feld*. Beide Begriffe überschneiden sich partiell und sind insofern häufig austauschbar.[9] Beide Begriffe orientieren sich an der Vorstellung eines zu erreichenden *Zieles* und an der *Hilfe* oder *Unterstützung*, die dabei benötigt wird oder zumindest förderlich ist. Gemeinsam ist auch, dass Menschen sich zwar selbst bestimmen, aber sich nicht selbst leiten oder führen können, sondern nur *andere(s)* leiten und führen oder sich selbst führen und leiten *lassen* können.
- Beide Begriffe *unterscheiden* sich aber auch signifikant. So bezieht sich die Bitte an Gott um *Führung* auf die *Person* des Betenden („führe mich"), während die Bitte um *Leitung* sich auf den *„Gang"* des Beters bezieht. „Führe meinen Gang"[10] kann man im Deutschen nicht gut sagen. Zwar kann man eine Person auch leiten, etwa mittels Augenkontakt[11] oder durch andere Zeichen, aber häufiger kommt zum Ausdruck, dass ein *Prozess*, eine *Veranstaltung* oder eine *Organisation* geleitet werden. Wird ein Mensch geleitet, dann ist zwischen Leitendem und Geleitetem eine gewisse räumliche Distanz vorausgesetzt, die irgendwie überbrückt werden muss. Führen setzt demgegenüber Nähe, u. U. sogar Berührung voraus. So werden Kinder nicht geleitet, sondern (an der Hand) geführt, um nicht in Gefahr zu geraten. Eine Sitzung wird hingegen geleitet, nicht geführt.
- Das Substantiv „Führer" ist historisch-politisch jedenfalls in Deutschland schwer belastet und bis auf Weiteres kaum unbefangen verwendbar. Es taucht jedoch häufig in zusammengesetzten Begriffen auf (z.B. als Reiseführer, Spielführer, Opernführer, Kirchenführer) und kann dabei sehr Unterschiedliches bezeichnen: ein literarisches Genus, eine Position oder eine Aufgabe bzw. Funktion. Ersetzt man dabei „-führer" durch „-leiter", so verändert sich die Bedeutung dieser Begriffe leicht und zwar in Richtung auf eine weniger personenbezogene, sondern eher organisationsbezogene Relation. Eine Person oder Gruppe hat auf einer Berg- oder Gletscherwanderung einen *Führer* (nicht Leiter), eine Organisation oder Veranstaltung hat hingegen einen Leiter (keinen Führer).
- Trotz ihrer Berührungen und partiellen Überschneidungen zeigen die beiden Begriffe also ein *unterschiedliches semantisches Profil*, deshalb empfiehlt es sich, sie auch in diesem Gutachten nicht einfach gleichzusetzen, sondern unterschiedlich zu gebrauchen. Aufgrund der genannten sprachlichen Beobachtungen erscheint es mir als sinnvoll, „Führen" bzw. „Führung"

9 So kann man von einem Verein oder Betrieb sagen, sie würden geleitet oder geführt, ohne dass zwischen beiden Formulierungen ein sachlicher Unterschied erkennbar wäre.

10 Vgl. die ähnlich lautende Liedstrophe von Graf Zinzendorf: „Ordne unsern Gang, Jesu, lebenslang. Führst du uns durch rauhe Wege, gib uns auch die nöt'ge Pflege; tu uns nach dem Lauf deine Türe auf." (EG 391,4)

11 So auch die biblischen Zusagen: „Ich will dich zur Ruhe leiten" (Ex 33,14) und: „Ich will dich mit meinen Augen leiten" (Ps 32,8). Und es gibt in der Bibel noch andere, ähnliche Formulierungen, in denen sich „Leiten" auf Personen bezieht.

als *personen*bezogene Hilfe zum Erreichen von Zielen zu verwenden, „Leiten“ bzw. „Leitung“ hingegen als *organisations*bezogene Aktivität, die dem Erreichen von Zielen dient.[12] Da die organisationsbezogenen Aspekte im Zentrum dieses Gutachtens stehen und die personbezogenen Aspekte sich daraus ergeben, ziehe ich daraus die Konsequenz, nach der *gemeinsamen* Zielbestimmung, die sowohl für Leitung wie für Führung gilt (Abschn. 5), zunächst in den Abschnitten 6–7 von Kirchen*leitung*, sodann in Abschn. 8 von Personal*führung* zu sprechen. Zwischen beidem besteht freilich aus sachlichen Gründen ein enger *Zusammenhang*, der auch erkennbar werden muss.

2. „Evangelische Kirche“

Wenn in diesem Gutachten von „der evangelischen Kirche“ die Rede ist, dann ist damit zwar auch die „Evangelische Kirche in Deutschland“ (EKD) gemeint, aber nicht nur. Würde man nur die EKD meinen, wäre das in dreierlei Hinsicht eine unsachgemäße Verengung:

- erstens im Blick auf die evangelischen *Landeskirchen* in Deutschland samt ihren organisatorischen Untergliederungen und Gemeinden, für die selbstverständlich all das ebenfalls gelten soll, was in diesem Gutachten ausgeführt wird;
- zweitens im Blick auf die evangelischen Kirchen in *anderen Ländern*, gleichgültig, wie weit sie von uns entfernt sind und wie sehr ihre Situation, Ordnung und Struktur aus geschichtlichen oder sozialen Gründen von denen der EKD abweicht;
- drittens im Blick auf *andere christliche Kirchen*, die nach Klärung im Blick auf Führung und Leitung für ihre Kirchen suchen; denn die hier vorgetragenen Einsichten und Überlegungen verstehen sich nicht als eine nur partiell gültige Antwort, sondern als eine allgemeingültige Antwort aus evangelischer Perspektive, die gerne auch von anderen Kirchen übernommen werden kann.

Die Rede von der „evangelischen Kirche“ bezieht sich in diesem Gutachten auf diejenige *Glaubens- und Bekenntnisgemeinschaft*, die sich durch die Begegnung mit dem in der Bibel überlieferten *Evangelium von Jesus Christus* ins Leben gerufen weiß und ihre bleibende Ausrichtung auf diese Botschaft durch die Reformation des 16. Jahrhunderts empfangen hat. Ihre Lehrgrundlage ist deshalb das Evangelium von Jesus Christus, wie es in der *Heiligen Schrift* überliefert und durch das *Bekenntnis der Reformation* neu bezeugt worden ist.

12 Ich unterstütze damit die These von Th. Gundlach und Th. Latzel (Ergebnissicherung, in: Leitung und Führung, 2008, S. 50): „Die Unterscheidung der Begriffe *‚Führen'* als Handeln an und für Mitarbeitende(n) und *‚Leiten'* als Handeln in und an der Organisation ist hilfreich und sollte eingeführt werden.“

Dass die evangelische Kirche sich selbst so versteht und so verstanden werden will, geht auch aus den Grundordnungen der evangelischen Kirchen hervor.

V. Wesen und Auftrag der Kirche und das Ziel ihrer Leitung und Führung

Dieser Abschnitt hat für das gesamte Gutachten den Charakter einer grundlegenden Weichenstellung. Denn hier entscheidet sich nicht nur, welches Ziel in der evangelischen Kirche das Führen und Leiten zu verfolgen hat, sondern auch – noch grundsätzlicher –, von wo aus dieses Ziel zu bestimmen ist. Dabei stehen zwei Antwortmöglichkeiten einander gegenüber, die zu einer Entscheidung nötigen:

Entweder ist das Ziel für Führung und Leitung in der evangelischen Kirche aus dem *Wesen und Auftrag der Kirche* (nach evangelischem Verständnis) abzuleiten und damit allem kirchlichen Planen und Handeln verbindlich *vorgegeben*, oder dieses Ziel ist (unter wechselnden geschichtlichen Bedingungen) der kirchlichen Entscheidung anheimgestellt und von den jeweils der Kirche angehörenden Personen für ihre Zeit *festzulegen*.

1. Wesen und Auftrag der Kirche

Nach evangelischem Verständnis, wie es in den altkirchlichen Bekenntnissen und im Augsburgischen Bekenntnis niedergelegt ist, ist die Kirche die „Gemeinschaft der Heiligen“[13] und als solche „die Versammlung aller Gläubigen, bei welchen das Evangelium rein gepredigt und die heiligen Sakramente gemäß dem Evangelium gereicht werden“[14]. Dass die Kirche die Gemeinschaft der Heiligen und Versammlung aller Gläubigen ist, ist dabei die entscheidende Aussage über das *Wesen* der christlichen Kirche. Dass in ihr das Evangelium rein gepredigt und die Sakramente evangeliumsgemäß gereicht werden, ist die entscheidende Aussage über den mit dem Wesen der Kirche gegebenen und aus ihm folgenden *Auftrag* der Kirche.

Würde man diese Wesens- und Aufgabenbestimmung dadurch zur Disposition stellen, dass die der Kirche angehörenden Personen (also ihre Mitglieder) erst festzulegen hätten, was Wesen und Auftrag der Kirche ist, so würde damit schon vom Ausgangspunkt her die Identität der Kirche nach evangelischem Verständnis verfehlt. Dass diese Aussagen über Wesen und Auftrag der Kirche selbst *aus der Sicht des Glaubens* gemacht werden, ist zutreffend und sachgemäß. Der scheinbare Zugewinn an Objektivität, den man sich davon versprechen könnte, dass man Wesen und Auftrag der Kirche von einem Standpunkt *außerhalb* des Glaubens und der Glaubensgemeinschaft zu be-

[13] Siehe das Apostolicum und Nicänum (BSLK 21,20 f. und 27,7 f.).

[14] Siehe vor allem CA 7 und 8 (BSLK 61 f.).

stimmen versuchte, hätte faktisch zur Folge, dass der Inhalt und Gegenstand des Nachdenkens, eben die christliche Kirche als die Gemeinschaft der Heiligen und Glaubenden, vom Ausgangspunkt her *verfehlt* würde; denn es bliebe damit genau das ausgeklammert, was die Kirche zur Kirche macht.

Dabei ist es ebenfalls eine für die Aufgaben von Führung und Leitung in der Kirche unverzichtbar wichtige Einsicht, dass Wesen und Auftrag der Kirche so untrennbar zusammenhängen, dass es der Auftrag der Kirche ist, möglichst vielen (grundsätzlich allen[15]) Menschen das zu bezeugen, wodurch die Kirche selbst von Gott geschaffen und erhalten wird: das Evangelium von Jesus Christus durch Wortverkündigung und Sakramentsfeier. Anders gesagt: *Die Kirche hat das zu bezeugen, wovon und woraus sie selbst lebt.* Sie tut dies im Wissen darum, dass sie *nicht darüber verfügt,* wo und wann dieses Zeugnis bei Menschen Glauben schafft. Das hat sich Gott durch seinen Heiligen Geist vorbehalten.[16] Dabei vertraut die Kirche auf die Verheißung Gottes, dass sein Wort nicht leer zurückkommen soll, sondern tun wird, was Gott gefällt (Jesaja 55,11).

Die Zentrierung des kirchlichen Auftrags auf die *Bezeugung* des Evangeliums ist dabei eine sehr genaue und angemessene sprachliche Ausdrucksform; denn sie erinnert an eine Zeugenaussage (vor Gericht), durch die ein Mensch für das einsteht, was er *selbst* gesehen oder miterlebt hat,[17] um so der *Wahrheitsfindung* zu dienen. Dass diese Bezeugung des Evangeliums sich an *alle* Menschen richtet, ist auch insofern ernst zu nehmen, als diejenigen Menschen, die zur Kirche gehören, damit nicht aufhören, *Adressaten* des Evangeliums zu sein und zu bleiben. Auch sie bedürfen immer wieder der vergewissernden, Glauben schaffenden und stärkenden Bezeugung des Evangeliums durch Wortverkündigung und Sakramentsfeier, durch Wort und Tat. Deshalb lässt sich der *Auftrag* der Kirche umfassend formulieren als *die Bezeugung des Evangeliums von Jesus Christus.*

Wenn und weil dies nach evangelischem Verständnis der Auftrag der Kirche ist, dann und darum ist es *das Ziel kirchlichen Führens und Leitens, alles zu befördern, was der Erfüllung dieses Auftrags dient, und alles zu verhindern, was die Erfüllung dieses Auftrags behindert.*[18]

---

[15] Art. 6 der Barmer Theologischen Erklärung von 1934 bringt das zum Ausdruck durch die Worte: „Der Auftrag der Kirche, in welchem ihre Freiheit gründet, besteht darin, an Christi Statt und also im Dienst seines eigenen Wortes und Werkes durch Predigt und Sakrament die Botschaft von der freien Gnade Gottes auszurichten an alles Volk." Unverkennbar ist dabei der Anklang an den 2 Kor 5,20 und Mt 28,19 f.

[16] Siehe dazu die bekannte Formulierung aus CA 5, dass Gott denen, die das Evangelium hören, den Heiligen Geist gibt, der den Glauben wirkt, wo und wenn er will („ubi et quando visum est Deo", BSLK 58,7 f.). Luthers Auslegung des dritten Glaubensartikels im Kleinen Katechismus (BSLK 511,46–512,8) stimmt damit sachlich völlig überein.

[17] Dies ist auch die Begründung für die Verkündigung der Apostel in Apg 4,20.

[18] Siehe dazu auch U. Krolzik, Interne Analyse aus der Perspektive der Führungsstruktur und -kultur, in: Leitung und Führung, 2008, S. 24: „Deshalb ist Führung in der evangelischen Kirche immer zuerst geistliche Führung als Ausrichtung auf das gemeinsame Ziel: Jesu Botschaft von der Liebe und Gerechtigkeit Gottes in Wort und Tat zu bezeugen."

Aufgrund dieser Einsicht ist die oben genannte Alternative zwischen der allem Führen und Leiten vom Wesen und Auftrag der Kirche her verbindlich *vorgegebenen* Zielsetzung und einer der kirchlichen *Entscheidung* anheimgestellten Zielsetzung eindeutig zugunsten des Ersteren entschieden. Und deshalb lässt sich sagen, dass der Kirche von ihrem Ursprung her das Ziel all ihres Handelns alternativlos vorgegeben ist.[19] Das Ziel ist im Ursprung gegeben, und darum ist die Kirche nicht nur von ihrem Ursprung her, sondern auch auf ihren Ursprung hin unterwegs.

2. (Wozu) Braucht die Kirche Leitung und Führung?

Das Evangelium von Jesus Christus bedarf der Bezeugung durch *Menschen*. Diese Bezeugung geschieht im privaten, persönlichen Lebensbereich (Familie, Nachbarschaft, Freundeskreis etc.) und bedarf dort keiner *kirchlichen* Leitung oder Führung – allenfalls auf eigenen Wunsch hin wird hierfür kirchliche Unterstützung und Anregung in Anspruch genommen. Die Bezeugung des Evangeliums von Jesus Christus muss aber auch im *öffentlichen* Raum, für alle zugänglich geschehen. Und hierfür ist kirchliche Leitung und Führung in mehrfacher, zumindest dreifacher Hinsicht erforderlich:[20]

Sie ist erforderlich in Form einer *kirchlichen Ordnung*, durch die sichergestellt wird, dass die Bezeugung des Evangeliums in Gestalt christlicher Gottesdienste (und anderer Veranstaltungen) auftragsgemäß, regelmäßig, allgemein zugänglich stattfindet. Dafür ist mit anwachsender Größe der Kirche und ihres Wirkungsgebietes sogar eine Vielzahl von Ordnungen erforderlich, die sachverständig erarbeitet, einvernehmlich in Kraft gesetzt und verlässlich angewandt werden müssen. Das alles sind kirchenleitende Aufgaben. Damit erweist sich die Erarbeitung, Weiterentwicklung und Anwendung derjenigen kirchlichen Ordnungen, die um der Erfüllung des kirchlichen Auftrags willen erforderlich sind, als eine erste Begründung für die Notwendigkeit von Leitung in der Kirche.

Erforderlich sind aber auch solche Einrichtungen, Verfahren und Ordnungen, die kontinuierlich der *Befähigung von Personen* dienen, die bei der Wahrnehmung des kirchlichen Auftrages tätig sind. Hierzu gehört einerseits das Entdecken und die Ermutigung von Menschen mit Begabungen (Charismen), die für bestimmte kirchliche Aufgaben benötigt werden,

[19] Besonders prägnant bringt Paulus das in 1 Kor 3,11 zum Ausdruck: „Einen andern Grund kann niemand legen als den, der gelegt ist, welcher ist Jesus Christus."

[20] Eine differenzierte Darstellung des Institutionengefüges von Kirchenleitung gibt E. Herms (Das Lehramt in den Kirchen der Reformation, bes. S. 282–284). Demnach sind hierfür fünf Institutionen konstitutiv: die Institutionen a) der christlichen Allgemeinbildung; b) der gottesdienstlichen Versammlung der Gemeinde; c) des theologischen Studiums an Universitäten; d) der kirchlichen Episkope sowie e) der Errichtung und Erhaltung der äußeren Ordnung der Kirche.

andererseits deren Ausbildung und Fortbildung, so dass sie der Wahrnehmung des kirchlichen Auftrags dienen können. In diesem Bereich stellen sich neben den Leitungsaufgaben (etwa in Gestalt von Ausbildungsordnungen und Kooperation mit Ausbildungsstätten) auch Aufgaben der Personal*führung* im engeren Sinne.

Die Kirche hat den Auftrag, das Evangelium von Jesus Christus „rein“[21], d.h. ohne verfälschende Zusätze oder Verkürzungen, zu bezeugen. Die Menschen, die das tun (wollen), unterliegen dabei aber der Gefahr des Missverstehens, des Irrtums, ja sogar der absichtlichen Verfälschung. Wegen all dieser Gefährdungen gibt es in der christlichen Kirche von Anfang an die Aufgabe und das Amt der *Aufsicht (Episkope)*, d. h. des Wachens über der Verkündigung und Lehre. Dieser Teil der kirchenleitenden Aufgabe erfordert vor allem Visitationen,[22] in Grenzfällen auch Disziplinarverfahren und Lehrbeanstandungsverfahren.

Jede Wahrnehmung dieser Aufgabe und die Ausübung dieses Amtes setzt diejenigen Fähigkeiten voraus, die erforderlich sind, um die auftragsgemäße Bezeugung des Evangeliums beurteilen zu können und um das zu veranlassen, was der Wahrnehmung des kirchlichen Auftrags dient und sie befördert.

In elementarer und unaufgebbarer Form sind diese Fähigkeiten gegeben mit dem *Verstehen des Evangeliums von Jesus Christus*. Luther verdeutlicht dies anhand des Bildwortes vom guten Hirten aus Johannes 10[23]: Die Schafe kennen und erkennen die Stimme des guten Hirten (Jesus Christus) und sie folgen ihm. Sie können diese Stimme von der Stimme eines Fremden unterscheiden, dem sie nicht folgen, sondern vor ihm fliehen. Dieser schlichte Vorgang wird zum Bild für die Beurteilung von Lehre als Grundakt von Kirchenleitung: Weil die Möglichkeit nicht auszuschließen ist, dass im Raum der Kirche andere Botschaften laut werden als das unverfälschte Evangelium von Jesus Christus, darum bedarf es der kirchenleitenden Aufgabe, solche fremden Botschaften vom Evangelium zu unterscheiden und ihnen nicht zu folgen, ja ihnen nach Möglichkeit in der Kirche kein Gehör zu geben. Dabei ist es für das Verständnis dieser kirchenleitenden Grundfunktion wichtig, das Auftauchen solcher fremden Botschaften nicht in jedem Fall als Ausdruck *bewusster* oder gar *boshafter* Verfälschung zu interpretieren, sondern mit der Möglichkeit des Missverstehens, des Irrtums oder eines Überzeugungswechsels zu rechnen.[24]

---

21 Siehe dazu oben bei Anm. 14.

22 Siehe dazu M. Lasogga/U. Hahn (Hg.), Die Visitation. Eine Studie des Theologischen Ausschusses der VELKD, Hannover 2010.

23 Siehe dazu vor allem Luthers Schrift „Dass eine christliche Versammlung oder Gemeine Recht und Macht habe, alle Lehre zu urteilen und Lehrer zu berufen, ein- und abzusetzen. Grund und Ursach aus der Schrift“ (1523), bes. S. 409.

24 Eine der wichtigen Funktionen des im Jahre 1910 in der evangelischen Kirche eingeführten sog. Irrlehregesetzes (siehe W. Härle/H. Leipold, Lehrfreiheit und Lehrbeanstandung, Bd. 2, Gütersloh 1985, S. 110–117) war es, Lehrbeanstandungsverfahren grundsätzlich von Disziplinarverfahren zu unterscheiden und der zu beanstandenden Lehre damit auch den Makel einer schuldhaften, vorwerfbaren *Verfehlung* zu nehmen.

In entwickelter, entfalteter Form setzen die kirchenleitenden Fähigkeiten selbst umfassende *theologische Kompetenz* voraus,[25] wie sie im Normalfall durch ein theologisches Studium erworben und durch ein theologisches Examen nachgewiesen wird. Deswegen haben die Reformatoren großen Wert darauf gelegt und beträchtliche Anstrengungen unternommen, dass es auch dort eine leistungsfähige universitäre Theologenausbildung einschließlich der Möglichkeit zur theologischen Promotion gab, wo dies durch den Entzug päpstlicher Rechte vorübergehend gefährdet oder ausgeschlossen war.

3. Das Ziel von Leitung und Führung in der Kirche

Schleiermachers Zielbestimmung aus der KD bezieht sich zwar nur indirekt, aber gleichwohl eindeutig auf die Leitung und Führung in der Kirche. Die Indirektheit erklärt sich daraus, dass Schleiermacher, dem Thema der KD entsprechend, nicht das Ziel von Kirchenleitung, sondern das Ziel von Theologie definiert.[26] Dabei geht er von der These aus, die christliche Theologie sei „der Inbegriff derjenigen wissenschaftlichen Kenntnisse und Kunstregeln, ohne deren Besitz und Gebrauch eine zusammenstimmende Leitung der christlichen Kirche ... nicht möglich" (KD2 § 5) sei. In der KD bestimmt nun Schleiermacher das Ziel der *Theologie*, die ihrerseits eine notwendige Bedingung für *Kirchenleitung* ist, und damit bestimmt er indirekt, was das Ziel von Kirchenleitung ist. Es lautet: „Beide [sc. das gebundene und das ungebundene Element des Kirchenregiments[27]] können nur denselben Zweck haben, die Idee des Christentums nach der eigentümlichen Auffassung der evangelischen Kirche in ihr immer reiner zur Darstellung zu bringen, und immer mehr Kräfte für sie zu gewinnen"

[25] Was darunter zu verstehen ist, kann immer noch am klarsten und präzisesten den „Grundlagen der theologischen Ausbildung und Fortbildung im Gespräch" entnommen werden, wie sie als Ergebnis eines mehrjährigen Diskussionsprozesses formuliert und 1993 in Stuttgart im Auftrag der Gemischten Kommission für das Theologiestudium von W. Hassiepen und E. Herms herausgegeben wurden (dort bes. S. 20 f.).

[26] Vgl. oben Anm. 7.

[27] Schleiermacher gebraucht in der KD2 häufig die Begriffe „Kirchenleitung", „Kirchenregiment" und „Kirchendienst". Während der Begriff „Kirchendienst" stets die leitende Tätigkeit in Bezug auf die „örtliche Gemeinde" (KD 2 § 277 [S. 107], ähnlich § 274 [S.105]) bezeichnet, schwankt die Verwendung und Bedeutung der Begriffe „Kirchenleitung" und „Kirchenregiment". Teilweise (so z. B. § 5 [S. 2]) gebraucht Schleiermacher beide Begriffe gleichsinnig, teilweise (so z. B. § 274 *S. 105+) unterscheidet Schleiermacher zwischen ihnen so, dass „Kirchenregiment" sich auf das Ganze einer Kirche bezieht und „Kirchenleitung" der Oberbegriff ist, der „Kirchenregiment" und „Kirchendienst" umfasst. Da wir die beiden missverständlichen und nicht mehr im Gebrauch befindlichen Begriffe „Kirchenregiment" und „Kirchendienst" in diesem Gutachten nicht verwenden, können wir diese Unklarheit auf sich beruhen lassen. Die Unterscheidung zwischen Leitung einer Gemeinde und Leitung einer gesamten (Landes-)Kirche lässt sich auch ohne ihre Hilfe unschwer zum Ausdruck bringen.

(KD2 § 313).[28] Was Schleiermacher hier in der Sprache des 19. Jahrhunderts zum Ausdruck bringt, schließt sich mit der zentralen Verwendung des Adjektivs „rein" ganz eng an die Ausführungen der Confessio Augustana über Wesen und Auftrag der Kirche an. Statt von der „Idee des Christentums" würden wir heute jedoch eher vom „christlichen Glauben" bzw. vom „Wesen des christlichen Glaubens" sprechen, und den Ausdruck „immer mehr Kräfte zu gewinnen" würden wir vermutlich ersetzen durch „immer mehr Menschen zu gewinnen".[29] Aber mit diesen kleinen sprachlichen Korrekturen ist die Zielbestimmung Schleiermachers sachlich überzeugend und stimmt mit der reformatorischen Bestimmung des kirchlichen Auftrags überein. Dabei geht Schleiermacher davon aus, dass die „Darstellung" des christlichen Glaubens, wie sie durch das christliche und kirchliche Leben zeichenhaft (durch „sprechende" Worte und Taten) geschieht, die Weise ist, wie die christliche Botschaft auch auf andere Menschen einwirkt und in ihnen Glauben wecken bzw. entstehen lassen kann.[30]

Schleiermachers Verwendung des Komparativs „reiner" erinnert zugleich daran, dass der Kirche und damit ihrer Leitung und Führung zwar Auftrag und Ziel von ihrem Ursprung her vorgegeben sind, dass aber das immer genauere Erfassen und Darstellen dieses Auftrags eine in dieser Zeit und Welt nicht abschließbare Aufgabe darstellt. Die Kirche hat ihre Aufgabe nicht zu irgendeinem Zeitpunkt erledigt und ihr Ziel erreicht, sondern sie ist und bleibt mit dieser Aufgabe auf dieses Ziel hin bis zum Ende der Tage unterwegs, als „wanderndes Gottesvolk" oder als „pilgernde Kirche" (*ecclesia migrans*), wie das häufig genannt wird.

VI. Wer leitet die Kirche?

1. Ämterorientierter oder aufgabenorientierter Zugang

Bei der Beschäftigung mit den Phänomenen „Führen und Leiten in der evangelischen Kirche" kann man sich entweder zunächst an den *Ämtern* (Bischofs-,

[28] Zwei ähnlich lautende Formulierungen finden sich in § 84 (S. 36): Der letzte Zweck der Theologie besteht darin, „das eigentümliche Wesen desselben nämlich des christlichen Lebens in jedem künftigen Augenblick reiner darzustellen" sowie in § 263 (S. 101): „Da aber alle besonnene Einwirkung auf die Kirche, um das Christentum in derselben reiner darzustellen, nichts anders ist als Seelenleitung ..." Das Gemeinsame in allen drei Aussagen ist die Formulierung „reiner darstellen" bzw. „reiner zur Darstellung bringen". Sie bezeichnet auch das Wesentliche an dieser Definition.

[29] In der CS tauchen diese beiden Elemente einerseits als reinigendes bzw. wiederherstellendes Handeln in der christlichen Gemeinde (CS, S. 100–217), andererseits als verbreitendes Handeln, wie es von der christlichen Kirche selbst ausgeht, (CS, S. 291–440) auf und bilden eine Unterscheidung innerhalb des wirksamen Handelns.

[30] Siehe dazu CS, S. 502–705, sowie Ch. Braungart, Mitteilung durch Darstellung, Schleiermachers Verständnis der Heilsvermittlung, Marburg 1998, bes. S. 221–282.

Präses-, Dekans-, Superintendenten-, Propstamt etc.) und *Gremien* (Synoden, Kirchenvorstände, Presbyterien, Kirchenämter etc.) sowie an den zugehörigen *Amtsinhabern und Gremienmigliedern* orientieren, die – aufgrund rechtlicher Regelungen – bestimmte Führungs- und Leitungsaufgaben (hauptberuflich, nebenberuflich oder auch ehrenamtlich) wahrnehmen, oder man kann sich an den Leitungs- und Führungs*aufgaben* bzw. *-funktionen* orientieren. Ämter und Gremien, Aufgaben und Funktionen rücken bei *beiden* Betrachtungsweisen ins Blickfeld, aber es macht – wie sich zeigen wird – einen großen Unterschied, ob man von den Ämtern und Gremien aus nach den Aufgaben und Funktionen fragt oder umgekehrt. Der Zugang und die dadurch bestimmte Sichtweise sind jeweils ganz unterschiedlich. Im einen Fall steht die Frage im Vordergrund: *Wer* hat ein Leitungsamt bzw. eine Leitungs- bzw. Führungsbefugnis? Und von ihrer Beantwortung ergibt sich dann auch, worin Leitung und Führung bestehen. Im anderen Fall geht es primär um die Frage: *Wie* wird Kirchenleitung ausgeübt? Und von ihrer Beantwortung her zeigt sich, wer alles an der Leitung der Kirche beteiligt ist – möglicherweise auch ohne ein bestimmtes Amt innezuhaben.

Das Reden von „Führen und Leiten in der Kirche“, insbesondere die Substantive „Führung und Leitung“ wecken fast automatisch die Vorstellung von bestimmten kirchlichen *Ämtern, Gremien* und von *Personen*, die diese Ämter bekleiden und diesen Gremien angehören. An solche Leitungs- und Führungspositionen denken wohl die meisten Menschen, wenn sie das Wort „Kirchenleitung“ hören. Und diese Assoziationen sind ja auch nicht falsch, aber sie sind doch so verengt und irreführend, dass sie den reformatorischen bzw. evangelischen Zugang zu unserem Thema zumindest erschweren, wenn nicht sogar verbauen. Sie führen zudem häufig zu der Vorstellung von einer *Zweiteilung* der Kirche in Leitende und Geleitete, Führende und Geführte. Von da aus ist es dann nicht weit, diese Zweiteilung als Beschreibung eines *Konfliktfeldes* zu interpretieren, auf dem eine mächtige und einflussreiche Minderheit, eben „die Kirchenleitung“ („die Amtskirche“, „der Klerus“), einer ohnmächtigen oder jedenfalls machtarmen, vielleicht aber auch renitenten Mehrheit, „dem Kirchenvolk“ („Kirche von unten“, „Basiskirche“) gegenübersteht. Nicht selten wird dabei der Begriff „Kirchenleitung“ so verengt gebraucht, dass er nur die Positionen auf der *Leitungsebene einer Landeskirche* oder eines *Kirchenbundes* (wie z.B. der EKD) bezeichnet, wodurch die Pfarrerschaft und die Leitungsgremien auf Orts- und Kirchenkreisebene nicht mehr auf der Seite der Leitenden zu stehen kommen. Die quantitativen Verhältnisse verschieben sich dadurch noch einmal erheblich.

Diese sprachlichen (und mit ihnen einhergehenden emotionalen) Assoziationen sollte man sich bewusst machen, wenn man sich mit dem Thema „Führen und Leiten in der evangelischen Kirche“ beschäftigt, aber man sollte alles versuchen, sie nicht zu übernehmen, sie auch nicht zu bestätigen oder zu verstärken, sondern sie möglichst infrage zu stellen; denn sie führen mit großer Wahrscheinlichkeit dazu, dass das *evangelische* Verständnis von „Führen und Leiten in der Kirche“ gar nicht erfasst, beschrieben und zur Geltung gebracht wird.

Zum Glück schließen sowohl Luthers als auch Schleiermachers Ansätze zu einer evangelischen Theorie der Kirchenleitung die soeben skizzierte Zugangsweise über Ämter und Gremien von vornherein aus. Sie verdienen deshalb auch in dieser Hinsicht beachtet, übernommen und befolgt zu werden. Luther und Schleiermacher stellen dem *ämter*orientierten Zugang zur Lehre von der Kirchenleitung, der ihnen – vor allem aus der römisch-katholischen Kirche – gut bekannt war, von vornherein einen *aufgaben*orientierten Ansatz gegenüber; denn von den Aussagen über Wesen, Auftrag und Ziel her, die sich aus dem *evangelischen* Ansatz der Lehre von der Kirche und von der Kirchenleitung ergeben, legt sich der Zugang über die Aufgaben bzw. Funktionen von selbst nahe[31]; deshalb ist es auch alles andere als verwunderlich, dass er sowohl von Luther als auch von Calvin und Schleiermacher vertreten wird.[32]

2. Luthers Zugang über die Lehre vom Allgemeinen Priestertum

Luthers Verständnis der Kirchenleitung ergibt sich aus seiner Lehre vom Allgemeinen Priestertum, die genau der Rechtfertigungslehre entspricht. Dabei geht Luther von den einschlägigen biblischen Aussagen[33] aus, die im Alten Testament *verheißen*, dass alle Glaubenden Priester sein werden, und im Neuen Testament diese Verheißung als durch Jesus Christus *erfüllt* bezeugen: Die an Jesus Christus Glaubenden, die miteinander die eine christliche Kirche bilden, *sind* Priester, d.h. sie haben die priesterliche *Würde* des freien unmittelbaren Zugangs zum Allerheiligsten, also zu Gott, so wie Aaron und jeder ihm folgende Hohepriester am großen Versöhnungstag (Leviticus 16), sie brauchen also keinen priesterlichen Vermittler, durch den sie erst in Beziehung zu Gott kommen könnten.[34] Und sie haben die Befähigung, alle priesterlichen *Dienste* vollgültig durchzuführen, was die Verkündigung des Wortes Gottes, die Spendung der Sakramente, die Vergebung der Sünden, die Fürbitte und das Urteilen über die Lehre einschließt. Diese priesterliche Würde und dieser priesterliche Dienst sind ihnen mit der Taufe vollgültig ein für allemal von Gott verliehen

31 Exemplarisch wird das deutlich an der „Apostolizität" als einem Wesensmerkmal der christlichen Kirche, das nach römisch-katholischer Auffassung in der lückenlosen Kette der *Amts*übertragung besteht, nach evangelischer Lehre hingegen in der Übereinstimmung der kirchlichen Lehre und Verkündigung mit der *Botschaft* der Apostel. Siehe dazu G. Neebe, Apostolische Kirche. Grundunterscheidungen an Luthers Kirchenbegriff unter besonderer Berücksichtigung seiner Lehre von den notae ecclesiae, Berlin/New York 1997, bes. S. 257–259.

32 Für die römisch-katholische Lehre von der Kirche und ihrer Leitung gilt jedoch das Gegenteil: Weil die Gründung der Kirche von der Einsetzung Petri als Stellvertreter Christi auf Erden her verstanden und diese Einsetzung mit dem Papstamt in enge Verbindung gebracht wird, bauen sich Kirche und Kirchenleitung über die Ämterhierarchie: Papst, Bischöfe, Priester, Laien auf. Siehe dazu W. Härle, Allgemeines Priestertum und Kirchenleitung nach evangelischem Verständnis, in: MJTh VIII/1996, bes. S. 61–63.

33 Siehe oben Anm. 3.

34 Dafür steht in den synoptischen Passionsgeschichten symbolisch das Zerreißen des Tempelvorhangs im Augenblick des Todes Jesu (Mt 26,51; Mk 15,38 und Lk 23,45b; vgl. dazu auch Hebr 10,19 f.).

worden. Deshalb ist die *Taufe* nach evangelischem Verständnis zugleich *das* (eine und einzige) „Sakrament der Priesterweihe". Was besagt diese biblische Lehre vom Allgemeinen Priestertum nach reformatorischem Verständnis?[35]

Dort, wo (noch) keine um Wort und Sakrament versammelte christliche Gemeinde existiert, ist jeder Christenmensch *berechtigt* und im Bedarfsfall sogar *verpflichtet*, von dieser priesterlichen Vollmacht Gebrauch zu machen. Dort jedoch, wo eine um Wort und Sakrament versammelte christliche Gemeinde existiert, treffen die priesterlichen Rechte aller Christenmenschen aufeinander. Würde hier einer von ihnen ohne Zustimmung der Gesamtheit seine priesterlichen Fähigkeiten und Rechte gebrauchen, so würde er damit den anderen ihre gleiche Befähigung und Berechtigung streitig machen. Das darf nicht geschehen. Deswegen muss in der Kirche, um den Vollzug von Wortverkündigung und Sakramentsfeier verlässlich zu ordnen und um dabei zugleich das Allgemeine Priestertum aller Christenmenschen zu schützen, eine Ordnung des öffentlichen Predigt- bzw. Pfarramtes vereinbart und praktiziert werden.

Alle Christen sind Priester, aber nicht alle Christen sind Pfarrer oder Prediger. Wer diese letztgenannte Aufgabe (im Namen aller) übernehmen soll, muss dazu von der Kirche „rechtmäßig berufen" (CA 14: „rite vocatus") werden. Diese *äußere Berufung* ins Predigt- bzw. Pfarramt, die in der Regel durch die *Ordination* erfolgt, ist von der *inneren Berufung* („vocatio interna") eines Menschen zu unterscheiden, bildet dazu aber natürlich keinen Gegensatz. Mit der äußeren Berufung bzw. Ordination erfolgt die Beauftragung eines Menschen mit der Aufgabe der öffentlichen Wortverkündigung und Sakramentsverwaltung, die ihrerseits – wie wir sahen – das *zentrale Element von Kirchenleitung* nach evangelischem Verständnis ist.[36] Die Befähigung für diese kirchenleitende Aufgabe ist einerseits ein *Charisma* bzw. eine Begabung, die nicht jeder Christ hat[37], andererseits Ergebnis eines theologischen *Studiums*, das ebenfalls nicht jeder absolvieren kann, schließlich gehört hierzu

35 Vgl. zum Folgenden die im Literaturverzeichnis angegebenen Schriften Luthers sowie die grundlegende Arbeit von H. Goertz, Allgemeines Priestertum und ordiniertes Amt bei Luther, Marburg 1997. Knapp fasst Luther selbst zusammen: „Hie solltu den Christen yn zweyerley ortt stellen. Auffs erst. Wenn er ist an dem ort, da keyn Christen sind, da [be]darff er keyns anders beruffs denn das er eyn Christen ist ynnwendig von gott beruffen und gesalbet. Do ist er schuldig, den yrrenden heyden odder unchristen tzu predigen und tzu leren das Euangelion aus pflicht bruderlicher liebe, ob yhn schon keyn mensch datzu beruft ... Auffs ander, Wenn er aber ist, da Christen an dem ortt sind, die mit yhm gleyche macht und recht haben, da soll er sich selb nicht erfur thun, sondern sich beruffen und erfurtzihen lassen, das er an stad und befelh der andern predige und lere" (WA 11,412,15–33).

36 Siehe dazu W. Härle, Allgemeines Priestertum, Ordination und Beauftragung nach evangelischem Verständnis, in: H. Holze/H. M. Niemann, Kirchenleitung in theologischer Verantwortung, Leipzig 2007, S. 57–69.

37 Diese Sichtweise vertritt auch Paulus in seiner Charismenlehre 1 Kor 12,28–30, wobei er die Aufgabe der Leitung mit dem Charisma der Auslegung verbindet. Und beides (Aufgabe und Gabe) haben nicht alle.

aber auch eine *Lebensführung*, die dem Inhalt der christlichen Botschaft, also dem Evangelium von Jesus Christus nicht offenkundig widerspricht.[38] Das Recht und die Vollmacht, alle Lehre zu beurteilen und Lehrer (Prediger, Pfarrer) zu berufen, ein- und abzusetzen, verbleibt aber unverbrüchlich bei der Gesamtheit der christlichen Gemeinde, und auch das ist – wie gezeigt – ein *wesentliches Element von Kirchenleitung* nach evangelischem Verständnis. Beide Elemente stehen aber nicht beziehungslos nebeneinander oder gar gegeneinander[39], sondern sie lassen sich als zwei Grundformen von Kirchenleitung unterscheiden: nämlich als die mit dem Allgemeinen Priestertum verliehene Aufgabe der Kirchenleitung im *weiteren* Sinn und als die mit der Berufung in ein kirchliches Amt übertragene Aufgabe der Kirchenleitung im *engeren* Sinn.

3. Schleiermachers Unterscheidungen innerhalb der Kirchenleitung

Unterscheidungen innerhalb der Kirchenleitung sind auch bei Schleiermacher – sogar reichlich – anzutreffen.[40] Er beginnt seine KD mit der These, dass die Theologie nicht allen eigne, „welche und sofern sie zu einer bestimmten Kirche gehören, sondern nur dann und sofern sie an der Kirchenleitung teilhaben" (KD2 § 3). Das deutet schon im Umkehrschluss an, dass Schleiermacher die (mitteilende[41]) Aufgabe der Kirchenleitung für diejenigen reserviert, die sich das erforderliche *theologische Wissen* („Kenntnisse und Kunstregeln" [KD2 § 5]) angeeignet haben, sofern dies, das ist ein wichtiger Zusatz, bei ihnen mit dem ebenfalls erforderlichen *„kirchlichen Interesse"* eine Einheit bildet. Daraus folgt für Schleiermacher, dass für *alle*, die an der (mitteilenden) Aufgabe der Kirchenleitung Anteil haben, das Erfordernis gilt, dass in ihnen kirchliches Interesse und wissenschaftlicher Geist vereint sein müssen (KD2 § 12). Daraus folgt aber für ihn *nicht*, dass *nur* diejenigen (theologisch kompetenten und kirchlich interessierten) Mitglieder der Kirche an der Kirchenleitung teilnehmen können, die in ein *kirchliches Amt* berufen wurden.[42] Schleiermacher denkt (wie Luther) nicht von den Ämtern (oder Berufen) her auf die Aufgaben hin, sondern von den Aufgaben her auf die Ämter (und Berufe) zu.

38 Auf dieses Element legen vor allem die in Anm. 5 genannten Aussagen aus den Pastoralbriefen großen Wert.

39 Deshalb ist es auch ein – zwar weit verbreitetes, aber gleichwohl fatales – Missverständnis, wenn man „Allgemeines Priestertum" als Bezeichnung der „Laien" im Gegenüber zu den kirchlichen Amtsträgern auffasst. Da auch die Amtsträger Christenmenschen sind, haben sie (unreduziert) am Allgemeinen Priestertum teil.

40 Das gilt sowohl für die KD, als auch für die CS. In der CS arbeitet Schleiermacher mit mehreren für unser Thema relevanten Unterscheidungen, die sich alle auf den Handlungsbegriff beziehen. (Siehe oben Anm. 29).

41 Den Sinn und die Bedeutung des Wortes „mitteilend" für Schleiermachers Verständnis der Kirchenleitung werde ich im folgenden Text (einschließlich Abschn. 6.3) sukzessive erläutern.

42 So z. B. KD2 § 9 (S. 4). Aber auch schon in KD 2 § 3 (S. 2) sagt Schleiermacher: „Der Ausdruck *Kirchenleitung* ist hier im weitesten Sinne zu nehmen, ohne dass an irgendeine bestimmte Form zu denken wäre."

Während Schleiermacher in der 1. Aufl. der KD (1810) durchgehend zwischen „Klerus" und „Laien"[43] unterscheidet, ersetzt er diesen Dual von der 2. Aufl. (1830) an durch *zwei* Unterscheidungen:

- teilweise ersetzt er ihn durch die Unterscheidung zwischen dem „gebundenen" und dem „ungebundenen" Element der Kirchenleitung (KD2 § 312) und nennt das gebundene Element „(d)as organisierte Element", „die kirchliche Macht oder richtiger Autorität"; hingegen nennt er das ungebundene Element „das nicht organisierte [Element] oder die freie geistige Macht" (KD2 § 313);
- teilweise ersetzt er ihn durch die Unterscheidung zwischen „den Hervorragenden und der Masse" (KD2 § 267) oder den „(überwiegend) Mitteilenden" und den „(überwiegend) Empfänglichen" (KD2 § 278) bzw. den „Bedürftigen" (KD2 § 300).

Zunächst zu Schleiermachers erster Unterscheidung: Am *gebundenen* Element der Kirchenleitung haben nur diejenigen Mitglieder der Kirche Anteil, die in eine solche kirchenleitende Aufgabe (äußerlich) *berufen* wurden. Am ungebundenen Element der Kirchenleitung haben hingegen die Mitglieder der Kirche Anteil, die sich dazu (*ohne eine äußerliche Berufung* zu haben) *innerlich berufen* fühlen.[44] Diese Unterscheidung darf nicht als *Gegensatz*[45] im üblichen Sinn des Wortes, sondern nur als Differenzierung verstanden werden. Das ist schon deswegen so, weil das gebundene und das ungebundene Element der Kirchenleitung demselben *Ziel* verpflichtet sind.[46] Aber sie tragen auf unterschiedliche Weise zum Erreichen dieses Zieles bei. Das gebundene Element, also die „kirchliche Autorität", kann „ordnend und beschränkend auftreten", während das ungebundene Element, also die „freie geistige Macht", „nur auf-

[43] KD 1, S. 90 (§ 47); S. 103 (§ 14); S. 107 (§ 2); S. 115 (§ 27). Dort, wo er in KD 1 von „Kleriker(n) und Laien" sprach (S. 117 *§ 31+) und mit „Kleriker" offenbar den Inhaber eines kirchlichen Amtes meinte, behält er in KD2 die Unterscheidung „Klerus und Laien" bei (§ 308 *S. 117+). In KD1 S. 119 (§ 4) schreibt er: „Wenn auch mit und aus dem Gegensatz zwischen Klerus und Laien sich in der Kirche eine äußere Autorität konstituiert hat: so kann doch nicht alle zum Kirchenregiment gehörige Tätigkeit auch von ihr ausgehn; sondern es gibt dann eine Tätigkeit der Kirchengewalt und eine Tätigkeit einzelner, welche oder sofern sie nicht zur Kirchengewalt gehören." Hier (am Ende von KD 1) deutet sich bereits an, dass Schleiermacher die Unterscheidung zwischen Klerus und Laien, deren Vorhandensein er nicht bestreitet, jedenfalls nicht mit der grundlegenden Unterscheidung zwischen dem gebundenen und ungebundenen Element der Kirchenleitung identifiziert. Eine weitergehende terminologische Klärung erreichte Schleiermacher jedoch erst 20 Jahre später in KD 2.

[44] KD 2 § 312 (S. 119): Die freie Einwirkung auf das Ganze der Kirche (als ungebundenes Element der Kirchenleitung) kann jedes einzelne Mitglied der Kirche versuchen, „das sich dazu berufen glaubt".

[45] Schleiermacher versteht den Begriff „Gegensatz" nicht im Sinne einer wechselseitigen Negation, sondern als „relativen Gegensatz", d. h. als polares Gegenüber, das zugleich Unterschiedenheit wie Zusammengehörigkeit ausdrückt.

[46] KD 2 § 313 (S. 120): „Beide können nur denselben Zweck haben ...".

regend [d.h. anregend] und warnend" wirken kann.[47] Beispiele für diese freie Geistesmacht findet Schleiermacher „vornehmlich in dem Beruf des akademischen Theologen und des kirchlichen Schriftstellers" (KD2 § 328)[48]. Beide, die am gebundenen Element wie am ungebundenen Element kirchenleitend mitwirken, kann man zusammen als Kirchenleitung im *engeren* Sinne bezeichnen, da beide Gruppen zu den überwiegend *Mitteilenden* gehören.

Die zweite terminologische Unterscheidung führt über die eben genannte (weit) hinaus. Schleiermacher will mit ihr bewusst machen, dass zwar zwischen „der *Gesamtheit*" (der Kirchenmitglieder) und „denen, welche an der Kirchenleitung teilnehmen" („Klerus im weiteren Sinn" [KD2 § 236]) zu unterscheiden ist, dass aber auch diejenigen, die nicht (*mitteilend*) an der Leitung der Kirche mitwirken können, gleichwohl einen bedeutenden Beitrag zur Kirchenleitung leisten. Davon handelt Schleiermachers „Methode des Umlaufs".

4. Die Methode des Umlaufs[49]

Aus Luthers Verhältnisbestimmung von Allgemeinem Priestertum und kirchlichem Amt geht klar hervor, worin der Unterschied zwischen beidem besteht, wie er begründet ist und inwiefern alle Christenmenschen gleichwohl stets an der Aufgabe der Kirchenleitung teilhaben. Letzteres geht aus Schleiermachers Konzeption bislang noch nicht hervor. Vielmehr scheint es so, als hätten *nur* die Herausragenden, also die überwiegend Mitteilenden an der Aufgabe Kirchenleitung teil. Das hieße, diejenigen, die nicht hinreichend theologisch gebildet (und kirchlich interessiert) sind, kämen nur als Adressaten oder Empfänger (um nicht zu sagen als Objekte) von Kirchenleitung in Betracht. Das gibt im Prinzip Schleiermachers Auffassung zutreffend wieder, verfehlt sie aber in *einem* ent-

47 So ebd., wobei Schleiermacher ausdrücklich hinzufügt, „dass auch der kirchlichen Macht jede äußere Sanktion für ihre Aussprüche fehlt". Wenn das aber (nach Schleiermachers Meinung) so ist, stellt sich die Frage, worin dann eigentlich der Unterschied zwischen beiden Elementen besteht. Schleiermachers Antwort lautet: „... daß der Unterschied wesentlich darauf hinausläuft, daß diese [sc. die Repräsentanten der kirchlichen Autorität] als Ausdruck des Gemeingeistes und Gemeinsinnes wirken, die freie geistige Macht aber etwas erst in den Gemeinsinn und Gemeingeist bringen will" (ebd.). Das gebundene Element der Kirchenleitung repräsentiert demnach dasjenige, was in der Kirche bereits Anerkennung gefunden hat und gilt, das ungebundene Element steht hingegen für das, was in der Kirche erst noch Anerkennung finden will und dann gelten soll.

48 Mir scheint, dass heute auch die große und sehr wichtige Gruppe der Religionslehrer und -lehrerinnen an öffentlichen Schulen zu dieser „freien Geistesmacht" zu rechnen sind, obwohl sie in den Landeskirchen, in denen es für diese Berufsgruppe das Erfordernis (und die Gelegenheit) einer kirchlichen Vokation gibt, durch diesen Akt einer äußeren Berufung auch am gebundenen Element der Kirchenleitung Anteil haben.

49 Dass die Methode des Umlaufs anregende Elemente enthält, die keineswegs auf *Kirchen* beschränkt sind, sondern sehr fruchtbar bei der Leitung und Führung in Unternehmen und Organisationen eingesetzt werden könnten, sei hier nur angemerkt, kann an dieser Stelle aber nicht ausgeführt werden.

scheidenden Punkt. Zwar können diejenigen, die selbst nicht über hinreichende theologische Bildung (vereint mit kirchlichem Interesse) verfügen, nicht aktiv gestaltend, eben „mitteilend", an der Kirchenleitung (im engeren Sinn) mitwirken, aber sie tun dies „empfangend" bzw. „empfänglich". Und das ist für Schleiermacher keineswegs eine unwichtige oder unwirksame Rolle, geschweige denn eine reine Objekt-Rolle. An der Aufgabe der Theologie und der Kirchenleitung nehmen „überwiegend Mitteilende" und „überwiegend Empfängliche" *beide* teil. Und unter den Begriffen „Methode des Umlaufs" (KD2 § 268) oder „Circulation der Mitteilung" (PTh S. 49) beschreibt Schleiermacher die (unverzichtbare) Bedeutung der überwiegend Empfänglichen für die Aufgabe der Kirchenleitung. Er charakterisiert diese Methode wie folgt: sie sei eine zum Zweck „der Ausgleichung und Förderung festgestellte Methode ..., vermöge deren die religiöse Kraft der Hervorragenden die Masse anregt, und wiederum die Masse jene auffordert" (KD2 § 268). Und er fügt sofort an: „Daß auf diese Weise eine Ausgleichung erfolgt, und die Masse den Hervorragenden näher tritt, ist natürlich; Förderung aber ist nur zu erreichen, wenn man die religiöse Kraft überhaupt und namentlich unter den Hervorragenden in der Gemeinschaft als zunehmend voraussetzt" (ebd.). Was sind die Pointen dieses nicht ganz einfachen Textes?

- Der Prozess in Richtung auf eine immer reinere Darstellung des christlichen Lebens bzw. Glaubens wird sowohl dadurch stimuliert (in Gang gebracht und in Gang gehalten), dass die Hervorragenden die Masse durch das „anregen", was sich ihnen erschlossen hat, als auch dadurch, dass die Masse die Hervorragenden "auffordert", ihr aus ihrem Wissen und ihren Einsichten Antworten und Anregungen zu geben.[50] Beides miteinander geht in gelingenden Prozessen von kirchenleitendem Handeln in eine spiralförmig voranschreitende Bewegung über.
- Wie man die „überwiegend *Mitteilenden*" als Kirchenleitung im engeren Sinn bezeichnen kann, kann man die „Masse" der „überwiegend *Empfänglichen*" nach Schleiermacher wegen ihrer auffordernden Funktion durchaus (auch) als Kirchenleitung im *weiteren* Sinne bezeichnen. Allerdings ist das Verhältnis von Kirchenleitung im engeren und im weiteren Sinn dann anders zu bestimmen als bei Luther. Während dort alle ordinierten Amtsträger als Christenmenschen zugleich am allgemeinen Priestertum Anteil haben, also *sowohl* zur Kirchenleitung im engeren *als auch* zur Kirchenleitung im weiteren Sinn gehören, ist das bei Schleiermacher nicht der Fall. Da niemand *gleichzeitig* überwiegend mitteilend und überwiegend empfäng-lich sein kann (allenfalls ein Gleichgewicht zwischen beidem ist denkbar), gehören alle Glieder der Kirche *entweder* zur Kirchenleitung im engeren *oder* zur Kirchenleitung im weiteren Sinn.
- Diese Prozesse, in denen die Masse Anteil bekommt an dem, was sich den Hervorragenden (bereits) erschlossen hat, führen in Richtung einer Annäherung,

50 In seiner PTh beschreibt Schleiermacher dies als „Manifestation der Bedürfnisse" (PTh, S. 50).

ja „Ausgleichung", wie Schleiermacher bewusst und ohne jeden negativen Unterton sagt.[51] Es ist für Schleiermacher ein wünschenswertes Ergebnis von theologisch verantworteter Kirchenleitung, dass die Differenz zwischen den Hervorragenden und der Masse, also zwischen den überwiegend Mitteilenden und den überwiegend Empfänglichen, vermindert wird (ohne ganz zu verschwinden) und die Masse mehr und mehr an dem partizipiert, was die Hervorragenden zu geben haben.[52]

– Denkt man das im vorigen Absatz Gesagte zu Ende, so scheint sich die Kirche durch theologisch verantwortetes kirchenleitendes Handeln auf eine Situation der Differenzlosigkeit und damit des Stillstandes zuzubewegen, die der Zielangabe der immer reineren Darstellung des christlichen Glaubens widersprechen und theologisch verantwortetes kirchenleitendes Handeln zum Erliegen bringen würde. Dass dieser weder wünschenswerte noch beobachtbare Zustand nicht eintritt, erklärt Schleiermacher einerseits aus „dem Wechsel der Generationen" (PTh S. 50), durch den ja immer neue Anregungsbedürfnisse nachwachsen, andererseits daraus, dass „man die religiöse Kraft überhaupt und namentlich unter den Hervorragenden in der Gemeinschaft als zunehmend voraussetzt" (KD2 § 268). Die religiöse Kraft, die in der Botschaft von Jesus Christus als dem Erlöser enthalten ist, hat also für Schleiermacher ein Potenzial, das in der Gemeinschaft der christlichen Kirche – insbesondere bei den überwiegend Mitteilenden – zur Wirkung kommt und damit die Kirche lebendig erhält.

5. Kompetenz als Bedingung für Kirchenleitung

Sowohl bei Luther als auch bei Schleiermacher ist (zwar nicht als Begriff, wohl aber der Sache nach) *theologische Kompetenz*[53] eine wesentliche Bedingung für Kirchenleitung. Das gilt nicht für die überwiegend Empfänglichen bei Schleiermacher, und es gilt nur in eingeschränktem Sinn für die kirchenleitenden Aufgaben, die bei Luther mit dem Allgemeinen Priestertum gegeben und verbunden sind. Hierfür nimmt Luther die *geistliche Kompetenz* in Anspruch, die er

---

51 Noch stärker in PTh, S. 49: „Die Gestaltung der Ungleichheit ... hat also keinen anderen Zweck als diese Ungleichheit aufzuheben und durch die Circulation der Mitteilung einen gleichen Besitz hervorzubringen."

52 Hierin wird ein grundsätzliches Kriterium für den Umgang mit Macht (z. B. in Form von theologischem Wissen) in der christlichen Kirche erkennbar, das m. E. Beachtung und Anerkennung verdient. Das Vorhandensein von (unterschiedlicher) Macht in der Kirche darf nicht geleugnet oder verdrängt werden, wie das bei M. Dutzmann (Barmen IV: Wie dienen – wie leiten?, S. 77–92) der Fall ist, aber sie ist so einzusetzen, dass davon andere profitieren und stärker werden können und so zugleich Machtunterschiede abgebaut werden.

53 „Kompetenz" kann umgangssprachlich sowohl „Befähigung" als auch „Zuständigkeit" bedeuten. Durch die Hinzufügung von Adjektiven wie „theologisch" oder „geistlich" wird schon deutlich, dass hiermit nur die *Befähigung* gemeint sein kann, die freilich die *Voraussetzung* für die Zuerkennung von Zuständigkeit sein sollte.

in Johannes 10 als die Fähigkeit beschrieben sieht, die Stimme des guten Hirten wiederzuerkennen und von der Stimme der Fremden zu unterscheiden. Wenn man auch dies eine *theologische* Kompetenz nennen wollte, so müsste man von einer *gemeindetheologischen* Kompetenz sprechen, die von der durch Studium erworbenen theologischen Kompetenz zu unterscheiden wäre.

Ob Schleiermacher bei den überwiegend Empfänglichen auch eine (gemeinde-)theologische Kompetenz voraussetzt, geht aus seinen Texten nicht hervor. Aber es ist möglicherweise im Sinne Schleiermachers, bei ihnen das *kirchliche bzw. religiöse Interesse* vorauszusetzen, das bei den überwiegend Mitteilenden ein unverzichtbares Merkmal ist.[54]

Jedenfalls kann man von Luther und Schleiermacher lernen, die Bedeutung theologischer Kompetenz der Menschen, die in das Predigtamt bzw. als überwiegend Mitteilende zur kirchenleitenden Tätigkeit (innerlich und/oder äußerlich) berufen sind, hochzuschätzen. Und diese Einsicht ist auch heute zu beachten und ernst zu nehmen. *Deshalb ist eine qualitätvolle theologische Aus- und Fortbildung auch gegenwärtig einer der wichtigsten Beiträge zur Verbesserung von Führung und Leitung in der evangelischen Kirche.*

Wenn dies gesagt und anerkannt ist, muss freilich Zweierlei hinzugefügt werden, das Unterschiede zum 19. und erst recht zum 16. Jahrhundert betrifft:

a) Die Spannweite kirchenleitender Aufgaben von der Ortsgemeinde bis zur EKD-Leitung ist so immens angewachsen, dass theologische Kompetenz zwar immer noch *die Kernkompetenz von Kirchenleitung* ist, aber nicht die *einzige* Bedingung für Kirchenleitungstätigkeit sein kann.[55] Es sind zusätzlich juristische, ökonomische, pädagogische, psychologische, sozialwissenschaftliche, technische und andere Fähigkeiten erforderlich, um die in der Kirche sachgemäß anfallenden Leitungsaufgaben sachgemäß wahrnehmen zu können. Das zu erkennen, umzusetzen und angemessen gestalten zu können, ist selbst auch ein Ausdruck theologischer Kompetenz. Aber sie kann all die anderen erforderlichen Fähigkeiten nicht ersetzen und sollte dies auch nicht versuchen. Es ist jedoch eine berechtigte Erwartung und Herausforderung an theologische Kompetenz heute, für eine kompetente Leitung in möglichst allen kirchlichen Bereichen zu sorgen, d.h. auch, wirksame Motivationsformen, effektive Ausbildungswege und funktionsfähige Kooperationsbedingungen für diese Kompetenzen zu suchen und zu finden.

b) Das Bildungsniveau in der Gesellschaft und in der Kirche ist beträchtlich angestiegen. Die Zeiten, in denen Pfarrer, Arzt, Apotheker und Lehrer die einzi-

54 Dagegen spricht allerdings die Tatsache, dass auch Menschen ohne kirchliches Interesse die überwiegend Mitteilenden in der Kirche auf eine sehr fruchtbare Weise „auffordern" und „herausfordern" können und auf diese Weise einen wichtigen Beitrag zur Leitung der Kirche leisten.

55 Dabei halte ich es für eine nicht überzeugende Argumentation, wenn man sagt, theologische Kompetenz müsse (heute) durch hermeneutische und/oder missionarische Kompetenz *ergänzt* werden. Theologische Kompetenz schließt hermeneutische und missionarische Kompetenz ein – oder sie ist nicht *theologische* Kompetenz.

gen Menschen am Ort mit einer akademischen Ausbildung und einer gehobenen Bildung waren, sind – Gott und Menschen sei Dank – längst vorbei. Damit sind einerseits die Erwartungen (auch die intellektuellen Erwartungen) an die Pfarrerschaft angestiegen. Damit steht in den Gemeinden aber auch ein mehr oder weniger großes Potential von akademisch gebildeten Gemeindegliedern zur Verfügung, die aus ihren beruflichen oder privaten Lebenszusammenhängen Kompetenzen mitbringen, deren Einsatz in Form ehrenamtlicher oder nebenamtlicher Mitarbeit in Kirchengemeinden, Propsteien, Dekanaten bzw. Kirchenkreisen sowie Landessynoden und in einer Vielzahl von Gremien schon jetzt einen beträchtlichen Gewinn darstellen. Es sieht so aus, als würde unter sich verändernden (demographischen und finanziellen) Bedingungen dieser Gesamtbereich von kirchenleitender Tätigkeit durch ehrenamtliche und nebenamtliche Mitarbeiter noch erheblich an Bedeutung gewinnen. Viele Erfahrungen belegen, dass es oftmals nicht allzu schwierig ist, Kirchenmitglieder für Mitarbeit in einem Bereich zu gewinnen, in dem sie sich kompetent fühlen – wenn ihnen diese Kompetenz dann auch zugetraut wird und sie zugleich die notwendige Hilfestellung, Begleitung und Wertschätzung bei ihren Tätigkeiten erfahren. Jedenfalls gibt es in diesem Bereich personelles Potential für die Aufgaben der Kirchenleitung, das genutzt werden sollte.

VII. Wie ist die Kirche zu leiten?

1. Die Grundregel evangelischer Kirchenleitung

Fragt man, wie Wirkungsweise von Kirchenleitung von Schleiermacher verstanden wird, so sieht man sich in der KD an den Abschnitt über die Praktische Theologie verwiesen[56].

a) Die Tätigkeit der Kirchenleitung entsteht daraus, dass „die Gefühle der Lust und Unlust an dem jedesmaligen Zustand der Kirche zu klarem Bewusstsein" (KD2 § 257) gebracht werden. Damit bestimmt Schleiermacher einen ebenso anschaulichen, konkreten Ausgangspunkt für die kirchenleitende Tätigkeit, wie er für Luther im Zusammenhang mit der (ersten) Visitation in Kursachsen gegeben war. Kirchenleitung beginnt mit dem Gefühl der Lust oder Unlust an einem jeweiligen kirchlichen Zustand, wobei Letzteres sich möglicherweise deutlicher anmeldet. Aber diese Gefühle müssen theologisch zur Klarheit gebracht werden. Dass daraus dann „die besonnene Tätigkeit" resultiert, durch die die Kirche geleitet wird, fällt in die Zu-

[56] KD 2 § 25, S. 10: „Der Zweck der christlichen Kirchenleitung ist sowohl extensiv als intensiv zusammenhaltend und anbildend; und das Wissen um diese Tätigkeit bildet sich zu einer Technik, welche wir, alle verschiedenen Zweige derselben zusammenfassend, mit dem Namen der *praktischen Theologie* bezeichnen."

ständigkeit der praktischen Theologie[57]. Eine solche besonnene Tätigkeit setzt Aufmerksamkeit und Nachdenklichkeit voraus und muss bewusst geordnet und zielorientiert gestaltet werden.[58] Diese besonnene Leitung kann Schleiermacher auch als „kunstgerechte" Leitung bezeichnen und beides abheben gegen „lediglich eine verworrene Einwirkung" (KD2 § 12). „Kunstgerecht" ist dabei nicht abzuleiten von „künstlerisch", sondern von „gekonnt". Und „verworren" ist demgegenüber dasjenige, das nicht von einem klaren Bewusstsein und deutlichen Zielvorstellungen geleitet wird. Schließlich gilt für ihn auch noch das Kriterium des *Zusammenstimmens*[59], also der Konsonanz; denn Kirchenleitung darf in sich nicht widersprüchlich sein, sondern muss ein wohlklingendes Ganzes bilden. Damit eine besonnene, kunstgerechte, zusammenstimmende Kirchenleitung zustande kommen kann, müssen die "Gemütsbewegungen", die mit den Gefühlen der Lust und Unlust zusammenhängen, geordnet und zu dem Ziel von Kirchenleitung in Beziehung gesetzt werden. Dies alles sind Aufgaben der wissenschaftlichen Reflexion in der Kirchenleitung.[60]

b) Das Ziel der Kirchenleitung besteht – allgemein gesprochen – darin, „alles, was ... gut erscheint, fruchtbar machen, das Entgegengesetzte aber unwirksam machen und umändern [zu] wollen" (KD2 § 259). Das kann man im Sinne Schleiermachers als die *Grundregel von Kirchenleitung* bezeichnen. Das (mitteilende, wirksame) Handeln der Kirchenleitung hat demzufolge einerseits (bezogen auf das gut Erscheinende) *verbreitenden*, andererseits (bezogen auf das ungut Erscheinende) *reinigenden* Charakter,[61] bzw. es ist in der ersten Hinsicht *„erbauend"* und in der zweiten Hinsicht *„regierend"*[62]. In den Worten „reinigend"[63] und „regierend" ist stets ein *kritisches* Element enthalten, das für Schleiermachers Verständnis von Kirchenleitung und Theologie ebenso konstitutiv ist wie die Verwendung der Verben „fruchtbar machen" (KD2 § 259), „erbauen" (KD2 §§ 279 und 280) oder „aufregen" (= anregen) in positiver Hinsicht (KD2 § 313). Während die zuletzt genannten Worte für das *vorwärtsdrängende, erweiternde* Element theologisch verantworteter Kirchenleitung stehen, die er sogar zur

57 So ebd. Ähnlich in F. Schleiermacher, Theologische Enzyklopädie, S. 251: „Die praktische Theologie soll die Regeln enthalten, wie jedesmal dasjenige, was ein Gegenstand des Wohlgefallens ist, festgehalten und entwickelt werden kann, und umgekehrt was Gegenstand des Mißfallens ist, aufgehoben."

58 So ebenfalls, KD 2 § 257 (S. 99).

59 So KD 2 § 5, S. 2: „Die christliche Theologie ist sonach der Inbegriff derjenigen wissenschaftlichen Kenntnisse und Kunstregeln, ohne deren Besitz und Gebrauch eine zusammenstimmende Leitung der christlichen Kirche, d. h. ein christliches Kirchenregiment, nicht möglich ist."

60 So KD 2 § 257, S. 99.

61 So in: F. Schleiermacher, Die christliche Sitte, hg. v. L. Jonas, Berlin 18842, S. 97 ff. und 291 ff.

62 So KD 2 § 279, S. 107; ähnlich KD 2 § 293, S. 113, sowie KD 2 § 301, S. 115.

63 Das wohl nicht zufällig an Jesu Bildwort vom Weinstock und den Reben in Joh 15,1–6, bes. V. 2 f. erinnert.

Heterodoxie, wenn auch nicht zur Häresie ermutigt[64], erinnern Worte wie „unwirksam machen“ (KD2 § 259), „regieren“ (KD2 § 279), „beschränken“ (KD2 § 313) oder „warnen“ (ebd.) an das kritisch-reinigende Element von theologisch verantworteter Kirchenleitung. Beides gehört für Schleiermacher untrennbar zusammen, bedingt und fordert sich gegenseitig. So lässt sich der theologisch verantwortete kirchenleitende Prozess beschreiben als ein „Oszillieren“[65] zwischen Voranschreiten und Korrektur, Erkundung und Ordnung, in einem Bild gesagt: zwischen „Düngen und Beschneiden“. Kirchenleitung ist demzufolge ordentliche *Gartenarbeit*. Dieser Prozess ist in dieser Welt unabschließbar, hat aber eine eindeutige Zielrichtung.

2. Wodurch ist die Kirche zu leiten – und wodurch nicht?

Vermutlich durch einen Buchtitel aus dem Jahr 1965[66] wurde die Formel „sine vi sed verbo“ einem breiten theologisch interessierten Publikum bekannt. Häufig wird diese Formel so verstanden und gebraucht, als sei sie ein Zitat aus Art. 28 der CA, der „Von der Bischofen Gewalt“/„De potestate ecclesiastica“[67] und handelte damit von der Kirchenleitung nach evangelischem Verständnis. Der Buchtitel ist jedoch nur eine Kurzformel, in der Entscheidendes fehlt, das zum angemessenen Verständnis der evangelischen Lehre von der Kirchenleitung unerlässlich ist. Der betreffende Text aus CA 28 heißt in lateinischer Fassung: „sine vi *humana*, sed verbo“, in der noch präziseren deutschen Fassung: „ohn *menschlichen* Gewalt, sonder *allein* durch *Gottes* Wort“[68]. Der (deutsche) Wortlaut unterscheidet sich also von der zitierten (lateinischen) Kurzformel in dreierlei Hinsicht:

– durch Kennzeichnung der (ausgeschlossenen) Gewalt als „menschlich“[69];

---

64 KD 2 § 203–206, S. 77–79. Siehe dazu die erhellenden Bemerkungen von J. Dittmer, Das Leben der Kirche und ihrer Lehre (s. o. Anm. 1), S. 247 f.

65 Zur Bedeutung dieses Begriffs und dieser von Schleiermacher aus der Naturphilosophie seiner Zeit übernommenen Vorstellung für sein wissenschaftliches Denken siehe die Arbeit von J. Dittmer, Schleiermachers Wissenschaftslehre, Berlin/New York 2001, bes. S. 275–277 (sowie die dortigen weiteren Stellenangaben im Register).

66 H. Diem, sine vi – sed verbo. Aufsätze – Vorträge – Voten, hg. v. U. A. Wolf, München 1965.

67 BSLK 120–133.

68 BSLK 124 ,9 (lat.) und 124,4 f. (dt.). Alle vier Hervorhebungen von W. H.

69 Bei Luther findet sich diese Negation bereits 1518 in Form der Aussage: „Ketzer zu verbrennen, ist wider den Heiligen Geist“ (WA 1,624,35–38 und 625,4: lat. „Haereticos comburi est contra voluntatem Spiritus“. Die darauf bezogene katholische Verwerfung findet sich in DH 1483). Es war und ist ökumenisch pikant, dass dieser Satz zu den angeblichen „Irrtümern Luthers“ gehört, um derentwillen er (und seine Anhängern) 1521 mit bis heute andauernder Wirkung als Häretiker aus der römisch-katholischen Kirche ausgeschlossen wurden. Auf das Gewicht des Adjektivs „humana“/„menschlich“ für die Charakterisierung des Auszuschließenden hat Hans Philipp Meyer unablässig hingewiesen. Von ihm stammt auch der Versuch, die Anwendung von Recht und Gewalt im Rahmen der Kirchenleitung mit den Grundsätzen der Zwei-Regimenten-Lehre, wie sie in der Confessio Augustana enthalten sind, zu vereinbaren (Was heißt „Leitung“

- durch Kennzeichnung des Wortes als „Gottes Wort" und
- durch das „allein", mit dem Gottes Wort dem Gebrauch menschlicher Gewalt ausschließend gegenübergestellt wird.

Die Formel, mit der die Mittel von Leitung und Führung in der evangelischen Kirche angemessen ausgedrückt werden, lautet folglich: *Leitung und Führung der evangelischen Kirche hat ohne menschliche Gewalt allein durch die Auslegung des Wortes Gottes zu geschehen.*

a) Was ist mit dem Wort Gottes gemeint, durch das die Kirche zu leiten ist?
Von der gesamtbiblischen Überlieferung her, wie sie auch in der Geschichte der Kirche immer wieder wirksam geworden ist, könnte man bei „Wort Gottes" zunächst an so etwas wie ein *Losorakel*[70] denken, durch das Gottes Wille

in der Kirche? Hannover 1981). Ich selbst habe mich in den zurückliegenden Jahren wiederholt (zuletzt in meinem Aufsatz: Kirchenleitung im Anschluss an Schleiermacher, in: ZevKR 55/2010, S. 1–19, bes. S. 18, Anm. 89) zustimmend auf diesen Ansatz von H. Ph. Meyer berufen, habe aber inzwischen Zweifel bekommen, ob die von Meyer als Lösung vorgeschlagene Anwendung der Zwei-Regimenten-Lehre auf die Kirche tatsächlich angemessen ist. Mein Bedenken resultiert vor allem daraus, dass die rechtsförmig-gewaltbewehrte Form von Kirchenleitung sich in der CA und von der CA aus nicht auf die *Erhaltung* der *äußeren* Gestalt der Kirche begrenzen lässt, sondern ihren zentralen Anwendungsfall gerade im *Ausschluss schriftwidriger Lehre aus der öffentlichen kirchlichen Verkündigung* findet.
Auf Meyers Ansatz hat sich neuerdings auch H. Ch. Knuth zustimmend, anknüpfend und in weiterführender Absicht bezogen (Das Regiment zur Linken in der Kirche in ihrer irdischen Verfasstheit, in: F. Hauschildt/U. Hahn [Hg.], Kirche und Recht – theologische und juristische Annäherungen, S. 11–24). Knuth selbst unterbreitet dazu folgenden Vorschlag: Er lehnt es zunächst ab, die zwei Regierweisen (exklusiv) auf die Unterscheidung zwischen verborgener und sichtbarer Kirche anzuwenden oder mit ihr zu parallelisieren. Er vertritt stattdessen die Auffassung, hier müsse eine differenziertere Verhältnisbestimmung gefunden werden, die der Tatsache Rechnung trägt, dass die lutherischen Unterscheidungen (auch die zwischen den beiden Regierweisen Gottes) immer durch konkrete Ganzheiten (Person, Kirche) *hindurch*gehen. So weit so gut. Knuth nimmt nun aber seine differenziertere Verhältnisbestimmung so vor, dass er jeweils (anhand von vier exemplarischen Beispielen, nl. Gottesdienst, Amtsträger, Lehrbeanstandung und Kirchenrecht) die These vertritt, das jeweilige „*dass*" könne nicht zur Disposition stehen (es müsse also in der Kirche Gottesdienste, Amtsträger, Lehrbeanstandungsordnungen und Kirchenrecht) geben, aber die Gestaltung des „*wie*" sei frei. Gegen diese Differenzierung ist m. E. folgender Einwand zu erheben: Die Unterscheidung zwischen „dass" und „wie" ist insofern unzureichend, als dabei nicht zum Ausdruck kommt, dass das „Wie" so gestaltet sein kann, dass es dem Wesen und/oder Auftrag der Kirche Jesu Christi *widerspricht*. Das beginnt schon beim Gottesdienst, von dem Knuth zwar (zu Recht) fordert, dass in ihm „das Evangelium in Wort und Sakrament kommuniziert werden *muss*" (a.a.O., S. 19), im Blick auf den er aber zugleich behauptet, „die *evangeliumsgemäße* Verkündigung entzieh(e) sich der objektiven Feststellbarkeit" (a.a.O., S. 16), weil sie unsichtbar und verborgen sei. Wenn er damit Recht hätte, könnte auch die evangeliums*widrige* Verkündigung nicht festgestellt werden und müsste unter das hinreichende „dass" gezählt bzw. als solches hingenommen werden. Das kann nicht sein. Dasselbe gälte für eine Ämterordnung, die z. B. Frauen oder Juden vom kirchlichen Amt ausschlösse. Fügt man Knuths Vorschlag aber die Bedingung hinzu, dass das „Wie" dem Auftrag der Kirche entsprechen muss, so kann man aus seiner Argumentation Gewinn ziehen.

[70] Neh 7,65 in Form der „heiligen Lose ‚Licht und Recht'" (hebr. „Urim und Tummim").

ermittelt wird, oder an eine prophetische *Eingebung*, wie wir sie im Rahmen der Botenformel: „So spricht der Herr" aus dem Alten Testament reichlich kennen[71]. Aber obwohl es im Neuen Testament solche Losverfahren[72] sowie solche prophetischen Eingebungen ebenfalls gibt[73], sind diese überwölbt und überboten durch die *Menschwerdung des Wortes Gottes in Jesus Christus* (Johannes 1,14). Von da aus ist in der christlichen Kirche zu bestimmen und zu erkennen, was Wort Gottes ist. Und das umfasst von dieser Mitte her dann nicht nur Jesus Christus als das menschgewordene Wort Gottes selbst, sondern auch das geschriebene und das gepredigte Wort Gottes, das nicht einfach mit „der Bibel" und „der Predigt" identisch ist, sondern mit der Bibel und der Predigt, sofern diese das menschgewordene Wort Gottes bezeugen und verkündigen. In diesem weiten Sinn gebraucht schon der älteste Text des Neuen Testaments diesen Begriff, wenn Paulus an die Thessalonicher schreibt: „... dass ihr das Wort der göttlichen Predigt, das ihr von uns empfangen habt, nicht als Menschenwort aufgenommen habt, sondern als das, was es in Wahrheit ist, als Gottes Wort, das in euch wirkt, die ihr glaubt" (1. Thessalonicher 2,13). Der Abschluss dieses Zitates zeigt zugleich, woran dieses Wort sich erkennbar macht: daran, dass es Glauben, und zwar Glauben an Jesus Christus wirkt. Als solches Glauben weckendes Wort ist es zugleich das die Kirche konstituierende, das heißt: das die Kirche gründende und erhaltende und darum fortdauernd den Ursprung der Kirche bildende Ereignis. Das bringt die reformatorische Kurzformel von der Kirche als „Geschöpf des Wortes Gottes bzw. des Evangeliums („creatura verbi divini" oder „creatura evangelii")[74] knapp und präzise zum Ausdruck. Und von diesem so verstandenen, die Selbstoffenbarung Gottes in Jesus Christus bezeugenden Wort Gottes, also von dem Evangelium von Jesus Christus gilt für unseren Zusammenhang dreierlei:

- Das Wort Gottes ist der *Ursprung* der Kirche;
- die Verkündigung des Wortes Gottes ist der *Auftrag* der Kirche und
- durch die Auslegung des Wortes Gottes ist die Kirche zu *leiten*.

In dieser Trias und Abfolge, die übrigens nicht umkehrbar ist, erhält die Rede von der Leitung der Kirche durch das Wort Gottes ihre Begründung und ihren nicht beliebigen Sinn. Und die Kirchenleitung hat die Aufgabe, darauf zu achten und soweit wie möglich dafür zu sorgen, *dass das Wort Gottes (durch Predigt und Sakrament, durch Wort und Tat, durch die Botschaft und Ordnung*[75] *der Kirche) verkündigt wird, und zwar so authentisch („rein"), so verlässlich, so verständlich, so einladend wie möglich.*

[71] Jes 7,7; Jer 2,2; Hes 2,4; Am 1,3 und oft.

[72] So bei der Wahl des Apostels Matthias als Nachfolger von Judas (Apg 1,26).

[73] 1 Kor 12,28; 13,2; 14,29; Gal 2,2; Eph 4,11 und öfter.

[74] So und ähnlich in WA 2,430,6f.; 6,560,36 f.; 7,721,12 f.; 12,191,16 ff.; 42,334,12.

[75] Diese Formel ist aus Art. 3 der Barmer Theologischen Erklärung übernommen.

b) Wie geschieht diese Leitung der Kirche „allein durch Gottes Wort"?
Die Leitung der Kirche allein durch das Wort Gottes findet so statt, dass alle menschlichen Leitungs- und Führungsaufgaben ihre Orientierung, also ihren Maßstab allein an dem in Jesus Christus Mensch gewordenen, durch das Evangelium von Jesus Christus bezeugten Wort Gottes finden. Das bringen die Lutherischen Bekenntnisschriften durch den Kern- und Grundsatz zum Ausdruck: „Gottes Wort soll Artikel des Glaubens stellen und sonst niemand, auch kein Engel." (BSLK 421,23–25). Daraus folgt für die Aufgabe der Kirchenleitung dreierlei:

- Leitung der Kirche geschieht durch *Lehre*,[76] und zwar nicht durch irgendeine Lehre, sondern durch die Lehre, die in menschlichen Worten das Wort Gottes, also das Evangelium von Jesus Christus entfaltet.
- Leitung der Kirche geschieht dadurch, dass alles, was dieser Lehre widerspricht, als solches benannt und aus der kirchlichen Verkündigung und Praxis *ausgeschlossen* wird.
- Leitung der Kirche geschieht dadurch, dass alles, was diese Lehre fördert und zur Geltung bringt (also sie „treibt"[77]), selbst zur Geltung gebracht und *gefördert* wird.

Dies alles geschieht im Vertrauen auf die Vollmacht des in Jesus Christus Mensch gewordenen Wortes Gottes, das durch das Wirken des Heiligen Geistes für Menschen zur Glauben weckenden Wahrheitsgewissheit wird (Johannes 16,13), wo und wenn Gott es will (CA 5). Das heißt aber: Dem Wort Gottes, durch das die Kirche zu leiten ist, wird selbst *Macht*, und zwar *Vollmacht* zugetraut (Markus 1,22 par. Matthäus 7,29). Ja, es ist gewaltig – wie „ein Feuer ... und wie ein Hammer, der Felsen zerschmeißt" (Jeremia 23,29), oder wie ein „zweischneidiges Schwert" (Hebräer 4,12), das trennt und scheidet, was geschieden gehört.

Diese Aussagen werden jedoch abstrakt, wenn dabei nicht bedacht und zur Sprache gebracht wird, dass das die Kirche leitende Wort Gottes uns in *menschlichen* Worten begegnet[78] und menschlicher Auslegung[79] bedarf – nicht etwa, um es unseren Bedürfnissen und Vorlieben anzupassen oder um es zeitgemäß zu machen, sondern um es unter sich verändernden geschichtlichen und sozialen Bedingungen in seiner genuinen Bedeutung, in seinem authentischen Sachgehalt

76 Diese These haben vor allem E. Herms (Was heißt „Leitung in der Kirche?" in: Ders., Erfahrbare Kirche. Beiträge zur Ekklesiologie, Tübingen 1990, S 80–101, bes. S. 83 sowie: Die Lehre im Leben der Kirche, a. a. O., S. 119–156) und R. Preul (Kirchentheorie, Berlin/New York 1997, S. 41–49, sowie: Die soziale Gestalt des Glaubens. Aufsätze zur Kirchentheorie, Leipzig 2008, S. 18–35) immer wieder formuliert und erläutert.

77 So in Luthers berühmtem Kriterium dafür, ob bestimmte biblische Schriften apostolisch sind (oder nicht), was sich daran entscheidet: „ob sie Christum treyben, odder nit" (WA DB 7,384,27).

78 Siehe dazu die paulinischen Aussagen aus 1 Thess 2,13 oben in Abschn. a.

79 Entsprechend heißt auch die These von Herms und Preul zu Recht: „Kirche wird durch die *Auslegung* ihrer Lehre geleitet" (siehe oben Anm. 76).

zu Gehör und zur Geltung zu bringen. Und diese Auslegung des Wortes Gottes ist immer wieder umstritten. Das ergibt sich einerseits aus der Vielstimmigkeit der Zeugen, andererseits aufgrund der Gefahr der Verfälschung der Überlieferung des Wortes Gottes durch menschliches Denken und menschliche Sprache.

Kirchenleitung geschieht durch Auslegung des Wortes Gottes – grundsätzlich und konkret bezogen auf einzelne Entscheidungssituationen. Kirchenleitung ist darum ein Auslegungsprozess: in Predigt und Lehre, aber auch im theologischen Diskurs (zu dem u. a. Stellungnahmen und Gutachten von Ausschüssen, Kammern und Fakultäten gehören). Dabei handelt es sich um einen Auslegungsprozess, der auf Konsens zielt, aber diesen Konsens nicht automatisch erreicht. Darin wird ein Wesensmerkmal der Kirche erkennbar: Sie ist Auslegungsgemeinschaft des ihr anvertrauten Wortes Gottes. Von diesem Auslegungsprozess darf angesichts des Allgemeinen Priestertums kein Christenmensch ausgeschlossen werden. Die Personen, die – als leitende Geistliche oder als Synodale – hauptverantwortlich an der Aufgabe der Kirchenleitung Anteil haben, dürfen sich davon nicht einmal selbst dispensieren.

Dass es sich dabei um eine genuin kirchenleitende Aufgabe handelt, besagt, dass zu ihrer Erfüllung theologische Kompetenz erforderlich ist, wie sie durch ein theologisches Studium, durch theologische Lektüre und durch andere Formen theologischer Bildung erworben wird.

Dass an dieser kirchenleitenden Aufgabe jedoch nicht nur diejenigen Anteil haben, die durch ein akademisches Studium oder durch andere Bildungsmaßnahmen die erforderliche theologische Kompetenz erworben haben, sondern alle Christenmenschen, das haben Luther und Schleiermacher je durch eine eigene wichtige Einsicht zum Ausdruck (s. o. Abschn. 6.2 bis 6.4) gebracht, wobei ihre beiden Ansätze einander nicht widersprechen oder miteinander konkurrieren, sondern sich gegenseitig ergänzen.

3. Trennung als äußerstes reinigendes Mittel der Kirchenleitung

Welche Formen rechtlich geordneter kirchenleitender Maßnahmen sind damit vereinbar und welche nicht? Eine Kirchenleitung dürfte in keinem Fall leibhaft verletzende bzw. tötende oder freiheitsberaubende Gewalt androhen oder anwenden, selbst wenn sie dazu rechtlich befugt wäre. Das äußerste Mittel, das im Rahmen kirchenleitenden Handelns eingesetzt werden kann, ist die *Trennung* in einer der folgenden fünf Formen:

a) als *Aufhebung von (voller) Kirchengemeinschaft* mit Kirchen, die in ihrer Verkündigung und/oder Praxis dem Evangelium widersprechen, indem sie z. B. Menschen aufgrund ihrer Rasse, ihres Geschlechtes oder ihrer sozialen Stellung aus der kirchlichen Gemeinschaft oder vom kirchlichen Amt ausschließen;

b) als *Ausschluss von Gottesdienst- bzw. Kirchenbesuchern*, die ihre Anwesenheit während des Gottesdienstes oder in einer Kirche bewusst zur Störung bzw. Verhinderung von Andacht, Gebet oder Gottesdienst einzusetzen versuchen;

c) als *Nichtzulassung zum Abendmahl* von Personen, die durch ihr Verhalten offenkundig der christlichen Botschaft widersprechen (z.B. durch unbußfertige Praktizierung öffentlicher Sünde oder durch volltrunkene Teilnahme am Abendmahl);

d) als *Entlassung von Amtsträgern* aus dem kirchlichen Dienst aufgrund schwerer disziplinarischer Vergehen und Verfehlungen gegen ihre dienstlichen Pflichten oder gegen die mit ihrem Amt rechtmäßig verbundenen Verhaltenserwartungen;

e) als *Aberkennung der Ordinationsrechte* aufgrund von beharrlicher, öffentlicher Lehre, deren Unvereinbarkeit mit der geltenden kirchlichen Lehre in einem ordnungsgemäßen Verfahren (Lehrbeanstandungsverfahren) festgestellt wurde.[80]

Ist eine solche Trennung durch das Kriterium von CA 28, wonach kirchenleitendes Handeln *ohne menschliche Gewalt allein durch Gottes Wort* zu geschehen hat, ausgeschlossen? Das wäre ausgeschlossen, wenn in CA 28 mit „menschlicher Gewalt" jede Zwangsmaßnahme gegen den Willen eines Betroffenen gemeint wäre. Genau das meint CA 28 aber *nicht*, wie die Aussagen über den Ausschluss von Irrlehrern zeigen:

„Derhalben ist das bischoflich Ambt nach gottlichen Rechten das Evangelium predigen, Sunde vergeben, Lehr urteilen und die Lehre, so dem Evangelio entgegen [ist], verwerfen und die Gottlosen, dero gottlos Wesen offenbar ist,

---

80 Bei Luther heißt es in einer für unsere Ohren schön klingenden Formulierung: „Welcher teil aber unrecht leret wider die Schrifft und Gottes wort, dem teil gebe man urlaub. Aber ausrotten sol man nicht" (WA 52,838,24 f.); in CA 28 heißt es, man solle „die Gottlosen, dero gottlos Wesen offenbar ist, aus christlicher Gemein ausschließen" (BSLK 124,2 f.); bei Schleiermacher heißt es, es sei zu prüfen, „ob, wenn die Seelsorge ihren Zweck nicht erreicht, ... der Zusammenhang der unempfänglich Gewordenen mit den Leitenden als aufgehoben kann angesehen werden. Die Aufhebung dieses Zusammenhanges zöge auch die des Zusammenhanges mit der Gemeine als solcher nach sich" (KD § 301, S. 115). Wie dies im Blick auf unempfänglich Gewordene und uneinsichtig Bleibende zu *praktizieren* ist, sagt Schleiermacher leider nicht.
Die kirchenleitende Auslegung des Wortes Gottes kann also im äußersten Fall zur Feststellung der Unvereinbarkeit einer (beharrlich öffentlich vorgetragenen) Lehre mit dem Evangeliumsverständnis mit der Lehre der Kirche führen. Und das hat dann in der Regel die Trennung von dem betreffenden Amtsinhaber zur Folge. Reformatorisches Doppelkriterium ist dabei:
Mit Irrlehren und Irrlehrern muss mit dem *Wort* und in der Hoffnung auf das Wirken des *Geistes* gerungen werden, man darf sie nicht mit dem „Schwert" bekämpfen; denn dem Ringen um die Wahrheit ist weder die Androhung noch die Anwendung von Gewalt angemessen. Darum ist es gegen den Willen des Heiligen Geistes, Ketzer zu verbrennen (so WA 1,608,10 f., vgl. dazu DH 1483).
Irrlehrer darf und soll man „murren lassen ... daheim im winckel", aber man darf sie nicht auf die Kanzel („auff das holtzlin, auff den Predigtstuel, zu dem Altar") lassen – so Luthers im Anschluss an das Gleichnis vom Unkraut unter dem Weizen immer wieder eingeschärfte Unterscheidung, die er bis zum Ende seines Wirkens festgehalten hat (WA 51,183,40–184,40). Hier gilt es also, die Unterscheidung zwischen dem *internen* theologischen Diskurs und der *öffentlichen* Verkündigung im Namen und Auftrag der Kirche zu beachten.

aus christlicher Gemein ausschließen, ohn menschlichen Gewalt, sonder allein durch Gottes Wort".[81]

Das „sine vi humana, sed verbo" bzw. „ohn menschliche(n) Gewalt, sonder allein durch Gottes Wort" bezieht sich in CA 28 also genau und ausdrücklich auf den Vorgang des Ausschlusses von evangeliumswidriger Lehre und offenkundig gottlos Lebenden aus der christlichen Gemeinde, wobei nicht eine gütliche Trennung (nach dem Motto von Abraham und Lot, Genesis 13,9) vorausgesetzt ist. Da die Kirchenleitung für die öffentliche Verkündigung Verantwortung trägt, gehört das Wachen über der reinen Lehre zu ihren originären Aufgaben. Nimmt sie diese Verantwortung nicht wahr, macht sie sich mitschuldig an der Irreführung der Menschen.

In Schleiermachers Terminologie gesagt: Im Rahmen ihrer *reinigenden* Aufgabe muss eine Kirchenleitung notfalls vom Mittel der Trennung Gebrauch machen. Gilt das auch für die *fördernde* Aufgabe, die der Kirchenleitung ebenfalls obliegt?

4. Förderung als gewinnende Anregung

Hier ist zunächst ein Anliegen aufzunehmen, das in CA 28 breit entfaltet und nachdrücklich betont wird[82]: Es betrifft die Einführung „menschlicher Satzungen" oder „Aufsätze"[83] durch Kirchenleitungen. Dabei unterscheidet die CA drei Fälle:

- Eine Kirchenleitung hat *kein* Recht, „etwas wider das Evangelium zu setzen und aufzurichten" (BSLK 126,5 f.). Das wäre aber der Fall, wenn eine kirchliche Satzung eingeführt würde mit der Behauptung, durch ihre Einhaltung könne man sich Gottes Gnade verdienen.[84] Damit würde sich die Kirchenleitung falscher Lehre schuldig machen.
- Eine Kirchenleitung hat *kein* Recht, Satzungen einzuführen mit dem Anspruch, ihre Übertretung sei Todsünde.[85] Das hieße, „die Gewissen zu verstricken" (BSLK 127,18), und auch das wäre ein Widerspruch gegen die Lehre des Evangeliums – nicht durch inhaltliche Falschheit, sondern durch die Erhebung einer menschlichen Regel in den Rang eines göttlichen Gebotes.[86]

---

[81] BSLK 123,22–124,5; lat.: „Proinde secundum evangelium seu, ut loquuntur, de iure divino haec iurisdictio competit episcopis ut episcopis, hoc est his, quibus est commissum ministerium verbi et sacramentorum, remittere peccata, reiicere doctrinam ab evangelio dissentientem et impios, quorum nota est impietas, *excludere a communione ecclesiae, sine vi humana, sed verbo.*" (Hervorhebung von W. H.)

[82] Davon handelt der ganze zweite Teil von CA 28 (BSLK 125,13–133,6). Vgl. dazu auch Calvin, Unterricht in der christlichen Religion, Buch IV, Kap. 10 (Bd. 3, S. 218–261).

[83] So BSLK 125,15; 126,14.16; 127,2.25.27; 128,3; 131,7 und oft.

[84] So BSLK 126,11 f. und 128,29 f.

[85] So BSLK 127,3–5.

[86] Hier zeigt sich (erneut), dass die Unterscheidung zwischen dem Menschlichen und Göttlichen

– Wohl aber hat jede Kirchenleitung das *Recht* (und sogar die *Pflicht*), „Ordnung zu machen, damit es ordentlich in der Kirche zugehe" (BSLK 129,14 f.). Dabei ist die Ordnung kein Selbstzweck, sondern dient – unter ausdrücklicher Berufung auf die entsprechenden Aussagen bei Paulus in 1. Korinther 11 und 14 – einer Erfüllung des kirchlichen Auftrags und Gestaltung des kirchlichen Lebens, durch die Menschen von der Predigt des Evangeliums erreicht werden, ohne an der äußeren Form Anstoß nehmen zu müssen.[87] Aber auch von solchen Ordnungen gilt, dass man Gott mehr gehorchen muss als den Menschen.[88] Diese menschlichen Satzungen und der angemessene, evangelische Umgang mit ihnen sind „Exempel ... der christlichen Freiheit" (BSLK 130,22 f.). Deshalb wäre es ein kirchenleitender *Übergriff*, wenn solche menschlichen Satzungen zur heilsnotwendigen Pflicht erklärt und ihre Nichterfüllung entsprechend sanktioniert würde.

Das führt weiter zu der Einsicht, dass kirchenleitende Maßnahmen, die nicht der Reinigung, sondern der Förderung, dem Wachstum, der Entwicklung und Ausbreitung der christlichen Kirche dienen (sollen), „Exempel der christlichen Freiheit" sein müssen. Sie zum Einsatz und zur Wirkung zu bringen, ist primär eine Aufgabe gewinnender Überzeugungsarbeit. Den Charakter von Pflichten, deren Nichterfüllung mit Sanktionen verbunden ist, können sie nur dann bekommen, wenn mit ihnen die Erfüllung des kirchlichen Auftrags steht oder fällt.[89]

Auch in diesem Bereich kann die *Visitation* eine wichtige Aufgabe erfüllen, indem sie nicht nur darauf achtet, ob kirchliche Arbeit auftragsgemäß getan wird, sondern indem sie anregende Informationen aufnimmt und von Gemeinde zu Gemeinde weitergibt, wobei das Ziel darin bestehen kann, dass „good practice" in einer Gemeinde, soweit sie als solche einleuchtet und überzeugt, auch anderswo übernommen und eingeführt wird, oder aber dass Mitglieder anderer Gemeinden davon erfahren, dazu ausdrücklich eingeladen werden und daran teilnehmen können. Im letzteren Fall kann die Visitation zu einer regionalen Zusammenarbeit beitragen, die auf einem freiwilligen Austausch von Gaben und Aufgaben beruht und so die Möglichkeiten der Erfüllung des kirchlichen Auftrags erweitert, ohne (nach einer arbeitsintensiven Koordinationsphase) notwendigerweise zu einer erhöhten Arbeitsbelastung der Verantwortlichen zu führen.

gegenüber der Unterscheidung zwischen Gewalt und Wort die übergeordnete Leitunterscheidung ist, auf die es ankommt.

87 BSLK 129, 13–34.

88 So unter Berufung auf Apg 5,29 BSLK 132,30 f.

89 Das wäre etwa der Fall bei der Weigerung, Seelsorge an Kranken und Sterbenden zu praktizieren.

VIII. Personalführung als Element von Kirchenleitung

Wenn von Personalführung als Element von Kirchenleitung die Rede ist, richtet sich die Fantasie schnell auf Dienstgespräche, Zielvereinbarungen oder auf disziplinarische Maßnahmen. Dabei erscheinen jeweils die im „Kirchendienst"[90] an einer Ortsgemeinde oder in einem Funktionspfarramt Tätigen, also insbesondere die Pfarrerschaft, als *Objekte*, bestenfalls als Nutznießer solcher Maßnahmen der Personalführung. Dass aber auch und ganz grundlegend Personalführung eine wesentliche *Aufgabe* des Kirchendienstes ist, also von der Pfarrerschaft an der Gemeinde zu leisten ist, bleibt dabei leicht aus dem Blick. Um das zu vermeiden, beginne ich hier mit diesem Aspekt (8.1) und gehe dann (in 8.2) zu dem anderen Aspekt über, um in 8.3 unter den Stichworten Mitarbeitergewinnung und -begleitung noch einmal die Pfarrerschaft als Subjekt einer speziellen und immer wichtiger werdenden Form der Personalführung zu betrachten.

1. Seelsorge als Mittel der Kirchenleitung

In dem einleitenden Abschnitt zur praktischen Theologie vertritt Schleiermacher in seiner KD2 die Auffassung, dass „alle besonnene Einwirkung auf die Kirche, um das Christentum in derselben reiner darzustellen, nichts anderes ist, als Seelenleitung" (KD2 §263). Auch wenn der Begriff der „(Personal-)Führung" hier nicht auftaucht, zeigt dies doch, welch umfassende Bedeutung die Seelsorge (als Seelenleitung) in Schleiermachers Konzeption der Kirchenleitung besitzt. Dabei ist an dieser Stelle auch eine deutliche Warnung angebracht vor einer Seelsorge und Seelenleitung, die den Charakter der Fremdbestimmung, Manipulation oder Indoktrination annimmt. Hier ist an Luthers grundsätzliche Einsicht zu erinnern: „Der seelen soll und kan niemandt gepieten, er wisse denn yhr den weg zuo weyßen gen hymel. Das kan aber keyn mensch thun, sondern Got alleyn. Darumb ynn den sachen, die der seelen selickeytt betreffen, soll nichts denn Gottis wort geleret und angenomen werden." (WA 11,263,3–5) Seelsorge und Seelenleitung müssen demzufolge von einem menschlichen Gebieten über die Seele grundsätzlich unterschieden werden. Sie haben den Charakter „darstellenden Handelns" bzw. der Bezeugung des Evangeliums, deren Wirkung nicht in unserer Hand liegt. Solche Seelsorge (und Kirchenleitung durch Seelsorge) geschieht als allgemeine Seelsorge in der öffentlich zugänglichen Form der Verkündigung („publice docere", CA 14)und als besondere Seelsorge in der auf strikte Vertraulichkeit angewiesenen Form des persönlichen Gesprächs („cura animarum"). Auch dies beides fällt unter die Aufgabenbestimmung von Kirchenleitung durch Auslegung ihrer Lehre.[91]

[90] Siehe zur Bedeutung dieses Schleiermacher'schen Begriffs oben Anm. 27.

[91] Siehe oben Anm. 79.

2. Personalführung durch Fortbildung, Seelsorge und Dienstrecht

Blicken wir nun auf die Personalführung, die den an der (gebundenen) Kirchenleitung Mitwirkenden nicht nur obliegt, sondern auch speziell[92] *zugutekommt*, so ist an erster Stelle die Institution der *Fortbildung* zu bedenken.

2.1 Fortbildung als andauernde Aufgabe

Fortbildung als permanentes Angebot, das den kirchenleitend Tätigen zugutekommt, hat deswegen einen so hohen Stellenwert, weil sie eine gewissermaßen *prophylaktische bzw. präventive*, also *vorsorgende* Maßnahme ist, die – wenn sie gut gemacht wird – sowohl anregend und fördernd als auch warnend und beschränkend wirken kann, und dies nicht durch dienstrechtliche, administrative, Maßnahmen, sondern durch die Vermittlung theologischer Einsichten. Abgesehen von einer beruflichen Anfangsphase, die der Eingewöhnung dient (Fortbildung in den ersten Amtsjahren), sollte Fortbildung daher von der *Angebots*seite her strikt *verpflichtend*, von der *Teilnahme*seite aus hingegen strikt *freiwillig* sein. Fortbildungsangebote im Rahmen obligatorischer Pfarrkonvente etc. können vermutlich nur in seltenen Fällen mehr sein als Maßnahmen zur *Weckung* von Fortbildungsinteresse. Eine besonders fruchtbare Fortbildungsmöglichkeit ist ein einsemestriges *Kontaktstudium* an einer theologischen Fakultät, das erfahrungsgemäß durch die Breite des Angebots und durch die Intensität der Beschäftigungsmöglichkeit besonders effektiv ist. Eine solche Möglichkeit sollte in allen Landeskirchen (etwa als Anspruch nach je zehn Dienstjahren) bestehen und auch von Seiten der theologischen Fakultäten bewusst wahrgenommen, gut vorbereitet und intensiv begleitet werden. Dies erfordert in den Kirchen keine zusätzlichen Stellen oder Finanzmittel, wenn der Anspruch allen offen steht und die nötige Dienstvertretung kollegial geregelt wird.

Darüber hinaus sind einwöchige, thematisch konzentrierte Fortbildungsveranstaltungen (Montag bis Freitag), die keine längerfristige Vertretung erfordern, erfahrungsgemäß eine sehr wirkungsvolle Möglichkeit für die Auffrischung und Erweiterung der für das Pfarramt oder andere Leitungsaufgaben erforderlichen theologischen Kompetenz. Ihre volle Wirkung können solche Fortbildungsangebote freilich nur dann entfalten, wenn sie die *gesamte* pfarramtliche (oder andere kirchenleitende) *Existenz* im Blick haben und dies durch die Einbeziehung und sorgfältige Gestaltung geistlicher Elemente und durch das Angebot von seelsorglicher Begleitung und Beratung zum Ausdruck bringen und erfahrbar machen.

---

92 Dieses Adverb ist erforderlich, um nicht zu übersehen, dass auch die an der Kirchenleitung im engeren Sinn Mitwirkenden natürlich auf die allgemeine und besondere Seelsorge durch Verkündigung und Beichtgespräch (von der in 8.1 die Rede war) angewiesen sind und bleiben. Das Amt des „Beichtvaters des Papstes“ zeigt, dass sich dessen auch die römisch-katholische Kirche wohl bewusst ist.

Bei den kirchlichen Fortbildungsangeboten, die dem Führen und Leiten in der evangelischen Kirche dienen sollen, haben *theologische* Themen und Veranstaltungen eine *Grundlegungs*funktion, Kurse, die der Verbesserung des *Managements* im Bereich der Kirche dienen, hingegen eine *Aufbau*funktion.

2.2 Personalführung in Konfliktsituationen

Von den – präventiv angelegten – Fortbildungsmaßnahmen sind Maßnahmen der Personalführung in sich abzeichnenden oder akuten *Konfliktsituationen* zu unterscheiden.[93] Sie gleichen eher der Seelsorge im engeren Sinn, die auf persönliche Zuwendung, auf absolute Vertraulichkeit und auf die Bereitschaft zu gegebenenfalls längerfristiger persönlicher Begleitung angewiesen ist. Im Blick auf dieses kirchenleitende Aufgabenfeld ist zunächst die alte Einsicht einzuschärfen, dass Seelsorge und Dienstaufsicht zwei kategorial zu unterscheidende Formen sind, wie kirchenleitend mit Konfliktsituationen umzugehen ist, weil die Dienstaufsicht rechtliche Mittel (bis hin zur Trennung) zur Verfügung hat, die in der Seelsorge keinen legitimen Platz haben. Deshalb sollten soweit wie möglich seelsorgliche und dienstrechtlich-disziplinarische Formen der Personalführung in Konfliktsituationen auch personell deutlich unterschieden sein, ohne einander ihre Legitimität und Wichtigkeit streitig zu machen. Dabei ist auch zu beachten, dass seelsorgliche Interventionen grundsätzlich nur (von beiden Seiten aus) *freiwillig* möglich sind, was für dienstrechtliche Interventionen selbstverständlich *nicht* gilt.

Unter den typischen Konfliktsituationen, die kirchenleitendes Handeln erforderlich machen, sind einerseits diejenigen zu nennen, die sich für die Inhaber eines kirchlichen Amtes aus ihrer Amtsführung im Verhältnis zu ihrer sonstigen *Lebensführung* ergeben (können), andererseits diejenigen, die die *Zusammenarbeit* des Amtsinhabers mit der (eigenen) Gemeinde („mangelndes gedeihliches Zusammenwirken") oder mit anderen Inhabern eines kirchlichen Amtes betreffen (können). Auch hier ist grundsätzlich empfehlenswert, seelsorgliche und dienstrechtliche Aspekte soweit wie möglich (auch personell) zu unterscheiden.

Der evangeliumsgemäße Erfolg von Personalführung in Konfliktsituationen muss im Übrigen nicht darin bestehen, dass frühere oder bisherige Kooperationsverhältnisse wiederhergestellt oder fortgesetzt werden, sondern er kann auch in einer *Trennung* bestehen, von der möglicherweise sogar *alle* am Konflikt beteiligten Seiten profitieren und von der (vor allem) die künftige Wahrnehmung des kirchlichen Auftrags profitiert.

93 Eine Schnittmenge zwischen beidem bilden Veranstaltungen, die sich mit konfliktträchtigen Themen (wie z. B. Leben im Pfarrhaus, Vereinbarkeit von Pfarramt und Familienleben oder kirchliches Amt und politisches Engagement) befassen. Sie dienen (auch) der Vorsorge im Blick auf häufig auftretende Konfliktsituationen.

3. Personalführung als Gewinnung und Begleitung von Mitarbeitenden

Eine der zunehmend wichtiger werdenden Aufgaben im Bereich von Personalführung bezieht sich auf die Gewinnung und Begleitung von Mitarbeitenden, insbesondere in Gemeinden. Diese Aufgabe wird *zunehmend* wichtig, weil es angesichts sich ausdifferenzierender Erwartungen an das kirchliche Handeln einen zunehmenden *Bedarf* an Mitarbeitenden gibt, und weil es angesichts des allgemein gestiegenen Bildungsniveaus auch ein *Potential* an Mitarbeitenden gibt. Es ist eine innerhalb der Kirche noch weithin neue und überraschende Erfahrung, dass Menschen in vielen Fällen (zeitlich und sachlich) *eher* für aktive Mitarbeit als für rezeptive Teilnahme an kirchlichen Veranstaltungen oder Aktivitäten gewonnen werden können. Diese Chance sollte genutzt werden. Dabei ist das sog. D.I.E.N.S.T.-Konzept (Dienen im Einklang mit Neigungen, Stärken und Talenten) dann eine sinnvolle Möglichkeit, wenn dabei die grundlegende Ausrichtung am *Auftrag* der Kirche mitgedacht und -beachtet wird.

Die große Kunst der Personalführung im Bereich der Mitarbeitergewinnung und -begleitung besteht darin, mehrere Kriterien(paare), deren Anwendung nicht automatisch miteinander harmoniert, so zu verbinden, dass tatsächlich „eine zusammenstimmende Leitung der christlichen Kirche" (KD 2 § 5) zu Stande kommt: Das erste spannungsvolle Kriterienpaar ist die Orientierung am *Auftrag der Kirche* einerseits und an den *Neigungen der Mitarbeitenden* andererseits. Das zweite bezieht sich auf die Verbindung zwischen der *Selbstständigkeit* der Mitarbeit und dem Bedarf an *Anleitung, Schulung und Supervision.* Als drittes kommt das Miteinander von *Differenzierung* und *Zusammengehörigkeitsgefühl* bei den verschiedenen kirchlichen Gruppen hinzu. Bei alledem ist schließlich viertens auch das Verhältnis zwischen den Aufgaben, die notwendigerweise und unvertretbar mit dem *Pfarramt* verbunden sind, und denjenigen, die ohne Schwierigkeiten oder sogar mit Gewinn von *anderen Personen* wahrgenommen werden können, zu bedenken und zu klären.

Sollten sich die besorgniserregenden Tendenzen im Bereich der (vor allem demographisch bedingten) Mitglieder- und Finanzentwicklung der Kirchen fortsetzen, so könnte der Einsatz von qualifizierten ehrenamtlichen Mitarbeitern in Zukunft noch weitaus größere Bedeutung bekommen, als er sie jetzt schon hat. Sich darauf so vorzubereiten, dass dies nicht zu Lasten des kirchlichen Auftrags geht, sondern möglicherweise sogar neue Chancen zu seiner Wahrnehmung erschließt, ist allerdings auch selbst eine kirchenleitende Aufgabe, die Weitblick, Mut und theologische Kompetenz erfordert.

IX. Empfehlungen für die heutige Situation

a) Änderungen von kirchlichen Grundordnungen, die Fragen der *Lehrgrundlagen* berühren, dürfen nicht den Sinn oder Zweck von Veränderungen haben, sondern nur den Sinn von Präzisierungen oder Verdeutlichungen. Auch als solche setzen sie eine *einmütige* Urteilsbildung und Entscheidung voraus, bei der alle synodalen und personalen Leitungsämter, die theologische(n) Fakultät(en) sowie sämtliche Kirchengemeinden die Möglichkeit und Gelegenheit zur Beteiligung haben müssen.

b) Es sollten in den Landeskirchen Regelungen angestrebt werden, wie die jeweils regional zugehörigen *theologischen Fakultäten* durch die kirchliche Grundordnung in die Aufgabe der Kirchenleitung verbindlich einbezogen werden können: die Ausbildungs- und Prüfungstätigkeit der Fakultät(en), die personelle Vertretung der Fakultät(en) in der Landessynode (und im Landeskirchenrat) sowie die Praxis der Beratung kirchenleitender Organe durch theologische Gutachten seitens der theologischen Fakultäten.[94] Dabei könnte und sollte man solchen Gutachten ein zumindest aufschiebendes Vetorecht zuerkennen.

c) Bereits während des Theologiestudiums sollte es – vor allem von Seiten der Fakultäten – eine studienbegleitende *Beratung* der Theologiestudierenden im Blick auf ihre Eignung zum Theologiestudium und zum Pfarrberuf geben. Dabei bietet sich das Schleiermachersche Kriterium der Einheit von wissenschaftlichem Geist und kirchlichem Interesse als Beratungskriterium an. Ziel dieser Beratung sollte es sein, *unsicheren* Studierenden zu einer für sie befriedigenden Klärung zu verhelfen und *ungeeigneten* Studierenden zu einem frühzeitigen Wechsel.

d) Der Verzahnung beider Ausbildungsphasen für das Pfarramt[95] könnte es dienen, wenn als Abschluss der Zweiten Ausbildungsphase (Vikariat) eine *theologische Rückbindung* der zwischenzeitlich erarbeiteten, praxisbezogenen Studieninhalte an Schrift und Bekenntnis erfolgte, durch die die Gefahr des

---

94 Modellcharakter dafür besitzt Art. 87 der Grundordnung der Evangelischen Landeskirche in Baden vom 28. April 2007. Dort heißt es: „Die Theologische Fakultät der Ruprecht-Karls-Universität nimmt in der Verantwortung für die christliche Lehre durch jene Mitglieder, die mit Zustimmung der Landeskirche in ihr Amt berufen worden sind, an der Leitung der Kirche teil
1. bei der Ausbildung der angehenden Pfarrerinnen und Pfarrer, in Theologischen Prüfungen sowie im Predigerseminar mit der Landeskirche zusammenwirkt;
2. indem sie durch ein ... berufenes Mitglied in der Landessynode und im Landeskirchenrat vertreten ist;
3. die Organe der Kirchenleitung durch theologische Gutachten berät."
Durch den Hinweis auf die Zustimmung der Landeskirche bei der Berufung der theologischen Hochschullehrer erhält dieser Rechtsakt über seine formale Bedeutung hinaus ein starkes inhaltliches Gewicht und macht die (auch) an dieser Stelle bestehende Verantwortung der Kirchenleitung bewusst.

95 Ob es im Blick auf die weitgehend in staatlicher Hand liegende äußerst wichtige Religionslehrer-Ausbildung für die Verbindung von Studium und Referendariat ähnliche Möglichkeiten gibt, wäre zu prüfen.

Auseinanderfallens von theologischer Reflexion und kirchlicher Praxis möglichst vermieden wird.

e) Angesichts der großen Anforderungen an die Inhaber des Pfarramtes und angesichts des Entwicklungstempos in der theologischen Wissenschaft besteht ein erheblicher *Fortbildungsbedarf* im Pfarramt, der in aller Regel nicht durch Eigenstudium neben der Berufstätigkeit bewältigt werden kann. Nachdrücklich zu fordern ist die Einführung der Möglichkeit von mehrmonatigem Studienurlaub an einer theologischen Fakultät (spätestens nach je 10 Dienstjahren). Das kontinuierliche Angebot theologischer *Fortbildung* (insbesondere für Hauptamtliche), in der *theologische Wissensvermittlung* und Angebote *geistlicher Begleitung* möglichst gut miteinander verbunden sein sollten, stellt ein dringendes Erfordernis in der gegenwärtigen kirchlichen Situation dar.

f) So eng Theologie und geistliches Leben zusammengehören, so deutlich ist zwischen diesen beiden auf der einen Seite und den rechtlichen Erfordernissen der Dienstaufsicht auf der anderen Seite zu unterscheiden. Soweit dies möglich ist, sollte es klare personelle Unterscheidungen zwischen den Zuständigkeiten für *Dienstaufsicht* und *Seelsorge* geben.

g) Die vielfältigen Ansätze zu Durchführung ordnungsgemäßer *Visitationen* auf allen kirchlichen Ebenen sollten gestärkt, ermutigt und fortgesetzt werden. Die Visitation dient *auch* dem Schutz der Amtsträger vor ungerechtfertigten Angriffen oder Vorwürfen, und sie dient dem *Austausch und der Vermittlung von Anregungen.* Visitationen sind aber auch Gelegenheiten, bei denen die überwiegend Empfänglichen ihre das kirchliche Leben anregende und vorantreibende Funktion wahrnehmen können.

h) Im Unterschied zu einer Situation, in der der *Gottesdienst* (als „institutionalisierte Belanglosigkeit") abgewertet und der Gleichgültigkeit anempfohlen wurde, ist heute erfreulicherweise an vielen Stellen eine Wiederentdeckung und -belebung des Gottesdienstes zu beobachten. Mit dieser verstärkten Aufmerksamkeit für den Gottesdienst verbindet sich in vielen Fällen die häufigere, teilweise allsonntägliche Feier des Abendmahls sowie die Beteiligung vieler Menschen an der Gottesdienstvorbereitung und -gestaltung. Diese Ansätze und Tendenzen sollten nachdrücklich unterstützt und gestärkt werden, kommt darin doch das zur Darstellung, was nach evangelischem Verständnis das Zentrum des kirchlichen bzw. gemeindlichen Lebens und des kirchlichen Auftrags ist.

i) Ein – in konzeptioneller und struktureller Hinsicht – zunehmend wichtiges Themenfeld für kirchenleitendes Handeln ist die Gewinnung, Qualifizierung und Begleitung von Menschen für kirchliche *Mitarbeit*, die sich sowohl am kirchlichen *Auftrag* als auch an den unterschiedlichen *Gaben* der Menschen orientiert. In konzeptioneller Hinsicht sind hier vor allem die „kirchliche Autorität" (KD 2 § 313) und die theologischen Fakultäten gefordert. Hinsichtlich der damit verbundenen Personalführungskompetenzen stellt dies eine Herausforderung an die zweite theologische Ausbildungsphase und an kirchliche Fortbildungsangebote dar.

j) Die Möglichkeiten der *Mitwirkung der „überwiegend Empfänglichen"* auf allen Ebenen kirchlichen Handelns sollten einerseits stärker ins Bewusstsein aller Beteiligten gerückt, andererseits noch besser strukturell bzw. systemisch verankert werden. Dem könnten im synodalen Bereich Verstärkungen von Fragegelegenheiten und Antragsrechten dienen. Im gemeindlichen Leben (auf örtlicher und regionaler Ebene) sowie in den *Medien* könnte und sollte dem dadurch Rechnung getragen werden, dass Repräsentanten der „überwiegend Mitteilenden" sich den Anfragen der Menschen (innerhalb und außerhalb der Kirche) stellen.

k) Für die stärkere *Regionalisierung* kirchlicher Arbeit *als Austausch* von Gaben und Aufgaben sollten Anregungen und personelle Unterstützung gegeben werden. Voraussetzung für eine solche Regionalisierung ist allerdings das Vorhandensein (oder die Schaffung) einer tragfähigen gemeinsamen Basis in Form von theologischer Gemeinsamkeit hinsichtlich des Gottes- und Kirchenverständnisses. Insbesondere in diesem Bereich ist Freiwilligkeit für alle Gemeinden und Personen, und zwar zu jedem Zeitpunkt des Regionalisierungsprozesses, eine unabdingbare Voraussetzung. Nur wenn Gemeinden und Personen für die Beteiligung an solchen Prozessen *gewonnen* werden, besteht Aussicht auf Wachstum und Gedeihen.

X. Zusammenfassung der Ergebnisse

Alles, was über Führen und Leiten in der evangelischen Kirche zu sagen ist, hat sich am *Wesen und Auftrag der Kirche* zu orientieren, die dem kirchlichen Handeln vorgegeben sind. Von da aus sind auch die *Aufgabe und Zielsetzung von Kirchenleitung*, aus der alles Weitere folgt, abzuleiten. Dabei geben das Augsburgische Bekenntnis und Schleiermacher mit dem Adjektiv „rein" bzw. „reiner" ein entscheidendes Orientierungskriterium vor: die Ursprungstreue und -gemäßheit der Botschaft, die der Kirche aufgetragen ist. Es ist das Ziel und Kriterium für rechte, also auftragsgemäße Leitung und Führung in der evangelischen Kirche, ohne menschliche Zusätze oder Verfälschungen *das Evangelium von Jesus Christus* durch Verkündigung und Sakramente, durch Wort und Tat, durch Struktur und Ordnung *zu bezeugen*. Deswegen bildet die Feier des *christlichen Gottesdienstes* – mit Predigt und Sakrament –, die das Evangelium von Jesus Christus bezeugt, das Zentrum auftragsgemäßer kirchlicher Arbeit und zugleich das äußere Kennzeichen, an dem das Vorhandensein christlicher Kirche erkannt werden kann.

Leitung und Führung in der evangelischen Kirche erfolgen durch *Auslegung der Lehre*, in der die Kirche das Evangelium von Jesus Christus so, wie es sich ihr als wahr erschlossen hat, unter wechselnden geschichtlichen und sozialen Bedingungen als mit sich identisches, verlässliches *Wort Gottes* bezeugt.

- Was dem *widerspricht*, hat in der Verkündigung der Kirche keinen legitimen Platz;
- was dem *nicht dient*, ist in der Kirche überflüssig, auch wenn es ihm nicht widerspricht;
- was dem *dient*, ist durch Kirchenleitung aufmerksam wahrzunehmen, zu pflegen und zu fördern.

An der Aufgabe der *Kirchenleitung in einem weiten Sinn* haben *alle Christenmenschen* Anteil, und zwar durch die Beurteilung rechter und falscher, reiner und unreiner Lehre, durch die (in geordneten Verfahren erfolgende) Ein- und Absetzung von Pfarrern sowie durch die Anfragen und Impulse, mit denen besonders die überwiegend Empfänglichen in der Kirche die überwiegend Mitteilenden herausfordern. Die Aufgabe der *Kirchenleitung im engeren Sinn* obliegt aber denen, die (als „überwiegend Mitteilende") über die dafür erforderliche Kompetenz verfügen. Dazu gehören sowohl diejenigen, denen als „kirchliche Autorität" durch eine rechtmäßige *äußere* Berufung (*vocatio externa*), sei es in Form einer Wahl, Ordination oder Beauftragung, ein kirchliches Amt übertragen wurde, als auch diejenigen, die sich lediglich durch eine *innere* Berufung (*vocatio interna*) als „freie Geistesmacht" zur Mitwirkung an der Kirchenleitung berufen wissen. Die Funktionen dieser beiden Elemente der Kirchenleitung im engeren Sinn sind dabei unterschieden: Während die freie Geistesmacht nur *anregend oder warnend* wirken kann, hat die kirchliche Autorität das Recht und die Pflicht, auch *ordnend oder beschränkend* zu wirken. Das *anregende* und das *ordnende* Handeln leben dabei von der Qualität und Überzeugungskraft der Argumente, das *beschränkende* Handeln schließt als äußerste Möglichkeit die Trennung (auch ohne entsprechende Einsicht) mit ein. Das *warnende* Handeln weist auf diese Möglichkeit der Trennung hin, um sie nach Möglichkeit zu vermeiden.

Solche Differenzierungen tauchen auch – im Rahmen der zu beachtenden Unterscheidung zwischen seelsorglichem und disziplinarischem Handeln – im Bereich der Personalführung auf, die sowohl *durch* kirchenleitende Personen als auch *an* ihnen geschieht.

Dem Wesen und Auftrag der Kirche entsprechend ist es die Aufgabe alles kirchenleitenden Handelns, das Evangelium von Jesus Christus allen Menschen (außerhalb und innerhalb der Kirche) so zu bezeugen, dass es immer reiner dargestellt wird und immer besser verstanden werden kann. Diese Aufgabe gilt für alles organisationenorientierte *Leiten* durch die Inhaber synodaler und personaler Leitungsämter sowie für die Gesamtheit aller Christenmenschen, und es gilt für alles personen-orientierte *Führen* durch die und an den Menschen, die zum kirchenleitenden Handeln berufen sind. Diese Aufgabe und dieses Ziel muss auch die *Atmosphäre*, den *Ton* und den *Stil* kirchenleitenden Handelns in der evangelischen Kirche in jeder Form und auf allen Ebenen bestimmen.

Literatur

A) Quellen aus der Reformationszeit

Luther, M., An den christlichen Adel deutscher Nation von des christlichen Standes Besserung (1520), in: Weimarer Ausgabe [WA] 6,404–469, bes. 407–411.

Ders., De captivitate Babylonica ecclesiae praeludium (1520), in: WA 6,497–573, bes. 560–567 (= Lateinisch-Deutsche Studienausgabe [LDStA] Bd. 3,173–375, bes. 340–359).

Ders., Von der Freiheit eines Christenmenschen (1520), in: WA 7,20–38, bes. 26–29.

Ders., Dass eine christliche Versammlung oder Gemeine Recht und Macht habe, alle Lehre zu urteilen und Lehrer zu berufen, ein- und abzusetzen. Grund und Ursach aus der Schrift (1523), in: WA 11,408–416.

Ders., De instituendis ministris ecclesiae (1523), in: WA 12,169–196 (= LDStA Bd. 3,575–647).

Ders., Vorrede zu Ph. Melanchthon, Unterricht der Visitatoren an die Pfarrherrn im Kurfürstentum zu Sachsen (1527), in: WA 26,195–201.

Ders., Predigt über das Gleichnis vom Unkraut unter dem Weizen (1546), in: WA 51,173-187.

Melanchthon, Ph., Unterricht der Visitatorn an die Pfarhern ym Kurfurstenthum zu Sachssen (1528), in: Melanchthons Werke, Bd. 1, hg. v. R Stupperich, Gütersloh 1951, S. 215–271.

Ders., Eine Frage nach der Autorität von Synoden, in: Melanchthon deutsch, hg. v. M. Beyer, S. Rhein und G. Wartenberg, Bd. 2, Leipzig 1997, S. 226–232.

Calvin, J. Institutio Christianae Religionis (1559), Buch IV, cap. 9–12, in: Ders., Unterricht in der christlichen Religion, hg. v. O. Weber, 3. Band, Neukirchen 1938, S. 201–318.

Die evangelischen Kirchenordnungen des XVI. Jahrhunderts, Bd. I–XIX, hg. v. E. Sehling u. a., Leipzig/Aalen/Tübingen 1902–2008.

Die Bekenntnisschriften der evangelisch-lutherischen Kirche, Göttingen (1930) 1998[12].

Bekenntnisschriften und Kirchenordnungen der nach Gottes Wort reformierten Kirche, hg. v. W. Niesel, Zürich 3. Aufl. o. J. (1948).

B) Quellen aus dem 19. Jahrhundert

Schleiermacher, F. D. E., Die christliche Sitte nach den Grundsätzen der evangelischen Kirche im Zusammenhange dargestellt (1809–1831), hg. v. L. Jonas, Berlin 1994 (zitiert als CS).

Ders., Kurze Darstellung des theologischen Studiums zum Behuf einleitender Vorlesungen (1810/1830), hg. v. H. Scholz, Leipzig 1910/Hildesheim 19614 (zitiert als KD).

Ders., Theologische Enzyklopädie (1831/32), hg. v. W. Sachs, Berlin/New York 1987.

Ders., Praktische Theologie nach den Grundsätzen der evangelischen Kirche im Zusammenhange dargestellt, hg. v. J. Frerichs, Berlin 1850 (zitiert als PTh).

Nitzsch, C. I. Ad theologiam practicam felicius excolendam observationes/Betrachtungen zu einer erfolgreicheren Ausarbeitung der praktischen Theologie (1830), hg. v. R. und R. Preul, Waltrop 2006.

Ders., Praktische Theologie, Bd. I, Bonn 1859[2].

C) Quellen aus dem 20./21. Jahrhundert und neuere Sekundärliteratur[96]

Arbeitsbuch Leiten in der Gemeinde, hg. v. E. Domay, Gütersloh 1997.

Barth, Th., Elemente und Typen landeskirchlicher Leitung, Tübingen 1995.

Braungart, Ch., Mitteilung durch Darstellung. Schleiermachers Verständnis der Heilsvermittlung, Marburg 1998.

---

96 Im Blick auf das 20. (und 21.) Jahrhundert ist es nicht möglich, klar zwischen Quellen und Sekundärliteratur zu unterscheiden, da die Mehrzahl der *konzeptionell* angelegten theologischen Beiträge zugleich den Charakter von *Textinterpretationen* (insbesondere zu Luthers und Schleiermachers Beiträgen) hat, also sowohl Quelle wie Sekundärliteratur ist. Deswegen fasse ich hier beides zusammen.

Breitenbach, G., Gemeinde leiten, Stuttgart 1994.

Die Superintendentur ist anders. Strukturwandel und Profil des ephoralen Amts, hg. v. V. Weymann und U. Hahn, Hannover 2005.

Die Visitation. Eine Studie des Theologischen Ausschusses der VELKD, hg. v. M. Lasogga und U. Hahn, Hannover 2010.

Dinkel, Ch., Kirche gestalten – Schleiermachers Theorie des Kirchenregiments, Berlin/New York 1996.

Doerne, M., Theologie und Kirchenregiment. Eine Studie zu Schleiermachers praktischer Theologie, in: NZSTh 10/1968, S. 360–386.

Dutzmann, M., Barmen IV: Wie dienen – wie leiten? Führungsaufgaben in der „Gemeinde von Brüdern", in: Begründete Freiheit – Die Aktualität der Barmer Theologischen Erklärung, Neukirchen 2009, S. 77–92.

Fiedler-Raupp, M., Der Gemeindepfarrdienst als Zentrum kirchenleitenden Handelns. Grundlagen des Kirchendienstes bei Schleiermacher, Frankfurt a. M. 2008.

Goertz, H., Allgemeines Priestertum und ordiniertes Amt bei Luther, Marburg 1997.

Goertz, H./Härle, W., Art. „Priester/Priestertum II/1 Allgemeines Priestertum, Systematisch-theologisch", in: TRE XXVII/1997, S. 402–410.

Härle, W., Grundzüge einer Theologie der Synode, in: Anstösse 2/1986, S. 70–77.

Ders., Art. „Kirche VII. Dogmatisch", in: TRE 18/1989, S. 277–317.

Ders., Dogmatik, Berlin/New York (1995) 20073, S. 569–595.

Ders., Allgemeines Priestertum und Kirchenleitung nach evangelischem Verständnis, in: MJTh VIII/1996, S. 61–81.

Ders., Kirchenleitung im Anschluss an Schleiermacher, in: ZevKR 55/2010, S. 1–19.

Ders., Leiten durch das Wort (Veröffentlichung in Vorbereitung).

Härle, W./Leipold, H., Lehrfreiheit und Lehrbeanstandung, Bd. 1 Theologische Texte, Bd. 2 Kirchenrechtliche Dokumente, Gütersloh 1985.

Hauschildt, E., Zur neueren Ordinationsdebatte. Versuch einer übersichtlichen Rekonstruktion eines komplexen Problems, in: Kirchenleitung in theologischer Verantwortung. Dankesgabe an H. Beste, hg. v. H. Holze und H. M. Niemann, Leipzig 2007, S. 71–80.

Herms, E., Die Lehre im Leben der Kirche, in: Ders., Erfahrbare Kirche. Beiträge zur Ekklesiologie, Tübingen 1990, S. 119–156.

Ders., Was heißt ‚Leitung in der Kirche'? in: Ders., Erfahrbare Kirche. Beiträge zur Ekklesiologie, Tübingen 1990, S. 80–101.

Ders., Was heißt es, im Blick auf die EKD von „Kirche" zu sprechen?, in: Marburger Jahrbuch Theologie VII/1996, S. 83–119.

Ders., Das Lehramt in den Kirchen der Reformation (2001), in: Ders., Kirche – Geschöpf und Werkzeug des Evangeliums Tübingen 2010, S. 271–302.

Ders., Die Form folgt der Sache. Zur neuen Debatte über die Struktur der EKD (2002), in: Ders., Kirche – Geschöpf und Werkzeug des Evangeliums, Tübingen 2010, S. 384–408.

Ders., Schleiermachers Lehre vom Kircheregiment, in: Ders., Menschsein im Werden, Tübingen 2003, S 320–399.

Herms, E./Schweitzer, F. (Hg.), Führen und Leiten im Pfarramt. Der Beitrag von Theologie und kirchlicher Lehre, Norderstedt 2002.

Höher, F. und P., Handbuch Führungspraxis Kirche, Gütersloh 1999.

Hoffmann, G., Art. „Kirchenleitung. I. Evangel. Kirche", in: Evangelisches Staatslexikon, hg. v. R. Herzog u. a., 3. Aufl. Bd. 1, 1987, Sp. 1640–1645.

Jäger, A., Konzepte der Kirchenleitung für die Zukunft. Wirtschaftsethische Analysen und theologische Perspektiven, Gütersloh 1993.

Jüngel, E., Was ist die theologische Aufgabe evangelischer Kirchenleitung? In: ZThK 91/1994, S. 189–209.

Kirchenleitung in theologischer Verantwortung. Dankesgabe an H. Beste, hg. v. H. Holze und H. M. Niemann, Leipzig 2007.

Knuth, H.-Ch., Das Regiment zur Linken in der Kirche in ihrer irdischen Verfasstheit, in: Kirche und Recht – theologische und juristische Annäherungen. J. E. Christoph zur Verabschiedung in den Ruhestand, hg. v. F. Hauschildt und U. Hahn, Hannover 2008, S. 11–24.

Leitung und Führung. Dokumentation des Workshops „Leitung und Führung in der Kirche – Orientierung in einem zentralen Handlungsfeld", Hannover 2008.

Lernende Organisation Kirche. Erkundungen zu Kirchenkreisreformen, hg. v. Projektgruppe „Lernende Organisation Kirche", Leipzig 2004.

Lohmer, M. (Hg.) ,Psychodynamische Organisationsberatung. Konflikte und Potentiale in Veränderungsprozessen, Stuttgart (2000) 2004².

Meyer, H. Ph., Was heißt „Leitung" in der Kirche? Hannover 1981.

Müller, H. M., Bekenntnis – Kirche – Recht. Gesammelte Aufsätze zum Verhältnis Theologie und Kirchenrecht, Tübingen 2005, bes. S. 229–289.

Müller-Weißner, U., Chef sein im Haus des Herrn. Führen und Leiten in der Kirche – eine Praxishilfe, Gütersloh 2003.

Neuberger, O. Führen und führen lassen, Stuttgart 2002⁶.

Pannenberg, W., Systematische Theologie, Bd. 3, Göttingen 1993, S. 404–469.

Perels, H.-U., Wie führe ich eine Kirchengemeinde? Bd. 1–2, Gütersloh 1990/91.

Petry, B., Leiten in der Ortsgemeinde, Allgemeines Priestertum und kirchliches Amt, Gütersloh 2001.

Preul, R., Kirchentheorie. Wesen, Gestalt und Funktionen der Evangelischen Kirche, Berlin/New York 1997, bes. S. 212–219.

Ders., Art. „Synode III/2. Neuzeit seit Schleiermacher, in: TRE XXXII/2001, S. 576–579.

Ders., „Recht – Macht – Gerechtigkeit" als Thema einer neu zu konzipierenden Kybernetik, in: Ders., Die soziale Gestalt des Glaubens. Aufsätze zur Kirchentheorie, Leipzig 2008, S. 1–17.

Ders., Was bedeutet die kirchentheoretische These: Die Kirche wird durch die Auslegung ihrer Lehre geleitet? In: Ders., Die soziale Gestalt des Glaubens. Aufsätze zur Kirchentheorie, Leipzig 2008, S. 18–35.

solo verbo. FS für H. Ch. Knuth, hg. v. K. Kammholz u. a., Kiel 2008.

Wendebourg, D./Brandt, R., Traditionsaufbruch. Die Bedeutung der Pflege christlicher Institutionen der Gewißheit, Freiheit und Orientierung in der pluralistischen Gesellschaft, Hannover 2001.

Wissenschaftliche Theologie und Kirchenleitung. FS für R. Schäfer, hg. v. U. Köpf, Tübingen 2001.

Kirche in der Fläche

Beobachtungen und Thesen

Thies Gundlach

Das Thema Kirche in der Fläche liegt obenauf, es ist eine substanzielle Herausforderung der Evangelischen Kirche in Deutschland, weil die Frage nach der Präsenz der Kirche in ausgedünnten Räumen eine zentrale Zukunftsfrage wird. Das Impulspapier des Rates der Evangelischen Kirche in Deutschland aus dem Jahre 2006 „Kirche der Freiheit. Perspektiven für die Evangelische Kirche im 21. Jahrhundert" hatte verschiedene Defizite. Eines davon war, dass das Thema „Kirche in der Fläche" nicht hinreichend thematisiert worden ist. Wir haben zwar parallel den Text „Wandeln und Gestalten" entwickelt, der einige erste Orientierungspunkte im Verständnis und Umgang mit der Situation auf dem Land entfaltet. Aber auch hier ist nach drei, vier Jahren deutlich, dass diese Überlegungen vorläufig und ergänzungsbedürftig sind. Im Folgenden will ich fünf Thesen formulieren, die einige Leitfragen des gesamten Reformprozesses in der EKD an das Thema „Kirche in der Fläche" heranzutragen versuchen. Natürlich gibt es auch boomende Räume auf dem Land, Flächen, die Zuzug haben, die jünger werden und viele Wachstumschancen kennen. Aber in dieser ersten Konsultation sollen ganz bewusst die anderen, die tatsächlich schrumpfenden, leer werdenden Räume im Blick sein, frei nach dem Grundsatz: An den Extremen kann man für den Normalfall lernen!

1. These: Was ist das eigentlich: die ausgedünnte Fläche?

Es gibt dicke Bücher über schrumpfende Städte, aber über schrumpfende Flächen? Den Ausdruck habe ich noch nie gehört, weil ja die Fläche auch gar nicht schrumpft, sondern die Bevölkerungszahl, die Geburtenzahl, die Haushalte usw.; Fläche ist hier auch ein Wachstumsgebiet, es wachsen das Durchschnittsalter, die Zahl der leerstehenden Wohnungen, die Strukturkosten usw. Aber was meint dann Kirche in dieser leeren Fläche? Einige Deutungsangebote mit offensichtlicher Lust an zugespitzten Formulierungen:

- Städtisches Naherholungsgebiet für ausgelaugte Globalisierte?
- Gerontologischer Naturpark für vereinsamte Alte?
- Anthropologisches Freilichtmuseum (was dort lebt, ist übrig geblieben)?
- Landsmannschaftliches Erinnerungsfeld (hier haben früher z.B. die Wenden gelebt)?

- Überschwemmungsgebiet, wenn Oder oder Elbe mal wieder überlaufen?
- Zukünftiges Investitionsland für Städter?
- Durchgangsstation zum nächsten Karriereschritt?

Was ist die Fläche? Meine These lautet: Wir haben erst dann ein angemessenes Verständnis von einer Kirche in der ausgedünnten Fläche, wenn wir die Fläche für sich selbst definieren, nicht von ihrem Potential als nächstes Industriegebiet, als städtisches Funktionsland oder als zukünftig boomende Tourismusregion. Kirche in der Fläche muss als eigener Lebensraum wahrgenommen werden. Was wir also brauchen, sind „Raumpioniere", Menschen, die sich in dieser Fläche orientieren, die die Chancen dieses Lebensraumes artikulieren, die das Potential der Fläche angemessen beschreiben und die Pioniere der Lebenslust auf dem Lande sind.

2. These: Wiederkehr der Romantik und kirchliche Vernachlässigung

Meine zweite These lautet: In einer zunehmend globalisierten, hyperdynamisierten und wirtschaftstaumeligen Welt wird die Fläche, das Abständige, das Entschleunigte immer wichtiger. Mit der geistlichen Sehnsucht nach einer Re-Spiritualisierung des Lebens tritt auch die Sehnsucht nach einer Wiederverzauberung des Lebens ins Licht, eine Sehnsucht nach Verwandlung, eine Sehnsucht nach heiler Welt und neuer Romantik. Für das kleine Glück, für die überschaubaren Räume, für den Nahbereich kommt der unmittelbar erreichbare Lebensraum zu neuer Ehre und Würde. Kirche in der Fläche ist auch ein Zukunftsthema, weil die Sehnsucht nach Ausatmen, nach Unterbrechung und Innehalten immer stärkeres Gewicht bekommt in einer Welt, die das „Leben als letzte Gelegenheit" versteht und in eine „doppelte Gefangenschaft" getaumelt ist. Weil weder ein Blick nach oben in den Himmel noch ein Blick nach vorne in die Zukunft noch möglich ist, herrscht die Totalität des Augenblicks und die Autorität der Gegenwart als alles bestimmende Wirklichkeit. Die Wiederkehr der Romantik als Sehnsucht nach dem kleinen Glück ist eine leicht biedermeierlich eingefärbte und sucht nach Entschleunigung. Eine der modernsten Gesellschaften der Welt – nämlich die Deutsche – kehrt unter dem Stichworten „Landlust" und „Landliebe" bei sich selbst auf dem Lande ein und entdeckt, dass Heimat nicht gleich „Scholle" meint, sondern dass man dort tatsächlich leben kann, wenn man nicht rund um die Uhr ans Geldverdienen und ans Karrieremachen denkt.

Die Parochiestruktur als die gegenwärtig beherrschende kirchliche Sozialform zur Präsenz der Kirche bei den Menschen in der Fläche ist allerdings so unromantisch wie kaum etwas anderes, denkbar ungeeignet für diese Wiederkehr der Romantik. Die geistliche Kultur und spirituelle Präsenz des Evangeliums in der Fläche wird mit Organisationsideen und -strukturen des

19. Jahrhunderts geleistet; im Grunde aber muss man dies als verzweifelten Versuch lesen, die notwendigen strukturellen Aufbrüche für eine neue Kirche in der Fläche zu vermeiden. Hauptamtliche Pastoren, die 8, 10, 12, 15 Gemeinden versorgen, Jugendarbeiter, die Jugendliche auf einer Fläche von der Größe der Stadt Hannover im Blick zu behalten versuchen, Musiker, die 70.000 Kilometer im Jahr fahren, um drei kleinere Chöre zu leiten, – es liegt auf der Hand, dass diese Präsenzstrategie bei einem weiteren Rückbau der Ressourcen an ihr Ende kommt. Im Grunde aber gilt die These: Die evangelische Kirche löst ihre Strukturprobleme in der Fläche auf dem Rücken ihrer Mitarbeiter/innen und Ehrenamtlichen; sie erwartet zu viel von ihnen und zeigt keine perspektivischen Lösungen auf, wie sie zukünftig Kirche in der Fläche sein will. Daher kann man nur mit allergrößtem Respekt von denjenigen reden, die in diesen Strukturen arbeiten, die die langen Wege, die kleinen Gottesdienste, die seltenen Amtshandlungen usw. tragen im Dienste der Verkündigung des Evangeliums. Dass es so viel pastorale Lust und Leidenschaft auf dem Lande gibt, ist ein Wunder vor dem Herrn und sollte als solches bezeichnet werde. Und ich füge hinzu: Die Reformanstrengungen sind in meinen Augen gegenwärtig die einzigen sichtbaren Anstrengungen, aus jener latenten Dauerüberforderung der Mitarbeitenden und Ehrenamtlichen hinaus zu finden durch klare Priorisierungen und strukturelle Neuerungen.

3. These: Kirche in der Fläche hat viele Vorfahren

Kirche in der Fläche, Verkündigung in entvölkerten Gegenden, Mission in ausgedünnten Räumen hat es als Herausforderung der Kirche immer schon gegeben. Seit den Zeiten der Alten Kirche im 2. und 3. Jahrhundert war die Kommunikation des Evangeliums über weite Entfernungen eine Grundherausforderung der Kirche, die in immer neuer Gestalt auftrat: in den sog. dunklen Jahrhunderten, im 8. und 9. Jahrhundert, ebenso wie im Hochmittelalter beim Übergang von der Romanik zur Gotik, in der Reformationszeit ebenso wie im Zeitalter der Konfessionskriege und des Barocks. Kirche in der Fläche ist eine alte kirchliche Aufgabe, weil die „Vergleichbarkeit kirchlicher Verkündigungsverhältnisse“ ein Gebot des Evangeliums ist. Deswegen lohnt es sich, die Lösungsstrategien und -muster der Väter und Mütter im Glauben zur Kenntnis zu nehmen, ohne zu behaupten, dass allein damit schon alle Probleme heute bewältigt werden.

Viele von Ihnen werden Ken Follets Bücher „Die Säulen der Erde“ oder „Die Tore der Welt“ kennen. Dicke Wälzer, tapfere Helden, schöne Frauen, es gibt böse Reiche und gute Arme, aber es gibt in ihnen auch viel atmosphärische Beschreibung des Lebens im Hochmittelalter. Eins ist immer eindrücklich beschrieben, nämlich die kirchliche Präsenz in der Fläche: Geht es um Kathedralbau oder um Zugänge zum Markt über eine Brücke, so wird erzählt, wie die großen Jahresfeste Ostern, Pfingsten, Erntedank, Weihnachten gleichsam die Reisewochen des einfachen Menschen damals waren. Das, was wir heute Ferien oder Holidays (= heilige Tage) nennen, waren damals Pilgerreisen zu den Hochfesten der Kirche. Die ganze Familie machte sich wochenweise auf den Weg, um – modern würde man sagen: anlassbezogen – den kirchlichen Gottesdiensten zu hohen Festtagen beizuwohnen. Man wanderte zu den Kathedralen, zu den Zentren des geistlichen Lebens, um Krönungen oder Trauungen, Taufen der Herrscher oder Trauerfeiern der Hochwohlgeborenen mitzuerleben, aber natürlich auch, um Spielleute anzusehen und Marktgeschäfte zu machen, um Abenteuer zu erleben und Informationen auszutauschen. Kasualien und Kirchenfeste waren Anlass, geistliche Zentren aufzusuchen. Die Vorstellung, dass die Kirche ihre Feste und Feiern in jedes Dorf trägt, ist eine ganz moderne Vorstellung; im Mittelalter, aber auch schon in der alten Kirche war es umgekehrt: Die Menschen kamen zu den Kirchen! Sie haben dann zwar nicht jeden Sonntag Gottesdienst gefeiert, aber an großen Festtagen haben sie die Dichte und Schönheit, den Glanz und die Würde des christlichen Glaubens erlebt und die Geschichten des Heils abgelesen an der sog. *biblia pauperum*, an den Malereien in der Kirche. Ich glaube nicht, dass die Menschen damals weniger fromm waren als wir heute.

Daneben hat es immer auch iroschottische Mönche, später dann die Franziskaner, die Dominikaner und noch später Jesuiten gegeben, die durch die Räume kamen, wandernde Priester also, die predigend und Sakramente spendend, heilend und tröstend über Land zogen, Taufen, Trauungen und Beerdigungen vollzogen und die Messe lasen. Priester, die von Dorf zu Dorf, von Kleinstadt zu Kleinstadt zogen, die die damals immer offenstehenden Kirchen nutzten, die dann aber weiter zogen, um das nächste Dorf, den nächsten Weiher, den nächsten Hof zu besuchen. Diese wandernden Priester waren natürlich immer auch Informationsquelle, also sozusagen Tageszeitungen in Menschengestalt, zum Teil waren sie auch Händler, die Waren in die Dörfer brachten und vielleicht auch Ärzte, die sich an Wunden und Zähnen abarbeiteten.

Daneben gab es in jedem Weiler, auf jedem Hof einen Hausvater, jedenfalls seit der Reformation, der bei einem plötzlichen Sterbefall den Segen sprach, der am Abend und am Morgen Gott im Kreise der Familie dankte, der das Brot segnete und der dafür sorgte, dass der Altar in der Dorfkirche mit einem Blumenschmuck versehen wurde.

Kirche in der Fläche – es wäre m. E. eine lohnende Aufgabe, die Geschichte dieser Herausforderung zu erschließen.

4. These: Kirche in der Fläche für Raumpioniere

Hauptamtlicher in der Fläche zu sein darf keine Isolationsfolter werden. Geistliche Vereinsamung und die beständige Auseinandersetzung mit sehr kleinen Zahlen schlägt auf die Seele und macht das Kirchesein in der Fläche oftmals zu einem Schreckensgebilde, das sich bis weit in die Studentenschaft herumspricht. Normalerweise haben Vikarinnen und Vikare vor nichts mehr Angst, als aufs Land geschickt zu werden. Deswegen bin ich davon überzeugt, dass geistliche Zentren eine unerlässliche spirituelle Funktion haben gerade für die haupt- und ehrenamtlich Engagierten in der Fläche. Entscheidend erscheint mir die Frage: Wo tanken wir in der Fläche geistlich auf? Es sollen nicht – wie beim Einkaufszentrum am Stadtrand, das alle Tante-Emma-Läden vernichtet – riesengroße spirituelle Einkaufszentren entstehen, wohl aber geistliche Orte, die Geist und Kraft, Mut und Lust zusammenzutragen an einem Ort, um die Gemeinschaft der Christen in der Fläche zu stärken. Die parochial bedingte Dezentralisierung führt zu einer Vereinzelung, die auf Dauer dem Glauben nicht gut tut. Es hat seine tiefe Wahrheit, dass frühere Jahrhunderte immer Klöster in der Fläche etabliert haben, also konzentrierte Orte, die die Gemeinschaft pflegten und so den Glauben befeuerten. Diese Verdichtung ist Labsal für den Glauben und Trost für das Gewissen, das sich sonst verliert in der Einsamkeit der kleinen Zahlen. Es muss für jeden Christenmenschen, ob haupt- oder ehrenamtlich engagiert, auch „Inseln der Schönheit des Glaubens" und „gelingende Kirchlichkeit" geben, Erquickungsbäder der Frömmigkeit, in denen große Oratorien, gute Predigten und strahlende Liturgie gefeiert werden. Im Judentum dürfen nie weniger als 10 Männer Sabbat feiern; man mag über die Männer oder über die Zahl 10 stolpern, richtig aber ist, dass der Hegelsche Grundsatz des Überschlages der Quantität in Qualität hier berücksichtigt ist. Es braucht eine Mindestzahl von frommen Seelen, um eine geistliche Dichte, eine spirituelle Energie entstehen zu lassen. Deswegen ist die Herstellung gleichwertiger Verkündigungsverhältnisse auch in der Fläche davon abhängig, dass wir den Mut haben, geistliche Verdichtungen zu gestalten. Erst dann wird man mit Freunden wieder hinausziehen in eine Kirche in der Fläche.

5. These: Raumpioniere und ein gezielter Rückbau

Pioniere des Raumes heißt auch, die Realität nicht durch Idealisierung zu überfordern. Wir evangelische Christen werden in der Fläche „ärmer, älter und einsamer". Gegenwärtig heißt das Zauberwort im Blick auf die Zukunft unserer Kirche in der Fläche oftmals „das Ehrenamt" (oder politisch „Stärkung der Bürgergesellschaft"). So richtig und wichtig diese Perspektive ist und so wenig wir sie schon ausgelotet haben, so warne ich doch vor Übererwartungen, denn das, was wir bei Ressourcenreduzierung an Mitarbeiterrückbau haben werden, gilt parallel ebenso für die Ehrenamtlichen. Vorstellungen, wir könnten vieles von dem, was bisher Hauptamtliche gemacht haben, Ehrenamtlichen zumuten, ist m. E. eine sichere Methode, diese durch Überforderung zu demotivieren. Deshalb steht auch für unsere Kirche – ebenso wie bei den Kommunen in der Fläche – ein gezielter, strategisch reflektierter Rückbau als Herausforderung an. Dabei gilt: Kommunale Vernetzung (kirchlich: Regionalisierung) und Reduzierung der Infrastruktur (kirchlich: Reduzierung der Parochien) sind unabwendbar. Es gilt aber, das „Paradigma der Schrumpfung" auch als Chancenparadigma zu interpretieren. Hier sind noch viele Klärungen nötig, zwei Hinweise will ich zuletzt geben:

a) Was kann eigentlich ein Kirchenraum an Aussagen haben, wenn er nicht regelmäßig von einer Gemeinde genutzt wird? Es mag in einem Dorf eine gute Seele geben, die die Kirche öffnet, Kerzen anzündet, Blumen hinstellt, vielleicht sogar das eine oder andere Mal ein Gebet spricht, aber im Grunde gilt der Grundsatz: Es ist eine Kirche ohne Gemeinde! Was dann? Was heißt dies geistlich? Welche Botschaft sollten solche Kirchen haben für Menschen, die zufällig vorbeikommen, seien sie aus dem Dorf, seien sie aus dem Umfeld? Gibt es eine Signatur des Raumes, die auch Ungeübte lesen können? Kann der Raum christlichen Geist transportieren? Die Gestaltung „leerer" Kirchenräume als Verkündigung, die Umgestaltung zu selbstsprechenden Räumen ist eine Herausforderung angesichts der Vielzahl von Kirchen, die wir haben, die auch renoviert sind, die aber nicht mit einer Gemeinde mit vollem Leben erfüllt werden können.

b) Manche von Ihnen hatten vielleicht das Glück, einen Maya-Tempel in Latein-Amerika einmal gesehen zu haben. Wer nicht dahin fahren kann, kann auch den Film „Tomb-Raider" sehen mit Angelina Jolie, der dort gedreht worden ist. Heiligtümer gigantischen Ausmaßes, von der Natur zurückerobert. Werden wir auch solche Ruinen bekommen, wenn wir uns nicht überfordern wollen? Kirchenruinen, die mit ihrer Schönheit der Verfallenheit eine ganz eigene Aussage haben, die an den Gott erinnern, der weniger Aufmerksamkeit bekommen hat als er verdient, der von Menschen verlassen wurde und dessen Häuser verfallen, also eine Art „Fingerzeig Gottes" mitten in dieser leerer gewordenen Welt. Caspar David Friedrich hat Mitte des 19. Jahrhunderts eine Ästhetisierung von Kirchenruinen zum Thema gemacht; und ich bin davon überzeugt, dass die Wiederkehr der Romantik auch dafür sorgen wird, dass wir ein nicht nur klagendes, sondern auch interpretierendes Verhältnis zu kirchlichen Ruinen entwickeln. Verantwortlich verlassene Kirchengebäude, die in der Landschaft bleiben als Mahnung, als Hinweis, als Symbol, dass Gott auch dann da bleibt, wenn der Mensch keine Zeit und kein Geld für ihn hat.

Kirche in der Fläche, ich gestehe, die Perspektive des Reformprozesses auf dieses Thema ist eine riesige Herausforderung, aber auch eine geistlich außerordentlich spannende Fragestellung.

Die Vielfalt der kirchlichen Situationen in ländlichen Räumen[1]

Eine typologische Landkarte nach der EKD-Studie „Wandeln und gestalten"

Thorsten Latzel

Die Situation der evangelischen Kirche in ländlichen Räumen wurde bisher in der empirischen Wahrnehmung, der praktisch-theologischen Deutung und in der kirchenleitenden Planung oft vernachlässigt. Die 2007 von der EKD vorgelegte Studie „Wandeln und gestalten" versucht hier eine Hilfestellung zu geben. Ihr Ziel ist es, zur missionarischen Stärkung der evangelischen Kirche durch eine Strategieentwicklung für verschiedene ländliche Räume beizutragen. Das erfolgt in vier Schritten:

Zunächst geht es um die Wahrnehmung („*Sehen lernen*") und die Sensibilität für die vielfältigen Lebensgefühle der Menschen im jeweils eigenen ländlichen Raum. Im zweiten Schritt („*Einschätzen können*") werden sieben Typen kirchlicher Entwicklung geschildert. An die Beurteilung schließt sich die Darlegung verschiedener Strategien an („*Entscheidung wagen*"). Fünf Strategievorschläge bieten eine Art Baukasten verschiedener Planungskonzepte, die es je nach Lage zu verändern, zu erweitern bzw. anzuwenden gilt. Schließlich werden am Ende der Studie aus den Strategien konkrete Folgerungen für die kirchliche Praxis gezogen („*Mutig handeln*"). Konzeptionell sind drei Schlüsselpositionen von zentraler Bedeutung: die *kirchliche Präsenz in der Fläche* zu wahren, der *Vielfalt der Situationen* ländlicher Räume gerecht zu werden und die *geistlichen Wachstumskräfte* in den ländlichen Räumen *zu entfalten*. Insgesamt geht es um die bewusste Bejahung des kirchlichen Auftrags zu wachsen, d.h. um qualitatives und quantitatives Wachstum aus der Kraft und Verheißung des Evangeliums. In bestimmten strukturschwachen Räumen kann das auch eine Konzentration auf Grundvollzüge kirchlichen Lebens bedeuten.

Für die Weiterentwicklung der *gemeindepädagogischen Arbeit* im ländlichen Raum können die sieben Typen ländlicher kirchlicher Entwicklung, die in der Studie entfaltet werden, als eine Art Landkarte fungieren. Sie helfen, die eigene Situation realistisch einzuordnen, Perspektiven zu entdecken und die eigenen Möglichkeiten und Ressourcen zu entfalten. Dabei gilt es, die große Unterschiedlichkeit der ländlichen Räume mit ihren divergierenden Entwicklungstendenzen und verschiedenen Herausforderungen zu beachten.

[1] epd-Dokumentation 45/2010. Zuerst veröffentlicht in: Praxis Gemeindepädagogik, Evangelische Verlagsanstalt, Leipzig, Heft 02/2008, S. 18–21.

Im Folgenden sollen die in der Studie ausführlicher entfalteten Raum-Typen kurz skizziert werden. Bei der Entwicklung der Typen wurden zwei Kriterien aufeinander bezogen: einerseits die räumliche Nähe zu den Ballungszentren und die mit ihnen verbundenen allgemeinen soziostrukturellen Aspekte (z.B. geografisch, demografisch, kulturell, infrastrukturell); andererseits die spezifischen kirchlichen Bedingungen hinsichtlich ihrer Wachstumschancen. Beide Aspekte sind weder völlig unabhängig voneinander noch sind sie einfach von einander ableitbar. Insofern gibt es verschiedene Kombinationen von Strukturräumen und kirchlichen Herausforderungen.

Typ 1: Strukturschwache Räume – Kirche ohne besondere Wachstumsperspektive

Dieser Raum-Typ wird allgemein als „strukturschwacher Raum" bzw. als „Peripherieraum mit geringer Dichte" bezeichnet. Ihn kennzeichnet eine schwierige Gesamtsituation in (nahezu) allen sozialen Bereichen. Die infrastrukturelle Anbindung und die allgemeine Versorgung der Gebiete sind schwach. Die Besiedlungsdichte ist sehr niedrig (unter 100 Einwohner pro km^2). Die Arbeitsmarktsituation ist problematisch bis prekär, die Arbeitslosenquote überdurchschnittlich hoch, das Durchschnittseinkommen niedrig. Demografisch tendieren die Gebiete zu einer Überalterung. Vor allem junge Menschen wandern in der Phase der Ausbildung bzw. beim Einstieg ins Erwerbsleben ab. Auffällig ist der niedrige Anteil junger Frauen. Der Alltag ist durch ein hohes Maß an Mobilitätsnotwendigkeit geprägt (Pendeln zu Schule, Ausbildung, Arbeit, Einkauf, Freizeitangebot). Aufgrund des sehr kostengünstigen Wohnraums und persönlicher Bindungen findet punktuell eine Ansiedlung in der Familiengründungs- bzw. Rentenphase statt. Perspektivisch ist ein weiterer Fortgang sozialer, infrastruktureller und demografischer Erosion in diesen Räumen zu erwarten.

Von einer besonderen kirchlichen Wachstumsperspektive kann in diesen Räumen nicht die Rede sein. Die spezielle Herausforderung für die Kirche besteht vielmehr in der Anpassung kirchlicher Arbeit an die veränderten Rahmenbedingungen und in einer Sicherung und Gewährleistung von Grundvollzügen kirchlichen Lebens anstatt expansiver Entwicklung.

Typ 2: Periphere Räume mit einzelnen Entwicklungsfeldern – Kirche mit punktueller Wachstumsperspektive

Die unter diesem Typ zusammengefassten Räume lassen sich als „Peripherie-Räume" mit schwachen Verdichtungsansätzen charakterisieren, als Räume mit Wachstumsperspektiven in bestimmten Feldern. Zu diesen Entwicklungsfeldern gehören vor allem Tourismus, Landwirtschaft und Natur. Vor allem der Bereich des Tourismus bietet auch kirchliche Wachstumsmöglichkeiten. Der Fremdenverkehr bietet missionarische Chancen, Menschen in einer Zeit der Erholung, Aufgeschlossenheit und Neuorientierung zu erreichen. Eine ansprechende kirchliche Urlauberarbeit in den saisonalen Hoch-Zeiten anzubieten, stellt auch eine wichtige gesamtkirchliche Aufgabe dar. Dazu bedarf es einer angemessenen finanziellen und personellen Unterstützung über die landeskirchlichen Grenzen hinaus, um solche situativen „Gemeinden auf Zeit" in ansonsten strukturschwachen Regionen zu ermöglichen. Abgesehen von den speziellen Entwicklungsfeldern gibt es hier allerdings sonst nur sehr begrenzte Entwicklungsbereiche für Kirche.

Typ 3: Periphere Räume mit ausgesprochener Eigendynamik – Kirche mit Wachstumsperspektive

Es handelt sich um bestimmte ländliche Räume rings um peripher gelegene Klein- und Mittelstädte (Unter-/Mittelzentren) in regionalen Entwicklungskernen. Die Wirtschaftsstruktur ist mittelständisch geprägt. Die Bevölkerungsentwicklung und der Wanderungssaldo sind tendenziell positiv. Aufgrund der Verbindung von günstigem Wohnraum, Arbeitsmöglichkeiten und eigener Infrastruktur vor Ort (z.B. Schulen, Einkaufsmöglichkeiten, Freizeitangebote) besitzen diese Räume eine Attraktivität für Familien, für die Ansiedlung älterer Menschen (Altersruhesitz) und auch für Wochenend-/Ferienwohnungen. Gleichzeitig vollzieht sich jedoch häufig eine Abwanderung von jungen Menschen für Ausbildung und Studium. Kirche besitzt hier in mehrfacher Hinsicht Wachstumsmöglichkeiten. Als wichtigster Faktor ist zunächst die Präsenz von Familien zu nennen. Kirche hat hier die Möglichkeit, Kinder und Jugendliche gut zu erreichen und insofern nachhaltig zu arbeiten. Andererseits gibt es bei älteren Menschen oft ein hohes Maß heimatlicher Verbundenheit, an das im Blick auf ehrenamtliches Engagement angeknüpft werden kann. Die Verbindung von Siedlungsverdichtungen und bleibender sozialer Überschaubarkeit ermöglicht verschiedene Formen kirchlicher Arbeit. Infrastrukturell bieten Schulen, Vereine und andere Einrichtungen Möglichkeiten der Kooperation und Vernetzung. Als generelle kirchliche Herausforderung steht die Kirche vor der Aufgabe, sich vor dem Hintergrund von Überalterung, Mitgliederverlust und damit verbundenen Einbußen an Ressourcen strukturell neu aufzustellen und nach außen zu öffnen.

Typ 4: Ländliche Räume im weiteren Umfeld von Verdichtungsgebieten – Kirche ohne besondere Wachstumsperspektive

Bei den ländlichen Räumen im weiteren Umfeld der städtischen Zentren geht es um die entfernter liegenden Teile der „Zwischenräume", die eine „Brücken- oder Vernetzungsfunktion" zwischen den städtischen Zentren und den regionalen Entwicklungskernen in der Peripherie übernehmen.

Bundesweit erfahren die ländlichen Räume im weiteren Umfeld der Verdichtungsgebiete den stärksten Bevölkerungszuwachs. Die Bevölkerungsentwicklung ist hier in sich sehr verschieden, es gibt „Gewinner" und „Verlierer". Agrarisch genutzte Flächen werden umgewidmet und infrastrukturell erschlossen. In manchen Gebieten bilden sich eigenständige Wirtschaftsstrukturen heraus. Die Einkommensspanne weitet sich und wird differenzierter. Wirtschaftlich spielen Handwerksbetriebe und mittelständische Unternehmen eine wichtige Rolle. Die Landwirtschaft befindet sich in einem grundlegenden Strukturwandel. Ausschlaggebend für die kritische Beurteilung eines solchen ländlichen Raumes sind die Abwanderung von jungen Menschen, der Rückgang des Bevölkerungsanteils von Familien und Kindern, die demografische Überalterung, der starke Verlust von Arbeitsplätzen und der damit verbundene Infrastrukturabbau.

Dies wirkt sich auch auf die kirchlichen Entwicklungsmöglichkeiten aus. Die Kirche hat in den mitarbeitenden Personen, den kirchlichen Räumen, den geistlichen Traditionen und vorhandenen Finanzen zwar noch ein weiterbestehendes Potential. Die finanziellen und personellen Ressourcen werden sich jedoch deutlich negativ entwickeln. Insgesamt muss sich die Kirche entsprechend auf eine negative Entwicklungstendenz einstellen, die sie selbst nur sehr bedingt steuern kann. Die Aufgabe der Kirche besteht hier in einer Konzentrationsbemühung. Die kirchlichen Verantwortungsträger dürfen sich nicht in dem aussichtslosen Versuch erschöpfen, frühere Strukturen gegen den allgemeinen Entwicklungstrend zu bewahren. Sie müssen vielmehr rechtzeitig neue, tragfähige Konzepte entwickeln, die unter den sich abzeichnenden Entwicklungen eine offene, einladende Arbeit ermöglichen.

Typ 5: Ländliche Räume im weiteren Umfeld von Verdichtungsgebieten – Kirche mit Wachstumsperspektive

Hier geht es um diejenigen ländlichen Regionen im weiteren Umfeld der städtischen Zentren, die sich durch eine positive Entwicklungstendenz auszeichnen. Dazu gehören die Regionen mit einer günstigen verkehrstechnischen Anbindung in den Achsenzwischenräumen bzw. mit einer eigenen Wirtschaftskraft. Zu den positiven Entwicklungen gehören besonders der Zuzug von jungen Familien, die Entstehung von Arbeitsplätzen in der Region und die Entwicklung regionaler Infrastruktur. Ein besonderes Potential der Kirche liegt in der Verbindung von lokaler Ortsverbundenheit mit entsprechender Stellung der Kirche einerseits und der Zuwanderung von Menschen im aktiven Alter (besonders auch „junge Alte“) sowie einem hohen Bevölkerungs-Anteil von Familien andererseits. Der Kirche kommt entsprechend die zweifache soziale Aufgabe der Integration der Neuzugezogenen und der Pflege und Fortentwicklung der vorhandenen kirchlich-kulturellen „Ortsidentität“ zu. Die religiös-konfessionelle Prägung der Orte kann eine wichtige Basis darstellen, ist jedoch auf Grund des Bevölkerungszuwachses nicht alleine maßgeblich. Die Kirche hat in diesem Typ ländlicher Räume auf Grund ihrer kulturellen Sonderstellung einen höheren sozialen Status als in den großstädtischen Zentren und profitiert zugleich von dem Zuzug der Menschen aus „städtischen“ Lebenskontexten. Durch die positive wirtschaftliche Situation der entsprechenden Räume ist auch die finanzielle Lage der Gemeinden oft entspannt(er). Eine weitere Entwicklungsmöglichkeit der Kirche liegt im Bildungssektor und in den Angeboten ortsnaher Veranstaltungen, speziell für Kinder, Jugendliche, junge Eltern und ältere Menschen.

Typ 6: Ländliche Räume im engeren Umfeld von Verdichtungsgebieten – Kirche ohne besondere Wachstumsperspektive

Kennzeichnend hierfür ist die enge sozioökonomische Verflechtung zum Kernraum. Die Bevölkerungsentwicklung ist in diesen Bereichen insgesamt zurzeit abgeschwächt, zum Teil sogar rückläufig. Ein Grund dafür ist die weitere Ausdehnung von Siedlungsflächen über die Stadtrandlagen hinaus in „äußere Ringe“. Dieser Vorgang geht häufig auf Kosten der Landwirtschafts- und Freiraumflächen und führt zunehmend zu Raumnutzungskonflikten und zu Problemen des Ressourcenschutzes.

Zu den besonderen Schwierigkeiten gehört der doppelte Bevölkerungsverlust an die Innenstädte und in die weiter umliegenden Gebiete. Das hängt mit dem Attraktivitätsnachteil im Blick auf städtische Infrastruktur einerseits und dem noch naturverbundeneren bzw. günstigeren Wohnen in anderen ländlichen Räumen andererseits zusammen. Einen weiteren Problempunkt stellt der demografische Altersaufbau dar im Gefolge ausbildungs- bzw. berufsbedingter Abwanderung von jüngeren Menschen. Die Strukturprobleme dieser ländlichen Räume betreffen auch die Kirche. Die schnellen Veränderungen regionaler Entwicklung führen dazu, dass kirchliche Strukturen, die z.T. erst vor 20, 30 Jahren geschaffen worden sind, sich heute als „überdehnt“ bzw. als nicht kontextgemäß erweisen können.

Das Potential der Kirche besteht darin, die Menschen in dem Prozess schneller Veränderung zu begleiten, Beheimatung am Ort zu vermitteln, zugleich die eigenen Strukturen kontextbezogen zu verändern und mit den kirchlichen Angeboten in den zugehörigen Zentren zu vernetzen.

Typ 7: Ländliche Räume im engeren Umfeld von Verdichtungsgebieten – Kirche mit Wachstumsperspektive

Zu den Entwicklungskennzeichen gehören u.a. eine gute Arbeitsmarktsituation, ein ausgeglichenes bzw. positives Wanderungssaldo, ein hoher Anteil von Familien und jüngeren Menschen. Gründe für die günstige Entwicklung liegen vor allem in der wirtschaftlichen Prosperität der dazugehörenden großstädtischen Zentren, in einer attraktiven Wohnsituation und in guten allgemeinen Lebensbedingungen (natürlicher Kontext, niedrige Preise, gute Infrastruktur vor Ort, gute Anbindung an die „Stadt"). Häufig sind Einkommen und ökonomische Situation in diesem sog. „Speckgürtel" der Zentren überdurchschnittlich gut. An anderen Orten finden durch die Ansiedlung von Firmen, die Erschließung günstigen stadtnahen Baulandes oder die Schaffung neuer verkehrstechnischer Anbindungen schnelle Wachstumsprozesse statt. Die besonderen kirchlichen Entwicklungsmöglichkeiten in den ländlichen Räumen im engeren Umfeld der Zentren liegen in der Anwesenheit von Familien, in der positiven Bevölkerungsentwicklung, in der ökonomisch günstigen Situation und dem Anteil junger Alter in der aktiven Lebensphase. Speziell in Neubau- und Zuzugsgebieten sind das kirchliche Engagement und der Einsatz von Mitteln (Personal, Finanzen) an dem auszurichten, was entsteht, nicht an dem, was vorhanden ist. Dadurch, dass ein großer Teil der Bevölkerung „zugezogen" ist, sind „viele Dinge im Fluss" und bieten Kirchen offene Gestaltungsmöglichkeiten.

Insgesamt ist die *zentrale Bedeutung der Kirche für die Entwicklung der jeweiligen Räume* zu betonen. Mit ihrem gottesdienstlichen und seelsorglichen Handeln, mit ihren Bildungsangeboten, ihrem diakonischen Engagement, ihren Personen, Räumen, Traditionen und Riten leistet sie wichtige Kulturarbeit, trägt zu Integration und bürgerschaftlichem Engagement bei und vermittelt Menschen unterschiedlichster Prägung ein Gefühl sozialer Beheimatung. Die EKD-Studie leistet einen Beitrag dazu, diese Rolle als Trägerin und Förderin regionaler Entwicklung selbstbewusst wahrzunehmen und zu gestalten.

Kirchliches Finanzmanagement und Entscheidungskulturen

Thomas Begrich[1]

Die Betrachtung kirchlichen Finanzmanagements in der evangelischen Kirche bedarf zugleich immer der Betrachtung der zugrunde liegenden Entscheidungskulturen. Dieser Vortrag hat dementsprechend drei Teile:

I. Die Steuerung in der evangelischen Kirche,
II. die Finanzbasis und
III. die Grundlagen kirchlichen Finanzmanagements.

I. Steuerung in der evangelischen Kirche

Grund allen Handelns in der Kirche ist Ziel und Auftrag, wie er uns von unserem Herrn Jesus Christus gegeben ist:

> „Darum gehet hin und machet zu Jüngern alle Völker, taufet sie auf den Namen des Vaters und des Sohnes und des Heiligen Geistes und lehret sie halten, alles, was ich euch befohlen habe." (Matthäus 28,19 f.)

Aus diesem Auftrag wuchs die Kirche Jesu Christi. Die evangelische Kirche nahm ihren Anfang (eigentlich ein Fortgang!) bekanntlich in der Reformation – einer Zeit, in der Missbrauch geistlicher Macht und missbräuchlicher Umgang mit dem Geld der Gläubigen den Menschen zunehmend zu einer Anfechtung wurde. Die Reformation nahm folgerichtig ihren Ausgang 1517 in der Forderung Martin Luthers nach der Trennung von Macht und geistlichem Amt. Das von Martin Luther postulierte Priestertum aller Getauften[2] setzte den Rahmen für eine neue Freiheit kirchlichen Handelns. In der Praxis allerdings erwies sich das als nicht ganz so einfach: In den Auseinandersetzungen, um die richtige Art und Weise, den Glauben zu leben, wurde deutlich, dass ohne Machtstrukturen und ohne die tatsächliche Ausübung von Macht, die auch

[1] Vortrag anlässlich der 1. Eichstätter Fachtagung Kirchenmanagement der Katholischen Universität Eichstätt-Ingolstadt am 21.1.2010, in: B. Halfar (Hg.), Erfolgspotenziale der Kirche – ein Blick ins Management, Baden-Baden (2012).

[2] Vgl. Luther, M.: Dass eine christliche Versammlung oder Gemeine Recht und Macht habe, alle Lehre zu urteilen und Lehrer zu berufen, ein- und abzusetzen. Grund und Ursach aus der Schrift (1523), in: WA 11,408–416.

den notwendigen Schutz bedeutete, kirchliches Leben schwer zu gestalten war. So entstanden im Ergebnis des Augsburger Religionsfriedens von 1555 die evangelischen Landeskirchentümer. Der Landesherr nahm die Stellung des *summus episcopus* ein. Gleichzeitig war auch deutlich, dass weltliche Macht nicht einfach die Verwaltung kirchlicher Angelegenheit übernehmen konnte. So entstanden bereits 1539 in Kursachsen die ersten Konsistorien (in Preußen erst 1816). Aber das Priestertum aller Getauften bedeutete schließlich mehr: Insbesondere in den Gebieten, in denen der Einfluss des reformierten Gedankenguts unter dem Einfluss Johannes Calvins vorherrschte, entwickelte sich eine Kirchenordnung, die durch presbyterial, d. h. synodale Leitungselemente geprägt war. Die Macht in der Kirche lag damit in den Händen der Gemeinde selbst (so z. B. 1835 in der rheinisch-westfälischen Kirchenordnung). Dennoch war im evangelischen Raum die Kirche noch eng mit der weltlichen Macht des Landesherrn verbunden. Dies änderte sich erst 1919 mit der Weimarer Reichsverfassung, die die Trennung von Kirche und Staat besiegelte. Synodale Ordnungen setzten sich durch, verhinderten aber bald nach 1933 mit den deutschen Christen eine folgenschwere Entwicklung nicht: die evangelische Kirche geriet weithin unter den Einfluss der nationalsozialistischen Ideologie. So wurde auch in der Kirche Macht missbraucht – Judenchristen wurden verfolgt und ausgeschlossen. Dagegen wandte sich die Bekennende Kirche. In der theologischen Erklärung der Bekenntnissynode von Barmen 1934 wurde in der vierten These festgestellt[3]:

> *Jesus Christus spricht:* „Ihr wisst, dass die Herrscher ihre Völker niederhalten und die Mächtigen ihnen Gewalt antun. So soll es nicht sein unter euch; sondern wer unter euch groß sein will, der sei euer Diener.“ (Matthäus 20,25.26)

Die verschiedenen Ämter in der Kirche begründen keine Herrschaft der einen über die anderen, sondern die Ausübung des der ganzen Gemeinde anvertrauten und befohlenen Dienstes.

Wir verwerfen die falsche Lehre, als könne und dürfe sich die Kirche abseits von diesem Dienst besondere, mit Herrschaftsbefugnissen ausgestattete Führer geben und geben lassen.

Auf dieser Grundlage wurden nach 1945 die Grundordnungen und Kirchenverfassungen neu formuliert. Ein Machtmissbrauch sollte durch eine starke Synodalstruktur ein für alle Mal der Boden entzogen werden. Die Leitung und Steuerung in der evangelischen Kirche ist seither durch drei grundlegende Elemente gekennzeichnet: das synodale, das episkopale und das konsistoriale Element. Diese drei Elemente sind in den Grundordnungen der 22 evange-

---

3 Zitiert nach: Evangelisches Gesangbuch, Nr. 810, Stammausgabe für die Evangelische Kirche in Deutschland, Hannover 1991.

lischen Landeskirchen unterschiedlich ausgestaltet und zugeordnet, verstehen sich aber immer so, dass die Leitung in der Kirche eine gemeinsame Angelegenheit von Kirchenleitung, geistlicher Leitung und der Synode ist. So entwickelte sich faktisch ein Grundprinzip, Macht in der Kirche nicht zuzulassen. Dies zog in der Folge allerdings nicht ganz einfache Entwicklungen nach sich. Es entstanden zugleich Entscheidungskulturen, die eine effiziente Steuerung nicht fördern. Entscheidungen müssen viele Gremien durchlaufen – dies manchmal mehrfach. Sie werden wegen unterschiedlicher Informationsstände zuweilen oft kritischer hinterfragt als es sachgerecht scheint. Ja, einige sprechen sogar davon, dass sich eine „Misstrauenskultur" entwickelt habe. Vielfältige Reformbestrebungen der letzten Jahre hinterfragen auch solche Fehlentwicklungen. Der Wille nach einer arbeitsteiligen Ausrichtung der Leitungsfunktionen in der evangelischen Kirche gewinnt zunehmend an Kraft (Abbildung 1). Darum betont Wolfgang Huber[4]: *Macht in der Kirche ist letztlich die Fähigkeit, die Handlungsfähigkeit ihrer Mitglieder zu mobilisieren.* Damit ist eben nicht nur „Mitreden" gemeint, sondern vor allem, es tatsächlich zu *können*. Es geht um Verantwortung für die Gemeinschaft in der Kirche.

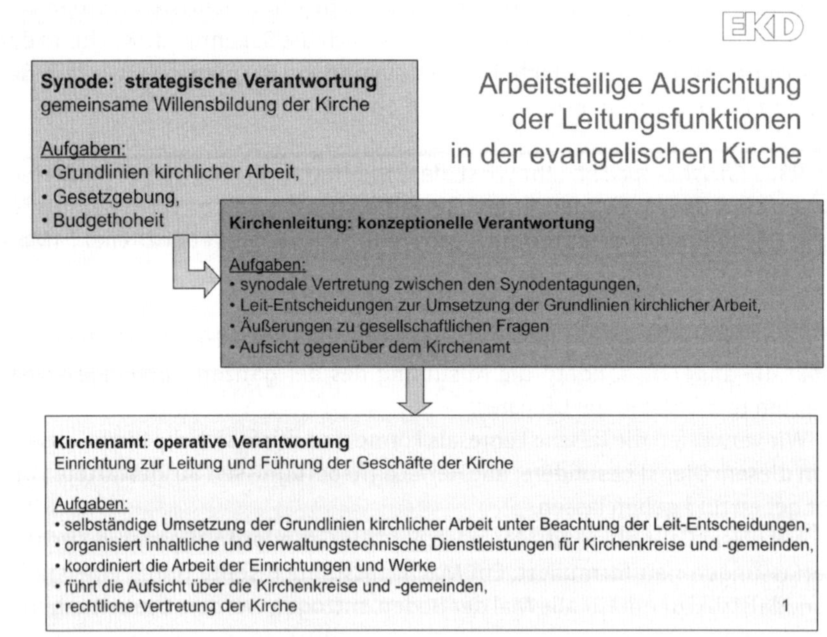

Abbildung 1: Schematische Darstellung der Leitungsfunktionen

4 Huber, W.: Glaube und Macht, in: Die kleine Prophetin Kirche leiten, Wuppertal 2005.

II. Die Finanzbasis

Um das Finanzmanagement in der evangelischen Kirche besser zu verstehen, ist zunächst ein Blick auf die Finanzstatistik hilfreich. Es ist notwendig, zu wissen, aus welchen Arten sich die Einnahmen zusammensetzen und für welche Aufgaben diese Mittel dann wieder eingesetzt werden. Durchschnittlich handelt es sich dabei um ein Volumen pro Anno von zehn Milliarden Euro. Dies bezieht sich auf die 22 Landeskirchen, ihre 15.000 Kirchengemeinden, der EKD selbst und deren Gliederungen. Nicht einbezogen sind die Einrichtungen im Bereich der Diakonie.

Wir können drei grundsätzliche *Einnahmearten* unterscheiden: Das sind zum einen die *Gaben der Gemeinde*. Dazu zählen die Kirchensteuern als Mitgliedsbeitrag, Kollekten, Opfer und Spenden. Die Gaben der Gemeinde sind mit 45 % bis 50 % die größte Einnahmegruppe.

Zum anderen sind es *Drittmittel*, etwa 40 %. Hier handelt es sich um Einnahmen, die dem öffentlichen Bereich entstammen und die der kirchlichen Arbeit für Leistungen, die die Kirche der Gesellschaft nach dem Subsidiaritätsprinzip erbringt, zur Verfügung gestellt werden. Dazu gehören Zuwendungen für die Kindertagesstätten ebenso wie Zuwendungen im Bereich der Denkmalpflege für die Erhaltung kulturgeschichtlich bedeutsamer Gebäude, aber auch die Staatsleistungen, die mit knapp 240 Millionen EURO zwar nicht viel mehr als 2 % der Gesamteinnahmen ausmachen, aber wegen ihrer historisch heute schwer verständlichen Entstehungsgeschichte immer wieder angefragt werden; zu Unrecht: In der Sache handelt es sich hier um Pachtersatzleistungen, also Rechtsverpflichtungen, die Erbbaurechtsverhältnissen ähneln. In dieser Gruppe werden auch etwaige Darlehensaufnahmen oder Erlöse aus Veräußerungen erfasst.

Bei der dritten Gruppe schließlich handelt es sich um *eigene Einnahmen und Entgelte*. Hierbei handelt es sich um Entgelte für kirchliche Dienstleistungen, etwa im Bereich der Sozialstationen und um Einnahmen aus Mieten und Verpachtung sowie Kapitalerträge.

Wichtig ist dabei die Erkenntnis, dass die Gaben der Gemeinde die Voraussetzung für die Finanzierung der kirchlichen Arbeit sind. Sie sind nicht nur die größte Einnahmeart, sondern auch die wichtigste: sind sie doch die Voraussetzung dafür, dass die anderen Einnahmen überhaupt generiert werden können. Ohne Eigenmittel sind öffentliche Mittel nicht zu erlangen – ohne Eigenmittel können auch keine Strukturen geschaffen werden, die eigene Einnahmen generieren. Auch dieser Gedanke ist hier wichtig: Wenn es die Gemeinde ist, die die finanzielle Voraussetzung für die kirchliche Arbeit schafft, dann begründet dies auch sachlich ihren Anspruch, deren Verwendung mit zu verantworten. So ist es denn Aufgabe der Verwaltung ,diese Mittel stets verantwortlich und transparent zu bewirtschaften.

Wofür werden diese 10 Milliarden Euro verwendet? Auch die *Ausgaben* lassen sich in drei große Gruppen einteilen. Knapp 19 % entfallen auf den Pfarrdienst und den Religionsunterricht – also auf Seelsorge und Unterweisung: Weitere 16 % auf die Kindertagesstätten. Diese beiden Aufgabenbereiche sind damit die größten Ausgabepositionen. Insgesamt entfallen gut 2/3 aller Ausgaben unmittelbar auf den *Aufgabenbereich der Kirchengemeinden*. Eine zweite Gruppe ist das *kirchliche Management* im weiteren Sinn. Hierzu zählen nicht nur die etwa 8 % Leitungs- und Verwaltungsausgaben, sondern auch die Öffentlichkeitsarbeit, Aufwendungen für die Aus-, Fort- und Weiterbildung, Wissenschaft, Auslandsarbeit und Ökumene. Insgesamt etwa 18 %. Auf die dritte große Gruppe entfallen Aufwendungen für die Unterhaltung und Pflege kirchlicher Grundstücke (12 %) oder die Vorsorgeaufwendungen; es handelt sich also um *Verpflichtungen*. Der besondere Charakter dieser Gruppe mit etwa 27 % ist, dass sie Kosten der Gegenwart, der Vergangenheit und der Zukunft in sich einschließen. Auch wenn etwa – fiktiv betrachtet – alle kirchlichen Aktivitäten heute eingestellt würden, wären immer noch die Verpflichtungen aus der Versorgung und der Pflege kirchlicher Grundstücke – insbesondere der 21.000 Kirchengebäude – erforderlich! Diese Lasten der Vergangenheit und der Anforderungen für die Zukunft machen besonders deutlich, wie essentiell der Einsatz eines modernen kirchlichen Finanzmanagements ist, das die Steuerung der sich daraus ergebenden Anforderungen ermöglicht.

III. Grundlagen kirchlichen Finanzmanagements

1. Finanzverteilsysteme

Dies ist nicht der Ort, um über die Besonderheiten der Kirchensteuer nachzudenken. Vielmehr geht es hier um die Art und Weise der Verteilung der Kirchensteuer und ggf. anderer zentraler Einnahmen. Schließlich ist es eine Besonderheit der Kirchensteuer, die eine Gabe, der Mitgliedsbeitrag, der Gemeindeglieder ist, dass sie infolge der Art ihrer Erhebung über die Finanzämter zentral eingeht und demzufolge zentral verwaltet wird[5]. Diese Finanzmittel müssen also von zentraler Stelle ihrer Verwendung zugeführt und sachgerecht verteilen werden. Der Umgang mit den Kirchensteuern berührt damit nicht nur die kirchliche Verwaltung, sondern er ist auch eine Frage der Macht[6]. An die Finanzverteilung als Form der Machtausübung

[5] Unbeschadet dessen, dass in zwei Landeskirchen, der Evangelischen Kirche im Rheinland und der Evangelischen Kirche von Westfalen, die Kirchengemeinden unmittelbar Kirchensteuergläubiger sind.

[6] Vgl. Begrich, Th.: Kirchliche Finanzen – ein Herrschaftsinstrument?, in: Der Dienst der der ganzen Gemeinde Jesu Christi und das Problem der Herrschaft. Barmen IV, Bd. 1, Gütersloh 1999.

ergeben sich damit besonders hohe Anforderungen. So sollte berücksichtigt werden, dass die Kirchengemeinden eher wie Vereine reagieren. Sie interessieren sich naturgemäß mehr für Aufgaben in ihrem näheren Umfeld, quasi dem Kirchturmhorizont. Verantwortung für größere Strukturen können sie schwer übernehmen. Kirche ist aber mehr als die Summe der Kirchengemeinden. Daher müssen die zentralen kirchenleitenden Organe ähnlich wie ein Unternehmen handeln. Sie sind es, die steuern müssen, den Zusammenhalt und einen solidarischen Austausch organisieren, kirchliche Aufgaben planen und anderes mehr.

Zwischen diesen beiden Daseinsweisen ergeben sich zwangsläufig Widersprüche, die immer wieder zu Auseinandersetzungen auf den Synoden führen (müssen). Das sollten Finanzverteilsysteme berücksichtigen, ebenso, wie sie der Tatsache Rechnung tragen sollen, Steuerungselemente zu sein. Schließlich ist nicht unerheblich, ob sie dynamische Systeme sind, d.h. wie flexibel sie auf sich verändernde Finanzierungsbedingungen reagieren. Daraus ergeben sich etwa folgende grundlegende Anforderungen an sie:

- Sie sollen die zentralen Steuerungsfunktionen ermöglichen und sichern,
- sie sollen die Eigenverantwortung stärken,
- sie sollen die Solidarität zwischen den Gemeinden sichern,
- sie sollen wirtschaftliches Verhalten fördern,
- sie sollen eine Effizienz der Verwaltung zulassen,
- sie sollen transparent sein und
- sie sollen die finanzielle Zukunftsfähigkeit der Kirche gewährleisten.

Nun entspricht der Vielfalt der Organisation von 22 Landeskirchen auch die Vielfalt der Finanzverteilsysteme. Dennoch lassen sich drei Grundtypen unterscheiden:

1.1 Die bedarfsorientierte Finanzverteilung

Bei der bedarfsorientierten Finanzverteilung (Abbildung 2) wird der zentral erfolgende Kirchensteuereingang nicht als Problem, sondern als Chance erfasst. So kann zentral der Bedarf für die landeskirchliche Ebene, die Ebene der Kirchenkreise und der Kirchengemeinden ermittelt (d.h. aber auch: definiert!) werden. Danach sind dann recht zielgenau bedarfsgerechte Zuweisungen möglich (in der Regel als Schlüsselzuweisungen bezeichnet). Dieses System funktioniert *top down* und hat den Vorteil, dass es eine effiziente Verwaltung ermöglicht. Es ist übersichtlich und transparent und sichert zugleich relativ problemlos die zentrale Steuerungsverantwortung. Zugleich wird auch ein solidarischer Ausgleich zwischen den unterschiedlichen Finanzaufkommen ermöglicht: Es ist unwesentlich, ob in der Kirchengemeinde wohlhabende oder arme Kirchensteuerzahler wohnen. Die Schlüsselzuweisung sichert, dass alle Kirchengemeinden ähnliche finanzielle Möglichkeiten (und Grenzen) haben.

Nachteile eines solchen Systems liegen jedoch in einer begrenzten Eigenverantwortung. Wenn die Mittel „von oben" zugewiesen werden, muss man sich scheinbar nicht darum kümmern. Dies begünstigt ein wirtschaftliches Verhalten nicht. So sind diese Systeme eher weniger dynamisch: Auf sich verändernde Bedingungen ist stets zuerst zentral zu reagieren. Die o.g. Widersprüche werden dann eher befördert, Steuerungsfehler würden eine sehr nachhaltige Wirkung entfalten.

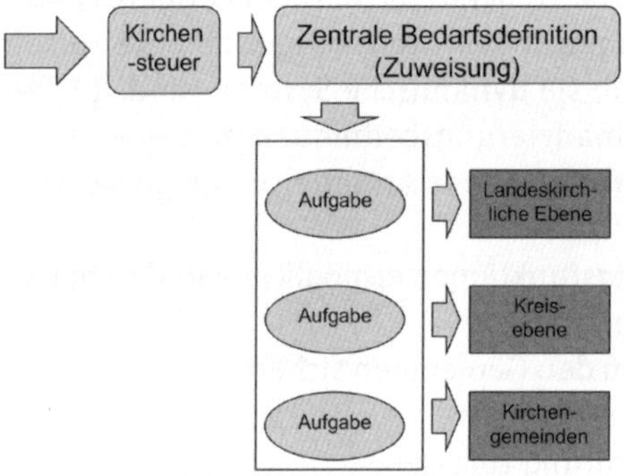

Abbildung 2: Bedarfsorientierte Finanzzuweisung

1.2 Die aufkommensorientierte Finanzverteilung

Die aufkommensorientierte Finanzverteilung (Abbildung 3) geschieht *bottom up:* Die Kirchensteuermittel werden den Kirchengemeinden entweder direkt oder pauschaliert zugeordnet. Eine Schwierigkeit dabei ist, das richtige Maß für die Zuordnung zu finden. In der Regel wird das Maß am durchschnittlichen Pro-Kopf-Aufkommen orientiert, da die genauen zuzurechnenden Kirchensteuereinnahmen nicht bekannt bzw. aufwändig zu ermitteln sind. Durch Synodalbeschluss geben die Kirchengemeinden dann Prozentanteile der ihnen zugerechneten Kirchensteuern für zentrale landeskirchliche Aufgaben oder kreiskirchliche Aufgaben ab. Die Kirchengemeinden haben so eine direkte Finanzverantwortung für die Erfüllung ihrer Aufgaben. Ähnliches gilt für die landeskirchlichen oder kreiskirchlichen Ebenen entsprechend den ihnen zugewiesenen pauschalen Kirchensteueranteilen. Die Vorteile dieses Systems sind, dass sie die Eigenverantwortung der Gemeinden stark fordern und damit ein wirtschaftliches Verhalten begünstigen. Nachteilig ist allerdings, dass eine effiziente Verwaltung nicht einfach zu organisieren ist. Damit einhergeht, dass Verteilung und Verwendung nicht ganz leicht transparent zu machen sind. Eine zentrale Steuerungsverantwortung wahrzunehmen, ist erschwert. Das Gleiche gilt für den solidarischen Ausgleich; aber immerhin beinhaltet die Kirchensteuerverteilung nach einem Pro-Kopf-Aufkommen bereits ein Ausgleichsmoment. Ein aufkommensorientiertes System erscheint zunächst recht dynamisch zu sein (Anpassungen sind zwangsläufig auf jeder Ebene nötig). Allerdings steht dem entgegen, dass es schwer steuerbar ist, und zudem werden die dynamischen Möglichkeiten wieder ernsthaft eingeschränkt, wenn der Pfarrdienst – wie meistens – zentral finanziert wird.

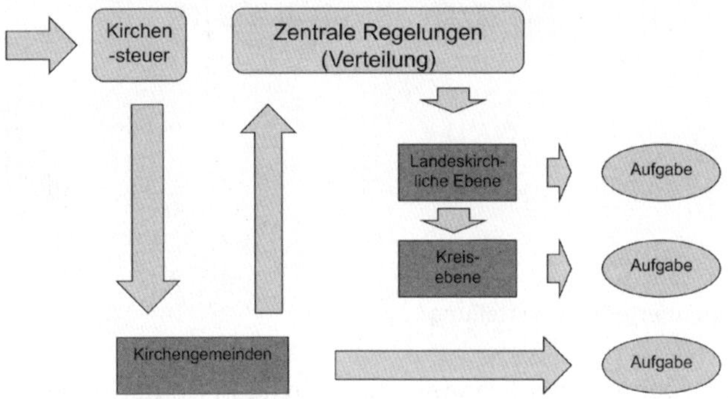

Abbildung 3: Aufkommensorientierte Finanzverteilung

1.3 Die strukturorientierte Finanzverteilung

Die strukturorientierte Finanzverteilung (Abbildung 4) versucht, das bedarfsorientierte und aufkommensorientierte Finanzverteilsystem miteinander zu verbinden. Die Kirchensteuer wird durch zentrale Regelungen – unter Berücksichtigung von Gemeindegliederzahlen, Einwohnerzahlen oder Besonderheiten des Territoriums – pauschal den einzelnen Ebenen kirchlichen Handelns zugewiesen. Diese haben dann unmittelbar Verantwortung für die auf den jeweiligen Ebenen zu erfüllenden Aufgaben. Dieses System stärkt die Eigenverantwortung, da eine große Freiheit bei der Verwendung der Mittel, aber eben auch eine starke Verantwortung dafür besteht. Es begünstigt damit wirtschaftliches Verhalten. Zugleich wird durch die Gestaltung der Parameter der Pauschalen auch eine zentrale Steuerungsverantwortung ebenso wie ein solidarischer Ausgleich ermöglicht. Nachteilig bei dieser strukturorientierten Finanzverteilung ist, dass ein höherer Verwaltungsaufwand erforderlich ist. Das Kennzeichen der Transparenz kann an dieser Stelle neutral bewertet werden. Nach meiner Einschätzung reagiert dieses System am dynamischsten, wenn und weil es die Vorteile der beiden anderen Systeme in sich vereinigt.

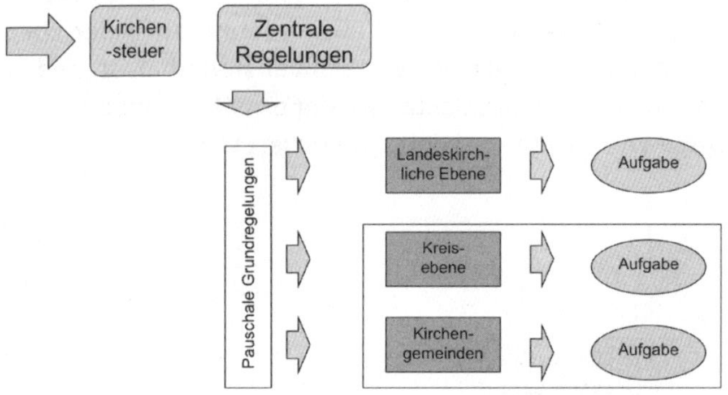

Abbildung 4: Strukturorientierte Finanzverteilung

Im Auftrag des Finanzbeirates der Evangelischen Kirche in Deutschland (ein den Rat der EKD in finanziellen Angelegenheiten beratendes Gremium aus Vertretern der Landeskirchen) hat Dr. Beatus Fischer im Jahr 2004[7] die Finanzverteilsysteme der Gliedkirchen in der EKD untersucht. Danach wurden den Kirchengemeinden durchschnittlich 35 % der als Gesamteinnahmen definierten Einnahmen (Kirchensteuern, Staatsleistungen und Finanzausgleich) zugewiesen. Der Entscheidungsgrad der Kirchengemeinden ist damit relativ gering. Für die meisten Landeskirchen gilt auch, dass der Pfarrdienst zentral finanziert wird; die Pfarrstellenbesetzung erfolgt in den allermeisten Fällen auf der Basis zentral festgelegter Stellenplän e. Geht man einmal davon aus, dass eine größere Eigenverantwortung wünschenswert wäre,[8] etwa ein Anteil der direkten Zuweisungen von 50 %, dann erreichen diesen Wert lediglich vier von 22 Landeskirchen (Abbildung 5). Diese Analyse war und ist Anlass für die verantwortlichen Gremien der Landeskirchen, ihre Finanzverteilsysteme kritisch zu hinterfragen und weiter zu entwickeln. Ein solcher Prozess hat in den vergangenen Jahren bereits begonnen.

7 Fischer, B.: Finanzverteilung in der EKD, Kirchenamt der EKD (2006, unveröffentlicht).

8 So formuliert im Reformprozess der EKD: Kirche der Freiheit, Perspektiven für die evangelische Kirche im 21. Jahrhundert – Ein Impulspapier des Rates der EKD, Hannover 2006.

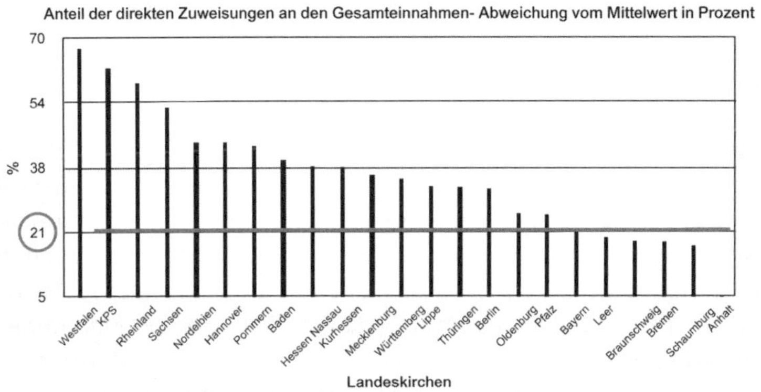

Abbildung 5: Finanzverteilung in den Gliedkirchen der EKD.

Aus diesem Prozess erwuchs u. a. ein als „Erweiterter Solidarpakt“ bezeichnetes paktiertes Frühwarnsystem zwischen den Landeskirchen. Auf Beschluss der Kirchenkonferenz vom März 2006 haben sich alle Landeskirchen auf gemeinsame „Finanzielle Mindeststandards einer verantwortlichen Finanzplanung“ verständigt. Diese Mindeststandards umfassen fünf Punkte:

1. Die Aufrechterhaltung der finanziellen Leistungsfähigkeit durch eine mittel- und langfristige Planung.
2. Die Sicherung einer vertretbaren Kostenstruktur, insbesondere der Personalkosten. Kriterium dafür ist die Kostenentwicklung des Pfarrdienstes.
3. Die Sicherung der Liquidität und der Rücklagen anhand einer definierten Rücklagenhöhe und der Begrenzung von Rücklagenentnahmen.
4. Vermeidung von Verschuldung oder Überschuldung durch Überwachung und Begrenzung notwendiger Kredite.
5. Die Sicherung der Versorgung (keine Überwälzung gegenwärtiger Kosten auf kommende Generationen).

Diese Mindeststandards sind mit Kennziffern, sog. Indikatoren, unterlegt. Die Landeskirchen berichten jährlich dem Kirchenamt der EKD, das im Auftrag des Finanzbeirates die Daten zusammenstellt und auswertet. Der Finanzbeirat des Rates der EKD analysiert diese Daten und Indikatoren einmal jährlich und gibt ggf. Empfehlungen für die weitere Entwicklung. Seit Einführung dieses Systems haben sich die Landeskirchen verstärkt bemüht, diese Mindeststandards – soweit sie noch nicht eingehalten werden – zu erreichen. Etliche Landeskirchen haben zur Durchsetzung dieser auch ihre haushaltsrechtlichen Grundlagen ergänzt.

2. Langfristige Finanzplanung

Basis für eine lang- und mittelfristige Finanzplanung ist neben nur kurzfristig möglichen Kirchensteuerprognosen vor allen Dingen die Entwicklung der Gemeindegliederzahlen. Zwar ist die Entwicklung der Kirchensteuereinnahmen nicht nur von der Zahl der Gemeindeglieder abhängig, sondern auch von ihrer wirtschaftlichen Lage, der wirtschaftlichen Situation des Landes sowie den steuerrechtlichen Regelungen des Staates, da die Kirchensteuer eine Annexsteuer ist. Im Wesentlichen zeigt sich, dass die Kirchensteuerentwicklung wie eine Sinuskurve um die lineare Gemeindegliederentwicklung verläuft. Dabei bewegt sie sich gewissermaßen in einem Entwicklungskanal. In den letzten drei Jahren hat die Kirchensteuerentwicklung diesen Kanal positiv nach oben durchstoßen. Dies war dem außerordentlichen wirtschaftlichen Wachstum in den Jahren 2007 bis 2008 zu danken. Letztlich ist deutlich, dass die – leicht negativ verlaufende – Entwicklung der Gemeindegliederdaten die langfristige Finanzkraft im Bereich der evangelischen Kirche entscheidend bestimmt. Die Prognose der Gemeindegliederentwicklung ist wesentlich langfristiger und zielgenauer, als es eine Prognose der Kirchensteuerentwicklung je sein könnte. Sie kann damit als wesentliches Kennzeichen der mittel- und langfristigen Finanzplanung herangezogen werden.

3. Langfristige Personalplanung

Ausgehend von einer Prognose der Mitgliederentwicklung durch das Kirchenamt der EKD aus dem Jahre 2005, lassen sich die Anforderungen für die langfristige Personalplanung im Pfarrdienst gut darstellen. Die Zahl der Gemeindeglieder wird voraussichtlich um fast 1/3 von 26 Millionen in 2002 auf 18 Millionen in 2030 zurückgehen, während sich die Zahl der Gemeindeglieder, die mit ihrer eigenen finanziellen Leistungskraft wesentlich zur Finanzierung der kirchlichen Aufgaben beitragen können (im Wesentlichen durch Zahlung von Kirchensteuern), also der Altersgruppe der 20- bis 60-Jährigen, wesentlich stärker verringert. Bezogen auf die Personalplanung bedeutet dies Folgendes: Im Jahr 2004 wurden 35 % der Kirchensteuermittel durchschnittlich für die Kosten des Pfarrdienstes benötigt (hier betrachtet unter Vernachlässigung weiterer Finanzierungsbestandteile wie der Erträge aus dem Pfarrland, Erstattungen für Aufwendungen im Religionsunterricht u.a.). Unterstellt man einmal als Fiktion, dass sich weder Steuertarife noch der Wert des Euro noch die Wirtschaftskraft der Gemeindeglieder bis zum Jahr 2030 änderten, dann müssten im Jahr 2030 nach jetzigen Stellenplänen in etwa 75 % der in dieser Fiktion „Kirchensteueräquivalent" benannten Summe allein für den Pfarrdienst aufgewendet werden. Bei einer Steuerung der Entwicklung des Pfarrdienstes proportional zur Mitgliederentwicklung wären das immerhin noch 45 % bis 50 %. Nur proportional zu den heute bekannten finanziellen Möglichkeiten könnte die Marke des Jahres 2004 konstant gehalten werden. Diese Überlegung macht deutlich, dass es unverzichtbar ist, heute bereits die zu erwartenden künftigen Möglichkeiten und Anforderungen bei der Steuerung zu berücksichtigen: Was auch immer getan oder gelassen wird – die Kirche sieht in 20 oder 30 Jahren anders aus! Aus dieser Erkenntnis ergeben sich (nicht nur) die Anforderungen für eine langfristige Personalplanung. Ich bezeichne diese als dynamische Stellenplanung. Eine dynamische Stellenplanung erfordert, dass diese bei Stellenbesetzung und Stellenplanung weit vorgreifende Perspektiven im Zeitverlauf berücksichtigt. Sie soll dabei so gesteuert werden, dass es möglich ist, auch jungen Leuten jederzeit den Zugang zum Pfarrdienst zu ermöglichen und damit die notwendige Generationenbreite zu erhalten.

4. Neues kirchliches Rechnungswesen

Das neue kirchliche Rechnungswesen im Bereich der evangelischen Kirche ist einerseits in Anlehnung an Entwicklungen im kommunalen Bereich entstanden. Vor allem aber ist es Ausdruck der Bemühungen der EKD und ihrer Gliedkirchen, den sich verändernden Anforderungen gerecht zu werden. Methodisch lehnt es sich an das kaufmännische Rechnungswesen an. Insbesondere verwendet es kaufmännische Elemente wie eine Bilanz und in geeigneten Bereichen eine Kosten- und Leistungsrechnung. Dies gilt unabhängig davon, ob die einzelne Landeskirche ihr Rechnungswesen in Erweiterung der bisherigen Kameralistik führen will oder auch die doppelte Buchführung übernimmt. Man bezeichnet diesen Rechnungsstil dann als doppisches Rechnungswesen (im Sprachgebrauch kurz als Doppik bezeichnet). Es basiert grundsätzlich zunächst auf den Regelungen des Handelsgesetzbuches (HGB). Dennoch ist es ein deutlich „kirchliches" Rechnungswesen, das sich an denjenigen Stellen von der kaufmännischen Buchführung unterscheidet, wo es für den kirchlichen Dienst erforderlich erscheint. Vor allem ist es ein öffentliches Rechnungswesen mit einem öffentlichen Haushalt, den die kirchlichen Gremien als Vorgabe für die Aufgabenerfüllung beschließen. Zudem geht es natürlich nicht um ein Streben nach Gewinn, sondern um die Erfüllung der Anforderungen, die sich aus der Gestaltung der kirchlichen Arbeit ergeben. Auch steht nicht der Gläubigerschutz bei der Darstellung der Bilanz im Vordergrund, sondern das Kriterium der Generationengerechtigkeit und des Vermögenserhaltes. Jede Generation soll für ihren eigenen Verbrauch aufkommen; zukünftigen Generationen sollen keine finanziellen Lasten aufgebürdet werden, die wir heute verursachen. Auch bei der Bewertung von Vermögensbestandteilen sind teilweise andere Maßstäbe als im HGB leitend, denn es geht oft dabei nicht um die Darstellung von Verkehrswerten (= Marktwerten), sondern um den langfristigen Vermögenserhalt und die Darstellung der dafür relevanten Werte. So wird das Sachanlagevermögen im kirchlichen Rechnungswesen in „realisierbares" und „nichtrealisierbares Vermögen" unterschieden. Dies ist ein besonders deutliches Abweichen vom kaufmännischen Rechnungswesen; schließlich ist es erforderlich, Kirchen in ihrem Wert zu erfassen. Sie haben aber in der Regel gar keinen Handelswert, sind also ein nichtrealisierbares – nach kirchlichem Selbstverständnis unverkäufliches, da gewidmetes – Vermögen. Der Wert aber soll in der Bilanz dargestellt werden, weil allein der Aufwand ihrer Erhaltung die Gemeinden in besonderer Weise fordert.

Das neue kirchliche Rechnungswesen stellt zudem einen Wechsel von der Input- zur Outputsteuerung dar. Ihm liegt der Gedanke zugrunde, dass sich bei der Planung der Arbeit die bisher vorherrschende Denkrichtung ändert. Es geht darum, zunächst die Ziele der Arbeit zu bestimmen, deren Anforderungen zu benennen und danach den notwendigen Ressourceneinsatz zu planen und nicht primär vom Ressourceneinsatz, dem Input, auszugehen. Diese veränderte Denkrichtung prägt den Charakter des neuen kirchlichen Rechnungswesens. Es ermöglicht die Outputsteuerung (die Ressourcen werden vom erwarteten Ergebnis her eingesetzt) und ist durch Zielorientierung geprägt (die Ziele bestimmen den Einsatz der finanziellen Mittel).

Für beide Aspekte des neuen kirchlichen Rechnungswesens ist es erforderlich, den Ressourcenverbrauch vollständig und periodengerecht darzustellen, eine Übersicht über das Gesamtvermögen und die Schulden zu gewährleisten und Veränderungen in der Haushaltsführung deutlich zu machen. Schließlich geht es darum, die Chancen und Risiken bei der Planung und Gestaltung kirchlicher Arbeit mit Mitteln und Methoden des Rechnungswesens deutlich zu machen und eine Vergleichbarkeit und Nachvollziehbarkeit zu gewährleisten. Das neue kirchliche Rechnungswesen soll Antwort auf vier Grundfragen ermöglichen.

- Wie vermögend sind wir?
  Dies wird in der Bilanz abgebildet.
- Wie haben wir gewirtschaftet?
  Dies ermöglicht die Ergebnisrechnung (die Gewinn- und Verlustrechnung des kaufmännischen Rechnungswesens).
- Reichen unsere Zahlungsmittel?
  Dazu ist ergänzend eine Finanzrechnung erforderlich.
- erreichen wir mit der geplanten Leistung das gewünschte Ergebnis?
  Dies wird mithilfe der Outputsteuerung und Zielorientierung nachgewiesen: in den Haushaltsbüchern mit der Darstellung qualitativer und quantitativer Ziele.

Abbildung 6 zeigt das Schema einer kirchlichen Bilanz. Dieses Schema veranschaulicht, wie stark sich die kirchliche Bilanz an Bilanzen im kaufmännischen Rechnungswesen einerseits anlehnt, und zeigt andererseits deutlich, wo Veränderungen vorgenommen wurden.

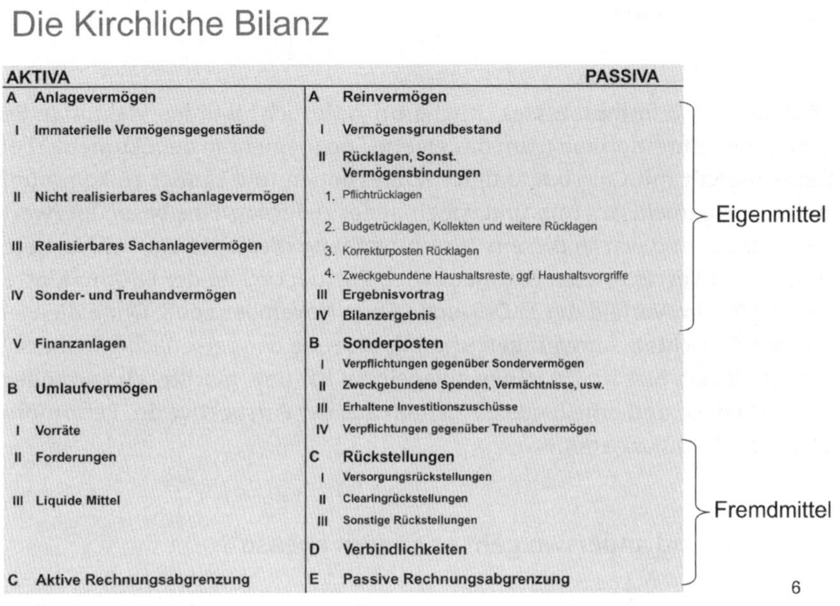

Abbildung 6: Schema einer kirchlichen Bilanz

Auf eine Besonderheit in der Abweichung vom HGB soll hier zum Abschluss noch verwiesen werden. Wir sprechen im Bereich des neuen kirchlichen Rechnungswesens nicht von „Eigenkapital", sondern von „Reinvermögen", den Eigenmitteln der kirchlichen Körperschaft. Damit soll deutlich gemacht werden, dass nicht der Einsatz von Kapital bei der Gestaltung kirchlicher Arbeit wesentlich ist, sondern das Engagement aller Mitarbeitenden und namentlich der Gemeindeglieder – im Verbund mit dem Einsatz finanzieller Mittel, und dies zum Teil über Jahrhunderte! So zeigt sich auch im kirchlichen Rechnungswesen, wie sehr theologische und reformatorische Grunderkenntnisse, wie die vom Priestertum aller Getauften, die kirchliche Arbeit prägen.

„Fresh experiences“[1]

Erkenntnisse aus ökumenischen Begegnungen für den Reformprozess

Martin Schindehütte

Im Zuge des Reformprozesses „Kirche im Aufbruch“ wurden vielfältige Bemühungen unternommen, um das eigene Engagement in der ökumenischen Gemeinschaft mit Christen anderer Konfessionen und Länder zu kommunizieren, um gemeinsam mit- und voneinander zu lernen. Eine besonders wertvolle Begegnung war in diesem Zusammenhang die Konferenz mit Vertreterinnen und Vertretern der ökumenischen Partnerkirchen der EKD im Kloster Wennigsen im Vorfeld der EKD-Synode Ende November 2008. Ohne die vielfältigen Einsichten, Anregungen und Impulse, die der persönliche Austausch vermittelt hat, hier im Einzelnen spiegeln zu können, möchte ich zumindest fünf hilfreiche und erhellende Einsichten aus der Perspektive des Reformprozesses der EKD skizzieren.

I. „Überall und anderswo geht es andern ebenso“

Die erste, wichtige Einsicht war die Erkenntnis der großen Gemeinsamkeit in den Grundfragen und Lösungsansätzen. Es gibt – trotz der politisch, sozial, kulturell, religiös und kirchlich sehr unterschiedlichen Rahmenbedingungen – gemeinsame Herausforderungen, vor denen die Kirchen reformatorischer Tradition und mit „volkskirchlicher“ Ausrichtung stehen. Es gibt so etwas wie gemeinsame Grundmuster, in denen sie auf diese Herausforderungen in einem auch religiös zunehmend globalisierten Umfeld reagieren.

Durchgängig empfinden die Kirchen eine fundamentale Herausforderung durch einen in der kulturellen und sozialen Brechung sehr verschieden ausgeprägten religiösen „Markt“. Sie antworten darauf mit einer „Profilierung ihres Produktes“, theologisch gesprochen mit der Arbeit an der „Sprachfähigkeit im eigenen Glauben“. Diese Frage, wie unser Glaube heute verständlich und attraktiv bezeugt und gelebt werden kann, geht durchgängig einher mit einer Profilierung der eigenen Tradition. Das gilt für den Europäischen Kontext ebenso wie für unsere überseeischen Partner. In einer multireligiösen Gesellschaft, angesichts eines tiefgreifenden Traditionsabbruches gilt es, auf Fragen von in anderen Religionen Gebundenen und von „religiösen Analphabeten“ elementare, verständliche und durch die eigene Person gedeckte Darstellungen

[1] epd-Dokumentation 32 (9/2009).

des eigenen Glaubens als reformierter, lutherischer und unierter Christ zu entwickeln. Dabei wird deutlich, dass die eigene innerprotestantische konfessionelle Prägung für die Anfragen von außen an Bedeutung verloren hat. Sie bleibt jedoch ein Reichtum für den Dialog untereinander. Deutlich wurde auch, dass ein profiliertes Verständnis und eine einladende Sprachfähigkeit der eigenen Tradition keineswegs zu Lasten ökumenischer Gemeinsamkeit oder einer bewusst bejahten „Pluralität aus Glauben" gehen müssen. Vielmehr sind sie die Bedingung jeder wirklichen Begegnung, die Unterschiede zu würdigen und in ihrem Reichtum zu erkennen vermag.

II. „Leben aus der Verwunderung"

Ein weiterer gemeinsamer Grundzug der Reformbemühungen in den verschiedenen Ländern war das tiefe geistliche Anliegen, das sich mit ihnen verbindet. Auch bei den unmittelbar organisationsbezogenen Aktivitäten – das wurde in den Präsentationen und Diskussionen deutlich – ging es letztlich immer um die Frage, wie die kirchlichen Strukturen der heilsamen, befreienden und Leben verändernden Begegnung mit dem Evangelium Jesu Christi dienen können. Hier wird die wachsende Bedeutung einer „evangelischen Spiritualität" sichtbar. Der Titel der Reformschrift der Protestantischen Kirche in den Niederlanden bringt diese gemeinsame geistliche Grundintention schön zum Ausdruck: Es geht um „Leben aus der Verwunderung"[2]. Eine zentrale Rolle spielte daher bei dem reformerischen Engagement in vielen Fällen die Pflege des Gottesdienstes. Beispielhaft dafür ist etwa der Prozess der Evangelical Lutheran Church in America (ELCA), in der sich die Kirchenreform als Reform des Gottesdienstes, insbesondere auch als Reform der gottesdienstlichen Bücher darstellen ließ. In der intensiven und liebevollen Arbeit an diesen Werken drückt sich das Anliegen aus, im Gottesdienst als Puls und Herzschlag gemeinsamen Glaubenslebens überregionale Wiedererkennbarkeit und ansprechende, zeitgemäße Formen miteinander zu verbinden.

III. „FRESH EXPRESSIONS"

Kennzeichnend für die verschiedenen Berichte war der immer wieder zu spürende Mut zu neuen Ausdrucksformen, die Lust und Freude daran, sich als Kirche durch Gottes Geist verändern zu lassen. Eine eindrückliche Sammlung von Beispielen, wie solche geistliche Aufbrüche konkret Gestalt annehmen können, findet sich auf den Internetseiten zum Reformprozess in der angli-

[2] Der niederländische Original-Titel der Schrift lautet: ‚Leren leven van de verwondering'. In der deutschen Übersetzung: „Leben aus der Freude des Glaubens".

kanischen Kirche (www.freshexpressions.org.uk). An diesen Beispielen wurde jedoch auch spürbar, wie solche Aufbrüche Grenzen des bisherigen kirchlichen Ordnungsgefüge relativieren und überschreiten können, das – im Bilde gesprochen – der neue Wein nicht immer in die alten Strukturschläuche passt. Eine mutige begleitende Strukturmaßnahme war in dieser Hinsicht die Entscheidung zu einer „bishop's mission order", die es dem zuständigen Bischof erlaubt, missionarische Handlungsfelder aus der Einengung durch parochiale Zuständigkeiten zu befreien.

Dazu gehört schließlich auch die Etablierung einer „pioneer ministry", durch die kein zusätzliches geistliches Amt, aber eine missionarische Fokussierung innerhalb der Aus- und Fortbildung gesetzt wird. Die damit verbundene Grundfrage ist, welche Strukturen, Kompetenzen und Personen geistliche Aufbrüche eigentlich erfordern. Wo in kluger Weise die Pluralisierung von Strukturen, die gezielte Förderung von missionarischen Kompetenzen und eine Gewinnung von entsprechend begabten Menschen miteinander einhergehen, kann – so der Eindruck aus der Diskussion – eine „Kultur geistlicher Frische" entstehen.

IV. Passion fürs Predigen und Helfen

Deutlich wurde in den Gesprächen, dass ein personales Erfasstwerden, ein Zusammenwirken von Rationalität und Spiritualität nicht nur für den Einzelnen, sondern auch in kirchlichen Veränderungsprozessen das zentrale Movens sind. Auch wenn Entwicklungen in der Mitgliedschaft, in den kirchlichen Arbeits- und Finanzstrukturen oder im sozialen Umfeld eine wesentliche Unterstützungsfunktion haben, sind es die inneren Bindungen und Aufbrüche im Glauben, die zur Veränderung motivieren und befähigen: etwa die Entdeckung der tiefen geistlichen Gemeinschaft der drei selbstständigen lutherischen Kirchen in Namibia, die die historisch schmerzlichen Erfahrungen der Trennung zu überwinden vermag und nun zu einer vereinten Kirchenleitung über unterschiedliche bestehende kulturelle Traditionen hinweg geführt hat. Oder das Mitempfinden, die Compassion, mit der Armut und dem Leiden vieler Menschen, das besonders in den Gesprächsbeiträgen der evangelischen Kirchen in Brasilien, in Chile und am Rio de la Plata spürbar wurde. Dabei spielte der Zusammenhang von Wort und Tat eine zentrale Rolle. Eine Evangelisation ohne diakonisches Engagement beraubt sich eines wesentlichen Erfahrungsraums christlichen Glaubens, wie ein diakonisches Engagement ohne Weitersagen des Evangeliums ein schönes Bild bleibt, zu dem aber kein Zugang geschaffen wird. Gerade angesichts der Aggressivität mancher freikirchlicher Missionsstrategien wurde die Bedeutung unterstrichen, davon zu reden, was das eigene Leben im Letzten trägt und hält. Oder um es mit einem weiteren schönen Sprachgewinn der Tagung auszudrücken: Mission ist „Herzgeschäft" der

Kirche. Ein Herzgeschäft, dessen Pflege sich in den Niederlanden eine Stiftung „Passion fürs Predigen" widmet, um eine verbreitete „Verlegenheitskultur" im Blick auf das Reden vom eigenen Glauben zu überwinden.

V. Einen Zug voraus sein

Eindrücklich war schließlich – um einen letzten Punkt zu nennen – die Arbeit der Evangelischen lutherischen Kirche Finnlands. Trotz äußerst stabiler volkskirchlicher Verhältnisse mit einer Kirchenmitgliedschaft von über 80 % befindet sie sich seit Mitte der 70er Jahre in fortlaufendem Reformprozess mit unterschiedlichen Phasen. Die frühzeitige Einbeziehung kirchensoziologischer Erkenntnisse in die kirchliche Strategieplanung führte dazu, dass kirchliche Entwicklungen antizipiert wurden und es nicht erst zu einem „sense of urgency" kommen konnte. Dieser Tempovorteil, einen Zug voraus zu sein, erleichtert dabei vielfältige Entwicklungsprozesse, da sie dann in einer Zeit größerer Steuerungsmöglichkeit passieren. Es stellt sich daher die Frage, wie der theologisch oft zitierte Leitsatz des „semper reformanda" konkret Gestalt gewinnen kann in einer „Kultur kirchlicher Innovation", die Veränderungen fortlaufend, frühzeitig und möglichst antizipierend vollzieht. Die Zyklen, in denen sich solche Prozesse vollziehen, sind dabei kürzer geworden, was sich etwa an der veränderten Halbwertszeit von Gesangbüchern, kirchlichen Publikationen oder Strukturen ablesen lässt. Dazu bedarf es zugleich eines Mentalitätswandels, der die Veränderung für möglichst viele Personen nicht zum erlittenen strukturellen Schicksal, sondern zur mitverantworteten Gestaltungsaufgabe werden lässt.

Zwei Handlungsfelder, die bei den verschiedenen Reformprozessen besonders erwähnt wurden, waren die Arbeit mit Kindern und Jugendlichen als den Verantwortungsträgern der nächsten Generation und die Arbeit mit den kulturellen Leitmilieus. Hier bedarf es eines verstärkten hermeneutischen Engagements und eines Lernens von anderen, um die Schönheit des Evangeliums neu und ansprechend zur Sprache zu bringen. Die Begegnung im Kloster Wennigsen war dafür eine ebenso anregende wie ermutigende intellektuelle und spirituelle Erfahrung. Sie war aber zugleich auch Anlass für die Frage nach der Fortsetzung eines solchen ökumenischen Innovations-Austausches. Dazu nur drei kurze Impulse:

a) „Netzwerk ökumenischer Innovationen"

Es sollte eine engere europäische Verzahnung der Reformkräfte geben, eine Art „Netzwerk ökumenischer Innovation". Einen Baustein dafür stellt die intendierte Teilnahme von Multiplikatoren aus den Reformprozessen in den verschiedenen Kirchen an der Zukunftswerkstatt „Kirche im Aufbruch" im Herbst 2009 dar. Wir können im Bereich kirchlicher Innovation noch mehr von- und miteinander lernen. Dies braucht flexible und vielfältige Vernetzungen.

b) „Europaweite Kirchenentwicklungsstudie“
Es fehlt auf europäischer wie internationaler ökumenischer Ebene bisher ein konstruktiver Umgang mit dem „Gelingen und Scheitern kirchlicher Entwicklungen“, eine offene, klare und damit auch für andere lehrreiche Erfolgs- und Schadensanalyse. Warum ist etwa die Entwicklung der protestantischen Kirchen in manchen Ländern kritischer verlaufen als in anderen, woran liegt das, was lassen sich aus den Analysen für kirchenpolitisch-strategische Perspektiven entwickeln? Hier liegen nach unserer Einschätzung wichtige Zukunftsaufgaben, die nach einer – etwa von der GEKE verantworteten – „europaweiten Kirchenentwicklungsstudie“ rufen. In ihr müssten sich eine offene Fehlerkultur, eine intelligente kirchensoziologische Wahrnehmung und ein kreativer Innovationsgeist miteinander verbinden.

c) „Gemeinsame Zukunftswerkstatt auf dem Weg nach 2017“
Das Reformationsjubiläum 2017 ist eine große und gemeinsame Chance und Verantwortung für alle Kirchen der protestantischen Tradition. Eine ökumenische Aufgabe könnte es dabei sein, etwa im Rahmen der Lutherdekade einen „Zukunftskongress der Reformationskirchen“ im Jahre 2012 zu veranstalten, in der die Innovationen, missionarischen Aufbrüche und reformerischen Initiativen miteinander diskutiert und vernetzt werden. Damit würde zugleich die internationale Dimension der Lutherdekade deutlich. Neben einer solchen Großveranstaltung sollten zudem regelmäßig kleinere Werkstätten, Ideenpools und „grüne Wiesen“ für die Entfaltung gemeinsamer ökumenischer Perspektiven und Innovationen veranstaltet und institutionalisiert werden.

Seelsorge und Mission

Ein ebenso naheliegendes wie riskantes Thema[1]

Erhard Berneburg

Der Seelsorge-Workshop im EKD-Kirchenamt hat den hohen Stellenwert kirchlicher Seelsorge deutlich werden lassen. Das vorbereitende Arbeitspapier formuliert: „In der Fremd- wie in der Selbstwahrnehmung der Kirche ist Seelsorge eine ihrer Kernkompetenzen." Die Arbeitsweisen kirchlicher Seelsorge allerdings, ihre verschiedenartigen Handlungsfelder, ihre unterschiedlichen Strukturen, ihre theologischen Prägungen, all das kann nicht in einem einzigen Satz beschrieben werden, sondern verlangt nach vernetzter Kommunikation. So hat es sich als äußerst sinnvoll herausgestellt, die auf unterschiedliche Weise mit Seelsorge befassten Personen aus der evangelischen Kirche an einen „Runden Tisch" einzuladen. Schon das gegenseitige Wahrnehmen und das In-Beziehung-Treten von Akteuren in der Seelsorge waren eine große Bereicherung.

Arbeitspapier

Ausgangspunkt für die Beratungen im Seelsorge-Workshop war ein Arbeitspapier, das aus der Arbeit der EKD-Konferenz der Seelsorge-Verantwortlichen in den Gliedkirchen hervorgegangen ist. Anlass für die Überlegungen war einerseits die immer weiter fortschreitende Ausdifferenzierung und damit weiter steigenden Anforderungen in der sog. Feldkompetenz, andererseits die unerlässliche Qualitätsentwicklung von Seelsorge und eine kontinuierliche Bemühung um deutliche geistliche Profilbildung. Die mit dieser Spannung zwischen Auftragsgewissheit und Situationskompetenz zusammenhängenden Anstrengungen zur Qualitätsentwicklung im Seelsorgebereich sind im Kontext von Pluralität und Wettbewerb zu stärken. Im Arbeitspapier wird eine Fülle von Fragestellungen, Herausforderungen und Aufgaben der Weiterentwicklung benannt.

Reformprozess in der EKD

Die Zukunftsperspektiven der evangelisch verantworteten Seelsorge als „Muttersprache der Kirche" sind mit dem Seelsorge-Workshop hineingestellt in die

1 „Seelsorge – Muttersprache der Kirche", Workshop der Evangelischen Kirche in Deutschland, Hannover, 16.11.2009, Runder Tisch.

umfassenderen Perspektiven des Reformprozesses in der evangelischen Kirche. Einzelne Seelsorge-Fachkonferenzen hatten in die Diskussionen um Reformbemühungen der evangelischen Kirche – eher beklagend – eingebracht, dass die Seelsorge als Handlungsfeld größere Beachtung verdiene, dass Seelsorge zur Kernkompetenz der Kirche gehöre und dass auch in diesem Handlungsfeld große Herausforderungen zu bewältigen seien.

Gleichwohl bleibt festzuhalten, dass die seelsorgerliche Dimension einen zwar durchaus prominenten, allerdings keinen eigenen systematischen Ort im Impulspapier „Kirche der Freiheit"[2] hat. Es gibt kein Leuchtfeuer „Seelsorge", obwohl es gleich im 1. Leuchtfeuer heißt:

„Auf Gott vertrauen und das Leben gestalten – den Menschen geistliche Heimat geben. Im Jahre 2030 ist die evangelische Kirche nahe bei den Menschen, sie bietet Heimat und Identität an für die Glaubenden und ist ein zuverlässiger Lebensbegleiter für alle, die dies wünschen. Ein vergleichbares Anspruchs- und Qualitätsniveau in allen geistlichen und seelsorgerlichen Kernvollzügen zeichnet die Erkennbarkeit und Beheimatungskraft der evangelischen Kirche aus."[3]

In den seelsorgerlichen Kernvollzügen ein vergleichbares Anspruchs- und Qualitätsniveau zu erreichen, ist eine herausragende Organisationsaufgabe.

„Beheimatungskraft hat mit den qualitativen Ansprüchen an theologisches, liturgisches und seelsorgerliches Handeln zu tun; hierin liegt deshalb eine entscheidende Herausforderung. Die Verständigung über ein vergleichbares Qualitätsniveau in diesen kirchlichen Schlüsselangeboten ist unerlässlich."[4] Das vorbereitende Arbeitspapier für den Workshop konstatiert: „Seelsorge ist ein Leuchtfeuer der evangelischen Kirche inmitten der Gesellschaft." Der Seelsorge-Workshop hat deutlich werden lassen, dass die EKD auch die Qualitätsherausforderungen im Bereich Seelsorge in ihre Reformbemühungen integrieren will.

Perspektiven

In den Impulsen wie in den Diskussionen des Workshops wurde deutlich, dass die inhaltliche und strukturelle Stärkung der Seelsorgearbeit der evangelischen Kirche – wie in einer Ellipse – um zwei Brennpunkte kreist. Gute Seelsorge wird sich zukünftig auszeichnen:

1. durch eine hohe Qualifizierung in den unterschiedlichen Feldkompetenzen.
   - In vielen Fachbereichen wurden inzwischen Qualitätsstandards geschaffen.

[2] Kirche der Freiheit. Perspektiven für die evangelische Kirche im 21. Jahrhundert. Ein Impulspapier des Rates der EKD, Hannover 2006.

[3] A. a. O., S. 48.

[4] A. a. O., S. 50.

- Die verschiedenen Profile von qualifiziertem Ehrenamt über Gemeindeseelsorge bis hin zu professionell in Spezialbereichen angebotener Seelsorge werden stärker aufeinander zu beziehen sein.
- Interdisziplinarität sollte wirklich ausgebaut werden.
- Kirchlich verortete und diakonisch verortete Seelsorge sollten besser aufeinander bezogen werden.
- Eine neue Verhältnisbestimmung zwischen Seelsorge in Institutionen und Gemeindeseelsorge erscheint notwendig.
- Die Aus-, Fort- und Weiterbildung in diesen Bereichen sollten optimal koordiniert werden.

2. durch eine theologische Auftragsgewissheit im kirchlichen Auftrag. Mehrfach wurde beim Seelsorge-Workshop der EKD danach gefragt, wie bei der immer rascher sich vollziehenden Ausdifferenzierung der Feldkontexte der gemeinsame Auftrag und das inhaltliche Profil evangelischer Seelsorge zu beschreiben wären. Eine neue Besinnung auf den theologischen Grund, aus dem heraus evangelische Seelsorge geschieht, wird von vielen Beteiligten erwünscht und als hilfreich empfunden. Auch im Wettbewerb mit anderen Anbietern spiritueller Begleitung sind die Kirchen gefragt, ihr Proprium deutlich werden zu lassen. Gegen den allgemeinen gesellschaftlichen Trend wird die Kirche ihr Selbstbestimmungsrecht nicht nur einfordern können, sondern wird ihr spezifisch inhaltliches Profil darlegen müssen. Daher sind folgende Perspektiven angedacht worden, die das spezifische Handlungsfeld Seelsorge in den gesamtkirchlichen Auftrag einbetten:
- Kirchliche Seelsorge sollte ihre Erkennbarkeit am anderen Ort (Krankenhaus, Gefängnis usw.) deutlich, aber stilsicher sichtbar machen.
- Seelsorge als „Kirche an anderem Ort" ist ein Beitrag zur einladenden und überzeugenden Kirche, Seelsorge muss auf ihre spezifische Weise am missionarischen Grundauftrag der Kirche Anteil haben.
- Die Verhältnisbestimmung von Seelsorge und Verkündigung ist im Sinne einer Bemühung um eine „ansprechende" Kirche neu zu buchstabieren.
- Die Kernanliegen kirchlicher Seelsorge müssten klar unterscheidbar sein von guter psychologischer Begleitung, die ja ihrerseits auch erkannt hat, wie wichtig spirituelle Angebote sind.
- Die geistliche Dimension der Seelsorge sollte qualifiziert zum Zuge kommen: im geistlichen Selbstbewusstsein der Seelsorgenden, in der Bemühung um geistliche Vertiefung der realen Situation, in der Zielbestimmung von Seelsorge als ein Ankommen bei Gott. Seelsorge versteht sich dann nicht als reines Begleiten, sondern sieht ihren Auftrag darin, „Gutes von Gott in der Welt zu reden" (Thies Gundlach).

- Neben pastoralpsychologischer Kompetenz und unterschiedlichen Feldkompetenzen würden die geistlichen Schätze der Kirche in der Seelsorge zum Tragen kommen, wie geistliche Lieder, Bibel und Gebet.

Erwartungen an die EKD

Der Workshop im EKD-Kirchenamt brachte zum Ausdruck, dass EKD-weit auch Schritte zu erweiterten Handlungsstrukturen angesagt sind:

1. Über den Austausch der unterschiedlichen Fachkonferenzen und der EKD-Konferenz der gliedkirchlich Verantwortlichen hinaus scheint eine EKD-weite Koordination geboten.
2. Es sind an unterschiedlichen Standorten Einrichtungen, Zentren, Lernorte zu Seelsorgefragen entstanden, die besser in einem EKD-weiten Netzwerk aufeinander bezogen werden müssen.
3. Die theologisch-inhaltlichen Themen einer geistlichen Profilierung der Seelsorge können durchaus in der Gemeinschaft der Gliedkirchen angegangen werden, wobei der Grundsatz gilt: Vieles ist längst da, wir wissen es nur noch nicht voneinander. Es bedarf einer EKD-weiten Vernetzung und Beförderung.

Als konkrete Projekte wurden ins Spiel gebracht u. a.:

- Akademie-Tagungen zur Bestimmung der Qualität von Seelsorge,
- Studiengruppe zur Aus-, Fort- und Weiterbildung in der Seelsorge,
- Maßnahmen, um die geistliche Auftragsgewissheit zu stärken.

Zielformulierung

Der Wunsch aus dem Workshop war deutlich, dass die EKD dringend gebeten wird, sich den Herausforderungen in der kirchlichen Seelsorge verstärkt zuzuwenden und Formen zu finden, die sowohl einer besseren Vernetzung wie einer inhaltlichen Profilierung dienen können, damit die Seelsorge als ein spezifisches, wesentliches Handlungsfeld der evangelischen Kirche im Rahmen des gesamtkirchlichen Auftrags in seiner besonderen geistlichen Bedeutung als Ausdruck der Nähe zu den Menschen noch deutlicher sichtbar werden kann.

Seelsorge, die „Muttersprache der Kirche“[1]

Petra Bosse-Huber

Die Muttersprache – mit diesem Begriff wird sprachpsychologisch und sprachphilosophisch die erste Sprache bezeichnet, die wir hören und in der wir verbal kommunizieren. Die Muttersprache wird zunächst quasi „automatisch“ gelernt. Es bedarf keiner ausgewiesenen Lehrmethode, um die ersten Sprachkenntnisse zu vermitteln. Muttersprache ist einfach, elementar, zugewandt und oft mit liebevollen Gesten, Berührungen und einer warmen Stimmlage verbunden. Muttersprache wird im Ideal ganzheitlich erlebt. Die Muttersprache ist die Sprache für Träume und Gefühle, sie ist die Sprache, in und mit der Menschen sich „am wohlsten“ fühlen. Wenn ich in diesem Sinn Seelsorge als „Muttersprache der Kirche“ bezeichne, treffe ich damit verschiedene Voraussetzungen:

1. Ich gehe davon aus, dass Seelsorge alle Bereiche kirchlichen Lebens durchzieht.
2. Ich formuliere den Anspruch, dass die Kirche sich den Menschen in einer elementaren, annehmenden, ganzheitlichen Sprache zuwendet.
3. Ich formuliere die Erwartung, dass die Menschen diese Sprache verstehen und in ihr kommunizieren möchten.

An diesen drei Voraussetzungen möchte ich im Folgenden entlang gehen.

I. Seelsorge durchzieht alle Bereiche kirchlichen Lebens

Im weitesten Sinn haben alle Begegnungen, Handlungen und Rituale eine seelsorgliche Dimension, in denen Menschen etwas von Gottes Liebe und Annahme spüren können. Konkreter gefasst sucht Seelsorge als Glaubens- und Lebenshilfe danach, Lebensmöglichkeiten zu erweitern, die Fragmentarität jedes menschlichen Lebens anzunehmen und unlösbare Situationen solidarisch mit zu tragen. So eröffnet sie Perspektiven: der Klärung, der Beziehung, der Problemlösung oder – wie unser Jubilar Michael Klessmann herausgestellt hat – des Trostes.[2]

---

[1] Vortrag zum rheinischen Seelsorgetag am 11. Januar 2003 an der Kirchlichen Hochschule Wuppertal/Bethel in Wuppertal.

[2] Vgl. Michael Klessmann: Qualitätsmerkmale in der Seelsorge oder: Was wirkt in der Seelsorge, in Wege zum Menschen, 54. Jg. 2002, S. 149.

In dieser konkreten Fassung ist Seelsorge der ganzen christlichen Gemeinde aufgetragen und sie wird auch von der ganzen Gemeinde wahrgenommen, jedoch mit unterschiedlicher Intensität und Qualität: angefangen bei der spontanen, einmaligen Begegnung über das langfristige ehrenamtliche Engagement hin zu hauptamtlichen Expertinnen und Experten in gemeindlichen und funktionalen Diensten. Intensität und Qualität sind allerdings nicht an diese Aufreihung gebunden, oft stehen sie auch quer dazu – das wissen alle, die in der Seelsorge tätig sind. So gibt es Seelsorgebereiche, in denen die ehrenamtlich Tätigen durch regelmäßige Fortbildung über hohe fachliche Kompetenzen verfügen – etwa in der Notfallseelsorge, in der Telefonseelsorge oder in der Hospizarbeit. In anderen Bereichen wird die spontane, zufällige Begegnung von hauptamtlich Tätigen nicht nur genutzt, sondern als niedrigschwelliges Angebot bewusst gesucht bzw. herbeigeführt – etwa in der Schulseelsorge oder in der Gemeindearbeit.

Die Seelsorge ist der ganzen christlichen Gemeinde aufgetragen – oder auch der Gemeinde als Ganzes. Deshalb ist die Vernetzung der seelsorglich Tätigen wichtig – zwischen ehren- und hauptamtlichen, zwischen gemeindlichen und funktionalen Diensten, zwischen den verschiedenen Berufsdisziplinen. Ich will dies an einem – nicht alltäglichen, aber doch typischen – Beispiel verdeutlichen: Ein Gemeindeglied wird schwerkrank in eine Spezialklinik eingeliefert. Die Aussichten auf Heilung sind gering, wahrscheinlich wird das Gemeindeglied in den nächsten Wochen an der Krankheit sterben. In dieser Situation können seelsorgliche Begegnungen auf verschiedenen Ebenen stattfinden: Die Mitarbeiterin des Besuchsdienstes kommt zum Geburtstag eines Familienmitglieds, die Krankenhausseelsorgerin betreut den kranken Menschen und begleitet den Sterbeprozess, die Psychologin der kreiskirchlichen Beratungsstelle wird wegen der Schulschwierigkeiten eines Kindes der betroffenen Familie aufgesucht, die Gemeindepfarrerin übernimmt die Beerdigung und hilft bei der Trauerarbeit.

In so einer Situation ist es gut, wenn die einzelnen seelsorglich Tätigen wenigstens voneinander wissen. Die Gemeindepfarrerin könnte u.U. bei der Trauerfeier ein Gebet verwenden, das in der Begleitung des Sterbeprozesses eine wichtige Rolle hatte. Für die Mitarbeiterin des Besuchsdienstes wäre ein Hinweis hilfreich, dass sie keine fröhliche Kaffeerunde erwartet. Die Krankenhausseelsorgerin könnte für den Besuch des Kindes am Sterbebett zur Verfügung stehen.

Leider ist es in der rheinischen Kirche immer noch an vielen Stellen so, dass solche Kooperationen von der persönlichen Initiative der einzelnen Seelsorgerinnen und Seelsorger abhängen. Wenn wir ehrlich sind, müssen wir sagen: Seelsorge kommt zwar in allen Bereichen des kirchlichen Lebens vor, aber es ist noch nicht selbstverständlich, dass sie alle Bereiche durchzieht.

Ich komme zu der zweiten Voraussetzung, die der Begriff „Muttersprache“ beinhaltet.

II. Die Kirche wendet sich den Menschen in einer elementaren, annehmenden Sprache zu

Als eine Besonderheit der Muttersprache habe ich am Anfang erwähnt, dass sie quasi „automatisch“ erlernt wird. Das trifft natürlich nur bis zu einem bestimmten Punkt zu. Wenn es um die Vergrößerung des Wortschatzes, die Vermittlung der Schreibkompetenz und den richtigen Gebrauch der Grammatik geht, wird auch das Erlernen der Muttersprache gezielt durch die Anwendung von Lehrmethoden gefördert.

Ähnliches kann auch für die Seelsorge als Sprache der Kirche gesagt werden. Allein durch Lebenserfahrung kann quasi „automatisch“ so etwas wie eine „personale Grundkompetenz“ erlernt werden, die dazu befähigt, sich auf einen anderen Menschen einzulassen, ihm zuzuhören und Situationen von der eigenen Lebenserfahrung her angemessen zu deuten. Wenn wir allerdings unseren Anspruch ernst nehmen, dass die rheinische Kirche eine „seelsorgliche Kirche“ ist, müssen wir uns um die Erweiterung dieser Grundkompetenz bemühen. Deshalb achten wir darauf, dass die Seelsorgeausbildung im Theologiestudium, im Vikariat und in der Aufbauausbildung für die Mitarbeitenden einen angemessenen Stellenwert erhält. Außerdem sollten alle, die im Auftrag der Kirche seelsorglich tätig sind, für ihr jeweiliges Arbeitsgebiet auch ausreichend qualifiziert sein. Die Landeskirche muss hier die entsprechenden Möglichkeiten zur Fortbildung und Supervision eröffnen.

Nach den Vorgaben der Landessynode von 1996 ist die Fortbildung regional zu organisieren, außerdem sollen Pfarrerinnen und Pfarrer zur Supervision ermutigt werden. Die Kirchenleitung hat inzwischen fachliche Kriterien für Fortbildung[3] und Supervision[4] festgelegt und sie schreibt aufgrund dieser Kriterien sowohl eine „Liste der Anbieter von Seelsorgefortbildung in der Evangelischen Kirche im Rheinland“ als auch eine „Liste von Supervisorinnen und Supervisoren“ fort. Eine Festlegung auf bestimmte Methoden – die etwa mit einem eigenen Seelsorgeinstitut implizit verbunden wäre – wurde dagegen bewusst vermieden. Für die Seelsorgefortbildung kommt grundsätzlich die ganze Breite pastoralpsychologischer, tiefenpsychologischer, gruppendynamischer, systemischer, kerygmatisch-biblischer und anderer Akzente infrage. Damit trägt die rheinische Kirche der Erkenntnis Rechnung, dass methodische Ansätze variieren können. Seelsorgerinnen und Seelsor-

3 Zu diesen Kriterien gehören: Wissenschaftlich qualifizierte Profession, Feldkompetenz (Wertschätzung der Arbeitsfelder und des christlichen Glaubens), nachprüfbares Curriculum, Relevanz für die Arbeit, Relevanz für den Anstellungsträger, Dauer und Kosten der Fortbildung müssen der Kompetenzerweiterung angemessen sein.

4 Die Qualifikation der Supervisorin bzw. des Supervisors muss den Standards der Deutschen Gesellschaft für Pastoralpsychologie, der Evangelischen Konferenz für Familien- und Lebensberatung, der Deutschen Gesellschaft für Supervision oder der Studiengänge der Uni-GH Kassel entsprechen. Eine Einzelfallprüfung ist notwendig.

ger müssen die Freiheit haben, für ihre Fortbildung einen methodischen Ansatz zu wählen, der für ihre eigene Persönlichkeit und für das Arbeitsfeld, in dem er zur Anwendung kommen soll, stimmig ist.

Eine erste Auswertung des regionalen Modells hat allerdings gezeigt, dass die Seelsorgefortbildung in der rheinischen Kirche noch nicht zufriedenstellend gelöst ist. Auf dem Weg zu einer seelsorglichen Kirche, die sich den Menschen tatsächlich in einer elementaren, annehmenden Sprache zuwendet, liegen noch einige Aufgaben vor uns. So mussten wir feststellen, dass wir zur Sicherstellung eines ausreichenden Fortbildungsangebotes in den Regionen eine koordinierende Unterstützung auf landeskirchlicher Ebene brauchen. Die Frage, wie diese Unterstützung gewährleistet werden kann, obwohl die Ressourcen immer knapper werden, beschäftigt zur Zeit nach Vorarbeiten durch die Kirchenleitung den Seelsorgeausschuss.

Auf Dauer ist es auch unbefriedigend, der Seelsorgefortbildung nur die Standards anderer Anbieter zugrunde zu legen. Wir werden eigene Standards entwickeln müssen, die auf die unterschiedlichen Gebiete seelsorglicher Tätigkeit zugeschnitten sind und auch berücksichtigen, wie umfassend die Professionalität für einzelne Aufgaben ausgebildet sein soll. Der Standard für eine ehrenamtliche Mitarbeit im Besuchsdienst der Gemeinde wird anders zu definieren sein als etwa der für eine hauptamtliche Seelsorge im Krankenhaus.

Insgesamt erhoffe ich mir für die Qualität der Seelsorge neue Impulse von der Zusammenlegung der Aus- und Fortbildungseinrichtungen hier auf dem „heiligen Berg“. Ich könnte mir vorstellen, dass hier auf Dauer Kooperationen zwischen der Kirchlichen Hochschule, dem Predigerseminar, dem Pastoralkolleg und den Werken der Evangelischen Kirche im Rheinland entstehen können, die die Fortbildung als integratives Angebot für die verschiedenen Berufsgruppen mit haupt- und ehrenamtlich Mitarbeitenden profilieren.

Damit komme ich zu der letzten Voraussetzung, die ich eingangs gemacht habe:

III. Die Menschen verstehen die Muttersprache der Kirche und sie möchten in ihr kommunizieren

Nach wie vor erfährt die kirchliche Seelsorge in unserer Gesellschaft eine hohe Akzeptanz. So wird aus den Ergebnissen der aktuellen vierten EKD-Erhebung über die Kirchenmitgliedschaft der Schluss gezogen, dass die Kirche gut beraten sei, wenn sie ihr „Zentrum [...] mit der Funktion der geistlichen Kommunikation bezeichnet, die sie im Gottesdienst, in der Seelsorge und in den Kasualien erfüllt.“[5]

5 Kirchenamt der EKD (Hg.): Weltsichten, Kirchenbindung, Lebensstile. Vierte EKD-Erhebung über Kirchenmitgliedschaft, Hannover 2003, S. 28.

Wir haben mit der Seelsorge also ein Pfund, mit dem wir wuchern können. Dieses Pfund sollten wir in Zukunft noch viel gezielter einsetzen, als wir es bisher schon tun. Dazu gehört für mich, dass wir diese Form der „geistlichen Kommunikation“ da anbieten, wo die Menschen sind und nach ihr fragen. Unser Seelsorgeangebot muss daher immer wieder an die aktuelle Lebenswirklichkeit angepasst werden. Solche Anpassungen, die auch die Einrichtung neuer funktionaler Dienste nach sich ziehen können, hat es auch in der Vergangenheit schon gegeben. Michael Klessmann und Joachim Müller-Lange haben den Anpassungsprozess für die Bereiche der Krankenhausseelsorge und der Notfallseelsorge exemplarisch nachgezeichnet. Beide Dienste sind nicht zuletzt die Antwort auf die zunehmende Professionalisierung der Rettungsdienste. So bleiben in medizinischen Notfällen Angehörige in einer Schocksituation zuhause zurück, während die Patientin oder der Patient zur intensiven medizinischen Betreuung ins Krankenhaus gebracht wird. Bei Unfällen sind neben den medizinischen auch die psychosozialen Bedürfnisse der Patienten zu berücksichtigen, und es bleiben ebenfalls oft verstörte Menschen zurück, nachdem die Arbeit der Rettungsdienste getan ist. In beiden Fällen ist es kaum möglich, die Menschen mit den Mitteln der gemeindlichen Seelsorge allein zu erreichen.[6]

Andere Dienste sind als Antwort auf neue technische Entwicklung entstanden, etwa die Telefonseelsorge oder die seelsorglichen Angebote im Internet. Ganz aktuell ist am 22. September 2003 „ChatSEELsorge.de“ ins Netz gegangen, ein Forum für Gespräche und Diskussionen zu verschiedenen Themen, das die Evangelische Kirche im Rheinland in Kooperation mit der Evangelisch-lutherischen Landeskirche Hannover anbietet. Unter der Adresse „www.chatseelsorge.de“ können an zwei Abenden in der Woche (montags und mittwochs) hauptamtliche evangelische Seelsorgerinnen und Seelsorger per Mausklick erreicht werden, die zusätzlich zu ihren übrigen Diensten hier tätig sind.

Auf Veränderungen der Lebenswirklichkeit reagiert die Evangelische Kirche im Rheinland auch mit weiteren Modellprojekten, von denen ich nur einige nennen will. In Köln gibt es eine Sonderdienststelle für Trauerbegleitung, im letzten Jahr hat die Landessynode einem Projekt zugestimmt, das neue Wege in der Schulseelsorge eröffnen soll, und die nächste Landessynode wird vermutlich darüber entscheiden, ob wir die Airportseelsorge am Düsseldorfer Flughafen institutionalisieren und mit einer festen Pfarrstelle ausstatten.

Der Wunsch nach Kommunikation in der „Muttersprache der Kirche“ ist groß. Angesichts schwindender finanzieller Ressourcen stehen wir zurzeit vor der Frage, auf welche Arbeitsfelder unsere Kirche ihr Handeln in Zukunft konzentrieren soll. Dabei müssen wir auch entscheiden, was uns der Anspruch,

6 Vgl. Joachim Müller-Lange (Hg.): Handbuch Notfallseelsorge, Edewecht/Wien 2001, S. 17–23. Dort wird auch verwiesen auf: Michael Klessmann (Hg.): Handbuch der Krankenhausseelsorge, Göttingen 1996.

eine „seelsorgliche Kirche" zu sein, wert ist. Ich denke, unsere Kirche wäre gut beraten, wenn sie die notwendigen Anstrengungen des Sparens unterstreicht, indem sie gegenläufig gezielt in ein Arbeitsfeld investiert, in dem unsere ureigenste Kompetenz liegt. „Nur durch die Qualität ihrer Seelsorge kann die Kirche noch überzeugen."[7]

7 Hartmut Meesmann: Die Sachwalter des Religiösen büßen ihre ureigenste Kompetenz ein, Frankfurter Rundschau vom 20.10.03, S. 2.

„Erwachsen glauben“

Missionarische Bildungsangebote als Kernaufgabe der Gemeinde“[1]

Erhard Berneburg / Andreas Schlamm

Zu den wesentlichen Wachstumsimpulsen unserer Kirche zählen Glaubenskurse. Sie sind zu einem starken Motor für Gemeinden geworden – in quantitativer wie auch qualitativer Hinsicht. Eine kürzlich von einer Autorengruppe um Professor Wilfried Härle herausgegebene Studie[2] von 32 wachsenden Gemeinden hat diese These eindrucksvoll belegt.

Gewiss stellt die Kirchengemeinde nicht den einzigen, aber nach wie vor einen zentralen Erlebnisraum des Glaubens dar. Viele Menschen lernen hier die Fundamente des Glaubens kennen. Bisher konzentriert sich die Bildungsarbeit in Gemeinden meistens auf Heranwachsende. Doch die Zahl derer, die als Erwachsene nach der Bedeutung des Glaubens fragen und denen Grundlagen nicht mehr bekannt sind oder noch nie waren, steigt. Sie brauchen Kursformate, die ihnen als Erwachsene gerecht werden, und die ihnen den Glauben „als Experiment“ nahebringen. Die Arbeitsgemeinschaft Missionarische Dienste (AMD) macht sich deshalb dafür stark, aus Glaubenskursen in der Gemeinde ein Regelangebot zu machen.

Professor Härle und sein Team haben in vielen der untersuchten Gemeinden einen Dreischritt von Beziehungsarbeit, Glaubens-Grundkursen und Aufbaumodulen vorgefunden. Die Evangelische Kirche tut deshalb gut daran, Glaubenskurse in den Horizont eines längeren Weges einzuzeichnen. Das sollte sich auch konzeptionell in der Gemeinde widerspiegeln. In den ersten Jahrhunderten unserer Zeitrechnung wurden Christinnen und Christen „Leute des Weges“ genannt. Das Weg-Motiv aufgreifend, empfahl Bischof Wolfgang Huber bereits 1998: „Der Weg zum Glauben muss ebenso als Bildungsaufgabe verstanden werden wie das Bleiben und Wachsen im Glauben. Die verschiedenen Ansätze müssen heute zusammenwirken in einer Erneuerung des Katechumenats als einer zentralen Dimension gemeindlicher Bildungsverantwortung.“[3] Könnte also im Ineinandergreifen von Bildung und Mission ein Schlüssel liegen, um das Entstehen und das Wachsen des Glaubens zu begünstigen? In welchem Verhältnis stehen dann Bildung und Mission zueinander?

Hierin lag ein Ansatzpunkt für die Überlegungen der AMD zu einer „Missionarischen Bildungsinitiative“. Einen zweiten Ansatzpunkt stellt das Impuls-

---

1 Editorial in epd-Dokumentation 31/2008.

2 Wilfried Härle, Jörg Augenstein, Sybille Rolf, Anja Siebert: Wachsen gegen den Trend. Analysen von Gemeinden, mit denen es aufwärtsgeht, Leipzig 2008, S. 308.

3 Wolfgang Huber: Kirche in der Zeitenwende, Gütersloh 1998, S. 295.

papier Kirche der Freiheit dar. Leuchtfeuer 7 fordert u.a., dass „die grundlegenden Themen und Wissensbestände der christlichen Tradition wieder ins Zentrum evangelischer Bildungsarbeit rücken müssen“[4]. Hintergrund ist die mangelnde Auskunftsfähigkeit selbst über elementare Zusammenhänge des christlichen Glaubens. Viele Gemeinden haben das Gespräch über den Glauben lange Zeit vernachlässigt. Gravierende Wissenslücken reichen bis in die Kerngemeinde, ja sogar bis in Kirchenvorstände hinein. So bekannte ein Kirchenvorsteher jüngst freimütig am Rande einer Tagung: „Ich bin jetzt zum dritten Mal gewählt worden. Aber nach meinem Glauben hat mich noch nie jemand gefragt.“

Mit einem Hearing am 3. Juni 2008 im Kirchenamt der EKD in Hannover, das hiermit dokumentiert wird, öffnete die AMD ihren bisherigen Denkprozess für die innerkirchliche Öffentlichkeit. Die einjährige Arbeit einer bisher AMD-internen ‚Spurgruppe‘ – durch die Leiterinnen und Leiter der in der AMD vernetzten landeskirchlichen Ämter für Gemeindedienst ins Leben gerufen – fand damit ihren vorläufigen Höhepunkt. Die Veranstaltung bot eine Plattform, auf der Vertreter verschiedener kirchlicher Arbeitsfelder – Missionarische Gemeindeentwicklung und Erwachsenenbildung, Pastoralkollegs und Kirchenleitungen – wohl erstmals über dieses zentrale Reformanliegen miteinander ins Gespräch kamen.

80 Teilnehmende folgten der Einladung. Sie nahmen die Impulse von Prof. Dr. Christian Grethlein (Münster), Prof. Dr. Beate Hofmann (Nürnberg) und Prof. em. D. Dr. Wolf Krötke (Berlin) auf und diskutierten anschließend in Kleingruppen, welche Bedeutung sie für das weitere Nachdenken haben könnten. Ab Herbst 2008 soll sich ein gemeinsamer Denkprozess aller, die trotz unterschiedlicher Ansätze und kirchlicher Kontexte Chancen für den Aufbau eines Bildungsprogramms auf Gemeindeebene sehen, anschließen. Das setzt gewiss die gegenseitige Wertschätzung unterschiedlich gewachsener Traditionen voraus.

Es besteht ein hoher Forschungsbedarf in der Frage, welche Menschen mit welchem Kursmodell erreicht werden. Obwohl uns bisher noch keine empirischen Daten zur Verfügung stehen, lässt sich sagen, dass der pluralistischen Situation eine Vielfalt von Modellen korrespondieren muss. Man kann also nicht sagen: Dieses oder jenes Modell ist das Bessere – wir müssen den Gesamtkontext im Blick haben. Ein Kurs sollte sich organisch aus der Gemeindearbeit entfalten. Die Veranstalter sollten aber auch damit rechnen, dass ihr eigener Horizont durch das Einlassen auf eine Lerngemeinschaft mit am Glauben Interessierten ebenfalls spürbar erweitert werden könnte.

Mit Spannung erwarten wir auch eine Studie, deren Veröffentlichung für Herbst 2009 angekündigt ist. Das Institut zur Erforschung von Evangelisation und Gemeindeaufbau in Greifswald fragt, wie religiöse Klärungsprozesse

4 Rat der EKD: Kirche der Freiheit, Hannover 2006, S. 78.

Erwachsener verlaufen. Eine vergleichbare Studie der Anglikanischen Kirche[5] kam bereits vor mehr als 15 Jahren zu dem Ergebnis, dass sich das „Zum-Glauben-Kommen“ eines Menschen durchschnittlich über einen Zeitraum von drei bis vier Jahren vollzieht. Ein Kurs, in dem Menschen Grundlagen des Glaubens kennen lernen, beschreibt in zeitlicher Hinsicht also nur einen vergleichsweise kurzen Abschnitt eines viel längeren Weges, dessen Anfänge häufig im Verborgenen liegen. Womöglich kann dieser Kurs aber zu dem entscheidenden Abschnitt werden; also eine Art Katalysatorfunktion für den individuellen Glaubensweg haben.

Beim Nachzeichnen der Glaubenswege und Erforschen der Auslöser dafür, dass ein Mensch sich auf die Suche nach Sinn begibt und sich mit Gott beginnt auseinanderzusetzen, gelangten die Anglikaner zu einer weiteren überraschenden Erkenntnis: Vielfach entdecken Menschen erst, wenn sie bereits vertrauensvolle Kontakte zu Christinnen und Christen geknüpft haben, dass der Glaube für sie relevant sein könnte. Auf eine kurze Formel gebracht: Dazugehören kommt vor dem Glauben. Die Gemeinde selbst hat also eine wichtige Auslöser-Funktion, die ihr häufig nicht bewusst ist. Sie sollte deshalb vor allem auf zweierlei Wert legen: 1. Maßnahmen ergreifen, die zu einem offenen Gesprächsklima beitragen und das Gespräch über den Glauben zu einer Selbstverständlichkeit werden lassen; 2. Freiräume schaffen, so dass auf ganz natürliche und zwanglose Weise Beziehungen zur Gemeinde entstehen können. So ist sie herausgefordert, sich ganz neu auf die Lebenswelt der Menschen in ihrem Umfeld einzulassen und ihre Kultur so auszurichten, dass das Evangelium „in Hörweite“ der Menschen kommt. Dabei sind natürlich Erkenntnisse aus Milieustudien zu beachten.

Eine missionarische Bildungsinitiative erschöpft sich nicht in dem Format Glaubenskurse. Vielmehr gerät das ganze „System Gemeinde“ ins Blickfeld: Wie werden Gemeinden zu Orten, an denen das Lernen Spaß macht und die durch Qualität auffallen? Wie kann die Gemeinde für „Sinnsucher und Skeptiker“ anziehender und durchlässiger werden? Wie können Haupt- und Ehrenamtliche qualifiziert werden, wenn gilt, dass Glaube maßgeblich über Personen und Atmosphären vermittelt wird? An welche Schnittstellen im Gemeindeleben knüpfen Glaubenskurse sinnvoll an?

Die ‚Spurgruppe‘ denkt dabei an Kurse, die an der Lebenswelt der Menschen anknüpfen und größtmögliche Beteiligungsformen bieten. Wissensvermittlung und das Anteilgeben an Glaubens- und Lebenserfahrungen sollten eine Einheit bilden. Sie sollten sich dadurch auszeichnen, dass sie eine Einübung in den Glauben ermöglichen, aber auch das Recht eines jeden Teilnehmenden auf Distanz achten. In einer zeitlich befristeten Lerngemeinschaft von Glaubenden und Menschen, die sich ihres Glaubens vergewissern oder den Glauben kennen lernen wollen, sollen Gemeinde und Glaube erlebbar werden.

---

5 John Finney: Finding Faith Today. How does it happen?, Swindon 1992, Einblick.

Die Hoffnung ist, dass auf diese Weise bei manchen Teilnehmenden Lust entsteht, den Glauben auch über das Ende des Kurses hinaus im persönlichen Alltag und in Gemeinschaft mit anderen Christinnen und Christen zu leben. Nachgedacht wurde auch über ein den Kurs ergänzendes Repertoire liturgischer Formen (Tauferinnerung, Taufe, persönliche Segnung usw.). Es soll Teilnehmenden helfen, ihr – sich möglicherweise im Kursverlauf veränderndes – Verständnis des Glaubens angemessen zum Ausdruck zu bringen.

Vieles ist dabei noch nicht zu Ende gedacht. Eine Missionarische Bildungsinitiative wird auch sicher nicht von heute auf morgen zu realisieren sein. Dennoch: Will die Evangelische Kirche langfristig ihre Reformziele erreichen, sollte sie in Glaubenskursen ein wichtiges Instrument sehen und jetzt entsprechende Weichen stellen. Es wäre viel gewonnen, wenn in nicht all zu langer Zeit den Gemeinden empfohlen werden könnte, aus Glaubenskursen ein Regelangebot zu machen. Wo personelle Ressourcen nicht ausreichen, könnten Glaubenskurse im Rahmen regionaler kirchlicher Gestaltungsräume angeboten werden. Die AMD hofft, dass sich die Landeskirchen diese Initiative in den kommenden Jahren zu Eigen machen.

„GEISTREICH“ – DIE PRAXISPLATTFORM DER EKD

EINE KLEINE THEOLOGIE DES ERFAHRUNGSAUSTAUSCHES

Thorsten Latzel

> „Mit der Praxis-Plattform ‚geistreich‘ hat die evangelische Kirche erstmalig die Möglichkeit, bundesweit Projekte zu präsentieren, zu diskutieren und gemeinsam weiter zu entwickeln. Dies ist ein wichtiger Schritt auf dem Weg der Kirche hin zu einer lernenden Organisation. So wird ‚geistreich‘ dem Reformprozess eine größere Breite auf gemeindlicher Ebene geben.“
> (Präses Nikolaus Schneider, Ratsvorsitzender der EKD)

„Probier einmal, Adam, der schmeckt gut.“ – Die kirchlichen Erfahrungen mit dem Erfahrungsaustausch sind ambivalent – von Anfang an. Adams Griff nach dem Apfel, der kein Apfel war, erwies sich – trotz des Erfahrungsberichtes zweier unabhängiger Kolleginnen – nicht als *good practice.*

Die süßen Trauben der Erkenntnis aus dem Kirchgarten der Nachbargemeinde sind prächtig und lieblich anzuschauen, aber sie dürfen da ruhig auch hängen bleiben. Und unter uns: Wer wirft schon gerne Perlen vor Kollegen? Erfahrungsaustausch in der Kirche – eine ambivalente Sache.

Das Projekt „geistreich“ hat jedoch auf dem Feld des Erfahrungsaustausches Großartiges erreicht: über 4000 Nutzer, weit über 1300 Beispiele, an die 400 Beiträge im Lexikon. Alle Landeskirchen haben ein Exzerpt von „geistreich“ auf ihrer Homepage.

Als Protestanten liegt uns der Erfahrungsaustausch und das gemeinschaftliche Lernen nahe:

- Kirche ist nach „creatura verbi Divini“ eine Kommunikationsgemeinschaft, die wesentlich davon lebt, dass Menschen sich etwas Gutes – nämlich das Evangelium – weitersagen.
- Die „Communio sanctorum“ schließt als Gemeinschaft der Heiligen immer auch konkret die gemeinsame Teilhabe an den heiligen Dingen ein. Oder anders gesagt: Auf geistliche Erfahrung gibt es kein Copyright: „Was nicht im Dienst steht, steht im Raub.“
- Lange vor der Erfindung des „Web 2.0“ und des „user generated content“ hat Schleiermacher mit der „Methode des Umlaufs“ oder der „Zirkulation der Mitteilung“ beschrieben, wie es in der Kirche zu einem Austausch zwischen hervorragenden Einzelnen und der großen Menge kommen kann – und dass beide zur Kirchenleitung im weiteren Sinne beitragen.

Die Liste der theologischen Ansätze ließe sich noch lange weiterführen. Und wir haben aus der biblischen Tradition starke Bilder für die geistige Gütergemeinschaft:

- der Geist des Mose, der auf die 70 Ältesten kommt,
- die zeichenhafte Brotvermehrung bei den Fünftausend, bei der zwölf Körbe übrig blieben,
- der urchristliche Sozialismus, in dem sie alles gemeinsam hatten,
- der Leib mit seinen Gliedern, in dem Wohl und Wehe des einen alle anderen bestimmen.

Doch der *theologischen Poesie* des Erfahrungsaustausches steht die Prosa der kirchlichen Kommunikationspraxis gegenüber. Zugespitzt formuliert: „Ich kann mit meinen Kollegen über alles reden, nur nicht über den letzten Gottesdienst."

Wir haben als Kirche ausgeprägten kybernetischen Solipsismus ausgeformt: Parochialprinzip, „Selig die Beene, die vor dem Altar stehn alleene". Es ist schon bezeichnend, dass eine auf einen eng beschränkten Gesichtskreis ausgerichtete Sichtweise umgangssprachlich als „Kirchturmdenken" heißt. Trotz dieser Schwierigkeiten und der Ambivalenzen lohnt sich das „Ackern auf dem Feld des organisationalen Lernens". Es gibt drei gute Gründe, warum wir als Kirche den Erfahrungsaustausch unbedingt brauchen:

a. Erfahrung teilen ist geistliche Einkehr

Eine der wichtigsten Gewinne von „geistreich" ist für mich die geistlich ermutigende Erfahrung. Es gibt Erfahrungen, die sind zu tief, zu schön, zu groß, um sie für sich zu behalten. Wenn man Berichte davon liest, wie ein Gottesdienst für die verstorbenen Obdachlosen des letzten Jahres gefeiert wird, oder die Schilderung eines Gottesdienstes am Heiligabend auf dem Friedhof für Menschen, die im letzten Jahr einen Angehörigen verloren haben – dann wird allein das Lesen zur geistlichen Erfahrung. Oftmals wissen wir überhaupt nicht, wie viel Schönes und Gutes in unserer Kirche passiert. Wir sind strukturblind für die Schönheit des Protestantismus.

b. Erfahrung teilen ist geschwisterliche Entlastung

Wir werden in den kommenden Jahren mit weniger Menschen und weniger Mitteln arbeiten und vieles schlicht nicht mehr schaffen können. Das große Zeitgefühl innerhalb wie außerhalb der Kirche ist Erschöpfung: Der Kessel ist überhitzt, Volldampf im roten Bereich in Permanenz. Wir brauchen nicht noch eine Umdrehung mehr, sondern vertrauende Gelassenheit und geistliche Konzentration, um eine Sache anzupacken – ganz bewusst und richtig gut – und so zu dokumentieren, dass sie Nachfolgern Arbeit erspart.

c. Erfahrung teilen ist gesamtkirchliches Engagement
Eine Herausforderung unserer Kirche ist der starke partikularistische Lobbyismus. Die versäulte Struktur der fetten Jahre wird durch Bunkermentalität in den mageren Jahren zu sichern versucht. Es ist gut, danach zu fragen, wie mein Wirken hier an diesem Ort zur Verantwortung der Kirche insgesamt beiträgt. Ich glaube, dass wir im Grunde viel mehr Stellenrotationen und Handlungsfeldwechsel bräuchten, um diese Sichtweise zu stärken.

Erfahrungsaustausch wie auf „geistreich“ ist dazu ein Anfang. „Geistreich“ ist ein Forum, auf dem die breite Erfahrung der Gemeinden, Kirchenkreise und Landeskirchen zur Sprache kommen soll. Aufbrüche werden sichtbar, ausgetauscht und diskutiert. „Geistreich“ vernetzt Menschen, die in der Kirche aktiv mitarbeiten. Die Praxisplattform stellt Projekte aus der Praxis dar und bringt Menschen darüber ins Gespräch. Der thematische Schwerpunkt liegt darauf, wie ein Projekt durchgeführt wird, wie praktisch gearbeitet wird. „Geistreich“ wendet sich also an alle, die in Kirche und Gemeinde Projekte verantwortlich durchführen.

Dazu gehört eine umfangreiche Sammlung von kirchlichen Projekten, die über ein Inhaltsverzeichnis und eine Suchfunktion leicht auffindbar sind. Hinter jedem Projekt stehen Autoren, die eine eigene Profilseite haben, so dass man Rückfragen stellen und Diskussionen beginnen kann.

„Geistreich“ ist die größte kirchliche Praxis-Plattform im deutschsprachigen Raum. Die Plattform arbeitet über die Grenzen von Landeskirchen hinweg. Sie wendet sich an Haupt- und an Ehrenamtliche und an verschiedene Berufsgruppen wie Küster, Sekretariatsmitarbeter, Organisten, Diakone und Pastoren.

Über eine digitale Schnittstelle gibt „geistreich“ die Projekte an die landeskirchlichen und andere Webseiten gefiltert aus. So dient „geistreich“ als gemeinsame Projekt- und Eingabedatenbank aller Landeskirchen und gibt dennoch spezifisch für die Landeskirchen und Einrichtungen Inhalte aus.

„Geistreich“ hat zwei Säulen: die Sammlung von Erfahrungswissen und die Vernetzung von Menschen. Die erste Säule gewährleistet, dass man in drei Bereichen Erfahrungswissen strukturiert sammeln kann:

- *ideenreich: das Forum für Fragen und Ideen*
  Sie können hier Fragen stellen, anderen antworten und gemeinsam Ideen entwickeln.
- *erfahrungsreich: die Sammlung von Beispielen guter Praxis*
  Sie können Projektberichte von anderen Aktiven lesen und kommentieren oder eigene gelungene Projekte darstellen. Über 900 Beispielen guter Praxis sind hier zu finden.
- *wissensreich: das Lexikon kirchlichen Erfahrungswissens*
  Gemeinsam mit anderen Autoren und Autorinnen können Sie Überblicksartikel schreiben und Projekte in allgemeiner Form darstellen.

Die zweite Säule dient der *Vernetzung von Aktiven in der Kirche.* Hier gibt es die beiden Felder „beziehungsreich“ und „profilreich“:

- *beziehungsreich: der Marktplatz der Gruppen*
  In diesem Bereich können Sie Gruppen finden und anlegen. In Regionalgruppen ist jeder aus der Region Mitglied, der seine Adresse angibt, in thematischen Gruppen kann man Mitglied werden. So können Sie diskutieren oder gemeinsam Dokumente anlegen.
- *profilreich: die Sammlung der persönlichen Seiten*
  In diesem Bereich können Sie sich selbst und Ihre Institution vorstellen und die Profile anderer ansehen.

„Geistreich“ ist selbst Ergebnis einer Kooperation – bestehend aus der EKD, der FernUniversität in Hagen und dem Institut für Wissensmedien in Tübingen – und wurde vom Bundesministerium für Bildung und Forschung (BMBF) und dem Europäischen Sozialfonds gefördert. Seit 2012 erfolgt die Finanzierung durch T-Systems, einer Telekomtochter, mit der Zielsetzung, „geistreich“ als Service den protestantischen Kirchen in Europa anzubieten. So soll auch länderübergreifend der Austausch gefördert werden – zum Wohle der Kirche.

Perspektiven

Um Gottes Willen

Überlegungen zum Reformationsjubiläums 2017

Thies Gundlach

> *„Er hat ein Gedächtnis gestiftet seiner Wunder, der gnädige und barmherzige Herr." (Psalm 111,4)*

I. Warum wird 2017 gemeinsam gefeiert?

1. Wem gehört das Reformationsjubiläum?

Martin Kähler, ein evangelischer Theologe aus Halle, hat 1892 eine wirkmächtige Schrift veröffentlicht mit dem Titel „Der sogenannte historische Jesus und der geschichtliche, biblische Christus". Kähler entfaltete darin die These – verstehbar besonders im Umfeld der damaligen Diskussion um die Leben-Jesu-Forschung und die kraftvolle Präsenz der historisch-kritischen Methode –, dass nicht der wie auch immer genau zu identifizierende historische Jesu geschichtlich wirkmächtig geworden sei, sondern der Christus, von dem in den Evangelien erzählt wurde. Der historische Jesus hat in der Geschichte des Glaubens nie eine wirklich gewichtige Rolle gespielt, von Beginn an kam es auf die Erzählungen an, die über diesen historischen Menschen im Umlauf waren. Es war nur konsequent, dass es wenige Jahrzehnte später in der Theologie des Neuen Testaments bei Rudolf Bultmann heißen konnte, der historische Jesus gehöre lediglich zu den Voraussetzungen der Theologie; es komme allein auf das „Dass des Gekommen-Seins" an. Es ist aber auch naheliegend, dass sich daraufhin eine Diskussion zwischen Bultmann und seinem Schüler Ernst Käsemann entwickelte, in der es um die Bedeutung und Relevanz des historischen Jesus für den erzählten Christus ging.

Es wurde bald klar, dass eine Vergleichgültigung des historischen Jesus unzulässig wäre, da die Erzählung von Jesus ohne eine verlässliche Verankerung im Historischen zu einem Mythos würde. Es blieb aber die Einsicht, dass die Erzählung von diesem historisch nur schwer zu fassenden Menschen Jesus die geschichtlich wirksame Dimension ist, auch wenn die historisch exakte Rückbindung dieser Erzählung an diesen einen konkreten Menschen unerlässlich ist.

Eine vergleichbare Grundproblematik liegt auch bei der Reformationsgeschichte vor: Natürlich ist die Geschichte der Reformation und sind die handelnden Personen historisch ungleich präziser zu rekonstruieren, aber es bleibt die kategoriale Einsicht gültig, dass zuletzt die Reformationserzählungen geschichtlich wirkmächtig wurden, nicht die historisch richtigen Fakten. Zwar ist es unerlässlich, die wesentlichen historischen Debatten um die Reformation in der Gegenwart wahrzunehmen: ob es die eine oder viele Reformationen gegeben hat, ob es historisch nachweisbare Kulturwirkungen der aus der Reformation hervorgegangenen Konfessionen gegeben hat oder nicht und ob man überhaupt eine Reformationsgeschichtsschreibung brauche oder ob nicht eine säkulare, von religiösen Annahmen befreite Geschichte zu schreiben sei. Ebenso intensiv und ausführlich diskutiert werden muss aber auch die Frage nach der „Auflösung und Wandlung traditioneller Kontroversen", weil damit im Grunde die von Ernst Troeltsch angeregte Grundthese von einer besonderen Bedeutung des Protestantismus für die Moderne bezweifelt wird. So sind es zwei Fragen, die „für die gegenwärtige reformationsgeschichtliche Forschung von besonderer Relevanz (sind): Wie lässt sich das Verhältnis von Konfessionalisierung und Säkularisierung am Beginn der Moderne präziser bestimmen? Und: Was lässt sich an unterschiedlichen Kulturwirkungen der Konfessionen in einzelnen Kulturfeldern methodisch zuverlässig nachweisen?" (Christoph Strohm: Kontroversen um die Reformation, Evangelische Theologie 71, S. 414–427, S. 422).

Trotz dieser notwendigen historischen Klärungen kann man in gewisser Weise parallel formulieren: Der sogenannte reformatorische Durchbruch und der geschichtliche Anfang der Reformation. Denn wohl ist es von großem Interesse, wie sich die historische Wissenschaft über die Reformation und ihre ersten Protagonisten verständigt, denn eine wissenschaftliche Debatte um die tatsächlichen historischen Ereignisse ist auch Teil des protestantischen Selbstverständnisses angesichts dieses Jubiläums.

Aber es ist zu vermuten, dass diese historischen Diskussionen zu keinem eindeutigen Ergebnis führen werden. Und die das Jubiläum deutende Erzählungen vom reformatorischen Aufbruch hängen nicht allein davon ab, was die Wissenschaft für historisch belastbar hält und was nicht, sondern auch davon, was heute so erzählt werden kann, dass es die Herzen berührt, die Köpfe nachdenklich macht und das Handeln prägt. Insofern kann man sagen: Das Reformationsjubiläum 2017 gehört denjenigen, die davon so erzählen können, dass es relevant wird für die Gegenwart.

2. Erinnerungsjubiläen in verunsicherten Zeiten

Wenn sich nicht nur die reformatorischen Kirchen in Deutschland, Europa und weltweit, sondern die ganze moderne Gesellschaft auf die Erzählung über den Reformationsbeginn und den Thesenanschlag am 31. Oktober 1517 durch den Augustinermönch Martin Luther an der Schlosskirche zu Wittenberg vorbereitet, dann inszeniert diese Gesellschaft ihre sinnkonstituierende, ihre „mythisch-legendäre Heraufkunft". Gedächtniskultur hat mit Selbstkonturierung zu tun: Wer wir sind, woher wir kommen, was wir sein wollen. Die Grundfragen der Existenz werden in Erinnerungsfeiern bearbeitet. Sie deuten und schaffen Vergewisserung, sie klären und sie stiften Zuversicht. In der multireligiösen, pluralen und hochindividualisierten Gesellschaft der Moderne gibt es allerdings kaum noch eine Herkunftslegende, die alle Menschen gleichermaßen bestimmt und berührt. Weder die 500-Jahr-Feier anlässlich der Entdeckung Amerikas 1492–1992 noch die 200-Jahr-Feier der Französischen Revolution 1789–1989 konnte diese Einheit der Herkunftsdeutung stiften. Auch die 500-Jahr-Feier des Beginns der Reformation 1517 wird nicht alle gesellschaftlichen Gruppen in gleicher Weise ansprechen können, wohl aber einen sehr großen Teil der heutigen Gesellschaft: 24,5 Millionen Menschen sind hierzulande Mitglieder evangelischer Kirchen. Hauptamtlich sind rund 660 000 Menschen bei der Evangelischen Kirche in Deutschland, ihren Gliedkirchen und ihrem Diakonischen Werk beschäftigt. 1,1 Millionen Deutsche sind als ehrenamtliche Mitarbeiter und Mitarbeiterinnen der Kirche engagiert. Darüber hinaus: Das Jahr 2017 bewegt Millionen Menschen weltweit. Reformierter und Lutherischer Weltbund zählen rund 150 Millionen Mitglieder, es gibt annähernd eine halbe Milliarde protestantisch geprägte Glaubende weltweit.

Wenn die Reformation alle christlichen Kirchen beeinflusst hat, dann kann man von einem verbreiteten Interesse aller Christen an diesem Ereignis ausgehen. Die Gesellschaft Deutschlands unternimmt mit dem Jubiläum den Versuch, sich im Medium eines zentralen historischen Wendepunktes ihrer Geschichte über eine rein kommerzielle, rationale und pragmatische Zusammengehörigkeit hinaus ihrer wesentlichen geistigen Wurzeln zu vergewissern. Dies hängt damit zusammen, dass Gedächtniskultur ein tiefes Bedürfnis nach „Befestigung unseres fliehenden Daseins" befriedigt (Friedrich Schiller: Was heißt und zu welchem Ende studiert man Universalgeschichte?, Antrittsvorlesung in Jena am 26.5.1789). Angesichts der tiefen Verunsicherung der modernen Gesellschaften des Westens ist die Vergewisserung der Gegenwart und die Stärkung der Zuversicht eine geistige Grundherausforderung des Reformationsjubiläums. Nicht allein die Kirchen müssen Glaubensgewissheit verstärken, auch die Gesellschaft steht vor der Herausforderung, Identität und Integration zu stärken.

Denn es gilt der Grundsatz: Je mehr Veränderungsdynamik eine Gegenwart entwickelt, desto mehr Erinnerungskultur braucht sie.

„Gegenwartsschrumpfung" (Hermann Lübbe) führt zur Intensivierung von Gedächtnisfeiern, die Zahl der Erinnerungsorte und -termine nimmt mit zunehmender Identitätsunsicherheit zu. Darum liegt die Plausibilität des Reformationsjubiläums für die gegenwärtige Gesellschaft in einer Art „Segen der Erinnerung": Es tut der ganzen Gesellschaft gut, reformatorische Grundeinsichten zu memorieren und zu aktualisieren, weil dies die Herkunft klärt, die Gegenwart verstehbar macht und die Angst vor der Zukunft mindert. Weil es um Kernthemen wie die Frage nach der Menschenwürde, nach dem Verständnis der Freiheit, nach der sozialen Verantwortung aller und der kulturellen Identität der Gegenwart geht, ist eine durch reformatorische Erzählungen gestärkte Gesellschaft eine angstfreiere, selbstbewusstere und zuversichtlichere Gesellschaft.

3. 2017 als Reformationsjubiläum

„Was soll während der Lutherdekade und dann 2017 eigentlich gefeiert werden: die gigantische Lebensleistung von Martin Luther oder aber der Protestantismus als eine der großen Weltreligionen?" So fragt Hartmut Lehmann (Unterschiedliche Erwartungen an das Reformationsjubiläum 2017, in: Ratlos vor dem Reformationsjubiläum?, BThZ 28, 2011, S. 26) und mit ihm viele andere. Die Evangelische Kirche in Deutschland antwortet darauf: Gefeiert wird 2017 ein großer Anfang, kein großer Anfänger, auch wenn beides nicht streng voneinander zu unterscheiden ist.

Erst das späte 19. Jahrhundert widmete die Reformationserinnerungen dem „Helden Martin Luther"; 1883 (400 Jahre Geburt Luthers) wurde der Grundstein dafür gelegt, vor allem aber wurde 1917 nicht die Entfaltung der Sache der Reformation in die Mitte gestellt, sondern es ging zunehmend um die Person Martin Luthers und sein heldenhaftes Handeln „vor Kaiser und Reich". Aus der Erinnerung an eine Bewegung und ihre Vielfalt wurde eine Art „evangelisches Apostelfest". Im Kulturkampf des ausgehenden 19. Jahrhundert und in der bedrängenden Situation des 1. Weltkrieges 1917 lag es nahe, Luther als Widerständler gegen den Ultramontanismus und als tapferer Nationalheiligen in schweren Kriegszeiten zu deuten. Will man aber Luther im 21. Jahrhundert vor ideologischen Missbrauch schützen (diesmal vielleicht eher davor, dass er als Vater der kommerziellen Lutherfeste, -zwerge, -socken usw. verzweckt wird), muss man ihn zuerst als Theologen der Reformation, als Wiederentdecker des Evangeliums und als Streiter für Gottes Barmherzigkeit in die Mitte der Erinnerung stellen. Zugleich ermöglicht eine solche Konzentration auf die theologischen Dimensionen der Reformation, dass die kritischen und beschämenden Seiten der Haltungen Luthers gegenüber den Juden, den Bauern, den Türken u.a. nicht ausgeblendet werden.

Bei aller bleibenden Wertschätzung der Person und des Werkes Martin Luthers hat die Evangelische Kirche in Deutschland ein hohes Interesse daran, dass die Schattenseiten der Person Luthers und der Reformation insgesamt kritisch bearbeitet werden. Martin Luther hat selbst immer wieder darauf verwiesen, dass nicht er, sondern das Evangelium Gottes die heilsame Dynamik ausgelöst habe. Das Reformationsjubiläum und seine Vorbereitung sollen kein „Held-Martin-Luther-Fest" werden, sondern ein weltweites Fest des Protestantismus, der lutherische und reformierte, unierte und freikirchliche Traditionsströme herausgebildet hat. Die Feier der Reformation 2017 erinnert an alle, an Martin Luther ebenso wie Katharina von Bora, an die anderen großen Lehrer der Reformation wie z.B. Huldrych Zwingli, Philipp Melanchthon, Johannes Bugenhagen, Johannes Calvin, Heinrich Bullinger und Martin Bucer ebenso wie an die Frauen der Reformation Katharina Zell, Ursula von Münsterberg, Elisabeth von Sachsen u.v.a.

Auch sollen die „späteren Kinder und Kindeskinder der Reformatoren" erinnert werden wie Phillip Jacob Spener und Johann Sebastian Bach, wie August Herman Francke und Johann Heinrich Pestalozzi, wie Johann Gottfried Herder und Georg Friedrich Wilhelm Hegel, wie Johann Hinrich Wichern und Johannes Brahms. Sie alle haben sehr eigene Wege in ihrer Zeit gefunden, aber haben ihren Wurzelgrund ebenfalls in der Reformation 1517 gesehen. Es sollten national und international alle reformatorisch geprägten Kirchen, Konfessionen und Kulturen nach Deutschland eingeladen werden gemäß dem Grundsatz, dass 2017 alle in Wittenberg einkehren, weil „alle da herkommen" (Nikolaus Schneider).

4. Reformation und der Beginn der Neuzeit

Die Reformationserzählungen stehen in einem landläufigen, undifferenzierten Sinne für die Heraufkunft der modernen Welt. Wie weit dies eine historisch berechtigte Deutung ist, wird bis zum Jahre 2017 nicht nur intensiv diskutiert werden, sondern vermutlich auch strittig bleiben.

Aber diese „landläufige Deutung" der Reformation als Aufbruch aus der mittelalterlichen Einheitswelt macht es plausibel, dass nicht nur kirchliche Interessen, sondern auch Staat und Zivilgesellschaft den 31. Oktober 2017 bzw. das Reformationsjubiläum 2017 für einen herausragenden Symboltermin halten. Die Themenvielfalt, die mit jener landläufigen These verbunden werden kann, reicht von der Frage nach der Bedeutung der reformatorischen Kirchen für die Entstehung der modernen Welt bis zur Identitätsvergewisserung der Kulturnation durch die deutsche Sprache und die aus dem Geist des protestantischen Pfarrhauses herausgewachsene Literatur-, Musik- und Diskurskultur. Bei ihren Erzählungen von der Reformation stehen die evangelischen Christinnen und Christen vor der Aufgabe, zu unterscheiden zwischen Entwicklungslinien, die mit einer gewissen historischen Plausibilität direkt mit der Reformation verbunden werden können (wie z.B. die Stärkung der Bedeutung des Einzelnen durch das programmatische „Priestertum aller Getauften", eine entscheidende Prägung der deutschen Sprache durch Martin Luthers Bibelübersetzung oder die Popularisierung der Musik u.a.m.) und Entwicklungen, die nur indirekt (und mitunter zunächst gegen die Kirchen erkämpfte) Folgen der Reformation geworden sind (wie z.B. der Toleranzgedanke, die Menschenwürde bzw. die Grundrechteidee u.v.a.). Diese direkten und indirekten Entwicklungslinien müssen historisch exakt verifiziert werden, denn sie bilden eine Art „Hintergrundprägung", deren memorierende

Erzählung zugleich Perspektiven für die Verständigung der Gesellschaft über die sie tragenden Werte und Perspektiven freisetzen. Erinnert und gefeiert wird der symbolische Beginn einer Reformbewegung, die keineswegs Ausschließlichkeit beansprucht, wohl aber eine besondere Bedeutung. Spätestens seit der böhmischen Bewegung um Jan Hus und seine grausamen Tod 1415 in Konstanz hat es in der katholischen Einheitswelt immer wieder Reformbestrebungen gegeben; und auch nach 1517 hat es in den oberdeutschen Städten und der Schweiz, in Ostfriesland und Holland immer wieder neue Impulse zur Reformation der Kirche gegeben. Doch verbindet sich mit dem Thesenanschlag 1517 die Erzählung von einem „Katalysator", der alle Reformsehnsüchte des 15. und 16. Jahrhunderts zu vertiefen und zu beschleunigen verstand.

Die historische Diskussion beurteilt diesen Anfang, seine vermeintliche Exklusivität und seine modernisierenden Wirkungen unterschiedlich und – vermutlich – bleibend different; doch bleibt es Grundüberzeugung der evangelischen Kirche, dass sich die innere Einheit der Reformation nicht in einem antirömischen Impuls erschöpft, sondern in einer herausragenden geistlichen Verdichtung der allgemeinen Reformanliegen. Die Reformation wusste die Freiheit eines Christenmenschen so zu formulieren, dass sie jede und jeder auf sich selbst beziehen konnte. Das Reformationsjubiläum ist zuerst eine Erinnerung an eine existentielle Befreiungsgeschichte des inneren Menschen und seines Gewissens.

Die Reformation hat mit dem Intimsten und Innersten des Menschen zu tun, mit seiner Seele, seinem Herzen, seinem Selbstverständnis, dem Zentrum seiner Individualität, denn alle politischen, gesellschaftlichen und sozialen Folgerungen erwachsen aus dieser Befestigung des inneren Menschen. Diese als Rechtfertigungsglauben formulierte neu entdeckte Freiheit des einzelnen Menschen vor Gott unabhängig von jeder kirchlichen oder weltlichen Institution, gehalten und getröstet im Evangelium vom barmherzigen Gott und im Glauben erfasst, erschafft ein völlig neues Selbstbewusstsein des Menschen in dieser Welt. Und Martin Luther hat diesen aufrechten Gang theologisch immer klarer entfaltet und dann auch persönlich vor Kaiser und Reich verteidigt.

Diese Freiheit konkretisierte sich bald in vielfältigen Gestaltungen der reformatorischen Aufbrüche und Konfessionen, denn Freiheit führt naturgemäß nicht zur Einheitlichkeit. Viele von den Reformatoren selbst noch gar nicht zu überschauenden Folgerungen aus dieser neu entdeckten Freiheit mussten in späteren Zeiten sogar gegen die Reformationskirchen durchgesetzt werden. Aber seit den Anfängen der Reformation ist dieses Thema der (religiösen) Freiheit so in die Welt hineingekommen, dass alle Versuche, sie aufgrund ihrer Missbrauchsmöglichkeiten zu beschränken oder gar zu verbieten, samt und sonders gescheitert sind. Diese reformatorisch geprägte Freiheit des inneren und dann auch äußeren Menschen ist daher in den Augen der evangelischen Kirche die Quelle ungezählter Freiheitsaufbrüche in den vergangenen fünfhundert Jahren bis heute. Und insofern gilt auch heute noch der schon von den Reformatoren vertretene Gedanke, dass die Freiheit des Evangeliums den Stand der Freiheit einer Gesellschaft insgesamt spiegele. Die Freiheit zur Religion ist auch heute ein Seismograph für die Freiheit allgemein – gerade auch im Blick auf die Freiheit der Andersglaubenden und Anderslebenden. Und es ist nicht schwer, das Ringen um diese Freiheit zur Religion als ein Kernthema nicht nur im heutigen Europa, sondern auch in Nordafrika, Lateinamerika oder im Nahen Osten zu erkennen.

5. Ökumenische Aspekte

Gemeinsame Grundzüge des reformatorischen Freiheits-Anfangs können mittels der sog. „vier soli der Reformation" erzählt werden, also mittels der grundlegenden Christuszentrierung (solus christus) der Reformation, der neu entdeckten Bibelfrömmigkeit (sola scriptura), der staunenswerten Gnadentheologie (sola gratia) und der freiheitsschaffenden Glaubenskonzentration (sola fide). Diese vier Grundpfeiler für das Selbstverständnis eines reformatorisch geprägten Christentums relativierte die Institution Kirche als alleinigen Weg zum Seelenheil, und eben diese Relativierung der mittelalterlichen Einheitskirche ist der Kern der dann aufbrechenden konfessionellen Streitigkeiten. *Allerdings gilt zugleich:* Das Reformationsjubiläum 2017 eignet sich nicht als antikatholische Inszenierung. Der reformatorische Aufbruch ist eine zwar kritische, aber durchaus innerkatholische Bewegung. Der junge Mönch Luther wollte weder eine neue Kirche noch eine neue Konfession gründen, sondern die Zustände der einen, heiligen, apostolischen Kirche an „Haupt und Gliedern" reformieren. Mit den ursprünglichen Intentionen der Reformation als Wiederentdeckung des Evangeliums ist weder eine Kirchenspaltung beabsichtigt noch eine Exkommunikation durch die katholische Kirche erwartet worden. Das Reformationsjubiläum 2017 steht darum auch für eine Art vorkonfessionellen Zustand, der das reformatorische Grundanliegen noch ohne die späteren ökumenischen Verwerfungen thematisieren kann. Zugleich aber ist unübersehbar, dass sich der reformatorische und der römisch-katholische Blick auf die durch die Reformation hervorgerufenen konfessionellen Trennungen erheblich unterscheiden. Aus römisch-katholischer Perspektive schwingt hier immer die Erfahrung von Spaltung und Verlust der westlichen Einheitskirche mit, deren erinnernder Wiederkehr nach 500 Jahren bestenfalls als Tatsache zu gedenken ist. Der evangelischen Seite ist die konfessionelle Verschiedenheit, wenngleich nicht zuallererst intendiert und gewünscht, dagegen notwendiger Ausdruck von christlicher Freiheit.

Für die evangelische Perspektive ist der reformatorische Aufbruch, trotz allen Widersprüchlichkeiten und auch Grausamkeiten in den späteren Auseinandersetzungen, ein Schritt ins Freie, weil man die Freiheit des Glaubens und Gewissens als einen ersten Schritt in eine wünschenswert plurale und vielstimmige, menschenachtende und demokratieaffine Zeit verstehen kann. „Indem die Reformation das Auseinandertreten der westlichen Kirche in eine Mehrzahl Widerspruch und Gemeinsamkeit verbindender Konfessionen auslöst, hat sie die religiös-kulturelle Differenzierung und Pluralisierung zur Signatur Europas gemacht", so lautet die 3. These des Thesenpapiers „Perspektiven für das Reformationsjubiläum 2017" des Wissenschaftlichen Beirats zur Begleitung des Reformationsjubiläums 2017. Und in der Bewertung dieses Faktums liegt einer der entscheidenden Unterschiede in der Interpretation der Reformation 1517 und damit des Jubiläums 2017 zwischen der evangelischen und der römisch-katholischen Kirche: Ist eine Pluralität von christlichen Kirchen und Konfessionen geistlich gesehen ein Zugewinn oder ein Verlust?

Es wird noch manche Diskussion zu dieser Frage geben, von evangelischer Seite soll aber festgehalten werden, dass die reformatorischen Kirchen die römisch-katholische Kirche zur Mitgestaltung des Reformationsjubiläums 2017 einladen. Denn keine christliche Kirche oder Konfession ist unbeeinflusst von der Reformation geblieben (in Abgrenzung und Aufnahme), sodass auch die römisch-katholischen Geschwister einen würdigenden Zugang zum theologischen Anliegen der Reformation, zur Person Martin Luther und zu den anderen reformatorischen Zeugen gewinnen können, ohne ihre grundlegend distanziertere Haltung gegenüber einem Reformationsgedenken gänzlich aufgeben zu müssen.

Der Besuch von Papst Benedikt XVI. am 23. September 2011 im Erfurter Augustinerkloster und die dortige ökumenische Gottesdienstfeier haben vielleicht eine Richtung angezeigt: Der Besuch war ein starkes Zeichen ökumenischer Würdigung Luthers, insofern die Deutung Luthers als „vorbildlichen Gottessucher" die Gottesfrage so in die Mitte stellte, dass sie die gemeinsame theologische und missionarische Herausforderung des Reformationsjubiläums spiegeln kann. Denn die Frage nach Gottes Existenz und Erkennbarkeit ist in den säkularen Zeiten eine überkonfessionell bedrängende Frage. Und niemand sollte verkennen, dass es in der Gegenwart des 21. Jahrhunderts zunehmend kirchenkritische Menschen gibt, die sich freuten, wenn sich die beiden großen Konfessionen in Deutschland über 2017 öffentlich stritten statt den gemeinsamen Christusbezug zu entfalten. Denn jener Streit belegte die These, dass Religionen nur Unfrieden stiften. Ökumenische Gemeinsamkeiten im Blick auf 2017 stärken daher die Rolle und die missionarische Chancen beider Kirchen in der Gesellschaft.

6. Perspektiven einer gemeinsamen Gestaltung des Reformationsjubiläums

Aber nicht nur das Verhältnis des Reformationsjubiläums 2017 zur römisch-katholischen Kirche ist klärungsbedürftig, sondern ebenfalls das Verhältnis zwischen Staat und (evangelischer) Kirche. In der Zusammenarbeit zwischen

Staat, Zivilgesellschaft und Kirche ist in vergangenen Jahren deutlich geworden, dass jeder der Partner Unterstützung für die jeweils anderen Interessen erkennen lässt. Die reformatorisch geprägten Christen und ihre Kirchen haben eine zwar selbstständige und unabhängige, aber die staatlichen und zivilgesellschaftlichen Interessen an den kulturellen Dimensionen des Reformationsjubiläums befördernde Grundhaltung.

Und Staat und Zivilgesellschaft haben ebenfalls eine selbstständige, aber fördernde Grundhaltung gegenüber den Anliegen der Kirchen. Darin spiegelt sich die Tatsache, dass wesentliche Einsichten und Errungenschaften des europaweit einzigartigen Staat-Kirche-Verhältnis auf die Reformation selbst zurückgehen. Es gilt daher für die gemeinsame Gestaltung des Reformationsjubiläums der Grundsatz, dass der Staat bzw. die Zivilgesellschaft Religionen „neutral fördern", um nicht selbst Religion werden zu müssen. Die „fördernde Neutralität" des Staates gegenüber den reformatorisch geprägten Christen ist daher keineswegs nur eine Frage der Gerechtigkeit, da vergleichbare Förderungen anderen kirchlichen Großereignissen auch zu Gute gekommen sind, sondern ist zugleich auch Ausdruck eines gesamtgesellschaftlichen Bewusstseins, dass die moderne Gesellschaft von Quellen lebt, die sie selbst nicht garantieren kann. Eine gemeinsame Gestaltung des Reformationsjubiläums 2017 bietet zugleich die Chance, eine kulturelle Teilhabe der verschiedenen Milieus der Gesellschaft zu stärken. Wer beispielsweise die Beherrschung der deutschen Sprache als wichtige Voraussetzung gelingender Teilhabegerechtigkeit heute versteht, kann mit der Beförderung des Reformationsjubiläums und der sprach- und bildungsprägenden Kraft der Reformation die Integration stärken; und wer die religiöse Selbstbestimmung für ein selbstverständliches Menschenrecht hält, kommuniziert dies mit dem Reformationsjubiläum in einer Gesellschaft, in der nicht alle Religionen diese Freiheit zulassen (können). Wer das Reformationsjubiläum 2017 unterstützt, der befestigt nicht nur die Bindungen in die traditionellen bürgerlichen Schichten, sondern stärkt die kulturelle Identifikation mit wichtigen Errungenschaften der westlichen Kultur in einer sich wandelnden multikulturellen Gesellschaft.

Die Evangelische Kirche in Deutschland verbindet mit dem Jubiläum 2017 daher keineswegs allein kirchliche Interessen, sondern teilt den Wunsch der politischen und zivilgesellschaftlichen Seite, als Kulturnation und Gastgeberland international „gut aufgestellt zu sein". Und nachdem Garmisch-Partenkirchen als Ausrichter der Olympiade 2018 ausgefallen ist, ist das Reformationsjubiläum 2017 das einzige wirklich große internationale Ereignis in der Bundesrepublik Deutschland in diesem Jahrzehnt, in dem sich Deutschland nicht nur als „finanzieller Zuchtmeister" Europas, sondern als „Kulturnation" und werteorientierte Gesellschaft erweisen kann.

Dies ist vermutlich der wichtigste Grund dafür, dass sich alle Parteien des Deutschen Bundestages im November 2011 auf folgende Beschreibung des Reformationsjubiläums 2017 einigen konnten:

> Der Thesenanschlag durch Martin Luther am 31. Oktober 1517 gilt als Auslöser für die Reformation. Sie hat in den vergangenen 500 Jahren nicht nur in unserem Land, sondern europaweit und weltweit eine prägende Wirkung auf Gesellschaft und Politik gehabt. Über 400 Millionen Protestanten sehen in den Thesen, die Martin Luther der Überlieferung nach an die Wittenberger Schlosskirche angeschlagen haben soll, ihre konfessionellen und wichtigen geistigen Wurzeln. Bei dem Reformationsjubiläum im Jahr 2017 handelt es sich um ein kirchliches und kulturgeschichtliches Ereignis von Weltrang."

Das Reformationsjubiläum 2017 sollte auch dazu dienen, Deutschland als gastfreundliches, kulturstarkes, international aufgeschlossenes und religiös-konfessionell befriedetes Land darzustellen.

II. Reflexionen zur Theologie des Jubiläums

1. Das Reformationsjubiläum als theologische Herausforderung

Die Kirchen der Reformation werden sich selbst und andere immer wieder daran erinnern müssen, dass der religiöse Ursprung der Reformation die Erinnerungskultur prägen sollte. Ohne die religiöse Dimension kann Kommerzialisierung oder Eventisierung das Jubiläum dominieren. Auch wenn die Kirchen und ihre Theologie keineswegs allein die Inhalte vorgeben – die Reformation hat viele Wirkungen auch außerhalb der Kirche gezeitigt – haben Theologie und Kirche hier eine Art „theologische Bringschuld". Es gilt, Formulierungen für den Kern des Reformationsereignisses vor 500 Jahren zu finden, die verstehbar sind auch für heutige Menschen. Gesucht wird eine solche Auskunfts-, Sprach- und existentielle Anschlussfähigkeit, dass auch Fernstehenden und Ungeübten verständlich werden kann, warum das Reformationsjubiläum nicht nur ein Kirchenfest ist, auch nicht nur eine Zentralzäsur in der Geschichte des Abendlandes, sondern auch zentrale Bedeutung für das gegenwärtige und zukünftige Leben in der modernen Gesellschaft hat. Die Reformation und ihre grundlegenden Entdeckungen – wie z.B. die Unterscheidung zwischen Person und Werk bzw. Amt und Person, die Unterscheidung zwischen Staat und Kirche, die individuelle Gewissensfreiheit und die Aufwertung des weltlichen Berufes, das „Priestertum aller Getauften" und die Bildung für alle (Jungen und Mädchen sollten Bibel und Katechismen selbst lesen können) u. v. m. – können auch heute noch der Gesellschaft wichtige Hinweise geben. Die Reformation ist eine „zentrale Hintergrundprägung" der heutigen Gesellschaft, die allerdings vielfach nicht mehr ge- und bewusst wird, aber auf dem Weg zum Reformationsjubiläum 2017 kenntlicher werden sollte.

Die Kirchen dürfen die Wucht der geistigen Herausforderung nicht unterschätzen, denn gesucht wird eine reformatorische Theologie für das 21. Jahrhundert. Das ist der Reform-Anteil der Vorbereitung des Reformationsjubiläums: Wer 2017 Reformation überzeugend feiern möchte, muss heute die Kirchen und ihre Theologien reformieren. Gesucht wird eine berührende und bewegende, plausible und existentiell vertiefende Theologie im Anschluss an das Reformationsereignis vor 500 Jahren. Diese Theologie liegt noch im Verborgenen; es gilt aber – wie der Theologe Erich Gräßer einmal großartig formulierte –, „einer von langer Glaubenswanderschaft müde gewordenen Christenheit Mut zum Durchhalten (zu) machen, indem er (sc. der Hebräerbrief) ihr Bekenntnis in der Länge, in der Breite, in der Höhe und in der Tiefe neu vermisst. Wir stehen vor dem bemerkenswerten Versuch, eine Glaubenskrise zu bewältigen durch – bessere Theologie. Das könnte die heutige Christenheit aufmerken lassen." (Erich Gräßer, Vorrede zum 1. Teilband des EKK-Kommentar zum Hebräerbrief [XVII/1], 1994, Seite VIII). Und an dieser Suche nach einer besseren Theologie sollten sich möglichst viele Menschen beteiligen: Laien und Theologen, Professoren und Suchende, Fernstehende und Hochverbundene, Leitende und Gemeindemitglieder – alle sind eingeladen, die Gegenwart Gottes in den Wirrnissen der Gegenwart zu entdecken und weiterzusagen.

Und bei dieser Suche kann man sich von Martin Luthers Gottessuche leiten lassen: Seine Kernfrage lautete: „Wie bekomme ich einen gnädigen Gott?" Und im Grundsatz kann man auch heute nur die Antwort geben, die Luther damals als reformatorischen Durchbruch fand: Einen gnädigen Gott bekomme ich gar nicht, weil er immer schon gnädig ist! Gottes opus proprium ist seine Barmherzigkeit; die iustitia passiva, die gerechtmachende Gnade ist allein sein Werk. Der Mensch ist als Sünder coram dei nicht nur unfrei, sondern zutiefst gottfern und -feindlich. Nur Gott selbst kann den Menschen aus diesem sich gnadenlos und unmenschlich machenden „Sein-wollen-wie-Gott" befreien mit dem Evangelium, das „eine Kraft Gottes (ist), die selig macht alle, die daran glauben, die Juden zuerst und ebenso die Heiden" (Röm 1, 17).

Deswegen gründet im Glauben an diese Wahrheit die Rechtfertigung des Gottlosen und die Freiheit eines Christenmenschen, der allerdings immer simul iustus et peccator, ein Sünder und Gerechtfertigter zugleich ist, weil die Sündlosigkeit niemals eine Qualität des Menschen wird, sondern ein je und je gewährtes Geschenk Gottes bleibt. Der Glaube an diese Barmherzigkeit Gottes aber macht den Menschen frei, aus lauter Dankbarkeit Verantwortung für eine dem Nächsten dienende Weltgestaltung zu übernehmen. So lautet Luthers reformatorische Grundüberzeugung in aller Kürze; allerdings wird man eingestehen müssen, dass heute weder die Ausgangsfrage Luthers gestellt noch diese klassische Erläuterung als Antwort gehört wird. Nicht nur ungeübte und kirchenferne Menschen, sondern auch Kirchennahe und dem Glauben Hochverbundene können weder Frage noch Antwort in ihrer Lebensrelevanz erfassen. Es gibt eine weitverbreitete Verständnislosigkeit für den Kernbereich reformatorischer Theologie, die nicht ganz zu Unrecht eingezeichnet wird in eine allgemeine Frömmigkeitskrise oder Gottesverborgenheit, als Säkularisierungssieg oder Glaubensverlust. Und es ist die mit diesen Begriffen angedeutete Grundbedingung heutiger religiöser Rede, die sich als die eigentliche, mit dem Reformationsjubiläum gegebene theologische Herausforderung imponiert.

Die evangelische Theologie steht daher vor theologisch substantiellen Vertiefungs-, Erschließung- und Entfaltungsaufgaben, um eine überzeugende inhaltliche Botschaft für 2017 zu formulieren. Denn müde, ausgelaugte, abgenutzte Sprache für Gott hilft nicht weiter; Reformationserinnerung muss auch Wege zu einer klaren und griffigen, polemischen und provokanten, klärenden und aufrüttelnden Sprache finden.

Deswegen gilt auch: Keine Angst vor starken Worten, keine Angst vor verblüffenden Inszenierungen, keine Angst vor überraschenden Bekenntnissen und keine Angst vor provokanten Formulierungen, kurz: keine Angst vor Gott! Das Folgende versteht sich als ein erster Versuch:

2. Eine existentielle Lesart der Reformation

Das Grundgeschehen der reformatorischen Erkenntnis kann heute modellhaft in einem existentiellen Dreischritt formuliert werden: Auszug aus der Angst – Einkehr bei Gott – Aufbruch in die Welt. Das ist eine Art „theologischer Hintergrundgrammatik" der reformatorischen Grunderzählung, die die unerhörte Vielfalt von Einsichten und Aspekten zusammenzuhalten versucht. Weil wir heute in einem hochindividualistischen Zeitalter leben – woran der reformatorische Aufbruch nicht eben unschuldig ist –, gilt es, zuerst individuell existentielle Zugänge zur reformatorischen Einsicht zu eröffnen, die im Grunde jeder Mensch in jedem Milieu, in jeder Bildungsschicht, in jeder Lebenssituation als seine / ihre eigene Befreiungsgeschichte „nach-erzählen" könnte. Denn Luthers Wege können als eine Art existentieller Archetyp aller geistlichen Befreiungswege verstanden werden: Die im Hintergrund stehende Grammatik ist die biblische Grundgrammatik einer Befreiung aus Gefangenschaft und Tod, wobei die aktivistisch klingende Sprachfassung der Trias die innerweltlichen Dimensionen beschreibt, nicht das geistliche Tiefengeschehen; dieses müsste passivisch formuliert werden. Die Trias Auszug aus der Angst – Einkehr bei Gott – Aufbruch in die Welt rückt eine anthropologische Grunderfahrungen in ein christologisch definiertes Licht der Heilung und Hoffnung, der Befreiung und Erlösung durch Gott. Und der Einzelne kann sich auch heute wiedererkennen in jener Trias, weil dieser Weg eine universale Grammatik ist, sodass ihre Beschreibung eine Art „Plattform oder Wechselrahmen" darstellt für die je eigenen existentiellen Tiefenerfahrungen. Die theologische Tiefengrammatik der Trias aber soll erläutert werden:

a) Fundamental ist jene Trias in der Geschichte von Jesu Sterben und Auferstehen verankert. Denn in der Passionsgeschichte erzählt die Bibel von jenem Jesus Christus, der durch Gottes Macht die unendliche kreatürliche Todesangst besiegen konnte und also von den Bedingungen der Endlichkeit nicht überwunden wurde (wie Paul Tillich formulierte). Drei Tage war er laut Glaubensbekenntnis eingekehrt in Gottes Hand, um dann den Aufbruch erstmals und ein für alle Mal in eine gänzlich neue Welt für alle Glaubenden zu eröffnen.

b) Von dieser Grundgeschichte aus erkennt der Glaube jene Trias in der großen Befreiungsgeschichte des Alten Testaments wieder: Der Auszug *Israels aus Ägypten* ist unschwer als solcher Auszug aus der Angst zu lesen; denn man muss kein Psychologe sein, um die existenziellen Grundängste Israels zu erkennen, und man muss kein Theologe sein, um die Einkehr bei Gott am Berg Sinai als das Entscheidende zu erfassen, das zur Befreiung führt. Der Aufbruch in die Welt als dritte Kategorie ist dann zentral mit der Eroberung Kanaans gegeben.

c) In jenem Dreischritt spiegelt sich auch die *theologische Unterscheidung von* Gesetz und Evangelium. Man kann sich den mittelalterlichen Menschen ja wahrscheinlich gar nicht ängstlich genug im Blick auf sein *Seelenheil* vorstellen. Vielleicht – ohne dass trivialisiert werden soll – kann man jene Angst nur vergleichen mit der heutigen Sorge um die eigene Gesundheit oder um den sozialen Abstieg: Es ist ein alle angehendes, also breites Thema, es wird viel Geld dafür ausgegeben, es erhält unverhältnismäßig viel Aufmerksamkeit und ist mit vielen Ängsten verbunden. Aus dieser oder jener Angst herausgerufen durch das Wort Gottes, das den so getrösteten Menschen in die Freiheit der Verantwortung für die Weltgestaltung entsendet, das ist ein Grundgeschehen, ein Geschick, das der Mensch nicht machen kann, sondern erfährt! Aber die Befreiung aus den Zwängen und Gesetzlichkeiten ist die heilsame, die evangelische Erfahrung.

d) Dass auch die „Einkehr bei Gott" einen zentralen Zugang zu dieser Trias bereitstellen kann, lässt sich an der *Barmer Theologischen Erklärung* zeigen; denn in der Bindung an Jesus Christus als dem einen Wort Gottes, dem wir im Leben und im Sterben zu vertrauen und zu gehorchen haben, besteht eine Freiheit aus allen „gottlosen Bindungen", die sich mit einer Aufbruchsbereitschaft hin zur Weltverantwortung konkretisiert. Und dass diese Bindung eine Angstlosigkeit mit sich bringt, hat sich nicht zuletzt auch 1934 gezeigt. Die Trias kann auch in Anknüpfung an die vorgängige Erfahrung des Evangeliums erläutert werden, denn wenn man die Freiheit des Evangeliums spürt und die Rechtfertigung des Gottlosen glaubt, gewinnt man auch die Freiheit, von den Ängsten dieser Welt nicht überwunden zu werden. Erst Evangelium, dann Gesetz, erst Zuspruch, dann Anspruch, erst eine Gottesbegegnung, dann eine verantwortliche Weltgestaltung, diese Reihenfolge, die stark in der Theologie Karl Barths verankert ist, leuchtet ebenfalls in der Trias auf.

e) Die Trias kann sich auch erschließen über den Gedanken „Aufbruch in die Welt". Die *Berufung zum Gottesdienst in der Welt wird zum weltlichen Beruf*, und es gibt nicht Wenige, die durch einen solchen Aufbruch in die Welt zu einer Einkehr bei Gott finden und darin eine ungeahnte Freiheit gegenüber allen möglichen Ängsten erfahren. Nur ein Beispiel: In Wittenberg hat 1848 Johann Hinrich Wichern seine Forderung nach einer diakonischen Kirche formuliert, indem im Tun des Guten gemäß dem Weltgerichtsgleichnis nach Matthäus 25 Gott selbst begegnet werden kann. Modern klingt dieser Grundgedanke vielleicht am ehesten bei J. B. Metz an: „Wer in das Leiden eintaucht, taucht neben Gott wieder auf." Und dass solch ein Leben in und für die Diakonie frei machen kann von allen Ängsten dieser Welt, zeigen z. B. nicht wenige Lebenswege der Diakonissen oder der evangelischen Kommunitäten.

So plausibel diese Entfaltungen auch sein mögen, so unsicher bleiben die anthropologischen Fragen, auf die sich diese Trias beziehen lässt; gelingt dieser Bezug nicht, reden die Kirchen (weiterhin?) an den heutigen Menschen vorbei.

3. Der Kern: Sünde und Erlösung

Auszug aus der Angst – Einkehr bei Gott – Aufbruch in die Welt. Ist diese Trias auch verständlich für unsere Zeit? Es geht ja heute im Glauben – anders als zur Zeit Luthers – nicht zuerst um ein freies Leben der Seele im Jenseits, sondern um ein freies Leben der Seele im Diesseits. Die Frage lautet also: Bietet die Trias verständliche Anknüpfungspunkte für den heutigen, religiös oft unmusikalischen und ungeübten Zeitgenossen? Und: Sollte die Botschaft des Reformationsjubiläums 2017 mit dem Stichwort „Angst" beginnen? Muss sie das nicht, wenn es ehrlich zugehen soll? Muss alles heutige Nachdenken nicht mit der Angst des Menschen vor sich selbst beginnen? Aber zur Tiefe theologischer Reflexion des christlichen Glaubens gehört auch das andere Wissen, nämlich dass jener „Auszug aus der Angst" niemals ungebrochen, geradlinig und ungefährdet in der Einkehr bei Gott mündet: Es gibt keinen direkten, geraden Weg vom Ende der Angst zur herrlichen Freiheit der Kinder Gottes. Das hat mindestens zwei Gründe:

Zum einen ist Gott kein Automat, in den man oben Glauben und Vertrauen reinsteckt und aus dem unten Freiheit und Verantwortung herauskommen. Gott ist frei und bleibt frei, und seine Freiheit zeigt sich am Schmerzhaftesten an seiner Verborgenheit, seiner Abgewandtheit und seinem Schweigen. Die Bibel ist voll von Sehnsuchtsrufen nach Gott, die die Verborgenheit bzw. Abwesenheit Gottes voraussetzen – nicht zuletzt auch im Schrei Jesu am Kreuz, dessen Beantwortung jedenfalls vordergründig ausblieb. Zum anderen ist der Mensch kein „braver Gutmensch", sondern Einfallstor des Bösen, Vollstrecker des Grausamen, Anwalt des Sinnlosen und Vertreter des Nichts. Er ist nicht harmlos, weil er nicht zulassen kann, dass Gott Gott ist, sondern weil er selbst Gott sein will. Der Mensch ist von sich aus gott-los und darum größenwahnsinnig oder klein-geistig. Die Reformation hat diese tiefe Gefährdung der menschlichen Freiheit ans Licht gebracht und damit die Dialektik der modernen Freiheit vorweggenommen. Es gehört nun aber zur Wahrhaftigkeit kirchlicher und theologischer Selbstwahrnehmung, dass diese Rede von der Sünde des Menschen und seiner Gefangenschaft im Bösen ebenso wie die Rede von der Erlösung durch Gott oftmals wirken wie Medizin gegen eine Krankheit, die keiner mehr hat, wie die Lösung eines Problems, das es ohne Theologie gar nicht gäbe. Zugleich aber ist dies die Grundform aller christlichen Reflexion von den ersten Tagen der Christenheit an: Jesus Christus ist das ganze Heil der ganzen Welt, weil die ganze Welt ganz im Unheil ist. Solange es im Menschen noch ein ungefähres Bewusstsein dafür gibt, wie stark er in Heillosigkeiten lebt, solange hat die Befreiung durch den Glauben immer auch einen Anknüpfungspunkt. Fehlt aber das Wissen von den heillosen Lebensverhältnissen, wird auch die Zusage der Befreiung kraftlos und leer. Für die christliche Theologie gilt daher der Merksatz: Ist die Rede von der Sünde unverständlich, versteht auch niemand die christliche Erlösungslehre. Und nichts ist unangenehmer, ja unappetitlicher als, dem, Menschen seine Heillosigkeit einreden zu wollen, ihm gleichsam seine Sündhaftigkeit andemonstrieren zu wollen. Die Predigt des Gesetzes als Überführung und Anklage des Sünders ist eine für eine selbstbewusste und aufgeklärte Gesellschaft unangemessene und unglaubwürdige Verkündigungsweise. Man muss den Menschen ihre Sünde nicht einreden, sondern ihre Gefangenschaft, Gefallenheit und Verlorenheit freilegen.

Die Frage heißt demnach: Welche existentiellen Heillosigkeiten gibt es heute, an die die christliche Rede von der Sünde und der Erlösung existentiell anschließen kann? *Einige Aspekte dazu:*

a) Gegenwärtig gilt ein eher vordergründiger Freiheitsbegriff: frei sein heißt, wählen zu können. Diese Wahlfreiheit ist zweifellos auch belastend (sog. „Optionsstress"), aber es gilt, sie kirchlich nicht schlecht zu reden, denn alle können froh und dankbar sein, dass so vieles im innerweltlichen Raum frei gewählt werden kann. Das wird in anderen Gegenden der Welt schmerzlich vermisst oder unter großen Opfern erkämpft! Es geht dabei nicht nur um die freie Wahl der Religionszugehörigkeit, sondern auch um die freie Wahl des Lebenspartners und der Berufsbilder, der Konsumartikel und Ferienorte u.v.m.

Aber zugleich droht die Gefahr, diese Wahlfreiheit zu übertragen auf Bereiche des Lebens, in denen es im Ernst keine Wahlfreiheit gibt: Ob ich die Liebe meines Lebens finde und leben kann oder nicht? Ob ich wirkliche Freundschaft erfahren darf oder versage? Ob ich frei werde von inneren Ängsten oder nicht? Ob meine Seele wächst und reift oder ob ich immer die gleichen Kleinlichkeiten in mir habe?

Ob ich eine große Aufgabe finde, eine wichtige Geste vollziehen kann und für andere Menschen eintreten kann oder nicht, u.v.m. ? Wenn es wichtig wird im Leben, wenn es in die Tiefe der Person und um die Wahrheit des Lebens geht, kann niemand mehr wählen, sondern ist angewiesen auf andere und anderes und also in Wahrheit unfrei.

b) Es gehört zu den wichtigen Entdeckungen der Theologie des 19. und 20. Jahrhunderts, dass die Angst vor dem verurteilenden Gesetz Gottes, die Luther und die Reformatoren als mittelalterlich geprägte Menschen noch ganz elementar in den Zehn Geboten der Bibel vor Augen und in den Seelen hatten, existentialisiert werden muss. Gottes Gesetze stehen nicht nur in der Bibel, sie sind Gesetze des Lebens selbst, die in uns Ängste, Sinnlosigkeiten und Wahn treiben. Wahres, freies und faires Leben findet sich in Christus, weil sonst die Gesetze des Lebens zur Selbstüberhöhung oder Selbsterlösung, zur Selbstrechtfertigung oder Selbstinszenierung zwingen. Gegenwärtig dürfte aber ein Buch wie das des französischen Soziologen und Psychologen Alain Ehrenberg „Das erschöpfte Selbst. Depression und Gesellschaft in der Gegenwart" (Frankfurt/Main 2004, dt. 2008) die immer stärkere Wahrnehmung des sich selbst überfordernden Ichs in unserer Gesellschaft angemessen formulieren. Die radikalisierte Globalisierung und die beständige Zwang zur Wahl setzen einen Options- und Entscheidungsstress frei, der nicht nur die Flucht in die Depression zulässt, sondern auch den „Wut-Bürger" schafft, der im Kern nur ein Ende der Bedrängungen will. Das erschöpfte, weil optionsgestresste Ego entfaltet Signale einer Erlösungsbedürftigkeit, insofern die Leistungs- und Aktivgesellschaft „als ihre Kehrseite ... eine exzessive Müdigkeit und Erschöpfung" hervorbringt. Diese „Müdigkeitsgesellschaft" (Byung-Chul Han, Berlin, 3. Aufl. 2010) enthält zugleich Potential einer Art „Pfingstgesellschaft", denn diese Müdigkeit bringt zugleich „das Staunen in die Welt zurück" (ebd., S. 58); aus christlicher Perspektive kann es auch heißen: sie kann „Gottes-Zeit" werden.

c) Hinter diesem erschöpften und müden Menschen steht eine Angst, die er gerade nicht selbst abarbeiten kann durch noch mehr Arbeit, durch noch höheren Einsatz, durch noch besseres Engagement, sondern aus der er nur befreit und erlöst werden kann: Die Angst vor der Bedeutungslosigkeit.Im Kern ist es dieser Mangel an Ansehen und Beachtung, der zu narzisstischen Übertreibungen und egomanischen Aktivitäten führt, klassisch also: zu dem „Sein-wollen-wie-Gott". Was zur Zeit der Reformation das Sündenbewusstsein vor Gott war, wird heute eher als Angst vor der Irrelevanz, der Beliebigkeit und der Sinnlosigkeit empfunden, als Angst, nicht wichtig und niemandem wesentlich zu sein, nichts Wichtiges zu tun und niemanden ernsthaft Bedeutung geben zu können. Die Sünde ist heute also viel eher als Gefangenschaft denn also zu verantwortende Tat zu formulieren, die Unfreiheit des Menschen ist sein Leben hinter den Gittern der Belanglosigkeiten und die Einzelhaft in sich selbst, die keinen Freigang mehr kennt. Sünde – theologisch längst erkannt als nicht moralische, sondern existentielle Kategorie – muss wieder diese Tiefe erlangen, sonst bleibt christliche Erlösungspredigt vordergründig eine moralische Verbesserung und ethische Optimierung – und verstärkt so exakt den äußerlichen Optimierungsstress, an dem eine innerlich vereinsamte Gesellschaft leidet.

4. Geistliche Ziele des Reformationsjubiläums 2017

Vor dem Hintergrund dieser Überlegungen muss in den nächsten Jahren bis 2017 immer wieder neu der Versuch gemacht werden, die klassisch reformatorische Rede von Umkehr und Buße, von Gesetz und Evangelium, von Schuld und Gnade Gottes, von Sünde und Barmherzigkeit, von den vier reformatorischen sola usw. neu zu beziehen auf jene angedeuteten existentiellen Dimensionen der Anthropologie der Gegenwart, sonst spricht die Theologie an den Menschen vorbei. Nur wenn sich die Entfaltung des inneren Anliegens der Reformation auf echte, wesentliche und existentielle Ängste, Fragen und Bedrängnisse des heutigen Menschen beziehen lässt, kann das Reformationsjubiläum Relevanz erzeugen.

Sehr vorläufig kann man daher als Zielsetzung für das Reformationsjubiläum 2017 aus evangelisch-kirchlicher Sicht folgende drei Grund-Sätze formulieren:

1. Die Erzählung vom Thesenanschlag 1517 markiert den Beginn einer Befreiung aus Ängsten vor Schuld und Verurteilung (Auszug aus der Angst). Mit dem Jahr 2017 soll ein Prozess der Entängstigung verbunden werden, der Einsamkeit und Bedeutungslosigkeit ebenso bestreitet wie Selbstüberhöhung und Selbstverachtung. Das Reformationsjubiläum will ein angstfreieres Selbstbewusstsein des heutigen Menschen bestärken.

2. Die Erzählung vom Thesenanschlag 1517 markiert den Beginn einer Wiederentdeckung des Evangeliums als Zugang zu Gottes Barmherzigkeit (Einkehr bei Gott). Mit dem Jahr 2017 soll ein Prozess der Neuentdeckung Gottes verbunden werden, der sich im Unterbrechen- Lassen der eigenen Geschäftigkeit, im Staunen über die Geheimnisse des Lebens und im Innehalten vor Gottes Wort konkretisieren soll. Das Reformationsjubiläum will die Neugier auf Gott beim heutigen Menschen entfachen.

3. Die Erzählung vom Thesenanschlag 1517 markiert den Beginn einer Befreiung zur individuellen Weltverantwortung, der die Wert-Schöpfungen aus jener Gottesbegegnung heraus umsetzt (Aufbruch in die Welt). Mit dem Jahr

2017 soll ein Prozess der Stärkung des werteorientierten Selbstbewusstseins verbunden werden, der die Menschenwürde für jeden einzelnen achtet und zugleich die Solidarität mit allen stärkt. Das Reformationsjubiläum will die wert-volle, wert-haltige Verantwortlichkeit des heutigen Menschen befördern.

Im Jahre 2011 wurde eine nationale und internationale Kommunikationskampagne beschlossen, die Kirche und Staat, Zivilgesellschaft und Tourismusverbände gleichermaßen auf das Reformationsjubiläum 2017 einstimmen soll. Die unter den Claim „Am Anfang war das Wort" (aus dem Johannes-Evangelium 1, 1) entwickelte Dachkampagne kann und muss unter theologischen Gesichtspunkten kritisch reflektiert werden: Müsste es nicht korrekterweise „Im Anfang" heißen, wenn die Bibel zitiert werden soll (vgl. Joh 1, 1)? Und welches Wort ist gemeint? Die Bibel als „geschriebenes Wort Gottes", ein aktuelles Wort als „gepredigtes Wort Gottes" oder Jesus Christus als „geoffenbartes Wort Gottes"? Den Reformatoren ging es zweifellos um letzeres, um „das, was Christum treibet"? Aber können die Kirchen diese geistliche Mitte des reformatorischen Aufbruches auch überzeugend formulieren? Es gilt nun, theologische Dimensionen des Reformationsjubiläums zu bedenken:

III. Erste Überlegungen zur Konkretion

1. Die Aufgabe

Wer kann diese Zielsetzungen des Reformationsjubiläums so in „Botschaften des Reformationsjubiläum 2017" übersetzen, dass sie möglichst viele Menschen verstehen? Zur Bearbeitung dieser Frage müssen zuerst drei Eckpunkte nüchtern festhalten werden:

1. Es gibt nicht *die* wissenschaftliche Deutung der Reformationsgeschichte, sondern eine strittige Multiperspektivität auf die historischen Ereignisse.
2. Es gibt nicht *die* Veranstalter des Reformationsjubiläums 2017, sondern eine Vielzahl von Interessen und Interessenten, die jeweils ihre Veranstalter und Veranstaltungen finden werden.
3. Es gibt nicht *die* Botschaft des Reformationsjubiläums, sondern eine Vielzahl von Botschaften.

Vor dem Hintergrund dieser wünschenswerten Pluralität besteht ein kirchliches „Botschaftsmanagement" im Blick auf das Jubiläum 2017 in einer zweifachen, spannungsvollen Aufgabe: Es gilt, die eigene geistliche Botschaft markant zu formulieren und zugleich offen zu bleiben für eine Vielzahl von kulturellen, intellektuellen, wissenschaftlichen und zivilgesellschaftlichen

Botschaften, die selbst zu einem nicht unerheblichen Teil direkte oder indirekte Folgen des reformatorischen Aufbruchs sind. Zugleich wird es verfahrensmäßig entscheidend sein, dass die ersten Schritte eines solchen gemeinsamen Botschaftsmanagements als Anfang und Auftakt, nicht als Endpunkt und Ziel verstanden werden.

Es sind noch fünf Jahre bis zum Reformationsjubiläum 2017. Die Synode der EKD tagt im November 2012 erstmals zum Thema, die ökumenischen Partner im Ausland werden erst 2012/2013 angesprochen werden können und die Gespräche mit den römisch-katholischen Geschwistern sind über allererste Verabredungen noch nicht hinausgekommen. Entsprechend sollte beachtet werden, dass mit den hier vorgelegten Überlegungen zum Botschaftsma-nagement lediglich eine erste Richtung angedeutet wird, dass es aber im Jahre 2012 vor allem um den „Beginn einer wunderbaren Lerngeschichte" geht, die sich auch dem Thema „Die Reformation, das unbekannte Ereignis" stellt und Entdeckungen und Überraschungen zulässt. Und es sollte zum anderen im Blick bleiben, dass mit der Vorbereitung des Reformationsjubiläums ein breiter Kommunikationsprozess angeregt werden soll, der in den digitalen Welten ebenso stattfindet wie in den Schulen, in den Gemeinden ebenso wie in den Universitäten, in wissenschaftlichen Büchern ebenso wie in Broschüren, im öffentlichen Diskurs ebenso wie in Parlamenten usw. Kurz: „zu Lande, zu Wasser und in der Luft" sollte die Diskussion um das Reformationsjubiläum und seine Botschaften beginnen. Das Jahr 2012 sollte vorerst nur als Startschuss für einen Kommunikationsprozess zu den Botschaften genutzt werden, wobei das allen gemeinsame Synoden-Schwerpunktthema („Am Anfang war das Wort – Perspektiven für das Reformationsjubiläum 2017") im November 2012 ein guter Zielpunkt für diese Startinitiativen sein kann. Und dieser Prozess der Botschaftsklärung sollte breit angelegt, vielfältig initiiert und in unterschiedlichen Kontexten inauguriert werden, ohne schon zu abschließenden Ergebnissen zu kommen; auch weil sonst eine Gesellschaft ein Thema „überhaben" kann – lange vor der Zeit!

2. Sieben Thesen zur reformatorischen Botschaft

These 1

Luther war kein Kirchengründer, sondern ein Evangeliumsfinder.

Der reformatorische Aufbruch ist ebenso wie der Thesenanschlag Martin Luthers am 31.10.1517 eine zwar kritische, aber durchaus innerkatholische Bewegung. Das reformatorische Handeln Luthers avisierte keineswegs die Gründung einer neuen Kirche, sondern zielte auf die Reform der ganzen Kirche „an Haupt und Gliedern". Dass sich Kirchen und Konfessionen herausbildeten, war dann das spätere Ergebnis einer Fülle von sehr unterschiedlichen Gründen. Will man Martin Luther und die Reformation im 21. Jahrhundert vor ideologischem Missbrauch schützen (diesmal vielleicht davor, dass er als Vater der kommerziellen Lutherfeste, -zwerge, -socken usw. inhaltslos verzweckt wird), muss man ihn zuerst als Theologen der Reformation, als Wiederentdecker des Evangeliums und als Streiter für Gottes Barmherzigkeit in die Mitte der Erinnerung stellen.

These 2
2017 wird ein großer Anfang, nicht ein großer Anfänger gefeiert.
Erst das späte 19. Jahrhundert widmete die Reformationserinnerungen dem „Helden Martin Luther". 1883 (400 Jahre nach der Geburt Luthers) wurde der Grundstein dafür gelegt. Vor allem aber 1917 wurde nicht die Entfaltung der Sache der Reformation in die Mitte gestellt, sondern es ging zunehmend um die Person Martin Luthers und sein heldenhaftes Handeln „vor Kaiser und Reich". Aus der Erinnerung an eine Bewegung und ihre Vielfalt wurde eine Art „evangelisches Apostelfest". Die heutige Erinnerung an 1517 steht sowohl für den historischen Anfang der Reformation als auch für das Wesentliche des reformatorischen Aufbruches in die moderne Welt. Was damals aufbrach, kann heute in den Kern theologischer Klärungen führen, weil mit dem Reformationsjubiläum das Ganze und die Grundlagen des evangelischen Glaubens zur Diskussion gestellt werden.

Und eine kritische Diskussion um wesentliche Konstitutionsbedingungen der modernen Welt kann der ganzen Gesellschaft gut tun, weil sie ihre Herkunft klärt, ihre Substanz vergewissert und ihre Handeln verantwortlich macht – und auf diese Diskussion hoffen die evangelischen Kirchen.

These 3
Der große Anfang gründet im Evangelium der Freiheit.
Luther – und dann auch alle anderen Reformatoren – wurden im Medium des Evangeliums, wie es in der Bibel als Heiliger Schrift der Christen überliefert ist, von einer einzigartigen Freiheit gefunden und berührt, einer Freiheit, die im Geschick Jesu Christi gegründet ist und von Gottes Geist je und je im Glauben aktualisiert wird. Diese evangelische Freiheit des inneren Menschen und seines Gewissens von aller Angst und Gottesferne kommt von Gott, bleibt bei Gott und führt zu Gott, sie wird niemals ein Besitz des Menschen. Aber eine Berührung der Seele mit dieser einzigartigen, in Christus gegründeten Freiheit ist wie ein Bad im Ozean der göttlichen Güte, wie ein Blick auf Gott als Meer der Barmherzigkeit; es ist, als hätt' der Himmel die Seele geküsst und die Engel ein Lied des Lichtes angestimmt. Kein Mensch kann diese Berührung mit Gottes Geist der Freiheit je vergessen, es prägt zutiefst das Fragen und Suchen, das Hoffen und Halten, das Leben und Gestalten.

These 4
Die Freiheit öffnet ein Fenster zum Himmel und ein Tor zur Welt.
Diese innere Freiheit eines jeden Menschen ist Gottes Geschenk an seine Welt, sie gilt unabhängig von Leistung und Vermögen, von Rasse und Klasse, von

Geschlecht und Lebensform, und sie ist – einmal in die Welt gekommen – nie wieder zu vertreiben. Es mögen wohl Mächte oder Gewalten immer wieder den Versuch machen, diese Freiheit zu verbieten und zu zerstören, es wird nicht gelingen! Im Gegenteil: Diese Freiheit des inneren Menschen drängt nach außen, sie zieht Kreise und bestimmt trotz aller Umwege seit 500 Jahren immer mehr das Antlitz der Erde. Das reformatorisch geprägte Christentum steht für diese Freiheit und sieht seine Weltverantwortung darin, von dieser Freiheit als Geschenk Gottes an seine Welt zu erzählen. Dies kann am ehesten gelingen, wenn sich die Erzählung an den sogenannten „vier soli der Reformation" (solus christus; sola scriptura; sola gratia und sola fide) orientiert, denn diese vier Eckpfeiler für das Selbstverständnis des reformatorisch geprägten Christenmenschen relativierten die damalige Gestalt der Institution Kirche und ihre Aussagen für die zulässigen Wege zum Seelenheil, sie legten die Welt als Gestaltungsraum christlicher Verantwortung frei, sie machten den weltlichen Beruf als Bewährungsort geistlicher Berufung verstehbar und schufen eine Bildungsbewegung für alle. Die diesseitige Welt als Schöpfung Gottes hat durch die Reformation eine unerhörte Aufwertung erfahren.

These 5
Das Reformationsjubiläum stärkt das evangelische Profil.
Das Reformationsjubiläum 2017 soll ein weltweites Fest des lutherischen, reformierten, unierten und freikirchlichen Protestantismus werden, es sollen sich alle reformatorisch geprägten Kirchen, Konfessionen und Kulturen nach Deutschland eingeladen fühlen gemäß dem Grundsatz, dass 2017 alle in Wittenberg einkehren, weil Wittenberg alle geprägt hat. Das Reformationsjubiläum 2017 erinnert an den breiten Strom evangelischer Ausdifferenzierungen, der sich nicht nur mit vielen anderen großen Lehrern der Reformation wie z.B. Huldrych Zwingli, Philipp Melanchthon, Johannes Bugenhagen, Johannes Calvin, Heinrich Bullinger und Martin Bucer verbinden, sondern auch mit den späteren „Kindern und Kindeskinder der Reformatoren" wie Philipp Jacob Spener, Nikolaus Zinzendorf oder John Wesley, Johann Sebastian Bach und Dietrich Buxtehude, August Hermann Francke und Johann Heinrich Pestalozzi, Johann Gottfried Herder und Georg Friedrich Wilhelm Hegel, Johann Hinrich Wichern und Johannes Brahms, auch mit den Frauen der Reformation wie Elisabeth Cruciger, Katharina von Bora, Gottliebe von Lehndorf u. v. a.. Sie alle sind sehr eigene Wege gegangen, aber sie alle haben ihren je eigenen Wurzelgrund in den reformatorischen Einsichten. Die in der Reformation wiederentdeckte Freiheit eines Christenmenschen hat in den 500 Jahren erhebliche theologische und kirchliche Vielfalt gezeitigt mit z. T. verheerenden Abgrenzungs– und Vernichtungsbereitschaften untereinander. Das Jahr 2017 kann aber unter dem in der Leuenberger Konkordie entwickelten Gedanken der „versöhnten Verschiedenheit" die erreichten Gemeinsamkeiten des reformatorisch geprägten Christentums sichtbar herausstellen.

These 6
Das Reformationsjubiläum 2017 dient einer „Ökumene der Gaben".
Die Reformationskirchen verstehen sich 500 Jahre nach der Reformation als diejenigen unter den katholischen Kirchen, die durch die Reformation gegangen sind. Ihre geistlichen Wurzeln beginnen also nicht erst mit Martin Luther oder Johannes Calvin und sie enden nicht bei den Bekenntnisschriften des 16. Jahrhunderts, sondern gründen in der Heiligen Schrift, sie achten die Kirchenväter und die altkirchlichen Entscheidungen und erkennen in der mittelalterlichen Herausbildung der Westkirche die gemeinsame Herkunftsgeschichte. Die immer wieder betonten Gemeinsamkeiten zwischen den Konfessionen liegen gegründet in einer 2000 Jahre währenden gemeinsamen Glaubensgeschichte, die selbst in dem dreieinigen Gott und seinem Wort der Gnade wurzelt. Das Reformationsjubiläum 2017 erinnert an den reformatorischen Beitrag zum geistlichen Schatz der Christenheit, es ist der reformatorische Beitrag zu einer „Ökumene der Gaben" im wechselseitigen Respekt. Jeder anti-römische Tonfall im Zusammenhang mit dem Reformationsjubiläum wäre zugleich ein Zeichen für eine schwächelnde protestantische Identität; denn wer um sich selbst weiß, braucht andere nicht zur Abgrenzung. Diese Selbstgewissheit schließt aber nicht aus, sondern ein, dass sich der Protestantismus auf dem Weg bis 2017 darüber klar wird, welche reformatorischen Kritikpunkte an der römisch-katholischen Theologie und Kirche zeitbedingt waren und welche bis heute unabgegolten sind. Nicht jede heutige Kritik an Rom dient einer falschen Profilierung, sie kann auch Ausdruck bleibend wichtiger Differenzen zwischen den Kirchen sein.

These 7
Die Reformation entlässt ihre kulturellen Kinder – Gott sei Dank.
Nicht nur die aus der reformatorischen Freiheit folgende konfessionelle Vielfalt ist zu würdigen, sondern auch die direkten und indirekten kulturellen Folgen der Reformation. Bei dem durch den Berufs- und Bildungsgedanken freigesetzten Willen zur Weltgestaltung gilt es zu unterscheiden zwischen Entwicklungslinien, die mit einer gewissen historischen Plausibilität direkt mit der Reformation verbunden werden können (wie z.B. die Stärkung der Bedeutung des Einzelnen als Individuum durch das programmatische „Priestertum aller Getauften" oder eine entscheidende Prägung der deutschen Sprache durch Martin Luthers Bibelübersetzung oder die Popularisierung der Musik u. a. m.) und Entwicklungen, die nur indirekt (und dann mitunter auch gegen die Konfessionskirchen) Folgen der Reformation geworden sind (wie z. B. der Toleranzgedanke, die Menschenwürde bzw. die Grundrechteidee u. v. a.). Es gebührt der evangelischen Überzeugung aber nicht der Anspruch, all diese Entwicklungen und Errungenschaften für sich zu reklamieren und als Beleg für eine „protestantische Kulturüberlegenheit" oder „evangelische Modernitätstauglichkeit" anzuführen. Es ist die unabhängige und z. T. gegen

die Kirchen und Konfessionen durchgesetzte Freiheit jener kulturellen Errungenschaften, die es zu würdigen gilt, nicht ihre Funktion für die Kirchen. Die reformatorischen Kirchen freuen sich über diese modernen selbstständigen kulturellen Entdeckungen und Entwicklungen, und sie halten an der christlichen Grundeinsicht fest, dass die modernen Zeiten nicht näher oder ferner dem Reiche Gottes sind als alle anderen Zeiten vorher, weil Gott immer „gleich unmittelbar zur jeder Gegenwart ist".

3. Zur Idee einer „Weltausstellung der Reformation" 2017

Die Frage nach der Gestaltung der Jubiläumsfeier gilt es frühzeitig in den Blick zu nehmen. Dabei liegt es auf der Hand, dass man an *Wittenberg als zentralem Ort* nicht vorbeikommen wird – allein schon, weil Wittenberg international einen herausragenden Klang als zentrale Reformationsstätte hat. Zugleich muss eine breite Beteiligung aller Interessierten und Engagierten ermöglicht werden; es gilt der spannungsvolle Grundsatz: Ohne Partizipation und Dezentralität überzeugt kein zentrales Ereignis; ohne zentrales, herausragendes Ereignis wird kaum ein dezentrales Engagement motiviert. In Wittenberg und allen anderen Reformationsorten müssen aber Erfahrungsräume und Erlebnisdimensionen bereitgestellt werden, die nicht nur historisierend erinnern, was gewesen ist, sondern aktuell erfahrbar machen, was gilt und werden soll. Wie das wiedergefundene Evangelium wirkt, wie es den Menschen berührt, was im Herzen, in der Seele, in Geist und Verstand wichtig ist usw., das sollte erfahrbar, darstellbar, erlebbar werden durch besondere Veranstaltungen oder überraschende Installationen. Dies geschieht durch einen kreativen, international vernetzten und kulturaffinen Protestantismus, der den Staat ebenso wie die Zivilgesellschaft einlädt, sich und seine Traditionsstränge im Jubiläumsjahr zu inszenieren.

Damit ist die EKD als Gemeinschaft der Gliedkirchen vor die Aufgabe gestellt, eine Art Gesamtbild Reformationsjubiläum 2017 zu erarbeiten, das den inneren Zusammenhang zwischen Wittenberg als Zentralort und anderen Reformationsstätten sichtbar macht, das eine möglichst breite Beteiligung des deutschen Protestantismus eröffnet, eine ökumenische Mitgestaltung beinhaltet und die Internationalität zum zentralen Thema macht. Im Blick auf den Föderalismus zwischen Bund und Ländern bzw. EKD und Gliedkirchen wird zentral zu klären sein das Verhältnis zwischen dem Zentralort Wittenberg und den vielen in der Geschichte der Reformation ebenfalls wichtig werdenden anderen Reformationsorten.

Diese anderen Orte liegen keineswegs nur in Mitteldeutschland, sondern im gesamtdeutschen, ja im europäischen Raum, so dass es sehr zu begrüßen ist, dass einzelne Gliedkirchen bzw. Reformationsstädte in den Gliedkirchen ebenso wie die Gemeinschaft der Europäischen Kirchen (GEKE), der LWB und der RWB, die KEK und der ÖRK längst Ideen zur (Mit-) Gestaltung des Jubiläums entwickelt haben. Man wird zwar sagen können, dass das Zentraldatum 31. Oktober 2017 wegen des Thesenanschlages von sich aus auf Wittenberg als Zentrum verweist, aber man muss gewahr werden, dass dieses Datum vermutlich dezentral gestaltet sein wird, weil alle Städte, Länder und Kirchen dieses Datum in ihrem Kontext feiern werden. Auch ist noch ungeklärt, zu welchem Zeitpunkt, an welchem Ort und in welcher Gestalt der offizielle Staatsakt 2017 sein wird.

Ein erster konkreter Entwurf, der in der (evangelischen und internen) Öffentlichkeit unter dem Titel „Weltausstellung der Reformation" diskutiert wird, geht darum wohl von dem Zentrum Wittenberg aus, schließt aber viele anderen Reformationsstätten in Gestalt eines Stationenweges ein. Der Deutsche Evangelische Kirchentag (DEKT) hat sich darauf verständigt, im Jahre 2017 die Einladung nach Berlin anzunehmen und diesen Kirchentag mit einem Großgottesdienst in und um Wittenberg zu verbinden. Die Zusammenarbeit zwischen DEKT und EKD wird im Blick auf diese Planungen gerade auf ganz neue Beine gestellt.

Folgende Ideen haben sich bisher entwickelt: Am 31. Oktober 2016 soll in Berlin das „Jubiläumsjahr 500 Jahre Reformation 1517 – 2017" eröffnet werden.

– Von diesem Datum aus soll es einen Stationenweg durch die verschiedenen reformatorisch wichtigen Städte geben, der zugleich die vielfältigen Wirkungen der Reformation sichtbar macht. Der „Pilgerweg der Aufmerksamkeit" könnte durch Städte wie z.B. Speyer, Worms, Heidelberg, Leipzig, Schmalkalden und Eisenach ziehen, um jeweils spezifische Inhalte bekannt zu machen. Auf diesem Stationenweg werden gleichsam die „Früchte der Reformation" gezeigt, Themen also, die aus der Reformation hervorgegangen sind. Zum Beispiel könnten die musikalischen Wirkungen in Leipzig und/oder Hamburg, die theologischen Klärungen in Heidelberg und/oder Marburg, die deutsche Sprache auf der Wartburg usw. aufgezeigt werden. Auch andere Orte können auf diesem Weg mittels z.B. „Thesenfeste" mitwirken, die Gestaltung dieses Stationenweges eignet sich zu vielfältiger Beteiligung.

– Dieser Stationenweg sollte Ende Mai/Anfang Juni 2017 in Wittenberg ankommen, um dann gemeinsam mit dem DEKT (und anderen protestantischen Kreisen, Gruppen, Diensten und Werken) einen außerordentlich großen Gottesdienst in unmittelbarer Nähe zur Stadt Wittenberg zu feiern. Dieser Großgottesdienst ist zugleich der Auftakt der „Weltausstellung der Reformation", die in den nächsten 95 Tagen in und um Wittenberg gezeigt wird.

– Eine international beschickte „Weltausstellung der Reformation" soll dann 95 Tage lang die Vielfalt und Farbigkeit, die Tiefe und Weite des reformatorischen Glaubens erfahrbar machen. In und um Wittenberg herum sollen 95 Ausstellungsorte mit unterschiedlichen Aspekten mit von der Reformation ausgelösten religiösen, kulturellen, gesellschaftlichen und intellektuellen Entwicklungen dargestellt werden. Die deutsche Sprache kann also ebenso eine Inszenierung finden wie die Musikentwicklung, das problematische Erbe des Antisemitismus ebenso wie die Freiheitsaufbrüche.

– Diese 95 Orte der Weltausstellung können gleichsam auch als „Wechselrahmen" genutzt werden, so dass nicht jede Kirche, Einrichtung oder Institution die vollen 95 Tage Präsenz leisten muss. Und warum sollten nicht z.B. die evangelischen Kirchen Lateinamerikas nacheinander einen Ausstellungsort „beschicken"? Formal können dabei neben den vielen Räumen in Wittenberg, die schon als Erinnerungsorte an das Reformationsgeschehen etabliert sind, weitere Orte errichtet werden (Zelte, Pavillons, Kirchen usw.), in denen unterschiedliche Träger die Möglichkeit bekommen, ihr Verständnis vom inneren Kern der reformatorischen Einsichten und ihren Folgen darzustellen.

– Entscheidend für ein Gelingen dieser „Weltausstellung der Reformation" ist allerdings die Erlebnisdichte der Inszenierungen; es geht nicht um historische Informationen, sondern um ungewöhnliche Erfahrungsräume, überraschende Inszenierung und verblüffende Interpretation. Orientierung kann dafür eher ein moderner Freizeitpark oder eine gelungene Groß-Inszenierung geben als eine Ausstellung im Deutschen Historischen Museum.

– Diese „Weltausstellung der Reformation" kann nur mit einer hinreichend großen Zahl von jugendlichen Volunteers gelingen (Richtwert 500), die in einem entsprechenden Campus einen ganz besonderen „Reformationssommer 2017" erleben. Mit diesem Jugend-Campus soll ein geistliches Leben verbunden werden, das (junge) Menschen aus allen Teilen Europas anzieht und u.a. in der Feier eines großen Konfirmationsgottesdienstes nach mehrwöchigen Kursen in Wittenberg oder einer Taizé-Veranstaltung Höhepunkte finden könnte.

– Darüber hinaus bedarf es in diesem Sommer immer wieder besonderer Veranstaltungen, um Wittenberg attraktiv zu machen. Einmalige Konzerte mit bekannten Interpreten aus dem In- und Ausland sollten darum zur Feier des Reformationsjubiläums und der Besichtigung der Weltausstellung nach Wittenberg gelockt werden.

– Nicht nur in diesen 95 Tagen (also bis etwa Anfang September 2017) soll es neben den klassischen Erinnerungsorten und Veranstaltungsformen eine provisorische Kathedrale möglicherweise im Bereich der Wallanlagen geben in der herausragende Diskussionsveranstaltungen, anspruchsvolle Konzerte, eindrückliche Theateraufführungen usw. angeboten werden können. Es ist vermutlich klug, diese nicht nur bis zum 31.10.2017 zu betreiben, sondern auch schon lange vor dem Jubiläumsjahr einzurichten, damit der Ort „Sogwirkung" erzeugen kann.

95 Tage lang 95 nationale und internationale Aussteller in Wittenberg, vorbereitet durch eine Eröffnung des Jahres in Berlin und begleitet durch einen Stationenweg der Reformationsstätten: Das ist ein Konzept, das nur umgesetzt werden kann, wenn viele Kräfte des deutschen (und europäischen) Pro-

testantismus zusammenwirken. Insofern ist es ein besonders gutes Zeichen, dass sich der Deutsche Evangelische Kirchentag (DEKT) darauf verständigt hat, mit der EKD zusammenzuarbeiten und gemeinsam mit den betreffenden Landeskirchen 2017 einen evangelischen Kirchentag in Berlin zu feiern, der einen Abschluss-Großgottesdienst in Wittenberg als Auftakt zur „Weltausstellung der Reformation" beinhaltet. Für das Zusammenwirken des Protestantismus in Deutschland ist diese gemeinsame Ausrichtung ein bedeutsamer Schritt. Die Idee einer „Weltausstellung der Reformation" 2017 ist aber zugleich die angemessene konzeptionelle Antwort auf die enormen Tourismusströme, von denen jedenfalls die weltliche Seite für diesen Sommer 2017 in Wittenberg und im Kernland der Reformation ausgeht. Natürlich bedürfen die Themen der einzelnen Stationen noch der inhaltlichen Absprache mit den Aktiven vor Ort, auch müssen Wege ausgelotet werden, wie die nationalen und internationalen Ausstellungen im Wittenberger Reformationssommer zustandekommen können.

Aber man kann sich schon heute ein Reformationsjubiläum 2017 vorstellen, dass die Vielfalt des gewordenen Protestantismus als Reichtum sichtbar macht.

	2006	2007	2008
Jahresthema			Eröffnung der Reformationsdekade
EKD-Synode/ Veranstaltungen	Synode in Würzburg Kirche der Freiheit	Synode in Dresden evangelisch Kirche sein Zukunftskongress Wittenberg	
Struktur	Perspektivkommission 2004–2006	Steuerungsgruppe I (2007–2009)	Gründung Projektbü… Reformprozess (200…
Themen	Leitthemen: 1. Gottesdienst und Kasualien 2. Mission 3. Leitung und Führung		Hintergrundthemen 1. Geistlicher Aufbruch 2. Organisation/Institution 3. Markant evangelisch
Projekte/ Zentren			

2009	2010	2011	2012
Reformation und Bekenntnis	Reformation und Bildung	Reformation und Freiheit	Reformation und Musik
Zukunftswerkstatt Kassel		Synode in Magdeburg Missionarische Impulse Land-Kirchen-Konferenz Gotha	Vollversammlung der GEKE Forum Aufbruch
2. Steuerungsgruppe (2007-2015)			
Neue Schwerpunktthemen ab 2009 1. Kirche in der Fläche 2. Mittlere Ebene			
1. Geistreich , 2. Erwachsen glauben (AMD), 3. Reformationstag/ 1. Zentrum für Qualitätsentwicklung im Gottesdienst (Hildesheim), 2. Zentrum für evangelische Predigtkultur (Wittenberg), 3. Zentrum Mission in der Region (Dortmund, Stuttgart, Greifswald) 4. Zentrum für Leiten und Führen (Berlin)			

Tagungen und Workshops auf dem Weg des Reformprozesses

2007

„Zukunftskongress der Evangelischen Kirche in Deutschland", Lutherstadt Wittenberg, 25.–27. Januar 2007.

2008

„Von anderen lernen". Workshop zum Thema „Qualitätsentwicklung von Gottesdiensten", Hannover, 22.-23. Februar 2008.

„Erwachsen glauben. Missionarische Bildungsangebote als Kernaufgabe der Gemeinde". Hearing, Hannover, 3. Juni 2008.

„Leitung und Führung in der Kirche – Orientierung in einem zentralen Handlungsfeld". Workshop, Berlin, 17.-19. Oktober 2008.

„Kirche im Aufbruch – auch weltweit!" EKD-Partnerkonferenz, Kloster Wennigsen, 30. Oktober - 1. November 2008.

2009

„Der Beitrag der Theologie in den gegenwärtigen kirchlichen Herausforderungen". Symposion der EKD, Wuppertal, 23.-25. Januar 2009.

2010

„mehr-wert: Mission in der Region". Tagung zum Start des EKD-Zentrums „Mission in der Region", Kloster Volkenroda, 8.-9. Juni 2010.

„Kirche in der Fläche". Konsultation von Landpfarrerinnen und Landpfarrern, Hannover, 21. Juni 2010.

2011

„Auf dem Land daheim", 1. Land-Kirchen-Konferenz der EKD, Gotha, 14.-16. Juni 2011.

„Was braucht die mittlere Ebene?" Auftaktveranstaltung zum Zukunftsforum für die mittlere Ebene, Hannover, 4. Juli 2011.

„Regional ist 1. Wahl – Region als Gestaltungsraum für Kirche". Tagung des EKD-Zentrums für Mission in der Region, Hofgeismar, 19.-20. Oktober 2011.

„Reformationsjubiläum 2017 – Botschaftsmanagement und Gestaltungsideen". Workshop, Hannover, 15. Dezember 2011.

2012

„Du stellst meine Füße auf weiten Raum – Perspektiven für Kirche in der Fläche". 1. Fachtagung der Land-Kirchen-Konferenz, Hannover, 6. Juni 2012.

EKD-Texte

87: Wandeln und gestalten. Missionarische Chancen und Aufgaben der evangelischen Kirche in ländlichen Räumen, Hannover, 2007.

93: Gott in der Stadt. Perspektiven evangelischer Kirche in der Stadt, Hannover, 2007.

107:Schön, dass Sie (wieder) da sind! Eintritt und Wiedereintritt in die evangelische Kirche, Hannover, 2009.

Orientierungshilfen

Das Abendmahl. Eine Orientierungshilfe zu Verständnis und Praxis des Abendmahls in der evangelischen Kirche. Gütersloh, 2003.

Die Taufe. Eine Orientierungshilfe zu Verständnis und Praxis der Taufe in der evangelischen Kirche. Gütersloh, 2008.

Der Gottesdienst. Eine Orientierungshilfe zu Verständnis und Praxis des Gottesdienstes in der evangelischen Kirche, Gütersloh 2009.

Dokumentationen und Materialbände (2006-2012)

Kirche der Freiheit. Materialband. Diskussion des Impulspapiers, Hannover 2006/07.

Kirche der Freiheit im 21. Jahrhundert. Zukunftskongress der Evangelischen Kirche in Deutschland, Lutherstadt Wittenberg 25.–27. Januar 2007, Dokumentationsband, Hannover, 2007.

„Von anderen lernen". Dokumentation des Workshops „Qualitätsentwicklung von Gottesdiensten", epd-Dokumentation 18/2008, Frankfurt a.M., 2008.

„Erwachsen glauben. Missionarische Bildungsangebote als Kernaufgabe der Gemeinde". Dokumentation eines Hearings der Arbeitsgemeinschaft Missionarische Dienste im Diakonischen Werk der EKD, epd-Dokumentation 31/2008, Frankfurt a.M., 2008.

„Leitung und Führung in der Kirche. Orientierung in einem zentralen Handlungsfeld". Dokumentation eines Workshops, epd-Dokumentation 21/2009, Frankfurt a.M. 2009.

Kirche im Aufbruch – auch weltweit!" Dokumentation der EKD-Partnerkonferenz, epd-Dokumentation 9/2009, Frankfurt a.M. 2009.

„Der Beitrag der Theologie in den gegenwärtigen kirchlichen Herausforderungen". Dokumentation eines Symposions der Evangelischen Kirche in Deutschland, epd-Dokumentation 35/2009, Frankfurt a.M. 2009.

„Kirche im Aufbruch", Zukunftswerkstatt Kassel 2009. Dokumentation der Veranstaltung, epd-Dokumentation 46/2009, Frankfurt a.M. 2009.

„Seelsorge – Muttersprache der Kirche". Dokumentation eines Workshops der Evangelischen Kirche in Deutschland, epd-Dokumentation 10/2010, Frankfurt a.M. 2010.

„mehr-wert: Mission in der Region", Dokumentation der Tagung zum Start des EKD-Zentrums „Mission in der Region", epd-Dokumentation 41/2010, Frankfurt a.M. 2010.

Kirche in der Fläche. Dokumentation einer Konsultation von Landpfarrerinnen und Landpfarrern, epd-Dokumentation 45/2010, Frankfurt a.M. 2010.

„Auf dem Land daheim". Dokumentation der 1. Land-Kirchen-Konferenz der EKD, epd-Dokumentation 37/2011, Frankfurt a.M. 2011.

„Regional ist 1. Wahl. Region als Gestaltungsraum für Kirche", Dokumentation der Tagung des EKD-Zentrums für Mission in der Region, epd-Dokumentation 8/2012, Frankfurt a.M. 2012.

„Geistlich leiten – Ein Impuls". Dokumentation einer Diskussion – initiiert und begleitet durch den Beirat der EKD für Leitungsfragen, epd-Dokumentation 6/2012, Frankfurt a.M. 2012.

Themenhefte zum Reformationstag

„Kirche im Aufbruch 2008", Themenheft zum Reformationstag 2008.

„15 16 17 ... selig". Themenheft mit dem Schwerpunkt auf Kinder- und Jugendarbeit, 2009.

„Kirche im Aufbruch – auch weltweit". Themenheft mit dem Schwerpunkt auf dem ökumenischen Erfahrungsaustausch mit evangelischen Kirchen anderer Länder, 2010.

„Raus mit der Sprache". Themenheft mit dem Schwerpunkt: Verkündigung, 2011.

Themenhefte zur Reformationsdekade

2009 Reformation und Bekenntnis – Calvin

2010 Reformation und Bildung – Melanchthon

2011 Reformation – Taufe und Freiheit

2012 Reformation und Musik

2012 Reformation und Toleranz

2013 Reformation und Politik

2014 Reformation – Bibel und Bild

2015 Reformation und die Eine Welt

2017 Reformationsjubiläum

Quellenverzeichnis

Peter Barrenstein: Leitung und Führung in der Kirche – Orientierung in einem zentralen Handlungsfeld, in: „Leitung und Führung in der Kirche. Orientierung in einem zentralen Handlungsfeld". Dokumentation eines Workshops, epd-Dokumentation 21/2009, Frankfurt a.M. 2009, S. 8-12.

Hermann Barth: Vergiftete Frucht? Überlegungen zum Gebrauch neuer Sprachformen für theologische Inhalte aus Anlass der Diskussion über „Kirche der Freiheit". Referat bei der Jahrestagung des AEU in Dresden, 24.11.2006.

Thomas Begrich / Thies Gundlach: Reaktionen und Stellungnahmen zum Impulspapier des Rates der Evangelischen Kirche in Deutschland: „Kirche der Freiheit – Perspektiven für die evangelische Kirche im 21. Jahrhundert", in: Kirche der Freiheit. Materialband. Diskussion des Impulspapiers, Hannover 2006/07, S. 8-16.

Thomas Begrich / Thies Gundlach / Thorsten Latzel: Einführung in den Dokumentationsband des Zukunftskongresses, in: Kirche der Freiheit im 21. Jahrhundert. Zukunftskongress der Evangelischen Kirche in Deutschland, Lutherstadt Wittenberg 25.–27. Januar 2007, Dokumentationsband, Hannover, 2007, S. 8-11.

Thomas Begrich: Kann, will und darf Kirche steuern? Vortrag auf der Tagung Finanzmanagement IX der Evangelischen Akademie Bad Boll am 18.01.2008.

Thomas Begrich: Kirchliches Finanzmanagement und Entscheidungskulturen. Vortrag anlässlich der 1. Eichstätter Fachtagung Kirchenmanagement der Katholischen Universität Eichstätt-Ingolstadt am 21.1.2010, in: B. Halfar (Hrsg.): Erfolgspotenziale der Kirche – ein Blick ins Management, Nomos-Verlagsgesellschaft. Baden-Baden, 2012, S. 87-102.

Erhard Berneburg: Seelsorge und Mission – ein ebenso naheliegendes wie riskantes Thema, in: „Seelsorge – Muttersprache der Kirche". Dokumentation eines Workshops der Evangelischen Kirche in Deutschland, epd-Dokumentation 10/2010, Frankfurt a.M. 2010, S. 40 ff.

Erhard Berneburg / Andreas Schlamm: Einleitung und Einführung „Erwachsen glauben. Missionarische Bildungsangebote als Kernaufgabe der Gemeinde". Dokumentation eines Hearings der Arbeitsgemeinschaft Missionarische Dienste im Diakonischen Werk der EKD, epd-Dokumentation 31/2008, Frankfurt a.M., 2008, S. 4-7.

Petra Bosse-Huber: Seelsorge als Muttersprache des Glaubens, in: Anja Kramer, Freimut Schirrmacher (Hrsg.), Seelsorgliche Kirche im 21. Jahrhundert. Modelle – Konzepte - Perspektiven, Neukirchen-Vluyn 2005, S. 11-17.

Peter Bukowski: Einbringung des Kundgebungsentwurfs „evangelisch Kirche sein", 6. Tagung der 10. Synode der Evangelischen Kirche in Deutschland in Dresden vom 4.-7. November 2007.

Alexander Deeg: Neue Formen von Predigt und Verkündigung, in: Jahresprogramm 2011, hrsg. vom Zentrum für Evangelische Predigtkultur Wittenberg, S. 58–67.

Folkert Fendler: Perspektiven im Zentrum für Qualitätsentwicklung im Gottesdienst. Dieser Beitrag basiert auf einem am 21.04.2010 auf dem Ephorenkonvent der Hannoverschen Landeskirche gehaltenen Vortrag. Bisher nicht veröffentlicht.

Katrin Göring-Eckardt: Eröffnungsrede bei der Zukunftswerkstatt Kassel 2009 (24.–26. September 2009), in: „Kirche im Aufbruch", Zukunftswerkstatt Kassel 2009. Dokumentation der Veranstaltung, epd-Dokumentation 46/2009, Frankfurt a.M. 2009, S. 7–8.

Katrin Göring-Eckardt: Die EKD in Bewegung. Standortbestimmung der evangelischen Kirche in Zeiten des Wandels. Vortrag bei den Bonner Gesprächen der EKD, 5. Februar 2010, Bad Godesberg.

Thies Gundlach: Einführung in den Impulstext des Rates der EKD „Kirche der Freiheit. Perspektiven für die evangelische Kirche im 21. Jahrhundert". Vortrag am 28. September 2006 in der Martin-Luther-Gemeinde, Ev. Kirchenkreis Pankow.

Thies Gundlach: Kirche in der Fläche – Beobachtungen und Thesen, in: Kirche in der Fläche. Dokumentation einer Konsultation von Landpfarrerinnen und Landpfarrern, epd-Dokumentation 45/2010, Frankfurt a.M. 2010, S. 17-20.

Thies Gundlach: Um Gottes Willen. Überlegungen zum Reformationsjubiläum 2017, Hannover, Mai 2012.

Wilfried Härle: Führen und Leiten in der evangelischen Kirche. Ein Gutachten, in: „Geistlich leiten – Ein Impuls". Dokumentation einer Diskussion – initiiert und begleitet durch den Beirat der EKD für Leitungsfragen, epd-Dokumentation 6/2012, Frankfurt a.M. 2012, S. 26-53.

Eberhard Hauschildt: Organisation der Freiheit – evangelisch Kirche sein verändert sich. Referat zum Schwerpunktthema der 6. Tagung der 10. Synode in Dresden vom 4.–7. November 2007.

Wolfgang Huber: Evangelisch im 21. Jahrhundert, Eröffnungsvortrag, in: Kirche der Freiheit im 21. Jahrhundert. Zukunftskongress der Evangelischen Kirche in Deutschland, Lutherstadt Wittenberg 25.–27. Januar 2007, Dokumentationsband, Hannover, 2007, S. 18-29.

Wolfgang Huber: Schlusswort, in: Kirche der Freiheit im 21. Jahrhundert. Zukunftskongress der Evangelischen Kirche in Deutschland, Lutherstadt Wittenberg 25.–27. Januar 2007, Dokumentationsband, Hannover 2007, S. 154–158.

Wolfgang Huber: „Du stellst unsere Füße auf weiten Raum". Eröffnungsvortrag, in: „Kirche im Aufbruch", Zukunftswerkstatt Kassel 2009. Dokumentation der Veranstaltung, epd-Dokumentation 46/2009, Frankfurt a.M. 2009, S. 9–15.

Eberhard Jüngel: Bibelarbeit über Genesis 13, in: Kirche der Freiheit im 21. Jahrhundert. Zukunftskongress der Evangelischen Kirche in Deutschland, Lutherstadt Wittenberg 25.–27. Januar 2007, Dokumentationsband, Hannover 2007, S.123-129.

Thorsten Latzel: Über Schlafen und Steuern, überarbeiteter Vortrag, bereits in ähnlicher Form erschienen in: Kirchenleitung durch Schlafen und Steuern, Korrespondenzblatt des Pfarrer- und Pfarrerinnenvereins in der ev.-luth. Kirche in Bayern, 7/2007, 122. Jg., S. 97-102. bzw. Über Schlafen und Steuern. Vision Kirche 2030 – gestalten in der Kirche der Freiheit. Hessisches Pfarrblatt 4/2007, S. 108–116.

Thorsten Latzel: geistreich.de. Originalbeitrag, Hannover, 2012.

Thorsten Latzel: Die Vielfalt der kirchlichen Situationen in ländlichen Räumen – Eine typologische Landkarte nach der EKD-Studie „wandeln und gestalten", in: Kirche in der Fläche. Dokumentation einer Konsultation von Landpfarrerinnen und Landpfarrern, epd-Dokumentation 45/2010, Frankfurt a.M. 2010, S. 7-10.

Axel Noack: Predigt über 2. Korinther 3, in: Kirche der Freiheit im 21. Jahrhundert. Zukunftskongress der Evangelischen Kirche in Deutschland, Lutherstadt Wittenberg 25.–27. Januar 2007, Dokumentationsband, Hannover 2007, S. 130-134.

Hans-Hermann Pompe: Dornröschen und Nazareth. Zu Chancen und Risiken regionaler missionarischer Kooperation, für den Druck gekürzte und aktualisierte Vorstellung der Arbeit des EKD-Zentrums für Mission in der Region vor der Synode der Ev. Landeskirche von Württemberg am 18. März 2011 in Heidenheim.

Martin Schindehütte: „Fresh experiences" – Erkenntnisse aus ökumenischen Begegnungen für den Reformprozess, in: Kirche im Aufbruch – auch weltweit!" Dokumentation der EKD-Partnerkonferenz, epd-Dokumentation 9/2009, Frankfurt a.M. 2009, S. 32-34.

Fulbert Steffensky: „Dein Wort ist unseres Fußes Leuchte" – Über die Schönheit des Protestantismus, in: „Kirche im Aufbruch", Zukunftswerkstatt Kassel 2009. Dokumentation der Veranstaltung, epd-Dokumentation 46/2009, Frankfurt a.M. 2009, S. 41-44.

„Kirche der Freiheit" – Perspektiven für die evangelische Kirche im 21. Jahrhundert. Ein Impulspapier des Rates der EKD, Hannover 2006. Kundgebung der 10. Synode der Evangelischen Kirche in Deutschland auf ihrer 6. Tagung zum Schwerpunktthema „evangelisch Kirche sein" in Dresden vom 4.-7. November 2007.

Sätze der Verlässlichkeit, in: „Kirche im Aufbruch", Zukunftswerkstatt Kassel 2009. Dokumentation der Veranstaltung, epd-Dokumentation 46/2009, Frankfurt a.M. 2009, S. 46-47.

Verzeichnis der Autorinnen und Autoren

Dr. Hermann Barth
Präsident des Kirchenamtes der EKD von 2006 bis 2010, Hannover

Dr. Peter F. Barrenstein
Mitglied der EKD Synode und Vorsitzender des EKD-Beirates für Leitungshandeln, München (Reformprozess)

Thomas Begrich
Oberkirchenrat, Leiter der Finanzabteilung der EKD, Hannover

Dr. Erhard Berneburg
Oberkirchenrat, Referent für Missionarische Dienste und Sonderseelsorge, Hannover

Petra Bosse-Huber
Vizepräses der Evangelischen Kirche im Rheinland, Düsseldorf

Pfr. Dr. h.c. Peter Bukowski
Direktor des Seminars für pastorale Ausbildung, Wuppertal

Prof. Dr. Alexander Deeg
Professor für Praktische Theologie in Leipzig, Leiter des Liturgiewissenschaftlichen Instituts der VELKD

Pfr. Dr. Folkert Fendler
Leiter des Zentrums für Gottesdienst und Kasualien, Hildesheim

Katrin Göring-Eckardt
Vizepräsidentin des Deutschen Bundestages, Präses der 11. Synode der EKD und Mitglied des Rates der EKD, Berlin

Dr. Thies Gundlach
Vizepräsident des Kirchenamtes der EKD, Hannover

Prof. Dr. Wilfried Härle
Prof. em. Systematische Theologie, Heidelberg

Prof. Dr. Eberhard Hauschildt
Professor für Praktische Theologie, Geschäftsführender Direktor des Instituts für Hermeneutik, Kollegiat der Deutschen Forschungsgemeinschaft, Bonn

Bischof a.D. Prof. Dr. Dr. h.c. Wolfgang Huber
Ratsvorsitzender der EKD von 2003 bis 2009, Berlin

Prof. Dr. Dres. h.c. Eberhard Jüngel D.D.
Kanzler des Ordens Pour le mérite für Wissenschaften und Künste, Prof. emeritus für Systematische Theologie und Religionsphilosophie, Tübingen

Dr. Thorsten Latzel
Oberkirchenrat, Referent im Kirchenamt der EKD, Hannover

Bischof i.R. Professor Axel Noack
Professor für Historische Theologie, Halle a.d.Saale

Pfr. Hans-Hermann Pompe
Leiter des Zentrum Mission in der Region, Dortmund

Bischof Martin Schindehütte
Vizepräsident des Kirchenamtes, Leiter der Hauptabteilung IV: Ökumene und Auslandsarbeit und Leiter des Amtes der UEK, Hannover

Diakon Andreas Schlamm
Projektkoordinator „Erwachsen Glauben" bei der Arbeitsgemeinschaft Missionarische Dienste im Diakonischen Werk der EKD, Berlin

Prof. i.R. Dr. Fulbert Steffensky
Professor i. R. für Religionspädagogik, Luzern